Shanqu Ku'an Gonglu Luji Xiuzhu
山区库岸公路路基修筑
yu Binghai Fangzhi Jishu
与病害防治技术

阎宗岭　贾学明　柴贺军　著
李海平　王俊杰

人民交通出版社股份有限公司
北　京

内 容 提 要

本书在山区库岸公路路基修筑与病害防治技术多年研究成果的基础上,针对水库塌岸预测方法研究,库岸路基稳定性分析与设计,库岸路基及桥台锥坡的防护与加固,库岸路基变形、稳定监测与病害处治技术开展了系统研究,并分析了库岸路基设计典型工程案例。

本书内容丰富、系统全面,可供从事道路工程科研、设计、施工及管理的技术人员参考,亦适合高等院校师生及相关专业技术人员学习参考。

图书在版编目(CIP)数据

山区库岸公路路基修筑与病害防治技术 / 阎宗岭等著. —北京:人民交通出版社股份有限公司,2021.5
ISBN 978-7-114-14287-1

Ⅰ.①山… Ⅱ.①阎… Ⅲ.①山区道路—公路路基—路基工程 ②山区道路—公路路基—病害—防治 Ⅳ.①U418.5

中国版本图书馆 CIP 数据核字(2017)第 279221 号

书　名:	山区库岸公路路基修筑与病害防治技术
著 作 者:	阎宗岭　贾学明　柴贺军　李海平　王俊杰
责任编辑:	钱　堃　闫吉维
责任校对:	刘　芹
责任印制:	张　凯
出版发行:	人民交通出版社股份有限公司
地　　址:	(100011)北京市朝阳区安定门外外馆斜街 3 号
网　　址:	http://www.ccpcl.com.cn
销售电话:	(010)59757973
总 经 销:	人民交通出版社股份有限公司发行部
经　　销:	各地新华书店
印　　刷:	北京虎彩文化传播有限公司
开　　本:	787×1092　1/16
印　　张:	32.25
字　　数:	720 千
版　　次:	2021 年 5 月　第 1 版
印　　次:	2021 年 5 月　第 1 次印刷
书　　号:	ISBN 978-7-114-14287-1
定　　价:	160.00 元

(有印刷、装订质量问题的图书由本公司负责调换)

前　言

山区水库沿岸公路(简称"库岸公路")大部分循河岸延伸,傍山临水,并大多采用半填半挖形式,形成大量的库岸公路填方路基。库水的存在,不仅使山区库岸公路路基(以下简称"库岸路基")遭受水的冲刷,还改变了库岸路基的地下水动力条件,最终导致岸坡稳定性降低,造成库岸路基的动态变形、失稳及破坏频繁发生,产生塌岸。如对库岸路基进行再造,又会影响库岸公路的正常运营。因此,迫切需要根据库岸公路工程特点,对水库塌岸进行预测,为塌岸防治和公路建设提供依据。针对库岸路基水害问题,从路基设计开始,就应该有针对性地提出能适应库岸路基水渗流特点的路基断面结构形式,在路基施工中对填料进行合理选择和质量控制,对路基排水进行特殊设计与处理,同时加强对库岸路基稳定与变形的监测,及时发现路基病害,进行防护、加固等预防性养护。库岸公路路基修筑与病害防治技术是库岸公路建设的关键技术。

库岸路基修筑面临的主要技术问题可以归纳为四个方面:一是水库塌岸预测模型与方法;二是库岸路基稳定性分析与设计;三是库岸路基及桥台锥坡的防护与加固;四是库岸路基变形、稳定监测与病害处治技术。

本书在国家科技支撑项目"西南山区干线公路路基灾变过程控制理论与动态调控技术研究"(编号:2015BAK09B00)和西部交通建设科技项目"山区库岸公路路基稳定技术研究"(编号:200831874006)的联合资助下,在总结山区道路工程与防灾减灾技术国家地方联合工程实验室系列研究成果的基础上,系统研究了考虑库岸公路特点的塌岸预测模型与方法,并提出了塌岸对库岸公路的影响分析与评价方法,构建了包括动水位作用等多因素影响下库岸路基稳定性分析、设计的方法,确定了路基合理断面结构形式,提出了库岸路基填料选择原则及质量控制方法,开发了库岸路基稳定与变形远程智能监测系统,可用于及时发现库岸路基病害,进行预防性养护或病害处治。此外,对库岸路基与桥台的防护工程与加固结构进行工程适宜性分析,给出了库岸路基与桥台锥坡的防护与加固结构选型及设置原则,提出了库岸路基典型病害防治技术。

全书共5篇20章(不含绪论),各篇在总结相关领域既有研究成果的基础上,重点介绍了本书撰写团队的研究进展、成果或取得的认识。第1篇介绍了土质库岸的塌岸机理和系列塌岸的试验研究情况,提出了塌岸预测方法及参数研究;第2篇通过试验和理论分析研究,开展了库岸路基稳定性分析和设计技术研究,提出了库岸路基的典型断面结构、防排水技术;第3篇对库岸路基和桥台锥坡的防护与加固工程进行工程适宜性评价,针对传统圬工结构和生态防护结构开展了相应的应用研究;第 4 篇根据库岸路基的病害特点对病害进行了分类,提出了库岸路基变形、稳定远程智能监测技术和病害处治技术;第 5 篇对库岸路基设计典型工程案例进行了分析。本书由招商局重庆交通科研设计院有限公司研究员阎宗岭、贾学明、柴贺军及正高级工程师李海平和重庆交通大学教授王俊杰共同撰写,并由阎宗岭统稿。此外,招商局重庆交通科研设计院有限公司研究员陶丽娜、副研究员严秋荣及正高级工程师孟云伟等参与了本书的部分研究工作。本书撰写过程中引用了一些学者的科研成果,在此一并致以衷心的感谢!

限于作者水平有限,加之撰写时间仓促,书中难免存在不足之处,敬请读者批评指正。

作 者
2020 年 12 月

目 录

0 绪论 ··· 1
   0.1 研究意义 ··· 1
   0.2 国内外研究现状 ·· 2
   0.3 主要研究内容 ··· 6

第1篇 水库塌岸预测方法研究

1 土质库岸塌岸机理 ·· 11
   1.1 水库岸坡结构类型 ·· 11
   1.2 土质库岸破坏类型 ·· 12
   1.3 土质库岸失稳破坏过程 ·· 13
   1.4 土质库岸塌岸因素及失稳条件 ··· 15
   1.5 土质库岸塌岸机理研究 ·· 20
2 土质库岸塌岸试验 ·· 29
   2.1 试验方法及试验方案 ··· 29
   2.2 均质库岸模型试验塌岸现象 ·· 43
   2.3 非均质库岸模型试验塌岸现象 ··· 66
3 水库塌岸预测方法及参数研究 ·· 83
   3.1 水库塌岸预测方法 ·· 84
   3.2 岩质库岸塌岸宽度预测的经验法 ·· 96
   3.3 水库塌岸预测方法的适宜性分析 ·· 97
   3.4 山区库岸塌岸预测参数分析 ·· 99

第2篇 库岸路基稳定性分析与设计

4 库水位作用下岩土体性质试验研究 ·· 111
   4.1 水位升降影响下库岸路基填方土体工程性质变化特性试验 ···················· 111
   4.2 水位频繁升降影响下库岸路基挖方岩体工程性质变化特性 ···················· 123
5 库岸路基动态失稳机理 ··· 137
   5.1 库岸路基岩土体渗流特征 ··· 137
   5.2 库岸路基分类 ·· 139

5.3　库岸路基稳定性的影响因素 ………………………………………………… 142

　　5.4　库岸路基失稳模式 ……………………………………………………………… 149

6　库岸的渗流及浸润线的确定 ………………………………………………………… 151

　　6.1　岩土体渗流性质 ………………………………………………………………… 151

　　6.2　土中的水及其流动 ……………………………………………………………… 154

　　6.3　库水位等速下降时坡体内浸润线的求解 ……………………………………… 158

7　库水位作用下路基稳定性分析 ……………………………………………………… 164

　　7.1　库水位作用与路基稳定性 ……………………………………………………… 164

　　7.2　渗流作用力的两种表示方法 …………………………………………………… 165

　　7.3　路基稳定性的极限平衡法分析 ………………………………………………… 168

　　7.4　库岸路基动态失稳机理数值模拟 ……………………………………………… 172

8　库岸路基典型断面结构 ……………………………………………………………… 193

　　8.1　库岸路基设计顶高程 …………………………………………………………… 193

　　8.2　库区新建路基断面形式 ………………………………………………………… 194

　　8.3　库区路基改造的断面形式 ……………………………………………………… 197

　　8.4　库岸路基坡率与填料选择 ……………………………………………………… 198

9　库岸路基防排水技术 ………………………………………………………………… 200

　　9.1　库岸路基渗流特点与设计原则 ………………………………………………… 200

　　9.2　库岸路基排水布置方案设计 …………………………………………………… 203

第3篇　库岸路基及桥台锥坡的防护与加固

10　库岸路基及防护结构适宜性评价与选型 ………………………………………… 215

　　10.1　库岸路基常见支挡结构类型 …………………………………………………… 215

　　10.2　新型防护结构 …………………………………………………………………… 217

　　10.3　库岸路基支挡结构适宜性分析 ………………………………………………… 219

　　10.4　库岸路基防护结构选型 ………………………………………………………… 223

11　传统圬工结构在库岸路基及桥台锥坡防护与加固中的应用 …………………… 232

　　11.1　挡土墙结构 ……………………………………………………………………… 232

　　11.2　锚杆基础挡土墙 ………………………………………………………………… 239

12　石笼结构在库岸路基及桥台锥坡防护与加固中的应用 ………………………… 248

　　12.1　单体石笼的力学特征研究 ……………………………………………………… 248

　　12.2　石笼挡土墙二维地质力学模型试验研究 ……………………………………… 257

　　12.3　石笼挡土墙颗粒流离散元分析 ………………………………………………… 265

　　12.4　稳定性计算方法 ………………………………………………………………… 274

　　12.5　石笼挡土墙设计软件开发 ……………………………………………………… 282

　　12.6　石笼挡土墙施工工艺 …………………………………………………………… 282

13　生态工程防护在库岸路基及桥台锥坡防护与加固中的应用 …………………… 299

13.1	植物根系固坡基本特点	299
13.2	植物根系复合土强度特性试验研究	306
13.3	植物根系锚固作用有限元数值分析	319
13.4	植物根系固坡适用范围	338

14 预制构件式挡土墙在库岸路基及桥台锥坡防护与加固中的应用 · 340

14.1	预制构件结构	340
14.2	预制构件式挡土墙变形失稳机理分析	344
14.3	预制构件式挡土墙设计方法	348

第4篇 库岸路基变形、稳定监测与病害处治技术

15 库岸路基病害调查 · 351

15.1	库岸路基特点	351
15.2	水库水流特点及其对库岸公路的影响	351
15.3	库岸路基主要病害	353
15.4	库岸路基支挡与防护结构病害调查与分析	362

16 库岸路基变形与稳定监测 · 374

16.1	库岸路基变形与稳定监测的目的	374
16.2	库岸路基变形与稳定监测的特点	375
16.3	库岸路基变形与稳定监测的内容	375
16.4	库岸路基变形与稳定监测体系	386
16.5	路基变形与稳定远程智能监测	391
16.6	路基变形与稳定远程智能监控系统	400

17 库岸路基病害处治技术 · 407

17.1	库岸路基及岸坡支挡结构病害防治技术	408
17.2	降低水对库岸路基、岸坡支挡与防护结构侵蚀的工程措施	414
17.3	库岸路基防排水设施病害防治措施	424
17.4	改善库岸路基土体路用性能	433
17.5	库岸路基病害防治支挡结构选型	442

第5篇 库岸路基设计典型工程案例

18 雅泸高速公路 K92 段瀑布沟电站库区塌岸预测 · 449

18.1	工程概况	449
18.2	岸坡工程地质条件	450
18.3	水文地质条件	451
18.4	岸坡岩土体结构特征及其变形破坏机制分析	452
18.5	蓄水后岸坡岩土体塌岸预测参数选取	454

- 18.6 基于两段法理论的塌岸预测 ……………………………………………… 455
- 18.7 基于极限平衡理论的塌岸预测 ……………………………………………… 461
- 18.8 基于二维数值计算理论的塌岸预测 ………………………………………… 467
- 18.9 基于三维数值计算理论的塌岸预测 ………………………………………… 472
- 18.10 岸坡塌岸预测结果的综合评判 …………………………………………… 474

19 汶川至马尔康二级公路库岸路基设计 ……………………………………… 475
- 19.1 工程概况 …………………………………………………………………… 475
- 19.2 库岸路基设计原则 ………………………………………………………… 479
- 19.3 典型路基断面结构 ………………………………………………………… 481
- 19.4 库岸路基及桥台抗冲刷防护 ……………………………………………… 486
- 19.5 桩基托梁挡土墙 …………………………………………………………… 493
- 19.6 千枚岩填料的合理利用 …………………………………………………… 496

参考文献 ……………………………………………………………………………… 501

0 绪 论

0.1 研究意义

我国水系庞大而复杂,有长江水系、黄河水系、淮河水系、松花江水系、珠江水系、辽河水系、海河水系七大水系;湖泊众多,面积在 $1km^2$ 以上的湖泊就有 2700 多个,总面积约 9 万 km^2。此外,截至 2011 年年底,我国修建了 97246 个水库。其中,大型水库 756 个,中型水库 3938 个。山区水库沿岸公路(以下简称"山区库岸公路"或"库岸公路")大部分循河岸、库岸延伸,一面傍山,一面临水,并大多采用半填半挖形式,形成大量的库岸填方路基。

随着水利、水电工程的建设,水库蓄水运行后,库岸公路路基(以下简称"库岸路基")的水文地质条件发生改变。水的存在,不仅直接造成了库岸路基遭受水的冲刷,还改变了库岸路基的地下水动力条件。部分库岸岩土体由不饱和转为饱和,岩土体中超孔隙水压力升高,导致库岸路基岩土体的工程性质发生劣化,抗剪强度大幅度下降,进而导致岸坡稳定性降低,造成库岸路基的动态变形和失稳破坏频繁发生,产生塌岸。但对库岸进行再造,又会影响到库岸公路的正常运营。

塌岸不仅是库区最主要的地质灾害,还会对库岸路基的稳定性产生较大影响,更是影响库岸公路运营安全的重要因素之一。因此,必须重视塌岸,防患于未然,如需要对水库塌岸历史、现状充分调查,综合分析塌岸破坏特征、破坏机制,划分库岸塌岸的主要类型,揭示塌岸过程及其发展规律,阐明库岸塌岸的主要影响因素,从而为水库塌岸预测、公路选线、路基防护等提供参考。

由于库水会对库岸路基稳定性产生不利影响,需要对库岸路基稳定性进行分析,并进行路基结构的适宜性评价,建立适宜库岸公路水文特点的路基稳定性分析计算方法,提出库岸路基典型结构形式,并针对库岸路基内地下水渗流、冲刷特点进行防排水结构设计,以满足库岸公路运营安全要求。同时为了使库岸路基免于水毁,在库区公路建设中,需要大量采用防护与加固结构以维持库岸路基、岸坡等的稳定。

库区往往风景优美,在库岸路基防护与加固中采用新型防护技术,特别是生态防护技术,"坚持人与自然相和谐,树立尊重自然、保护环境的理念",可以降低对生态的扰动,达到工程与环境和谐的效果。

库岸填方路基受水特别是水位的动态变化影响较大,这些变化导致的常见病害有路基沉陷,不均匀沉降,路基与支挡结构基础冲刷、淘蚀,以及严重的路堤变形、失稳。为了保证库岸公路的运营安全,需要对重点库岸填方路基稳定与变形进行监测,了解路基稳定、变形的动态变化过程,控制路基的稳定性,分析库岸路基稳定及变形规律;监控路基健康状况,及时发现路基病害,为路基预防性养护以及病害处治提供决策依据;验证设计理论的正确性,优化施工控制标准,使其更好地指导设计和施工;针对库岸路基病害特点,以预防为主,提出有针对性的处治方法。

库岸路基受库水的多重作用和库水位反复变化的影响,伴随水库的塌岸,易出现路基沉陷、下边坡及桥台锥坡变形及失稳等病害,这些病害会严重影响路基路面的使用性能和行车安全。通过开展库岸塌岸机理研究,对库岸塌岸进行预测;在此基础上,从库岸路基的地下水动水压力特点出发,分析库岸路基失稳机理,建立库岸路基稳定性分析评价与设计方法,提出库岸路基典型断面结构与防排水设施形式;对库岸路基病害进行调查,贯彻"以防为主,防治结合"的预养护指导思想,进行库岸路基健康监测,及时发现病害,在库岸路基及桥台锥坡的防护、加固与病害处治中采用新材料、新结构,最终形成集库岸路基设计、施工质量控制、养护与病害处治为一体的较为系统的技术,可以更好地指导库岸公路建设。

0.2 国内外研究现状

0.2.1 水库塌岸预测方法研究

由于水库蓄水,库岸岸坡一方面受库水浸泡、风浪冲击、水流侵蚀以及干湿循环等因素影响,使库岸岩土体风化加剧,抗剪强度降低;另一方面,库岸岸坡因库水位涨落,引起库岸地下水动水压力变化,这两方面的变化造成库岸冲蚀、磨蚀、坍(崩)塌、滑移等再造变形的不良地质现象统称为水库塌岸(或库岸塌岸)。水库塌岸是库区重要的环境地质灾害之一,也是库岸公路修建中常见的地质灾害。

水库塌岸受多种因素影响,影响最大的因素是库岸形态,其次为库岸的地质结构。水库岸坡破坏的形式主要有崩坍和滑坡两种。要进行塌岸防护,必须先对各库岸段可能产生塌岸的部位和范围做出较为准确的预测。水库塌岸预测理论最早源于苏联,随着国内大型水电站、水库的修建蓄水,特别是三峡工程的修建,水库塌岸预测的方法研究进入了新阶段,极大地促进了我国水库塌岸的预测与病害防治技术的发展。

目前,预测水库塌岸部位和范围的方法主要有工程类比法、卡丘金法、佐洛塔寥夫法、平衡剖面法和两段法等。日本京都大学的 N Ngaata 等开展了运用数值模拟方法,进行塌岸速率、塌岸范围预测的尝试。Elci 等对大型水库 Hartwell Dam 的塌岸问题进行了较系统地研究,从能量法的角度上提出长期塌岸速率的预测公式。要对库岸塌岸进行预测,必须选择关键塌岸参数进行分析,但塌岸预测参数的概念至今为止仍然模糊不清,各种塌岸预测参数的获取途径和取值方法没有明确的定义。

水库塌岸地质条件复杂多变,直接应用已有水库塌岸预测方法进行水库塌岸预测,预测准确性偏低,往往与实际情况差别很大。虽然传统的水库塌岸预测分析方法已有很多种,但由于水库的地质、地形条件的复杂多变,这些预测方法还未能较好地应用于水库塌岸预测。所以在进行山区库岸塌岸预测时,应从山区库岸公路工程特点出发,充分考虑水库塌岸对公路路基的影响,并根据不同库岸的岩土体结构和类型,采用合适的预测方法,建立合理的塌岸预测模型。

0.2.2 库岸路基稳定性分析评价与设计

库水的存在会改变近库岸侧路基边缘的地下水动水压力条件、路基的地下水水文条件、路基的渗透条件,会使路基遭受水的冲刷、地下水的渗透与浸泡,使路基岩土体中超孔隙水压力升高等,这些会导致库岸路基的变形和失稳破坏频繁发生。

目前,坡体的稳定性分析方法都是根据极限平衡原理提出的,如 Fellenius 法、Bishop 法、Morgenstern 法等。除这些常规方法外,国内外学者在坡体稳定性分析中还取得了一些新的成果,包括一些考虑了岩土材料的非线性大变形特征的模型,考虑了坡脚水位变化和渗透动水压力的作用的非线性弹性和弹塑性分析模型。库岸路基所具有的独特环境因素对库岸路基稳定性的影响是动态与长期耦合的,但目前关于这方面的研究工作几乎无人问津。关于岸坡失稳机理的研究,目前较具说服力的有斜坡渐进破坏机理及可复应变能和闭锁应变能理论。这些理论对于土质岸坡失稳较为适用,对于岩质岸坡的适用程度尚待进一步验证,此外,可以在水库岸坡的稳定性评价中适当地借鉴。

库岸水位的人工调节以及枯水期和洪水期水位的自然变化都会对库岸路基的稳定性产生不利影响。库岸路基因常受到库水位周期性波动的作用会发生失稳,故有必要探讨不同水位及不同的水位变化速率对路基稳定性的影响。

目前对岸坡在水位波动下稳定性的研究大多限于饱和土力学的范畴,即研究饱和土的渗流对岸坡稳定性的影响,但饱和土理论不能揭示水位变化过程中岸坡稳定性变化的规律和实质。因此,应对水位上升和下降情况下的非饱和岸坡进行非稳态渗流分析,在计算路基稳定时考虑负孔隙水压力对非饱和土抗剪强度的影响,分析不同土壤类型的均质库岸边坡在水位变化条件下的渗流和稳定性变化。Morgenstern 在不考虑孔压消散的基础上,利用极限平衡法探讨了库水位变化对均质斜坡安全系数的影响,认为边坡安全系数随着库水位的上升而增大。随后,Desai 和 Cousins 基于极限平衡法在考虑渗透作用的影响下也对该问题进行了深入探讨。

近年来,有限元强度折减法在边坡稳定性分析中逐渐受到重视。Griffiths 和 Lane 基于自己开发的有限元软件,利用强度折减法分析了水位变化对边坡安全系数的影响,结果表明:边坡安全系数随着库水位的增加呈现先变小后变大的变化趋势,但他们仅探讨了坡体内浸润线与库水位等高情况下的水位变化与安全系数的关系,没有探讨库水位变化快慢对边坡安全系数的影响。

水位缓慢变化情况下(有足够的时间让孔隙水调整高度而与库水位持平的情况),用简化 Bishop 法进行边坡稳定性分析得到的安全系数在一般情况下是较精确的;水位骤降情况下(因水位下降速度较快,边坡坡体内孔隙水来不及排出,而导致坡体水位高出库水位的情况),当边坡完全淹没于水中后,水位高出坡顶多少对边坡安全系数没有影响;在水位骤降或陡升情况下,相同库水位对应的边坡安全系数基本上均小于水位缓慢变化情况下的边坡安全系数。有文献认为,水库蓄水后,水位变化对库岸滑坡地下水渗流场的改变,会明显使影响滑坡稳定的水文地质条件急剧恶化。

将库岸路基稳定性分析过程进行简化,需抽象出适宜的简化计算模型。但在实际工程中,由于对地下水渗流作用机理存在模糊认识,会造成计算模型简化不当,与边坡的真实状态相差较大,使分析结果的可靠性大打折扣。

库岸路基的失稳破坏不只是水流冲刷这一个因素造成的，因此，全面系统地研究库岸路基的失稳机理，尤其是对孔隙水压力、渗透力及河流冲刷力作用下路基稳定性分析方法及病害防治措施等方面的研究，对于库岸公路建设中的防灾和减灾具有重要的科学指导作用。

0.2.3　库岸路基及桥台锥坡的防护与加固

水流对路基的冲刷作用是导致公路水毁的重要因素之一，对此相关公路管理部门已经进行了较为深入地研究。在交通部（2008年交通部更名为交通运输部）"八五"行业联合攻关课题中，对沿河、库岸路基水毁和防护的水力学、河流动力学机理进行深入的研究，提出了系统的防护设计计算方法以及各种冲刷防护工程综合运用的形式。

公路桥梁桥台的两侧为了与路基连接和使流水通畅，通常修建阻流最小的导流结构物——锥坡。锥坡由于经常遭遇水流的冲击，常常发生水毁。锥坡一旦遭受水毁，桥头引道与桥台的安全便会受到严重威胁。河床冲刷下切使锥坡基础埋置深度不足，这是导致锥坡水毁的关键因素。桥孔压缩河流自然断面，导致桥下水流流速增大，以及水在锥坡基础附近形成漩流，都会加速水对锥坡基础的局部冲刷。库岸变迁（如塌岸等）改变了桥址处的水流方向，使水斜向冲击锥坡并在锥坡基础附近形成漩流，也会加剧水对锥坡基础的冲刷。此外，河水流向的变化使河流中的漂浮物直接撞击锥坡基础或坡面，导致锥坡砌体出现裂缝或局部破损。

库岸路基防护的实践表明，路基工程投资的增加，在很大程度上是由于防护与加固结构引起的变更设计造成的。因此，如何根据库岸路基不同地质地貌特点，对防护、支挡与加固结构物进行合理的选型和设计，已成为设计、建设单位十分关注的问题。

目前我国库岸路基防护工程与加固结构采用的形式有很多种类，主要有直接防护措施和间接防护措施。直接防护措施：石砌（干砌或浆砌）护坡、浸水挡土墙以及它们的各种坡脚工程（如坡脚抛石、堆石、石笼、阻水堤）等建筑物都属于此类。间接防护措施：护岸丁坝、丁坝群、桥梁导流堤等挑流导流建筑物都属于此类。

一些新型的路基防护结构也得到了应用，如土工织物软体排、土层锚杆、软体沉排护脚、简易模袋混凝土、塑料纺织布、铰链混凝土排、土工织物沉排、混凝土预制框格、铰链式混凝土板块等结构形式，改变了原本单一的抛石护岸形式，并取得了较好的效果。

生态型护岸是河岸防护的新方法，能较好地满足护岸工程的结构要求和环境要求，在旅游地区其综合效益更加显著，在国外也已有较广泛应用。此外，我国也对石笼、土工网复合植被技术进行了应用试验。

石笼挡土墙和石笼加筋挡土墙是一种新型生态防护结构，植物可以利用石笼内填石空隙生长，也可以通过预埋藤蔓枝条等达到与自然和谐统一的绿化效果。自嵌锁式挡土墙是采用干垒方式的一种柔性结构物，适用于软弱地基或复杂地形条件。干垒挡土墙系统由干垒块墙体与回填土经过加筋体（一般为编织的土工格栅）的作用成为一个整体来承担外部土压力，相当于一个重力式挡土墙。

为各种已有加固结构进行库岸路基工程适宜性研究，归纳整理出各种结构形式的主要适用范围、适用条件、设计因素等主要指标，为山区库岸路基与桥台防护工程及加固结构的设计方案选择提供充分的论证依据，本书以库岸路基动态变化因素影响下的失稳机理为理论基础，以库岸路基与桥台防护工程及加固结构变形破坏模式为依据，基于尊重自然、保护环境的理念,建立科学的库岸路基防护工程与支挡结构选择方法,以解决库岸路基防护工程中的关键技术问题。

0.2.4 库岸路基变形、稳定监测与病害处治技术

路基变形与稳定监测用于研究路基变形与稳定随时间的动态发展变化规律,了解路基横断面沉降分布规律,以确定路基是否稳定。在路基变形与稳定监测中,最常用的路基沉降监测仪器有沉降杯、沉降板、电磁式分层沉降仪、剖面沉降仪、沉降管等;水平位移监测仪器有位移桩、水平测斜管;应力监测仪器有各种压力计。测斜管(沉降管)在路基水平位移和不均匀沉降观测中应用最为广泛,但有一定的局限性。

结构安全智能监测系统于20世纪末被逐渐应用于岩土工程领域。考虑到路基是线状工程,监测点分散,近年来国内外相关研究机构又开展了路基、边坡安全监测数据的无线远程传输研究,并在一些工程应用中采用GPRS无线网络系统实现了数据传输。

库岸路基变形与稳定监测设计方案由于无规范性的实施方案可循,很难做到经济合理、安全可靠,达不到时间和空间连续性的要求。如何针对库岸路基工程地质结构特点进行库岸路基变形与稳定监测方案设计,使其做到行之有效且经济合理尚缺乏经验。

库岸路基经常受到季节性或长期浸水,由于长期被水冲刷侵蚀,路基的承载力和稳定性降低,容易出现路基位移和路面下陷。水和路基之间产生的长期、反复的物理、化学和力学作用,削弱了土颗粒和岩块之间的联系,增加了土颗粒和岩块的自由度和活动度,加快了岩体向破碎—松散介质转化的进程。渗流、浪击、水流冲刷和风蚀,也将明显加速这一过程,库岸公路也将随之出现路基软化、塌陷,边坡滑动、崩塌,挡土墙、涵洞、桥梁基础被水冲刷淘空(以下简称淘刷),导致路基稳定性降低,承载力不足,产生病害或失稳。

常见的库岸路基病害有路基沉陷、路堤失稳、路基滑塌、路基崩塌、沟槽回填土沉陷、路肩盲沟淤塞、泄水孔堵塞、防护工程与加固工程损坏等。

随着时间的推移,库岸路基的病害将越来越明显,为了确保道路的服务水平及行车安全,对库岸路基病害的防治刻不容缓,主要防治目标包括防止路基边坡受水流侵蚀、冲刷导致崩塌,减少路基土体内部受水的浮力与渗透动水压力的破坏,阻止浸入水对填筑料力学性能的改变,减轻路面荷载对路基土的直接作用。库岸路基加固可依据现场地质水文及实际情况选择透水性强的填料,减少路基受水侵蚀的影响,同时进行堤岸防护与加固,防止水流冲刷并约束路基侧向位移。

对库岸路基不均匀沉降进行处治,目前常采用压力灌浆、强夯等措施来消除不均匀沉降,或在施工时设置土工织物、玻纤织物等以缓解不均匀沉降对路基的影响。对库岸路基边坡滑动、崩塌及挡土墙、涵洞与桥梁基础淘刷等病害,多采用防与治相结合的方法,与前述的库岸路基、桥台锥坡防护与加固相似。

水库水位的频繁变化,会改变库岸斜坡岩土体的渗流,进而对库岸斜坡稳定产生不利影响。而目前关于水位动态变化对库岸路基稳定的影响机理尚未研究透彻,需要采用室内试验、物理模拟和数值模拟等综合方法,研究库岸路基在动态变化因素影响下的稳定性变化。针对库岸路基水害问题,从路基设计开始,就应该有针对性地提出能适应库岸路基水渗流特点的路基断面结构形式,在路基施工中对填料进行合理选择和质量控制,对路基排水进行特殊设计与

处理。同时加强对库岸路基变形与稳定的监测,及时发现路基病害,进行防护、加固等预防性养护。在库岸路基防护与加固过程中,采用新技术、新结构、新工艺,全面提升库岸路基变形、稳定监测与病害处治技术。

0.3 主要研究内容

本书开展的主要研究工作如下。

1) 水库塌岸预测方法研究

通过对水库塌岸历史、现状的调查,划分水库塌岸的主要类型,揭示水库塌岸过程及其发展规律,阐明水库塌岸的主要影响因素。充分考虑库区公路工程特点,做出有充分依据的塌岸预测,探索科学、有效的预测方法与防护方案。其主要研究内容如下:

(1) 水库塌岸特点及典型模式。
(2) 水库塌岸机理、机制。
(3) 水库塌岸预测指标及获取方法。
(4) 水库塌岸预测方法。
(5) 水库塌岸对库岸路基的影响。

2) 库岸路基稳定性分析评价与设计

通过研究水位变化对路基填方工程性质劣化规律以及对路基稳定性的影响,建立库岸填方路基稳定性计算分析方法,提出库岸路基典型断面形式、路基施工工艺与质量控制标准。其主要研究内容如下:

(1) 库岸路基在多种动态变化因素作用下的失稳机理研究。
(2) 库岸路基典型断面结构及适宜性评价。
(3) 库岸路基动水位作用下变形与稳定设计计算方法。
(4) 库岸路基填料选择与压实质量控制标准。
(5) 库岸路基防排水技术。

3) 库岸路基及桥台锥坡的防护与加固技术

通过对库岸路基及桥台锥坡的防护与加固结构工程进行工程适宜性评价,归纳整理出各种结构形式的主要适用范围、适用条件、设计应考虑的因素等主要指标。其主要研究内容如下:

(1) 库岸路基及桥台锥坡防护与加固结构工程适宜性评价与选型。
(2) 传统圬工结构在库岸路基及桥台锥坡防护与加固中的应用。
(3) 石笼结构在库岸路基及桥台锥坡防护与加固中的应用。
(4) 土工合成材料在库岸路基及桥台锥坡防护与加固中的应用。
(5) 生态工程防护在库岸路基及桥台锥坡防护与加固中的应用。
(6) 预制构件式挡土墙在库岸路基及桥台锥坡防护与加固中的应用。

4) 库岸路基变形、稳定监测与病害处治技术

通过研究库岸路基变形与稳定监测内容及监测指标,探讨路基变形及稳定的规律,指导设计和施工,提前发现路基病害,直接为施工决策和路基病害处治方案设计提供依据,并归纳出

库岸路基养护细则;针对库岸路基典型病害,提出具有针对性的处治、加固方法。其主要研究内容如下:

(1)库岸路基健康监测技术。

(2)库岸路基预养护方法。

(3)库岸路基典型病害处治技术。

第1篇 水库塌岸预测方法研究

长江三峡水利枢纽工程(简称三峡工程)是我国跨世纪的宏伟工程,是目前世界上规模最大的水利枢纽,它肩负着防洪、发电、航运等重要功能。三峡工程库区位于长江上游湖北省宜昌市三斗坪镇至重庆市江津区之间,是典型的河谷型水库。三峡工程建成蓄水后,水位在175~145m 范围内调度,水位调幅变化达30m,形成的水库干、支流库岸总长5300km,库区淹没涉及重庆市、湖北省20个县区。水库移民主要采取就地后靠安置方式,少部分外迁。以滑坡为主的崩滑流和水库塌岸(岸坡再造)是影响三峡水库移民工程安全的两类重大地质灾害问题。

在水库蓄水后,各类松散堆积层和软岩组成的库岸,受库水浸泡、风浪及船行波浪冲击,水流侵蚀以及干湿交替等影响,库岸岩土体风化加剧,抗剪强度降低,库岸地下水动水压力变化,最终会造成库岸侵蚀的再造变形,使库岸不断后移,即水库塌岸,如图1-0-1 所示。

在已建成的水库中,由于库水的浸泡和水位的频起频落,造成库岸的土质条件下降,土质变疏松,抗剪能力下降,土中的孔隙水压力升高,很容易发生塌岸。例如,官厅水库,当库水水位按照479m 运行时,库岸会发生不同程度的坍塌;三门峡水库河南段、潼三段自建成后,两岸受水流冲顶、风浪冲刷,经常发生塌岸,其中潼三段还发生过塌村事故,给沿岸群众的生产、生活带来直接影响;汾河水库,由于库区黄土岸坡坍塌严重,导致泥沙直接入库,加上上游侵蚀来沙,致使库容淤积,现存的库容仅为初建时的一半。塌岸不仅污染了水源,更重要的是减少了耕地。巢湖湖岸崩塌的存在和发展,不仅吞噬大量耕地,破坏工农业生产,还危及沿湖人民的财产安全。

三峡工程沿岸地质地貌条件复杂,且处于亚热带气候区,雨量充沛,多暴雨,自修建以来,库区受三峡工程本身的蓄水水位升高、水库水位涨落以及库水冲刷的影响,塌岸、泥石流等地质灾害时有发生。由于三峡库区古滑坡分布甚多,地质灾害和人类活动等很容易使古滑坡带复活,产生更大的地质灾害。

水库塌岸具有巨大的危害性,会影响人民群众的正常生活,给国家和人民带来直接的经济损失。总结起来,水库塌岸的危害主要体现在以下几个方面:

图 1-0-1 土质库岸坍塌示意图

(1)近库区的大型塌岸将产生大规模的波浪,危及水库大坝的安全。

(2)引起古滑坡体复活,产生更大的危害。

(3)危及沿岸主要城镇(工矿企业、公共建筑物等)的安全。

(4)引起库水污染和水库淤积,减少库容,影响水库的正常运行,还有可能产生碍航,影响水库的经济效益。

大的河流、水库区域内的公路大部分循河岸、库岸延伸,一面傍山,一面临水,并大量采用半填半挖形式,形成库岸路基。目前,无论是国家干线公路网,还是庞大的农村公路网,都处于快速建设期,大量公路沿江、河、湖、水库布置路线,也将不可避免地形成大量的库岸路基。

塌岸不但是库区最主要的地质灾害,还对库区路基稳定性产生重大影响,是库岸公路运营安全的重要影响因素之一,因此必须重视水库塌岸,需要对山区水库塌岸历史、现状进行充分调查,综合分析水库塌岸破坏特征、破坏机制,划分山区库岸塌岸的主要类型,揭示塌岸过程及其发展规律,阐明库岸坍塌的主要影响因素,从而为水库塌岸预测、公路选线、路基防护等提供参考。

随着我国大量山区公路的建设,库岸公路的里程越来越长,水库岸坡的稳定性对沿岸公路安全的影响越来越受到重视。本篇在搜集和分析国内外相关研究资料的基础上,通过室内大型物理模拟试验,研究水库塌岸的特点及典型模式、水库塌岸机理及机制、水库塌岸预测指标及获取方法、水库塌岸预测方法等内容。本篇的研究成果对山区库岸公路的建设、安全运营和维护等均具有借鉴意义,对研究水库岸坡的稳定性及加固处治技术等也具有一定工程应用价值。

1 土质库岸塌岸机理

对水库塌岸机理的研究离不开对塌岸影响因素的研究,因为影响因素直接决定塌岸的机理,不同的塌岸事故之所以机理有所不同,归根结底就是因为影响因素不同。水库塌岸的影响因素中,岸坡的地质特性是最主要的影响因素。

1.1 水库岸坡结构类型

水库岸坡的结构类型多样,且不同地区、不同地质条件下的水库岸坡结构有着显著差异。为了便于研究,有必要在搜集分析大量资料和现场调查研究的基础上,对水库岸坡结构进行分类。

从组成岸坡的地质结构及物质成分角度,可将山区水库岸坡分为土质岸坡、岩质岸坡和土岩混合岸坡三大类。各类又包含若干个亚类,分述如下。

1.1.1 Ⅰ类:土质岸坡

土质岸坡,也称为"土质库岸",它是指最低库水位以上岸坡全部由土体组成的岸坡。岸坡土体既可能是天然沉积土体,也可能是人工填土;既可能是粗粒土体,也可能是细粒土体;既可能是物理力学性质一般的土体,也可能是物理力学性质特殊的土体。在实际工程中,应结合具体的岸坡土体类型、物理力学性质等再进一步细分不同的亚类。

1.1.2 Ⅱ类:岩质岸坡

岩质类岸坡,也称为"岩质库岸",它是指最低库水位以上、最高洪水位以下岸坡全部由岩体组成的岸坡。岸坡岩石既可能是软岩,也可能是硬岩;既可能是沉积岩,也可能是岩浆岩,还可能是变质岩;岸坡岩石的风化状态可能是全风化、强风化或中风化;岸坡岩石既可能是物理力学性质一般的岩石,也可能是物理力学性质特殊的岩石。在实际工程中,应结合具体的岸坡岩石类型、物理力学性质等再进一步细分不同的亚类。

1.1.3 Ⅲ类:土岩混合岸坡

土岩混合岸坡,也称为"土岩混合库岸",它是指最低库水位以上、最高洪水位以下岸坡部分由岩体组成、部分由土体组成的岸坡。通常而言,土岩混合岸坡下部岸坡由岩体组成,上部岸坡由土体组成;由于地质构造作用,也可能相同高程的岸坡部分为岩土,部分为土体。就组成岸坡的岩体而言,可能是软岩,也可能是硬岩,还可能是软硬互层岩石;就组成岸坡的土体而言,可能是粗粒土,也可能是细粒土。在实际工程中,应结合具体的岸坡岩石、土体类型等再进一步细分不同的亚类。

1.2 土质库岸破坏类型

土质岸坡发育于岸坡坡度较陡的库岸段,主要为残积、重力堆积的黏土、粉质黏土。通过大量野外调查、模拟试验研究,在分析岸坡在库水作用下的变形破坏机理基础上,得出山区土质库岸破坏类型可分为坍塌型、冲磨蚀型和滑移型等类型。

1.2.1 坍塌型

坍塌型破坏是指土质岸坡坡脚在库水长期作用下,基座被软化土质库岸破坏类型或淘蚀,岸坡上部物质失去平衡,发生局部下错或坍塌,而后被江水逐渐搬运带走的一种土质库岸破坏类型。它的显著特点是垂直位移大于水平位移,与土体自身质量具有直接相关性。坍塌型破坏的库岸再造分布范围广,涉及岸线长,一般发生在地形坡度较陡的土质岸坡内。坍塌型破坏具有突发性,特别容易发生在暴雨期和库水位急剧变化期。三峡库区产生坍塌型破坏的库岸比较普遍,主要发育于厚层砂土、粉砂土和粉质黏土(巫山"黄土状"土)岸坡带。

坍塌型破坏主要发生在由黏质土组成的坡度较陡的库岸段。一方面,受库水的影响,由于块石体与黏土岩物理力学性质的差异,黏质土底部土石体被冲刷、剥蚀,在渗流及自身重力(以下简称自重)的作用下,上部土体会失去平衡,从而产生坍塌破坏;另一方面,库水使存在卸荷裂隙的土体承受侧向水压力,从而使岸坡失稳,产生坍塌破坏。此外,一部分粉砂岩、泥质粉砂岩、粉砂质泥岩与黏土岩组合库岸段,在岸坡坡度较陡时,也会产生这一类破坏形式。

坍塌型破坏又可进一步划分为冲刷浪坎型破坏、坍塌后退型破坏和塌陷型破坏三类。

(1)冲刷浪坎型破坏是指在水流冲刷、浪蚀等作用下,水边线附近小范围的岸坡土体发生破坏,随着水位及波浪的下移,下级水边线附近土体又发生类似的破坏,最终表现为阶梯斜坡状,且这种破坏高度与风浪爬高间有明显的对应关系的破坏。

(2)坍塌后退型破坏是指在水流冲刷、侧蚀作用下,岸坡坡脚被掏蚀成凹槽状,随后在岸坡重力、地下水外渗等作用下发生的条带状或窝状的倾倒型破坏,是一种最主要、最常见的坍塌型破坏,具有坍塌后退速度快、后退幅度大、分布岸线长、持续时间长、突发性强的特点。

(3)塌陷型破坏是指由于岸坡局部发生凹陷,土体在自重、地下水静水压力和动水压力作用下,周围土体由四周向中心发生的变形破坏。

1.2.2 冲磨蚀型

冲磨蚀型破坏是指在库水、风浪冲刷、地表水及其他外部营力的作用下,岸坡物质逐渐被冲刷、磨蚀,而后被搬运带走,从而使岸坡坡面缓慢后退的一种库岸破坏形式。它是近似于洪水期平原区河岸再造的一种库岸破坏,是非淤积且稳定性较好的岸坡中存在的一种较普遍的库岸破坏。这种类型的库岸破坏一般发生在地形坡度较缓的土质岸坡及软岩岩质岸坡的残坡积层和强风化带,具有缓慢及持久的特点,规模一般较小。

1.2.3 滑移型

滑移型破坏主要是指岸坡岩土体在库水的物理化学作用、静水压力、水位波动的渗透力、自重、降雨及其他因素的综合作用下,沿坡体中已存在的或潜在的某一软弱面、已有的滑动面向临空方向及江河发生整体滑移,产生一定规模的滑移失稳破坏。滑移型破坏可能包括推移、旋转,还可能同时发生侧向扩展和流动。滑移型破坏主要发生在坡度较陡或遇水易软化的岸坡中,表现特征为岩土体的水平位移较大,规模大,危害性强。

1.3 土质库岸失稳破坏过程

水库塌岸的过程,就是在库水的作用下,原岸坡的破坏和新岸坡的形成过程。水库蓄水到一定高程时,库岸岩土体遭受浸水和波浪的冲蚀以及受岸边张裂隙的影响会开始坍塌。坍塌的快慢取决于岩土体的强度和结构以及波浪能量的大小。如果原始岸坡较高,经过一段时间在冲蚀的地方会形成浪蚀龛,坍落物会在水下斜坡初步形成浅滩的雏形。随着浪蚀龛的加深,上部岩土体受重力作用会塌方,岸壁会随之后退。塌落物体部分被沿岸流运走,部分被浪运向深处堆积下来,使浅滩逐渐发展壮大。水库放水会使库水位消落至较低位置,在此库水位附近出现浪蚀龛和岸坡后退以及浅滩加宽,库岸上部受冲蚀会变得更平缓。水库蓄水再次到高水位时会继续掏蚀库岸,使岸壁后退,并到第二次消落水位时使浅滩继续扩大。水库高低水位不断轮回变化,会使边岸不断改造。水下浅滩的发展会减小近岸带的水深,加长波浪击岸的路程,削弱波浪冲蚀库岸的能力,从而减慢库岸再造的过程。当浅滩增长到足以消耗奔向库岸的波浪的全部能量时,冲蚀和堆积就基本停止下来,库岸不再后退,水下浅滩停止发展,水上和水下岸坡都达到相对稳定状态。

水库蓄水后,库岸原有的平衡状态被打破,在风浪、温度应力、重力、河流、水流等各种地质营力的综合作用下发生岸坡的再造。水库的边岸轮廓受激浪作用导致破坏变化的过程称为磨蚀作用。磨蚀作用在激浪带内常形成浪蚀龛,这种磨蚀作用又称为掏蚀。在自重、张裂隙及一些偶然外力的作用下,库岸会发生坍塌破坏。

在磨蚀的长期作用下,在激浪带会形成浪蚀龛,如果浪爬带的坡脚较陡,则磨蚀作用的产物不会堆积;如果该段岸坡较缓,磨蚀作用的产物就会在此形成堆积。同时,由于浪蚀龛的形成破坏了其上部坡体的稳定,上部坡体可能会发生倾倒或塌落。如果水库水文条件不变,经过库水的长期的作用后,岸坡的破坏将趋于稳定。

事实上,水库由于其水文条件变化、人工调节等因素的控制,水位是在变幅带内不停变化的,磨蚀作用也自然随水位的变化而在库岸的不同高程起作用。从概率的角度来看,在水位变幅带内每一高程位置的岸坡会经受同样的作用过程,或者说具有均等的机会接受磨蚀作用,即在短时间内只是水位变幅带内部分岸坡受到作用,经过较长时间后,整个水位变幅带内的岸坡都会受到这一过程的控制。

通过对大量土质岸坡模型实际坍塌破坏过程的分析和比较,可以将波浪造成土质岸坡坍塌破坏的普遍过程描述为:首先,波浪在岸线附近破碎,随即形成向前的涌浪对直立土坎根部进行淘蚀,波浪回落时在冲刷面上形成的回流不断将淘蚀的土体带走,在斜坡上形成堆积。由于黏土本身具有一定的黏结强度,较长时间后,土质岸坡坡脚沿岸形成内凹的空洞(土龛),土龛上部形成悬空的土体,当内凹达到一定深度时,悬空土体就会向下坍塌,接着波浪又对新形成的直立土坎进行淘蚀,形成新的土龛,土龛上部的悬空土体又发生塌落,周而复始,最终表现为整个土质岸坡的坍塌破坏。土质岸坡坍塌破坏的程度,即土质岸坡坍塌稳定时的冲刷深度,一般情况下波高越大,土质岸坡密实度越低,土质岸坡坡度越陡,冲刷深度越大。

土质岸坡塌岸破坏过程的详细示意如图 1-1-1 所示。可将波浪对土质岸坡的冲蚀过程分成三个阶段:第一阶段,波浪对土质岸坡坡脚部位的淘刷,即步骤 1 ~ 步骤 4 [图 1-1-1a) ~ d)];第二阶段,土龛悬空土体的崩塌,即步骤 5 [图 1-1-1e)];第三阶段,崩塌下来的土体被波浪回流带走,即步骤 6 [图 1-1-1f)]。

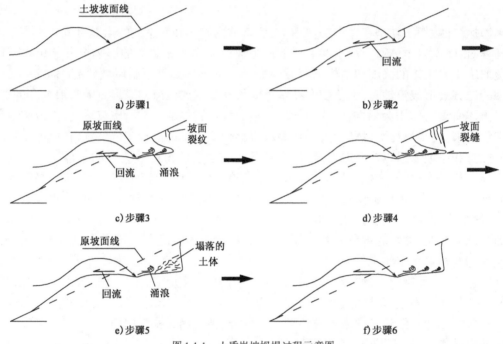

图 1-1-1　土质岸坡坍塌过程示意图

黏性土质岸坡在波浪作用下的坍塌破坏,与波浪对散体斜坡的连续冲刷有所不同,它是通过若干次崩塌而逐渐发展起来的,是一种重复的坍塌破坏。

经过上述过程的重复作用,当岸坡的坡度和其相应的长度达到某一特定值时,在现有水文、地下水动水压力条件不变的前提下,对岸坡的磨蚀作用力与其抵抗作用力相平衡,岸坡的再造进入相对稳定状态。

崩塌下来的土体在被水流挟带走前,堆积在直立土坎根部,使得土质岸坡难以进一步被冲蚀。同时,回流输运土体也需要一定时间,这也延迟了土质岸坡被进一步冲蚀。当土质岸坡坍塌到一定的深度时,由于破波后涌浪朝土坎根部前进的距离过长,能量损失殆尽,不能形成有效的冲蚀,这时土质岸坡不再发生坍塌,整个土质岸坡形态趋于稳定。

由以上分析可知,波浪造成土质岸坡坍塌破坏的根本原因在于以下两个方面:

(1)波浪破碎后形成向前的涌浪对直立土坎根部形成的淘蚀。

(2)波浪回落时在冲刷面上形成的回流将坍塌的土体挟带走。由于一般土体具有一定的黏结强度，在土质岸坡发生坍塌的剪切面上形成一定的抗拉强度，能够承受挂空土体自重产生的弯拉应力，这是造成土质岸坡间断性坍塌的力学条件。

1.4 土质库岸塌岸因素及失稳条件

1.4.1 引起土质库岸失稳的因素

导致水库塌岸的因素有内因和外因。其中，地形地貌、地层岩性及地质构造条件、风化程度等是促使塌岸的内因，水库水位升降、水文地质条件、波浪作用、水位变动作用等是影响塌岸的外因。内因是塌岸的根本原因，外因是塌岸的重要影响因素，塌岸的过程是各种内因和外因共同作用的结果。

1）内因

（1）地形条件。

山区河流较平原河流对水库塌岸造成的影响大，低平的平原岸坡坡度较缓，近似于水库天然冲刷坡的坡度。在山区，尤其是靠近水库的正常蓄水位以下边坡较陡并且有大量松散物质或岩体结构面组合的不稳定体，塌岸现象较严重。水库蓄水初期，水流对工程的影响更加强烈，凸形坡较凹形坡更易发生塌岸。

水库凹岸受波浪影响小，易形成浅滩，塌岸宽度较小，水库凸岸三面临水，易遭受波浪冲刷磨蚀，塌岸宽度大、产生速度快。

（2）岸坡的地层岩性条件。

由坚硬岩石组成的库岸，稳定坡角较大，不易发生塌岸；松散堆积物组成的库岸，除卵砾石外，所形成的库岸坡度较小，塌岸较严重。粉、细砂的抗冲刷性弱，易形成大量坍塌，进而形成宽而缓的浅滩。砂砾石的抗剪强度大、抗冲刷性较强，会发生少量坍塌，形成窄而陡的浅滩。

（3）岸坡结构。

岸坡结构包括岸坡形态与岸坡组成。库岸形态是指库岸高度、库岸坡度、库岸的沟谷切割及岸线弯曲情况等。库岸越高、越陡，塌岸就可能越严重；反之，则轻微。水下岸形陡直、岸前水深的库岸，波浪对库岸的作用强烈，塌落物质被搬运得也较快。当库岸坡度小于10°时，一般不发生塌岸。在平面形态上地形切割严重、岸线弯曲的库岸塌岸严重，特别是突咀、凸岸三面临水；平直岸和凹岸则较轻微。

岸坡组成包括土体类型（粒径大小）、成因类型、固结和密实程度等。调查显示，一般情况下土体颗粒粒径越大，塌岸预测参数越大；级配好的土体岸坡塌岸预测参数一般大于级配差的；固结和密实程度高的土体岸坡塌岸预测参数则大于固结和密实程度低的。因此，一般形成年代久的塌岸预测参数往往大于形成年代近的土体岸坡塌岸预测参数。

2）外因

（1）水文地质条件。

水库水位抬升引起库岸水文地质条件改变，水向库岸土体渗透，使岩土体物理力学性质恶化，影响库岸的稳定。水对岩土体的物理作用主要是润滑、软化和泥化。润滑作用会使岩土体的摩擦角减小；软化和泥化作用使岩土体的力学性能降低，黏聚力（黏聚力）和内摩擦角减小。

水对岩土体的化学作用主要是通过水与岩土体之间的离子交换、溶解作用(湿陷)、水化作用(膨胀)、水解作用、溶蚀作用等实现。水对岩土体的化学作用越强烈,土体越容易分解,其塌岸预测参数往往越小。

水库回水的抬升会促使地下水水位上升,引起库岸岩土体的湿化和物理、力学、水理性质改变,破坏岩土体结构,大大降低其抗剪强度和承载力,使塌岸容易发生;随着库水位的上升,地下水位亦上升,地下水的坡降减缓,动水压力降低,暂时有利于库岸的稳定;当库水位再度消落时,会增加地下水动水压力,会使库岸的稳定性显著降低。

(2)降雨条件。

岸坡区一般雨量充沛,且多暴雨、连续降雨,上部粉质黏土夹碎石为透水层,下伏基岩多为砂岩泥岩互层,可看作相对隔水层,会使地下水入渗到岩层顶面时受阻,顺沿岩层顶面运移。水对岩体的物理力学性质的影响,包括水对坡体物质的软化作用,对软弱带或变形集中带的抗剪强度的弱化作用。人类工程活动产生的污水会使土体产生有机黏膜,显著降低岩体强度,使坡体失稳。水对坡体的水力学作用,包括静水压力、浮托力、渗透动水压力。地下水的物理化学作用形式和坡体的岩土体的介质类型有关,即主要和岩土体的透水性能有关。

(3)风(波)浪冲刷作用。

波浪对库岸进行不断冲刷、搬运和堆积,将直接影响塌岸的速度和宽度。水库蓄水试运行期间,当水库水位快速下降时,原来被顶托而壅高的地下水对岸坡岩土体的动水压力快速增大,此时塌岸最易产生。波浪越高,作用时间越长,则波浪的侵蚀与淘刷作用就越强,当能被搬运的塌落物粒径大、运移速度快且距离远时,形成的浅滩也就宽而缓。

调查显示,波浪的规模取决于过往船只的规模、行驶速率或者风速、风的作用时间以及风的吹程。一般来说,船只规模越大,行驶速度越大,则产生的波的能量就越强;同样,沿某一方向的风速越大,风时越长,风区越长,该方向的波浪也越大。波浪的冲刷和研磨作用会使江岸逐渐后退。波浪越大,作用时间越长,塌岸预测参数也就越小。

库水涨落是岸坡变形破坏的直接影响因素。同时,水流冲刷也会改变坡体的临空状态和应力分布状况,使岸坡失稳。

(4)人类工程活动。

合理的人类工程活动往往有助于岸坡的稳定,不合理的人类工程活动会使原先稳定的岸坡变得不稳定,加快库岸塌岸进程。人类对坡体的改造会使坡体松动,使地下水的作用增强,并将进一步恶化岸坡的稳定性。

1.4.2 岸坡失稳坍塌的动力条件

1)水流动力作用

由于水库一般比较狭窄,水库蓄水运行期间,库水动力作用强烈。河流是河道和水流两部分相互作用下的水流运动。河道中的水体运动承受重力作用、河道边界的阻力及泥沙的作用,在不同的边界条件下出现不同的流动状态。

河道的平面形态常常是弯曲蜿蜒的,横断面的大小和形状具有沿程变化特征;河床纵剖面是起伏不平的,平均底坡也具有沿程变化特征;河流的水位、流量也会随某些因素而改变,即河水的流动是以非恒定流的形式运动的。下面对几种最常见的水流运动方式做简单描述。

河湾水流是河道中常见的水流现象,是一种三元运动。在河湾处,水流受离心惯性力和重力的联合作用,形成水面的横向比降,水流除沿河道的纵向流动外,在横断面上还发生横向和垂向的运动,从横断面上看像是环流,而从整个河道水流来看,实际上是横向运动与纵向运动结合的螺旋流。在螺旋流的作用下,河流的凹岸受到冲刷,泥沙被水流带到凸岸淤积下来。

在比较顺直的河段中,当水流随时间变化剧烈时,也常常产生较微弱的环流,称为次生流。当河流涨水时,两岸水位低于断面中间水位,产生河底水流向两岸分散的两个环流,称为分散流。当河流退水时,产生向河底聚集的两个微弱环流,称为集合流(图1-1-2)。此外,在比较宽浅的河道中也会出现成对的次生环流。

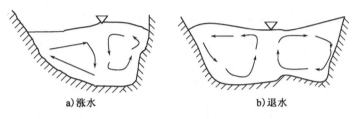

图 1-1-2 库岸环流作用示意图
注:箭头表示水流方向。

当河道的平面宽度突然增大时,在两侧会形成竖轴回流,当水流夹沙时,在两侧也可能发生淤积。水流在低速流动时属于层流,具有"一层一层剪切过去的水的平行层"特征,剪应力与层流对运动的阻力成正比。理论上认为层与层之间不会混合,在这种条件下,流水作用是不能支持颗粒悬浮的,但这种情况在天然的河道中是不存在的。

在河道中水流受到局部扰动时,流线会发生弯曲,因此在相邻的流线之间就会发生流线的分异,有些地方流线分散,有些地方流线密集。流线分散处流速低、压强大;流线密集处流速高、压强小,因而形成压力差,压力差使得流线进一步扭曲,压力差的增大会使扭曲不断发展,最后形成水体涡漩。通常情况下,河道周界粗糙度会使河水对河床壁产生涡漩冲刷。由于河道的周界都具有一定的粗糙度,当流速达到某一值时,粗糙凸出体背后,水流由于受扰动使得流线发生分离形成涡漩。在涡旋中,由于涡旋的掺混作用引起质点动量的交换,产生脉动流速及相对的紊动切应力,该剪切应力(又称启动拖曳力)是河床颗粒物启动的一个重要因素和作用力。

由于紊动具有脉动特性,而引起颗粒物质启动的拖曳力也具有脉动特征,即具有间歇性和准周期性,所以颗粒物质的启动是一种随机运动,只能通过统计的方法来计算。

在河道中,河床和岸壁一般都是由泥沙组成,河道的周壁相当粗糙,河道中的水流雷诺数很大,除局部流区外,其雷诺数都超过临界值,因此一般都为紊流。水流的紊动会增加能量的消耗,同时紊动又具有扩散性,在其运动过程中,紊动扩散伴随着水流的能量、动量、热量以及质量的传递。由于紊动剪切作用,河道周界上的泥沙会被冲刷并扩散到水流中,形成携沙水流。

2) 风浪作用

在影响库岸形成的各个因素中,水库水面在风力作用下形成的波浪对库岸的作用力一般是最活跃的外营力,占主导地位。

(1)风浪的形成。

库水在重力、风荷载等作用下产生的波浪称为风浪。当水深大于半个波长时,风浪传播为深水波,反之为浅水波。最简单的波形式是波速、周期、振幅不变的谐波,实际中波浪都是由很多个不同周期、波速、振幅、初相位的谐波组合而成的驻波。

空气气流的速度通常是不均匀的,带有很大程度的随机性和突发性,具有紊流运动特征,并会在水面形成不均匀分布的气压,其结果是形成不同高度与长度的波浪。大尺度波浪能较好地保留风所传递的能量,风作用下小波浪会逐步发展为巨浪。受风的作用生成的波动,可以传到风作用范围以外的很远距离,形成余波,其储存着风传递给它的巨大能量,风浪凭借这个能量来做功,其值可按下式确定:

$$E = \frac{1}{8}h^3 L \tag{1-1-1}$$

式中:E——波前的总能量;

h、L——波浪的波高、波长。

许多研究者和海上工作人员的研究和观测表明,在辽阔的洋面上波浪的波长可达400m,波高可达十余米。当然在内海和湖泊的波浪要小得多。例如,在北海波浪长度可达125m,高达9m;地中海最大波浪高度是6m;波罗的海最大波浪高度是5m;黑海的波浪高度可达4m。水库中的最大波浪高度小很多,如第聂伯水库最大波浪高度为1.6m,伏尔加格勒水库是1.8m,雷宾斯那耶水库是2.5m。在高山峡谷型水库,其蓄水后的水面宽度与蓄水前的变化不大,冲程很小,加之河道峡谷形态曲折,风向复杂多变,很难形成持续的定向风气流作用,因而在这种水库的水面很难形成较大的和定向的风浪作用。同时,由于其水位变化幅度较大,河道峡谷的形态复杂,河流的流水作用也较复杂,所以高山峡谷水库的地下水动力水压力条件更显得复杂。

波浪的大小与水域面积的大小,即冲程$D(\text{km})$、风速$v(\text{m/s})$及风作用的时间$t(\text{h})$等因素有关。

为了预测波浪的大小,许多研究者曾推荐了许多经验或半经验公式。例如,别尔根建议用下式来确定风浪的高度和长度:

$$\left.\begin{array}{l} h = \dfrac{\dfrac{1}{3}v}{\left(1 + \dfrac{6.7}{D}\right)\left(1 + \dfrac{1.86}{t}\right)} \\[2em] L = \dfrac{12.34v}{\left(1 + \dfrac{47.9v}{D}\right)\left(1 + \dfrac{13.31}{t}\right)} \end{array}\right\} \tag{1-1-2}$$

式中:h——风浪的波高(m);

v——风速(m/s);

D——冲程(km);

t——风作用的时间(h);

L——风浪的波长(m)。

根据斯季文松的建议,浪高与冲程具有下列关系:

$$h = 0.37\sqrt{D} \tag{1-1-3}$$

(2)波浪质点的运动形式。

早期的波浪质点研究资料显示,作用于水面的风迫使水质点在沿其前进方向的垂面上做圆形运动,后来在海上及暴风水域的观测表明,波浪的形状不是圆形的,也不像正弦曲线。实际上,波浪在波峰处较尖,而在波谷处较平缓舒展。

目前,海洋波动动力学已经做出了波浪质点的运动轨迹的解析解,在质点小振幅波动的条件下,得出波浪质点的运动轨迹为不同类型的椭圆,如图 1-1-3 所示。设波进行传播的水平方向的半轴为 A,铅直方向的半轴为 B,它们随深度增加而减小,A 变化较 B 缓慢,在水底处 B 减小到零,A 不为零,质点椭圆轨迹两焦点的距离对同一波动是一定值。

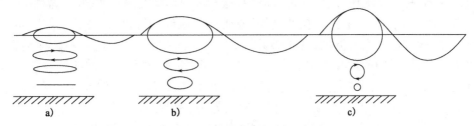

图 1-1-3　波浪质点运动形式示意图

在深水中时,深水波中波浪质点的轨迹可认为是圆,其半径随深度位置指数衰减。在水深 $h = L/2$ 处,圆半径与表面的轨迹圆半径相比已经很小,几乎可以忽略不计。

在浅水中时,波浪质点的水平位移振幅可认为是常数,不随水深位置而变化;铅直位移振幅随水深位置的增加而线性减小直至为零。

多个波叠加后会形成驻波,实际中存在的波基本都是驻波。驻波中波浪质点的轨迹是一小段直线,以平衡位置为中心沿某方向做简谐振动。在波节处波浪质点沿水平方向做直线振动,在波腹处波浪质点沿铅直方向做直线振动。在波节处的波浪质点速度是最大值,加速度为零;波腹处的波浪质点运动速度为零,但其加速度是最大值,驻波波浪质点的轨迹示意图如图 1-1-4 所示。

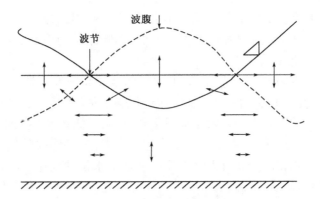

图 1-1-4　驻波波浪质点轨迹示意图
注:箭头表示波浪质点运动方向,三角形表示水面线位置。

(3)破碎波与近岸流波浪从深水向水库库岸传播,波面不断变形,最终以某种形式发生破碎,波浪能量会以湍流和底摩擦的形式损失,最终消失。波浪破碎后,有的破碎波波面不失去水平方向的对称性,继续传播至岸坡附近,有的破碎波卷倒后以段波形式向前推进。破碎波自破碎点开始经历的距离称为破浪带宽度,简称破浪带。破碎点的连线称为破浪线。根据破碎波的波面形态和破碎过程,可以分为溢波、卷波、振动波及溃波(或崩波)4种类型。波的破碎一般依赖于海底坡度和深水波的特征。波浪在非常缓和的坡度上发生破碎时,波面基本保持水平方向的对称性,在破碎点附近的波峰前侧开始出现少量浪花,然后浪花沿波面逐渐向下蔓延(在海岸附近的波面前侧会布满泡沫),随后波浪消失,这种破碎波称为溢波。波浪在较陡坡度上发生破碎时,波面随深度变化出现不对称,直至前侧变成铅直形,进而向前卷倒冲击波谷,这种破碎波就是卷波。当波浪在非常陡的坡度上发生破碎时,波峰基本上保持不破,水体以湍流形式移向海岸,滑上岸坡,然后退回海中,这种破碎形式类似驻波振动,这种破碎波称为振波。还有一种破碎波介于卷波和振波之间,波面前侧底部变得铅直,波的基部开始破裂,并伴有破碎浪花,爬坡情形类似振波,这种破碎波称为溃波(或崩波)。这4种破碎类型之间并无严格界限,在自然界中的过渡类型很多,主要取决于海底坡度和深水波的波陡。一般来说,水底坡度较小,深水波波陡较大,易出现溢波;水底坡度较大,深水波波陡适中,易出现卷波;水底坡度陡峭,易发生振波;溃波则出现在卷波与振波的过渡状态。

在破碎波的理论分析中,其破碎有3个判断标准:运动学判断标准为波面水质点的速度等于波速,水质点沿水平方向脱离波面而破碎;动力学判断标准为波峰水质点铅直加速度等于重力加速度,水质点沿铅直方向脱离波面而破碎;几何学判断标准为波面某部分的几何形状变铅直,水质点脱离波面而破碎。

波的破碎深度接近于波高,很多学者依据运动学判断标准给出破碎波波高 H_b 与破碎深度 h_b 的关系如下:

$$H_b = K_b h_b \tag{1-1-4}$$

式中:K_b——比例系数。

1.5 土质库岸塌岸机理研究

由于库岸的破坏是在多种力的复杂耦合作用下发生的,因此探究库岸发生塌岸的机理就必须从力学上来处理。本节从库岸塌岸的发生发展、影响塌岸的主要因素以及地下水作用的角度来分析塌岸的形成机理。

从影响库岸塌岸的内因和外因来看,除了库岸的地质特征及构造外,主要影响因素还是水。在水的静水压力、动水压力、冲刷力、渗流力及土体的重力作用下,库岸会发生塌岸地质灾害。地下水的作用和影响主要体现在软化和泥化岩土体,降低其抗剪强度,导致孔隙水压力增加,加剧各种动、静水压力作用,使岸坡趋向不稳定方向发展,并协同其他各种不利因素,导致岸坡产生失稳破坏。库水位的变化首先会引起岸坡地下水位的变化,进而会引起岸坡地下水的水力坡度、流速、流量、水质、水温、水盐运移规律的变化,这些变化将会引起岸坡地质灾害的发生。因此,在库水位变化情况下,考察地下水变化规律对于研究岸坡稳定性具有十分重要的意义。

1.5.1 库水作用对库岸岩土体产生的弱化效应

地下水普遍赋存于边坡岩土体中,它与岩土体的相互作用可以归纳为两个方面:一方面,地下水与岩土体发生的物理和化学相互作用,使岩土体与地下水的性质不断发生变化。从岩土力学观点来看,地下水对岩土体有软化作用,从而影响岩土介质的变形和破坏。另一方面,地下水与岩土体间发生的力学方面的相互作用,不断改变着双方的力学状态和特性。从岩土力学角度看,地下水对岩土体的力学作用主要表现为动水压力、静水压力及浮托力。运动着的地下水对岩土体产生三种作用,即物理作用(包括润滑作用、软化和泥化作用、结合水的强化作用)、化学作用(包括离子交换、溶解作用、水化作用、水解作用、溶蚀作用、氧化还原作用、沉淀作用、渗透作用)、力学作用(包括孔隙静水压力和孔隙动水压力作用)。在非饱和土体中还存在一种基质吸力,因此,在工程地质学研究中,必须考虑岩土介质性质和力学作用,即水岩之间的相互作用,这是岩土工程研究的前沿课题之一。

1)库水的物理作用引起岸坡岩土体性质的变化

(1)润滑作用。

处于岩土体中的地下水,在岩土体的不连续面边界(如未固结的沉积物及土质岸坡的颗粒表面或坚硬岩石中的裂隙面、节理面和断层面等结构面)上产生润滑作用,使不连续面上的摩阻力减小,使作用在不连续面上的剪应力效应增强,诱发岩土体沿不连续面产生剪切运动。地下水对岩土体产生的润滑作用反映在力学上就是使岩土体的内摩擦角减小。

(2)软化和泥化作用。

地下水对岩土体的软化和泥化作用主要表现在对岩土体和岩体结构面中充填物的物理性状的改变上。岩土体和岩体结构面中的充填物,随含水率的变化发生由固态向塑态直至液态的软化效应。一般在含有泥化夹层的情况下易发生泥化现象。软化和泥化作用使岩土体的力学性能降低,黏聚力和内摩擦角值减小。不同胶结程度及不同强度的岩石对水岩作用的敏感度不同,很多学者对岩土体的水弱化性进行了研究。

2)库水的化学作用引起岸坡岩土体性质的变化

岩土体是由各种矿物颗粒或矿物集合体组成。岩土中的矿物有原生矿物、溶于水的次生矿物、不溶于水的次生矿物和有机质。水化学作用会使岩土体的矿物成分、胶结物溶解,使某些成分结晶、沉淀,导致岩土的孔隙率、土颗粒的排列方式等微观结构发生变化,改变岩土体性质,使岩土体天然的强度、变形特性发生变化。

黏性土的复杂结构易受外界条件影响而发生变化,它不仅易受水的压缩、剪切、浸湿等作用,而且易受水的渗透和水溶液的化学性质(离子成分、pH值)的影响。黏土矿物成分和结合水及其与水溶液的相互作用是决定黏性土结构特性的基础,黏性土结构特性决定了黏性土的物理力学性质和水理性质。在一定受力条件下,水渗透、化学作用会引起土颗粒胶结物及土中矿物表面、矿物成分等物理、化学性质的改变,使黏性土的结构构造发生变化,从而影响土的力学性质。水化学作用与岩土体的结构构造、成分的多重耦合作用是制约土的强度、变形、渗透性的最主要因素。

库水的化学作用主要包括地下水与岩土体之间的离子交换作用、溶解作用(黄土湿陷及岩溶)、水化作用(膨胀岩的膨胀)、水解作用、溶蚀作用、氧化还原作用、沉淀作用以及渗透作用等。

(1) 离子交换作用。

地下水与岩土体之间的离子交换作用是指土体颗粒上的离子和分子与地下水的一种交换过程。能够进行离子交换的物质是黏土矿物,如高岭土、蒙脱土、伊利石、绿泥石、蛭石、沸石、氧化铁以及有机物等,主要是因为这些矿物中比表面上存在着胶体物质。地下水与岩土体之间常见的离子交换是:富含钙或镁离子的地下淡水在流经富含钠离子的土体时,地下水中的钙离子或镁离子置换了土体中的$NaNa^+$,一方面水中富集的$NaNa^+$会使天然地下水软化,另一方面新形成的富含钙离子和镁离子的黏土增加了空隙度和渗透性能。地下水与岩土体之间的离子交换作用使得岩土体的结构改变,从而影响岩土体的力学性质。

(2) 溶解作用和溶蚀作用。

溶解作用和溶蚀作用在地下水的演化中起着重要作用,地下水中的各种离子大多是由溶解作用和溶蚀作用产生的。天然的大气降水在渗入土壤带、包气带或滤渗带时,溶解了大量的气体,如 N_2、O_2、He、CO_2、NH_3、CH_4 及 H_2S 等,弥补了地下水的弱酸性,增加了地下水的侵蚀性。这些具有侵蚀性的地下水对可溶性岩石,如石灰岩($CaCO_3$)、石膏($CaSO_4$)、岩盐($NaCl$)以及钾盐(KCl)等产生溶蚀作用,溶蚀作用的结果是使岩体产生溶蚀裂隙、溶蚀空隙及溶洞等,增大了岩体的空隙率及渗透性。

(3) 水化作用、水解作用及氧化作用。

①水化作用是指水渗透到岩土体的矿物结晶格架中或水分子附着到可溶性岩石的离子上,使岩石的结构发生微观及宏观的改变,使岩土体的黏聚力减小。自然的岩石风化作用就是由地下水与岩土体之间的水化作用引起的。膨胀土与水发生水化作用,会发生大的体应变。

②水解作用是指地下水与岩土体(实质上是岩土物质中的离子)之间发生的一种反应,若岩土物质中的阳离子与地下水发生水解作用,会使地下水中的氢离子(H^+)浓度增加,增大了水的酸度,即 $X^+ + H_2O =\!=\!= XOH + H^+$。若岩土物质中的阴离子与地下水发生水解作用,则会使地下水中的氢氧根离子(OH^-)浓度增加,增大了水的黏度,即 $N^- + H_2O =\!=\!= HN + OH^-$。水解作用一方面改变着地下水的pH值,另一方面也使岩土体的物质组成发生改变,从而影响岩土体的力学性质。

③氧化还原作用是指电子从一个原子转移到另一个原子的化学反应。氧化过程是指被氧化的物质丢失自由电子的过程,而还原过程则是指被还原的物质获得电子的过程。氧化过程和还原过程必须一起出现并相互弥补。氧化作用发生在潜水面上的包气带,氧气(O_2)可从空气中源源不断地获得。地下水与岩土体之间发生的氧化还原作用,既改变着岩土体中的矿物组成,又改变着地下水的化学组成及侵蚀性,从而影响岩土体的力学特性。

以上所述的地下水对岩土体产生的各种化学作用大多是同时进行的,一般来说,这些化学作用进行的速度很慢。地下水对岩土体产生的化学作用主要是改变岩土体的矿物组成及其结构性能,进而影响岩土体的力学性能。

3) 库水作用对岸坡土石混合体直剪强度参数的弱化程度分析

三峡工程库区库岸边坡中大量存在的土石混合体是一种不同于土和岩体的高度非均质不连续体。李维树等基于三峡工程库区水位涨落将引起土石混合体含水率变化的特点,研究了土石混合体在不同含水率状态下直剪强度参数的变化规律,并在大量试验的基础上,建立了直

剪强度参数 c、φ 值与含水率之间的关系式,得出了不同碎石含量下 c、φ 值随着含水率变化的弱化公式,为分析库水作用对岸坡土石混合体直剪强度参数的弱化程度提供了量值依据。

(1)c、φ 值随含水率的变化规律。

现场原位直剪试验结果表明,当土石混合体由天然状态变为饱和状态时,试样的含水率明显增大,直剪强度参数 c、φ 值均随含水率的增大而有所降低,但是,降低的程度与含水率差值(即饱和状态含水率与天然状态含水率的差值)、碎石含量有明显的关系,即库水作用下岸坡土石混合体的直剪强度参数 c_2、φ_2 值与土石混合体的碎石含量、库水作用前的直剪强度参数 c_1 和 φ_1、含水率 w_1 和库水作用后的含水率 w_2 等值有关。

(2)直剪强度参数弱化程度的量化分析。

令 c_1、φ_1、w_1 分别表示库水作用前岸坡土石混合体的黏聚力(kPa)、内摩擦角(°)和含水率(%);c_2、φ_2、w_2 分别表示库水作用后岸坡土石混合体的黏聚力(kPa)、内摩擦角(°)和含水率(%);Q 表示土石混合体中的碎石百分含量(%)。则不同碎石含量的土石混合体在库水作用后的黏聚力、内摩擦角的计算公式为

① 当 $Q \leqslant 10\%$ 时,则

$$\left. \begin{array}{l} c_2 = c_1 \left[1 + \dfrac{0.052 (w_2 - w_1)^2 - 4.53(w_2 - w_1)}{100} \right] \\ \varphi_2 = \varphi_1 \left[1 + \dfrac{0.006 (w_2 - w_1)^2 - 1.30(w_2 - w_1)}{100} \right] \end{array} \right\} \quad (1\text{-}1\text{-}5)$$

② 当 $10\% < Q \leqslant 20\%$ 时,则

$$\left. \begin{array}{l} c_2 = c_1 \left[1 + \dfrac{0.053 (w_2 - w_1)^2 - 4.61(w_2 - w_1)}{100} \right] \\ \varphi_2 = \varphi_1 \left[1 + \dfrac{0.007 (w_2 - w_1)^2 - 1.42(w_2 - w_1)}{100} \right] \end{array} \right\} \quad (1\text{-}1\text{-}6)$$

③ 当 $20\% < Q \leqslant 30\%$ 时,则

$$\left. \begin{array}{l} c_2 = c_1 \left[1 + \dfrac{0.040 (w_2 - w_1)^2 - 3.87(w_2 - w_1)}{100} \right] \\ \varphi_2 = \varphi_1 \left[1 + \dfrac{0.008 (w_2 - w_1)^2 - 1.52(w_2 - w_1)}{100} \right] \end{array} \right\} \quad (1\text{-}1\text{-}7)$$

④ 当 $30\% < Q \leqslant 40\%$ 时,则

$$\left. \begin{array}{l} c_2 = c_1 \left[1 + \dfrac{0.035 (w_2 - w_1)^2 - 3.55(w_2 - w_1)}{100} \right] \\ \varphi_2 = \varphi_1 \left[1 + \dfrac{0.007 (w_2 - w_1)^2 - 1.44(w_2 - w_1)}{100} \right] \end{array} \right\} \quad (1\text{-}1\text{-}8)$$

⑤ 当 $Q > 40\%$ 时,则

$$\left. \begin{array}{l} c_2 = c_1 \left[1 + \dfrac{0.005 (w_2 - w_1)^2 - 1.26(w_2 - w_1)}{100} \right] \\ \varphi_2 = \varphi_1 \left[1 + \dfrac{0.005 (w_2 - w_1)^2 - 1.15(w_2 - w_1)}{100} \right] \end{array} \right\} \quad (1\text{-}1\text{-}9)$$

为了更加清楚地显示库水作用对岸坡土石混合体的弱化程度,图 1-1-5 和图 1-1-6 分别给

出了不同碎石含量的岸坡土石混合体在库水作用后黏聚力和内摩擦角的降低程度。

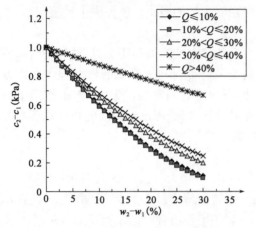
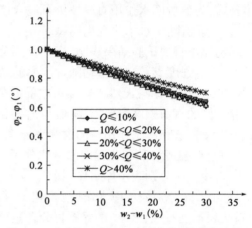

图 1-1-5　库水作用对岸坡土石混合体黏聚力的影响　　图 1-1-6　库水作用对岸坡土石混合体内摩擦角的影响

由图可知,库水作用主要影响黏聚力大小(特别是对碎石含量小于40%的岸坡土体),尽管内摩擦角的差值也因含水率差值的增大有所降低,但降低的程度明显小于黏聚力差值的降低程度。

1.5.2　库水位升降所引起的库岸受力变化

库水位上升时,库岸边坡浸水部分岩土体受到孔隙水压力(静水压力)作用,浸水部分岩土体的有效重量由天然重量变为浮重量,同时库岸边坡潜在的滑动面抗剪强度因浸水饱和而降低,导致边坡稳定性发生变化。库水位突然降低会使库岸内地下水位下降缓慢,使较大的水力梯度形成较大的动水压力,加大沿地下渗流方向的滑动力,此外还会形成较大的静水压力,增大下滑力,引起塌岸和滑坡。水位的突然下降会使地下水富集地段的岸坡的一部分地下水排出,使库岸所受到的浮托力突然减小,可能激发很高的超空隙水压力,使压密带抗剪强度急剧降低,导致岸坡失稳。

由此可见,无论是动水压力还是静水压力,都可能给岸坡岩土体造成较大的负面影响,而其作用大小主要受岩土体的渗透性控制。岸坡岩土体渗透性的差异会使其内部水的渗流方式表现为准同步型和滞后型两种。当岸坡物质渗透系数较大时,地下水位变化可与库水位的升降保持同步或滞后时间很短,其引起的力学效应较小;而当岸坡体物质的渗透系数较小时,地下水位变化会大大滞后于库水位的升降,此时引起的力学效应则较大。

1)岸坡被淹没部分受到的浮力作用

当水库开始蓄水时,岸坡下部首先被淹没,淹没部分会受到浮力作用,这种浮力作用可抵抗岸坡体的重力,使得坡脚部分的有效重力减小,造成整个岸坡体的抵抗力变小、稳定性降低。库水位在上涨的时候,对整个库岸形成一个向上的浮托力(图1-1-7)。由于有库水的浮托作用力及水与岸坡的物理和化学作用,加剧了岸坡向力学不平衡方向发展,使岸坡体内部的裂隙扩展,形成较大的裂纹,加剧岸坡的破坏。

2)库水位骤降产生的渗透水压力

若库水位每年升降变化很大,则当水位上升时(如洪水来临),应采取骤降泄洪。但当水库水位长期保持在一个水平面,突然发生急剧下降时,根据对渗流场的研究,存在于库岸边坡中的地下水的水位下降有一定滞后性,在这期间地下水位要高于库水位,此时在边坡中就会产生渗透水压力(图1-1-8),这将造成库岸稳定性降低。特别是在波浪掏刷作用下形成的波浪龛,在重力作用下形成拉应力,容易诱发库岸塌岸,特别是库岸边坡透水性小的时候,这种影响就更加明显。

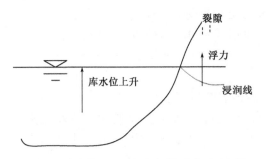

图1-1-7 库水位上升后岸坡受浮托力作用示意图　　　图1-1-8 库水位下降产生的渗透压力图

3)库岸坡脚坍塌造成岸坡抵抗力减少

水库蓄水时,库岸边坡被水淹没,使得边坡表层土饱和度增加,强度降低。另外,库内波浪作用,水库水位上升、下降时地下水的渗透作用等,会造成库岸坡脚被侵蚀和发生崩坍(图1-1-9)。通常这种破坏只是小规模的,但如果上部有大规模的滑坡体存在,或者存在古老的滑坡体,在突降暴雨或者地震力作用下,坡脚被侵蚀和发生坍塌也可能诱发上部土体滑坡。

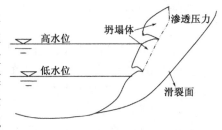

图1-1-9 水库蓄水造成库岸坍塌示意图

1.5.3　库水的冲刷作用与波浪作用

水库蓄水以后,库面水域变得更加开阔,吹程增大。由于风的作用以及库水的流动对库岸引起的冲刷作用,使库岸后移,并使河谷深切,使库岸边坡变高、变陡。库水冲刷坡脚,形成波浪龛,切断滑动面使之临空,失去底部土体支撑,使上部土体产生拉应力,岸坡的稳定平衡遭到破坏,产生坍塌失稳破坏。

尽管水库蓄水后水面开阔,吹程增大,但内河水库很少能产生很大的波浪,所以人们对于内河水库中波浪对岸坡的作用以及波浪对岸坡稳定性影响的研究相对较少。但是,随着大中型水库的兴建,一些水库已经具备了产生风浪的水域条件。

由于库区面积和吹程的增加,风浪作用对库岸的影响已不容忽视,如三峡水库蓄水后,水面平均浪高已达到1m。波浪在浅水前滩上传播时,能谱和波高分布都有明显变化,会影响建筑物上的波浪爬高和越浪,在这种情况下,波浪产生的压力可以引起岸坡内孔隙水压力的变化,产生渗流作用,增加超静孔隙水压力的值,减小有效压力的值。当有效压力减为零时,就会引起土体液化,有的还存在残余效应,产生残余孔隙水压力,此时土体极易失稳,可见水库波浪对于岸坡的稳定也有一定的影响,虽然在大多数情况下,这种影响没有海浪对于海岸及沿海建筑物的影响明显。波浪弯转回旋引起的次生环流极易引起岸坡冲刷,在多处海港中已经发现建筑物附近被冲刷的现象,如 Alaee 等在 Rajaee 港口门外,发现了一个很大的随季节移动的冲坑。由于土质岸坡遇水易软化特性,这种冲刷作用对于土质岸坡来说影响更大。

1)波浪作用下岸坡岩土颗粒受力分析

波浪作用下岸坡岩土颗粒(以下简称颗粒)的受力状态,大致可按波浪破碎时刻、波浪爬高时刻及波浪回落时刻划分。

(1)波浪破碎时刻坡面岩土颗粒受力特征。

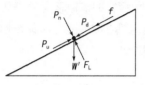

图 1-1-10 波浪破碎时刻坡面岩土颗粒受力状态

波浪破碎时刻,水质点以射流形式冲击岸坡上的岩土颗粒。在波浪入射点处,坡面岩土颗粒的受力状态如图 1-1-10 所示。

其所受作用力主要包括:

①垂直作用于坡面的正向波压力 P_n:因波浪水流冲击坡面而致。

②平行于坡面的向上或向下的水流力 P_u、P_d:包含水流进入颗粒上、下缝隙形成水流折射产生的上、下侧向作用力以及射流水体内部的扩散作用力。因波浪压力沿坡面上、下分布不一致,所以 P_u 与 P_d 可能不一致。

③平行于岸坡走向的作用力 P_L、P_R:主要是水流进入颗粒左、右缝隙形成水流折射产生的左、右侧向作用力。波浪压力沿岸坡走向的分布可以认为是一致的,P_u 与 P_d 基本相等,相互抵消。

④上举力 F_L:水体进入上、下层颗粒间的缝隙形成的浮托力。

⑤有效重力 W':颗粒在水下的重力。

⑥摩阻力 f:包括颗粒表面的摩擦力和颗粒间的嵌锁力。

(2)波浪爬高时刻坡面颗粒受力特征。

波浪破碎后,部分动能转化成势能,引起水流爬高,对坡面颗粒具有一定的冲刷、侵蚀作用。此时,坡面颗粒的受力状态如图 1-1-11 所示。

其所受作用力主要包括:

①水流拖曳力 F_D:水流向上运动产生的坡面摩擦力以及水流脱离颗粒表面形成的压力差(形状阻力),作用方向与水流方向相同,即顺坡向上。

②上举力 F_L:颗粒顶部的流速显著大于底部颗粒间渗透水流的流速,从而产生的压力差,作用方向垂直于坡面向上。

③有效重力 W':颗粒在水下的重力。

④摩阻力 f:包括颗粒表面的摩擦力和颗粒间的嵌锁力,与运动方向相反。

(3)波浪回落时刻坡面颗粒受力特征。

波浪回落时水体上爬高度逐渐减小,从而形成了沿坡面方向的水流——坡面流。此时的坡面颗粒受力状态如图 1-1-12 所示。

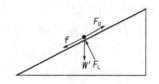

图 1-1-11 波浪爬高时刻坡面颗粒受力状态

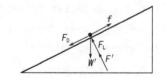

图 1-1-12 波浪回落时刻坡面颗粒受力状态

其所受作用力主要包括:

①水流拖曳力 F_D：作用方向为顺坡向下。
②上举力 F_L：作用方向垂直于坡面向上。
③有效重力 W'：颗粒在水下的重力。
④摩阻力 f：包括颗粒表面的摩擦力和颗粒间的嵌锁力，与运动方向相反。
⑤渗透反力 F'：岸坡表面水位下降形成水头差产生的负向动水压力及渗透压力等。

2）波浪对坡面的破坏作用

波浪对坡面的破坏作用可以分为三类：波浪破碎对岸坡的冲击，波浪爬高对颗粒的作用，回落坡面流对颗粒的冲刷。

(1) 对岸坡的冲击。

波浪破碎入射点处，造成颗粒运动的作用力有：平行于坡面的向上或向下的作用力 P_u 或 P_d 以及上举力 F_L。这些作用力的产生具有瞬时性，量值相对较大，在波浪破碎入射的瞬间，它们就使入射点旁边的颗粒迅速向上或向下飞动，在入射点处冲成凹坑，使入射点上方形成堆积，使下方颗粒向下翻滚，如图 1-1-13 所示。

(2) 波浪爬高对颗粒的作用。

波浪破碎后形成的上爬水流与波浪回落形成的水流相比，上爬水流存在时段很短，流速较小，而且流态十分紊乱，加上颗粒自身重力和粒间阻力作用，上爬水流很难使颗粒产生较大的位移，只能使颗粒在原来的位置做较大的晃动，或达到冲刷起动的临界状态，使岸坡在回落水流形成时迅速遭到冲刷。因此，这种作用不属于波浪对岸坡冲刷破坏的主要形式。

(3) 回落坡面流对颗粒的冲刷。

波浪回落时，坡面形成沿坡面向下的坡面流，坡面流对颗粒的冲刷是波浪对坡面破坏的主要形式。波浪回落时，波浪射流和坡面上爬水流使得这时的坡面颗粒处于临界起动状态或在原位晃动，还没有稳定下来，而坡面回流对颗粒的拖拽力与自身重力沿坡面分力方向一致，颗粒孔隙内部水体又对其产生向外的渗透反力。从受力方面来讲，这时的颗粒处于最不稳定状态，在较大流速的坡面流作用下，很容易被冲走。那些尺寸较大的颗粒，自重较大，同时与周围小颗粒有较好的嵌挤，初期只会在原位左右晃动，但当其周围的小颗粒都被冲走后，这些尺寸较大颗粒也会由于失去平衡而向下翻滚。这些被冲刷的颗粒逐渐在静水线下波浪不能影响到的范围停留下来，最终会使波浪活动范围段的斜坡变得很缓，波浪入射点附近接近水平，颗粒只是做幅度不等的来回晃动或滚动，坡面开始处于一种比较稳定的形态，如图 1-1-14 所示。

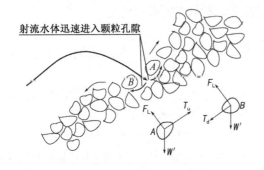

图 1-1-13 波浪破碎瞬间入射点 A、B 受冲示意图

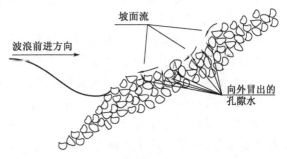

图 1-1-14 回落坡面流对颗粒的冲刷示意图

3)波浪对岸坡孔隙水压力的影响

由于波压力的存在,波浪对库岸的作用会使库岸内的孔隙水压力发生变化,产生超静孔隙水压力和残余孔隙水压力。孔隙水压力的影响因素包括波浪和岸坡岩土参数两个方面。

(1)波浪参数的影响。

波周期和水深是两个重要的波参数,它们能直接影响波长和其他波的特征值。

①波周期的影响。

在粗沙海床中不同波周期情况下,孔隙水压力垂向分布。波周期对孔隙水压力是有影响的,这种影响源于水平渗流。因为细沙的渗透性不好,因此波压力很难传到细沙中去。

随着波周期的增加,波浪荷载引起的孔隙水压力也会增加,在海床表面波浪引起的孔隙水压力为正值,而在不透水层底部,波浪引起的孔隙水压力是负值。这是因为,当动力波压力通过海床表面向底部传递而形成波能的时候,存在相位滞后现象。

②水深的影响。

通过对比粗沙和细沙海床中不同深度处孔隙水压力的垂向分布,可知细沙海床中孔隙水压力分布与粗沙相比并不显著。此外,无论在细沙还是粗沙试验中,在海床表面,孔隙水压力都有所减小。

(2)岸坡岩土参数的影响。

岸坡岩土参数是除波浪周期外另一个影响海床孔隙水压力的因素,下面从海床厚度、土体饱和度、土体泊松比及岩土的类型,说明岩土参数对海床中孔隙水压力的影响。

①海床厚度影响。

通过试验得到,与深基础相比,在浅基础中海床厚度对孔隙水压力的影响要明显很多;粗沙中的孔隙水压力受海床厚度的影响比细沙要更加明显一点。

②土体饱和度的影响。

土体饱和度在没有结构物的海床动力响应中起着重要的作用,其对波浪引起的孔隙水压力的影响很大,这种影响随饱和度的降低而降低。粗沙海床和细沙海床的土体饱和度对抛石堤中的孔隙水压力有影响作用,由于细沙的低渗透性,其土体饱和度对孔隙水压力的影响并不十分明显。

③土体泊松比的影响。

土体泊松比是一个重要的土层参数,然而,对于土体泊松比对波浪引起的海床中孔隙水压力响应的影响研究却很少。海床中孔隙水压力受土体泊松比的影响十分明显,波浪产生的孔隙水压力随土体泊松比的降低而增加,这种趋势在细沙海床中表现得较明显。

④岩土类型的影响。

粗沙与细沙的不同主要表现在渗透性和剪切模量上。一般说来,除了土体泊松比之外,波浪参数和岩土参数对孔隙水压力的影响在粗沙中要比细沙中明显。

(3)对土质库岸塌岸的影响因素进行了系统地分析,总结出影响山区土质库岸塌岸的因素为内因和外因,其中内因为主导作用,外因是库岸再造的重要影响因素。

(4)本章详细介绍了库水对库岸岩土体产生的软化效应,从物理作用和化学作用两方面进行了总结归纳;同时从库水位的升降、库水的冲刷和水库波浪对库岸受力作用的影响等方面进行了深入的研究。

2 土质库岸塌岸试验

2.1 试验方法及试验方案

2.1.1 试验方法

库岸坍塌失稳过程是个长期的过程,是库水与岩土体相互作用以及岸坡水流冲击作用下岩土体应力场和渗流场长期耦合的过程。要研究库岸坍塌的失稳机理,必须首先研究库岸边坡岩土体内的浸润线,浸润线参数的获取仅靠现场调查是很难办到的,必须经试验研究得到。很多学者对库岸塌岸类型、影响因素、波浪作用等方面进行了深入的研究,本章主要对影响库岸稳定的核心因素——库水变化时岸坡体浸润线的变化进行相关研究。

塌岸是一个地质演变过程,其发生—发展—结束整个进程需要经历相当长的时间。现阶段要了解塌岸过程和机理,确定塌岸宽度,有一种可行的方法就是塌岸物理模拟试验。库岸破坏坍塌一般都是在库水位变化的情况下发生的,故只要知道岸坡体内的浸润线情况,就可以据此进行边坡的受力分析及相关的稳定性计算。本试验旨在通过各种室内物理模拟试验,确定岸坡体内的浸润线情况,并据此对塌岸进行预测。

选取典型库岸段,结合勘探资料,采用相似法,建立塌岸段的室内物理模型,开展相关的模拟试验。试验模型是根据大量山区水库地质条件调查资料,如岩土体成坡结构、地形坡度、坡体地层结构、坡体内的土层变化资料等而建立的。

2.1.2 试验设备

1) 模型试验槽

模型试验槽是进行水库塌岸物理模型试验的关键设备,本试验采用重庆交通大学水利水运工程重点实验室的航道整治实验室 2m 宽、28m 长的玻璃水槽(图 1-2-1)。

由于该玻璃水槽通常并不是用于进行与本模型试验类似的试验,玻璃水槽侧墙的强度和变形均不能满足本试验要求,因此,需要对该坡璃水槽进行改造,以满足本物理模型试验需要。

改造的方法为:一是依据本模型试验的需要,将水槽分成不同的区域(建设模型区域和试验观测区域),各区域相间分布,同时在水槽内侧加固水槽侧墙(图 1-2-2 和图 1-2-3),水槽的改造用砌

图 1-2-1 用于试验的 2m 宽玻璃水槽

筑砖墙的方式完成;二是在模型槽两端分别增加水位、数量控制系统;三是在改造后的模型槽内增加水位调节系统等。

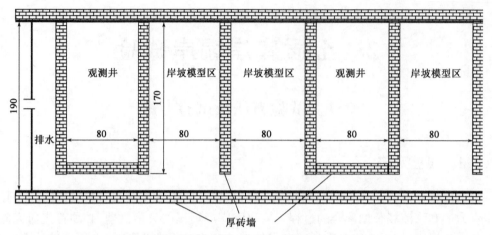

图1-2-2 模型槽改造示意图(尺寸单位:cm)

图1-2-3 改造过程中及改造完成后的模型试验槽

2)浸润线观测系统

模型岸坡内的孔隙水压力的观测通过测压管实现,所有测压管水位均在观测井中进行观测。

3)其他设备

除模型试验槽和孔隙水压力观测系统外,用于本模型试验研究的仪器设备还有位移观测装置、水位测量计、电子天平、台秤、颗粒分析试验仪器、机械升降机、击实试验仪器等。

2.1.3 试验土料

实际水库岸坡的土体种类很多,很难在室内条件下对其进行全面、真实地模拟。依据模型试验的目的,以取自三峡库区的含黏粒粉砂土为主要试验土料,另外,用大量不同粒径的砾石、粗砂、细砂、黏土等土料,根据颗粒分析结果按比例配成试验所需土料。试验所用土料如图1-2-4~图1-2-7所示。

图1-2-4 试验用含黏粒粉砂土

图1-2-5 试验用黏土

图1-2-6 试验用石英砂

图1-2-7 试验用碎石

试验用含黏粒粉砂土的颗粒级配曲线如图1-2-8所示。

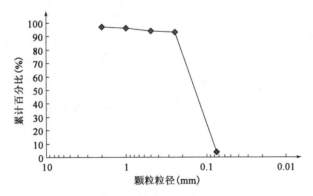

图1-2-8 试验用含黏粒粉砂土的颗粒级配曲线

试验用黏土的颗粒级配曲线如图1-2-9所示。

含黏粒粉砂土是最主要的试验土料,对其进行的室内基本试验测得土粒相对密度为 2.69g/cm^3,最大干密度和最优含水率分别为 1.54g/cm^3 和 16.8%,渗透系数介于 $1.08 \times 10^{-4} \text{m/s}$ 和 $2.90 \times 10^{-4} \text{m/s}$ 之间,平均渗透系数为 $1.99 \times 10^{-4} \text{m/s}$。

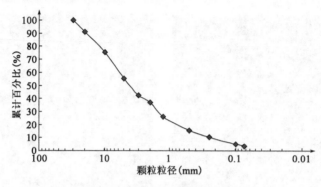

图 1-2-9 试验用黏土颗粒级配曲线

2.1.4 试验模型设计

1) 模型相似理论及模型比尺

所谓模型试验就是根据相似原理,将选做试验的区域制作成相似的小尺度模型,根据在模型中进行的试验研究结果,推测出原型可能发生的现象。这样就产生如下问题:

(1) 如何设计模型才能保证与原型相似?

(2) 如何把模型中观测的现象和数据换算到原型中去?

上述两个问题的解决需要建立在相似理论的基础之上,只有相似理论所规定的相似条件得到满足,才能使原型中的物理现象在模型中重演。因此,了解和掌握必要的相似理论知识,是进行土质库岸塌岸模型试验的前提条件。

相似这一概念,最早是伴随几何形态的相似而产生的,如平面几何中的相似三角形、立体几何中的相似锥体、建筑物的模型等。一般来说,这种相似仅限于静态的几何相似。在自然界中,存在着各种各样相似的物理现象,如一种机械运动与另一种机械运动相似,一种流体运动与另一种流体运动相似,等等。所谓物理现象相似,是指两个物理体系的形态和某种变化过程相似,即它们不仅静态相似,动态也相似;不仅形式相似,内容也相似。为了获得原型和模型中的物理现象相似,首先必须满足三个相似条件,即几何相似、运动相似及动力相似。

(1) 几何相似。几何相似是指原型和模型保持几何形状和几何尺寸的相似,也就是说,原型和模型的任何一个相应线性长度保持一定的比例关系。

设原型的线性长度为 l_p,模型的线性长度为 l_m,两者的比值用 λ_l 表示,几何相似的线性长度比尺,即

$$\lambda_l = \frac{l_p}{l_m} \tag{1-2-1}$$

面积比尺:

$$\lambda_A = \frac{A_p}{A_m} = \frac{l_p^2}{l_m^2} = \lambda_l^2 \tag{1-2-2}$$

式中:λ_A——原型面积和模型面积的比值;

A_p——原型面积;

A_m——模型面积。

体积比尺：

$$\lambda_V = \frac{V_p}{V_m} = \frac{l_p^3}{l_m^3} = \lambda_l^3 \tag{1-2-3}$$

式中：V_p——原型体积；

V_m——模型体积。

(2) 运动相似。运动相似是指模型与原型在流动中任何对应质点的迹线是几何相似的，并且任何对应质点流过相应线段所需的时间应具有同一比例。

① 设时间比尺：

$$\lambda_t = \frac{t_p}{t_m} \tag{1-2-4}$$

式中：t_p——原型时间；

t_m——模型时间。

② 速度比尺：

$$\lambda_v = \frac{v_p}{v_m} = \frac{\dfrac{l_p}{t_p}}{\dfrac{l_m}{t_m}} = \frac{\lambda_l}{\lambda_t} \tag{1-2-5}$$

式中：v_p——原型速度；

v_m——模型速度。

③ 加速度比尺：

$$\lambda_a = \frac{a_p}{a_m} = \frac{\dfrac{l_p}{t_p^2}}{\dfrac{l_m}{t_m^2}} = \frac{\lambda_l}{\lambda_t^2} \tag{1-2-6}$$

式中：a_p——原型加速度；

a_m——模型加速度。

(3) 动力相似。动力相似是指原型和模型在流动中任何对应点上作用着同名力（同一物理性质的力），各同名力互相平行且具有同一比值。

若分别以 G、F_T、F_S、F_E 及 F_I 代表重力、黏滞力、表面张力、弹性力和惯性力，则：

$$\frac{G_p}{G_m} = \frac{F_{Tp}}{F_{Tm}} = \frac{F_{Sp}}{F_{Sm}} = \frac{F_{Ep}}{F_{Em}} = \frac{F_{Ip}}{F_{Im}} \tag{1-2-7}$$

式中：G_p——原型的重力；

G_m——模型的重力；

F_{Tp}——原型的黏滞力；

F_{Tm}——模型的黏滞力；

F_{Sp}——原型的表面张力；

F_{Sm}——模型的表面张力；

F_{Ep}——原型的弹力；

F_{Em}——模型的弹力；

F_{Ip}——原型的惯性力；

F_{Im}——模型的惯性力。

或

$$\lambda_G = \lambda_T = \lambda_S = \lambda_E = \lambda_I \qquad (1\text{-}2\text{-}8)$$

式中：λ_G——原型重力和模型重力的比值；

λ_T——原型黏滞力和模型黏滞力的比值；

λ_S——原型表面张力和模型表面张力的比值；

λ_E——原型弹性力和模型弹性力的比值；

λ_I——原型惯性力和模型惯性力的比值。

以上三种相似是模型和原型保持完全相似的重要特征，它们是互相联系、互为条件的。几何相似是运动相似和动力相似的前提条件，运动相似是几何相似和动力相似的表现，而动力相似又是决定模型和原型相似的主导因素，因而它们是一个统一的整体，是缺一不可的。

要实现相似必须满足以下三个条件，即模型与原型相似的充分必要条件：

①模型与原型必须用同一物理方程描述。

②模型与原型单值条件所包含的物理量相似(单值条件包括现象的几何特征、物理常数的数值、边界条件和初始条件)。

③牛顿相似准数相等。

上述三点是实现模型与原型相似的充分必要条件。满足了这三个条件，模型与原型才能达到完全相似。但实际上，无论哪一种模型，要想同时满足各种力的相似是很困难的。一般只能根据不同的试验目的和要求，选择一两种对某一物理现象起主要作用的外力，使其满足相似条件，而忽略其他较次要的力。

相似材料的机制模拟法，对相似性的要求：模型与原型具有全面相似性。该方法是将模型试验的各个物理量按一定的关系组合在一起，来全面、近似地代表实际原型。

2) 模型选取及测试方法

(1) 模型选取。

试验中以库岸边坡角度为30°的土质岸坡为基本模型。该模型是通过查阅大量的工程资料、论文文献，结合到现场实际调研，同时考虑到室内试验模型槽的尺寸及相关的试验设备，经反复讨论论证后选定的。

最先考虑的模型是，边坡底部留有10cm高的空间，上置有细密孔的透水塑料板，塑料板下用砖块支撑，即模型槽下部全部充满水，水通过塑料板向上渗入库岸边坡体。如此考虑尽管能反映一定的实际问题(如库岸土体中的渗流问题)，但是却忽略了边坡底部的水体对测压管中的水位的影响。由于边坡底部充盈着水体，这个水体本身对上部产生水压力，反映到测压管里的水位数据不是实际土体中的水位、水压数据，与实际情况不符，所以后来放弃了此方案。

反复考虑多个模型方案，在不断取舍、论证下，最终选取的模型为：模型槽下部不透水，库岸高度与模型槽侧墙的高度一致，取80cm，边坡顶部宽度取20cm。模型结构与材料的选取等依据具体试验目的确定。

(2)浸润线测试方法。

为了测定模型边坡中的浸润线在试验中的变化情况,考虑了多种方案。最先考虑用传感器测量,但通过反复论证及查阅资料,认为试验模型一经确定便不能变化土体、干扰土体,而传感器埋在土体中,长时间的试验,肯定有部分传感器发生零位漂移,或受温度效应和地磁场的影响等,测得数据会有偏差,有时候偏差会很大;另外,若用传感器,由于模型数量多,传感器的数量对应需要很多,研究经费也不容许。所以,本试验采用传感器是不合理的。

最终,选择比较常用的测压管测定方法。测压管布置及读数也经过了多种方案的考虑分析,例如将测压管引出坡体外来读数、通过浮标读数等。考虑到试验条件、实验室的设备、模型槽等因素,选择把测压管引出到观测井中,在观测井中读数。测压管采用内径 3mm、外径 4mm 的 PVC 管制作。

3)山区水库土质库岸塌岸模型设计

大量研究表明,影响塌岸的因素繁多,在室内条件下研究每种影响因素是不现实的,也是没有必要的。依据试验目的,确定物理模型试验着重研究岩土体成分、岸坡结构、地形坡度、地层透水性质等对水库塌岸的影响。

在试验模型中,共设计了如下 7 类、16 个(不含重复模型为 16 个,含重复模型为 22 个)物理模型。其中第 1 类~第 4 类模型的岸坡土体为均质体,属于均质模型;第 5 类~第 7 类模型的岸坡土体为非均质体,属于非均质模型。现对各类模型的试验目的及结构特点分别简述如下:

(1)第 1 类模型。

第 1 类模型主要考虑岸坡坡角因素,用于研究坡角变化时岸坡体内部的浸润线变化和对塌岸范围所产生的影响。该类模型共 3 个,均采用含黏粒粉砂土制备,各模型的高度均为 80cm,顶宽均为 20cm,厚度均为 80cm。其中,1 号模型的坡角为 40°,底宽为 115.3cm;2 号模型的坡角为 35°,底宽为 134.3cm;3 号模型的坡角为 30°,底宽为 158.6cm。模型结构设计如图 1-2-10 所示。以图 1-2-10 中所示坡角 30°的模型(3 号模型)作为基本模型,其他类型的模型设计以此为参考。

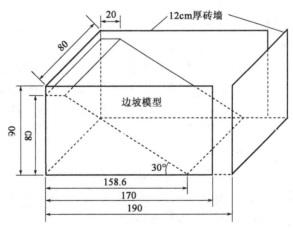

图 1-2-10　第 1 类 3 号模型结构设计示意图(尺寸单位:cm)

图 1-2-10 中所示模型的厚度与高度相当,在试验中孔隙水压力的观测必须注意边界效应的影响。试验中模型边坡内部的孔隙水压力利用测压管观测,测压管的进水口布置在模型底面以上 6cm 平面纵向中心线(主要是为了消除边界效应的影响),测压管侧向引入观测井,并竖向固定在观测井侧壁上,以便在试验中读数。以上 3 个模型边坡的测压管布置如图 1-2-11、图 1-2-12 所示。

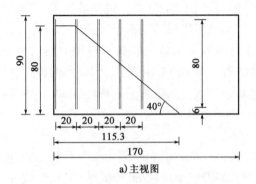 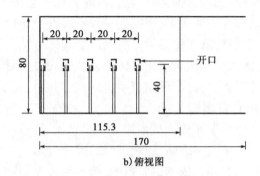

图 1-2-11　第 1 类 1 号模型边坡测压管布置示意图(尺寸单位:cm)

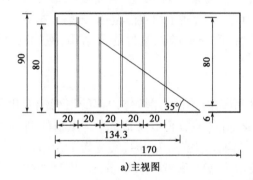 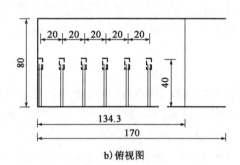

图 1-2-12　第 1 类 2 号模型边坡测压管布置示意图(尺寸单位:cm)

(2)第 2 类模型。

第 2 类模型主要研究库岸土体渗透性变化对坡体内的浸润线变化和塌岸范围所产生的影响。该类模型共 3 个,其中一个就是前述的基本模型,即第 1 类模型中的 3 号模型,另外两个的模型尺寸与基本模型完全相同,即模型高度为 80cm、顶宽为 20cm、厚度为 80cm、坡角为 30°、底宽为 158.6cm。但这两个模型所用的试验土料不同,一个是在前述含黏粒粉砂土中拌和 30%的黏土,另一个是在前述含黏粒粉砂土中拌和 30%的碎石。各模型的测压管布置与基本模型相同,如图 1-2-13 所示。

(3)第 3 类模型。

第 3 类模型主要研究库岸边坡坡面形态对浸润线及塌岸范围的影响。该类模型共 3 个,其中一个就是前述的基本模型,即第 1 类模型中的 3 号模型,其坡面形态为平面;另外两个一个是库岸内凹型,另一个是外凸型。内凹型和外凸型的具体角度、尺寸及测压管的布置,如图 1-2-14 所示。

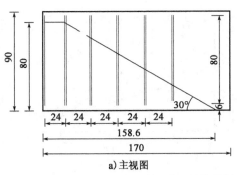
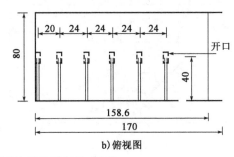

a) 主视图　　　　　　　　　　　　　　b) 俯视图

图 1-2-13　第 2 类 3 号模型边坡测压管布置示意图(尺寸单位:cm)

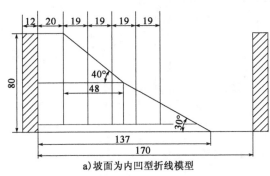
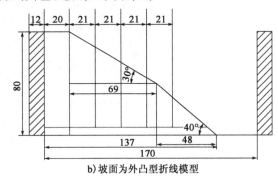

a) 坡面为内凹型折线模型　　　　　　　　b) 坡面为外凸型折线模型

图 1-2-14　折线型库岸试验模型(尺寸单位:cm)

(4)第 4 类模型。

第 4 类模型主要研究岸坡基岩为倾斜情况的岸坡稳定性问题。该类模型共 4 个,其中一个就是前述的基本模型,即第 1 类模型中的 3 号模型,基岩为水平状态;另外 3 个模型的基岩倾角分别为 45°、15°和 10°。各模型如图 1-2-15 所示。

(5)第 5 类模型。

第 5 类模型主要研究非均质岸坡地层对岸坡土体内的浸润线的影响以及对岸坡坍塌的影响。该类模型共 3 个,其中一个就是前述的基本模型,即第 1 类模型中的 3 号模型,岸坡为均质体;另外两个的模型尺寸与基本模型完全相同,即模型高度为 80cm、顶宽为 20cm、厚度为 80cm、坡角为 30°、底宽为 158.6cm,但这两个模型为上下两层非均质体,一个是上粗下细结构,另一个是上细下粗结构。细颗粒土层由前述含黏粒粉砂土制备,粗颗粒土层是在前述含黏粒粉砂土中拌和 30%的碎石制备。各模型的测压管布置同基本模型。

(6)第 6 类模型。

第 6 类模型也是研究非均质岸坡地层对岸坡土体内的浸润线的影响以及对岸坡坍塌的影响。该类模型共 3 个,其中一个就是前述的基本模型,即第 1 类模型中的 3 号模型,岸坡为均质体;另外两个的模型尺寸与基本模型完全相同,但这两个模型为"三明治"式的非均质体,即在模型中部设置渗透性变化夹层,如图 1-2-16 所示。

(7)第 7 类模型。

第 7 类模型也是为了研究非均质岸坡地层对岸坡土体内的浸润线的影响以及对岸坡坍塌的影响。该类模型共 3 个,其中一个就是前述的基本模型,即第 1 类模型中的 3 号模型,岸坡为均质体;另外两个的模型的结构及尺寸如图 1-2-17 所示。

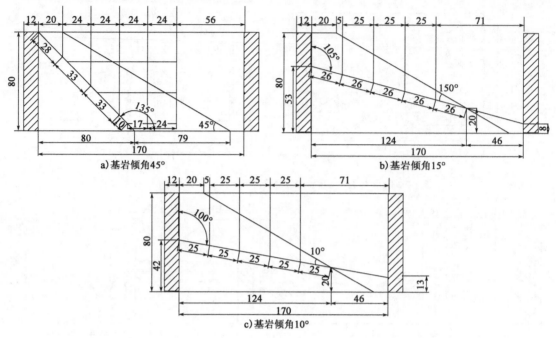

图 1-2-15　不同基岩倾角试验模型(尺寸单位:cm)

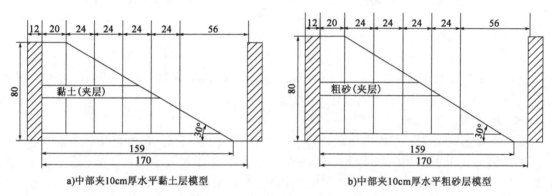

图 1-2-16　含透水性变化夹层的试验模型(尺寸单位:cm)

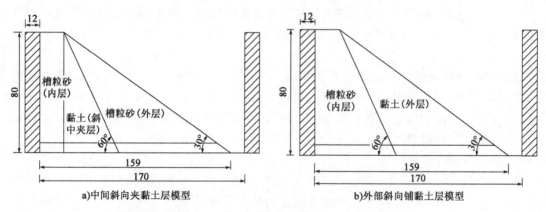

图 1-2-17　斜中夹层及外层是黏土的库岸试验模型(尺寸单位:cm)

以上各类模型(不含重复模型)的特征汇总于表 1-2-1。

模型方案　　　　　　　　　　　　　　　　　表 1-2-1

模型类型	岸坡类型及材料	测验管位置(沿坡顶水平向坡角)
第 1 类模型	40°岸坡,模型砂	坡顶间距20cm,其他间距20cm
	35°岸坡,模型砂	坡顶间距20cm,其他间距20cm
	30°岸坡,模型砂	坡顶间距20cm,其他间距24cm
第 2 类模型	30°岸坡,粗砂	坡顶间距20cm,其他间距24cm
	30°岸坡,细砂	坡顶间距20cm,其他间距24cm
第 3 类模型	坡角30°,中部40°,凹岸,模型砂	坡顶间距20cm,其他间距19cm
	坡角40°,中部30°,凸岸,模型砂	坡顶间距20cm,其他间距21cm
第 4 类模型	基岩倾角45°,模型砂	坡顶间距20cm,其他间距24cm
	基岩倾角15°,模型砂	水平间距25cm
	基岩倾角10°,模型砂	水平间距25cm
第 5 类模型	30°岸坡,上粗下细(高度40cm 分界)	坡顶间距20cm,其他间距24cm
	30°岸坡,上细下粗(高度40cm 分界)	坡顶间距20cm,其他间距24cm
第 6 类模型	30°岸坡,中部夹 10cm 厚水平黏土层	坡顶间距20cm,其他间距24cm
	30°岸坡,中部夹 10cm 厚水平粗砂层	坡顶间距20cm,其他间距24cm
第 7 类模型	30°岸坡,中部斜向夹黏土层	坡顶间距20cm,其他间距19cm
	30°岸坡,外部斜向铺黏土层	坡顶间距20cm,其他间距21cm

2.1.5　试验模型建设

根据模型设计,在重庆交通大学水利水运工程重点实验室的航道整治实验室 2m 试验水槽内进行模型试验,试验时对试验水槽进行了改装加工,以满足试验研究要求。

模型槽高程以及每个模型的测压管高程采用实验室的水准仪来测定,采用统一的测压管高程,保证试验数据的一致性和准确性,如图 1-2-18 所示。

a)
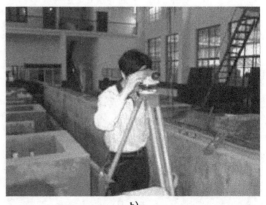
b)

图 1-2-18　模型槽高程及每个模型的测压管高程的测定

对于库岸坡体来说，库水位的升降变化往往导致塌岸的发生。库水位的升降变化引起岸坡地下水的渗流特征发生变化。地下水的渗流特征与库水的上升速度、下降速度、坡体的渗透系数及坡体的含水率等因素有关，应通过这些因素来确定浸润线，然后根据浸润线来确定渗透压力，从而为进行山区土质库岸塌岸预测及稳定性分析提供依据。

在试验中必须实时测量模型坡体内的地下水位变化，因此，测压管的可靠性和精确性是影响试验成功与否的关键。通过反复的考虑、试验、设计，最后确定了可以保证精度和时效性的试验用测压管。测压管（竖管）采用外径4mm、内径3mm的PVC管制作，高度为800mm；从坡体引到测压井里的横管也采用同样的PVC管制作，长度为500mm；竖管和横管采用橡胶软管连接，具体如图1-2-19所示。

测压管的进水口，即横管的端部位于模型边坡的纵向中心线。为了避免在模型填筑及试验中测压管进水口堵塞，对进水口位置进行了特殊处理。采用材质较细、透水性好的泡沫制备成圆柱体，并在泡沫四周等间隔扎20~30个孔径为2mm的细孔（目的是提高泡沫的透水性），把测压管横管的端部插进泡沫。另外，为了避免在建模过程中因土体压实使得进水口泡沫变形，进一步影响其透水性，在泡沫外套上内径20mm、长30mm的硬质PVC管（扎孔以避免对进水口透水性产生影响），如图1-2-20所示。通过现场试验，可知这种装置能够很好地满足试验精度要求。

图1-2-19　测压竖管和横管的连接

图1-2-20　测压管进水口

图1-2-21　测压管横管的安置

测压管横管的安置也是模型建设中比较关键的环节。因为测压头是埋在土中的，在要求的密实度及长期的试验条件下，保证测压管进水口的进水流畅，并在竖向测压管里反映水头的变化，对试验成功很重要。采取把测压管横管安放在木架上，同时对木条的高程进行统一，并要求在填筑试验土体时，特别注意保护测压管进水口，以免损坏。测压管横管的安置，如图1-2-21所示。

模型土体填筑控制指标为压实度，考虑到天然水库岸坡土体的密实度通常小于其最大密实度,试验中压实度按 0.8 控制。采用分层填筑、分层压实的方法制备模型。图 1-2-22 所示为填筑好的模型示意图。

图 1-2-22　模型土体填筑示意图

2.1.6　模型试验方案

由模型试验的相似分析可知,在几何相似条件下,当比值 $K/(\mu V)$(K 为渗透系数,V 为渗透速度,μ 为系数,$V=KJ$,J 为渗透坡降)为某一常数值时,浸润线会下降到相同的位置。在已有的研究成果中,大多数学者都用该比值表示库水位降落的快慢,并用其判别水流对岸坡稳定性的影响。很明显,如假定渗流坡降 $J=1$,KJ/μ 可表示坡体水流质点的真实渗流速度,$(K/\mu)/V$ 也可理解为土体孔隙中水质点降落速度与库水位降落速度间的比值。当 $K/(\mu V)\to 0$ 时,坡体内自由面在库水位下降过程中接近不变动,属于库水位骤降;当 $K/(\mu V)\to \infty$ 时,自由面下降速度几乎和库水位降落速度相同,因坡体内孔隙水压力很快消散,对岸坡稳定性不存在影响,属于库水位极缓慢下降。由于所研究的坡体结构和排水条件不同,不同学者给出的判别库水位降落快慢的指标不完全相同。

根据对上游坝坡排水条件不好的均质土坝和芯墙砂壳坝的分析计算结果,可以认为 $K/(\mu V)<(1/10)$ 时为库水位骤降,此时坡体内渗流自由面在库水位降落后仍保持总水头的 90% 左右,故可近似认为坡体浸润线基本保持原位置不变,这种情况对上游坡体的稳定性最为不利,为保证安全,可以按照库水位开始降落前稳定渗流的浸润线位置进行坡体稳定分析。$K/(\mu V)>60$ 时为库水位缓慢下降,此时坡体自由面保持总水头的 10% 以下,不会影响坡体,因此一般不需要进行不稳定渗流的计算。在 $(1/10)<[K/(\mu V)]<60$ 时,浸润线的下降介于上述两种情况之间,坡体稳定分析,应按照库水位缓降过程,计算浸润线下降的位置。

在通过模型试验得到土体的渗透性、给水度等参数后,确定模型边坡的缓降及骤降速率分别为 1cm/h 和 25cm/h。依此,确定了表 1-2-2 所列的 9 种水库水位(简称库水位)上升(简称升水)试验方案和 9 种库水位下降(简称降水)试验方案。

9 个库水位上升试验方案的库水位历时曲线如图 1-2-23 所示(横坐标"历时"是经历时间的简称)。图中显示,方案 1 和方案 2 的库水位历时曲线完全相同,但表 1-2-2 显示两种试验方案中模型土体所处的饱和状态不同。方案 1 为模型建设完成后的初次蓄水,模型土体处于非饱和状态,而方案2是完成第一次蓄水后的第二次蓄水,模型土体接近饱和状态。比较两个方案的试验结果,可以了解岸坡土体的饱和状态对浸润线变化的影响。9种库水位下降试验方案的库水位历时曲线如图1-2-24所示。

升水、降水方案　　　　　　　　　　　　　　　　表1-2-2

方案编号	方案类型	升、降水速率（cm/h）	开始水位（cm）	终止水位（cm）	试验历时（h）	模型土体饱和状态
1	库水位上升	1.0	6.0	76.0	154.0	非饱和
2	库水位上升	1.0	6.0	76.0	154.0	近饱和
3	库水位上升	3.0	16.0	76.0	34.0	近饱和
4	库水位上升	5.0	6.0	76.0	28.0	近饱和
5	库水位上升	8.0	6.0	78.0	9.0	近饱和
6	库水位上升	12.0	6.0	78.0	6.0	近饱和
7	库水位上升	16.0	6.0	70.0	4.0	近饱和
8	库水位上升	20.0	6.0	76.0	3.5	近饱和
9	库水位上升	25.0	10.0	72.5	2.5	近饱和
10	库水位下降	1.0	76.0	6.0	154.0	饱和
11	库水位下降	3.0	76.0	16.0	34.0	饱和
12	库水位下降	5.0	76.0	6.0	28.0	饱和
13	库水位下降	8.0	78.0	6.0	9.0	饱和
14	库水位下降	12.0	78.0	6.0	6.0	饱和
15	库水位下降	16.0	78.0	6.0	4.0	饱和
16	库水位下降	20.0	76.0	6.0	3.5	饱和
17	库水位下降	25.0	72.5	10.0	2.5	饱和
18	库水位下降	30.0	76.0	16.0	2.0	饱和

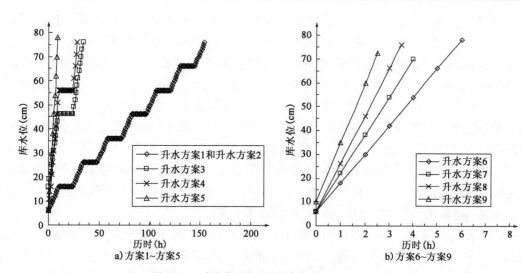

图1-2-23　库水位上升试验方案的库水位历时曲线

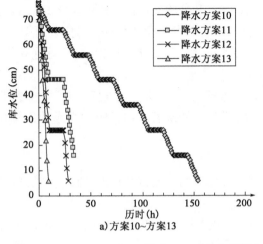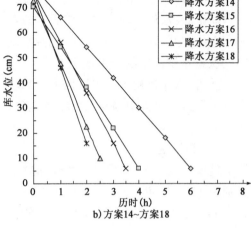

a) 方案10~方案13　　　　　b) 方案14~方案18

图 1-2-24　库水位下降试验方案的库水位历时曲线

从图 1-2-23 和图 1-2-24 可知,试验中库水位的升、降变化按两种方式进行。对于库水位上升试验,当库水位上升速率不大于 5.0cm/h 时(表 1-2-2 中所列的方案 1~方案 4),库水位从初始水位开始以相同速率(以下简称等速)上升 10h(试验要求库水位先在初始水位保持至少 10h,然后方可进行上升试验),然后保持水位 14h,再匀速上升;当库水位上升速率大于 5.0cm/h 时(表 1-2-2 中所列的方案 5~方案 9),库水位从初始水位开始匀速上升到终止水位。

对于水位下降试验,当水位下降速率不大于 5.0cm/h 时(表 1-2-2 中所列的方案 10~方案 12),库水位从初始水位开始匀速下降 10h(试验中要求库水位先在初始水位保持至少 10h,然后方可进行下降试验),然后保持水位 14h,再匀速下降;当库水位下降速率大于 5.0cm/h 时(表 1-2-2 中所列的方案 13~方案 18),库水位从初始水位开始匀速下降到终止水位。

2.2　均质库岸模型试验塌岸现象

本次模型试验共建设了 7 类、16 个模型,对每个模型进行了 2 类、18 个库水位升降变化速率的试验,获得了大量有价值的试验成果。试验中的均质库岸模型共 4 类、10 个模型(不包含重复模型为 10 个,包含重复模型为 13 个),即第 2.1 节中的第 1~4 类模型。本节首先简要介绍试验中观测到的模型边坡随水位升、降变化发生的变形、破坏现象,然后分析模型库岸内浸润线随库水位升、降变化的特点。

2.2.1　水库水位上升试验

在表 1-2-2 中所列的 9 个库水位上升试验方案中,试验方案 1 为建模后的初次蓄水,试验水位匀速上升速率为 1.0cm/h,模型的土体处于非饱和状态。这种试验条件与水库初次蓄水或在低水位长时间运行后的再次蓄水情况类似,根据工程经验,这种条件下的塌岸现象是比较常见的。

试验方案 2~方案 9 为库水位以不同的速率上升,可用于研究库水位上升速率对塌岸现象的影响程度。由于试验条件的限制,水位上升试验与水位下降试验(表 1-2-2 中所列的试验方案 10~方案 18)是交替进行的,即在完成一个水位上升试验后,保持水位至少 24h,然后进行水位下降试验;水位下降试验完成后,先对试验中出现塌岸破坏的模型进行修复,然后再进行下一个水位上升试验。可见,除初次蓄水试验外,各模型坡体的含水率较大,接近饱和状态。

1)初次蓄水试验中的塌岸现象

通常认为,水库在初次蓄水过程中,岸坡塌岸现象频发。试验中,也观察到了模型边坡在初次水位上升试验过程中容易发生塌岸现象。各类模型在初次蓄水试验中的塌岸现象及其特点简述如下。

(1)第 1 类模型。

第 1 类模型共 3 个,均采用含黏粒粉砂土制备,各模型的高度、顶宽和厚度均相同,模型的坡角分别为 40°、35°和 30°。

如图 1-2-25 所示为第 1 类模型在初次水位上升试验中观察到的部分塌岸现象。尽管水位上升速率仅为 1.0cm/h,但是不同坡角的库岸模型均观察到了不同程度塌岸现象。相比之下,坡角为 40°的模型边坡的塌岸现象最严重,坡角为 30°的模型边坡的塌岸程度最微弱,因此,在其他条件相同的情况下,库岸坡角越大,越易发生塌岸现象。

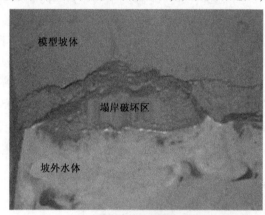

a)模型岸坡坡角为40°

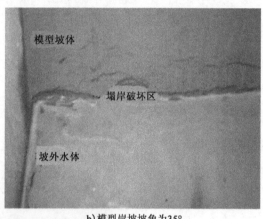

b)模型岸坡坡角为35°

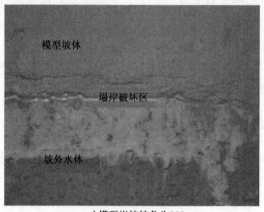

c)模型岸坡坡角为30°

图 1-2-25　第一类模型水位上升试验中观察到的塌岸现象(初次蓄水,水位上升速率为 1.0cm/h)

(2) 第 2 类模型。

第 2 类模型的几何尺寸与第 1 类模型中坡角为 30°的模型（基本模型）相同,该类模型共 3 个,除基本模型外,一个是由含黏粒粉砂土拌和 30% 碎石制备,另一个是由含黏粒粉砂土拌和 30% 黏土制备。

如图 1-2-26 所示为第 2 类模型在初次水位上升试验中观察到的部分塌岸现象。其中,图 1-2-26a)所示的模型土体为含黏粒粉砂土中拌入 30% 碎石,图 1-2-26b)所示的模型土体为含黏粒粉砂土中拌入 30% 黏土,两个模型的坡角均为 30°。由图 1-2-26 可知,库岸土体的颗粒粒径的增大有利于防止塌岸现象的发生。

a) 模型土体为含黏粒粉砂土+碎石

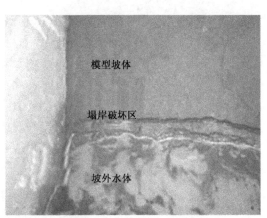
b) 模型土体为含黏粒粉砂土+黏土

图 1-2-26　第 2 类模型水位上升试验中观察到的塌岸现象(初次蓄水,水位上升速率为 1.0cm/h)

(3) 第 3 类模型。

第 3 类模型共 3 个,均用含黏粒粉砂土制备,但各模型的坡面形态有所不同。除基本模型的坡面为平面外,一个模型的坡面为凹形,另一模型的坡面为凸形(图 1-2-27)。

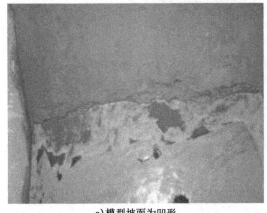
a) 模型坡面为凹形

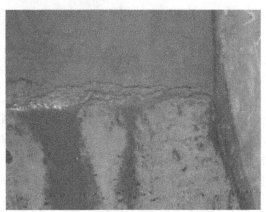
b) 模型坡面为凸形

图 1-2-27　第 3 类模型水位上升试验中观察到的塌岸现象(初次蓄水,水位上升速率为 1.0cm/h)

如图 1-2-27 所示为第 3 类模型在初次水位上升试验中观察到的部分塌岸现象。其中,图 1-2-27a)所示的模型坡面为凹形,图 1-2-27b)所示的模型坡面为凸形。两个模型在初次蓄水过程中均有塌岸现象,相比之下,坡面为凸形时的塌岸现象更为明显。

(4)第4类模型。

第4类模型共4个,均用含黏粒粉砂土制备,模型坡角均为30°,但模型土体下伏基岩的倾角有所不同。除前述基本模型(基岩倾角为0°)外,另外3个模型的基岩倾角分别为45°、15°和10°(图1-2-28)。

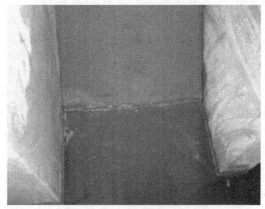 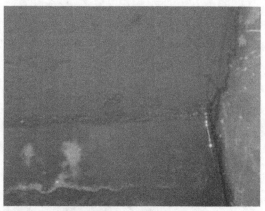

a) 模型土体下伏基岩倾角为45°　　　　　　b) 模型土体下伏基岩倾角为15°

c) 模型土体下伏基岩倾角为10°

图1-2-28　第4类模型水位上升试验中观察到的塌岸现象(初次蓄水,水位上升速率为1.0cm/h)

如图1-2-28所示为第4类模型在初次水位上升试验中观察到的部分塌岸现象。其中,图1-2-28a)所示的模型土体下伏基岩倾角为45°,图1-2-28b)所示的模型土体下伏基岩倾角为15°,图1-2-28c)所示的模型土体下伏基岩倾角为10°。各模型边坡在水位初次上升过程中均发生了程度相差不大的塌岸现象。图1-2-28c)所示的模型边坡出现开裂,其主要原因是模型建设过程中土体的压实不够均匀。

2)非初次蓄水试验中的塌岸现象

表1-2-2中所列的试验方案2~方案9为非初次蓄水的水位上升试验方案,各试验方案的水位上升速率不同,导致试验中观察到的塌岸现象也不同。总体而言,试验中观察到的塌岸现象具有以下特点:

(1)试验方案2与试验方案1的水位上升速率均为1.0cm/h,但是试验方案1(初次蓄水)中观察到的塌岸现象更多、塌岸范围更大,表明初次蓄水过程中更容易发生塌岸现象。

（2）相同模型在不同试验中出现的塌岸程度不同，总体而言，水位上升速率越大，塌岸现象越容易发生。

试验中观察到的部分塌岸现象如图 1-2-29～图 1-2-31 所示。

a) 水位上升速率为1.0cm/h

b) 水位上升速率为5.0cm/h

c) 水位上升速率为8.0cm/h

d) 水位上升速率为16.0cm/h

图 1-2-29　第 1 类模型水位上升试验中观察到的塌岸现象（模型坡角为 40°）

a) 水位上升速率为1.0m/h

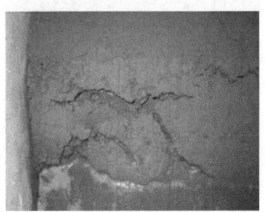

b) 水位上升速率为5.0m/h

图　1-2-30

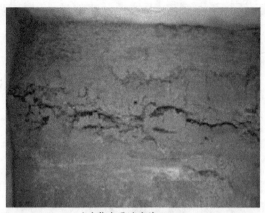

c) 水位上升速率为8.0m/h   d) 水位上升速率为16.0m/h

图 1-2-30　第 2 类模型水位上升试验中观察到的塌岸现象(模型土体由含黏粒粉砂土拌入黏土制备)

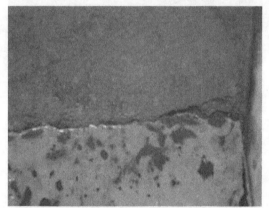

a) 水位上升速率为1.0cm/h   b) 水位上升速率为5.0cm/h

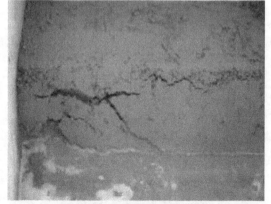

c) 水位上升速率为8.0cm/h   d) 水位上升速率为16.0cm/h

图 1-2-31　第 3 类模型水位上升试验中观察到的塌岸现象(模型坡面为凹形)

2.2.2　水库水位下降试验

水库水位下降共 9 个试验方案(表 1-2-2),水位下降速率为 1.0~30.0cm/h。通常认为,水库水位下降过程中,由于岸坡地下水位下降速率滞后于库水位下降速率,使岸坡经受地下水的渗流力作用,岸坡更容易失稳破坏,塌岸现象更易发生。在模型试验中,多数模型观察到了不同程度的塌岸现象。试验中观察到的部分塌岸现象如图1-2-32~图1-2-35所示。

a) 水位下降速率为1.0cm/h

b) 水位下降速率为8.0cm/h

c) 水位下降速率为12.0cm/h

d) 水位下降速率为20.0cm/h

e) 水位下降速率为25.0cm/h

f) 水位下降速率为30.0cm/h

图1-2-32 第1类模型水位下降试验中观察到的塌岸现象(模型坡角为30°)

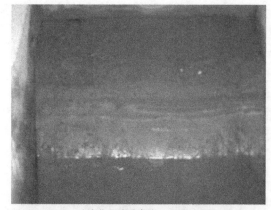
a) 水位下降速率为1.0cm/h

b) 水位下降速率为8.0cm/h

c) 水位下降速率为12.0cm/h

d) 水位下降速率为20.0cm/h

e) 水位下降速率为25.0cm/h

f) 水位下降速率为30.0cm/h

图1-2-33 第2类模型水位下降试验中观察到的塌岸现象(模型土体由含黏粒粉砂土拌入碎石制备)

总体而言,水位下降试验方案中观测到的塌岸现象具有如下特点:
(1)水位下降速率越大,越易发生塌岸现象。
(2)库岸越陡,越易发生塌岸现象。
(3)库岸土体中黏粒粉砂土含量越大,越易发生塌岸现象。
(4)下伏基岩倾角越陡,越易发生塌岸现象。

a) 水位下降速率为1.0cm/h　　　　　　　b) 水位下降速率为8.0cm/h

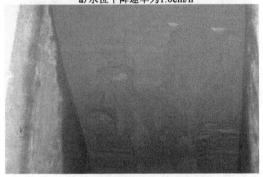 

c) 水位下降速率为12.0cm/h　　　　　　　d) 水位下降速率为20.0cm/h

图 1-2-34　第 3 类模型水位下降试验中观察到的塌岸现象（模型坡面为凸面）

a) 水位下降速率为1.0cm/h　　　　　　　b) 水位下降速率为8.0cm/h

c) 水位下降速率为12.0cm/h　　　　　　　d) 水位下降速率为20.0cm/h

图 1-2-35　第 4 类模型水位下降试验中观察到的塌岸现象（下伏基岩倾角为45°）

2.2.3 水库水位上升试验结果及分析

由于各均质模型在相同试验方案中的浸润线变化规律基本一致，本节以第 1 类模型中的 1 号模型（坡角为 40°的均质岸坡模型）为例，给出试验中观测到的浸润线变化情况并对其进行分析。

试验中，对该模型进行了 9 个不同速率的水库水位上升试验。试验结果表明，水库水位变化速率不同，模型岸坡内浸润线的变化速率也不相同，但总体上变化规律基本一致。为了便于对比分析，选取表 1-2-3 中的 4 个水库水位上升试验方案进行分析。

用于分析的水库水位上升试验方案　　　　表 1-2-3

方案编号	方案类型	升、降水速率（cm/h）	开始水位（cm）	终止水位（cm）	试验历时（h）	模型土体饱和状态
1	水位上升	1.0	6.0	76.0	154.0	非饱和
2	水位上升	1.0	6.0	76.0	154.0	近饱和
3	水位上升	3.0	16.0	76.0	34.0	近饱和
4	水位上升	8.0	6.0	78.0	9.0	近饱和

以下对水库水位上升试验结果进行分析。

(1)试验方案 1 的试验结果。

试验方案 1 中，模型边坡处于非饱和状态，模型坡体外水位(即库水位)从 6.0cm 开始，以 1.0cm/h 的速率等速上升变化，每天上升 10.0cm 后，保持水位 14.0h，然后上升水位到 76.0cm，试验历时 154.0h。

图 1-2-36 给出了试验方案 1 中观测到的模型边坡内水位与试验(经历时间以下简称历时)的关系。为了清楚地显示模型坡体内水位变化与坡体外水位变化的关系，图中也给出了坡体外水位与试验历时的关系。为了更加清楚地显示各测压管水位、库水位和试验历时的关系，图 1-2-37 中给出了不同水位上升时间段的水位历时曲线。

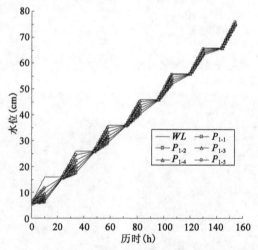

图 1-2-36　试验方案 1 测得的水位历时曲线汇总图

"WL"-试验模型外水位(水库水位)；"P_{1-1}""P_{1-2}""P_{1-3}""P_{1-4}"和"P_{1-5}"-分别表示测压管"P_{1-1}"~"P_{1-5}"观测到的模型坡体内的水位

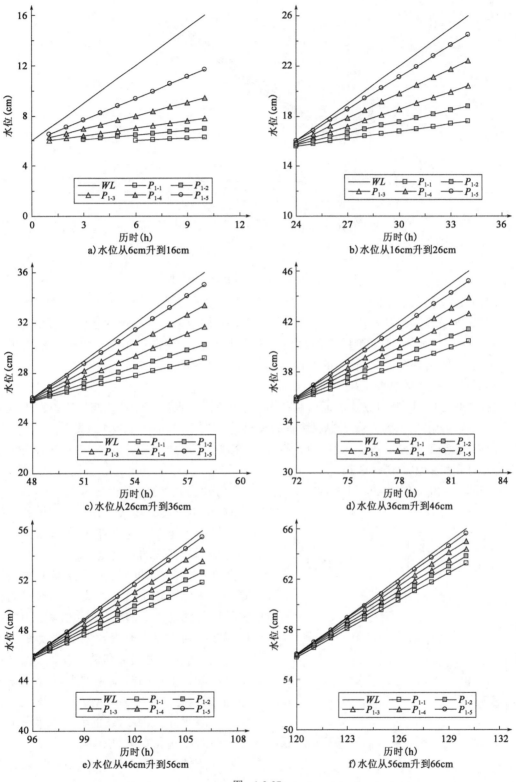

图 1-2-37

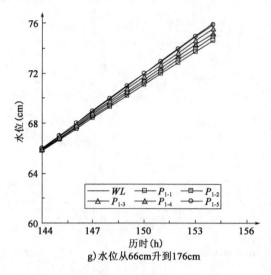

g) 水位从66cm升到176cm

图 1-2-37　试验方案1测得的水位历时曲线

由图 1-2-37 可知,当水位(模型坡体外水位)以 1.0cm/h 的速率等速上升变化时,各测压管水位也基本呈等速上升变化,但是,测压管水位的变化速率总是小于库水位的变化速率。另外,图 1-2-37 中还显示,不同测压管的水位及其上升变化速率也不相同。测压管距离模型坡体坡面的水平距离越短,测压管内的水位越高,变化速率越大。

(2) 试验方案 2 的试验结果。

试验方案 2 中,模型边坡处于近饱和状态,模型坡体外水位变化特点与试验方案 1 完全相同。图 1-2-38 给出了试验方案 2 中观测到的模型边坡内水位与试验历时的关系。

为了更加清楚地显示各测压管水位、库水位和试验历时的关系,图 1-2-39 中给出了不同水位上升时间段的水位历时曲线。

比较图 1-2-38、图 1-2-39 和图 1-2-36、图 1-2-37 可知,当水位以 1.0cm/h 的速率等速上升变化时,试验方案 1 和试验方案 2 测得的各测压管水位均呈等速上升变化,且测压管水位的变化速率总是小于水位的变化速率。

此外,当水位相同时,试验方案 1 中测得的各测压管水位均低于试验方案 2 中测得的相同位置测压管的水位,这表明试验方案 2 中模型坡体内浸润线随水位上升变化的速率要快于试验方案 1。由于试验方案 1 和试验方案 2 的唯一区别是试验方案 1 中的模型边坡土体处于非饱和状态,而试验方案 2 中的模型边坡土体处于近饱和状态。因此,该试验结果也反映了库岸土体的饱和状态对浸润线变化的影响,即在水位上升速率相同的条件下,库岸土体的饱和度越低,坡体内浸润线的上升变化速率就越低。

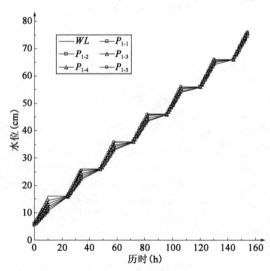

图 1-2-38　试验方案2测得的水位历时曲线汇总图

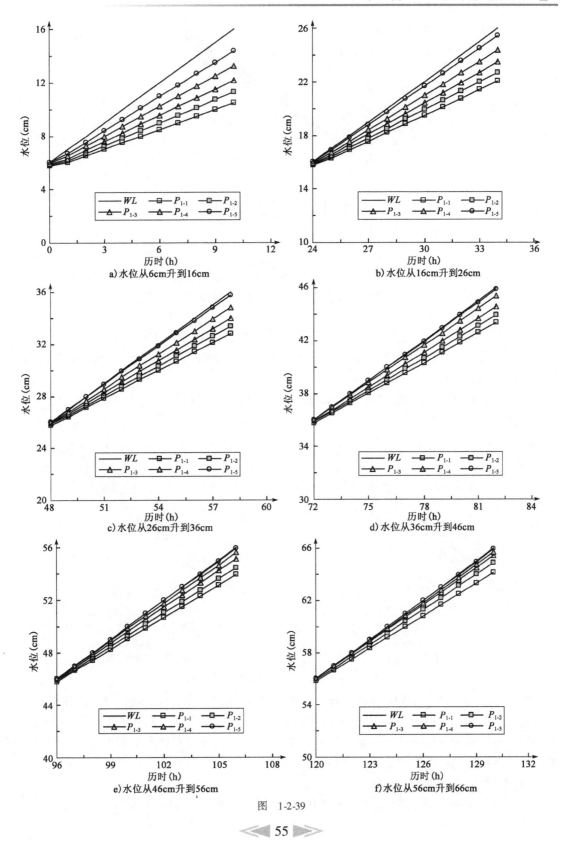

图 1-2-39

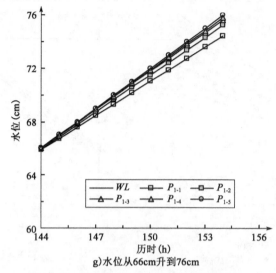

g) 水位从66cm升到76cm

图1-2-39 试验方案2测得的水位历时曲线

(3) 试验方案3的试验结果。

试验方案3中,模型边坡处于近饱和状态,模型坡体外水位从16.0cm开始,以3.0cm/h的速率等速上升,每天上升30.0cm后保持水位14.0h,直到水位达到76.0cm结束试验,试验历时34.0h。

如图1-2-40所示为试验方案3中观测到的模型边坡内水位与试验历时的关系。

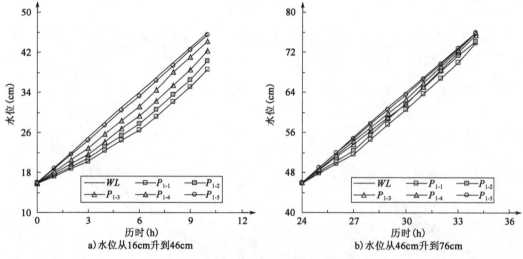

a) 水位从16cm升到46cm   b) 水位从46cm升到76cm

图1-2-40 试验方案3测得的水位历时曲线

由图1-2-40可知,当水位等速上升变化时,各测压管内的水位也逐渐上升,但并不是每个测压管的水位均呈等速上升变化。试验方案3与试验方案2的主要区别是水位上升速率不同,因此,可以认为试验方案3中测压管水位的非线性变化很可能是由于蓄水速率的不同引起的。试验方案4的试验结果也证明了这一点。

(4) 试验方案4的试验结果。

试验方案4中,模型边坡处于近饱和状态,模型坡体外水位从6.0cm开始,以8.0cm/h的速率等速上升至 78.0cm 结束试验,试验历时 9.0h。

如图 1-2-41 所示为试验方案 4 中观测到的模型边坡内水位与试验历时的关系。

由图 1-2-41 可知,当水位等速上升变化时,各测压管内的水位均呈非线性升高变化。比较试验方案 2、试验方案 3 和试验方案 4 可以得出,随水位上升速率的增大,坡体内测压管水位的升高变化由线性上升变化过渡到非线性上升变化,而且,水位上升速率越大且测压管距离坡面的水平距离越大,测压管水位历时曲线的非线性程度越大。

对水位上升试验结果分析如下:

浸润线的形态和计算方法,在土石坝工程中研

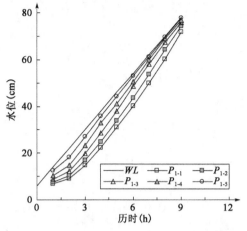

图 1-2-41 试验方案 4 测得的水位历时曲线

究得较多。虽然山区库岸的岩土、地质结构与土石坝相比有较大区别,但土石坝中特别是土质心墙坝中处理浸润线的计算分析方法可以借鉴,甚至可以将类似的方法用于解决矿山边坡地下水的浸润线计算问题。

对于水位等速上升作用下库岸地下水浸润线的计算问题,张友谊和胡卸文于 2007 年分别给出了解析解,这里先简单介绍两位作者提出的研究方法及结果,然后对比分析物理模型的试验结果。

(1) 水位等速上升时浸润线的理论计算方法。

计算方法如下:

① 基本假定

a. 含水层均质、各向同性,侧向无限延伸,具有水平不透水层。

b. 水上升前,原始潜水面水平。

c. 潜水流为一维流。

d. 水位以速度 v_0 等速上升。

e. 库岸按垂直考虑。

在上述假设条件下,得到 t 时刻距离岸坡 x(单位为 m)处各向同性土体的一维非稳定渗流运动的基本微分方程:

$$\frac{\partial h}{\partial t} = \frac{k}{\mu} \frac{\partial}{\partial x}\left(H \frac{\partial h}{\partial x}\right) + \frac{W}{\mu} \tag{1-2-9}$$

式中:h——水位(m);

t——水位持续上升时间(d);

k——岸坡土体的渗透系数(m/d);

μ——给水度或输水率;

H——含水层厚度(m);

W——降雨强度(m/d)。

对于以上二阶非线性偏微分方程,求其解析解通常是先对其进行线性化,然后再求解。简化方法一般是把含水层厚度 H 看作一常量,即用始、末时段潜水流的平均厚度 h_m 代替,简化后

的一维非稳定渗流运动方程为

$$\frac{\partial h}{\partial t} = a\frac{\partial^2 h}{\partial x^2} + b \tag{1-2-10}$$

其中：

$$\left.\begin{array}{l} a = \dfrac{kh_m}{\mu} \\ b = \dfrac{W}{\mu} \end{array}\right\} \tag{1-2-11}$$

式中：h_m——含水层的平均厚度(m)。

②计算模型

假设 $h(0,0)$ 是库水开始上升前的水位，$u(x,t)$ 为 t 时刻距离库岸 x 处地下水位变化值，即

$$u(x,t) = h(x,t) - h(0,0) \tag{1-2-12}$$

当 $t=0$ 时刻的地下水位变化幅度(以下简称变幅)为

$$u(x,0) = 0 \tag{1-2-13}$$

因为地下水位以 v_0 的速度等速上升，故而在 $x=0$ 断面处，t 时刻的地下水位变幅为

$$u(0,t) = h(0,t) - h(0,0) = v_0 t \tag{1-2-14}$$

在 $x=\infty$ 断面，可以认为地下水位只受降水的影响，即在 $x=\infty$ 断面处 t 时刻的地下水变幅为

$$u(\infty,t) = h(\infty,t) - h(0,0) = bt \tag{1-2-15}$$

水位等速上升时，地下水非稳定渗流模型可以归纳为以下数学模型：

$$\begin{cases} \dfrac{\partial u}{\partial t} = a\dfrac{\partial^2 u}{\partial x^2} + b & (0 < x < \infty, t > 0) \\ u(0,t) = v_0 t & (t > 0) \\ u(\infty,t) = bt & (t > 0) \\ u(x,0) = 0 & (0 < x < \infty) \end{cases} \tag{1-2-16}$$

③微分方程求解

将式(1-2-16)进行拉普拉斯(Laplace)变换，并求解微分方程得：

$$\begin{aligned} u(x,t) &= (v_0 - b)t\left[(1+2\lambda^2)\operatorname{erfc}(\lambda) - \frac{2\lambda}{\sqrt{\pi}}e^{-\lambda^2}\right] + bt \\ &= (v_0 - b)tR(\lambda) + bt \end{aligned} \tag{1-2-17}$$

其中：

$$\left.\begin{array}{l} \lambda = \dfrac{x}{2\sqrt{at}} \\ R(\lambda) = (1+2\lambda^2)\operatorname{erfc}(\lambda) - \dfrac{2\lambda}{\sqrt{\pi}}e^{-\lambda^2} \end{array}\right\} \tag{1-2-18}$$

可得水库的水位以速度 v_0 等速上升时，库岸内浸润线随时间变化曲线方程为

$$h(x,t) = h(0,0) + u(x,t) \tag{1-2-19}$$

对 $R(\lambda)$ 进行多项式拟合，拟合公式为

$$R(\lambda) = \begin{cases} 0.1091\lambda^4 - 0.7501\lambda^3 + 1.9283\lambda^2 - 2.2319\lambda + 1 & (0 \leqslant \lambda < 2) \\ 0 & (\lambda \geqslant 2) \end{cases} \quad (1\text{-}2\text{-}20)$$

于是得到水位上升时浸润线计算的简化公式为

$$h(x,t) = \begin{cases} h(0,0) + (v_0 - b)t(0.1091\lambda^4 - 0.7501\lambda^3 + 1.9283\lambda^2 - 2.2319\lambda + 1) + bt & 0 \leqslant \lambda < 2 \\ h(0,0) + bt & (\lambda \geqslant 2) \end{cases}$$
$$(1\text{-}2\text{-}21)$$

(2) 模型试验结果与理论计算结果的对比分析。

由于物理模型试验的边界条件和上述理论计算的边界条件基本相同,以下对两者进行对比分析,以检验库水位上升过程中浸润线变化的理论计算方法的可靠性,为实际工程中合理计算浸润线的变化提供依据。

① 方案 1 试验结果与理论解的对比分析

图 1-2-42 给出了表 2-2-1 中试验方案 1(水位上升速率为 1cm/h,模型土体处于非饱和状态)通过测压管测得的不同水位时的浸润线位置。为便于比较,图 1-2-42 中同时给出了物理模型边坡的边界线和通过理论公式计算得到的浸润线。

如图 1-2-42 所示,模型试验测得的浸润线位置明显低于理论计算结果。这表明,若利用前述理论计算方法计算水库初次蓄水时岸坡的浸润线,将过高地估计浸润线的位置。其主要原因是这种计算方法没有考虑岸坡土体的非饱和状态。

另外,图 1-2-42 中还显示,试验观测结果与理论计算结果的差异随距离岸坡坡面的水平距离的增大而增大。也就是说,当用前述理论公式计算近岸坡坡面位置的浸润线时产生的误差相对要小一些,而计算远离岸坡坡面位置的浸润线时产生的误差要大一些。

② 方案 2 试验结果与理论解的对比分析

图 1-2-43 给出了表 1-2-1 试验方案 2(水位上升速率为 1cm/h,模型土体处于近饱和状态)通过测压管测得的不同水位时的浸润线位置,为便于比较,图 1-2-43 中也给出了模型边坡的边界线和通过理论公式计算得到的浸润线。

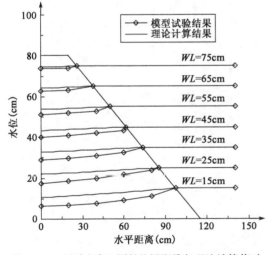

图 1-2-42 试验方案 1 测得的浸润线与理论计算值对比示意图

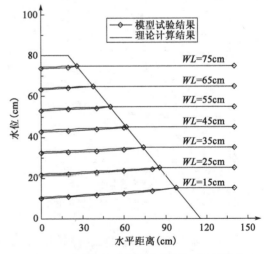

图 1-2-43 试验方案 2 测得的浸润线与理论计算值对比示意图

图 1-2-43 中显示,模型试验测得的浸润线位置略低于理论计算结果。这表明,前述理论计算方法得到的浸润线将较高地估计实际浸润线的位置。

比较图 1-2-42 和图 1-2-43 可知,尽管试验方案 1 和试验方案 2 中的水位上升速率均为 1.0cm/h,但是由于方案 1 中模型土体处于非饱和状态,试验方案 2 中模型土体处于近饱和状态,使得试验方案 1 中测得的浸润线位置明显低于理论计算结果,而试验方案 2 中测得的浸润线位置却略低于理论计算结果。换言之,前述理论计算结果对岸坡处于近饱和状态时的计算误差明显小于对岸坡处于非饱和状态时的计算误差。

③试验方案 3 试验结果与理论解的对比分析

图 1-2-44 给出了表 1-2-1 中试验方案 3(水位上升速率为 3cm/h,模型土体处于近饱和状态)通过测压管测得的不同水位时的浸润线位置,为便于比较,图 1-2-44 中也给出了模型边坡的边界线和通过理论公式计算得到的浸润线。

图 1-2-44 中显示,模型试验测得的浸润线位置明显低于理论计算结果。这表明,前述理论计算方法得到的浸润线将过高地估计实际浸润线的位置。

比较图 1-2-44 和图 1-2-43 可知,试验方案 3 中测得的浸润线与理论计算值的误差更大些。由于试验方案 3 的蓄水速率为 3cm/h,明显快于试验方案 2 的 1cm/h,两者的模型土体饱和状态均为近饱和,因此可以认为,理论计算结果与实测值的误差将随蓄水速率的增大而增大。

④试验方案 4 试验结果与理论解的对比分析

图 1-2-45 给出了表 1-2-1 中试验方案 4(水位上升速率为 8.0cm/h,模型土体处于近饱和状态)通过测压管测得的不同水位时的浸润线位置,为便于比较,图 1-2-45 中也给出了模型边坡的边界线和通过理论公式计算得到的浸润线。

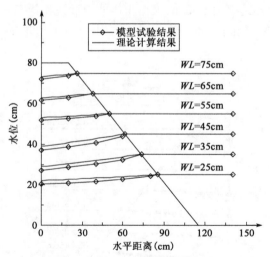

图 1-2-44 试验方案 3 测得的浸润线与理论计算值对比示意图

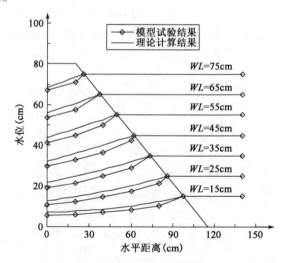

图 1-2-45 试验方案 4 测得的浸润线与理论计算值对比示意图

图 1-2-45 中显示,模型试验测得的浸润线位置明显低于理论计算结果。这表明,前述理论计算方法得到的浸润线将过高地估计实际浸润线的位置。

比较图 1-2-45、图 1-2-44 和图 1-2-43 可知,不同试验方案测得的浸润线位置均低于理论计算得到的浸润线位置,这表明前述理论计算公式用于计算模型坡体内浸润线时,将过高地估计实际浸润线的位置;不同试验方案测得的浸润线与理论计算值的误差不同,试验方案4的误差最大,因为其水位上升速率(8.0cm/h)最大,试验方案2的误差最小,因为其水位上升速率(1.0cm/h)最小。可见,浸润线的理论计算结果与实测值的误差随蓄水速率的增大而增大。

2.2.4 水库水位下降试验结果及分析

以第1类模型中的1号模型(坡角为40°的均质岸坡模型)为例,给出试验中观测得的浸润线并对其进行分析。

试验中,对该模型进行了9个不同速率的水位下降试验。试验结果表明,水位变化速率不同,模型岸坡内浸润线的变化速率也不相同,但总体上变化规律基本一致。为了便于对比分析,选取表1-2-4中的3个水位下降试验方案(试验方案5~试验方案7)进行分析。见表1-2-4。

用于分析的水库水位下降试验方案　　　　　　　　　表1-2-4

方案编号	方案类型	升、降水速率(cm/h)	开始水位(cm)	终止水位(cm)	试验历时(h)	模型土体饱和状态
5	水位下降	1.0	76.0	6.0	154.0	饱和
6	水位下降	3.0	76.0	16.0	34.0	饱和
7	水位下降	8.0	78.0	6.0	9.0	饱和

1)水位下降试验结果

(1)试验方案5的试验结果。

试验方案5中,模型边坡处于饱和状态,模型坡体外水位从76.0cm开始,以1.0cm/h的速率等速下降变化,每天下降10.0cm后,保持水位14.0h,如此下降水位到6.0cm,试验历时154.0h。

图1-2-46给出了试验方案5中观测到的模型边坡内水位与试验历时的关系,为了清楚地显示模型近坡内水位变化与坡体外水位变化的关系,图1-2-46中也给出了坡体外水位与试验历时的关系。图1-2-46中的变量含义与图1-2-12中一致。

为了更加清楚地显示各测压管水位、模型坡体外水位和试验历时的关系,图1-2-47中给出了不同水位下降段的水位历时曲线。

由图1-2-47可知,当水位(模型坡体外水位)以1.0cm/h的速率等速下降变化时,各测压管水位也基本呈等速下降变化,但是,测压管水位的变化速率总是小于水位的变化速率。另外,图1-2-46中还显示,不同测压管的水位及其下降变化速率也不相同。测压管距离模型坡体坡面的水平距离越短,测压管内的水位变化速率越大。

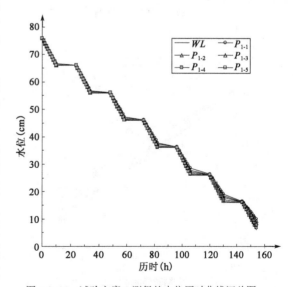

图1-2-46 试验方案5测得的水位历时曲线汇总图

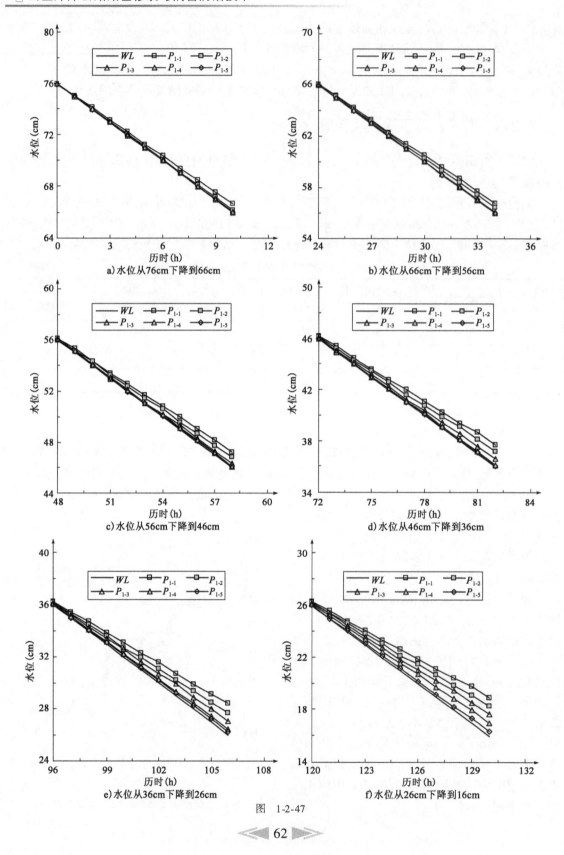

图 1-2-47

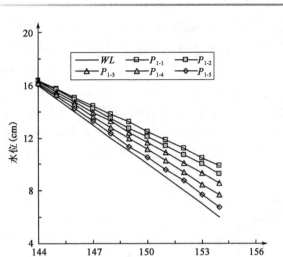

图 1-2-47　试验方案 5 测得的水位历时曲线

(2) 试验方案 6 的试验结果。

试验方案 6 中,模型边坡处于饱和状态,模型坡体外水位从 76.0cm 开始,以 3.0cm/h 的速率等速下降,每天下降 30.0cm 后保持水位 14.0h,直到水位达到 16.0cm 结束试验,试验历时 34.0h。

图 1-2-48 给出了试验方案 6 中观测到的模型边坡内水位与试验历时的关系。由图 1-2-48 可知,当水位等速下降变化时,各测压管内的水位也基本呈等速降低变化。

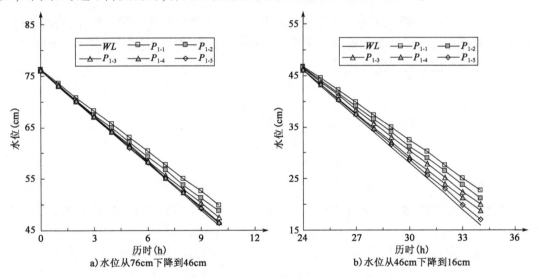

图 1-2-48　试验方案 6 测得的水位历时曲线

(3) 试验方案 7 的试验结果。

试验方案 7 中,模型边坡处于饱和状态,模型坡体外水位从 78.0cm 开始,以 8.0cm/h 的速率等速下降至 6.0cm 结束试验,试验历时 9.0h。

图 1-2-49 给出了试验方案 7 中观测到的模型边坡内水位与试验历时的关系。由图 1-2-49 可知,当水位等速下降变化时,各测压管内的水位也基本呈等速降低变化。

2) 水位下降试验结果分析

对于水位等速下降作用下岸坡地下水浸润线的计算问题,郑颖人等于 2004 年给出了解析解,这里仅简单介绍相应的研究方法及结果。

(1) 库水位等速下降时浸润线的理论计算方法。

计算方法如下。

① 基本假定。

a. 含水层均质、各向同性,侧向无限延伸,具有水平不透水层。

b. 河(库)水降落前,原始潜水面水平。

c. 潜水流为一维流。

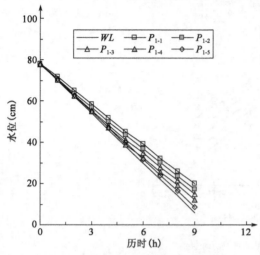

图 1-2-49 试验方案 7 测得的水位历时曲线

d. 河(库)水位以 v_0 的速度等速下降。

e. 河(库)岸按垂直考虑,库水降幅内的库岸与大地相比小得多,为了简化将其视为垂直库岸。

在上述假设条件下,得到 t 时刻距离岸坡 x(单位为 m)处各向同性土体的一维非稳定渗流运动的基本微分方程:

$$\frac{\partial h}{\partial t} = \frac{k}{\mu}\frac{\partial}{\partial x}\left(H\frac{\partial h}{\partial x}\right) \qquad (1\text{-}2\text{-}22)$$

对于以上二阶非线性偏微分方程,求其解析解通常是先对其进行线性化,然后再求解。简化方法一般是把含水层厚度 H 看作一常量,即用始、末时段潜水流的平均厚度 h_m 代替,简化后的一维非稳定渗流运动方程为

$$\frac{\partial h}{\partial t} = a\frac{\partial^2 h}{\partial x^2} \qquad (1\text{-}2\text{-}23)$$

其中:

$$a = \frac{kh_m}{\mu} \qquad (1\text{-}2\text{-}24)$$

② 计算模型。

假设 $h(0,0)$ 是库水开始下降前的水位, $u(x,t)$ 为 t 时刻距离库岸 x 处地下水位变化值,即

$$u(x,t) = h(0,0) - h(x,t) \qquad (1\text{-}2\text{-}25)$$

因为地下水位以速度 v_0 等速下降,故而在 $x=0$ 断面处, t 时刻的地下水位变幅为

$$u(0,t) = h(0,0) - h(0,t) = v_0 t \qquad (1\text{-}2\text{-}26)$$

在 $t=0$ 时刻的地下水位变幅为

$$u(x,0) = h(0,0) - h(x,0) = 0 \qquad (1\text{-}2\text{-}27)$$

在 $x=\infty$ 断面处, t 时刻的地下水变幅为

$$u(\infty,t) = h(\infty,t) - h(0,0) = 0 \qquad (1\text{-}2\text{-}28)$$

河(库)水位等速下降时,地下水非稳定渗流模型可以归纳为以下数学模型:

$$\begin{cases} \dfrac{\partial u}{\partial t} = a \dfrac{\partial^2 u}{\partial x^2} & x>0, t>0 \\ u(0,t) = v_0 t & t>0 \\ u(\infty,t) = 0 & t>0 \\ u(x,0) = 0 & x>0 \end{cases} \qquad (1\text{-}2\text{-}29)$$

③微分方程求解。

通过对式(2-2-22)进行拉普拉斯(Laplace)积分变换和逆变换等数学运算,可得到水位等速下降时的浸润线计算公式为

$$h(x,t) = h(0,0) - v_0 t M(\lambda) \qquad (1\text{-}2\text{-}30)$$

其中:

$$M(\lambda) = (1 + 2\lambda^2)\,\mathrm{erfc}(\lambda) - \dfrac{2}{\sqrt{\pi}} \lambda \mathrm{e}^{-\lambda^2} \qquad (1\text{-}2\text{-}31)$$

$$\lambda = \dfrac{x}{2\sqrt{at}} = \dfrac{x}{2}\sqrt{\dfrac{\mu}{k h_\mathrm{m} t}} \qquad (1\text{-}2\text{-}32)$$

比较式(1-2-31)和式(1-2-32),可以看出函数 $M(\lambda)$ 和 $R(\lambda)$ 的表达式完全相同,因此函数 $M(\lambda)$ 也可拟合为

$$M(\lambda) = \begin{cases} 0.1091\lambda^4 - 0.7501\lambda^3 + 1.9283\lambda^2 - 2.2319\lambda + 1 & (0 \leqslant \lambda < 2) \\ 0 & (\lambda \geqslant 2) \end{cases} \qquad (1\text{-}2\text{-}33)$$

可得水位等速下降时浸润线计算的简化公式为

$$h(x,t) = \begin{cases} h(0,0) - v_0 t (0.1091\lambda^4 - 0.7501\lambda^3 + 1.9283\lambda^2 - 2.2319\lambda + 1) & (0 \leqslant \lambda < 2) \\ h(0,0) & (\lambda \geqslant 2) \end{cases} \qquad (1\text{-}2\text{-}34)$$

(2)模型试验结果与理论计算结果的对比分析

由于物理模型试验的边界条件和上述理论计算的边界条件基本相同,以下对二者进行对比分析,以检验水位下降过程中浸润线变化的理论计算方法的可靠性,为实际工程中合理计算浸润线的变化提供依据。

①试验方案5的试验结果。

图1-2-50给出了表1-2-2中试验方案5(水位下降速率为1.0cm/h,模型土体处于饱和状态)通过测压管测得的不同水位时的浸润线位置,为便于比较,图1-2-50中同时给出了模型边坡的边界线和通过理论公式计算得到的浸润线。

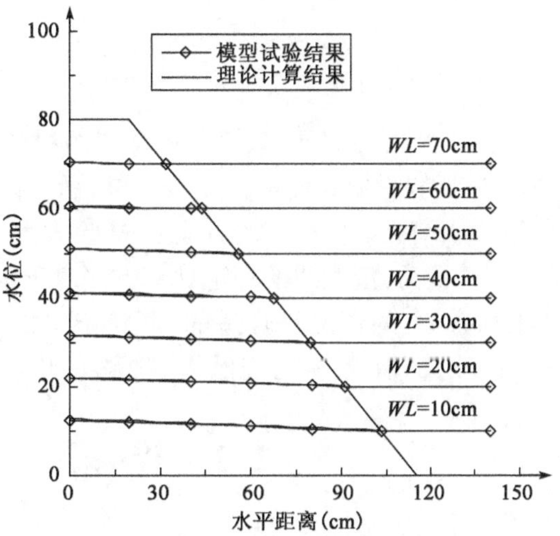

图1-2-50中显示,模型试验测得的浸润线

图1-2-50 试验方案5测得的浸润线与理论计算值对比示意图

位置与理论计算结果相差不大。

②试验方案6的试验结果。

图1-2-51给出了表1-2-2试验方案6(水位下降速率为3.0cm/h,模型土体处于饱和状态)通过测压管测得的不同水位时的浸润线位置,为便于比较,图1-2-51中同时给出了模型边坡的边界线和通过理论公式计算得到的浸润线。

图1-2-51中显示,模型试验测得的浸润线位置与理论计算结果相差不大,但是,相比图1-2-50所示的试验方案5而言,试验方案6中浸润线的实测值与理论计算值间的误差有所增大。

③试验方案7的试验结果。

图1-2-52给出了表1-2-2中试验方案7(水位下降速率为8.0cm/h,模型土体处于饱和状态)通过测压管测得的不同水位时的浸润线位置,为便于比较,图1-2-52中同时给出了模型边坡的边界线和通过理论公式计算得到的浸润线。

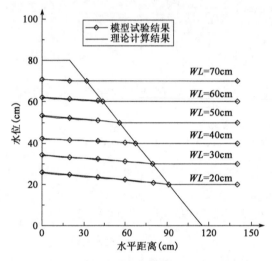
图1-2-51 试验方案6测得的浸润线与理论计算值对比示意图

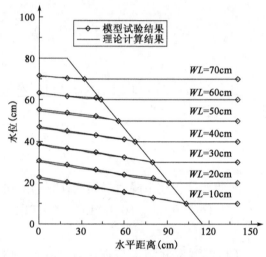
图1-2-52 试验方案7测得的浸润线与理论计算值对比示意图

图1-2-52中显示,模型试验测得的浸润线位置与理论计算结果相差不大,但是,相比试验方案5、试验方案6而言,图1-2-52所示的试验方案7中浸润线的实测值与理论计算值间的误差进一步增大。由于试验方案5、试验方案6和试验方案7的区别主要是水位下降速率的不同,可以认为,浸润线的理论计算方法对于水位下降速率较小(如试验方案5中水位下降速率为1.0cm/h)的情况是合适的,而对于水位下降速率较大(如试验方案7中水位下降速率为8.0cm/h)的情况,则可能低估浸润线的位置。

2.3 非均质库岸模型试验塌岸现象

本节首先简要介绍非均质库岸模型试验中观测到的模型边坡随水位升、降变化发生的变形、破坏现象,然后分析模型坡体内浸润线随水位升、降变化的特点。

2.3.1 水位上升试验中的塌岸现象

在初次蓄水试验中,模型土体由非饱和状态变为饱和状态,试验中观测到了部分模型不同程度的变形、开裂及塌岸现象,如第 5 类模型中的上粗下细双层结构模型和第 6 类模型中的中部夹 10cm 厚粗砂层模型,如图 1-2-53 所示。

a) 上粗下细双层结构模型(第五类模型)　　　　b) 中部夹水平粗砂层模型(第六类模型)

图 1-2-53　初次蓄水试验中观察到的塌岸现象(水位上升速率为 1.0cm/h)

除初次蓄水试验外,在水位以不同速率上升变化的试验中,也观察到了部分模型不同程度的变形、开裂及塌岸现象。例如,在水位以 12.0cm/h 速率等速上升的试验中,第 7 类模型中的两个非均质模型均出现了开裂,如图 1-2-54 所示。

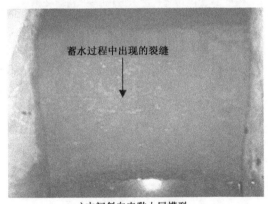

a) 中间斜向夹黏土层模型　　　　b) 外部斜向铺黏土层模型

图 1-2-54　第 7 类模型库水位上升试验中观察到的塌岸现象(水位上升速率为 12.0cm/h)

2.3.2 水位下降试验中的塌岸现象

通常认为,水位下降过程中库岸更加容易失稳,试验中也观察到了模型岸坡的变形、开裂及塌岸现象。以下将介绍 9 个水位下降试验方案,水位下降速率为 1.0~30.0cm/h。

图1-2-55展示的是水位下降速率为8.0cm/h时第5类模型的塌岸现象。由图1-2-55可知,塌岸主要发生在坡脚位置,且图1-2-55a)所示的上粗下细双层结构模型的塌岸现象更为严重,塌岸范围更大。其主要原因是图1-2-55a)模型下部的土体颗粒粒径较图1-2-55b)模型相同位置的土体颗粒粒径小,换言之,岸坡模型土体粒径越小,越易发生塌岸现象。

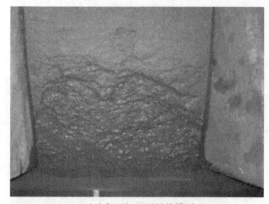 

a)上粗下细双层结构模型　　　　　　　　　b)上细下粗双层结构模型

图1-2-55　第5类模型水位下降试验中观察到的塌岸现象(水位下降速率为8.0cm/h)

图1-2-56给出的是水位下降速率为8cm/h时第六类模型的塌岸现象。由图1-2-56可知,塌岸现象也主要发生在坡脚位置。比较图1-2-56a)、b)可知,图1-2-56b)中的中部夹水平黏土层模型的塌岸现象更为严重一些,塌岸范围更大。

 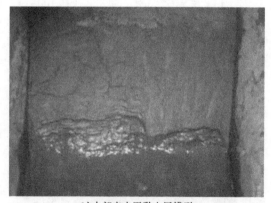

a)中部夹水平粗砂层模型　　　　　　　　　b)中部夹水平黏土层模型

图1-2-56　第6类模型水位下降试验中观察到的塌岸现象(水位下降速率为8.0cm/h)

图1-2-56中两个模型结构的区别在于,图1-2-56a)模型中部夹10cm厚的水平粗砂层,图1-2-56b)模型中部夹10cm厚水平黏土层。在水位快速下降过程中,图1-2-56a)模型的地下水位下降变化要快于图1-2-56b)模型的地下水位下降变化,这种地下水位下降变化的不同导致两个模型塌岸程度的不同。换言之,在水位下降速率相同的条件下,库岸地下水位下降速率越慢,越易引起塌岸现象的发生。

如图1-2-57所示为水位下降速率为12cm/h时第5类模型的塌岸现象。图1-2-57中显示的塌岸现象的特点与图1-2-55基本相同,在此不再赘述。

    a) 上粗下细双层结构模型   b) 上细下粗双层结构模型

图 1-2-57　第 5 类模型水位下降试验中观察到的塌岸现象（水位下降速率为 12.0cm/h）

如图 1-2-58 所示为水位下降速率为 12.0cm/h 时第 6 类模型的塌岸现象。图 1-2-58 中显示的塌岸现象的特点与图 1-2-56 基本相同，在此不再赘述。

    a) 中部夹水平粗砂层模型   b) 中部夹水平黏土层模型

图 1-2-58　第 6 类模型水位下降试验中观察到的塌岸现象（水位下降速率为 12.0cm/h）

如图 1-2-59 所示为水位下降速率为 20.0cm/h 时第 5 类模型的塌岸现象。图 1-2-59 中显示的塌岸现象的特点与图 1-2-55、图 1-2-57 基本相同，在此不再赘述。

    a) 上粗下细双层结构模型   b) 上细下粗双层结构模型

图 1-2-59　第 5 类模型水位下降试验中观察到的塌岸现象（水位下降速率为 20.0cm/h）

如图 1-2-60 所示为水位下降速率为 20.0cm/h 时第 6 类模型的塌岸现象。图 1-2-60 中显示的塌岸现象的特点与图 1-2-56、图 1-2-58 基本相同,在此不再赘述。

a)中部夹水平粗砂层模型　　　　　　　　　　b)中部夹水平黏土层模型

图 1-2-60　第 6 类模型水位下降试验中观察到的塌岸现象(水位下降速率为 20.0cm/h)

如图 1-2-61 所示为水位下降速率为 20.0cm/h 时第 7 类模型的塌岸现象。图 1-2-61a)所示的中间斜向夹黏土层模型塌岸现象显示,塌岸主要发生在模型坡体的中下部,且塌岸区为浅表层。图 1-2-61b)所示的外部斜向铺黏土层模型塌岸现象显示,模型坡体近顶部发生开裂,模型很可能发生整体破坏。由于图 1-2-61b)模型的外部斜向铺了一层透水性较差的黏土层,在水位快速下降过程中,模型坡体内的地下水不能有效地从坡面排出,这对坡体的稳定是很不利的。因此,可以认为,在岸坡、库岸路基防护中,应避免使用透水性差的防护结构物。

 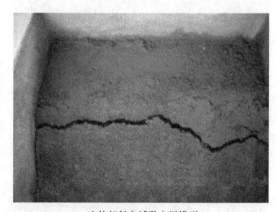

a)中间斜向夹黏土层模型　　　　　　　　　　b)外部斜向铺黏土层模型

图 1-2-61　第 7 类模型水位下降试验中观察到的塌岸现象(水位下降速率为 20.0cm/h)

当试验中采用最大水位下降速率 30.0cm/h 时,几乎所有模型均出现了塌岸现象。

如图 1-2-62 所示为水位下降速率为 30.0cm/h 时第 5 类模型的塌岸现象。图 1-2-62 中显示的塌岸现象的特点与图 1-2-55 基本相同,在此不再赘述。

如图 1-2-63 所示为水位下降速率为 30.0cm/h 时第 6 类模型的塌岸现象。图 1-2-63 中显示的塌岸现象的特点与图 1-2-56 基本相同,在此不再赘述。

 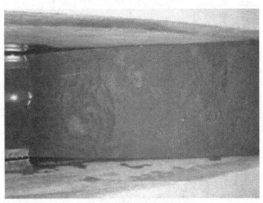

a) 上粗下细双层结构模型　　　　　　　　b) 上细下粗双层结构模型

图 1-2-62　第 5 类模型水位下降试验中观察到的塌岸现象（水位下降速率为 30.0cm/h）

a) 中部夹水平粗砂层模型　　　　　　　　b) 中部夹水平黏土层模型

图 1-2-63　第 6 类模型水位下降试验中观察到的塌岸现象（水位下降速率为 30.0cm/h）

如图 1-2-64 所示为水位下降速率为 30.0cm/h 时第 7 类模型的塌岸现象，图 1-2-64 中模型的水位为 63cm（水位从 76cm 下降到 63cm 位置）。图 1-2-64 显示，中间斜向夹黏土层模型

a) 中间斜向夹黏土层模型　　　　　　　　b) 外部斜向铺黏土层模型

图 1-2-64　第 7 类模型水位下降试验中观察到的塌岸现象（水位下降速率为 30.0cm/h，水位为 63cm）

已经出现了塌岸现象,而外部斜向铺黏土层模型并没有出现塌岸或开裂现象。这表明当水位下降幅度不大时,中间斜向夹黏土层模型较外部斜向铺黏土层模型更容易出现塌岸现象。

总体而言,水位下降试验中观测到的塌岸现象具有如下特点:

(1)水位下降速率越大,越易发生塌岸现象。

(2)库岸土体颗粒粒径越小,越易发生塌岸现象。

(3)库岸内地下水水位下降速率与库水位下降速率的差异越大,越易发生塌岸现象。

2.3.3 水位上升试验结果及分析

均质岸坡模型试验中观测得到的浸润线变化特点及其与理论计算值的比较分析已在2.2节中进行了介绍,本节简要介绍非均质岸坡模型观测到的浸润线变化特征。

为便于比较分析,本节仅就表1-2-5中的3个水位快速上升试验方案的试验结果进行分析。

用于分析的水位上升试验方案　　　　　表1-2-5

方案编号	方案类型	水位上升速率(cm/h)	开始水位(cm)	终止水位(cm)	试验历时(h)	模型土体饱和状态
1	水位上升	16.0	6.0	70.0	4.0	近饱和
2	水位上升	20.0	6.0	76.0	3.5	近饱和
3	水位上升	25.0	10.0	72.5	2.5	近饱和

第5~7类模型分别为3个,每类模型除基本模型(即第1类模型中坡角为30°模型为均质岸坡)外,另外两个模型为非均质模型。非均质模型的几何尺寸与基本模型相同,测压管的布置参如图1-2-65所示。下面仅分析各类模型的测压管P_2、P_4中观测到的浸润线随水位上升的变化。

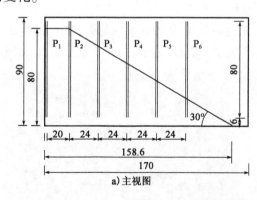
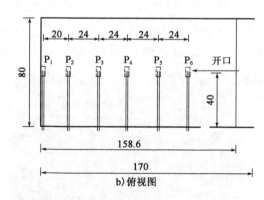

图1-2-65　非均质模型边坡测压管布置图(尺寸单位:cm)

1)第5类模型试验结果及分析

图1-2-66~图1-2-68分别给出了第5类模型在试验方案1、试验方案2和试验方案3中观测到的P_2、P_4测压管水位历时曲线。为便于比较,图1-2-66~图1-2-68也给出了试验中模型外部水位历时曲线和基本模型的试验结果。

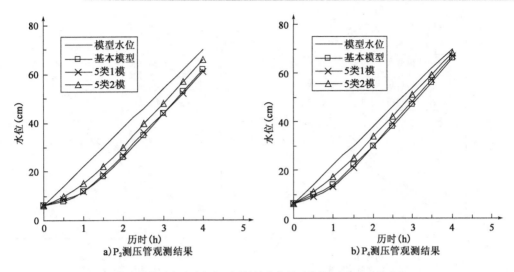

图 1-2-66　第 5 类模型在试验方案 1 测得的水位历时曲线（水位上升速率为 16cm/h）

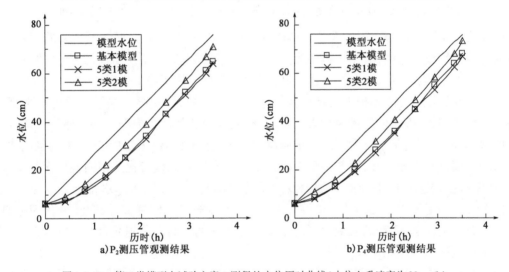

图 1-2-67　第 5 类模型在试验方案 2 测得的水位历时曲线（水位上升速率为 20cm/h）

图 1-2-67 中，"模型水位"表示模型外部水位历时曲线，"基本模型"表示基本模型（第 1 类模型中坡角为 30°模型）在试验中观测到的 P_2、P_4 测压管水位历时曲线；"5 类 1 模"表示第 5 类第 1 模型（上粗下细双层结构模型）在试验中观测到的 P_2、P_4 测压管水位历时曲线；"5 类 2 模"表示第 5 类第 2 模型（即上细下粗双层结构模型）在试验中观测到的 P_2、P_4 测压管水位历时曲线。

由图 1-2-66～图 1-2-68 可知，测压管水位历时曲线变化有如下特点：

（1）尽管模型外部水位随时间均匀上升变化，但是测压管水位历时曲线并不是线性变化的，特别是在模型外部水位开始上升的初期，测压管水位变化表现出明显的滞后现象。

（2）与基本模型试验结果相比，第 5 类第 1 模型在试验中观测到的测压管水位变化速率与基本模型基本相同，而第 5 类第 2 模型在试验中观测到的测压管水位变化速率要大于基本模型的测压管水位变化速率。

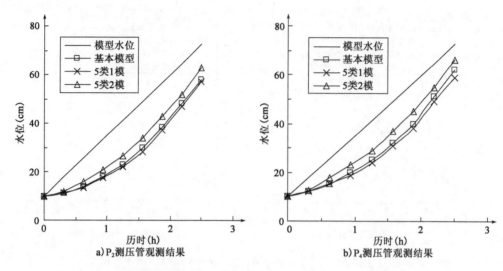

图 1-2-68　第 5 类模型在试验方案 3 测得的水位历时关系曲线（水位上升速率为 25cm/h）

比较第 5 类第 1 模型和第 2 模型的结构及物质组成等特征，可知两者最主要的区别是第 1 模型为上粗下细双层结构，而第 2 模型为上细下粗双层结构。也就是说第 2 模型的下部透水性大于第 1 模型，因此，第 2 模型中观测到的浸润线变化要快于第 1 模型。

比较第 5 类模型与基本模型的结构及物质组成等特征，可知第 5 类第 1 模型的下部土体与基本模型相同，上部土体的渗透性大于基本模型；而第 5 类第 2 模型下部土体的渗透性大于基本模型，上部土体与基本模型相同。试验结果表明，第 5 类第 1 模型中观测到的浸润线变化速率与基本模型基本相当，而第 5 类第 2 模型中观测到的浸润线变化速率明显快于基本模型。可见，在库水位快速上升过程中，岸坡内浸润线的变化速率除取决于库水位上升速率外，还与库水位上升初期淹没岸坡土体的渗透性有关，岸坡土体的渗透性越大，浸润线变化速率越大；岸坡土体的渗透性越小，浸润线变化相对于库水位变化的滞后现象越显著。

2）第 6 类模型试验结果及分析

图 1-2-69 ~ 图 1-2-71 分别给出了第 6 类模型在试验方案 1、试验方案 2 和试验方案 3 中观测到的 P_2、P_4 测压管水位历时曲线。为便于比较，图 1-2-69 ~ 图 1-2-71 中也给出了试验中模型外部水位历时曲线和基本模型的试验结果。

图中"模型水位""基本模型"的含义同前文；"6 类 1 模"表示第 6 类第 1 模型（即模型中部夹 10cm 厚水平粗砂层的模型）在试验中观测到的 P_2、P_4 测压管水位历时曲线；"6 类 2 模"表示第 6 类第 2 模型（模型中部夹 10cm 厚水平黏土层的模型）在试验中观测到的 P_2、P_4 测压管水位历时曲线。

由图 1-2-69 ~ 图 1-2-71 可知，测压管水位历时曲线变化有如下特点：

（1）尽管模型外部水位随时间均匀上升变化，但是测压管水位历时曲线并不是线性变化的，特别是在模型外部水位开始上升的初期，测压管水位变化表现出明显的滞后现象。

（2）在水位达到 40 ~ 50cm 前，各模型试验中观测到的浸润线随水位上升的变化速率相差不大。

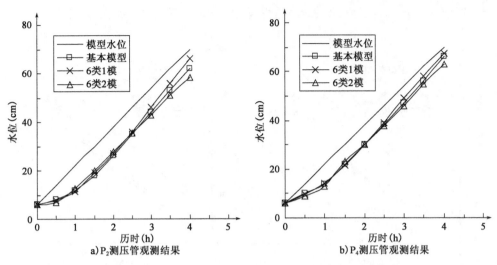

图 1-2-69　第 6 类模型在试验方案 1 测得的水位历时曲线（水位上升速率为 16cm/h）

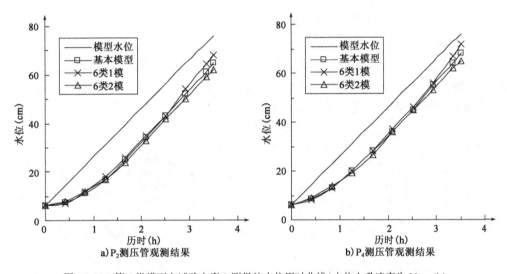

图 1-2-70　第 6 类模型在试验方案 2 测得的水位历时曲线（水位上升速率为 20cm/h）

（3）当水位大于 40～50cm 后，各模型试验中观测到的浸润线随库水位上升的变化速率表现出明显差异。与基本模型试验结果相比，第 6 类第 1 模型在试验中观测到的测压管水位变化速率大于基本模型，而第 6 类第 2 模型在试验中观测到的测压管水位变化速率则慢于基本模型。

比较第 6 类第 1 模型和第 2 模型的结构及物质组成等特征，可知两者最主要的区别在于模型中部 10cm 厚的水平夹层，第 6 类第 1 模型为强透水的粗砂层，而第 6 类第 2 模型为弱透水的黏土层。试验结果表明，在水位达到水平夹层前，各模型中观测到的浸润线变化特点基本相同；而当库水位达到并高于水平夹层后，第 6 类第 1 模型中观测到的浸润线变化速率要大于基本模型，而第 2 模型中观测到的浸润线变化速率要小于基本模型。可见，当岸坡土体中存在渗透性异常（渗透性较其他地层明显强或弱）的水平地层时，在水位快速上升过程中，当水位淹没该渗透性异常地层后，库岸内浸润线的变化速率除与水位上升速率有关外，尚受渗透性异常地层的影响。该渗透性异常地层的渗透性越大,浸润线变化速率越大;反之越小。

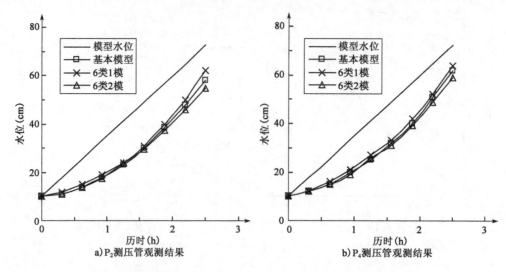

图 1-2-71　第 6 类模型在试验方案 3 测得的水位历时曲线(水位上升速率为 25cm/h)

3)第 7 类模型试验结果及分析

图 1-2-72~图 1-2-74 分别给出了第 7 类模型在试验方案 1、试验方案 2 和试验方案 3 中观测到的 P_2、P_4 测压管水位历时曲线。为便于比较,图 1-2-72~图 1-2-74 中也给出了试验中模型外部水位历时曲线和基本模型的试验结果。

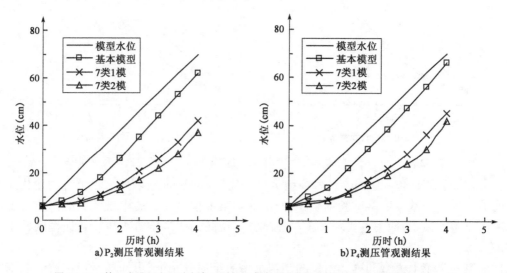

图 1-2-72　第 7 类模型在试验方案 1 测得的水位历时关系曲线(水位上升速率为 16cm/h)

图 1-2-72~图 1-2-74 中,"模型水位""基本模型"的含义同前文;"7 类 1 模"表示第 7 类第 1 模型的中间斜向夹黏土层模型在试验中观测到的 P_2、P_4 测压管水位历时曲线;"7 类 2 模"表示第 7 类 2 模型中外部斜向铺黏土层模型在试验中观测到的 P_2、P_4 测压管水位历时曲线。

由图 1-2-72~图 1-2-74 可知,测压管水位历时曲线变化有如下特点:

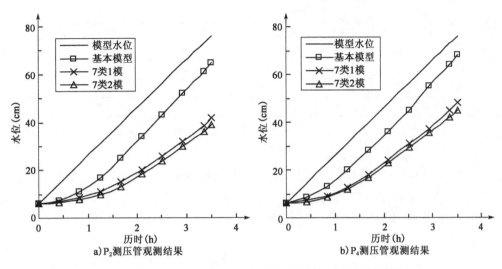

图 1-2-73　第 7 类模型在试验方案 2 测得的水位历时曲线（水位上升速率为 20cm/h）

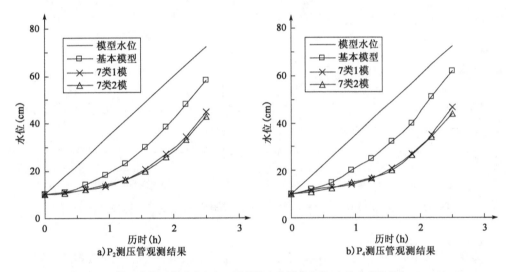

图 1-2-74　第 7 类模型在试验方案 2 测得的水位历时曲线（水位上升速率为 25cm/h）

（1）尽管模型外部水位随时间均匀上升变化，但是测压管水位历时曲线并不是线性变化的，特别是在模型外部水位开始上升的初期，测压管水位变化表现出明显的滞后现象。

（2）与基本模型试验结果相比，第 7 类第 1 模型、第 2 模型在试验中观测到的测压管水位变化速率均明显慢于基本模型。

（3）第 7 类模型的两个非均质模型在试验中观测到的测压管水位变化速率基本相当。

2.3.4　水库水位下降试验结果及分析

为便于比较分析，以下对表 1-2-6 中的 3 个水位快速下降试验方案的试验结果进行分析。

用于分析的水位下降试验方案　　　　　　　　表 1-2-6

方案编号	方案类型	水位下降速率（cm/h）	开始水位（cm）	终止水位（cm）	试验历时（h）	模型土体饱和状态
4	水位下降	20.0	76.0	6.0	3.5	饱和
5	水位下降	25.0	72.5	10.0	2.5	饱和
6	水位下降	30.0	76.0	16.0	2.0	饱和

下面仍以测压管 P_2、P_4（图 1-2-65）为例，分析试验中观测到的浸润线随水位下降的变化特征。

1）第 5 类模型试验结果及分析

图 1-2-75～图 1-2-77 分别给出了第 5 类模型在试验方案 4、试验方案 5 和试验方案 6 中观测到的 P_2、P_4 测压管水位历时曲线。为便于比较，图 1-2-75～图 1-2-77 中也给出了试验中模型外部水位历时曲线和基本模型的试验结果。

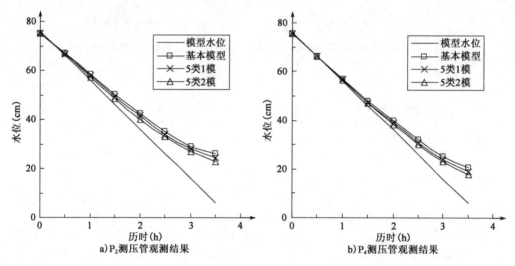

图 1-2-75　第 5 类模型在试验方案 4 测得的水位历时曲线（水位下降速率为 20cm/h）

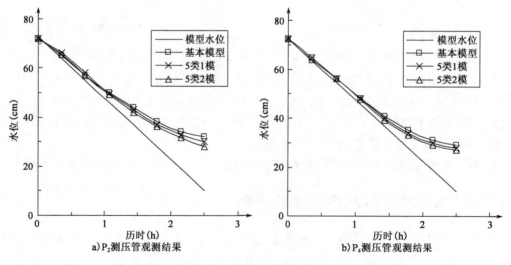

图 1-2-76　第 5 类模型在试验方案 5 测得的水位历时曲线（水位下降速率为 25cm/h）

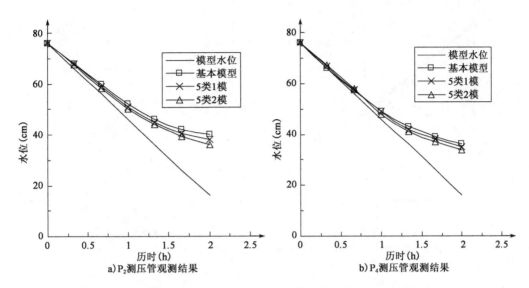

图 1-2-77　第 5 类模型在试验方案 6 测得的水位历时曲线(水位下降速率为 30cm/h)

由图 1-2-75～图 1-2-77 可知,测压管水位—历时曲线变化有如下特点:

(1)尽管模型外部水位随时间呈均匀下降变化,但是测压管水位历时曲线并不是线性变化的,特别是在模型外部水位接近试验最低水位时期,测压管水位变化表现出明显的滞后现象。

(2)总体而言,基本模型、第 5 类第 1 模型和第 2 模型在试验中观测到的测压管水位变化特征相似,变化速率相差不大。

(3)与基本模型试验结果相比,第 5 类第 1 模型、第 2 模型在试验中观测到的测压管水位变化速率略大于基本模型。

(4)第 5 类第 1 模型和第 2 模型的试验结果相比,第 2 模型在试验中观测到的测压管水位变化速率略大于第 1 模型。

由以上试验结果可知,尽管基本模型、第 5 类第 1 模型和第 2 模型的模型结构、物质组成方面有些不同,但试验结果的差异不大,表明在水位快速下降试验中,试验模型浸润线的变化主要由水位下降速率控制。

2)第 6 类模型试验结果及分析

图 1-2-78～图 1-2-80 分别给出了第 6 类模型在试验方案 4、试验方案 5 和试验方案 6 中观测到的 P_2、P_4 测压管水位历时曲线。为便于比较,图 1-2-78～图 1-2-80 中也给出了试验中模型外部水位历时曲线和基本模型的试验结果。

由图 1-2-78～图 1-2-80 可知,第六类模型试验中观察到的测压管水位历时曲线的变化特点与第 5 类模型基本相同。

由此可知,尽管基本模型、第 6 类第 1 模型和第 2 模型的模型结构、物质组成方面有些不同,但试验结果的差异不大,这表明在库水位快速下降试验中,试验模型浸润线的变化仍主要由库水位下降速率控制。

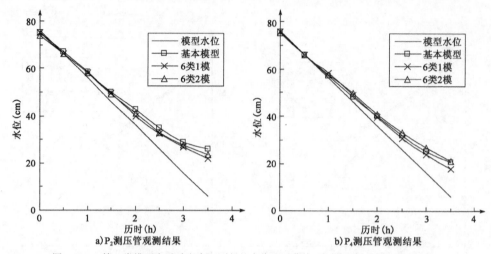

图 1-2-78 第 6 类模型在试验方案 4 测得的水位历时曲线(水位下降速率为 20cm/h)

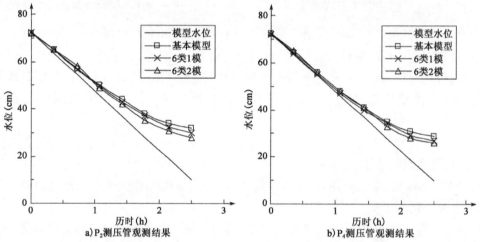

图 1-2-79 第 6 类模型在试验方案 5 测得的水位历时曲线(水位下降速率为 25cm/h)

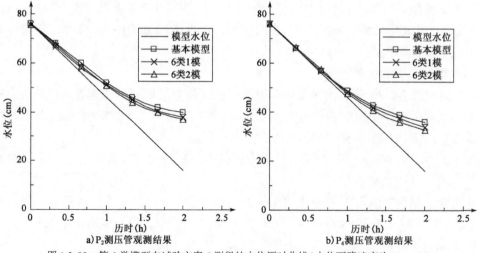

图 1-2-80 第 6 类模型在试验方案 6 测得的水位历时曲线(水位下降速率为 30cm/h)

3）第 7 类模型试验结果及分析

图 1-2-81～图 1-2-83 分别给出了第 7 类模型在试验方案 4、试验方案 5 和试验方案 6 中观测到的 P_2、P_4 测压管水位历时曲线。为便于比较，图 1-2-81～图 1-2-83 中也给出了试验中模型外部水位历时曲线和基本模型的试验结果。

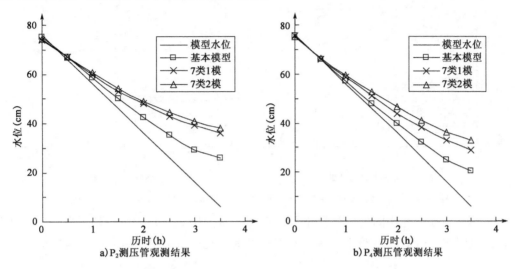

图 1-2-81　第 7 类模型在试验方案 4 测得的水位历时曲线（水位下降速率为 20cm/h）

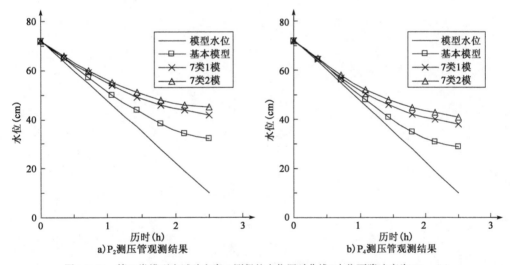

图 1-2-82　第 7 类模型在试验方案 5 测得的水位历时曲线（水位下降速率为 25cm/h）

由图 1-2-81～图 1-2-83 可知，测压管水位历时曲线变化有如下特点：

（1）尽管模型外部水位随时间均匀下降变化，但是测压管水位历时曲线并不是线性变化的，测压管水位变化表现出明显的滞后现象。

（2）与基本模型试验结果相比，第 7 类第 1 模型、第 2 模型在试验中观测到的测压管水位变化速率均明显小于基本模型。

（3）第 7 类模型的两个非均质模型在试验中观测到的测压管水位变化速率相差不是很大。

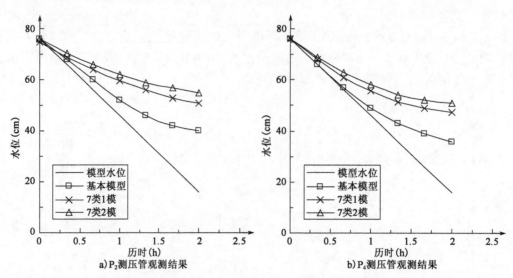

图 1-2-83　第 7 类模型在试验方案 6 测得的水位历时曲线（水位下降速率为 30cm/h）

由于第 7 类模型在中间斜向夹黏土层或在外部斜向铺黏土层，黏土层阻碍了试验中模型内水体的及时排出，因此，试验中观测到的测压管水位变化速率明显滞后于基本模型。

3　水库塌岸预测方法及参数研究

在水库蓄水前，河流岸坡破坏的原因主要是近岸流水的侵蚀作用，流水淘空了岸坡底部的岩土体，使上部的岩土体失去支撑，从而促使河岸地带崩塌，滑坡不断发生。随着滑坡的不断发展，那些处于构造运动相对稳定的岸坡逐渐获得稳定平衡的外形，这种外形是与处于一定地质历史发展阶段的该区的自然条件相适应的。

在水库蓄水后，水库地区的自然条件将发生一系列急剧的变化，并使过去已经建立的岸坡的稳定平衡遭到破坏。这些变化主要表现在以下几个方面：

（1）水库蓄水，形成了宽广的水库盆地与较大的水位变幅带。

（2）河流中水流流速显著降低，尤其在近岸地带，水流近乎静止，只有在洪水时期的水库上游与狭窄的支流地带才具有较大的水流流速。

（3）流水对边岸的作用将主要被波浪作用所代替，流水作用显著降低。

（4）水流流速降低，水流所携带的泥沙将在水库中逐渐堆积起来。

上述变化又促使了沿岸地带水文地质条件发生改变，主要表现在以下几方面：

（1）由河水洄水所引起的地下水的洄水。

（2）由于地下水的洄水，使岸坡岩土体的物理、力学性质发生改变。

（3）由于波浪磨蚀作用，在水库水位变化幅度带范围内，岸坡逐渐变缓，并逐渐形成与该地带新的水文地质条件相适应的浅滩坡角。

（4）由于水下岸坡产生破坏，引起水上岸坡产生破坏，并逐渐形成在新的自然条件下的稳定平衡的水上岸坡。

总之，水库蓄水后由于自然条件的变化，库岸岩土体在波浪和水位变化等作用下发生坍塌，水库岸线逐渐后移的现象就是水库塌岸。

水库塌岸的过程可以分为三个阶段，即岸坡破坏阶段、塌岸物质迁移和浅滩发展阶段、岸坡极限平衡剖面的形成阶段，如图 1-3-1 所示。

水库蓄水后，库岸岩土体在水的浸泡和波浪的磨蚀作用下，发生软化、崩解等现象，库岸岩土体开始坍塌，使岸线逐渐后移，促使磨蚀浅滩不断地增长，波浪的回流促使堆积浅滩不断地向水库方向增长。浅滩在水库高水位与低水位之间的范围内增长到一个极限宽度与坡度时，将使波浪的破坏能量全部消耗在与浅滩的摩擦上，于是，水库塌岸进入平衡剖面的形成阶段。平衡剖面中这种与一定的地层岩性条件与水文条件相适应的浅滩极限坡角称为最终浅滩坡角。

平衡剖面的结构由三部分形成，即水上岸坡、浅滩、浅滩前缘斜坡其中，浅滩部分又可分为磨蚀浅滩与堆积浅滩，如在洪水期的水库上游，常可以看到流水作用形成的侵蚀浅滩。由于波浪回流的分选作用，堆积浅滩的颗粒组成向水库方向会出现由粗颗粒向细颗粒堆积变化的规律,最细的粉土与黏土颗粒会在水库的中心部分堆积下来。

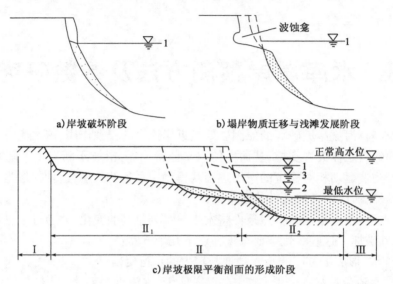

图 1-3-1 塌岸过程示意图

Ⅰ-水上岸坡;Ⅱ-浅滩;Ⅱ₁-磨蚀浅滩(浅滩的磨蚀部分);Ⅱ₂-堆积浅滩(浅滩的堆积部分);Ⅲ-浅滩前缘斜坡;1、2、3-变动水位

由上述塌岸过程的分析可以得到,研究水库塌岸的目的主要在于解决以下两个方面的问题:

一是塌岸引起的水库边线的退化,这种岸线的退化,必然对沿岸地带的工业用地、交通运输用地(公路、铁路及其附属建筑物)、农田等造成威胁,影响未来水库沿岸地带的新建城市或建筑物的合理布局。

二是从水库淤积出发,由于岸坡岩土体坍塌将引起河流中固体迁流物质快速增加,这些固体迁流物质会对水库有效库容造成影响。

3.1 水库塌岸预测方法

现阶段,预测水库塌岸或水库边岸再造范围和规模的方法有类比图解法、计算图解法、动力法、两段法和经验法等。由于自然地质条件的复杂多变性,还没有物理或数学的方程能够完美地解决水库塌岸预测问题,迄今为止的预测方法多属于经验性或半经验性的,而且各种塌岸预测方法有其自身的适用范围。但是这些基于工程实践的预测方法,在实际的工作中仍然被广泛地应用。

3.1.1 类比图解法

类比图解法的原理及图解参数获取方法如下。

1)类比图解法原理

由于现阶段天然河道的平均枯水位、江水涨幅带、平均洪水位分别与水库运行期低水位、调节水位(水位变动带)、最高设计水位存在可类比性,因此可以通过地质调查,统计得到现阶段天然河道的平均枯水位以下、江水涨幅带以及平均洪水位以上不同岩土体的稳定坡角,以此作为该岩土层在不同库水位条件下的稳定坡角,进而用类比法和图解法得到水库蓄水运行时的库岸再造范围。根据实测岸坡剖面,首尾相连依次绘出在不同库水位条件下相应岩土层的稳定坡角,并以各段稳定坡角连线代表最终库岸再造边界线,进而得到库岸再造的最终宽度与高程。

2)图解参数的获取

岩土体在不同库水位条件下稳定坡角的取值应切合实际、具有代表性,应根据地质测绘、勘探资料或现场调查,统计不同岩土体在天然河道的平均枯水位以下、江水涨幅带以及平均洪水位以上的稳定坡角。

采用调查统计的数据,按式(1-3-1)计算各类岩土层在不同库水位条件下的稳定坡角

$$\alpha = \frac{\sum \alpha_i L_i}{\sum L_i} \tag{1-3-1}$$

式中:α——统计范围内该岩土层的稳定坡角(°);

α_i——单个统计点该岩土层的坡角(°);

L_i——单个统计点顺坡向之间的平面距离(m)。

由于枯水位以下岩土层稳定坡角无法量取,可将江水涨幅带稳定坡角按0.8的系数折减。然后根据各岩土层自然岸坡坡度统计值与前述类比原则,得出各岩土层在不同库水位条件下的稳定坡角建议值,最后采用图解法求得塌岸范围。

3.1.2 计算图解法

计算图解法的实质是根据水库的库岸岸坡剖面,计算并绘制待预测库岸的塌岸剖面。目前,主要的计算图解法有卡丘金法和佐洛塔廖夫法两种。

1)卡丘金法

卡丘金于1949年提出岸坡最终塌岸预测计算公式,实质是依据实测的洪、枯水位变幅带各类岸坡长期稳定坡角数据,根据几何关系,用图解法求解岸坡最终塌岸预测宽度。卡丘金法预测精度取决于计算参数的选择。考虑到计算参数大多为经验值,因此,在实际预测时必须对相似地下水动水压力条件和相似岩土体条件下的已有岸坡塌岸进行观测,以获得相应的、较为可靠的计算参数。一般参考水库蓄水前的洪、枯水位变幅带岸坡形态数据来计算,具有较好的预测效果。卡丘金法适用于黄土类土层及平原地区水库的塌岸预测,但是不适合南方山区峡谷型水库的塌岸预测,预测结果往往与实际相差甚远,实际塌岸宽度要比预测值小得多。

卡丘金所提出的水库塌岸预测方法可以分为两部分:一是根据1940—1953年研究结果所给出的塌岸最终宽度与速度的确定方法,二是根据1955—1959年研究结果所给出的塌岸物质堆积的计算方法。

(1)最终磨蚀浅滩宽度。

在萨瓦连斯基与波利亚科夫研究资料的基础上,卡丘金根据1940—1953年的研究结果,给出了计算最终磨蚀浅滩宽度的公式:

$$L = N(A + h_b + h_p)\cot\alpha \tag{1-3-2}$$

式中：L——最终磨蚀浅滩宽度(m)；
A——水库中水位变化幅度(m)；
h_b——波浪爬行高度(m)；
h_p——波浪影响深度(m)；
α——最终磨蚀浅滩坡角(°)；
N——堆积系数，$0 < N < 1$。

由图 1-3-2 所示的最终磨蚀浅滩宽度预测图解可知,在波浪影响范围内浅滩全部由磨蚀部分构成,堆积浅滩消失,这只有在低水位以下库底很深时才有可能。此时,塌岸物质堆积在库底深处而不参与浅滩的组成,或者岩土体几乎全由极细的黏土颗粒组成,以致任何大的波浪都能将它们带到水库中心处,在远离边岸地带堆积下来。此外,当浅滩中心有堆积浅滩出现时,磨蚀浅滩宽度将相对减小。此时,磨蚀浅滩宽度值与近岸地带塌岸物质的堆积条件有关。

(2)最终塌岸宽度预测。

从正常高水位与原始库岸交线起,至最终塌岸时库岸眉峰的距离,称为最终塌岸宽度,其预测塌岸图如图 1-3-3 所示。

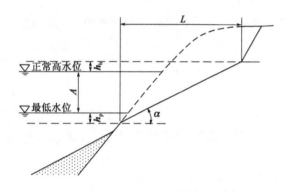

图 1-3-2　最终磨蚀浅滩宽度预测图解　　　　图 1-3-3　卡丘金法预测塌岸图解

其计算公式如下:

$$S = N\left[\frac{(A + h_p + h_b)}{\tan\alpha} + \frac{(h_\sigma - h_b)}{\tan\beta} - \frac{(A + h_p)}{\tan\gamma}\right] \tag{1-3-3}$$

式中：S——最终塌岸宽度(m)；
N——堆积系数,与土石颗粒成分有关的系数,土石颗粒越粗,就越易于形成水下堆积岸坡,所以按卡丘金提供的经验数据,砂土的 N 值为 0.5;亚黏土为 0.6;黏土为 1.0;当原始岸坡较陡,库水水深较大时,难以形成水下堆积阶地,此时 N 实际应等于 1；
A——水位变化幅度,设计高水位与设计低水位差值(m)；
h_p——波浪影响深度(m),设计低水位以下波浪影响深度一般取 1~2 倍浪高(如果浪高取 0.5m,浪高影响深度取 1m)；
h_b——波浪爬升高度,设计高水位以上浪爬高度(m)可按下式计算：$h_b = 3.2kh\tan\alpha$(其中,k 为被冲蚀的岸坡表面糙度系数,一般砂质岸坡 k 取 0.55~0.75,砾石质岸坡 $k = 0.85~0.9$,混凝土岸坡 $k = 1$,抛石岸坡 $k = 0.775$；坡度 α 可参照河谷边岸平水位处河滨浅滩坡角值,当已知作用于该岸坡地带波浪波高和组成岸坡土石颗粒成分时,也可根据各种颗粒成分沉积物的水下岸坡坡度与浪高的关系图解确定;h 为波浪波高,根据各库区实际情况,推荐取值);

h_σ——正常高水位以上岸坡的高度(m);

α——最终磨蚀浅滩坡角(°);

β——水上岸坡的稳定坡角(°);

γ——原始岸坡坡角(°)。

①对于陡岸,当 $\gamma > 30°$ 及 $A > 5\mathrm{m}$ 时,式(1-3-3)的最后一项可以忽略不计,其计算公式为

$$S = N\left[\frac{(A + h_p + h_b)}{\tan\alpha} + \frac{(h_\sigma - h_b)}{\tan\beta}\right] \quad (1\text{-}3\text{-}4)$$

②对于水下岸坡陡且高度不大时,则可以忽略式(1-3-4)最后一项,其计算公式为

$$S = \frac{N(A + h_p + h_b)}{\tan\alpha} \quad (1\text{-}3\text{-}5)$$

关于塌岸带破坏的速度问题,卡丘金根据多年的实测资料指出:塌岸速度不仅随着波高的增大和水上岸高的减小而增加,并与岩土体的组成、性质有关;而且塌岸速度随着水库蓄水后时间的延续而逐渐减小。

卡丘金法认为浅滩的外形具有直线形和折线形,主要适用于小型水库以及由松散沉积层——黄土、砂、砂质黏土与黏土所覆盖的不高的岸坡地带,大型水库则主要适用于水库的中游和上游地带。

2)佐洛塔寥夫法

佐洛塔寥夫法由苏联学者佐洛塔寥夫于1955年提出,通过图解法进行岸坡最终塌岸宽度预测。佐洛塔寥夫指出,在绘制塌岸剖面时,应对水文地质条件不同的两种库岸分别研究,即水库下游宽广地带和水库上游及较小支流河谷的狭窄地带。在这两个不同条件的地区应该分别预测其塌岸宽度。

(1)水库下游宽广地带塌岸剖面图的绘制。

对于松散堆积岸坡(残坡堆积、崩坡堆积、滑坡堆积以及人工弃渣岸坡),大型水库的中、下游地段,一般采用佐洛塔寥夫提出的图解法。佐洛塔寥夫法认为,水库中下游地段,水深较大,水面较广,波高增加,对库岸的破坏以波浪作用为主。塌岸后的岸坡可分为浅滩外缘陡坡、堆积浅滩、冲蚀浅滩、爬升带斜坡以及水上岸坡带等,如图1-3-4所示。

具体预测步骤如下(参考图1-3-4):

①绘制预测地点的地形、地质剖面。

②标出水库正常高水位线与水库最低水位线。

③由正常高水位向上标出波浪爬升高度线,爬升高度(h_b)值可取为一个波高。

④由最低水位向下,标出波浪影响深度线,影响深度(h_p)值可取为(1/5~1/3)波浪长,黏土应大些,砂土应小些。

⑤波浪影响深度线上选取 a 点,该点位于堆积浅滩带与浅滩外缘陡坡带之转折点处,该点的选取应使堆积系数 K_a 之值与表中所列数值相符。

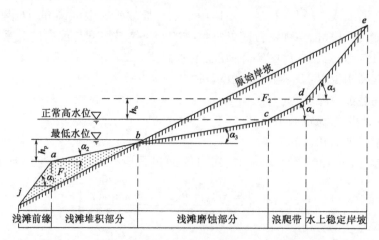

图 1-3-4 水库下游宽广地带塌岸预测图解剖面(佐洛塔寥夫法)

a-堆积浅滩带与浅滩外缘陡坡带转折点;b-堆积浅滩坡面线与原斜坡交点;c-冲蚀浅滩坡面线与正常高水位线交点;d-波浪爬升坡面线与波浪爬升高度水位线交点;e-水上岸坡面线终点;$α_1$-堆积浅滩前缘斜坡坡角,砂质-黏土质土$α_1$=8°~12°,粗砂$α_1$=18°~20°;$α_2$-堆积浅滩坡角,细粒砂$α_2$=1°~1.5°,粗砂$α_2$=3°~5°;$α_3$-磨蚀浅滩坡角,取决于岸坡岩性;$α_4$-波浪爬升坡角,取决于岸坡浪高与岩性(岩土性质的简称);$α_5$-稳定(岸坡)坡角,据自然坡角确定;F_1-堆积浅滩所占的面积;F_2-磨蚀浅滩以上所占的面积。定义K_a为堆积系数,其值取决于岸坡岩性与浪高,$K_a=F_1/F_2$

⑥由 a 点向下,根据浅滩堆积物的岩性,绘出外缘陡坡线,使之与原斜坡线相交,其稳定坡角 $α_1$:粉细砂土和黏性土为8°~12°,卵石层和粗砂土为18°~20°。由点向上绘出堆积浅滩的坡面线,与原斜坡线相交于 b 点,其稳定坡角 $α_2$:细粒砂土为1°~1.5°,粗砂小砾石为3°~5°。

⑦由 b 点作冲蚀浅滩的坡面线,与正常高水位线相交于 c 点,其稳定坡角视岸坡岩性而定。

⑧由 c 点作波浪爬升带(简称浪爬带)的坡面线,与波浪爬升高度水位线相交于 d 点,其稳定坡角 $α_4$ 取决于岸坡浪高与岩土性质。

⑨绘制水上岸坡坡面线 d-e,稳定坡角 $α_5$ 据自然坡角确定。

⑩第一次绘图完成后,检验堆积系数与经验数据是否相符,如相符,则向左或向右移动 a 点并按上述步骤重新绘图,直至适合为止,即检查面积 F_1 与面积 F_2 之比 F_1/F_2 是否与设计所采用的堆积系数相符(不同岩性条件下的堆积系数 K_a);如不符合,a 点沿水平方向向左(当 F_1/F_2 小于 K_a 设计值时)或向右(当 F_1/F_2 大于 K_a 设计值时)移动,直到 F_1/F_2 与 K_a 设计值完全相符为止。

(2)水库上游与较小支流河谷的狭窄地带塌岸剖面图的绘制。

这一地带塌岸剖面图的绘制工作基本上与下游宽广地带相同,其差异有以下几点(图 1-3-5):

①c 点与 d 点之间的地带不是波浪爬行带,而是洪水期的侵蚀带。

②洪水期侵蚀带的高度是按照保证率5%的洪水位计算的,其侵蚀角为 $β_1$。

由 a 点向下,根据浅滩堆积物的岩性,绘出外缘陡坡线,使之与原斜坡线相交,其稳定坡角 $α_1$:粉细砂土和黏性土为8°~12°,卵石层和粗砂土为18°~20°。由 a 点向上绘出堆积浅滩的坡面线,与原斜坡线相交于 b 点,其稳定坡角 $α_2$:细粒砂土为1°~1.5°,粗砂小砾石为3°~5°。

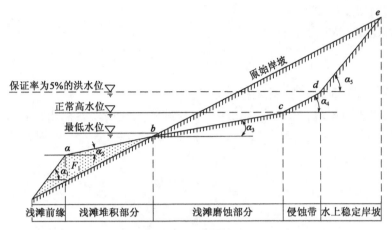

图 1-3-5　水库上游与狭窄地带塌岸预测图解剖面(佐洛塔寥夫法)

注:符号意义同图 1-3-4。

对于易冲刷、易软化的岩质边坡,或松散堆积物全部被波浪或沿岸流所冲走的地段,其岸边浅滩只有磨蚀部分,堆积率应取为零。此种情况下,a 点位置应与初始岸坡线相交。

佐洛塔寥夫图解法考虑了水下堆积浅滩的影响,将下部起点设在堆积浅滩台坎前缘,并且假设以该点的深度在正常高水位以下浪高 h 处作为预测 10 年期间的塌岸剖面,以该点深度位于保证率 5% 枯水位以下 $3h$(黏土类边岸)或 $2h$(砂土边岸)深处作为确定最终塌岸剖面的起点。其作图方法与卡丘金法相同,并且分别考虑了下游宽阔部位和上游狭窄部位两种情况。这种方法在实际运用中必须查明有多少比例的冲蚀土可组成堆积浅滩,因而实际应用较为复杂。

3)平衡剖面法

在水库风波浪和船行波的长期作用下,岸坡断面将逐渐调整至平衡位置,形成平衡断面。根据水库运行性质、波浪作用规律以及岸坡岩土体工程地质特征,运用水力学、泥沙运动学等理论以及实际观察数据,可以建立基于经验的数学模型,用于预测此平衡断面,从而获得水库塌岸的空间规模。需要注意的是,当地形坡度较缓时,岸坡不仅不会产生水库塌岸,还会产生局部淤积,进而调整至平衡状态。对于这类岸坡,通常无须采取护坡措施,经验数据为缓于 1:5.0 就无须护坡;相反,当地形坡度较陡时,岸坡将会产生快速的塌岸过程,直至断面达到平衡为止。

(1)对于非黏性土,当土主要由 0.1~1.5mm 的颗粒组成时,Вπ·Максимчук 根据试验资料,提出正常高水位以上至波浪爬升高度上界内,平衡剖面的坡角余切 m_1 为

$$m_1 = 0.17\left(\frac{h^3\sqrt{L/h}}{d}\right)^{1/2} + m_0 \quad (1\text{-}3\text{-}6)$$

水库最低水位以下至波浪影响深度下界范围内,平衡剖面的坡角余切 m_2 为

$$m_2 = 0.37\left(\frac{h^3\sqrt{L/h}}{d}\right)^{1/2} + m_0 \quad (1\text{-}3\text{-}7)$$

式中:m_0——初始岸坡坡角余切,即 $m_0 = \operatorname{ctan}\alpha$(其中,$\alpha$ 是岸坡的自然坡角);

h——波高(m);

d——岸坡岩土体的平均粒径(m)。

波浪影响深度 h_p 依据下式计算:

$$h_p = 0.028\left(\frac{HL}{d^{1/2}}\right)^{2/3} \tag{1-3-8}$$

活动砂层厚度 t 可取波浪影响深度 h_p 的 0.1 倍。

(2)对于黏性土质岸坡,ьА·Пы I щкин 根据试验及现场观察提出,当波高 $h \leqslant 3m$,波长与波高的比值 $L/h = 10 \sim 25$,塑性指数 $I_p = 7 \sim 17$,孔隙比 $e = 0.5 \sim 1.20$ 时,有下列计算公式:

$$h_B = 0.5h \tag{1-3-9}$$

$$h_p = 3.33h\sqrt{e} \tag{1-3-10}$$

$$m_1 - m_0 = 7e\sqrt{hI_p} \tag{1-3-11}$$

$$m_2 - m_0 = 50e\sqrt{h} \tag{1-3-12}$$

实际上,根据观测和试验数据,苏联学者已经总结出各种水位变幅带之间、波浪作用带之间的稳定岸坡坡角与波浪要素间的关系曲线,以供绘制平衡断面。但该方法要求太高,实用性差。

3.1.3 数学分析法

康德拉捷夫于1953年提出了一种塌岸宽度的计算分析方法,与卡丘金和佐洛塔廖夫采用的方法不同的是,他认为浅滩表面的外形轮廓线不是直线形和折线形,而是抛物线形。这种方法一般适用于岩性条件单一、由砂土和粉砂土等非黏性土组成的非滑动斜坡,并不考虑泥沙纵向移动的情况。他建议用下列公式计算任一时间的塌岸宽度

$$l = L\left(1 - e^{-\frac{V_0 t}{L}}\right) \tag{1-3-13}$$

$$W_t = W_0(1 - e^{kt}) \tag{1-3-14}$$

$$K = \frac{1}{t}\ln\left(1 - \frac{W_t}{W_0}\right) \tag{1-3-15}$$

式中:l——水库蓄水任一年的塌岸宽度(m);

W_t——水库蓄水任一年的塌岸体积(m³);

L——水库蓄水最终的塌岸宽度(m);

W_0——水库蓄水最终的塌岸体积(m³);

k——水库蓄水第一年的塌岸速度(m/a);

t——计算年限;

W_t——水库蓄水第 t 年的塌岸体积(m³)。

该塌岸公式用来预测塌岸宽度,其难点在于各参数的确定。

3.1.4 动力法

动力法是卡丘金于1955—1959年在有关塌岸物质堆积预测研究基础上得出的一种新方法。

卡丘金根据大量实测资料发现,单位时间内塌岸物质的数量随时间 t 的延续具有递减的

规律。每米宽厚度剖面上,塌岸物质的累积数 Q 与时间 t 之间的关系曲线呈抛物线形(图 1-3-6)。

$$Q = at^b \tag{1-3-16}$$

式中:Q——在 t 时间内,边岸每米宽度内被冲刷走的岩土数量(m^3/m);

t——冲刷时间(由塌岸开始算起的无冰期的年数);

a——参数,其值为第一年内平均每季被冲刷的岩土体的体积(m^3);

b——与冲刷速度递减率有关的指数($0 < b < 1$)。

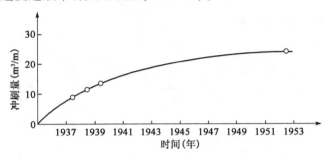

图 1-3-6 伊斯特林水库皮亚特尼查村地段边岸冲刷的消亡曲线

此外,根据观测资料,卡丘金制定了一个考虑波浪能量与岩石冲刷性能的水库边岸再造预测方法,即决定磨蚀作用发育两个主要特征的水库边岸再造预测方法。此法的基础是一经验公式

$$Q = EK_p K_\sigma t^b \tag{1-3-17}$$

式中:E——该点的平均波浪能量($kN \cdot m$);

K_p——岩土的冲刷系数($m^3/kN \cdot m$);

K_σ——考虑岸坡高度的系数($0 < K_\sigma \leq 1$)。

其他符号意义同前。

卡丘金将水库蓄水后在第一年尚未形成岸边浅滩时,被单位波能所冲刷下来的岩土体体积称为岩石的冲刷系数 K_p [式(1-3-18)],此系数查表取值。当边岸由不同冲刷性能的岩石组成时,K_p 值应考虑层带或分层的厚度情况,取其加权平均值

$$K_p = \frac{Q_1}{E_1} \tag{1-3-18}$$

式中:Q_1——蓄水后第一年的冲刷量;

E_1——波浪的平均能量。

当边岸破坏时,沿边岸线常形成浅滩,它可消去一大部分波能。观测表明,当波能为一常数时,浅滩的宽度与岸高成反比。因此,考虑岸高的系数时,可间接地反映浅滩消除波能的数值。此系数通过经验确定式(1-3-19)计算得到,其数值等于研究地段的平均岸高与系数 c 的乘积(当岸高为 30m 或再高时,K_σ 值取 1)

$$K_\sigma = h_\sigma c \tag{1-3-19}$$

式中:c——变化于 0.03(对极易冲刷类岩石)至 0.05(对难冲刷类岩石)范围内;

h_σ——岸坡高度(m),即正常高水位至岸坡眉峰之间的高差,一般采用沿剖面方向岸高的平均值,则

$$h_\sigma = \frac{h_{\sigma 1} + h_{\sigma 2}}{2} \tag{1-3-20}$$

式中：$h_{\sigma 1}$——原始岸坡高度(m)；

$h_{\sigma 2}$——最终塌岸带的岸高(m)。

由于沟谷发育，使沿岸线方向的岸高发生变化，相邻的高低岸坡互相影响其塌岸速度(影响宽度为300~500m)。因此，卡丘金认为必须考虑顺岸方向的平均岸高，图1-3-7所示为顺岸方向地形断面图，设断面被正常高水位之上高度h_δ处的水平线所截之上下部分的坡脊面积与坡谷面积相等，则h_σ为平均岸高。

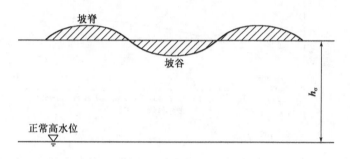

图1-3-7　平均岸高示意图

在求出塌岸量之后，利用图解法即可得到塌岸的宽度，其步骤如下(图1-3-2)：

第一，绘出预测地段的地质剖面，在剖面中标出各水位以及波浪爬行高度和波浪影响深度。

第二，绘出相应的预测塌岸面积，其塌岸宽度即可从图中量出。

第三，相关参数参照卡丘金法计算。该法有一定的物理依据，但"关系方程"的建立同时也需要一定量的观测样本。例如，在海洋工程科学领域，借助于造波机，已经通过室内试验及某些海岸工程的实地观测，建立了相应的动力法预测方程，可供地域性海岸工程加固设计使用。

3.1.5　两段法

王跃敏等经过近十年对数十处水库塌岸的调查和研究，提出用"两段法"来指导外福(外洋—福州)铁路线的塌岸预测设计。其原理如下：预测塌岸线由水下稳定岸坡线和水上稳定岸坡线的连线组成时，水下稳定岸坡线由原河道多年最高洪水位h及倾角β确定，水上稳定岸坡线由设计洪水位和毛细水上升高度H及倾角确定。该方法已在外福铁路线水库塌岸预测中得到成功的应用。

"两段法"的具体图解如图1-3-8所示。以原河道多年最高洪水位与岸坡交点A为起点，以α为倾角绘出水下稳定岸坡线，该线延伸至设计洪水位加毛细水上升高度的高程点B，再以B点为起点，以β角为倾角绘出水上稳定岸坡线，该线与原岸坡的交点C即水上稳定岸坡的终点；水上稳定岸坡线的起点B的高程所对应的原岸坡点D与该线终点C之间的水平距离，即"两段法"预测的塌岸宽度S。

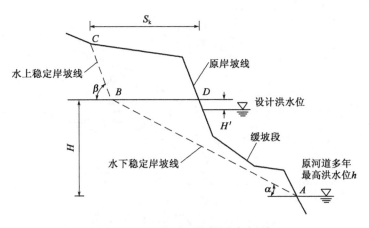

图 1-3-8 "两段法"预测塌岸宽度图解

"两段法"也是一种类比法,只是在确定水上稳定坡角和水下稳定坡角时所选用的参数不同,该方法适用于我国南方山区的峡谷型水库,库面较窄,风浪作用较小,岸坡地层为黏性土、砂性土、碎石类土、弃渣及岩石的全风化地层,有较完整的水文气象资料等。该方法预测的塌岸宽度比较接近实际,通过对南方朽溪水库、龚咀水库、火石岩水库、古田水库以及水口水库的坍岸调查、分析、研究,证明该方法是正确的。但在使用"两段法"预测塌岸宽度的同时,还需采用卡丘金法进行比较,全面验证其合理性,科学地取舍。也就是说,其适用性还有待于进行大量的应用验证。

3.1.6 岸坡结构法

三峡库区库岸结构复杂多变,直接应用传统的塌岸预测方法进行三峡水库塌岸预测,部分预测的结果不太合理,有时甚至相差很远,所以在开展像三峡库区这种山区河道型水库且岸坡结构复杂的塌岸预测时,应该根据不同库岸的结构类型,采用适合的预测模型进行塌岸预测。

在对三峡库区数百段典型库岸的塌岸地质进行现场调查和预测分析的基础上,结合三峡库区和类比水库塌岸模式、预测参数以及实际塌岸范围调查分析,许强等学者提出了岸坡结构法(Reservoir Bank Structure Method,RBSM)。

岸坡结构法,即根据山区河道型水库岸坡结构类型复杂的特点,针对待预测库岸段具体不同的岸坡结构类型和塌岸模式,依据待预测库岸岸坡中各种不同岩土体的水下堆积坡角、冲磨蚀角、水上稳定坡角,以及该段库岸的设计低水位、设计高水位,采用不同的预测模型进行该段库岸塌岸范围预测的一种方法。该方法属于一种类比图解法,具有较好的适宜性和移植性。库岸结构法采用三个坡度,主要是针对水库调度,并没有考虑波浪因素。该法综合考虑了水库各水位之间存在的联合作用,适用于三峡水库这种山区水库,水位变化主要源于水库的调度,尤其适用于冲磨蚀型塌岸和坍塌型塌岸。

土质库岸主要为堆积体库岸,其预测宽度如图 1-3-9 所示。

塌岸预测特征角度的确定:先大量调查待预测库岸段各种物质的水下稳定坡角、冲磨蚀角及水上稳定坡角,然后进行统计,求其加权平均值。

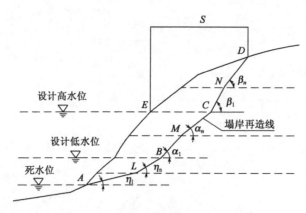

图 1-3-9 土质库岸岸坡结构法预测示意图

η_1、η_n-不同物质的水下堆积坡角;α_1、α_n-不同物质的冲磨蚀坡角;β_1、β_n-不同物质的水上稳定坡角;A、B、C-水位线与塌岸再造线的交点;D-塌岸再造线与地形线之间的交点;E-设计高水位与地形线之间的交点;L、M、N-物质分界线与塌岸再造线的交点;S-塌岸再造宽度

具体图解步骤:以死水位与岸坡交点 A 为起点,以不同物质的水下堆积坡角 η_1、η_2、…、η_n 为倾角依次作线,该线延伸至与设计低水位线相交于点 B;然后以 B 点为起点以不同物质的冲磨蚀坡角 α_1、α_2、…、α_n 为倾角依次作线,该线延伸至与设计高水位线相交于点 C;再以 C 点为起点以不同物质的水上稳定坡角 β_1、β_2、…、β_n 为倾角依次作线,该线延伸至与岸坡地形线相交于点 D,则 D、E 两点之间的水平距离即预测的塌岸宽度 S。

通过实地比较验证,岸坡结构法预测结果比较合理,可运用于山区河流型水库的塌岸预测。

3.1.7 三段法

在对三峡库区塌岸地质条件进行研究调查期间,发现三峡库区大多数的岸坡都可以简化为折线形岸坡,在河流地质作用下,库岸岸坡剖面大多数都会呈现"陡—缓—缓"(上、中、下)的三段式结构。据此提出了塌岸预测的"三段法",即根据三段式岸坡在水库蓄水后仍以三段式演化的规律和特点,采用水库蓄水前岸坡上、中、下各段的特征和参数去预测水库蓄水后上、中、下各段塌岸特征的一种塌岸预测方法。

通过分析岸坡在蓄水前、后的变化情况,可将三峡库区岸坡的变化与水库水位之间的情况分为如下两种:

(1)三峡水库蓄水后,水库运行期间的设计低水位高于蓄水前的常年洪水位(三峡库区库首范围内的库岸,如宜昌、秭归、巴东、奉节等)。

(2)三峡水库蓄水后,水库运行期间的设计低水位低于蓄水前的常年洪水位,即位于蓄水前的常年洪、枯水位之间(三峡库区库尾的库岸,如江津、北碚、巴南、渝北等)。

根据水库蓄水前、后岸坡变化的前后几何关系,可以推导出塌岸宽度预测公式。现将以上两种类型的库岸塌岸预测方法和公式分述如下。

1)设计低水位高于蓄水前的常年洪水位

蓄水后设计低水位高于蓄水前的常年洪水位的塌岸预测图如图 1-3-10 所示。其塌岸预

测公式为

$$S = h_1 \cot\beta + \Delta h(\cot\alpha - \cot\beta) \tag{1-3-21}$$

式中:S——预测塌岸宽度(m)。

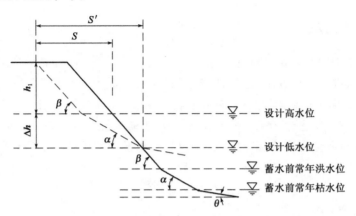

图 1-3-10　蓄水后设计低水位高于蓄水前的常年洪水位的塌岸预测图

Δh-设计高低水位差,即水位变幅;h_1-设计高水位以上岸坡高度;α-蓄水前常年洪、枯水位之间岸坡的冲磨蚀坡角;β-蓄水前常年洪水位以上岸坡稳定坡角;θ-蓄水前常年枯水位以下浅滩堆积坡角;S-预测塌岸宽度;S'-经过经验公式折减后的预测塌岸宽度

注:粗实线为现期岸坡的地形线;粗虚线为蓄水后岸坡再造后的地形线。

2)设计低水位位于蓄水前的常年洪、枯水位之间

蓄水后设计低水位位于蓄水前的常年洪、枯水位间的塌岸预测图如图 1-3-11 所示。其塌岸预测公式如下

$$S = (h_1 - h_2)\cot\beta + h_2\cot\alpha \tag{1-3-22}$$

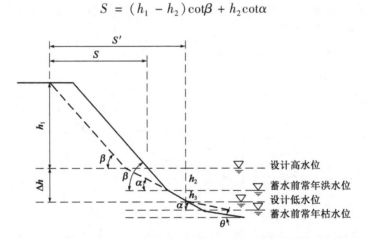

图 1-3-11　蓄水后设计低水位位于蓄水前的常年洪、枯水位间的塌岸预测图

Δh-设计高低水位差,即水位变幅,$\Delta h = h_2 + h_3$;h_1-设计高水位以上岸坡高度;h_2-蓄水前的常年洪水位与设计高水位之间的水位差;h_3-设计低水位与蓄水前常年洪水位之间的水位差;α-蓄水前常年洪、枯水位之间岸坡的冲磨蚀坡角;β-蓄水前常年洪水位以上岸坡稳定坡角;θ-蓄水前常年枯水位以下浅滩堆积坡角;S-预测塌岸宽度;S'-经过经验公式折减后的预测塌岸宽度

注:粗实线为现期岸坡的地形线;粗虚线为蓄水后岸坡再造后的地形线。

该方法适用于岸坡结构较均匀的土质或岩质库岸,计算时将待预测岸坡剖面作三段式简化,然后采用调查统计得出的塌岸预测参数,应用相应的公式进行塌岸预测。该方法简便,可操作性强,且预测精度较好。

3.1.8 其他方法

除上述较常使用的几种塌岸预测方法外,日本京都大学的 Nagata. N 等人(2000)还开展了运用数值模拟方法进行塌岸速率、塌岸范围预测的尝试,但由于塌岸形成机制复杂,以及影响塌岸的水文动态都很难模拟,因此,这方面的研究还处于试验阶段。Elei, Sebnem and Paul. A. 等人(2002)对美国佐治亚州与南卡罗来纳州交界的 Savannah 河上的 Hartwell Lake 水库塌岸进行了研究,并针对黏性土库岸塌岸的长期观测,从能量法的角度提出一种预测长期塌岸速率的表达式

$$ER = k_n H_b^{5/2} \tag{1-3-23}$$

式中:ER——塌岸速率;

k_n——比例系数;

H_b——近岸碎浪的波高。

该方法在 Hartwell Lake 水库塌岸的预测中得到了较好的应用,但其实质仍然是能量法,其中的塌岸预测参数具有地域性,并且还需要有长期的观测资料做支撑,故在山区库岸塌岸预测中有一定的时间局限性及处理上的复杂性。

3.2 岩质库岸塌岸宽度预测的经验法

根据维尼·诺沃日洛夫介绍的塌岸预测方法,将岩质岸坡塌岸预测的经验法简述如下。该法的图解如图 1-3-12 所示。

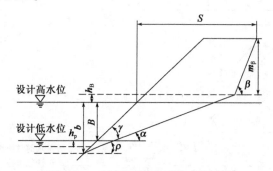

图 1-3-12 岩质库岸塌岸预测经验法图解

对于非均质的基岩岸坡,一般采用如下的经验计算公式来预测其塌岸的宽度

$$S = (b - B - h_p)\cot\rho + (B + h_p + h_B)\cot\alpha + m_\beta\cot\beta - b\cot\gamma \tag{1-3-24}$$

式中:S——塌岸最终宽度(m);

b——松软岩层底板至正常高水位之距离(m);

B——库水位涨落幅度(m);

h_p——波浪影响深度(m),相当于 1.0~2.0 倍波高;

h_B——波浪爬升高度(m),采用 0.25 倍波高;

m_β——水上岸壁岩层厚度(m);

ρ——波浪冲刷深度以下水下岸坡坡角(°);

α——浅滩冲磨蚀坡角(°);

β——水上岸坡岩层的坡角(°);

γ——原始岸坡坡角(°)。

当出现以下两种情况时,应进行修正

(1)$b<(B+h_\text{p})$,即$(b-B-h_\text{p})\cot\rho$ 这一项出现负值。

(2)当有阶地或是漫滩时,$\gamma<\rho$ 且 $\gamma<\alpha$,此时计算起点需往上移到 $\gamma>\rho$ 且 $\gamma>\alpha$ 的点。例如,当计算 156m 水位时,如果该点大于 $(156+h_\text{b})$ m 时,塌岸不发生;同理,当计算 175m 水位时,如果该点大于 $(175+h_\text{b})$ m 时,塌岸不发生。修正后的公式为

$$S_\text{t} = (b+h_\text{B})\cot\alpha + m_\beta\cot\beta - b\cot\gamma \tag{1-3-25}$$

这种塌岸预测经验法适用于软岩或者强风化岩质库岸的塌岸宽度预测。

3.3 水库塌岸预测方法的适宜性分析

因为影响库岸塌岸的机理不同、塌岸地质条件的复杂多变、塌岸预测参数的选取多有不同以及作用于库岸的受力不同,直接应用现有的各种塌岸预测方法进行水库塌岸预测时,其结果往往差别很大。根据现场塌岸水文地质条件的调查情况来分析,部分塌岸预测的结果显得不太合理。

经过大量实例预测验证和分析,对现有的库岸塌岸宽度预测方法的适宜性及选取的参数作如下评价:

(1)类比图解法是一种普遍适用的方法,可直接用于均质土质岸坡或均质岩质岸坡的塌岸预测,但不能用于预测岸坡结构复杂的库岸岸坡。

工程地质类比法是以河流年平均枯水位、年平均洪水位为界,将天然岸坡划分为三带(年平均枯水位以下为水下岸坡带、年平均枯水位—年平均洪水位之间为水位变动带、年平均洪水位以上为水上岸坡带),与水库运行期死水位以下库岸长期处于水下、死水位—正常蓄水位库岸受库水变动的影响、正常蓄水位以上基本不受库水影响逐一对应。通过对天然岸坡各带稳定坡角的统计,确定类似条件(包括岸坡形态、地层岩性、地质结构等)下水库塌岸的稳定坡角。

采用图解法,以各带类似条件下岸坡的稳定坡角连线代表最终库岸再造线,据此进行水库塌岸范围的预测。

(2)计算图解法又分为卡丘金法、佐洛塔廖夫法及平衡剖面法。这三种方法均适用于均质岸坡。

卡丘金法适用于黄土类土层及平原地区水库的塌岸预测,用于南方山区峡谷型水库的塌岸预测,其结果往往与实际相差甚远,实际塌岸宽度要比预测的小得多,卡丘金法的预测结果

偏于安全。

卡丘金法预测塌岸范围的控制起点位置为低水位波浪影响深度与坡面的交点。卡丘金法适用于波浪对塌岸影响大,相对于静水带内岸坡稳定;水下岸坡以密实土质或基岩为主。其不足的地方是没有考虑波浪影响范围以下部分的塌岸,对弯曲凹岸环流侧向侵蚀和易软化岸坡的塌岸未考虑。卡丘金法采用两个坡角;最终磨蚀浅滩坡角和水上岸坡的稳定坡角。

佐洛塔廖夫法考虑了下游宽阔部位和上游狭窄部位两种情况,但在实际运用中这种方法必须查明有多少比例的冲蚀土可组成堆积浅滩,因而实际运用较为复杂。

佐洛塔廖夫法预测塌岸起点位置不明确,只说水下淤积浅滩预测顶点位置;适用于库水水流缓慢,水库低水位线附近能形成就近的堆积浅滩。目前,大型水库多向山区发展,山区较平原地区水库河床的纵向比降大,自然条件下水流的流速要大一些。另外,山区水库两侧岸坡的自然坡角较陡,塌岸堆积物很难就地形成水下浅滩,多数堆积在河谷底部。因此,佐洛塔廖夫法堆积物的就近堆积的假定不太适用于山区水库的部分塌岸预测。佐洛塔廖夫法预测需要五个坡角,分别是浅滩外缘陡坡坡角、堆积浅滩坡角、水位变动带冲蚀角、波浪爬升带坡角及水上岸坡稳定坡角,这五个坡角充分考虑了水库塌岸和堆积的综合作用。塌岸部分包括三个影响带,分别采用不同的坡角,即水位变动带、波浪爬升带及水上岸坡带。该方法需要确定的坡角参数太多,应用上存在一定的困难。

平衡剖面法需要根据观测和试验数据,总结分析出各种水位变幅带之间、波浪作用带之间的稳定岸坡坡角与波浪要素间的关系曲线,以供绘制平衡断面。

平衡剖面法是根据水力学、泥沙运动学、土力学等理论及实际观测数据上建立的基于经验的数学模型。根据观测和试验数据,总结分析出各种水位变幅带之间、波浪作用带之间的稳定岸坡坡角与波浪要素间的关系曲线,以供绘制平衡剖面。平衡剖面法是偏重于考虑库岸再造水文要素的一种塌岸预测方法,仅适用于较为均质的土质岸坡,对于岸坡结构较复杂的岩质岸坡或岩土混合型岸坡则同样不适用。

(3)动力法是建立起塌岸量与波能和库岸岩土体抗冲刷强度间的函数关系来进行塌岸预测的,有一定的物理依据,但需要一定量的观测样本来建立关系方程。其中的塌岸预测参数受地域性的限制,必须有长期的观测资料作支撑,在海洋工程领域预测滨海岸的冲刷再造破坏时已有运用,但在水库塌岸的预测中,往往因缺乏对此类动力学过程长期的直接观测资料,故很少得到运用。

(4)两段法适用于我国南方山区的峡谷型水库,其库面较窄,风浪作用较小,岸坡地层为黏性土、砂性土、碎石类土、弃渣及岩石的全风化地层,有较完整的水文气象资料等。两段法在均质或者类均质岸坡中有较好的预测效果,但不适用于结构型水库岸坡。

两段法预测塌岸范围的控制起点位置为历史最高洪水位或蓄水第一年淤积顶点与坡面交点。两段法综合考虑了历史塌岸的形态和蓄水淤积作用,适用于松散易塌岸和易形成稳定淤积浅滩岸坡;其不足的地方是蓄水后相对静水带不够重视,第一年淤积浅滩顶点位置不易确定。两段法采用两个坡度,且地下水位是其主要影响因素;可以采用工程计算获得,应用起来比较方便。

(5)库岸结构法把水库死水位高程与坡面的交点作为塌岸的起点位置,假定只要存在水位变动都将形成塌岸,考虑了波动带以下存在相对静水带,但没有考虑水位变动的频次。库岸结构法采用三个坡度,主要是针对水库调度,并没有考虑波浪因素。库岸结构法综合考虑了水库的各水位之间存在的联合作用,适用于三峡水库这种山区水库,水位变化主要源于水库的调度。

以上部分图解预测方法对比见表1-3-1。

部分塌岸图解预测方法应用条件比较　　　　　　　　　　　　表1-3-1

预测方法	起点位置	适用条件	不足之处
佐洛塔廖夫法	水下淤积浅滩预测顶点位置	库水水流缓慢,水库低水位线附近能形成就近堆积浅滩	通过试算确定,应用不方便
卡丘金法	低水位波浪影响深度线与坡面交点	波浪对塌岸影响大,相对静水带内岸坡稳定,水下岸坡以密实土质或基岩坡为主	未考虑波浪影响范围以下部分的塌岸,对弯曲凹岸环流侧向侵蚀和易软化岸坡的塌岸考虑不足
两段法	历史最高洪水位或蓄水第一年淤积顶点与坡面交点	综合考虑了历史塌岸形态和蓄水淤积作用,适用于松散易塌岸且易形成稳定淤积浅滩岸坡	对蓄水后相对静水带不够重视,第一年淤积浅滩顶点位置不易确定
库岸结构法	水库死水位	强调库水位变动对塌岸的作用,与卡丘金法的假定基本相同	没有考虑水位变动的频次

3.4　山区库岸塌岸预测参数分析

山区土质岸坡主要发育于岸坡坡度较陡的库岸段,主要为残积、重力堆积的含碎块石土、黏土、粉质黏土。坍塌后退型的主要特征参数是水下堆积坡角、冲磨蚀角及水上稳定坡角;其塌岸预测参数特征值,一般情况下,水下稳定坡角为13°~15°,冲磨蚀坡角为15°~17°,水上稳定坡角为25°~30°。当然,除了坡度角以外,还有水库环流冲刷力、波浪影响深度、波浪爬升高度、渗透系数及一些外界营力。

水下堆积坡角是指在江水冲刷磨蚀作用下的岸坡松散物质在水下浅滩部位堆积而形成的稳定坡度角;冲磨蚀角(水位变动带坡角)是指在库水的长期作用下,在水位升降幅度范围内岸坡物质的稳定坡度角;水上稳定坡角是指库水影响范围之上,岸坡物质在其他的外界营力作用下的稳定坡度角。

对于同一类型的库岸,由于库水所接触的岩层(包括走向和岩性)和接触期限的不同,塌岸的范围、速度及形式亦都不同,因而,掌握库水运行方式以及各种运行方式的水位变化幅度和它所持续的期限很重要。

预测的期限不同,塌岸的条件和因素也就不同。此外,短期预测对沿岸农田的充分利用和库区移民迁移期限的妥当安排,以及为长期预测取得经验和计算参数等,都具有现实意义。因此,一般应先做短期预测,然后在此基础上,再做长期预测。

3.4.1 塌岸预测参数的影响因素

1) 内在因素

（1）岩土特性。由于岩质岸坡与土质岸坡的抗冲击和抗磨蚀能力有着天壤之别，两种岩性的库岸塌岸模式也截然不同。研究显示，如果岸坡岩石占多数，则预测方法和参数的选取与土质岸坡有明显的不同。可见，岩土特性差异对塌岸预测有着实质性的影响。

（2）矿物成分。不同的土体其矿物成分往往不同，亲水特性以及矿物间联结力大小也不尽相同。含亲水矿物成分的土体遇水易膨胀，抗冲刷能力相对较弱，塌岸预测参数则较小。现场调查显示，由遇水软化而易丧失强度的岩土构成的岸坡，在天然状况下是稳定的，但在库水长期浸润作用下，土体强度将大大折减，从而导致岸坡失稳。

（3）岸坡结构。库坡结构包括土体类型（粒径大小）、成因类型、固结和密实程度等。调查显示，土体颗粒粒径越大，库岸塌岸预测参数一般越高；级配好的土体岸坡，库岸塌岸预测参数则高于级配差的；固结和密实程度高的土体岸坡，库岸塌岸预测参数则高于固结和密实程度低的。因此，一般成因年代久的土体岸坡，库岸塌岸预测参数往往高于成因年代近的。

2) 外界因素

（1）风（波）浪冲刷作用。调查显示，波浪的规模取决于过往船只的规模、船的行驶速率或者风速、风的作用时间以及风的吹程。一般来说，船只规模越大，行驶速度越大，则产生的波的能量就越强；同样，沿某一方向吹袭江面的风速越大，风时越长，风区越大，该方向的波浪也越大。波浪的冲刷和磨蚀会使江岸逐渐后退，波浪越大，作用时间越长，库岸塌岸预测参数也就越小。

（2）库水的物理化学作用。水对岩土体的物理作用主要是润滑作用、软化作用和泥化作用。润滑作用反映在力学上，就是使岩土体的内摩擦角减小；软化作用和泥化作用使得岩土体的力学性能降低，黏聚力和内摩擦角减小。水对岩土体的化学作用主要包括水与岩土体之间的离子交换、溶解作用（湿陷）、水化作用（膨胀）、水解作用、溶蚀作用等。水对岩土体的化学作用越强烈，土体越容易分解，其库岸塌岸预测参数往往越低。

（3）人类工程活动。合理的人类工程活动往往有助于岸坡的稳定，不合理的人类工程活动反而会使原先稳定的岸坡变得不稳定，加快库岸再造进程。

此外，还有库水的环流淘刷作用、地震力作用和暴雨冲刷作用等外界营力因素作用。

3.4.2 塌岸预测参数的特征及取值方法

1) 塌岸预测参数特征分析

通过对一些水库的塌岸特征参数的调查统计，总结出了如下规律：

（1）在不同的水库地下水动水压力（简称库地下水动水压力）条件下，岸坡岩土体物质会表现出不同的堆积性质。水位变动带以下如遇浅滩，则表现为浅滩堆积；水位变动带的岸坡，则长期经受库水的冲刷作用，并逐渐稳定下来，表现为冲磨蚀坡角；水位变动带以上岸坡，在自然状态下表现为稳定休止角。

（2）岸坡的塌岸特征参数值与岩土体结构、物质组成、强度等物理力学性能密切相关。一一般而言,在相同的库地下水动水压力条件下,组成岸坡的岩土体粗粒径料含量越多、胶结(固结)程度越好、力学强度越高,其塌岸特征参数值越大,反之亦然。

(3)岸坡的塌岸特征参数值与库地下水动水压力条件相关。相似的岩土体,如果地下水动水压力条件越强,则岸坡越容易产生再造,其塌岸特征参数值往往越低,反之亦然。因此,支流两岸岸坡的塌岸特征参数一般高于干流同类岩土体,堆积段岸坡的塌岸特征参数往往高于浸蚀段岸坡。

2)塌岸预测参数取值

正因为塌岸特征参数的大小受上述多种因素的影响,一些书上罗列的数据,所给出的塌岸预测特征参数仅具有参考意义。因此,在具体进行塌岸评价预测时,建议采用如下两种方法:

(1)当对某一段库岸进行塌岸预测时,可通过现场调查,实测该段库岸不同类岩土体的三个角度值(水下堆积坡角、冲磨蚀角和水上稳定坡角)以及波浪影响范围的数据,采用统计原理分类求取该库岸段内不同物质的塌岸预测参数。调查类比对应关系:天然河道平均枯水位、江水涨幅带和平均洪水位分别对应水库运行期的设计低水位、调节水位(水位变动带)、设计高水位。可以通过调查并统计现阶段天然河道的平均枯水位以下、江水涨幅带以及平均洪水位以上三带内不同岩土体的稳态坡角,获取水库蓄水后的塌岸预测参数。

(2)如未能现场量测待预测库岸段塌岸特征参数,可参考一些学者对库岸塌岸参数的统计成果。

3)"两段法"预测参数的取值方法

(1)多年最高洪水位 h 的确定。

水下稳定岸坡的形成是随水位上升、岸坡坍塌,同时伴着淤积逐渐完成的,水库水位上升而产生塌岸。通过官厅水库、三门峡水库、刘家峡水库、水口水库、龚咀水库等数十处水库的塌岸实际调查,认为水下稳定岸坡的起点高程相当于原河道的历史最高洪水位,或蓄水后第一年的淤积高程,故采用两者中的较高值。这些数据可从当地水文部门或其提供的资料计算获得。

(2)水下稳定岸坡角 α 的确定。

确定方法有两种:一种方法是工程地质调查法,根据对现有的水库资料调查分析,得出不同种类岩层所形成的水下岸坡倾角,来确定预测库岸边坡的水下岸坡角。

通过对数十处水库的调查,发现不同岩层组成的水下稳定岸坡角也不相同,但总的规律为细颗粒材料所组成的水下稳定岸坡角比粗颗粒材料小,地层越密实,所形成的水下稳定岸坡角越大。

另一种方法为综合计算法,它是在地质调查法的基础上总结出来的,对于砂性土及碎石类土,取 $\alpha = \varphi$(内摩擦角);对于黏性土,则用增大内摩擦角的方法来考虑凝聚力 c 的影响,使 $\alpha = \varphi_0$(综合内摩擦角),用剪切力公式计算 φ_0,即

$$\varphi_0 = \arctan\left(\tan\varphi + \frac{c}{\gamma_s H}\right) \quad (1\text{-}3\text{-}26)$$

式中:γ_s——水下岸坡地层的饱和重度;

H——水下岸坡起点至岸坡终点的高度。

φ、c、γ_s 从试验中获得,变量只有 H,但对于某一具体岸坡,H 是定量,φ_0 就随之确定。

(3) 水上稳定岸坡角 β 的确定。

水上稳定岸坡角是指塌岸后库岸在雨水冲刷、大气湿热、冻融破坏、地下水侵蚀等自然营力作用下，达到最终自然稳定的岸坡角。使用地质调查法时，应在岸坡区进行测量。由于库岸破坏达到新的平衡需时很长，目前所实测的库区水上岸坡角多为极限稳定坡角，尚未达到最终稳定，其数值一般大于自然稳定坡角。而使用综合计算法时，c、φ 选用天然快剪试验数值，γ 选用天然重度，H 为水上稳定岸坡线所对应的原岸坡高度。

(4) 毛细水上升高度 H' 的确定。

毛细水上升高度 H' 一般通过试验与现场调查相结合来确定，其值与岸坡岩（土）体的颗粒直径有关，粗颗粒毛细水上升高度小，细颗粒相对较高。

3.4.3 土质库岸塌岸预测参数的统计分析

1) 塌岸预测参数特征值

不同类型的岸坡结构在不同的库地下水动水压力条件下所表现的塌岸变形破坏方式往往有所区别。例如，现场调查结果显示，三峡库区普遍存在三种典型的塌岸模式：冲蚀磨蚀型、坍（崩）塌型及滑移型。冲蚀磨蚀型是指在库水、风浪冲刷、地表水及其他外部营力的作用下，岸坡物质逐渐被冲刷、磨蚀，然后被搬运带走，从而使岸坡坡面产生缓慢后退的库岸再造形式。其在三峡库区普遍分布，主要发育于岸坡坡度较缓的土质库岸、花岗岩全强风化砂质岸坡和红层强风化带。再造具有缓慢性及持久性，规模一般较小。坍（崩）塌型是指岸坡坡脚在库水长期作用下，基座被软化或淘蚀，岸坡上部物质失去平衡，从而造成局部下错或坍塌之后被江水逐渐搬运带走的一种岸坡变形破坏模式。其主要发育于厚层砂土、粉砂土及粉质黏土（巫山"黄土状"土）岸坡带。滑移型是指在库水作用及其他因素的影响下，岸坡物质沿着软弱面或已有的滑动面向江河发生整体滑移变形的现象，即通常意义上的滑坡。

通过调查分析，冲蚀磨蚀型和坍塌型塌岸在其演进过程中普遍会表征出如下三个重要的特征坡角：

(1) 水下堆积坡角（θ）。

水下堆积坡角是指在库水冲刷、磨蚀作用下，岸坡松散土体在水下浅滩部位堆积而形成的稳定坡角。

(2) 冲磨蚀坡角（α）。

冲磨蚀坡角是指在库水长期作用下，在水位正常调度范围内（在三峡库区为 145～175 m 回水位）岸坡岩土体的稳定坡角。

(3) 水上稳定坡角（β）。

水上稳定坡角是指在设计高水位（三峡库区为 175 m 回水位）之上，岸坡岩土体在外界营力作用下的稳定坡角。

三峡库区各区段的调查统计显示，库区冲蚀磨蚀型塌岸占调查库段总长的 31.74%，坍（崩）塌型塌岸占 51.15%，滑移型塌岸占 17.11%。由此可见，进行塌岸参数及其特征研究非常必要。

2) 塌岸预测参数的调查取值

既然是预测，就应该在水库蓄水之前进行。通过大量的实践，总结出如下两种塌岸预测参数的调查取值方法：

(1) 纵向类比调查。

在水库区，天然河道平均枯水位、江水涨幅带、平均洪水位分别对应水库蓄水运行期的设计低水位、库水位变动带（调节水位）、设计高水位。因此，对该水库某一段库岸进行塌岸参数实测时，可以通过分别调查实测现今天然河道的平均枯水位以下、江水涨幅带以及平均洪水位以上三带内不同岩土体的稳态坡角，采用统计学方法分类求取库区不同岩土体的各种特征坡角，并以此类比获取水库蓄水后的塌岸预测参数特征值——水下堆积坡角(θ)、冲磨蚀坡角(α)及水上稳定坡角(β)。

(2) 横向类比调查。

通过调查其他已经运行多年的条件类似水库，来获得即将运行水库的塌岸预测参数。因此，可直接调查类比水库不同岩土体在水库蓄水运行时的设计低水位以下、库水位变动带（正常调度水位）、设计高水位以上三带内的稳定坡度角，类比求得待预测水库同类岩土体的塌岸预测参数特征值。

3) 三峡库区塌岸预测参数特征值统计

通过对三峡库区第四系松散堆积体岸坡和较易产生塌岸的红层岸坡强风化带的大量的现场实测调查和分类总结，得出了三峡库区内不同类型岩土体的塌岸预测参数特征值，见表1-3-2。

长江三峡库区塌岸预测参数特征值分类统计表　　　　表1-3-2

地层代号	岩土体类型		水下堆积坡角 θ(°)			冲磨蚀坡角 α(°)			水上稳定坡角 β(°)		
			平均值	最小值	最大值	平均值	最小值	最大值	平均值	最小值	最大值
Q^{al+pl}	黏性土	黏土	13	8	17	14	10	19	26	20	34
		粉质黏土	11.5	5	16	13	7	18	22	18	27
	粉土	粉土	10	4	15	12	5	18	20	18	26
	粉砂土	粉砂	8	3	12	10	4	16	18	16	25
	砂土	细砂	9.2	4	14	11.5	6	16	22	17	28
	卵砾石土	卵砾石					—				
Q^{el+dl}	碎石土	碎石质黏土	13	9	18	14	10	19	25	21	31
Q^{al+dl}		碎石土	13	9	19	15	11	20	26	22	32
Q^{del}		碎块石土	14	10	19	17	13	22	30	25	34
Q^{ml}	填土	人工杂填土	14.6	9	22	16.8	11	24	27	18	35
J_{2s}	红层（强风化层）	强风化泥岩	16	14	19	18	16	21	31	23	35
J_{1-2z}		强风化砂岩	17	14	19	19	16	21	32	23	35
T_{2b}											

(1)冲洪积岸坡。

冲洪积土质岸坡在三峡库区分布广泛,主要出露于支流冲沟附近和沿江阶地一带,在宽缓河谷附近尤为发育,主要为冲洪积粉质黏土、粉砂土、砂砾石土和卵砾石土等,多具下粗、上细的二元结构特征。一般情况下,其塌岸预测参数特征值,水下稳定坡角为8°~13°,冲磨蚀坡角为10°~14°,水上稳定坡角为18°~26°。

(2)残(崩)坡积土质岸坡和滑坡堆积岸坡。

残(崩)坡积土质岸坡和滑坡堆积岸坡主要发育于岸坡坡度较陡的库岸段,主要为残积、重力堆积的含碎块石土、黏土、粉质黏土。万州以下的库岸段比其上游库岸段发育显著,一般情况下,其塌岸预测参数特征值:水下稳定坡角为13°~15°,冲磨蚀坡角为14°~17°,水上稳定坡角为25°~30°。

(3)巫山"黄土状"土和花岗岩全强风化带岸坡。

巫山"黄土状"土(粉质黏土)和花岗岩全强风化带是三峡库区内发育的两种相对特殊的第四系松散堆积物。巫山"黄土状"土主要分布于巫山附近,奉节、云阳、丰都、涪陵等库岸段也有出露。一般情况下,其塌岸预测参数特征值,其水下稳定坡角为10°~12°,冲磨蚀坡角为12°~15°,水上稳定坡角为20°~30°。花岗岩全强风化带岸坡主要分布于坝前附近的夷陵和秭归的部分库岸段,一般情况下,其塌岸预测参数特征值,水下稳定坡角为10°~12°,冲磨蚀坡角为13°~18°,水上稳定坡角为20°~45°。

(4)红层岸坡。

三峡库区红层岸坡岩性软弱、抗风化能力差且遇水易崩解,在库水的浸泡软化作用下,较易产生坍塌后退。库区红层分布较广,巴东、奉节、云阳、万州、开县、石柱、忠县、丰都、涪陵、长寿以及库尾的重庆市区及周边有大面积分布。红层塌岸一般发生在其全强风化带,一般情况下,红层全强风化带塌岸预测参数特征值,水下稳定坡角在16°左右,冲磨蚀坡角在20°左右,水上稳定坡角在35°左右。

4)二滩、宝珠寺、龚咀等水库库区塌岸预测参数特征值统计

二滩、宝珠寺、龚咀等水库中,易产生塌岸的第四系不同类型岩土体的塌岸预测参数特征值见表1-3-3~表1-3-5。

二滩水库库区塌岸预测参数特征值分类统计表　　　　　表1-3-3

地层代号	岸坡类型	土石组构	水下堆积坡角 θ(°)			冲磨蚀坡角 α(°)			水上稳定坡角 β(°)		
			平均值	最小值	最大值	平均值	最小值	最大值	平均值	最小值	最大值
Q_2^{al+pl}	冲积层	黏土夹卵砾石	22	17	25	32	25	39	—	—	—
		粗砂夹卵石,角砾	32	26	34	38	28	46	—	—	—
		卵石堆积	—	—	—	46	37	55	—	—	—
Q_4^{dl}	残坡积	粉质黏土夹碎块石	—	—	—	16	12	20	20	16	24
Q_3^{dl}	残坡积	黏土夹片岩碎石、角砾	20	14	26	28	21	36	36	29	54
$Q_{3/4}^{wl}$	崩坡积	片岩碎块石	29	25	33	31	29	32	43	41	44
$Q_{3/4}^{del}$	古滑坡堆积	块石、巨块石和砾石堆积	24	21	27	27	25	29	39	34	43
		砂夹碎块石	33	26	40	37	29	45	40	32	48

宝珠寺水库库区塌岸预测参数特征值分类统计表　　　　表1-3-4

地层代号	岸坡类型	土石组构	水下堆积坡角 θ(°)			冲磨蚀角 α(°)			水上稳定坡角 β(°)		
			平均值	最小值	最大值	平均值	最小值	最大值	平均值	最小值	最大值
Q_3^{al+pl}	冲积层	卵砾石层	—	—	—	35	28	42	—	—	—
Q_3^{dl}	残坡积	粉质黏土夹块石、角砾	18	16	20	25	21	29	40	36	44
$Q_{3/4}^{wl}$	崩坡积	块石角砾岩屑夹泥	22.5	22	23	30.5	30	31	50	46	75
Q_2	湖相堆积	黏土夹片岩角砾	18	14	22	28	22	34	43	34	52
Q_3^{del}	古滑坡堆积	黏土夹片岩块石	15.5	15	16	18.5	17	20	26.5	22	31

龚咀水库库区塌岸预测参数特征值分类统计表　　　　表1-3-5

地层代号	岸坡类型	土石组构	水下堆积坡角 θ(°)			冲磨蚀角 α(°)			水上稳定坡角 β(°)		
			平均值	最小值	最大值	平均值	最小值	最大值	平均值	最小值	最大值
Q^{al+pl}	冲积层	粉土	16	14	18	18	17	19	28	24	32
		细砂	12	8	16	21	16	26	34	27	39
		黏土夹块碎石	20	16	24	26	23	29	35.5	35	36
		卵砾石				34	32	36	53	50	56
Q^{wl}	崩坡积	块碎石夹泥	20	16	24	27	25	29	37	29	45
Q	冰水堆积	泥砾层	35	33	37	37	36	38	—	—	—

(1) 冲洪积岸坡。

晚更新世(Q_3)阶地的砂卵石层,中密—密实状态,分选、磨圆较好。在水位急剧消涨波动的长期侵蚀、剥蚀作用下,仍可保持相对较高的冲磨蚀坡角,一般为35°。

中更新世(Q_2)高阶地堆积岸坡的稳定坡角,视其成分组构及密度特征的不同而差异较大,冲磨蚀坡角为32°~46°。

(2) 残坡积岸坡。

全新世(Q_4)残坡积含角砾棕红色粉质黏土,这类岸坡在水库运行范围内的冲磨蚀坡角仅有16°,水上稳定坡角为20°,是类比水库稳定坡角最小的岸坡。

晚更新世(Q_3)残坡积岸坡有三种情况:

①硬可塑、弱固结黄色粉质黏土,水库运行范围内的冲磨蚀坡角较低,为21°~23°,水上稳定坡角为29°~36°。

②硬塑、弱固结粉质黏土夹块石、角砾,坡体呈"稍湿—湿"状态,冲磨蚀坡角为24°~27°,水上稳定坡角为39°。

③坚硬、固结棕红色黏土夹片岩块石,冲磨蚀坡角相对较高,为32°~36°,水上稳定坡角为41°~54°。

(3) 崩坡积岸坡。

全新世(Q_4)结构松散的千枚岩或片岩块石崩坡积岸坡,水库运行范围内的冲磨蚀坡角相对较小,为29°,水上稳定坡角为44°。

晚更新世(Q_3)钙—泥质弱胶结的稍密块石、角砾及泥质堆积的崩坡积岸坡,调查所得的坡角值相差较大,不具统计意义。

(4) 古滑坡堆积岸坡。

全新世(Q_4)古滑坡块石、巨块石堆积,结构松散,水库运行范围内的冲磨蚀坡角为32°,水上稳定坡角为43°。

晚更新世(Q_3)古滑坡堆积岸坡视坡体结构而具有一定的差异,冲磨蚀坡角最低可达12°,一般在35°左右,最高可达51°。

5) 丹江口水库岸坡稳定坡角统计

选择丹江口水库天然宽河道及浅湾区("鸡爪"形库岸)的典型岸坡完成实测地形断面132个,并分别对不同岩性、不同岩性组合岸坡在水位157m以上、157~140m变幅带的稳定坡角进行统计。根据统计成果进行类比,得到库岸再造稳定坡角建议值,见表1-3-6。

丹江口水库岸坡稳定坡角建议值(°)　　　　　表1-3-6

库段名称	岸坡岩性	变幅带(145~170m)		水上>170m
		宽河道	浅湾区	
汉库	膨胀土	6	8	15~20
	红层	13~18	23~35	35~45
	砾岩	58	60	65~75
	砾岩夹红层	30	47	50~60
丹库	膨胀土	12	—	17~21
	红层	14~18	—	35~40
	砾岩夹红层	37~47	—	60~70

注:1. 该表的基本组合条件为坡前水深不小于3m、再造体淹没深度不小于5m。
　　2. 当坡前水深小于3m或再造体淹没深度小于5m时,再造难易程度等级降低一级。

6) 无定河流域水库岸坡稳定坡角统计

无定河流域水库岸坡按岩性分为低液限黏土岸坡、含细粒土沙岸坡、含沙低液限粉土岸坡及沙岩与泥岩互层岸坡。基岩在各水库出露高程低、面积小,岩层近于水平,塌岸问题可不考虑。水库土质岸坡的稳定性受岸角、高度、水深、植被类型及覆盖度等因素影响,水库库区塌岸预测所需的塌岸坡角可采用流域内现有水库稳定岸坡的调查值,见表1-3-7。

无定河流域现有水库稳定坡角调查值(°)　　　　　表1-3-7

岩性	水库名称	水上坡角	水下坡角	浪击带坡角
低液限黏土	新桥	40~50	17.5	2.8~11.1
	张家峁	—	—	10.5~18.3
	猪头山	40~50	—	—

续上表

岩 性	水库名称	水上坡角	水下坡角	浪击带坡角
含细粒土沙	中盘营	30~31	—	6.5~10
	河口庙	—	—	4.3~10.5
	红石峡	31~33	10.5~18.5	2~5.4
	巴图湾	—	12~28	3.5~12
含沙低液限粉土	王圪堵	30	16	5

7) 松散堆积物分类及稳定坡角建议值

综合国内已建水库的经验及库岸地形坡度实测资料,结合库岸松散堆积物的成因、物质组成及结构特点,提出各种堆积物岸坡的水上(下)稳定坡角建议值,见表1-3-8。

松散堆积物分类及水上(下)稳定坡角建议值(°) 表1-3-8

岩性及成因		状 态	水下堆积稳定坡角	水位变动带冲磨蚀坡角	水上稳定坡角
残坡积	粉质黏土夹角砾	黏土含量70%~90%,硬塑—可塑	14~21	16~25	20~33
	粉质黏土夹块碎石	硬塑,稍湿—湿	16~19	24~27	39
	碎石夹黏土		18~21	22~25	27~40
	块碎石夹少量黏土	略具胶结或密实	18~22	23~30	35~46
崩坡积	块石堆积	稍密、钙质弱胶结	29	32	40~41
	块石、角砾及岩屑、泥质堆积	钙—泥质弱胶结	22	30	
	巨砾卵石层	大于0.8m的巨砾含量为40%	—	16	
	砂卵石		11~13	—	
	卵石层	分选、磨圆好	—	35	
	卵石、角砾及粗砾	密实		38	
滑坡堆积	大块石夹碎石	大块石有架空现象	23~29	25~31	43~55
崩坡积(滑坡堆积)	碎块石	—	20~27	22~32	30~39

第2篇 库岸路基稳定性分析与设计

随着水利工程的修建,水库蓄水后库岸及公路岸坡的稳定性问题已是库岸公路建设中所面临和必须解决的重大工程技术问题。库岸路基与其他路基的显著不同点在于河(库)水的存在,由于河流多为季节性河流,受其地质、地形、地貌等条件限制,具有水流情况复杂、流速高、汛期冲刷强等特点,尤其河曲路段汛期冲刷远远高于顺直路段。由于河水的存在,改变了近河侧路基边缘的地下水动水压力条件、路基的地下水文条件、路基的渗透条件,造成了库岸路基遭受河水的冲刷、地下水的渗透与浸泡、路基岩土体中超孔隙水压力升高等,导致库岸路基的动态变形和失稳破坏频繁发生,影响了公路路基的正常使用。

据相关信息统计,库岸路基由于发生变形失稳破坏,导致部分路段交通短期或长期中断的库岸路基不在少数。由于河水的冲刷淘蚀,库岸路基不仅容易破坏失稳,而且难于维修。库岸路基失稳的主要表现是塌陷、崩塌和滑坡,公路沿河路基失稳现象在全国范围内较为普遍,尤以西南地区的四川、重庆、贵州、云南等地最为发育,此类大小灾害每年都有发生。因此,如果库岸路基失稳,不仅会影响库区交通事业的发展,还会给当地的经济建设事业带来负面影响。由此可知,水是危害路基强度和变形的最重要因素,水流冲击、淘刷、侵蚀及水对路基填土的软化、水位升降等作用,将影响路基的安全,易造成路基水毁、坡脚掏空,使路基内细粒填料流失而导致路基失稳、边坡坍塌,影响行车安全甚至中断交通,造成人民生命财产损失。因此,对库岸路基的稳定性研究已经成为山区公路地质灾害研究的重要课题之一。

本篇主要进行库岸路基稳定性分析评价与设计技术方面的研究:分析库岸路基失稳机理,建立库岸路基稳定性分析评价与设计方法,提出库岸路基典型断面结构与防排水设施形式,以及库岸路基的填料与压实控制,以指导山区库岸公路建设。因此,本专题的研究在于解决库岸路基稳定性评价与设计的工程难题,具有重要的理论意义与工程应用价值。

4 库水位作用下岩土体性质试验研究

库水位频繁升降对岩土体的物理性质、力学性质将有较大的改变,因此许多地质灾害事故的发生都与水密切相关。库水位频繁升降将改变岩土体的密度、含水率、强度、力学参数及风化程度,在岩土体内产生孔隙压力、渗流压力和软化作用,从而影响工程岩土体的稳定性。

4.1 水位升降影响下库岸路基填方土体工程性质变化特性试验

4.1.1 试验土样及制样

1) 试验土样

土样为建筑物地基土,并参照《公路土工试验规程》(JTG E40—2007)取样。试验土样有黏土和砂土,如图2-4-1、图2-4-2所示,物理性质见表2-4-1、表2-4-2。

图 2-4-1 黏土样

图 2-4-2 砂土样

黏土的基本物理参数 表 2-4-1

土样	天然密度 ρ (g/cm³)	含水率 w (%)	相对密度 G_s	干密度 ρ_d (g/cm³)	液限 ω_l (%)	塑限 ω_p (%)	塑性指数 I_p
黏土	1.89	35.2	2.74	1.38	32.1	14.6	17.5

砂土的基本物理参数 表 2-4-2

土样	天然密度(g/cm³)	含水率(%)	相对密度 G_s	干密度(g/cm³)	孔隙比 e
砂土	2.03	21.5	2.66	1.59	0.592

砂土、黏土的颗粒分析试验采用筛分法，筛子孔径为 2.0mm、1.0mm、0.5mm、0.25mm、0.15mm、0.1mm、0.075mm。试验土样为 1000g，共测试了 3 个样品，土样筛分后粒径分布见表 2-4-3、表 2-4-4，粒径级配曲线如图 2-4-3、图 2-4-4 所示。

砂土筛分试验结果　　　　　　　　　　　　　　　表 2-4-3

土样	筛孔径(mm)	2.0	1.0	0.5	0.25	0.15	0.1	0.075	底盘
S_1	土粒质量(g)	309	212	25	125	86	39	103	101
	各级筛孔径的含量(%)	30.9	21.2	2.5	12.5	8.6	3.9	10.3	10.1
	小于各级筛孔径的含量(%)	69.1	47.9	45.4	32.9	24.3	20.4	10.1	—
S_2	土粒质量(g)	286	214	28	129	95	42	107	99
	各级筛孔径的含量(%)	28.6	21.4	2.8	12.9	9.5	4.2	10.7	9.9
	小于各级筛孔径的含量(%)	71.4	50.0	47.2	34.3	24.8	20.6	9.9	—
S_3	土粒质量(g)	302	213	31	132	86	47	96	93
	各级筛孔径的含量(%)	30.2	21.3	3.1	13.2	8.6	4.7	9.6	9.3
	小于各级筛孔径的含量(%)	69.8	48.5	45.4	32.2	23.6	18.9	9.3	—

黏土筛分试验结果　　　　　　　　　　　　　　　表 2-4-4

土样	筛孔径(mm)	2.0	1.0	0.5	0.25	0.15	0.1	0.075	底盘
C_1	土粒质量(g)	161	102	78	135	89	99	135	201
	各级筛孔径的含量(%)	16.1	10.2	7.8	13.5	8.9	9.9	13.5	20.1
	小于各级筛孔径的含量(%)	83.9	73.7	65.9	52.4	43.5	33.6	20.1	—
C_2	土粒质量(g)	173	93	88	108	86	110	115	227
	各级筛孔径的含量(%)	17.3	9.3	8.8	10.8	8.6	11	11.5	22.7
	小于各级筛孔径的含量(%)	82.7	73.4	64.6	53.8	45.2	34.2	22.7	—
C_3	土粒质量(g)	168	98	81	105	78	117	155	198
	各级筛孔径的含量(%)	16.8	9.8	8.1	10.5	7.8	11.7	15.5	19.8
	小于各级筛孔径的含量(%)	83.2	73.4	65.3	54.8	47	35.3	19.8	—

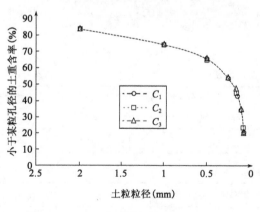

图 2-4-3　黏土的粒径级配曲线

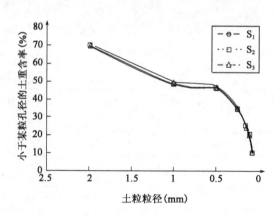

图 2-4-4　砂土的粒径级配曲线

测试结果得出:对于砂土的 3 个样品粒径大于 0.5mm 的颗粒占全重的比例分别为 56.4%、52.8%、56.4%,则该土样为粗砂,级配指标不均匀系数 $C_u = 20$,曲率系数 $C_c = 0.60$;对于黏土的 3 个样品粒径大于 2mm 的颗粒占全重的比例分别为 16.1%、17.3%、16.8%,小于 0.075mm 的颗粒占全重的比例分别为 20.1%、22.7%、19.8%。

2)试件制样

先将土样风干,然后用木碾将土样粉碎,筛取 2mm 以下的土样作为试验土样。采用湿土法加工试样,击落 8 次,击实筒内径为 100mm,击锤质量 2.5kg,落高 30cm。渗流试验试件尺寸为 $\phi 61.8mm \times 40mm$,直剪试件尺寸为 $\phi 61.8mm \times 20mm$,三轴压缩试验试件为 $\phi 39.1mm \times 80mm$。

4.1.2 土体渗流特性

1)试验设备与试验步骤

渗流试验采用变水头渗透法,装置由温度计、渗透容器、变水头管、供水瓶、进水管等组成,试验仪器如图 2-4-5 所示。其中,渗透容器由环刀、透水石、套环、上盖及下盖组成,环刀内径为 61.8mm,高为 40mm,变水头长为 2m,最小分度为 1.0mm,测压管面积为 $0.224cm^2$。

将装有试样的环刀装入渗透容器,用螺母旋紧,黏土试样采用抽气饱和,砂土试样采用浸水饱和。连接进水口与变水头,向进水管注纯水,水位高度大约 2m,水位稳定后,开进水管夹,使水通过试样,待出水口有水流出,记录水头高度、时间和试验温度,同一试样测试 5 次。

2)试验结果

渗透试验有砂土和黏土试件,试验结果见表 2-4-5,测得黏土的平均渗透系数 $\eta_{20} = 9.25 \times 10^{-7} cm \cdot s^{-1}$,砂土的平均渗透系数 $\eta_{20} = 4.04 \times 10^{-3} cm \cdot s^{-1}$。

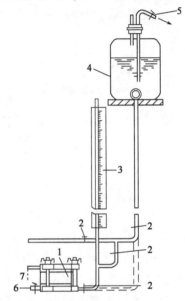

图 2-4-5 变水头渗流仪器
1-渗透容器;2-进水管夹;3-变水头管;4-供水瓶;5-接水源管;6-排气水管;7-出水管

渗透试验结果　　　　　　　　　表 2-4-5

土样	时间 t (s)	开始水头 H_1 (cm)	终了水头 H_2 (cm)	温度 T (℃)	试件高度 L (cm)	试件面积 A (cm^2)	渗透系数 η_t ($cm \cdot s^{-1}$)	渗透系数 η_{20} ($cm \cdot s^{-1}$)
黏土	2000	170	160	19	4	30	9.05×10^{-7}	9.28×10^{-7}
	2005	170	160	19	4	30	9.03×10^{-7}	9.26×10^{-7}
	2010	170	160	19	4	30	9.01×10^{-7}	9.23×10^{-7}
	2012	170	160	19	4	30	9.00×10^{-7}	9.22×10^{-7}
	2008	170	160	19	4	30	9.02×10^{-7}	9.24×10^{-7}
砂土	6	165	80	15	4	30	3.60×10^{-3}	4.08×10^{-3}
	6	165	81	15	4	30	3.54×10^{-3}	4.01×10^{-3}
	6	165	82	15	4	30	3.48×10^{-3}	3.94×10^{-3}
	6	165	79	15	4	30	3.67×10^{-3}	4.15×10^{-3}
	6	165	81	15	4	30	3.54×10^{-3}	4.01×10^{-3}

4.1.3 干湿循环条件下库岸路基填方土体物理力学特性

1）试验方法

（1）采用湿土法制作试件，试件尺寸为 $\phi61.8mm×20mm$；每一种土样的试件加工4组，每组4个试件。

图2-4-6 土样直剪仪

（2）将试件放入烘箱烘干6h，温度为40℃，然后取出试件，冷却后喷水，使试件处于浸湿并达到饱和状态6h，这一个过程称为1次干湿循环。试件进行了1、2、3、4次干湿循环。

（3）试件达到循环次数后，将试件取出用保鲜膜包好，以防止水分蒸发，将准备好的试件进行直剪试验。试验试件砂土的含水率为2.04%，黏土的含水率为14.9%。

（4）直剪试验设备如图2-4-6所示。试验时将试件放入剪切盒内，手动调节使剪切位移仪表为0位，然后在试件上加垂直方向的砝码，设置好试验参数，剪切仪自动进行试验，试验中采集剪切力与剪切位移。

2）干湿循环中土样微观结构特征

图2-4-7、图2-4-8所示为两种土样在干湿循环中土样微裂纹的演化特征。从图中可以看出：第1次循环，土体原有结构受到明显的破坏，土样出现了几条较大的裂缝，但没有明显的微裂缝；第2次循环，大裂缝逐渐减少，并且出现少量的微裂缝；第3次循环，没有大裂缝，出现了大量的微裂缝；第4次循环，没有大裂缝，出现了大量的微裂缝。由此可见，随着干湿循环次数的增加，土体大裂缝减少，微裂缝发育，且多为均匀分布。

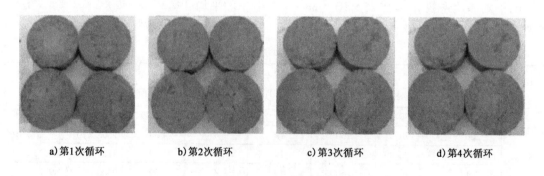

a）第1次循环　　b）第2次循环　　c）第3次循环　　d）第4次循环

图2-4-7 干湿循环中砂土的微观结构演化

3）干湿循环条件下土样的剪切试验

直剪试验条件：法向加载应力分别为100kPa、200kPa、300kPa、400kPa，试验采用应变控制，砂土为快剪试验，黏土为固结快剪试验，加载速度为0.8mm/min。干湿循环条件下各土样的直剪试验曲线如图2-4-9~图2-4-18所示，干湿循环条件下直剪试验结果见表2-4-6。

a) 第1次循环

b) 第2次循环

c) 第3次循环

d) 第4次循环

图 2-4-8　干湿循环中黏土的微观结构演化

图 2-4-9 所示为干湿循环条件下砂土的剪切曲线。从图 2-4-9 中可以看出，剪应力与剪切位移曲线可分为线弹性、塑性、破坏三个阶段。当剪切面加载的水平荷载较小时，其曲线近似为一条直线，表明土体具有弹性特征；当荷载达到一定程度后，曲线开始慢慢向下弯曲，呈现明显的塑性特征。达到抗剪强度峰值后，土体发生剪切破坏，在破坏过程中，土体剪应力是逐渐下降的，还存在一定的承载力，最后达到残余强度。

图 2-4-10 所示为干湿循环条件下黏土的剪切曲线。从图 2-4-10 中可以看出，剪应力与剪切位移曲线可分为线弹性和塑性两个阶段。当剪切面加载的水平荷载较小时，其曲线近似为一条直线，表明土体具有弹性特征；当所加荷载达到一定程度后，曲线开始慢慢向下弯曲，呈现明显的塑性特征。

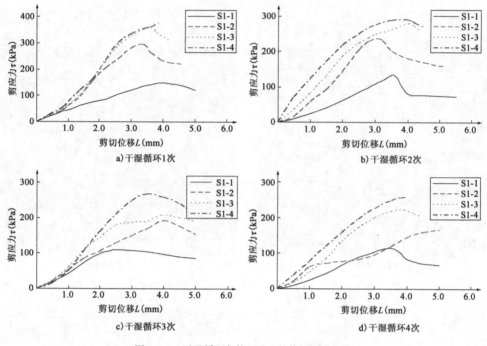

图 2-4-9　干湿循环条件下砂土的剪切试验曲线

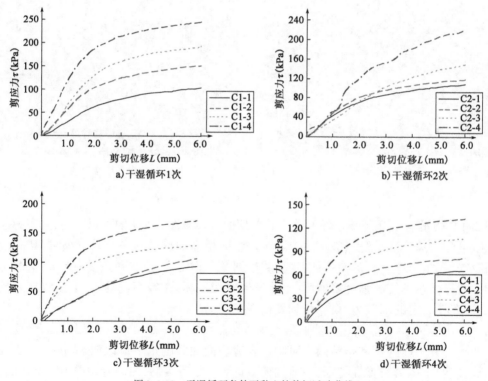

图 2-4-10　干湿循环条件下黏土的剪切试验曲线

图 2-4-11 所示为砂土的法向应力与抗剪强度曲线。从图 2-4-11 和表 2-4-6 中可以看出，随法向应力的增加，试件的抗剪强度增大，且表现为：当法向应力从 100kPa 增加到 300kPa 时，抗剪强度提高较大，当法向应力从 300kPa 增加到 400kPa 时，抗剪强度提高较小。随法向应力的增加，剪切面之间的摩擦力增大，试件的残余强度增大。

图 2-4-12 所示为黏土的法向应力与抗剪强度曲线。从图 2-4-12 和表 2-4-6 中可以看出，随法向应力的增加，试件的抗剪强度增大，近似为线性增加。

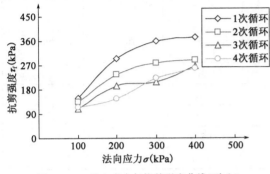

图 2-4-11 法向应力与抗剪强度曲线（砂土）

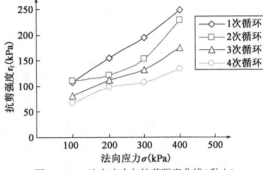

图 2-4-12 法向应力与抗剪强度曲线（黏土）

干湿循环条件下土样的剪切试验结果　　　　　表 2-4-6

土样	试件编号	循环次数 N	正应力 σ (kPa)	抗剪强度 τ (kPa)	内摩擦角 φ (°)	黏聚力 C (kPa)
砂土	S_1	1	100	149.5	36.55	109.30
			200	294.3		
			300	359.9		
			400	374.7		
	S_2	2	100	135.4	27.04	107.79
			200	235.8		
			300	279.4		
			400	291.0		
	S_3	3	100	110.3	25.85	73.20
			200	192.8		
			300	207.2		
			400	267.0		
	S_4	4	100	114.4	27.05	57.55
			200	145.3		
			300	222.0		
			400	259.0		
黏土	C_1	1	100	106.8	24.85	60.35
			200	155.4		
			300	194.1		
			400	248.3		

续上表

土样	试件编号	循环次数 N	正应力 σ(kPa)	抗剪强度 τ(kPa)	内摩擦角 φ(°)	黏聚力 C(kPa)
黏土	C_2	2	100	110.6	21.05	56.775
			200	120.4		
			300	152.9		
			400	228.0		
	C_3	3	100	81.3	16.71	49.89
			200	111.9		
			300	131.9		
			400	174.7		
	C_4	4	100	67.3	11.77	49.23
			200	97.6		
			300	106.8		
			400	133.7		

从图 2-4-13 ~ 图 2-4-18 中可以看出，随干湿循环次数的增加，试件的抗剪强度、内摩擦角、黏聚力减小，且与干湿循环次数 N 成对数函数关系。

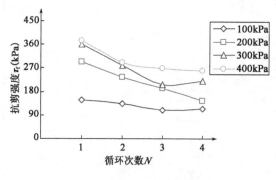

图 2-4-13 抗剪强度与循环次数（砂土）

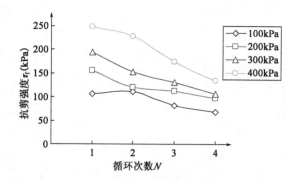

图 2-4-14 抗剪强度与循环次数（黏土）

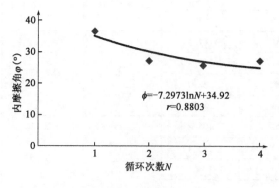

图 2-4-15 内摩擦角与循环次数（砂土）

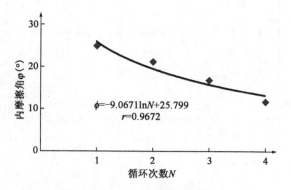

图 2-4-16 内摩擦角与循环次数（黏土）

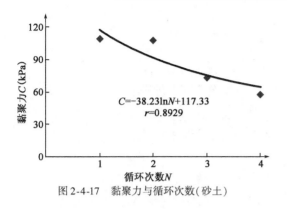
图 2-4-17 黏聚力与循环次数(砂土)

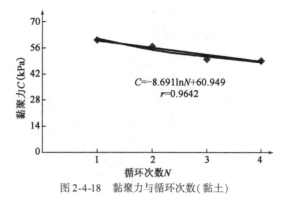
图 2-4-18 黏聚力与循环次数(黏土)

4.1.4 黏土大型固结慢剪试验

1) 试验仪器与试验方法

直剪试验装置为自行设计的试验加载装置(图 2-4-19),可进行法向荷载和剪切荷载独立加载条件下的土体直剪试验。该试验装置的框架采用 U 形钢焊接而成,利用千斤顶分别对土体试件施加法向荷载和切向荷载,最大法向荷载可达 100kN,最大切向荷载可达 50kN,且两个方向的荷载大小可独立进行任意调节,并通过钢垫板将荷载传递至土体试件,以保证所加荷载为均布荷载。另外,在法向的两垫板间还设置了滚轴,以尽可能减小试件在剪切滑移中钢垫板与土体试件间的摩擦阻力。在受剪试件中央的水平位置左右两边各安装一个大量程的百分表,以检测结构面的水平剪切位移,所测得的两位移值的算术平均值,即视为土体试件的水平剪切位移值。干湿循环条件下土样的剪切试验见表 2-4-6。

进行自然状态和饱水状态下的固结慢剪试验,试验土样为粉砂质黏土,试件尺寸为 20cm×20cm×40cm。试验过程中,法向加载应力分别为 82.3kPa、164.5kPa、246.5kPa、329.3kPa、376.4kPa。在每次试验过程中始终保持法向荷载恒定,让试件充分固结排水,然后逐渐施加水平剪切力至试件破坏,两次加载的时间间隔定为 5min。

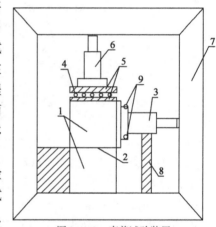

图 2-4-19 直剪试验装置
1-试件;2-节理面;3-水平千斤顶;4-滚轴;5-垫板;6-垂直千斤顶;7-框架;8-位移表;9-千斤顶支架

2) 试验结果

自然状态下土体剪应力与位移曲线如图 2-4-20 所示,饱和状态下土体剪应力与位移曲线如图 2-4-21 所示。土样在自然状态和饱和状态下的抗剪强度见表 2-4-7,土体在自然饱水状态下的 C、φ 值见表 2-4-8;抗剪强度与法向应力曲线如图 2-4-22 所示。

从图 2-4-20、图 2-4-21 中可以看出,无论土样处于自然状态还是处于饱和状态,剪应力—剪切位移曲线可以划分为三个阶段:线弹性阶段、塑性阶段及破坏阶段。在线弹性阶段,当法向加荷载较小时,剪切位移的增加比剪切力的增加要大;当法向加载荷载较大时,剪切位移的增加比剪应力的增加要小。在塑性阶段,随着剪应力增大,在到达峰值剪切力之前,变形呈非线性变化。在破坏阶段,达到峰值剪切力时,抗剪能力迅速下降,位移大量增加,说明试件已沿结构面剪切破坏。

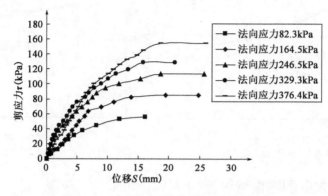

图 2-4-20　自然状态下土体剪应力与位移曲线

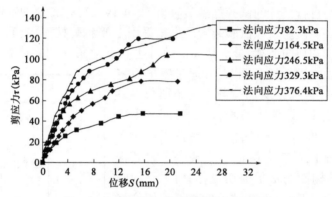

图 2-4-21　饱和状态下土体剪应力与位移曲线

从图 2-4-20、图 2-4-21 中可以看出,无论土样处于自然状态还是处于饱和状态,5 条曲线的变形特性都比较相似。在法向应力由 82.3kPa 升高到 376.4kPa 的过程中,随法向荷载的增大,剪应力—剪切位移曲线的斜率依次增大,剪应力的峰值点也依次提高,即结构面的抗剪强度值逐渐增大,这说明滑移面的剪切破坏是与法向荷载密切相关的。产生的原因是:当法向荷载较小时,法向荷载主要将试件压实而没有作用到滑移面上,随法向荷载增大,试件压密实之后,法向应力才真正地作用在滑移面上,使结构面的摩擦力增加,从而提高了试件的抗剪强度。

从表 2-4-7、表 2-4-8 和图 2-4-22 中可以看出:相同的法向应力作用下土体的抗剪强度自然状态大于饱和状态,土体的黏聚力与内摩擦角自然状态大于饱和状态。因为随着土体含水率的增大,水对结构面产生了润滑软化作用,降低了滑移面的摩擦系数,从而使得摩擦力也相应减小。

土样在自然状态和饱和状态下的抗剪强度　　　　表 2-4-7

土样含水状态	自然状态					饱和状态				
试件编号	1-1	1-2	1-3	1-4	1-5	2-1	2-2	2-3	2-4	2-5
法向应力(kPa)	82.3	164.5	246.5	328.5	376.4	82.3	164.5	246.5	328.5	376.4
抗剪强度(kPa)	55.4	85.1	113.5	129.2	154.5	47.3	78.8	104.0	119.8	132.4

土体在自然、饱水状态下的 C、φ 值　　　　表 2-4-8

饱水状态				自然状态			
试件编号	C(kPa)	φ(°)	相关系数	试件编号	C(kPa)	φ(°)	相关系数
第1组	28.86	15.74	0.9915	第2组	30.87	18.36	0.9933

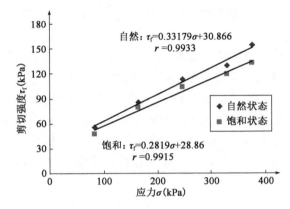

图 2-4-22　抗剪强度与法向应力曲线

4.1.5　不同水头土体孔隙水压力与力学特性

1) 试验设备与试验方法

试验设备采用南京土壤仪器厂有限公司生产的 TSZ30-2.0 应变控制三轴压缩试验系统,如图 2-4-23 所示。该仪器可以测定土的总抗剪强度和有效抗剪强度,可进行不固结不排水试验(UU)、固结不排水试验(CU)、固结排水三轴压缩试验(CD)。仪器由试验机、压力室、试验及控制系统、周围控制系统、反压控制系统、主应力差量测系统、空隙压力传感器、排水传感器、体变传感器、数据采集系统、微机、三轴试验数据处理软件等组成。主要技术指标有:试样直径为 39.1mm、61.8mm、101mm;变速范围为 0.0024~2.000mm/min;周围压力为 0~2000kPa;反压力为 0~800kPa;主应力差为 0.2kPa。采用湿土法加工试件,试件尺寸:直径 39.1mm,高 80.0mm。本次试验采用位移控制,黏土加载速度为 0.08mm/min,砂土加载速度为 0.2mm/min,以轴向应变 15% 作为破坏标准。

图 2-4-23　三轴压缩仪

固结不排水三轴压缩试验(CU):先施加周围压力 σ_3(简称围压)时打开排水阀门,试样完全排水固结,孔隙水压力完全消散;然后关闭排水阀门,再施加轴向压力增量 $\Delta\sigma$,使试样在不排水条件下发生剪切破坏。

固结排水三轴压缩试验(CD):试样在围压 σ_3 作用下排水固结,再缓慢施加轴向压力增量 $\Delta\sigma$,直至剪破,在整个试验过程中打开排水阀门,始终保持试样的孔隙水压力为零。

2)黏土固结不排水三轴压缩试验(CU)结果

黏土试验围压分别为 50kPa、100kPa、130kPa、160kPa、200kPa。三轴压缩试验结果如图 2-4-24 ~ 图 2-4-27 所示。试验研究得出以下结果:

由图 2-4-24 可知,轴向应变小于 3% 时,开始阶段曲线近似呈线性,主应力差值随轴向应变的增长较快。但随着剪切过程中颗粒的不断调整、重新排列,当轴向应变达到 3% 后,主应力差值不再上升,说明颗粒的抗剪强度是有限的。另外,在整个试验过程中,黏土的剪胀性十分微弱,主要以剪缩性为主。

由图 2-4-24 可知,随围压的增加,破坏时主应力差增大。当围压较小时,主应力差与轴向应变曲线不出现峰值,表现为应变稳定型,试件为鼓胀塑性破坏类型;当围压较大时,主应力差与轴向应变曲线出现峰值,表现为应变软化型,试件为剪切带的破坏类型。

图 2-4-25 所示为有效主应力比 σ_1'/σ_3' 与轴向应变 ε_1 的关系曲线,在轴向应变小于 3% 阶段曲线斜率较大,在轴向应变大于 3% 阶段曲线斜率较小,基本保持不变。

由图 2-4-26 可知,随围压的增加,孔隙水压力增大,孔隙水压力与轴向应变 ε_1 呈应变硬化关系。

图 2-4-27 所示为有效应力路径曲线,从图中可以看出:有效黏聚力 $C' = 34.29$ kPa,有效内摩擦角 $\varphi' = 12.63$。

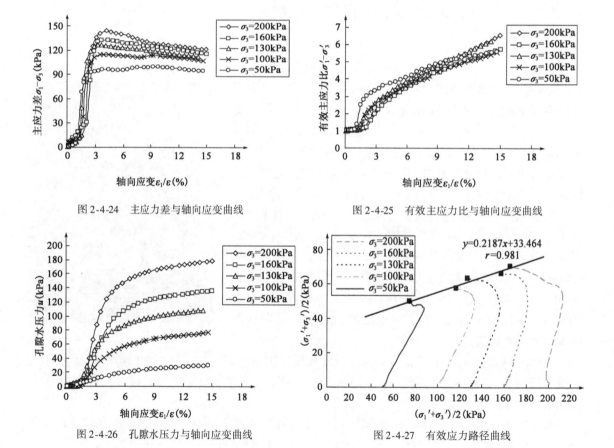

图 2-4-24 主应力差与轴向应变曲线　　图 2-4-25 有效主应力比与轴向应变曲线

图 2-4-26 孔隙水压力与轴向应变曲线　　图 2-4-27 有效应力路径曲线

3)砂土固结排水三轴压缩试验(CD)结果

砂土试验围压分别为 25kPa、50kPa、100kPa、200kPa、300kPa。三轴压缩试验结果如图 2-4-28 ~ 图 2-4-30 所示。试验研究得出以下结果:

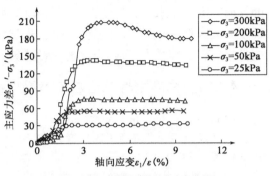

图 2-4-28　主应力差与轴向应变曲线

由图 2-4-28 可知,轴向应变小于 2.5% 时,开始阶段曲线呈近似线性,主应力差值随轴向应变的增长较快。但随着剪切过程中颗粒的不断调整、重新排列,当轴向应变达到一定值后,主应力差值不再上升,说明颗粒的抗剪强度是有限的。另外,在整个试验过程中,砂土的剪胀性十分微弱,主要以剪缩性为主。

由图 2-4-28 可知,随围压的增加,破坏时主应力差也增大。当围压较小时,主应力差与轴向应变曲线不出现峰值,表现为应变稳定型,试件为鼓胀塑性破坏类型;当围压较大时,主应力差与轴向应变曲线出现峰值,表现为应变软化型,试件为剪切带的破坏类型。

由图 2-4-29 可知,在轴向应变小于 2.5% 阶段,主应力比 σ_1/σ_3 与轴向应变 ε_1 关系曲线呈线性;在轴向应变大于 2.5% 阶段,主应力比 σ_1/σ_3 为常数。

图 2-4-30 所示为有效应力路径曲线,从图中可以看出:黏聚力 $C = 12.92$ kPa,内摩擦角 $\varphi' = 6.41$。

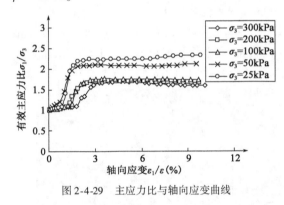

图 2-4-29　主应力比与轴向应变曲线

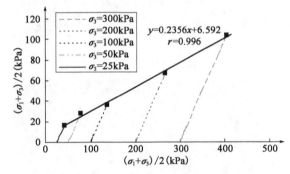

图 2-4-30　应力路径曲线

4.2　水位频繁升降影响下库岸路基挖方岩体工程性质变化特性

水岩相互作用(Water-Rock Interaction,WRI)是指水和岩土体不断地进行物理、化学、力学作用,并对岩土介质状态产生影响。水岩物理作用包括软化过程、冻融过程及干湿过程。其中,软化过程:工程上常用软化系数表达,由含水率引起的岩土强度变化及相互关系已进入定量化描述阶段;冻融过程:工程上以抗冻系数来衡量,冻融引起岩土强度降低和细观结构发生变化;干湿过程:工程上主要关注崩解性岩石,提出了泥岩遇水崩解的两大机理,即气致崩解和胶体物质消散。水岩力学作用包括水对岩土体的静水压力(孔隙水压力)和动水压力作用等。孔隙水压力是指静止水对其接触面所作用的法向压力,它在岩体的结构面上会产生上浮力,从而降低了抗滑力,相对增大了导致滑坡的主动荷载。另外,它还产生可使岩体裂隙发生扩展的劈裂作用,使裂隙宽度增大。动水压力是指在地下水水头差的作用下,使地下水沿岩体裂隙运动产生阻力,为克服阻力而产生的对裂隙壁及裂隙内充填物质的作用力,其方向与地下水流动的方向一致。动水压力将使得有大量充填物的裂隙发生机械管涌现象,使岩体结构面的胶结程度大大降低,减小了抗剪强度。水岩化学作用不仅导致化学元素在岩石与水之间重新分配,而且导致岩石细微观结构的改变,二者使岩石力学性质发生改变。

4.2.1 库岸路基挖方岩体渗流特性

1) 岩石渗流特性的试验研究

试验设备与试件加工部门,岩石力学试验设备为美国 MTS 公司生产的 MTS815 岩石力学测试系统,如图 2-4-31 所示。该仪器主要用于测试固体材料在复杂应力条件下的力学与渗流特性,可以进行岩石的劈裂试验、单轴压缩试验、三轴压缩试验、循环加卸载试验、渗透性试验等。仪器的轴向最大荷载为 2800kN,围压最大为 80MPa,孔压最大为 80MPa,温度最高为 200℃,可以采用力、位移、轴向应变、横向应变控制方式,测试精度高、性能稳定。

岩石力学试验岩样有灰岩、砂岩及泥岩,通过现场取代表性的岩块,运回试验室,通过钻、切、磨等主要工序,将试件加工成 $\phi 50mm \times 100mm$ 的圆柱体标准试件。试件加工要求:两端面平行度≤0.002mm,垂直度≤0.01mm/(1000mm),表面平整度≤±0.1mm/(100mm)。部分试验岩样如图 2-4-32 所示。

图 2-4-31 MTS815 岩石力学测试系统

a) 泥岩

b) 砂岩

c) 灰岩

图 2-4-32 部分试验岩样

2) 岩石渗流特性的试验研究

(1) 试验方法。

①将 O 形密封圈放在试验压力中间,把压头放在渗流试件安装架上,并用螺栓将压头固定在装置上,让上、下两个入水孔对齐。用直径 180mm 的热收缩管,将压头、试件包在一起,用电吹风从试件中部吹起,中部热收缩管收缩紧后,再向试件两端吹,让试件全部密封,然后把试件放入三轴压力室内,连接好所有水管接头,再密封压力室。

②向三轴压力室内注入围压油排出空气,设置好试验的所有参数,打开图 2-4-33 中所示的所有开关(开关用①~⑥标注),在试件上加一定的围压(围压应大于孔隙压力)和轴压,然后将水管线和两个定量容器 V_1、V_2 加一定的孔隙压力 P_1,关闭①④开关,将 V_2 的压力加到 P_2,关闭开关③,则 V_1、V_2 两个容器之间的压差为 $\Delta P = P_2 - P_1$,压差传感器 ΔP 将显示这个压差值。

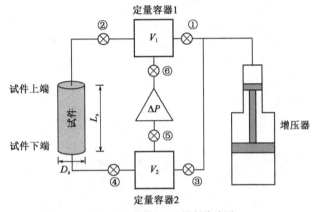

图 2-4-33 渗流试验控制线路图

③迅速打开开关④,则将在试件上、下两端存在压差,则水将通过试件的孔隙从试件下端流入试件上端。试验中,采集时间、轴向力、围压、压差 ΔP 值等参数。随着时间的增加,试件两端的压差将减小,则由试验得到 ΔP-T 曲线,通过公式可以计算出该应力状态下的渗透率。

④渗流试验岩样有砂岩和灰岩,试验中保持轴压、孔隙压力、试件两端的压差不变,研究试验围压对渗流特性的影响,试验参数见表 2-4-9。

渗流试验参数 表 2-4-9

岩 性	围压 σ_a(MPa)	轴向应力 σ_1(MPa)	孔隙压力 P(MPa)	压差 ΔP(MPa)
砂岩	4	12	1	1.5
	5	12	1	1.5
	6	12	1	1.5
	7	12	1	1.5
	8	12	1	1.5
灰岩	3	12	1	1.5
	3.5	12	1	1.5
	4	12	1	1.5
	4.5	12	1	1.5
	5	12	1	1.5

(2)试验结果。

通过试验得到的 $\Delta P\text{-}T$ 曲线如图 2-4-34 所示,在图 2-4-34 中在直线段部分取两个点,这两个点的坐标为 $(\Delta P_i, T_i)$、$(\Delta P_f, T_f)$,则渗透率计算公式为

$$k = \mu\beta V \left(\frac{\ln \dfrac{\Delta P_i}{\Delta P_f}}{2\Delta t \dfrac{A_s}{L_s}} \right) \qquad (2\text{-}4\text{-}1)$$

式中: k——渗透率(cm^2);

μ——水的黏性系数($\text{Pa} \cdot \text{s}$);

β——压缩系数(Pa^{-1});

V——容器体积,$V = V_1 = V_2 = 332 \text{cm}^3$;

$\dfrac{\Delta P_i}{\Delta P_f}$——曲线 $\Delta P\text{-}T$ 上的两个取值点的压差比;

Δt——时间差(s),$\Delta t = T_i - T_f$;

A_s——试件断面积(cm^2);

L_s——试件高度(cm)。

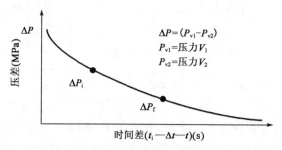

图 2-4-34 渗流试验控制线路图

图 2-4-35、图 2-4-36 所示分别是砂岩和灰岩测得的压差与时间曲线。从图中可以看出,相同围压下,试件两端的压差 ΔP 值随时间的增加而逐渐减小,但初始减小得较快,最后曲线趋于平缓。产生以上现象的原因是,由于岩样的孔隙很小,当试件两端压差减到一定程度后,水不能渗透过试件;围压越大,初始动压力梯度增大。

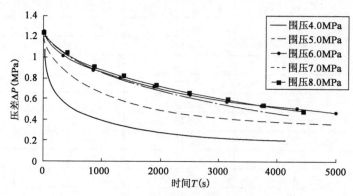

图 2-4-35 砂岩的压差与时间曲线

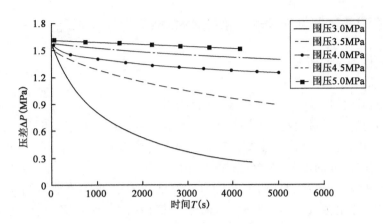

图 2-4-36　灰岩的压差与时间曲线

根据式(2-4-1),岩石渗透率计算结果见表 2-4-10。图 2-4-37、图 2-4-38 所示分别是砂岩和灰岩渗透率与有效围压曲线。从图中可以看出,岩石的渗透率随有效围压的增大而减小,呈负指数关系。

岩石渗透率计算结果　　　　　　　　　　　　表 2-4-10

岩　性	轴向应力 σ_1 (MPa)	围压 σ_a (MPa)	孔隙压力 P (MPa)	有效围压 σ_a' (MPa)	渗透率 ($10^{-11}\mathrm{cm}^2$)
砂岩	12	4	1.25	2.75	1.712
	12	5	1.25	3.75	1.064
	12	6	1.25	4.75	0.753
	12	7	1.25	5.75	0.740
	12	8	1.25	6.75	0.709
灰岩	12	3	1.25	1.75	1.608
	12	3.5	1.25	2.25	0.432
	12	4	1.25	2.75	0.155
	12	4.5	1.25	3.25	0.092
	12	5	1.25	3.75	0.051

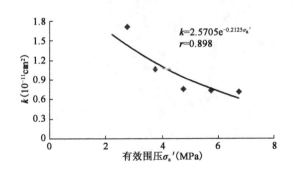

图 2-4-37　砂岩渗透率与有效围压的关系

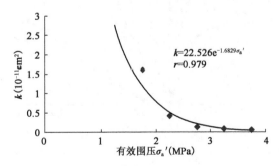

图 2-4-38　灰岩渗透率与有效围压的关系

4.2.2　干湿循环条件下岩体物理力学特性变化规律试验

1）岩石软化性的试验研究

（1）试验方法。

①试验设备和试件加工与 4.2.1 节 1）内容相同。

②试验岩样为砂岩，试件根据含水率分为三种状态：干燥、自然、饱和。干燥过程中将岩样放入烘干箱，在 110℃下烘 48h 后冷却；饱和过程中将岩样放入水中，在一个大气压下浸泡 48h。每一种状态的试件加工 3~5 个试件。

③将准备好的试件拿到 MTS815 岩石力学测试系统中进行单轴压缩试验。试验时采用位移控制，加载速度为 0.1mm/min。试验中采集轴向力、轴向应变、横向应变、体应变、时间等参数。

（2）试验结果。

试验结果如表 2-4-11、图 2-4-39 所示。图中 ε_1 为横向应变，ε_2 为轴向应变，ε_v 为体应变。每种应变有 3 条应变曲线可知：水对岩石强度有明显的影响，不同含水率下岩石的强度不同，含水率越高，强度就越低，说明水对岩石的软化作用明显。

砂岩在饱和、自然、干燥状态下的单轴抗压强度　　　　表 2-4-11

试件编组	单轴抗压强度 σ_c (MPa)			软化系数
	饱和状态	自然状态	干燥状态	
第1组	80.5	111.5	126.3	0.637
第2组	54.7	81.2	121.9	0.449
第3组	32	50.9	62.3	0.514

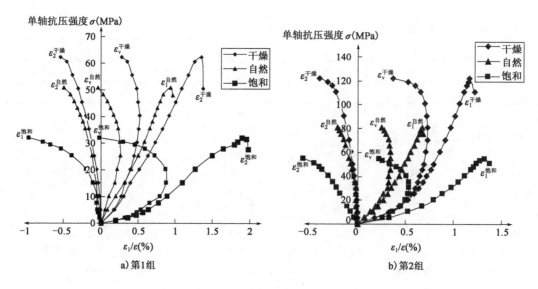

图 2-4-39

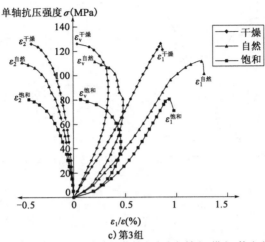

c) 第3组

图 2-4-39　砂岩在不同含水率下的轴向应力与轴向、横向、体应变曲线

2) 干湿循环条件下岩石力学特性的试验研究

(1) 试验方法。

①试验设备和试件加工与 4.2.1 节 1) 内容相同。

②试验岩样有砂岩和泥岩,每一种岩性的试件加工 5 组,每组 3~5 个试件,并测定出试件的直径和高度。

③将试件放入 60℃烘箱烘干 12h,然后取出冷却后放入水中浸泡 12h,称为 1 次干湿循环。砂岩试件进行 1、3、6、9、12 次干湿循环。泥岩试件进行 1、2、3、4 次干湿循环,因泥岩完全浸入水中会破坏,采用喷水的方法吸水。

④浸泡 12h 后测得砂岩的含水率为 3.56%,泥岩的含水率为 2.65%。

⑤试件达到循环次数后,将试件取出用保鲜膜包好,以防止水分蒸发。

⑥将准备好的试件拿到 MTS815 岩石力学测试系统中进行单轴压缩试验,试验时采用位移控制,加载速度为 0.1 mm/min。试验中采集轴向力、轴向应变、横向应变、时间等参数。

(2) 干湿循环条件下岩石的变形特性。

干湿循环条件下砂岩、泥岩的单轴压缩试验部分结果如图 2-4-40、图 2-4-41 所示。其中编号 Na-b 中,a 指循环次数,b 指试样号码。如 N1-5 指第 1 次循环第 5 号试样。每个编号对应的曲线有 3 条,从左至右分别为横向应变、体应变、轴向应变曲线。从图中可以看出,岩石应力—应变全过程曲线可以分为四个阶段,即初始压密、弹性变形、应变硬化及应力软化阶段。在初始压密阶段,轴向应变大于横向应变,体应变增加,试件体积缩小,岩石被压密,部分裂隙闭合。在弹性变形阶段,轴向应变大于横向应变,体应变增加,试件体积不断缩小,岩石表现出明显的线弹性。在应变硬化阶段,轴向力与轴向应变为非线性关系,这个阶段体应变有一个最大值,这个点对应的应力就是屈服应力。未过屈服点前试件的体应变增大,试件体积缩小;过了屈服点之后,试件的横向变形迅速增加,体应变开始减小,试件体积开始增大,到峰值时,体应变趋于零,试件又恢复原体积。这个阶段岩石内部开始产生微裂隙,且裂隙随荷载增加加速扩展,最终裂隙汇合贯通使岩石破裂。在应力软化阶段,试件体积膨胀,体应变为负值,说明试件体积大于原体积。试件破裂后,岩石的承载能力没有完全丧失,还具有一定的承载能力,强度减弱到残余强度。

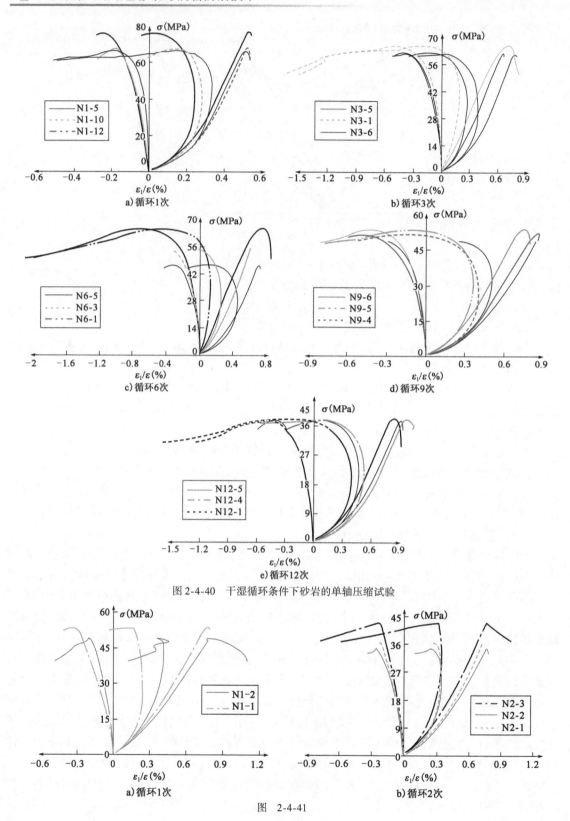

图 2-4-40 干湿循环条件下砂岩的单轴压缩试验

图 2-4-41

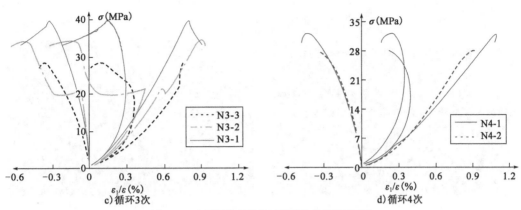

c) 循环3次　　　　　　　　　　　d) 循环4次

图 2-4-41　干湿循环条件下泥岩的单轴压缩试验

干湿循环次数增加,试件的横向变形与轴向变形增大,峰值点对应的轴向应变增大,产生的原因是,水的软化作用和干湿循环对岩石的风化作用。干湿循环条件下单轴压缩试验砂岩和泥岩的破坏形式如图 2-4-42、图 2-4-43 所示。从图中可以看出,试件的破坏形式有剪切破坏和劈裂破坏。

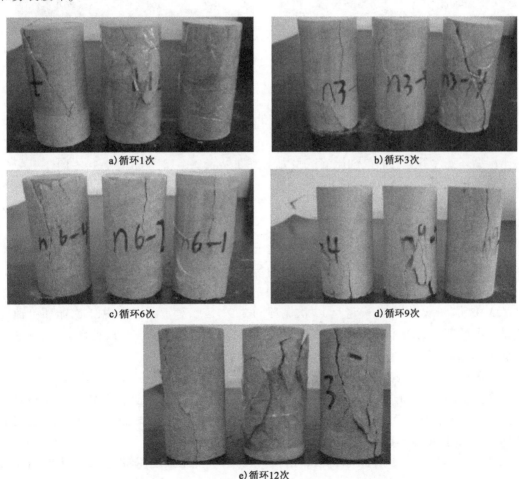

图 2-4-42　干湿循环条件下单轴压缩试验砂岩的破坏形式

a) 循环1次

b) 循环2次

c) 循环3次

d) 循环4次

图 2-4-43　干湿循环条件下单轴压缩试验泥岩的破坏形式

(3) 干湿循环条件下岩石的力学特性。

干湿循环条件下岩石的单轴压缩试验力学特性见表 2-4-12 和图 2-4-44～图 2-4-47。试验研究得出:

①在干湿循环试验过程中,砂岩未发现裂纹,泥岩产生一些宏观的裂纹,且裂纹数随干湿循环次数增加而增加。

②从表 2-4-12 中可以看出,岩石的单轴抗压强度、弹性模量、E_{50} 模量随干湿循环次数增加而减小,泥岩的泊松比随干湿循环次数增加而增大,干湿循环次数对砂岩的泊松比影响不明显。对于砂岩来说,1 次循环单轴抗压强度是 12 次循环的 1.65 倍,1 次循环弹性模量是 12 次循环的 2.03 倍,1 次循环 E_{50} 模量是 12 次循环的 2.92 倍。对于泥岩来说,1 次循环单轴抗压强度是 4 次循环的 1.57 倍,1 次循环弹性模量是 4 次循环的 1.91 倍,1 次循环 E_{50} 模量是 4 次循环的 2.17 倍。

③干湿循环次数对岩石力学特性的影响很明显,其原因如下:在干燥过程中,温度作用下使试件产生轴向与径向膨胀,岩石结构发生微小的变化;在水浸泡过程中,水从试件表面的裂隙、孔隙渗入岩石内部,润湿了岩石的矿物颗粒,水分子作用软化了岩石的物理状态,削弱了颗粒之间的联系,使得力学参数降低。

④从图 2-4-44～图 2-4-47 中可以看出,岩石的单轴抗压强度、弹性模量与干湿循环次数呈对数函数关系。

干湿循环条件下岩石的力学参数　　　　　表2-4-12

岩性	试件编号	循环次数 N	单轴抗压强度 σ_c 平均值（MPa）	弹性模量 E 平均值（MPa）	E_{50} 模量平均值（MPa）	泊松比 μ 平均值
砂岩	S_1	1	70.18	13618	9861	0.1629
	S_3	3	61.19	11177	9057	0.2295
	S_6	6	57.39	10620	7419	0.213
	S_9	9	51.56	9164	4965	0.1871
	S_{12}	12	42.64	6724	3373	0.1935
泥岩	Y_1	1	51.17	7723	5505	0.1757
	Y_2	2	38.1	6731	4037	0.2093
	Y_3	3	34.27	5031	3411	0.2135
	Y_4	4	32.51	4036	2540	0.2333

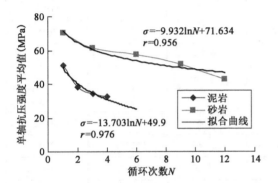

图2-4-44　单轴抗压强度平均值与干湿循环次数曲线

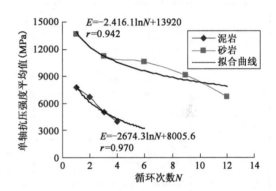

图2-4-45　弹性模量平均值与干湿循环次数曲线

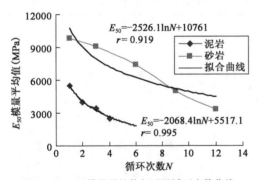

图2-4-46　E_{50}模量平均值与干湿循环次数曲线

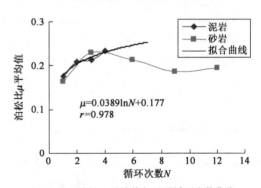

图2-4-47　泊松比平均值与干湿循环次数曲线

4.2.3　不同水头下库岸路基挖方岩体物理力学特性变化规律试验

1）试验方法

（1）将试件浸泡48h，使试件达到饱和状态。

（2）将O形密封圈放在试验压力中间，把压头放在渗流试件安装架上，并用螺栓将压头固定在装置上,让上、下两个入水孔对齐。用180mm的热收缩管,将压头、试件包在一起,用电吹风从试件中部吹起;当中部热收缩管收缩紧后,再向试件两端吹,让试件全部密封,然后把试件放入三轴压力室内,连接好所有水管接头,再密封压力室。

(3)向三轴压力室内注入围压油排出空气,设置好试验所有参数,打开图2-4-33中所有的开关(开关用①~⑥标注),让试件处于含水状态。

(4)试验时,先加围压,然后加孔隙压力。试验中保持围压、孔隙压力不变,然后加轴压使试件破坏,采用位移加载方式,加载速度为0.1mm/min。试验中采集时间、轴向力、围压、孔隙压力、轴向位移等参数,试验设置参数见表2-4-13。

含孔隙压力岩石三轴压缩试验参数　　　　表2-4-13

岩石	围压 (MPa)	孔隙压力 P (MPa)	三轴抗压强度 σ_1(MPa)	三轴抗压有效 强度 σ_1' (MPa)	弹性模量 E (MPa)	E_{50}模量 (MPa)
砂岩	12	1	134.04	133.04	12751	11899
	12	3	110.74	107.74	10418	7656
	12	5	103.09	98.09	9287	9231
	12	7	101.73	94.73	8724	6147
	12	9	75.60	66.60	7578	5046
灰岩	20	1	137.51	136.51	25530	22741
	20	5	131.68	126.68	22759	22407
	20	9	131.13	122.13	21941	20702
	20	13	115.84	102.84	21742	19178
	20	17	114.39	97.39	19761	18914

2)试验结果

试验结果如图2-4-48~图2-4-52所示。

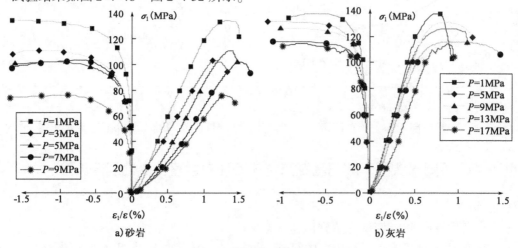

a)砂岩　　　　b)灰岩

图2-4-48　含孔隙水压岩石三轴压缩试验

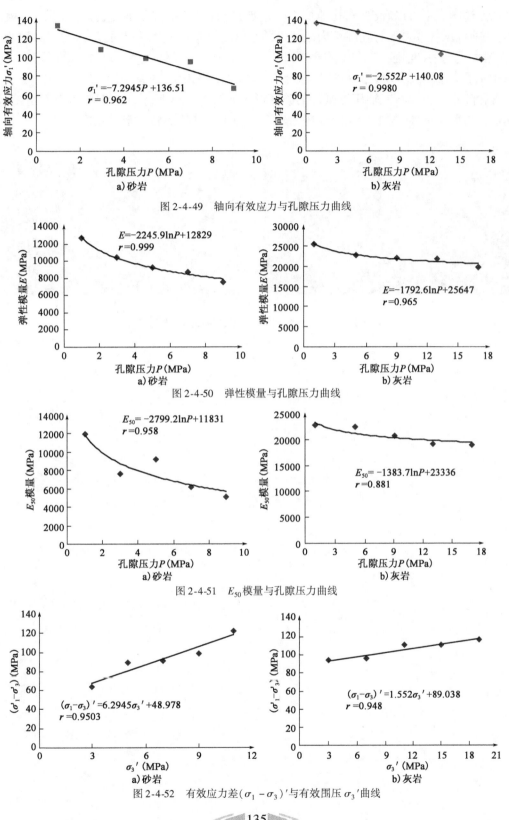

图 2-4-49　轴向有效应力与孔隙压力曲线

图 2-4-50　弹性模量与孔隙压力曲线

图 2-4-51　E_{50} 模量与孔隙压力曲线

图 2-4-52　有效应力差 $(\sigma_1-\sigma_3)'$ 与有效围压 σ_3' 曲线

从上述图表中可以看出，随孔隙压力的增加，岩石的三轴抗压强度、弹性模量、E_{50} 模量将减小；三轴抗压有效强度与孔隙压力呈线性关系，弹性模量、E_{50} 模量与孔隙压力成对数函数关系；根据库仑摩尔准则，有效应力差 $(\sigma'_1-\sigma'_3)$ 与 σ'_3 呈线性关系，则砂岩的黏聚力 $C'=9.06\mathrm{MPa}$，内摩擦角 $\varphi'=49.3°$；灰岩的黏聚力 $C'=27.87\mathrm{MPa}$，内摩擦角 $\varphi'=25.91°$。

含孔隙水压力岩石三轴压缩试件的破坏形式如图 2-4-53 所示。从图中可以看出，试件的破坏形式为剪切破坏，与不含孔隙水压力岩石三轴压缩试件的破坏形式相同。

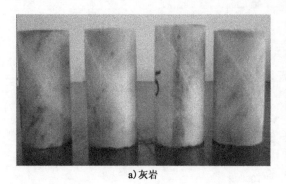 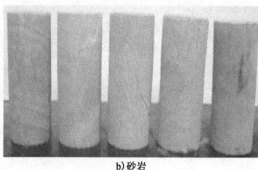

a) 灰岩　　　　　　　　　　　　　　b) 砂岩

图 2-4-53　含孔隙水压力岩石三轴压缩试件的破坏形式

5 库岸路基动态失稳机理

水库蓄水完成后,库水位将升至正常蓄水位,在防洪期间,水位又将由正常蓄水位下降至防洪限制水位。库水位升降作用将对库岸路基稳定性产生直接或间接的影响,但由于岸坡岩性、结构、构造等方面的差异,其作用和影响方式及破坏机制都有很大不同。据此,首先,本节对路基岩土体渗流特征进行必要分析,然后对库岸路基类型进行研究;其次,在此基础上,进一步对库岸路基稳定性的各种影响因素进行分析研究,找出导致库岸路基失稳的控制因素;最后,对库水位作用下库岸路基的稳定性破坏机理进行研究,从而对库水位升降对库岸路基稳定性作用影响程度进行初步评价。

5.1 库岸路基岩土体渗流特征

5.1.1 库岸路基物质结构及工程地质特征

由于库岸路基所处位置的特殊性,其物质结构较一般路基也具有不同的性质。对于位于典型河谷的库岸路基来说,其常见物质来源有河床、漫滩、阶地及谷坡。谷坡的上部往往以基岩、风化壳(层)或残积物为主;下部除基岩、风化壳或残积物外,还有多种成因的松散堆积物;谷底部分主要为河漫滩淤积物和河床冲积物(河床质)。沿河公路就是修筑在这些物质之上的,其路基往往也是由这些物质或这些物质经开挖或堆筑构成;沿谷底下部、坡麓或坡麓与河床之间的接触地带物质的性质和结构对库岸路基的稳定性和可冲性是至关重要的,具有决定性的作用。从现场调查的结果来看,狭窄河谷的河岸往往就是库岸路基的外边坡。

1) 河流相冲积物和洪积物

河流相冲积物上部一般为河漫滩相砂层或粉砂层,有的含有小砾石,结构疏松,有层理。下部统称为河床相砾石层,砾石磨圆度好或较好,但也有一些地区的砾石呈次棱角状,有比较明显的分选性和水平层理或斜层理。不同的河流或同一河流的不同地段,砾石的粒径相差比较大。砾石层中往往含有砂土的夹层或透镜体。

洪积物一般是由间歇性溪沟的洪水带来的泥砂石块堆积而成,通常以砂、石为主,有一定的层理,可呈堆积扇或台地。

在河流流速大或流速变化较大的地段,其沉积物的分选性较差,常含不规则的透镜体或囊状构造,无规则的相变。在流速特别大的河段,甚至缺失河漫滩相冲积物,或者细小的淤泥只能停留在巨大的砾石和岩块的缝隙中,分选性很差。其中,一些疏松砾石层的砾石之间的空洞很大,成为严重的渗流通道;且常有很细的粉砂层,摩擦系数低,极易产生流砂和砂土液化现象,不利于工程建设。

2)崩坡积和残坡积物

库岸路基通常位于山高坡陡、河流深切地带,极易形成崩塌、滑坡,尤其在软弱和破碎岩层出露处,崩塌、滑坡发育,崩坡积物和残坡积物分布较广。崩坡积物由角砾和岩屑构成,含有不同数量的粉砂和黏土,结构松散,因其往往堆积在坡麓(脚),而狭谷河段的公路往往沿坡麓通过,使不少路段修筑在崩坡积物上,直接影响到路基的稳定性和抗冲刷性。

基岩风化碎石和坡脚堆积类碎石分布不均,分选性差,常充填大量砂粒、粉粒和黏粒等细小颗粒,其性质处于砾类土和黏性土之间,透水性相对较弱,内摩擦角较小,抗剪强度较低,压缩性稍大。由于其透水性较好,在开挖或填筑时,常伴随坍塌及边坡失稳现象。

3)基岩

修筑在基岩上的库岸公路,当为全开挖时,其路基稳定性很好;当为半填半挖时,把内侧从基岩开挖出来的石块、岩屑堆在公路外侧构成路基,这样的外侧路基就相当于松散堆积物所构成,其渗透系数比较大,在河水和地下水的综合作用下易破坏失稳。

5.1.2 库岸路基水力及水文地质特征

库岸路基所处地段河流的径流主要由大气降水和地下水两部分组成,在具体表现形式上则有雨水、融水、上游溃水及地下水四类。

1)雨水

雨水即大气液态降水,是河流径流的主体部分,在时空分布上具有极度的不均匀性。山区特大洪水都是由暴雨或较长时期降雨形成的。在雨季和干季比较明显的地区,雨季的降雨量一般占全年雨水的80%~90%,而且雨季的降雨量分布也具有不均匀性,导致河水的流量和水位变化很大。因此,库岸路基在雨季时的稳定性应得到设计人员和施工人员的高度重视。

2)融水

融水是指高寒地区或山顶积雪和冰川的消融水,主要受气温控制。由于各地区的气温差别较大,因此相应的消融期变化也较大。一般而言,主消融期相对于全年来说,所占比例是较小的,大多数在4个月左右;再加之融水的径流途径远,其水量变化不如雨水,尤其是不如暴雨激烈,因此融水在河水的径流总量中占比较小。但是融水与强降雨组合,可以进一步加大洪水流量,对库岸路基构成威胁。

3)上游溃水

上游溃水是山区河流所特有的一种来水,是由各种成因的挡水或蓄水坝体溃决而形成的溃决水。在某些沟谷地带,出于滑坡或泥石流形成的堵塞坝溃决,也能形成溃水。例如,G318线通麦附近的扎木弄巴在1902年和2000年的特大泥石流(碎石流)堵断了易贡藏布江,分别形成了高为80~130m的堵塞坝,后坝体溃决,尤以2000年溃决水深110m,形成了举世罕见的超大型洪水。相对于降雨所形成的洪水,溃水的频率要小得多,但其强度特别大,破坏力是惊人的,一旦发生溃水,对库岸路基的危害就相当大。

4)地下水

库岸路基地段地下水事实上是由降雨和河水入渗所形成的,大部属潜水,与河水存在着水力联系。河水位上升时由河水补给地下水,河水位下降时地下水也可补给河水。从水力冲刷的角度来说,除少数根本未加任何防护措施的库岸路基外,地下水对库岸路基的安全构不成大的威胁。但是,地下水位的升降可以改变库岸路基岩土体的含水率,进而改变其应力场,降低库岸路基岩土体的强度。例如,地下水位下降可以引起路面塌陷,地下水流速加大会促使土体的潜蚀作用。

5.2 库岸路基分类

经过大量的现场调查及室内整理分析,根据其修筑方式,库岸路基可以按照以下方式分类。

5.2.1 按路基与库区密切程度分类

按路基与库水关系密切程度,路基可分为沿河路基和库岸路基。

1)沿河路基

山区水库多为河道型水库,在库岸公路建设中,在公路沿水库上游河岸布置,形成大量沿河路基,河水水位变化可直接影响到这类路基的稳定性。如图 2-5-1 所示,水流流速的增加导致冲刷能力增大,水位的骤降将直接对这类路基的稳定性产生不利影响。

2)库岸路基

在库区范围内,水库蓄水后水位的调节会直接影响库岸路基的安全,同时水位的调节将产生新型的地质灾害——水库塌岸,进而影响到库岸公路的安全,如图 2-5-2 所示。

图 2-5-1 山区河道型水库水流湍急冲刷能力强

图 2-5-2 典型库岸路基

5.2.2 按路基结构形式分类

山岭地区,山高谷深,坡陡流急,地形复杂,而且地质构造复杂多变。众多梯级电站和水利设施的修建,使山区河流沿途多为峡谷急流段和库区开阔段相间,平面形态随地形而变,极为复杂。山区公路受地形控制,尤其是二级及二级以下等级的公路,大都顺山沿水而行,平面线形弯道接连不断,即使为直线路段,也可能位于凹岸冲刷影响范围之内。经过大量的现场调查及室内整理分析,库岸路基按断面结构形式,可以分为以几种类型。

1）半填半挖型库岸路基

如前所述，山区公路受地形控制，大都顺山沿水而行。在这种地形条件下，山体侧多会形成挖方而成的高陡边坡，而临水一侧则形成填方路基，如图2-5-3所示。因此，在由降雨形成的地表水及河水的冲刷综合作用下的库岸路基失稳是非常普遍和复杂的工程地质问题。位于不同库区不同河流段且不同类型的路基，其自身特征及外部影响因素都是不一样的，其破坏失稳模式也不尽相同。

2）填方型库岸路基

一些路段的库岸路基是通过填筑岩土体修建而成的，如位于靠近库区开阔路段的库岸路基多为此类型，如图2-5-4所示。填方型库岸路基一般紧邻库水，因此水的冲刷、波浪的淘蚀作用是对此类路基的主要作用。填方型库岸路基的稳定性和耐久性与水、路基二者的位置关系、水的冲刷、淘蚀形式及路基岩土体类型及其工程力学性质是密不可分的。

图2-5-3　半填半挖型库岸路基

图2-5-4　填方型库岸路基

3）挖方型库岸路基

同样，由于山区地形条件或不良地质体的限制，某些库岸路基段需要对沿岸坡体进行挖方处理而形成挖方型库岸路基，如图2-5-5所示。

挖方型库岸路基在库区狭窄沟谷地段和坡体坡度较陡地段山区分布较广，如在重庆市开县至城口二级公路段、巫溪至湖北十堰高等级公路及国道317、319线、四川卧龙旅游区公路段都大量存在。挖方型库岸路基常因为挖方或削坡形成高陡边坡，其破坏形式常为塌岸、上边坡落石砸坏路基及河水冲刷失稳。路基的稳定性和坡体侧高陡边坡的稳定性应该得到设计人员和施工人员的高度重视。

图2-5-5　草街电站库区库岸公路挖方型路基

4）不良地质体上修筑的库岸路基

通常，从理论上说，在不良地质体上是不宜修建公路的尤其是高等级公路。但山区地形复杂、地质构造发育且复杂多变，多发育滑坡、崩塌、泥石流等不良地质体。例如，西藏雅鲁藏布江下游大拐弯峡谷中谷坡物质移动非常强烈，以重力崩塌为主，提供现代河床大量巨粒状堆积物质,大者砾径可达 5m×5m×5m;目前峡谷段中崩塌作用大部分是 1950 年 8 月 15 日墨脱大地震造成的山体滑坡、崩塌及其以后流水作用参与并在谷底形成巨大的泥石流。不良地质体在地表水、地下水及降雨、地震等激发因素下易失稳,从而直接导致路基失稳破坏,故位于不良地质体上的库岸路基的稳定性应特别予以重视。

上述几种类型的库岸路基是相互联系和相互影响的,在空间上的分布也是如此。例如某些挖方型库岸路基同时也位于不良地质体上,某些填方型库岸路基同时也是位于天然库岸上的路基。

5.2.3 按库岸路基物质组成分类

库岸路基按物质组成可分为岩质路基、土质路基、土石混合路基。

1) 岩质路基

岩质路基多为挖方路基,在山区库岸公路中最为常见,如图 2-5-6 所示。由于岩体一般具有较强的抗冲刷能力,这类路基一般稳定性较好。但当岩层为软硬互层组成,岩体强度较低的岩层(如泥页、页岩等)的抗冲刷、风化能力较弱,在水流长期作用下,强度较弱的岩层逐渐剥落,使硬岩处于悬空状态,进而可能产生塌岸,从而导致路基失稳,如图 2-5-7 所示。

图 2-5-6 重庆渝巴路上岩质库岸路基

图 2-5-7 三峡库区砂泥岩互层库岸路基

2) 土质路基

库区的土质路基大多属于填方路基,路基填土可分为无黏性土和黏性土。其中,黏性土在库岸路基中更为常见。

无黏性土路基是指主要由砂、卵石等无黏性土填筑,结构较疏松、黏聚力低,渗透性较强,在水库水位变化尤其是水位下降时,路基内部的水可能及时排出,这类库岸路基的稳定性受库水的影响较小。

黏性土路基主要由黏性土填筑,其渗透性较小,在水库水位下降时,路基内部的水不能及时排出,路基稳定性下降,这类库岸路基的稳定性受库水的影响较大。

3) 土石混合路基

土石混合路基是指位于松散堆积体上的路基,堆积体由坚硬岩石碎块和砂土碎屑物质混合组成,此类路基在库区公路工程建设中极为常见。堆积体多由山体基岩边坡的崩塌、滑动、塌陷或坡积形成,所含细颗粒物质的多少差别也较大,如图 2-5-8、图 2-5-9 所示。在坚硬的基岩上部堆积着由坡顶崩塌、波动、坍滑而来的碎石、土等坡积物,架空现象多不明显,所含黏土细颗粒较多,此类路基的稳定性主要取决于下伏基岩面的产状和土石体与基岩面间的抗剪强度。由于土石混杂,岩土体均一性较差,在水的作用下,遇水后路基的稳定性往往产生恶化,甚至土石体沿基岩面产生滑动,从而导致路基推移。

图 2-5-8　新渝巴路土石混合路基

图 2-5-9　新渝巴路 K316+500 公路路基

5.3　库岸路基稳定性的影响因素

对于库岸路基稳定性的影响因素的研究,可见于诸多文献。目前学术界对于库岸路基稳定性的影响因素虽有各种不同的说法,但其本质上有相同之处,在一定程度上也达成共识:认为地质要素(地形地貌、岩土组合、地质构造等)是库岸路基失稳破坏的基础;认为气候(降雨)、地震、人类工程活动等因素是库岸路基失稳的诱发因素,并认识到边坡失稳过程中水的重要作用;认为库岸路基失稳破坏是各种因素综合作用的结果。

库岸路基稳定性研究的关键在于找出导致路基失稳的控制因素及其作用机理,清楚这一点,才有可能对库岸路基稳定性做出比较准确的评价,才能进行预测预报及防治工程的设计。所以针对具体单个路基,准确地确定哪一个因素起控制作用、如何控制等,确定影响库岸路基稳定性的控制因素及其在路基变形失稳过程中的作用方式,是研究变形机理的基本条件,是库岸路基稳定性评价和防治的基础。

对于不同的工程,其影响因素以及影响因子的敏感性都大为不同,但是总体来说,影响因素可以分为地质因素和非地质因素(或诱发因素)两类。对于库岸路基,地质因素主要包括地层岩性、地质构造、岩体结构等;而非地质因素主要包括大气降雨、河(库)水升降、地下水、地震及人类工程活动等因素。

在影响库岸路基稳定的各因素中,每个因素起到的作用不相同,有的起主要作用,有的起次要作用;有的因素长期起作用,有的因素作用比较短暂。例如,许多路基在陡坡角和几百米高的条件下是稳定的,而许多平缓边坡高仅几十米就破坏了,这种差异是因为岩石路基的稳定性是随岩体中结构面的倾角而变化的;路基的变形和破坏大多发生在雨季或雨后,还有部分发生在水库蓄水和渠道放水之后,这些都表明渗流对路基稳定性的影响是十分显著的。通过对库岸路基变形失稳的因素进行细致分析，说明库岸路基的变形破坏是多种地质环境因素共同作用的结果，而绝非单因素影响的结果。

下面将根据库岸路基工程的特点，分别分析地质因素以及地下水、河水等非地质因素对路基稳定性的影响。

5.3.1 地质因素对岸坡稳定性的影响

与其他一般路基稳定性影响因素一样，地质因素是路基变形的内在因素，主要包括路基岩土体性质、地质构造、岩体结构等。

路基岩土体性质的差异，是影响路基稳定的重要因素，不同时期和不同成因的地层，有着不同的变形破坏形式；各种不同成因的岩土，具有各自的物理力学性质。而路基岩土体在地下水长期浸泡、渗流力等作用下，路基土颗粒、岩块之间的联系力将逐渐被削弱，土颗粒、岩块的自由度和活动度将逐渐增加，使得岩土体向破碎-松散介质转化，最终造成路基的失稳破坏。在地下水作用下，路基岩土体被弱化，最终导致路基失稳破坏的进程与岩土体的物理、化学、力学性质等密切相关，不同性质的岩土体在相同条件下完成这一进程的历时差异很大。因此，选择良好的岩土体修筑路基，对提高路基的耐久性是有意义的。

地质构造因素，主要指库岸路基地段的褶皱形态、岩石产状、断层和节理裂隙的发育程度以及新构造运动特点等。这些因素对库岸路基稳定性的影响十分显著，通常在区域构造复杂、褶皱强烈、断层众多、岩体裂隙发育、新构造运动比较活跃的地区，往往岩体破碎、沟谷深切，较大规模的崩塌、滑坡随处可见。而区域构造简单、褶皱轻微、断层较少的地区，往往岩体完整，岩层产状平缓，库岸路基稳定性较好。

岩土体结构是影响库岸路基稳定性的重要因素，通常可以分为块状结构、层状结构、破碎网状结构及散体结构四种。不同结构的岩体，物理力学性质差别较大，库岸路基变形破坏形式也不同。但具有相同结构的岩体，其稳定性主要取决于岩体中的结构面。岩体中的结构面包括层理面、假整合面、不整合面、断层面、节理裂隙面、风化界面、覆盖层与基岩接触面以及岩体中的软弱层等。研究表明，岩质路基滑体的破坏模式是沿结构面滑移破坏，软弱结构面是控制边坡滑移模式的主要因素，对边坡破坏起主导作用。因此，在岩质库岸路基稳定性研究中，必须特别重视对不同成因结构面的研究，认真调查结构面的类型、产状、连续性、充填物质、胶结程度及其组合关系，分析各类结构面对库岸路基稳定性的影响程度，并找出影响库岸路基变形破坏的控制性结构面。

5.3.2 非地质因素对库岸路基稳定性的影响

非地质因素也称为外部因素或诱发因素。大量实例证明，降雨、河（库）水升降、地下水、地震及人类工程活动等是影响边坡稳定性的重要诱发因素，在特定阶段，其中任何一种因素都可能成为主要诱发因素。

库岸路基破坏很多都发生在雨季或春季融雪时期，说明地下水对库岸路基稳定性有非常重要的影响。地下水的不利影响一般可使路基角的计算值减小 $5°\sim7°$。大量滑坡灾害的发生，都与路基岩体中地下水的活动有关。在暴雨季节，降水沿路基上卸荷节理迅速入渗，抬升了岩体内地下水水位,也可能引起库岸路基的不稳定破坏。当库水位发生骤升或骤降时,引起路基岩体内地下水水位的瞬间变化,在渗透水力的作用下,可能引起库岸路基失稳。据已有统计,由于水的作用引发的地质灾害占90%以上。这里的水主要包括地下水、河(库)水和降水,其中地下水主要是由降雨和河(库)水补给。在我国南方,尤其在长江中上游地区发生的大量大型滑坡,都与水的作用密切相关。特别是对库岸路基,其失稳主要是与河水冲刷和河水水位的变化有关。而地下水主要由河水和降雨补给,因此河水水位变化影响着地下水变化,进而对路基稳定性产生影响。因此,对于库岸路基来讲,河水冲刷和地下水作用是影响库岸路基稳定性的最主要的两个外部因素,下面将对这两个主要因素的影响进行详细分析。

1) 河水水流对路基稳定性的影响

库岸路基所处环境的特点之一是其受到河流水流的冲刷作用与掏蚀作用。山区河流多为季节性河流,其水文特点是流域区坡面陡、雨水汇流快,河水水位和流量受流域气候条件控制。枯水期河水水位低、流量小,河水对路基的冲蚀作用不强,甚至没有冲刷;洪水期河水水位和流量变幅很大,通常高水位和大流量历时短,但洪水流速大、搬运能力强,且易形成泥石流、滑坡等地质灾害,对库岸路基的毁坏能力很强,因而洪水期是造成库岸路基水毁的主要时期。

(1) 河水影响路基稳定性的主要原因。

河水之所以能够对库岸路基的稳定性造成危害,其原因有以下几点:

① 库岸路基的修筑常常改变了河流原有的岸坡地形、河道几何形态等,因而改变了河流的水文特征,特别是当库岸路基的修筑侵占部分河道时,洪水期间路基既遭受河水的浸泡,也遭受河水的冲刷,且冲刷作用的强度可能很高,可能造成库岸路基防护结构局部或整体的破坏现象。因此,河流水流对库岸路基的冲刷甚至毁坏是河流流水和库岸路基相互影响的结果。

② 由于江河两岸滑坡、泥石流堆积,侵占了河床,压缩了江河的过水断面,产生了挑流作用,从而改变了主流线,使洪水直冲彼岸坡脚,形成了强烈的掏蚀,进而产生顶冲恶性循环。若沿河公路布置在遭受洪水冲刷的岸坡,路基在洪水顶托作用下发生局部甚至整体破坏将是难免的。可见,河流水流对库岸路基冲刷甚至毁坏的又一原因是,河流河道形态、位置等在滑坡、泥石流等地质现象作用下的自然变迁作用,当库岸路基对河流河道的这种自然变迁过程产生限制作用时,路基遭受河水的冲刷、掏蚀等作用。

③ 当库岸路基沿河流弯道的凹岸布置时,由于河流的侧蚀作用,凹岸河段将不断遭受河流的侵蚀而破坏,这是河曲发展的自然过程,当库岸路基对这种自然过程的发展有所限制时,库岸路基及其防护结构将不可避免地遭受河水的冲刷和掏蚀作用,当这种作用强度达到足以使库岸路基及其防护结构失稳破坏时,库岸路基的毁坏将是必然的。库岸路基限制了河曲的发展进程,河流弯道水流的水力学特性造成了库岸路基遭受河流流水的冲刷和掏蚀作用。

④ 在洪水期间,河流水位升高,流量增大,流速变快,河水搬运的岩土碎屑颗粒的直径变大、数量增多,使得河水水流对岸坡及库岸路基的浸泡范围加大、冲刷作用增强、掏蚀作用增强等。洪水期间河流水流对岸坡及沿岸结构物的侵蚀作用更加强烈。

综上所述,河流水流对库岸路基稳定性影响的原因是多方面的,既包括路基方面的原因,也包括河流水流方面的原因。总体来讲,河流水流对库岸路基稳定性存在影响的原因可归结为两个方面:一是库岸路基的修筑改变了河谷形态,进而改变了河流的水文特征;二是库岸路基的修筑影响或限制了河曲的自然变迁过程。

(2) 河水影响路基稳定的机理分析。

在洪水期间，河水水位上升，作用于路基侧面的静水压力增大；但同时，河流流量增大，流速加快，河水对库岸路基的冲刷作用增强，因此库岸路基更加容易发生失稳破坏。洪水期间，河流水流对库岸路基稳定性的影响主要体现在以下几个方面：

①洪水期间，河水水位升高，作用于路基防护结构或路基侧面的静水压力增大，这有利于库岸路基的稳定。

②洪水期间，河水水位抬高，作用于路基防护结构底部的扬压力增大，使得路基的有效重力减小，这不利于库岸路基的稳定。

③洪水期间，河流流量增大，河流的侧蚀能力增强，因而河水将冲刷库岸路基防护结构或路基侧面，此时河水对库岸路基防护结构的影响与路基防护结构的类型、结构表面的粗糙程度、结构的完整性等许多因素有关。

对于结构完整（无裂缝或缺陷）的库岸路基防护结构，若结构物临河侧表面光滑，则河流水流对库岸路基防护体的作用力主要是压力，这对库岸路基及其防护结构物的稳定是有利的；若路基防护结构物表面粗糙，则在河水作用下，结构物表面凸起部分同时承受压力和剪切力。压力是静水压力，对凸起部分的稳定是有利的或者说至少是无害的；而剪切力是由水流引起的，过大的剪切力可能使凸起部分从防护结构体上剥落，原有的凸起部分被剥落后，防护结构物表面的粗糙度可能并没有减小，反而可能加大。新的凸起部分在水流剪切力的作用下可能也被剥落，结构物表面的粗糙度继续加大。结构物表面凸起部分被水流剥落过程如此不断发展，库岸路基防护结构在河水水流作用下将逐渐被破坏。在洪水期间，库岸路基防护结构物的这种剥落破坏过程的发展可能很快，一旦防护结构被破坏，路基岩土体的破坏过程将更加容易。

对于存在裂缝或缺陷的库岸路基防护结构，在河水作用下，这些裂缝或缺陷可能成为河水与路基地下水水力联系的集中通道，路基岩土体颗粒可能随地下水向河流的集中排泄而被带走，这种现象的持续将使路基岩土体结构变得疏松、力学性质下降，整体稳定性降低，这些裂缝或缺陷的规模也将逐渐增大。另外，裂缝或缺陷的存在也增加了结构物表面的粗糙度，加速库岸路基防护结构在河水作用下的破坏发展进程。

④洪水期间，河流流量增大，河流的搬运能力提高，河流的下蚀能力增强，因而河水对库岸路基防护结构物下部甚至底部的冲刷、掏蚀作用强烈。强烈的下蚀作用不仅使河床下切，更可能使得路基防护结构物底部架空，这对库岸路基防护结构物的稳定是非常不利的。而防护结构物的架空部分在水流作用下更易失稳破坏，这将破坏防护结构物的整体性。

总体来讲，山区河流水流对库岸路基稳定性的影响主要表现为河水对路基的冲刷作用，而冲刷作用的强弱程度除与河流的水文条件密切相关外，主要受河流与路线的位置关系和路基岩土体的性质等因素控制。

从河流与路线的位置关系出发，河流水流对库岸路基稳定性的影响主要体现在如下方面：

①库岸路基位于河流直线岸坡段。

通常认为，当库岸路基布置在河流直线岸坡段时，河水对路基的冲刷作用较弱。但从河曲发展的过程和规律来讲，河曲为直线形态是暂时的。河水在直线形态河床中流动时，虽然河水并不受河曲弯道离心力的作用，但由于科里奥利效应，河水的运动受科里奥利力作用而偏向右侧（图2-5-10），因而右岸岸坡遭受河水较左岸岸坡更强的侵蚀作用。

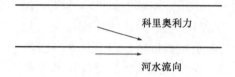

图2-5-10　直线形河道水流受科里奥利效应作用

②库岸路基位于河流凸岸段。

通常认为，河曲凸岸是河水横向环流的堆积区，而不是侵蚀区，因而库岸路基布置在河曲凸岸时，几乎不遭受河水的冲刷作用。

③库岸路基位于河流凹岸段。

河水在河曲弯道运动时，同时受弯道离心力和科里奥利力作用，河水的流向与河岸呈斜交关系，水流速度可分解为平行于岸坡和垂直于岸坡两个分量，其中垂直于岸坡的水流分量形成横向环流（图2-5-11）。

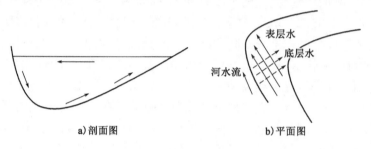

a) 剖面图　　　b) 平面图

图2-5-11　河曲弯道环流

在弯道离心力的作用下，水体向凹岸集中，故凹岸水面升高，凸岸水面下降，从而产生横比降，引起自凹岸向凸岸的横向力，且横向力和离心力只是在中偏下的水体部分可达平衡。在弯道流水断面的垂线上，水质点的流速随深度逐渐减小，故垂线上各点的离心力在表层最大，向下逐渐减小。但是在水体上层，离心力大于横向力，合力向凹岸，水质点向凹岸移动；在水体下层，离心力小于横向力，合力向凸岸，水质点向凸岸移动，这样变形成了横向环流［图2-5-11a)］。由于横向环流的作用，使凹岸遭受侵蚀，侵蚀下来的物质随横向环流向凸岸搬运；在凸岸，因底流向上运动，流向表层，其能量逐渐减弱，搬运物质便发生沉积［图2-5-11b)］。同时，横向环流在纵向流速的驱使下被推向前进，故构成了弯道中的螺旋流，水体呈螺旋式前进。

由此可见，当库岸路基布置在河曲凹岸时，由于河水受弯道离心力的作用而形成横向环流，使得凹岸遭受侵蚀，因而库岸路基及其防护结构也遭受弯道水流的侵蚀而易发生失稳破坏，特别是在洪水期间，河水对凹岸的冲刷、侵蚀作用更加强烈。

前面已经提到，河曲弯道水流不仅受弯道离心力的作用，而且受科里奥利力作用。在北半球，科里奥利力作用的方向总是向右的，对河曲弯道来说，其方向可能是偏向凹岸的，也可能是偏向凸岸的，而弯道离心力的方向总是偏向凹岸的，这使得科里奥利力和弯道离心力的合力有时是加剧河水对凹岸的侵蚀，而有时却是减弱河水对凹岸的侵蚀。当河曲左弯时，科里奥利力的方向是自弯道离心力更加偏向凹岸，使得河水对凹岸的侵蚀作用增强［图2-5-12a)］；当河曲右弯时,科里奥利力的方向是自弯道离心力远离凹岸的,使得河水对凹岸的侵蚀作用减弱[图 2-5-12b)]。

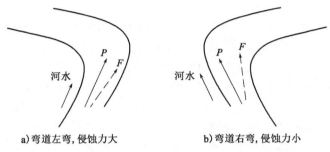

图 2-5-12　弯道离心力、科里奥利力与侧蚀作用的关系
P-弯道离心力；F-科里奥利力

由此可见,当库岸路基布置在河曲凹岸时,河水对路基及其防护结构物的侵蚀作用较强烈,但侵蚀作用的强弱程度尚与河曲的弯曲方向有关。当河曲弯道左弯时,河水对凹岸的侵蚀作用强烈程度大于河曲右弯时河水对凹岸的侵蚀作用。

总之,沿河公路与河流时而平行,时而相交；路线时而分布在河流的凹岸,时而分布在河流的凸岸。位于河流凹岸的路基,通常直接遭受河流凹岸冲刷和横向环流双重作用,容易发生失稳；对于布置在河流直线段的路基,也时不时受河水直接冲刷,特别是在上下游弯道出入口地段,河流的流态相当复杂,路基也常因河水冲蚀而失稳破坏；当路线布置在凸岸时,由于凸岸通常为河水搬运物的沉积区,河水对路基的冲蚀作用不强,河水对路基稳定的威胁较小。

2)地下水作用对路基稳定性的影响

库岸路基所处环境的特点之一是,洪水期使得地下水水位较高,路基岩土体长时间受地下水的浸泡、渗透等作用,因而,地下水水位的变化、地下水渗流状态的变化等均对库岸路基的稳定性产生影响。概括来讲,地下水对库岸路基稳定性的影响体现在如下诸方面：

(1)地下水水位上升,将有更大范围的路基岩土体由原地下水水位以上的非饱和状态变为新地下水水位以下的饱和状态,由于水的作用,使得路基岩土体的力学参数有所下降,这将降低库岸路基的稳定性。

(2)地下水水位上升过程中,由于地下水的浮脱力作用和沿地下水渗流方向的渗透力作用,路基岩土体内有效应力将减小,从而减小了作用于路基挡土墙上的主动土压力值,这对库岸路基及路基挡土墙的稳定性是有利的。

(3)地下水水位上升,作用于路基挡土墙墙背的水压力将增大,这会降低路基挡土墙的稳定性。

(4)地下水水位上升,作用于路基挡土墙底部的扬压力将增大(对不透水或弱透水路基挡土墙而言),或作用于路基挡土墙内孔隙水压力将增大(对透水路基挡土墙而言),使得路基挡土墙的有效重力减小,这对路基挡土墙的稳定是不利的。

(5)地下水位下降,将有部分路基岩土体由原地下水水位以下的饱和状态逐渐变为新地下水水位以上的非饱和状态,由于水的排出和孔隙水(或裂隙水)压力的降低,路基岩土体的力学性质有可能有所提高,这将可能提高路基岩土体的稳定性。

(6)地下水水位下降过程中,由于路基岩土体内各点的静孔隙水压力将下降,以及沿地下水渗流方向的渗透力作用,路基岩土体内有效应力将逐渐增大,从而增大了作用于路基挡土墙上的主动土压力值,这对路基及路基挡土墙的稳定性是不利的。

(7)地下水水位下降,作用于路基挡土墙墙背的水压力将减小,这对路基挡土墙的稳定是有利的。

(8)地下水水位下降,作用于路基挡土墙底部的扬压力将减小(对不透水或弱透水路基挡土墙来说),或作用于路基挡土墙内孔隙水压力将减小(对透水路基挡土墙来说),使得路基挡土墙的有效重力增大,这对路基挡土墙的稳定是有利的。

(9)地下水水位下降,当水力坡度足够大时,路基岩土体中的细小岩土颗粒可能随地下水的渗流被带走,即发生管涌现象。这种现象若长期存在,路基岩土体的结构将变得疏松,力学性质将下降,这对路基的稳定是很不利的。

(10)地下水水位保持不变,地下水向上渗流(包括竖直向上渗流和倾斜向上渗流等情况),由于地下水渗流产生的渗透力的方向与岩土体重力方向相反,因而路基岩土体内的有效应力将减小,使得作用于路基挡土墙上的主动土压力也减小;由于地下水水位保持不变,作用于路基挡土墙上的水压力也保持不变。因此,作用于路基挡土墙上的主动土压力和水压力的合力总体上是减小的,这对路基挡土墙的稳定是有利的。

(11)地下水水位保持不变,地下水向下渗流(包括竖直向下渗流和倾斜向下渗流等情况),由于地下水渗流产生的渗透力的方向与岩土体重力方向相同,因而路基岩土体内的有效应力将增大,使得作用于路基挡土墙上的主动土压力也增大;由于地下水水位保持不变,作用于路基挡土墙上的水压力也保持不变。因此,作用于路基挡土墙上的主动土压力和水压力的合力总体上是增大的,这对路基挡土墙的稳定是不利的。

总之,地下水的动态变化和渗流状态的变化,将影响路基岩土体的物理力学性质,影响路基岩土体内的孔隙水应力、有效应力的大小和分布,因而也就影响路基岩土体的稳定性和路基挡土墙的稳定性。在地下水水位上升变化或下降变化的过程中,均同时存在对路基岩土体和路基挡土墙的稳定性有利和不利的因素,在库岸路基稳定性研究中应客观、全面地考虑这些因素,以确保库岸路基稳定性评价方法的合理性;在有些情况下,虽然地下水水位在一定时间内能够保持不变,但由于库岸路基地下水和河(库)水间存在水力联系,地下水并不一定是处于静止状态。地下水的渗流状态对路基岩土体内的应力场是有影响的,在库岸路基稳定性研究中,对此也应加以考虑,否则,很难确保库岸路基稳定性评价方法的合理性。

库岸路基的稳定性除了与上述几个重要的因素有关外,还与车辆荷载、地震荷载、养护技术、管理水平以及河流的变迁等因素相关。车辆或地震等动荷载作用下,饱和土路基内引起的超静孔隙水应力会增大作用在路基挡土墙上的土压力,进而加快库岸路基失稳的进程。落后或滞后的养护和管理,会使路基路面在存在裂缝的条件下工作,在降雨条件下,这些裂缝会作为地表水入渗的通道而加大地表水向路基的入渗量,进而增大路基含水率、加大作用在防护结构上的土压力和上压力,从而加速库岸路基的失稳进程。值得一提的是,河流的河道不是一成不变的,而是随着时间的推移发生变迁的,这种变迁在河流弯道尤为明显。在目前沿河公路的设计中,设计人员几乎不考虑河流变迁对沿海路线的威胁,这显然是需要值得注意的问题。

通过对库岸路基稳定性影响因素的分析,针对库岸路基所处的特殊环境,在对沿河路基进行稳定性分析时,应重点考虑以下几个参数的影响效应:

(1)水流冲刷。这也是众多学者对库岸路基研究的重点。

(2)路基岩土体性质的变化。在河水上升和消落过程中,软化、泥化起着降低库岸路基稳定性的作用。

(3) 动、静水压力。由河水水位变化引起的动水压力和静水压力都可能给岸坡岩土体造成很大的负面影响。

(4) 超孔隙水压力。由于外界荷载的作用,对饱和路基土会产生很大的超孔隙水压力,因此本书中将研究超载对路基挡土墙主动土压力的影响。

5.4 库岸路基失稳模式

库岸路基的失稳模式主要有整体滑移、坍塌和崩塌以及支挡结构物破坏三种主要类型。只有先了解不同的失稳模式,才能有针对性地提出库岸路基稳定性分析方法。有时,路基失稳可能几种类型同时发生,为简化问题分析,我们只考虑最简单的单一破坏模式。以下给出简化路基失稳模型,为后面的路基稳定性分析方法提供依据。

5.4.1 整体滑移

整体滑移是最常见的一种整体失稳破坏模式,如图 2-5-13 所示。在河水周期作用下,路基内地下水水位也在周期性变化,岩土体在水浸泡作用下,其抗剪强度会降低,加上地下水动水压力作用,路基整体产生不稳定,易产生滑坡。滑动面位置不定,有可能出现图 2-5-13 所示的三种不同的情况。对这种失稳破坏模式,应根据传统稳定性分析方法,综合考虑地下水渗流作用,对路基整体稳定性进行验算。

5.4.2 崩塌和坍塌

路基岩土体受流水冲刷,使坡角水土流失,边坡上部土体失去支撑,易发生崩塌。如图 2-5-14 所示。

图 2-5-13 路基整体滑移示意图　　　　图 2-5-14 崩塌示意图

大多数库岸路基紧靠河床的路基外边坡实际上就是河岸,极易受到河水水流的冲刷,尤其是当线路位于凹岸时更是如此。随着河水水流的冲刷,路基内岩屑、细小颗粒及路基防护结构底部的河床物质被水流淘空带走,造成路基变形或防护结构破坏后水流直接冲刷未受保护的路基,进而引起路基坍塌破坏,这在土质路基中最常见,如图 2-5-15 所示。

随着河水周期性变化,河岸岩土体在水的浸泡和波浪的磨蚀作用下,岩土体强度降低,软化、崩解等现象发生,路基河岸岩土体开始坍塌,因此发生河岸线也跟着逐渐后移的现象,在对三峡库区库岸研究的众多文献资料中,称为塌岸。对库岸路基来讲,这种现象称为路基坍塌,如图 2-5-16 所示。由于塌岸而引起水库边线的后退,这种岸线的后退,使得公路建设必然受到危险,而且水流夹杂着土粒流走,存在着水土流失问题。因此,对河岸坍塌进行研究,应当做好必要的防冲刷防护措施。

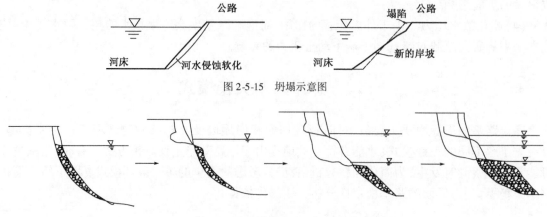

图 2-5-15 坍塌示意图

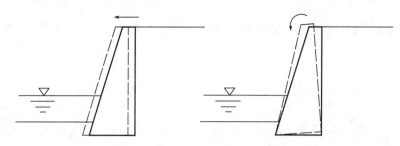

图 2-5-16 路基坍塌过程示意图

5.4.3 支挡结构物破坏

对设置了支挡结构物的库岸路基,其支挡结构物往往发生破坏。如不考虑墙体自身的破坏,重力式挡土墙可能存在挡土墙水平滑移、整体滑移、挡土墙倾覆、墙底地基土承载力不足、管涌和流沙六种破坏方式。如图 2-5-17 为挡土墙的滑移和倾覆破坏。因此,对此类库岸路基,应该对挡土墙进行局部稳定性验算。如果地基有软弱层,存在挡土墙地基整体失稳的可能性,此时需要进行地基整体稳定性分析。

图 2-5-17 挡土墙水平滑移与倾覆破坏

6 库岸的渗流及浸润线的确定

水可以在重力作用下穿过土的孔隙发生运动,水在压力坡降作用下穿过土中连通孔隙发生流动的现象,称为水的渗流。土体被水透过的性能,称为土的渗透性。本章将研究岩土的渗流性质。

库水升降情况下库岸中浸润线的计算问题是研究库水作用下库岸路基稳定分析的基本条件。对于库水影响的库岸来说,库水渗入库岸后,在库岸中就会生成一个自由水面,自由水面上部属非饱和区域,与空气相连,在自由水面下部属饱和区。通常将这个自由水面称为浸润面,在剖面图中称为浸润线。当库水及外部补给水量恒定时,就会形成稳定渗流,此时浸润线不随时间变化。当库水升降或降雨等引起水头或补给量变化时,形成不稳定渗流的情况,浸润线会随时间发生变化。从严格意义上来讲,自然界的渗流都属于不稳定渗流,绝对的稳定渗流是不存在的。但为了方便分析问题,通常将随时间因素变化不大的问题简化为稳定渗流问题。研究渗流的问题是为了确定土体内部的孔隙水压力,若能够得到土体中每点孔隙水压力,我们就不用求浸润线了。目前,求解土体中孔隙水压力的方法是有限元法,但采用有限元法求解比较复杂,不便于工程应用。为了方便分析,工程人员通常用浸润线来确定土体中的孔隙水压力,因此确定浸润线的目的也是为了确定土体中的孔隙水压力。

对于浸润线的研究,在堤坝方面研究得比较多,因为浸润线一般都比较平缓,斜率很小,通常把堤坝简化为一维问题,然后利用包辛涅斯克微分方程求解堤坝中的浸润线。有的将浸润线假定为一条抛物线,然后确定堤坝中心处的下降高度和出水点高度,由此确定浸润线。这些得到的公式使用于堤坝这种特定的结构形式及边界条件,对于库岸这些公式就不能使用了,但其解决问题的方法可以借鉴用于解决库岸问题。

库水的下降属不稳定渗流问题,与库水的下降速度、滑体的渗透系数等因素有关,正确的方法是考虑这些因素来确定浸润线,然后依据浸润线来确定渗透力来进行库岸稳定性分析。然而目前的大多数勘察单位在浸润线的确定上往往根据设计人员的经验,人为确定一条线来进行稳定性分析,这样可能造成治理工程的不安全,尤其是三峡大坝的修建上马,库岸的稳定问题成为亟待解决的问题。产生这一问题的原因是目前对库水位下降情况下的滑坡稳定性研究不多,没有简化的适合工程应用的算法。本章将用包辛涅斯克(Boussinesq)非稳定渗流基本微分方程和边界条件,求解水库水位下降情况下浸润线的计算公式,并用多项式拟合的方法得到便于工程使用的简化公式。

6.1 岩土体渗流性质

水或其他流体在岩土等孔隙或裂隙介质中的流动,可以统称为渗流,其流动性质则决定于作为渗流骨架的岩土性质与其中流体的性质。由于这些性质,特别是介质的孔隙大小形状及其分布异常复杂,就很难用孔隙形式表征其渗透性,也不易像地表水那样寻求水流质点的真实流速,所以常用平均概念和综合性的参数代表其渗流性质。

6.1.1 土的渗流性质

土的有关性质,如黏性土、砂性土、砾石、碎石土等各种土类,由于生成物质的多样性,沉积条件与生成过程的多变性,往往是不均匀的。但由于水或风的搬运,多为松散的粒状堆积,因而属于互相连通的多孔介质,所以在渗流问题中经常引用颗粒分布曲线、孔隙率、重度等这些基本概念来描述土的组成和结构。

孔隙率与渗流有关,孔隙通道的大小更为直接地影响透水性,并对研究管涌起决定性作用。对球体直径为 d 的立方体排列,其最小孔隙通道直径为 $d_0 = 0.414d$;菱形排列时为 $d_0 = 0.155d$。对不均匀的土,若用有效直径 d_e 表示时,根据皮契肯分析,其最小孔隙直径为

$$d_0 = \frac{0.44n}{1-n} d n \tag{2-6-1}$$

因为充填孔隙中的水,除能自由流动的重力水外,还有受分子力作用的吸着水和薄膜水(或称强的和弱的结合水)以及毛管水等各种形态的水,而且有水气和气泡的存在,所以真正作为水流动的孔隙必然减小。把这种能供给水流动的孔隙称为有效孔隙,它不仅与土粒和其间的孔隙大小有关,也受水头压力大小的影响。若以公式表示有效孔隙率 n_e 的概念,则为渗流有效孔隙体积与土体积之比:

$$n_e = \frac{V_{oe}}{V} \tag{2-6-2}$$

有效孔隙率影响土的渗透性,其值见表 2-6-1。

各种土的孔隙率及渗透系数 表 2-6-1

土　类	孔 隙 率 n	有效孔隙率 n_e	渗透系数 $k(\text{cm/s})$
砂质砾	0.25~0.35	0.2~0.25	$3 \times 10^{-1} \sim 5 \times 10^{-2}$
砾质砂	0.28~0.35	0.15~0.20	$1 \times 10^{-1} \sim 2 \times 10^{-2}$
中砂	0.30~0.38	0.10~0.15	$4 \times 10^{-2} \sim 1 \times 10^{-2}$
粉砂	0.33~0.40	0.08~0.12	$2 \times 10^{-2} \sim 1 \times 10^{-3}$
砂壤土	0.35~0.45	0.05~0.10	$5 \times 10^{-3} \sim 1 \times 10^{-4}$
黏壤土	0.40~0.55	0.03~0.08	$5 \times 10^{-4} \sim 1 \times 10^{-6}$
粉质黏土	0.45~0.65	0.02~0.05	$\approx 10^{-6}$

式(2-6-2)所表示的内部渗流有效孔隙,还没有测定方法,因而常用于在重力作用下自由排出水的体积 $V_{o\mu}$ 来近似代替它,排水有效孔隙率也称给水度或出水率,定义为

$$n_e = \frac{V_{oe}}{V} \tag{2-6-3}$$

对应于给水度的另一充水有效孔隙率称为饱和不足度,即充水使土饱和所需的水量与土体积的比值,该值虽不同于给水度,但为了计算方便,常认为彼此相等。它们在充水浸湿过程

中,有效孔隙率与原来土体中的含水率有一定关系,在土力学中以 ω 表示重量含水率,即土体中水重(γV_w)与干土重($\gamma_d V$)的比值,则此时的有效孔隙率 n_e 应为总孔隙率 n 减去含水率 ω 所占据的孔隙率 n_ω,就是最后剩余的气孔体积所占的比数,即:

$$n_e = n - n_\omega = n - \frac{\gamma_d}{\gamma}\omega \tag{2-6-4}$$

$$\omega = \frac{\gamma V_\omega}{\gamma_d V} \tag{2-6-5}$$

式中:γ_d——干土重度;

γ——水重度;

V_ω——含水率的体积;

V——土的总体积。

式(2-6-4)右边末项相当于体积含水率 n_ω,即含水率体积与土总体积比值。在渗流中常用体积含水率 n_ω(也经常用符号 c 或 θ 表示)代替重量含水率 ω。再设置一个参数为土体中水的体积与全部孔隙的比值,称为饱和度 S_ω,其间的关系为

$$S_\omega = \frac{n_\omega}{n} = \frac{\omega \gamma_d}{n \gamma} \tag{2-6-6}$$

饱和度与渗透性密切相关,因为气泡存在能使渗水的孔隙体积减小,并增加对渗透的阻力。

6.1.2 岩石的渗流性质

岩石和土的主要区别只是破碎程度的不同,甚至没有精确的界限。不过本书在这里要介绍的岩基属于裂隙介质,岩块本身透水性甚微,一般岩体的孔隙率 $n = 0.01 \sim 0.1$,渗透系数 $k < 10^{-7} \text{cm/s}$,较之缝隙透水性要小 $5 \sim 6$ 个数量级,因此可认为不透水,只是互相连通的缝隙发生渗流。当岩体有三组裂隙时,其总的孔隙率表示为

$$n = 1 - \prod_{i=1}^{3}\left(1 - \frac{b_i}{B_i}\right) \tag{2-6-7}$$

式中:b_i——裂隙宽度;

B_i——裂隙间距。

形成裂隙的原因主要是构造应力和受大气长期作用所致。垂直缝多是构造应力造成的,接近水平方向的层理缝是由沉积造成的。在不太深的表层,由于风化作用而使构造缝和层理缝张开,所以裂隙介质的岩石渗透性具有强烈的各向异性。图2-6-1所示为几种岩石的不同裂隙情况。有时还有断层存在,其透水性更强,情况极为复杂。这些裂缝的壁面同样都有吸着水的存在,当缝开口宽度小于 4×10^{-6} m 时,一般就不会有重力水或自由水流动。

有时固体介质本身有裂隙且是多孔的,即所谓双重介质。例如,在岩溶地区,由于溶洞的存在就属于多孔性的裂隙岩石,裂缝的黏土则属裂隙多孔介质等。

此外,对于介质在荷载或孔隙水压力改变情况下发生变形时,则应结合渗流场综合考虑,即所谓耦合问题。求解这些复杂的渗流问题,需要借助计算机进行数值计算。

最后指出,在孔隙或裂隙中水的流态决定于孔与缝和流速的大小,即雷诺数的大小。大多

数的工程渗流问题属于层流,极少数工程渗流问题接近于紊流。

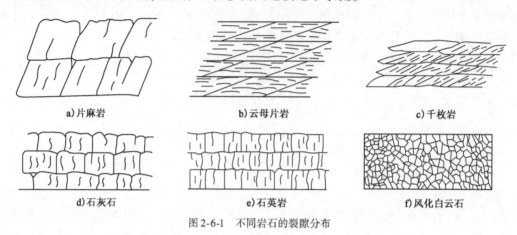

图 2-6-1 不同岩石的裂隙分布

6.2 土中的水及其流动

6.2.1 伯努里定理

所谓伯努里定理是指水的流动符合能量守恒原理,如果忽略不计摩擦系数等引起的能量损失,则伯努里定理可以用下式表示:

$$h = \frac{v^2}{2g} + z + \frac{u}{\gamma_w} \tag{2-6-8}$$

式中:h——总水头;

z——位置水头;

$\frac{v^2}{2g}$——速度水头(v 为流速,g 为重力加速度);

z——位置水头(从基准面到计算点的高度);

$\frac{u}{\gamma_w}$——压力水头(u 为水压,γ_w 为水的重度)。

速度水头位置水头及压力水头三者的和称为总水头,因为土中水的流速小,速度水头项可以忽略不计,此时,总水头为

$$h = z + \frac{u}{\gamma_w} \tag{2-6-9}$$

图 2-6-2 所示的点 1、2 处的管子叫作测压管,从测压管的底部到水头的高度是压力水头,从基准面(可以适当地确定)到计算点的高度是位置水头。

压力水头可以用 u/γ_w 表示,所以如果要求土中的水压力(空隙水压)u,可以设置测压管,根据测压管中的水位可知压力水头,压力水头乘以水的重度 γ_w 即可得到水压力。在图 2-6-2 中,h_1 为测压点 1

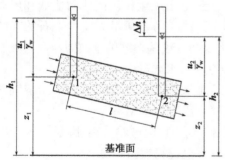

图 2-6-2 土中的水头和水的流动

的位置水头，h_2 为测压点 2 的位置水头，$h_2 = h_1 + \Delta h$，所以：

$$-\Delta h = h_1 - h_2 = \left(z_1 + \frac{u_1}{\gamma_w}\right) - \left(z_2 + \frac{u_2}{\gamma_w}\right) \tag{2-6-10}$$

式(2-6-10)中的 $-\Delta h(\geqslant 0)$ 称为水头损失，是土中的水从点 1 流向点 2 的结果，也是由于水与土颗粒之间的黏滞阻力产生的能量损失。

6.2.2 达西定律

在图 2-6-2 中，水头损失 $-\Delta h$ 除以沿水流方向的流线长 Δs，叫作水力坡度，用 i 表示：

$$i = -\frac{\Delta h}{\Delta s} \tag{2-6-11}$$

水力坡度的含义是：土中的水沿着流线方向每前进 Δs 的距离，就要有 $-\Delta h$ 的水头损失。达西通过试验发现，当水流是层流的时候，水力坡度 i 与土中水的流速 v 之间有一定的比例关系，这个比例系数用 K 表示，这个关系称为达西定律：

$$v = Ki = k\left(-\frac{\Delta h}{\Delta s}\right) \tag{2-6-12}$$

式中：K——渗透系数，表示土中水流过的难易程度，砂土的渗透系数大，黏土的渗透系数小。

在图 2-6-2 中，设与水的流动方向（流线）垂直的试料的断面积为 A，则单位时间的透水量表示为

$$Q = vA = kiA \tag{2-6-13}$$

水是在土的孔隙中流动的，孔隙的面积是 nA（n 为孔隙率），实际上，有效的透水孔隙断面积比它还要小，难以确定。因此，在透水计算中取土的全面积 A，孔隙断面积的影响已包含在渗透系数 K 中。渗透系数可采用室内常水头试验或变水头试验来确定。采用在实验室测渗透系数的方法，由于取的土样很难和现场状态一致，或者由少量的试样很难代表现场复杂的地基状态，有时得不到可以信赖的结果，在这种情况下，有必要做现场抽水试验。

6.2.3 给水度

给水度是一个常用的十分重要的水文地质参数，无论在地下水非稳定流计算中还是在资源评价中，都几乎离不开它。给水度的大小应当通过实际测试的办法加以确定，是指在单位饱和岩土体积中由于重力作用所能释放出的水量份额。给水度也可定义为：在某个饱和岩土体积中，依靠重力所能释放的重力水的体积与该岩土体积之比。

在岩土中，孔隙未必全部充水，也并非全部的孔隙都能让水通过，能够通水的只是那些连通的孔隙，这种孔隙在水文地质学中称为有效孔隙，它只占全部孔隙的一部分。也就是说，在水文地质学或地下水动力学中的"有效孔隙率"是指能够充水并能让这些水在重力作用下获得释放的孔隙体积与包含这些孔隙的岩土体积之比。因此给水度有时也被称为非饱和度，它的大小直接受制于岩土的物理性质，且与岩土的有效孔隙率在数值上相当，只是后者常用百分数表示。

毛昶熙根据国内外砂砾土和黏性土的试验资料，分析求得给水度的经验公式：

$$\mu = 1.137 n (0.0001175)^{0.067(6+\lg k)} \tag{2-6-14}$$

式中：n——孔隙率；
　　　k——渗透系数(cm/s)。

别申斯基根据砂砾石土料的试验资料分析得出简化的经验公式：

$$\mu = 0.117\sqrt[7]{k} \qquad (2\text{-}6\text{-}15)$$

式中：k——渗透系数(m/d)。

式(2-6-14)、式(2-6-15)用于砂砾土时计算结果很接近，但式(2-6-15)用于黏土时比式(2-6-14)大很多(1个数量级)。目前对于黏性土的给水度研究尚不完善。有些野外试验数据，由于土体裂隙的不均匀性，常大于室内试验值。

6.2.4　潜水非稳定渗流基本方程的建立

在潜水含水层中，当水位发生变化，如水位下降时，含水层中的储存水量以重力疏干形式释放。重力疏干仅发生在潜水位的变动带中。释放水量的多寡仅与水位变动带的范围(体积)及此带岩层的给水度有关。

假定水流为二维流且服从达西定律；含水层为非均质、各向异性；垂直补给强度(W)为定值，不随时间和坐标位置而改变；水头变化引起含水层中储存水量的变化瞬时完成；给水度为定值，并假定水和土骨架是不可压缩的。

为了建立上述条件下潜水非稳定运动的基本微分方程，我们来研究底面积为 $dxdy$，高为含水层厚度 H 的均衡单元(图2-6-3)中，在 dt 均衡时段内的水均衡。

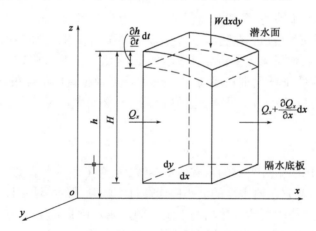

图2-6-3　潜水流的计算单元

(1)流入水量由以下三部分组成：
①沿 ox 轴方向进入单元体的侧向水量为 $Q_x dt$。
②沿 oy 轴方向进入单元体的侧向水量为 $Q_y dt$。
③沿 oz 轴方向垂直进入单元体的补给量。
(2)流出单元体的水量也由三部分组成：
①沿 ox 轴方向流出单元体的侧向水量为 $[Q_x + \partial Q_x/\partial x dx]dt$。
②沿 oy 轴方向进入单元体的侧向水量为 $[Q_y + \partial Q_y/\partial y dy]dt$。

③沿 oz 轴方向垂直流出单元体的排泄量。

沿 oz 轴进入单元体的补给量与排出量的代数和等于 $W\mathrm{d}x\mathrm{d}y\mathrm{d}t$。

由于认为水是不可压缩的流体,小土体内的水量增加必然会引起潜水面的上升,水量减少则会引起潜水面的下降。设潜水面变化的速率为 $\partial h/\partial t$,在 $\mathrm{d}t$ 时间内潜水面的升高(或降低)为 $\partial h/\partial t\mathrm{d}t$。潜水面的变化而引起的小土体内水体积的增量为 $\mu\partial h/\partial t\mathrm{d}x\mathrm{d}y\mathrm{d}t$。根据质量守恒定律,流入与流出水量的差值应等于单元体中水体积的变化值,则得:

$$-\left(\frac{\partial Q_x}{\partial x}\mathrm{d}x+\frac{\partial Q_y}{\partial y}\right)\mathrm{d}y+W\mathrm{d}x\mathrm{d}y\mathrm{d}t=\mu\frac{\partial h}{\partial t}\mathrm{d}t\mathrm{d}x\mathrm{d}y \tag{2-6-16}$$

根据裘布依基本微分方程,当坐标轴 ox、oy 的方向与含水层各向异性的主方向一致时(相应的主渗透系数为 k_x、k_y),有:

$$Q_x=-k_x i_x A_x=-k_x\frac{\partial h}{\partial x}H\mathrm{d}y$$

$$Q_y=-k_y i_y A_y=-k_y\frac{\partial h}{\partial y}H\mathrm{d}x$$

则

$$\left.\begin{array}{l}\dfrac{\partial Q_x}{\partial x}=-\dfrac{\partial}{\partial x}\left(k_x H\dfrac{\partial h}{\partial x}\right)\mathrm{d}y\\[2mm]\dfrac{\partial Q_y}{\partial y}=-\dfrac{\partial}{\partial y}\left(k_y H\dfrac{\partial h}{\partial y}\right)\mathrm{d}x\end{array}\right\} \tag{2-6-17}$$

将式(2-6-17)代入式(2-6-10),并用 $\mathrm{d}x\mathrm{d}y\mathrm{d}t$ 除以等式两侧,整理后得到如下的微分方程:

$$\frac{\partial}{\partial x}\left(k_x H\frac{\partial h}{\partial x}\right)+\frac{\partial}{\partial y}\left(k_y H\frac{\partial h}{\partial y}\right)+W=\mu\frac{\partial h}{\partial t} \tag{2-6-18}$$

式(2-6-18)即包辛涅斯克(Boussinesq)方程,它是研究潜水非稳定运动的基本微分方程。该方程是一个二阶的非线性偏微分方程,除了对某些个别情况找到了几个特解以外,这个方程现在还没有精确的解析解。为了解包辛涅斯克方程,通常采用近似方法把这个非线性方程转换为线性方程,然后求解,这种方法叫作线性化,这个方法将在下节中介绍。

若不考虑边界的补给量,并且用平均含水层厚度 h_m 代替 H,这样,式(2-6-18)可变为

$$\frac{\partial}{\partial x}\left(k_x\frac{\partial h}{\partial x}\right)+\frac{\partial}{\partial y}\left(k_y\frac{\partial h}{\partial y}\right)+\frac{W}{h_\mathrm{m}}=\frac{\mu}{h_\mathrm{m}}\frac{\partial h}{\partial t} \tag{2-6-19}$$

若为一维流,则式(2-6-11)又可写成:

$$\frac{\partial}{\partial x}\left(kH\frac{\partial h}{\partial x}\right)+W=\mu\frac{\partial h}{\partial t} \tag{2-6-20}$$

若无垂向补给,可令包辛涅斯克微分方程中的 $W=0$,可得相应条件下地下水运动的微分方程式。

对于稳定渗流问题,因为水头不随时间变化,即 $\partial h/\partial t=0$,将其代入上述相应条件下地下水运动的微分方程式。对于含水层均质、各向同性的一维流,其稳定渗流微分方程为

$$\frac{\partial}{\partial x}\left(kH\frac{\partial h}{\partial x}\right)+W=0 \tag{2-6-21}$$

6.3 库水位等速下降时坡体内浸润线的求解

库水位下降到某一水位的瞬间,坡体中的水不能马上排出,此时对坡体的稳定最不利。当水位下降到某一高度后水位保持不变时,随时间的增加坡体内的浸润线逐渐降低,渗透力(动水压力)减小,其稳定性是增加的。因此,库水位下降对稳定性的研究采用库水下降至某一高度时的瞬时稳定性。

6.3.1 基本假设

(1) 含水层均质、各向同性,侧向无限延伸,具有水平不透水层。
(2) 库水降落前,原始潜水面水平。
(3) 潜水流为一维流。
(4) 库水位以 V_0 的速度等速下降。
(5) 库岸按垂直考虑。库水降幅内的库岸与大地相比小得多,为了简化将其视为垂直库岸。

由于坡体中,浸润面比较平缓,为了简化问题,通常忽略垂直方向的渗流,即认为流速在高度方向上无变化。在此情况下可以把问题看待为一维渗流问题,并假定上部无流量补给($W=0$),这样式(2-6-20)可变为

$$\frac{\partial h}{\partial t} = \frac{k}{\mu}\frac{\partial}{\partial x}\left(H\frac{\partial h}{\partial x}\right) \tag{2-6-22}$$

这是一个二阶非线性偏微分方程,目前还没有求解析解的方法,通常采用简化方法,将其线性化。简化的方法是将括号中的 H 近似地看作常量,用时段始、末潜水流厚度的平均值 h_m 代替,这样就得到简化的一维非稳定渗流的运动方程:

$$\frac{\partial h}{\partial t} = a\frac{\partial^2 h}{\partial x^2}, a = \frac{kh_m}{\mu} \tag{2-6-23}$$

6.3.2 计算模型及边界条件

计算坐标如图 2-6-4 所示。初始时刻,即 $t=0$ 时,由假设条件(2)可知区内各点水位为 $h_0,0$。设距库岸 x 处在 t 时刻的地下水位变幅为

$$u(x,t) = h_{0,0} - h_{x,t} = \Delta h_{x,t} \tag{2-6-24}$$

该断面 $t=0$ 时的水位变幅:

$$u(x,0) = h_{0,0} - h_{x,0} = 0$$

库水位以速度 V_0 下降,发生侧渗后,在 $x=0$ 断面处有:

$$u(0,t) = h_{0,0} - h_{0,t} = V_0 t$$

在 $x=\infty$ 断面处,有 $u(\infty,t)=0$。

令

$$u(x,t) = h_{0,0} - h_{x,t}$$

由式(2-6-23)可以把上述水位下降的半无限含水层中地下水非稳定运动归结为下列数学模型：

$$\frac{\partial u}{\partial t} = a\frac{\partial^2 u}{\partial x^2}, 0<x<\infty, t>0 \tag{2-6-25}$$

$$u(x,0)=0, 0<x<\infty \tag{2-6-26}$$

$$u(0,t)=V_0 t, t>0 \tag{2-6-27}$$

$$u(\infty,t)=0, t>0 \tag{2-6-28}$$

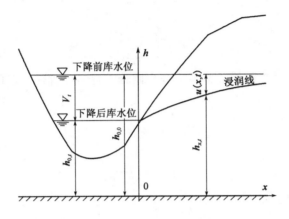

图 2-6-4　浸润线计算简图

$h_{x,t}$-距离库岸 x 处在 t 时刻的地下水位变幅；$u(x,t)$-距离库岸 x 处在 t 时刻的地下水位变幅；$h_{0,t}$-距离库岸处在 t 时刻的地下水位

6.3.3　微分方程的求解

将式(2-6-25)~式(2-6-28)表述的数学模型对变量 t 进行拉普拉斯(Laplace)积分变换。令：

$$\bar{u}=\int_0^\infty u\mathrm{e}^{-pt}\mathrm{d}t$$

(1)将式(2-6-25)两端同乘以 e^{-pt}，并在 $0\sim\infty$ 区间对 t 积分，则：

$$\int_0^\infty \frac{\partial u}{\partial t}\mathrm{e}^{-pt}\mathrm{d}t = a\int_0^\infty \frac{\partial^2 u}{\partial x^2}\mathrm{e}^{-pt}\mathrm{d}t \tag{2-6-29}$$

(2)对式(2-6-29)左端用分部积分法，并利用边界条件式(2-6-26)得：

$$\int_0^\infty \frac{\partial u}{\partial t}\mathrm{e}^{-pt}\mathrm{d}t = u\mathrm{e}^{-pt}\Big|_0^\infty + p\int_0^\infty u\mathrm{e}^{-pt}\mathrm{d}t = p\bar{u}$$

(3)对式(2-6-29)右端积分得：

$$a\int_0^\infty \frac{\partial^2 u}{\partial x^2}\mathrm{e}^{-pt}\mathrm{d}t = a\frac{\partial^2}{\partial x^2}\left(\int_0^\infty u\mathrm{e}^{-pt}\mathrm{d}t\right) = a\frac{\partial^2 \bar{u}(x,p)}{\partial x^2}$$

(4)对边界条件式(2-6-27)、式(2-6-28)也进行拉普拉斯(Laplace)积分变换：
当 $x=0$ 时，则：

$$\int_0^\infty u(x,t)\mathrm{e}^{-pt}\mathrm{d}t = \int_0^\infty (V_0 t)\mathrm{e}^{-pt}\mathrm{d}t = \frac{V_0}{p^2}$$

当 $x = \infty$ 时,则:

$$\int_0^\infty u(x,t)\mathrm{e}^{-pt}\mathrm{d}t = \int_0^\infty 0\mathrm{e}^{-pt}\mathrm{d}t = 0$$

于是式(2-6-25)~式(2-6-28)表述的数学模型简化为

$$\frac{\mathrm{d}^2 \bar{u}}{\mathrm{d}x} - \frac{p}{a}\bar{u} = 0 \tag{2-6-30}$$

$$\bar{u}(0,p) = V_0 t \tag{2-6-31}$$

$$\bar{u}(\infty,p) = 0 \tag{2-6-32}$$

方程(2-6-30)是一个二阶线性常系数齐次微分方程,它的特征方程为

$$\gamma^2 - \frac{p}{a} = 0$$

解得:

$$\gamma = \pm\sqrt{\frac{p}{a}}$$

方程(2-6-30)的通解为

$$\bar{u}(x,p) = c_1 \mathrm{e}^{\sqrt{\frac{p}{a}}x} + c_2 \mathrm{e}^{-\sqrt{\frac{p}{a}}x} \tag{2-6-33}$$

把边界条件式(2-6-31)、式(2-6-32)代入式(2-6-33),得:

$$c_1 = 0$$

$$c_2 = \frac{V_0}{p^2}$$

将其代入式(2-6-33)得:

$$\bar{u} = \frac{V_0}{p^2}\mathrm{e}^{-\sqrt{\frac{p}{a}}x} \tag{2-6-34}$$

最后对式(2-6-34)取拉普拉斯(Laplace)逆变换可得:

$$u = L^{-1}[\bar{u}] = V_0 t L^{-1}\left(\frac{1}{p^2}\mathrm{e}^{-\sqrt{\frac{p}{a}}x}\right) = V_0 t M(\lambda) \tag{2-6-35}$$

$$\lambda = \frac{x}{2\sqrt{at}} \tag{2-6-36}$$

$$M(\lambda) = L^{-1}\left(\frac{1}{p^2}\mathrm{e}^{-\sqrt{\frac{p}{a}}x}\right) = 4i^2\mathrm{erfc}(\lambda) = \frac{8}{\sqrt{\pi}}\int_\lambda^\infty\int_\lambda^\infty\int_\lambda^\infty \mathrm{e}^{-x^2}\mathrm{d}x\mathrm{d}\lambda\mathrm{d}\lambda \tag{2-6-37}$$

经积分得:

$$M(\lambda) = (1 + 2\lambda^2)\mathrm{erfc}(\lambda) - \frac{2}{\sqrt{\pi}}\lambda\mathrm{e}^{-\lambda^2} \tag{2-6-38}$$

其中: $\mathrm{erfc}(\lambda) = \frac{2}{\sqrt{\pi}}\int_\lambda^\infty \mathrm{e}^{-x^2}\mathrm{d}x$ 为余误差函数。

$$i^2\mathrm{erfc}(\lambda) = \frac{2}{\sqrt{\pi}}\int_\lambda^\infty\int_\lambda^\infty\int_\lambda^\infty e^{-x^2}\mathrm{d}x\mathrm{d}\lambda\mathrm{d}\lambda \tag{2-6-39}$$

将 $u(x,t)=V_0 tM(\lambda)$ 代入式(2-6-24)得：

$$h_{x,t} = h_{0,0} - V_0 tM(\lambda) \tag{2-6-40}$$

式(2-6-40)就是库水位等速下降时坡体浸润线的计算公式。$M(\lambda)$ 可按表 2-6-2 查得。从图 2-6-5 可以看出，$M(\lambda)$ 为减函数，当 $\lambda>2$ 时，$M(\lambda)$ 近似等于 0。

库水位等速下降对地下水的影响系数 $M(\lambda)$ 表 2-6-2

λ	$M(\lambda)$	λ	$M(\lambda)$	λ	$M(\lambda)$	λ	$M(\lambda)$
0.000	1.0000	0.160	0.6870	0.350	0.4230	0.660	0.1740
0.005	0.9890	0.165	0.6790	0.360	0.4120	0.670	0.1690
0.010	0.9870	0.170	0.6700	0.370	0.4010	0.680	0.1640
0.015	0.9670	0.175	0.6610	0.380	0.3910	0.690	0.1590
0.020	0.9560	0.180	0.6540	0.390	0.3800	0.700	0.1540
0.025	0.9460	0.185	0.6460	0.400	0.3700	0.710	0.1490
0.030	0.9340	0.190	0.6380	0.412	0.3600	0.720	0.1450
0.035	0.9230	0.195	0.6300	0.420	0.3500	0.730	0.1400
0.040	0.9130	0.200	0.6220	0.430	0.3410	0.740	0.1360
0.045	0.9020	0.205	0.6150	0.440	0.3310	0.750	0.1320
0.050	0.8920	0.210	0.6070	0.450	0.3220	0.760	0.1280
0.055	0.8820	0.215	0.6000	0.460	0.3130	0.770	0.1230
0.060	0.8720	0.220	0.5920	0.470	0.3050	0.780	0.1200
0.065	0.8620	0.225	0.5870	0.480	0.2960	0.790	0.1160
0.070	0.8520	0.230	0.5780	0.490	0.2880	0.800	0.1120
0.075	0.8420	0.235	0.5710	0.500	0.2800	0.820	0.1050
0.080	0.8320	0.240	0.5630	0.510	0.2720	0.840	0.0982
0.085	0.8220	0.250	0.5490	0.520	0.2640	0.860	0.0919
0.090	0.8130	0.255	0.5420	0.530	0.2560	0.880	0.0860
0.095	0.8030	0.260	0.5350	0.540	0.2490	0.900	0.0803
0.100	0.7930	0.265	0.5280	0.550	0.2420	0.920	0.0750
0.110	0.7750	0.270	0.5220	0.560	0.2350	0.940	0.0700
0.115	0.7660	0.275	0.5160	0.570	0.2290	0.960	0.0654
0.120	0.7570	0.280	0.5090	0.580	0.2220	0.980	0.0609
0.125	0.7470	0.285	0.5030	0.590	0.2150	1.000	0.0568
0.130	0.7390	0.290	0.4960	0.600	0.2090	1.020	0.0529
0.135	0.7300	0.300	0.4830	0.610	0.2030	1.040	0.0492
0.140	0.7210	0.310	0.4700	0.620	0.1970	1.060	0.0458
0.145	0.7120	0.320	0.4580	0.630	0.1910	1.080	0.0426
0.150	0.7040	0.330	0.4460	0.640	0.1850	1.100	0.0396
0.155	0.6950	0.340	0.4350	0.650	0.1800	1.120	0.0367

续上表

λ	$M(\lambda)$	λ	$M(\lambda)$	λ	$M(\lambda)$	λ	$M(\lambda)$
1.140	0.0341	1.360	0.0144	1.580	0.0057	1.800	0.0021
1.160	0.0316	1.380	0.0133	1.600	0.0052	1.840	0.0017
1.180	0.0293	1.400	0.0122	1.620	0.0047	1.880	0.0014
1.200	0.0272	1.420	0.0113	1.640	0.0043	1.920	0.0011
1.220	0.0252	1.440	0.0104	1.660	0.0039	1.960	0.0009
1.240	0.0233	1.460	0.0095	1.680	0.0036	2.000	0.0007
1.260	0.0215	1.480	0.0087	1.700	0.0033	2.100	0.0005
1.280	0.0199	1.500	0.0080	1.720	0.0030	2.200	0.0003
1.300	0.0184	1.520	0.0073	1.740	0.0027	2.300	0.0002
1.320	0.0170	1.540	0.0067	1.760	0.0025	2.400	0.0001
1.340	0.0156	1.560	0.0062	1.780	0.0023	∞	0.0000

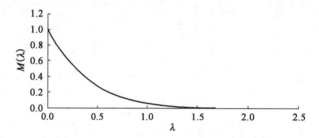

图 2-6-5 λ 与 $M(\lambda)$ 的关系曲线

将 $a = \dfrac{kh_m}{\mu}$ 代入 $\lambda = \dfrac{x}{2\sqrt{at}}$，得：

$$\lambda = \frac{x}{2\sqrt{at}} = \frac{x}{2}\sqrt{\frac{\mu}{kh_m t}} \tag{2-6-41}$$

从式(2-6-24)可以看出，直接计算 $M(\lambda)$ 很复杂，需要积分才能求得，不便于工程应用。为了得到便于工程应用的表达式，我们将由式(2-6-24)计算得到的表2-6-2进行多项式拟合，得到如下的拟合公式：

$$M(\lambda) = \begin{cases} 0.1091\lambda^4 - 0.7501\lambda^3 + 1.9283\lambda^2 - 2.2319\lambda + 1 & (0 \leqslant \lambda < 2) \\ 0 & (\lambda \geqslant 2) \end{cases} \tag{2-6-42}$$

这样即可得到库水位等速下降时浸润线的简化计算公式：

$$h_{x,t} = \begin{cases} h_{0,0} - V_0 t(0.1091\lambda^4 - 0.7501\lambda^3 + 1.9283\lambda^2 - 2.2319\lambda + 1) & (0 \leqslant \lambda < 2) \\ h_{0,0} & (\lambda \geqslant 2) \end{cases}$$

$$\tag{2-6-43}$$

$$\lambda = \frac{x}{2}\sqrt{\frac{\mu}{kh_m t}} \tag{2-6-44}$$

式中：k——渗透系数(m/d)；

h_m——潜水流的平均厚度(m),取 $h_m = (h_{0,0} + h_{0,t})/2$,其中:$h_{0,0}$ 为库水下降前的水位(m),$h_{0,t}$ 为 t 时刻库水的水位(m);

μ——给水度;

t——库水下降时间(d)。

从图 2-6-5 中可以看出,当 $\lambda = 2$ 时,$M(\lambda) \approx 0$,把这个位置定义为库水下降的影响范围,该范围可由式(2-6-44)得到:

$$x = 4\sqrt{\frac{kh_m t}{\mu}} \tag{2-6-45}$$

通过该式(2-6-45)不仅可以估计库水作用时的影响范围,还可以在有限元法分析中确定计算模型的尺寸。

6.3.4 计算公式的分析

为了便于分析,令库水的下降高度 $h_t = V_0 t$,那么库水的下降时间 $t = h_t/V_0$,将其分别代入式(2-6-40)、式(2-6-41),得:

$$h_{x,t} = h_{0,0} - h_t M(\lambda) \tag{2-6-46}$$

$$\lambda = \frac{x}{2}\sqrt{\frac{\mu V_0}{kh_m h_t}} \tag{2-6-47}$$

从式(2-6-47)中可看出,影响浸润线的因素有渗透系数 k、给水度 μ、库水下降速度 V_0、含水层厚度 h_m 及下降高度 h_t。从图 2-6-5 可以看出,$M(\lambda)$ 为减函数,随 λ 值的增大,$M(\lambda)$ 的值减小。也就是说,λ 值越大,坡体中自由水面下降的速度越慢;反之,λ 值越小,坡体中自由水面下降的速度越快。

当 $\lambda = 0$ 时,$M(\lambda) = 1$,坡体中的自由水面与库水位同步下降。

当 $\lambda = \infty$ 时,$M(\lambda) = 0$,坡体中的自由水面在库水位下降过程中不变动。从表 2-6-2 和图 2-6-5 中可以看出,当 $\lambda > 2$ 时,$M(\lambda)$ 已接近于 0。

众所周知,当坡体中的水位越高时,对坡体的稳定性越不利。根据这个常识来分析各因素对稳定性的影响。

从前述分析中可知,λ 值越小,坡体中自由水面下降的速度越快,即坡体中的水位降低得快,对坡体稳定有利;反之,λ 值越大,对坡体稳定性越不利。

7　库水位作用下路基稳定性分析

库岸路基的渗流破坏形式有两种：一种是因集中渗流和大的出渗坡降使地基或坡面发生管涌或流土的局部渗流冲刷或渗透变形，另一种则是因渗流场普遍存在的孔隙水压力所造成的整个路基的滑坡，因而渗流破坏土体稳定性问题也就可以区分为局部稳定性问题和整体稳定性问题，路基只有满足这两种稳定性的要求才算是渗流稳定的。大量的工程实例表明，水库的蓄水以及库水位周期性的升降变化会引起库岸路基失稳，形成崩塌和滑坡，给库岸公路的正常运营带来安全隐患和经济损失。岸坡岩土体的变形破坏实质上是由岩土成分、结构及环境三要素共同控制下的变形破坏过程。

本章拟从水库水位变化后导致路基内渗流场的变化规律着手，对库岸路基在水库蓄水后的稳定性问题进行研究。

尽管水对库岸路基稳定性的影响包括物理化学作用和力学作用两个方面，但是由于水对路基的物理化学作用与土的具体类型等有很大关系而难以确定，因此本章重点对其力学作用进行讨论。水对路基的力学作用主要体现在动、静水压力的作用上，而在路基极限平衡分析中，这主要是通过确定路基中的地下水线(浸润线)来考虑的，所以本章在采用 CEO-SLOPE 软件的 SEEP/W 模块对水库水位升降条件下不同时刻路基内地下水位线的位置进行模拟的基础上，对水库水位上升条件下不同时刻的渗流参数进行计算，探讨渗流速度、水力梯度、压力和水头的分布规律。

SEEP/W 模块能够模拟多孔介质(如土体和岩石)中地下水的运动和孔隙水压力分布，该模块包括广泛的计算公式，使它能够从简单的、饱和稳态问题到复杂的、饱和—不饱和非稳态问题进行分析。通过渗流有限元法计算，可以分析路基在不均匀饱和条件、非饱和条件下的孔隙水压力，也可以对路基稳定时的瞬态孔隙水压力进行分析。因此，该软件已经在岩土工程、土木工程、水文地质工程及采矿工程的分析和设计中得到比较广泛的应用。

7.1　库水位作用与路基稳定性

在库水位的作用下，路基滑动的一般稳定性或整体稳定性与集中渗流冲刷破坏的局部稳定性，是渗流破坏和控制的两大问题，同样都需要利用流网确定所研究部位的渗流水压力。这种土粒孔隙间的渗流水压力在分析坝坡稳定中常被称为孔隙水压力，即某点的测压管升高所代表的静水压力和超静水压力。外荷载或自重增加使饱和土体压缩固结过程中所产生的非稳定的孔隙水流动，则是土体变形中的非稳定渗流情况。

在一般的圆柱面滑动稳定性计算时，沿圆弧滑动面的孔隙水压力虽然都通过滑动圆心而不产生力矩，但能减少有效应力或沿滑动面的摩擦力并沿渗流方向产生渗透力以促使滑动，因而对稳定有很大的影响，设计时必须妥善考虑。

路基的稳定性分析，在实际应用中是基于极限平衡概念，首先假设一个破坏面，在破坏面上的极限平衡状态是其抗剪强度 s 与导致的剪应力 τ 相等，并定义 s 与实际产生 τ 的比值（抗滑力与滑动力的比值）为安全系数，如下：

$$\eta = \frac{s}{\tau} \tag{2-7-1}$$

式（2-7-1）既适用于沿整个滑动面，也适用于任何一个单元体，因此应用此安全系数可分析各种破坏面，包括圆弧滑动和非圆弧滑动的安全系数，从而为常用条分法分析和有限元分析法提供了有利条件。

在考虑孔隙压力的情况下，沿滑动破坏面的抗剪强度为

$$s = (\sigma - u)\tan\varphi' + c' \tag{2-7-2}$$

式中：σ——总的法向应力；

u——孔隙压力，饱和渗流时是孔隙水压力 p；

$\sigma - u$——滑动面上的有效法向应力（土粒间压力）；

φ'——土的内摩擦角，可由一系列的剪切力试验确定；

c'——土的黏聚力，可由圆柱压力试验确定。

路基稳定性分析方法大致可分为滑动面法和单位应力法两类。滑动面法较为常用，它又可分为以毕肖普为代表的将滑动体分为垂直条块的方法与以伏罗里希为代表的将滑动体作为一个整体看待的方法两种；而前者由于可近似地应用于非均质土的计算，故在实际中经常采用。单位应力法为应用弹塑性理论估算各点的应力分布，然后以面积内的单位剪应力与其剪应力强度相比较确定某处是否安全，现在此法也渐被引用。另外，结合目前盛行的有限元法计算，还可采用划分三角形单元来代换条分，使其更好地适应各种复杂土层分区的路基断面。

7.2 渗流作用力的两种表示方法

在库水位升降过程中，将在路基岩土体内产生渗流，渗流作用力的计算是评价渗流作用下路基稳定的关键因素，因此需要合理地考虑土与水的相互效应和渗流作用，其计算得正确与否会直接影响评价结果。若要计算渗流作用力，首先应该确定浸润线，然后依据浸润线来确定渗透压力，并进行稳定性分析。很多学者对浸润线计算公式已经进行了研究。其中用得最多的一个方法是：用包辛涅斯克非稳定渗流基本微分方程和边界条件，得到库水位下降或上升情况下浸润线的计算公式，并用多项式拟合的方法得到便于工程使用的简化公式。

目前在对渗流作用力概念上的考虑有些混淆，往往在考虑了周边静水压力的同时，又把渗透力作为单独的力考虑进去，导致水压力的重复考虑。为了澄清这些模糊认识，不少学者从作用在土条边界上水压力的分析入手，研究了渗透力的计算方法。

在计算中，渗流效应通常采用下列两种方式考虑：一是土与水合算法（面力法），将土与水混合体作为研究对象，此时土与水之间的作用力成为内力，由作用于土体周围的孔隙水压力考虑渗流的作用；二是土与水分算法（体力法），将土骨架作为研究对象，而将由浮力和渗透力所构成的渗流作用力作为外荷载考虑。目前对这两种计算方式的等效性已经达成共识。

下面对渗流作用力的两种表达方式的等效性进行证明：

图 2-7-1a)表示土体中某一点的状态,渗流方向与水平向呈 β 角。以该点为中心取正方形单元体 ABCD,并令单元体的一组边线平行于渗流方向,另一组边线自然就垂直于渗流方向。单元体的边长为 b,垂直于纸面方向的厚度为一个单位。从流网的知识可知,这个单元体其实就是流网的组成部分。

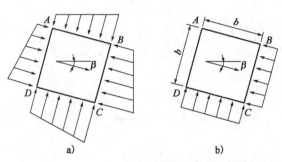

图 2-7-1　渗流引起的孔隙水压力的变化

1)边界水压力的计算

设边 AD 与边 BC 之间的水头损失为 Δh,并设 A 点的孔隙水压力为 u_a,这样,由于边 AD 垂直于渗流方向,A 点与 D 点孔压的差别仅仅由这两个点的高程水头之差造成,而与渗流无关,并且 A、D 两点的总水头是相等的;但 A 点与 B 点或 C 点之间差别的情况就不相同,它们之间的差别既来源于高程的不同,也受渗流影响。B、C 与 D 点的孔压表达如下：

$$\begin{cases} u_B = u_A + \gamma_w(b\sin\beta - \Delta h) \\ u_C = u_A + \gamma_w(b\sin\beta + b\cos\beta - \Delta h) \\ u_D = u_A + \gamma_w b\cos\beta \end{cases} \quad (2\text{-}7\text{-}3)$$

这样很容易地看出各点之间孔隙水压力的差别：

$$\begin{cases} u_B - u_A = u_C - u_D = \gamma_w(b\sin\beta - \Delta h) \\ u_D - u_A = u_C - u_B = \gamma_w b\cos\beta \end{cases} \quad (2\text{-}7\text{-}4)$$

这个结果表示在图 2-7-1b)中分别给出了平行和垂直于渗流方向上单元体周边的净压力分布情况。可以看出,由于孔隙水压力的作用,在边 BC 的边界水压力为

$$\gamma_w(b\sin\beta - \Delta h)b = \gamma_w b^2 \sin\beta - \Delta h \gamma_w b \quad (2\text{-}7\text{-}5)$$

作用在边 CD 的边界水压力为

$$\gamma_w b^2 \cos\beta \quad (2\text{-}7\text{-}6)$$

在边界水压力搞清楚的前提下,有条件地引入渗透力的概念。

2)渗透力的计算

如果在以上分析的单元体中,没有渗流存在,也就是说,在静水压力条件下,Δh 的值等于 0,则作用在 BC 和 CD 边界上的力分别为 $\gamma_w b^2 \sin\beta$ 和 $\gamma_w b^2 \cos\beta$,它们的合力为 $\gamma_w b^2$,作用在竖直方向上。可以看出,两个力中其余的一项 $\Delta h \gamma_w b$ 完全是由渗流作用产生的,称为渗透力 D,作用在渗流的方向上,在本例中垂直于 BC 边。

已知单元体范围内的平均水力坡度为

$$i = \frac{\Delta h}{b} \quad (2\text{-}7\text{-}7)$$

所以
$$D = \Delta h \gamma_w b = \frac{\Delta h}{b} \gamma_w b^2 = i \gamma_w b^2$$

或
$$D = i \gamma_w V \tag{2-7-8}$$

式中：V——土单元体的体积。

由于渗流压力 J 的定义是单元体积上的平均渗透力，则
$$J = i \gamma_w \tag{2-7-9}$$

由上述分析可以看出，渗透力 D 与渗流压力 J 仅与水力梯度有关。

3）单元体合力计算

上述作用在单元体 $ABCD$ 上的体积力，无论是重力还是渗流产生的力，都一起画在图 2-7-2 中。

(1) 在静水条件下，没有渗流存在：

单元体的总重力 $= \gamma_{sat} b^2 =$ 矢量 ab

CD 边的边界水压力 $= \gamma_w b^2 \cos\beta =$ 矢量 bd

BC 边的边界水压力 $= \gamma_w b^2 \sin\beta =$ 矢量 dc

边界水压力的合力 $= \gamma_w b^2 =$ 矢量 bc

单元体上体积力的合力 $= \gamma' b^2 =$ 矢量 ac

(2) 在渗流条件下：

单元体的总重力 $= \gamma_{sat} b^2 =$ 矢量 ab

CD 边的边界水压力 $= \gamma_w b^2 \cos\beta =$ 矢量 bd

因为 CD 边与渗流方向一致，边界水压力与静水压力条件下是一样的。

BC 边的边界水压力 $= \gamma_w b^2 \sin\beta - \Delta h \gamma_w b =$ 矢量 de

边界水压力的合力 $=$ 矢量 be

单元体上体积力的合力 $=$ 矢量 ae

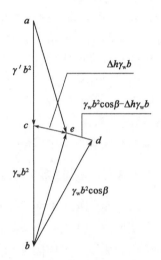

图 2-7-2 单元体力多边形

从力多边形的分析来看，渗流作用不仅改变了单元体积力合力的大小，而且改变了它的方向。可以看出，单元体的体积力的合力可以用以下两种形式的任何一种来表达：

第一种：单元体积力的合力（矢量 ae）= 总饱和重（矢量 ab）+ 边界水压力的合力（矢量 be）；

第二种：单元体积力的合力（矢量 ae）= 单元体的有效重（矢量 ac）+ 渗流力（矢量 ce）。

由上述两种相互等价方法，确定用于稳定性分析的渗流作用力：

(1) 由结点水头计算作用在各个单元边界上的孔隙水压力分布，进而计算各个单元边界上的总水压力，并考虑饱和状态下土的重力，对土与水混合体进行力系平衡分析；

(2) 由单元结点水头计算单元的等价渗透力，并采用浮重度考虑土的有效重力，对土骨架进行力系平衡分析。

两种方法的等效性已经被诸多学者研究并达成共识，但是关于两种方法中哪种更简单方便，不同学者持有不同看法。

目前对于用周边水压力代替渗流力的方法应用较广泛，习惯上易于接受。毛昶熙等认为以骨架为研究对象，结合有限元渗流计算所得的渗透力进行边坡稳定分析，为合理简便，并将

有限元渗流计算与刚体极限平衡法结合,提出边坡稳定计算方法;黄春娥等将有限元渗流分析所得到的中一元渗透力与极限平衡条分法相结合,计算边坡的安全系数。

7.3 路基稳定性的极限平衡法分析

在实际的工程应用中,传统的极限平衡法仍是边坡稳定分析的首选方法。因此本研究认为可采用传统的极限平衡条分法对库岸路基进行稳定性分析。

瑞典圆弧法(又称为瑞典条分法)仅仅满足力矩平衡条件;不考虑条块间作用力或认为条块间作用力与条底滑面平行,条底反力由条块垂直方向平衡确定,可通过建立整体力矩平衡方程,求出未知稳定系数,由这种方法计算出的稳定系数精度较差且偏低,其优点是计算简单。

简化 Bishop 法,考虑了条块间水平作用力,忽略了条块间剪力差,可通过建立整体力矩平衡方程,求出稳定系数。简化 Bishop 法被认为是最标准的圆弧计算方法,求解精度相对较高,所得结果与采用严格条分法 Spence 法计算出的稳定系数相差很小,且计算方法相对简单,在工程中有很大的实用性,已被纳入各国规范。

由于 Bishop 法计入了土条间的作用力的影响,多数情况下求得的结果较瑞典条分法大,一般来说,瑞典条分法简单,偏于安全。Bishop 法接近实际,可节省工程造价。由于计算不复杂,精度较高,所以是目前工程中很常用的一种方法。两种方法的设计计算在国内外都积累了大量的经验。本书中将应用这两种方法计算渗流作用力下的库岸路基稳定性。

7.3.1 瑞典条分法

1)土条边界上静水压力的计算

从坡体中取出一个土条(图 2-7-3)。其中,W_1 为土条中浸润线以上土体的重力,W_2 为土条中浸润线以下土体的饱和重力,W_2' 为土条中浸润线以下土体的浮重,W_{2w} 为土条中浸润线以下水的重力,P_a 为 AB 边静水压力的合力,P_b 为 CD 边静水压力的合力,U 为 BC 边静水压力的合力,N 为土颗粒之间的接触压力(有效压力),α 为土条底面与水平方向的夹角,β 为土条中浸润线与水平向的夹角。

为了确定边 AB、CD 和 BC 上的静水压力 P_a、P_b 和 U,可根据流线与等势线垂直的流网性质来确定周边静水压力。如图 2-7-4 所示,作 BE 和 CG 垂直于浸润线(流线),再作 $GH \perp CD$、$EF \perp AB$,这样可得到 B 点的水头 BF,C 点的水头 CH,由几何关系可以得到

$$\overline{BF} = h_a \cos^2\beta$$

$$\overline{CH} = h_b \cos^2\beta$$

这样边界 AB 和 CD 上的静水压力的合力为

$$P_a = \frac{1}{2}\gamma_w h_a^2 \cos^2\beta$$

$$P_b = \frac{1}{2}\gamma_w h_b^2 \cos^2\beta$$

在滑面 BC 上的静水压力的合力为

$$U = \frac{\gamma_w(h_a + h_b)L}{2}\cos^2\beta$$

该力在竖向和水平方向的分量分别为

$$U_y = \frac{\gamma_w (h_a + h_b) L}{2} \cos\alpha \cos^2\beta$$

$$U_x = \frac{\gamma_w (h_a + h_b) L}{2} \sin\alpha \cos^2\beta$$

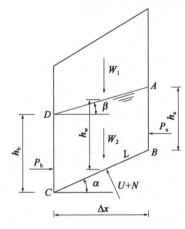

图 2-7-3　土条计算简图　　　　图 2-7-4　水头计算简图

土条中水的重量：

$$W_{2w} = \frac{\gamma_w (h_a + h_b) L}{2} \cos\alpha$$

令 $h_w = \dfrac{h_a + h_b}{2}$，则

$$W_{2w} = \gamma_w h_w L \cos\alpha \tag{2-7-10}$$

$$P_a - P_b = \gamma_w h_w (h_a - h_b) \cos^2\beta \tag{2-7-11}$$

$$U_x = \gamma_w h_w L \sin\alpha \cos^2\beta \tag{2-7-12}$$

$$U_y = \gamma_w h_w L \cos\alpha \cos^2\beta \tag{2-7-13}$$

为了分析方便，在以下的分析中将 U 用 U_x、U_y 代替。

2) 用周边水压力推导瑞典条分法计算公式

瑞典条分法是最简单的一种方法，该法不考虑条间的作用力，本章以此为例推导坡体中具有地下水时的计算公式，该法对于其他条分法都适用。由图 2-7-3 的静力平衡得

$$N = (W_1 + W_2 - U_y) \cos\alpha - (P_a - P_b + U_x) \sin\alpha$$

滑面 BC 上的下滑力 T：

$$T = (W_1 + W_2 - U_y) \sin\alpha + (P_a - P_b + U_x) \cos\alpha$$

滑面 BC 上的抗滑力 R：

$$R = \left[(W_1 + W_2 - U_y) \cos\alpha - (P_a - P_b + U_x) \sin\alpha \right] \tan\varphi + cl$$

滑体的安全系数可表示为

$$F_s = \frac{\sum \left\{ \left[(W_1 + W_2 - U_y) \cos\alpha - (P_a - P_b + U_x) \sin\alpha \right] \tan\varphi + cl \right\}}{\sum \left[(W_1 + W_2 - U_y) \sin\alpha + (P_a - P_b + U_x) \cos\alpha \right]} \tag{2-7-14}$$

工程中为了简化,通常令 $\beta = \alpha$,由此可得:
$$P_a = P_b$$
$$U_y \sin\alpha = U_x \cos\alpha$$
$$U_y \cos\alpha + U_x \sin\alpha = U$$

将这些等式代入式(2-7-14),得:
$$F_s = \frac{\sum\{[(W_1 + W_2)\cos\alpha - U]\tan\varphi + cl\}}{\sum[(W_1 + W_2)\sin\alpha]} \tag{2-7-15}$$

当土条处在库水位以下时,此时 $\beta = 0$,可得:
$$P_a - P_b + U_x = 0$$
$$U_y = W_{2w}$$

将这些等式代入式(2-7-14),得
$$F_s = \frac{\sum\{[(W_1 + W_2 - W_{2w})\cos\alpha]\tan\varphi + cl\}}{\sum[(W_1 + W_2 - W_{2w})\sin\alpha]} \tag{2-7-16}$$

因为浸润线以下土的浮重 $W_2' = W_2 - W_{2w}$,所以式(2-7-16)又可表示为:
$$F_s = \frac{\sum\{[(W_1 + W_2')\cos\alpha]\tan\varphi + cl\}}{\sum[(W_1 + W_2')\sin\alpha]} \tag{2-7-17}$$

3)用渗透压力推导瑞典条分法计算公式

图 2-7-5 所示为土条计算简图,渗透压力为
$$D = \gamma_w h_w L \cos\alpha \sin\beta \tag{2-7-18}$$

其几何意义是土条中饱和浸水面积、水的重度及水力坡降 $\sin\beta$ 的乘积。其大小等于渗透压力(或动水压力),其方向与水流方向一致,与水平向的夹角为 β。

建立静力平衡条件:
$$N = (W_1 + W_2')\cos\alpha - D\sin(\alpha - \beta)$$

滑面 BC 上的下滑力 T:
$$T = (W_1 + W_2')\sin\alpha + D\cos(\alpha - \beta)$$

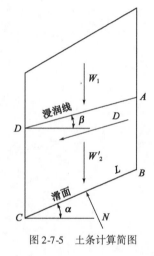

图 2-7-5 土条计算简图

滑面 BC 上的抗滑力 R:
$$R = [(W_1 + W_2')\cos\alpha - D\sin(\alpha - \beta)]\tan\varphi + cl$$

因此式(2-7-17)也可表示为:
$$F_s = \frac{\sum\{[(W_1 + W_2')\cos\alpha - D\sin(\alpha - \beta)]\tan\varphi + cl\}}{\sum\{(W_1 + W_2')\sin\alpha + D\cos(\alpha - \beta)\}} \tag{2-7-19}$$

从式(2-7-19)可看出,在浸润线以下,稳定系数仅与渗透压力 D 和土条浮重有关,这也证明了渗透压力与土条中的水重和周边静水压力是一对平衡力。因此,当用渗透压力表述稳定系数时,对于浸润线以上取天然重量,对浸润线以下取土条浮重和渗透压力即可。这样可将计算简图 2-7-3 改用计算简图 2-7-5 代替,把土条周边上的水压力和水重用一个渗透力 D 代替,使问题变得简单。

7.3.2 简化毕肖普法计算公式

前面已经证明了渗透压力与土条中的水重和周边静水压力是一对平衡力的重要结论,而

且认为把土条周边上的水压力和水重用一个渗透力 D 代替,可使问题变得简单。用该结论分析问题不但概念清楚,而且可简化公式的推导,下面我们用这个方法来推导用渗透压力表述的简化 Bishop 法的计算公式。

Bishop 法只考虑水平方向的条间力,不考虑条间的竖向剪力。用渗透力表述的计算简图如图 2-7-6 所示。

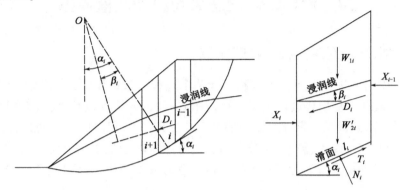

图 2-7-6 Bishop 法计算简图

根据每一土条垂直方向力的平衡条件有:

$$W_{1i} + W'_{2i} + D_i \sin\beta_i - N_i \cos\alpha_i - T_i \sin\alpha_i = 0 \tag{2-7-20}$$

式中:T_i——滑面的抗剪强度,将其折减使滑体处于极限平衡状态,此时 T_i 的表达式如下:

$$T_i = \frac{c_i l_i}{F_s} + \frac{N_i \tan\varphi_i}{F_i} \tag{2-7-21}$$

由式(2-7-20)、式(2-7-21),得

$$N_i = \frac{W_{1i} + W'_{2i} + D_i \sin\beta_i - \dfrac{c_i l_i}{F_s} \sin\alpha_i}{\cos\alpha_i + \dfrac{\tan\varphi_i}{F_s} \sin\alpha_i} \tag{2-7-22}$$

一般令 $m_{\alpha i} = \cos\alpha_i + \dfrac{\tan\varphi}{F_s} \sin\alpha_i$,那么式(2-7-22)变为

$$N_i = \frac{1}{m_{\alpha i}} \left(W_{1i} + W'_{2i} + D_i \sin\beta_i - \frac{c_i l_i}{F_s} \sin\alpha_i \right) \tag{2-7-23}$$

极限平衡时,所有土条对滑面圆心 O 的力矩之和应为零,此时条间力的作用将相互抵消,则得

$$\sum (W_{1i} + W'_{2i}) R \sin\alpha_i - \sum T_i R + \sum D_i Z_i = 0 \tag{2-7-24}$$

将式(2-7-23)、式(2-7-22)代入式(2-7-24),得:

$$F_s = \frac{\sum \dfrac{1}{m_{\alpha i}} [c_i l_i \cos\alpha_i + (W_1 i + W'_2 i + D_i \sin\beta_i) \tan\varphi_i]}{\sum \left[(W_1 i + W'_2 i) \sin\alpha_i + D_i \dfrac{Z_i}{R} \right]} \tag{2-7-25}$$

Z_i 近似用 $R\cos(\alpha_i - \beta_i)$ 代替,式(2-7-25)可改成:

$$F_s = \frac{\sum \frac{1}{m_{\alpha i}}[c_i l_i \cos\alpha_i + (W_1 i + W_2' i + D_i \sin\beta_i)\tan\varphi_i]}{\sum[(W_1 i + W_2' i)\sin\alpha_i + D_i \cos(\alpha_i - \beta_i)]} \quad (2\text{-}7\text{-}26)$$

式(2-7-26)就是用渗透压力表述的简化 Bishop 的计算公式。

7.4 库岸路基动态失稳机理数值模拟

7.4.1 库水升降对路基稳定性的影响

以下对该库岸路基进行库水位上升和下降两个过程的数值模拟,模拟采用 GEO-STUDIO 的 SLOPE/W 和 SEEP/W 模块进行模拟。在运用 Geo-Slope 软件进行计算的过程中,将动态的渗流场与极限平衡分析结合起来考虑。首先,在 SEEP/W 程序中进行暂态渗流问题的分析,得到各个不同时间下渗流场的水头分布;其次,将渗流场中的水头值输入边坡稳定计算的 SLOPE/W 程序中;最后,条分法计算路基滑动体的稳定系数,即可将动态的渗流场与极限平衡分析结合起来。

1)计算模型及参数

(1)计算模型。

计算剖面如图 2-7-7 所示,即取水平方向和垂直方向上的长度分别为 124m 和 48m。

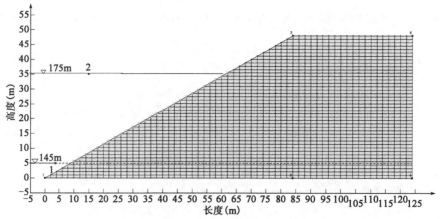

图 2-7-7 几何模型示意图

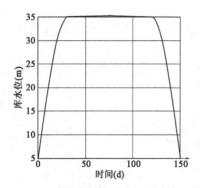

图 2-7-8 库岸路基坡面水头与时间关系函数

(2)计算模型的边界条件。

①库岸路基边界条件。用水头与时间的函数(图 2-7-8)来模拟水库升降对库岸路基的影响,库岸路基坡面水头,即使水库升降水位:一个月内,水库水位从 145m 上升至 175m;然后水位保持 175m 3 个月,最后在一个月内,库水位从 175m 下降至 145m。

②路基边界底面边界条件为不透水边界。

③路基正常蓄水位(175m)以上至路基顶部为不透水边界。

④路基右边边界为不透水边界。

(3) 渗流计算参数选取。

由于在路基渗流计算中,涉及饱和渗流和非饱和渗流的共同作用,在饱和区介质渗透系数为常数,而在非饱和区介质的渗透系数与非饱和部分介质的基质吸力和含水率都密切相关。分析中使用的渗透函数如图 2-7-9、图 2-7-10 所示,饱和渗透系数为 1×10^{-7} m/s $(8.6 \times 10^{-3}$ m/d$)$。假定空隙气压力等于大气压力,这样,基质吸力值在数值上就等于空隙水压力,选择 145m 水位作为基准面。此外,分析中使用的水体积变化系数为 1.0×10^{-3} kPa^{-1}。

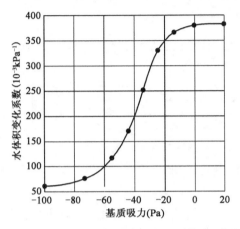

图 2-7-9　水体积变化系数与基质吸力函数关系曲线　　图 2-7-10　渗透系数与基质吸力函数关系曲线

(4) 计算时间步选取。

库水位升降对路基渗流场的分析采用 SEEP/W 中的瞬流分析,时间步的选取见表 2-7-1。

瞬流分析的计算时间步　　表 2-7-1

指标	—	1	2	3	4	5	6	7	8	9	10	11	12	13	14
时间步(d)	0	5	5	5	5	5	5	30	30	30	10	10	10	90	180
总时间(d)	0	5	10	15	20	25	30	60	90	120	130	140	150	240	420

(5) 渗流初始条件。

145m 库水位为渗流分析的初始条件,145m 水位以下为饱和区,145m 水位以上为非饱和区,负的压力为 1kPa。

2) 渗流计算结果分析

(1) 库水位升降对库岸路基内浸润线的变化。

运用 SEEP/W 模拟库水位升降对库岸路基渗流分析,路基地下水位变化如图 2-7-11~图 2-7-14 所示。

① 水库水位上升路基地下水位。

库水位上升时对应的路基的地下水位线如图 2-7-11 所示。图 2-7-11 中路基的地下水位线 1、2、3、4、5、6 分别代表库水位在 145m 状态时,蓄水 5d 后、10d 后、15d 后、20d 后、25d 后及 30d 后路基地下水位位置。

a. 库水位上升过程中,路基都出现了"倒流"现象,从而地下水位线都有略向左弯的趋势。

b. 库水位上升的初始阶段,路基水位初期涨幅都较大,随蓄水的逐渐稳定,地下水位也逐渐稳定。

c. 由于水位的上升过程属于"快速上升"过程,水位上升过程中,地下水位位置的变化仍然总是要滞后于江水位的变化。

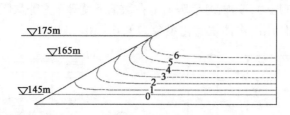

水位线编号	0	1	2	3	4	5	6
时间步(d)	0	5	5	5	5	5	5
总时间(d)	0	5	10	15	20	25	30

图2-7-11 库水位上升过程($t=0 \sim t=30d$)不同时段路基地下水位

②水库水位上升至最高水位175m保持不变时路基地下水位。

水库水位上升至175m保持不变时路基内地下水位如图2-7-12所示。图2-7-12中路基地下水位线6、7、8、9分布表示水库蓄水稳定在175m状态时,30d后、60d后路基地下水位位置。从图2-7-12可以看出,尽管库水位保持175m不变,路基地下水位随着时间增加而上升,并趋于稳定。

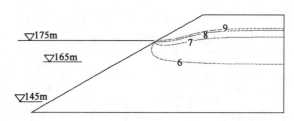

水位线编号	6	7	8	9
时间步(d)	—	30	30	30
总时间(d)	30	60	90	120

图2-7-12 库水位在175m($t=30d \sim t=120d$)时段路基地下水位变化过程

③水库水下降时路基地下水位。

库水位下降时对应的路基的地下水位线如图2-7-13所示。图2-7-13中路基的地下水位线9、10、11、12分别代表库水位在175m状态时,水位下降5d后、10d后、20d后、30d后路基地下水位位置。据图2-7-13可知,库水位下降过程中,路基地下水位初期阶段降幅较大。路基水位严重滞后于坡面水位的变化。

④水库水下降至最低水位145m保持不变时路基地下水位。

水库水位降低至145m,保持该水位不变时路基地下水位如图2-7-14所示。图2-7-14中路基内地下水位线12、13、14、15分布表示水库蓄水稳定在145m状态时,90d后、180d、3600d后路基地下水位位置。从图2-7-14可以看出:

a. 尽管库水位保持145m不变,路基地下水位随着时间增加而下降,并趋于稳定。

b. 地下水位线沿坡体内弯曲,这说明降水以后,水由路基向水库渗透需要一个过程,距离水库越远的路基其渗透所需要的时间就越长,因而出现地下水位线右高左低的情况。

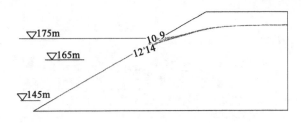

水位线编号	9	10	11	12
时间步(d)	—	10	10	10
总时间(d)	120	130	140	150

图 2-7-13　库水位下降过程($t=120d \sim t=150d$)不同时段路基地下水位

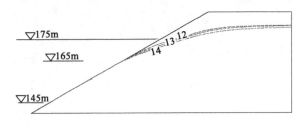

水位线编号	12	13	14	15
时间步(d)	—	90	180	3600
总时间(d)	150	240	420	4020

图 2-7-14　库水位 145m($t=150d \sim t=4020d$)过程不同时段路基地下水位

(2)库水位上升下降对路基渗流场分析。

渗流速度、水力坡度、压力及水头都是表征渗流运动特征的物理量,因此,研究岸坡岩土体各点的特征量在库水位上升条件下的变化规律,对于研究渗流运动具有重要意义。在通过对地下水位线进行模拟的基础上,对水库水位上升阶段不同时刻的渗流参量进行了计算,从而得出了渗流速度、水力坡度、压力和水头的分布及变化规律。先对出库水位上升(下降)某一时刻下整个剖面上的渗流特征进行研究;图 2-7-15～图 2-7-19 所示为库水位上升至 165m($t=15d$)时段路基体内总水头、压力水头、流速、水力梯度的空间分布特征图,从图中可以看出:

①总水头。总水头为位置水头、压强水头及速度水头之和。从整个区域来看,总水头在浸润线以上按照高度呈增加变化,且总水头线呈水平状态;在浸润线以下区域,总水头线发生偏转,呈竖直状态,这是由库水位上升过程中路基浸润线滞后及库水位变化引起的。

②压力水头。由于在计算中考虑了非饱和渗流过程,所以在最上部蓄水位以上出现了负压力水头区。从整个区域来看,压力水头均呈现上部小、下部大,与客观规律完全吻合。

③从流速来看,x 方向流速很小,坡面附近处为 $0.001m/s$,越往路基内部流速越小。y 方向流速在坡面处值相对较大 $0.01m/s$,从图 2-7-18b)、c)中不难看出,水的流动发生在浸润线以下区域,且流速线与浸润线趋势相同。

④从水力梯度上来看,在路基坡面处水力梯度较大变化较大,而且集中在浸润线滞后的弯曲部分变化最为明显。

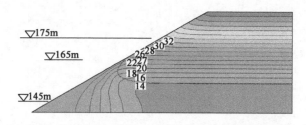

图 2-7-15　库水位上升至 165m($t=15$d)时段路基总水头的空间分布特征

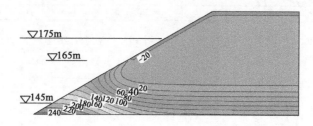

图 2-7-16　库水位上升至 165m($t=15$d)时段路基压力的空间分布特征

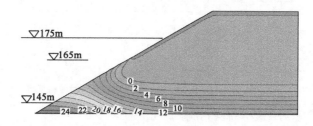

图 2-7-17　库水位上升至 165m($t=15$d)时段路基压力水头的空间分布特征

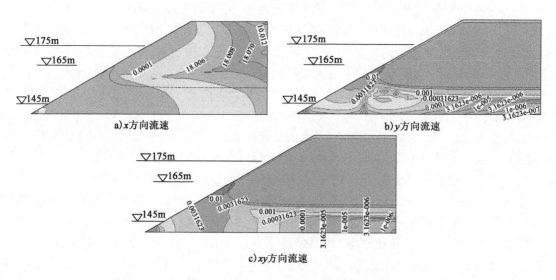

图 2-7-18　库水位上升至 165m($t=15$d)时段路基流速的空间分布特征

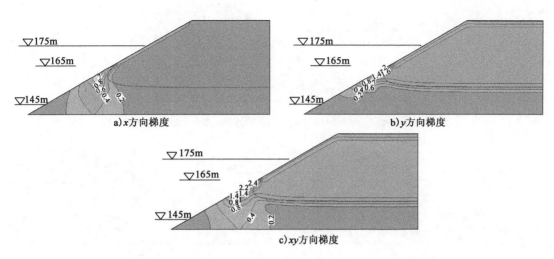

图 2-7-19 库水位上升至 165m($t=15d$)时段路基梯度的空间分布特征

图 2-7-20 ~ 图 2-7-24 所示为库水位下降至 145m($t=150d$)时段路基总水头、压力水头、流速、水力梯度的空间分布特征图。从图中可以看出：

①总水头。总水头沿线浸润线发生偏转，呈竖直状态，这是由库水位下降过程中路基浸润线滞后及库水位的变化引起的。

②压力水头。从整个区域来看，压力水头均呈现上部小、下部大，且压力水头的等势线与浸润线相平行，与客观规律完全吻合。

③从流速来看，水的流动发生在浸润线以下区域，且流速线与浸润线趋势相同。

④从水力梯度上来看，在坡面处水力梯度较大变化较大，沿浸润线发生偏转，越往坡面，水力梯度值越大。

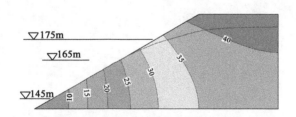

图 2-7-20 库水位下降至 145m($t=150d$)时段路基总水头的空间分布特征

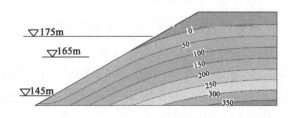

图 2-7-21 库水位下降至 145m($t=150d$)时段路基压力的空间分布特征

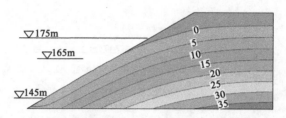

图 2-7-22　库水位下降至 145m($t=150$d)时段路基压力水头的空间分布特征

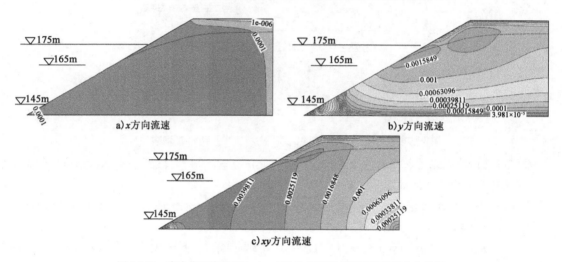

图 2-7-23　库水位下降至 145m($t=150$d)时段路基流速的空间分布特征

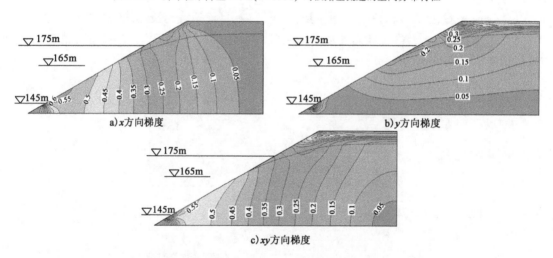

图 2-7-24　库水位下降至 145m($t=150$d)时段路基梯度的空间分布特征

（3）路基某一剖面上渗流场在不同时刻的分布特征。

由于本书中所计算的工况为同一剖面在不同时刻下的渗流场，前面已经分析了从库水位上升（下降）某一时刻下整个剖面上的渗流特征，现在剖面上选取一条测线，以观察不同时刻下该测线上的渗流参量变化特征。

在水位上升下降过程中，路基内不同位置处所对应的渗流参数均不相同，为了能够更好地考虑水位上升区的流速和含水率等参量的变化特征,取测线上的所有点在不同时刻下的总水头、压力水头、流速及水力梯度等渗流场参量进行分析。图 2-7-25 所示为路基某一剖面上渗流场在不同时刻的分布特征。

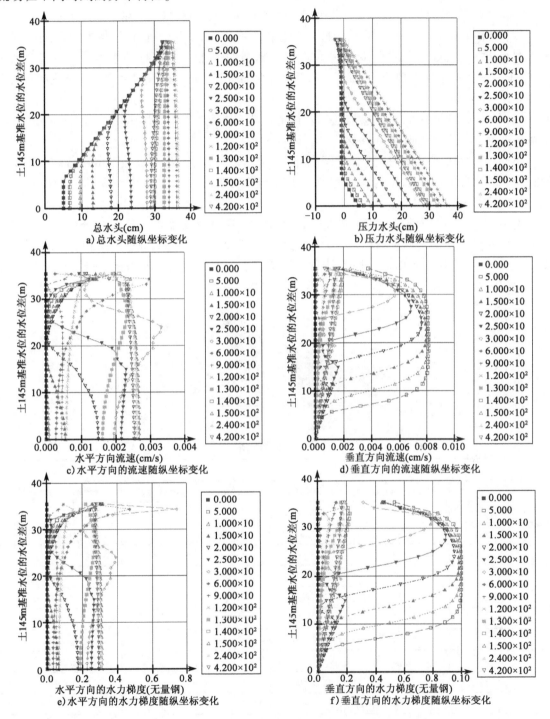

图 2-7-25 某一剖面上的渗流场在不同时刻的分布特征

从图 2-7-25 中可以看出：

(1) 总水头。在对应某一时刻的蓄水位以下测线上，随着纵坐标的增加，剖面总水头保持不变；在对应某一时刻的蓄水位以上部分，总水头为纵坐标的函数，随着纵坐标的增加而增加。随着时间的推移，由于蓄水位高度不断增加（降低），测线上的总水头也增加（降低）。

(2) 压力水头。由于在计算中考虑了非饱和渗流过程，所以在最上部蓄水位以上出现了负压力水头区。随着时间的推移，蓄水位高度不断增加，负压力水头区不断减小。从整个区域来看，压力水头均呈现上部小、下部大，并随着时间的推进，压力水头均呈现增大的趋势，这与客观规律完全吻合。

(3) 从垂直和水平方向上的流速来看，随着时间的推移，蓄水高度的增加，水流速度增加，而在最上面非饱和区，其速度也很小。

(4) 从水力梯度上来看，随着时间的推移，水平方向上的水力梯度大部分都呈现减小的趋势，而垂直方向上的水力梯度呈现增加的趋势；在最上部的非饱和区其值均较小。

3) 稳定性分析

应用 SLOPE/W 对前面 SEEP/W 进行的库水位升降路基渗流场做稳定性分析，对图 2-7-7 所示的模型做整体稳定性进行计算。计算参数为：凝聚力 $c = 12\text{kN}/\text{m}^2$，内摩擦角 $\varphi = 30°$，重度 $\gamma = 22\text{kN}/\text{m}^3$。然后利用自动搜索的方法计算了模型的最危险滑坡的稳定性，模型的计算条分图如图 2-7-26 所示。其稳定性计算结果见表 2-7-2。

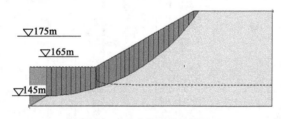

图 2-7-26 稳定性计算的模型

稳定性计算结果　　　　　　　　　　　　　　　表 2-7-2

计算工况水位		计算方法			
序号	经过时间(d)	瑞典圆弧法	简布法	毕肖普法	摩根斯坦-普莱斯法
0(145m 水位)	—	1.24	1.234	1.308	1.306
1	5d	1.232	1.229	1.303	1.301
2	10	1.24	1.255	1.336	1.334
3	15	1.216	1.267	1.35	1.349
4	20	1.208	1.316	1.401	1.401
5	25	1.173	1.332	1.415	1.416
6	30	1.146	1.34	1.42	1.422
7	60	1.038	1.237	1.319	1.322
8	90	0.993	1.194	1.279	1.282
9	120	0.97	1.173	1.258	1.262
10	130	0.878	0.976	1.05	1.058

续上表

计算工况水位		计算方法			
序号	经过时间(d)	瑞典圆弧法	简布法	毕肖普法	摩根斯坦-普莱斯法
11	140	0.741	0.767	0.813	0.817
12	150	0.697	0.713	0.746	0.751
13	240	0.714	0.73	0.761	0.765
14	420	0.741	0.755	0.786	0.789

库水位升降对路基稳定分析如下：

(1)水库水位上升过程($t=0d \sim t=30d$)。当库水位上升时,路基内的孔隙水压力增加(图2-7-27),采用简布法(Janbu 法)、毕肖普法(Bishop 法)、摩根斯坦-普莱斯法(Morgenstern-Price 法)计算稳定系数见表2-7-2、图2-7-28。当库水位在145m 时,路基稳定性系数为1.308(毕肖普法),蓄水6d 后,增加为1.303,30d 后至175m 水位时,稳定系数最高为1.42,增幅为8.56%,水库蓄水过程有利于路基的稳定性。而采用瑞典圆弧法(Swedish circle Method 法)计算的稳定系数随着蓄水位的增加而降低,这是由于瑞典圆弧法不考虑条块的条间力而引起的。因此,在库水位上升过程中,条块的条间力作用不容忽视,不宜采用瑞典圆弧法求解路基安全系数。

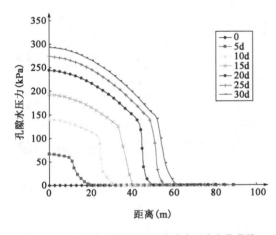 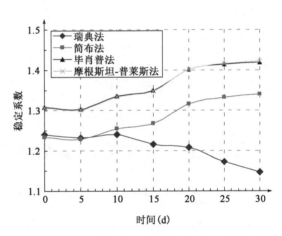

图2-7-27 蓄水过程库岸路基孔隙水压力变化曲线　　图2-7-28 蓄水过程库岸路基稳定系数变化曲线

(2)水库水位保持在175m($t=30d \sim t=120d$)。当库水升至175m 水位保持不变时,随着时间的增加,路基内上部条块的孔隙水压力增加(图2-7-29),路基稳定系数降低(表2-7-2、图2-7-30)。当库水位上升至175m($t=30d$)时,路基稳定系数为1.42(毕肖普法),经过30d($t=60d$)后,降低为1.319,120d 后,稳定系数最低为1.258,降幅为4.62%。

(3)水位下降过程($t=120d \sim t=150d$)。当库水位下降时,路基孔隙水压力降低(图2-7-31),稳定系数降低(表2-7-2、图2-7-32)。当下降至145m 水位时,路基稳定系数为0.746,相对于175m 水位的稳定系数1.258,降低了40.70%。

(4)水位保持在145m($t=150 \sim t=420d$),路基稳定性(图2-7-33、图2-7-34)。根据表2-7-2计算结果,当库水升至145m 水位保持不变时,随着时间的增加,路基孔隙水压力降低,稳定系数增加。当库水位下降至145m($t=150d$)时,路基稳定系数为0.746(毕肖普法),经过90d($t=240d$)后,上升为0.761,增幅为2.01%。

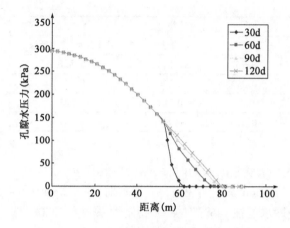

图 2-7-29　水位 175m 库岸路基孔隙水压力变化曲线

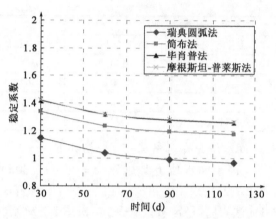

图 2-7-30　水位 175m 库岸路基稳定系数变化曲线

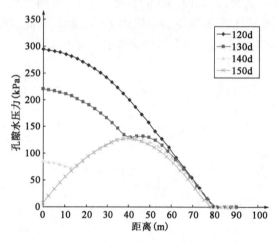

图 2-7-31　水位下降过程库岸路基孔隙水压力变化曲线

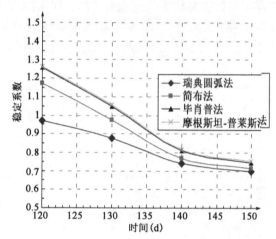

图 2-7-32　水位下降过程库岸路基稳定系数变化曲线

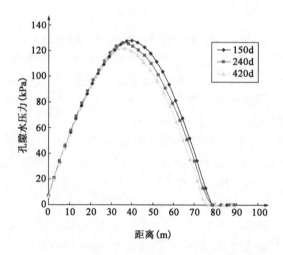

图 2-7-33　水位 145m 库岸路基孔隙水压力变化曲线

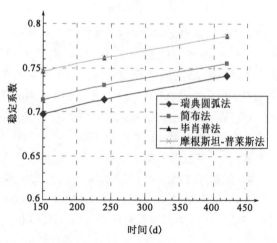

图 2-7-34　水位 145m 库岸路基稳定系数变化曲线

从上面分析可以得到路基稳定性与水位升降的关系,如图 2-7-35 所示。

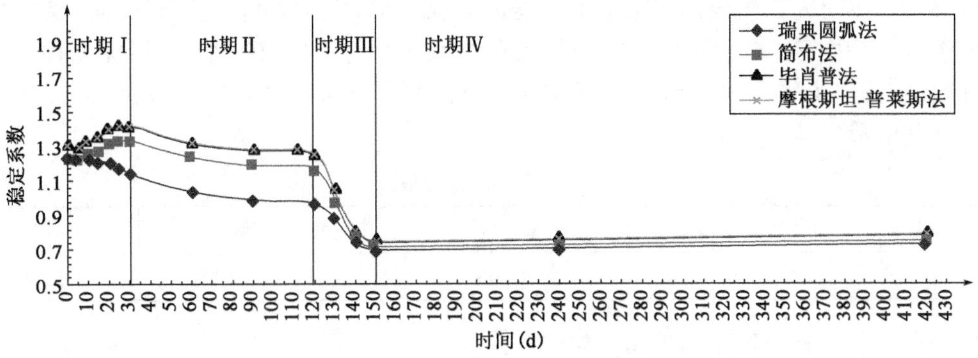

图 2-7-35　水位升降库岸路基稳定系数变化曲线

从图 2-7-35 中可以看出:

(1)水库蓄水(时期Ⅰ)。水库蓄水过程中水位上升,路基内的孔隙水压力增加,采用稳定性方法(简布法、毕肖普法、摩根斯坦—普莱斯法)计算的路基稳定性系数增加,水库蓄水过程有利于路基的稳定性。而采用瑞典圆弧法计算的稳定系数随着蓄水位的增加而降低,这是由于瑞典圆弧法不考虑条块的条间力而引起的。因此,在库水位上升过程中,条块的条间力作用不容忽视,不宜采用瑞典圆弧法求解路基安全系数。

(2)最高库水位持续期(时期Ⅱ)。当库水升至 175m 水位保持不变时,随着时间的增加,路基内上部条块的孔隙水压力增加,路基稳定性系数缓慢降低。

(3)水库降水(时期Ⅲ)。当库水位下降时,路基孔隙水压力降低,稳定性系数迅速降低。

(4)最低水位持续期(时期Ⅳ)。水位保持在 145m 时,随着时间的增加,路基孔隙水压力降低,稳定性系数缓慢增加。

(5)路基稳定性系数与坡体内浸润线位置密切相关,浸润线上升,浸润线包含区域越大,路基稳定性系数增加;反之,浸润线降低,浸润线包含区域减少,路基的稳定性系数降低。

(6)稳定性系数的变化幅度与路基体内浸润线包含区域占整个路基体区域的比例相关,这个比例越大,稳定系数的变化幅度越大。

(7)路基稳定性系数的变化与孔隙水压力的变化密切相关,稳定性系数随着孔隙水压力的增加(降低)而降低(增加)。

7.4.2　不同降水速率下的路基稳定性

1)计算模型及参数

(1)计算模型及边界条件。

为了分析库水位的变动对路基稳定性的影响,本书设计水库水位从 175m 下降到 145m,落差为 30 m,且分别假定在 1 个月、2 个月和 3 个月期间下降,即降水速率分别为 1m/d、0.5m/d 和 0.33m/d 这 3 种工况,以此来分析不同库水位下降速率对具有不同渗透系数的路基稳定性的影响。渗流模型仍然采用。场地渗流计算模型如图 2-7-7 所示。

(2)渗透系数确定。

在渗流计算过程中,渗透系数(水力传导率)是表征土体导水能力的重要参数。由于用试验手段获得土的渗透系数比获得土水特征曲线要复杂得多,因此通常采用土水特征曲线来预测渗透系数。本研究首先根据实用土木工程标准规范中岩土体的渗透等级分类,选择岩土体材料的渗透性为中等、弱、微及极微 4 种情况,然后采用标准砂、砂、细砂、淤泥 4 种基本的土水特征曲线,确定了表 2-7-3 所列的 4 种渗透系数,并进行了数值模拟计算,以此反映不同渗透系数路基的稳定性。

计算选取的渗透系数   表 2-7-3

土名	标准砂	砂	细砂	淤泥
渗透系数 $k(m/s)$	1.00×10^{-4}	5.40×10^{-5}	4.30×10^{-6}	2.50×10^{-7}

2)渗流分析与稳定计算结果与分析

(1)计算结果。

本研究进行了 3 种库水位下降速率,每种下降速率对应 4 种渗透材料、共计 12 种计算模型的库水位下降的不同时段,共计 112 个渗流场及其对应的路基的稳定性进行了计算分析。

①在库水位下降速率为 1m/d 时,对应标准砂、砂、细砂及淤泥 4 种渗透材料,按照库水位下降时间 5d、10d、15d、20d、25d、30d、60d、120d、180d,计算了相应的路基渗流场及其对应的路基稳定性,其稳定性计算结果见表 2-7-4,渗透系数对稳定系数的影响如图 2-7-36~图 2-7-39 所示。

水位下降 1m/d 时不同计算方法得到的稳定系数变化   表 2-7-4

渗透系数(m/s)	时间(d)	简布法	毕肖普法	摩根斯坦-普莱斯法
标准砂 (uniform sand) 渗透系数为 1.00×10^{-4}	0(145m)	1.214	1.298	1.301
	5	1.156	1.234	1.237
	10	1.12	1.19	1.192
	15	1.118	1.182	1.183
	20	1.122	1.181	1.181
	25	1.149	1.21	1.208
	30	1.194	1.261	1.259
	60	1.23	1.303	1.301
	120	1.234	1.308	1.305
	180	1.234	1.308	1.306
砂(sand) 渗透系数为 5.40×10^{-5}	0	1.214	1.298	1.301
	5	1.15	1.228	1.231
	10	1.087	1.155	1.157
	15	1.073	1.134	1.135
	20	1.079	1.134	1.135
	25	1.085	1.137	1.136
	30	1.122	1.177	1.176

续上表

渗透系数(m/s)	时间(d)	简 布 法	毕肖普法	摩根斯坦-普莱斯法
砂(sand) 渗透系数为 5.40×10^{-5}	60	1.194	1.26	1.258
	120	1.231	1.305	1.302
	180	1.234	1.308	1.305
细砂(fine sand) 渗透系数为 4.30×10^{-6}	0	1.214	1.298	1.301
	5	1.129	1.208	1.212
	10	1.023	1.09	1.094
	15	0.978	1.036	1.037
	20	0.946	0.992	0.995
	25	0.92	0.957	0.958
	30	0.934	0.969	0.97
	60	1.045	1.091	1.09
	120	1.125	1.181	1.179
	180	1.173	1.236	1.234
淤泥(silt) 渗透系数为 2.50×10^{-7}	0	1.214	1.298	1.301
	5	1.118	1.198	1.201
	10	1	1.068	1.072
	15	0.94	0.999	1.002
	20	0.879	0.925	0.929
	25	0.837	0.874	0.877
	30	0.828	0.861	0.863
	60	0.884	0.92	0.922
	120	0.898	0.934	0.936
	180	0.908	0.944	0.946

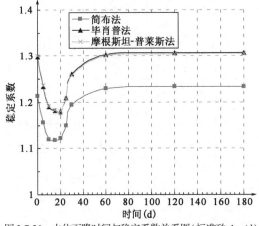

图 2-7-36 水位下降时间与稳定系数关系图(标准砂,1m/d)

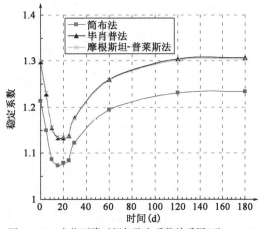

图 2-7-37 水位下降时间与稳定系数关系图(砂,1m/d)

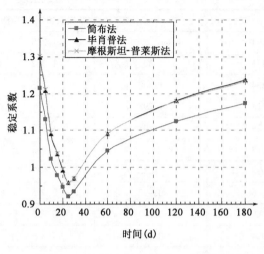

图 2-7-38 水位下降时间与稳定系数关系图
（细砂，1m/d）

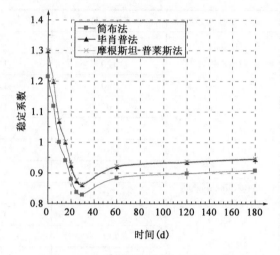

图 2-7-39 水位下降时间与稳定系数关系图
（淤泥，1m/d）

②在库水位下降速率为 0.5m/d 时，对应标准砂、砂、细砂及淤泥 4 种渗透材料，按照库水位下降时间 10d、20d、30d、40d、50d、60d、120d、180d，计算了相应的路基渗流场及其对应的路基稳定性，其稳定系数计算结果见表 2-7-5，渗透系数对稳定系数的影响如图 2-7-40 ~ 图 2-7-43 所示。

水位下降 0.5m/d 时不同计算方法得到的稳定系数变化　　　　表 2-7-5

渗透系数(m/s)	时间(d)	简 布 法	毕肖普法	摩根斯坦-普莱斯法
标准砂 (uniform sand) 渗透系数为 1.00×10^{-4}	0	1.214	1.298	1.301
	10	1.165	1.243	1.246
	20	1.135	1.205	1.207
	30	1.13	1.195	1.195
	40	1.144	1.206	1.205
	50	1.177	1.242	1.24
	60	1.255	1.334	1.331
	120	1.271	1.354	1.351
	180	1.271	1.354	1.351
砂(sand) 渗透系数为 5.40×10^{-5}	0	1.214	1.298	1.301
	10	1.155	1.233	1.236
	20	1.11	1.179	1.182
	30	1.111	1.175	1.176
	40	1.12	1.18	1.18
	50	1.142	1.201	1.199
	60	1.217	1.29	1.287

续上表

渗透系数(m/s)	时间(d)	简布法	毕肖普法	摩根斯坦-普莱斯法
砂(sand) 渗透系数为 5.40×10^{-5}	120	1.266	1.347	1.345
	180	1.271	1.353	1.351
细砂(fine sand) 渗透系数为 4.3×10^{-6}	0	1.214	1.298	1.301
	10	1.142	1.222	1.225
	20	1.055	1.122	1.126
	30	1.016	1.073	1.075
	40	0.993	1.042	1.043
	50	0.987	1.029	1.029
	60	1.057	1.109	1.109
	120	1.158	1.221	1.22
	180	1.21	1.282	1.28
淤泥(silt) 渗透系数为 2.50×10^{-7}	0	1.214	1.298	1.301
	10	1.12	1.2	1.203
	20	1.007	1.074	1.079
	30	0.946	1.004	1.006
	40	0.882	0.928	0.932
	50	0.855	0.891	0.893
	60	0.916	0.96	0.962
	120	0.93	0.974	0.976
	180	0.941	0.985	0.986

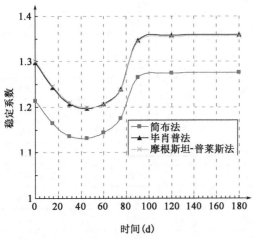

图 2-7-40　水位下降时间与稳定系数关系图
（标准砂,0.5m/d）

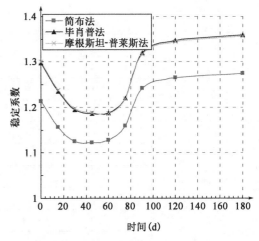

图 2-7-41　水位下降时间与稳定系数关系图
（砂,0.5m/d）

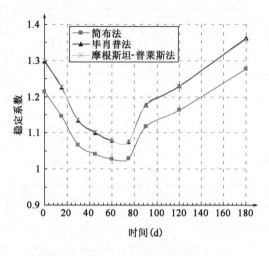
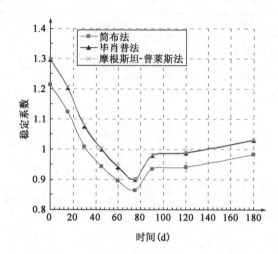

图 2-7-42 水位下降时间与稳定系数关系图
（细砂，0.5m/d）

图 2-7-43 水位下降时间与稳定系数关系图
（淤泥，0.5m/d）

③在库水位下降速率为 0.33m/d 时，对应标准砂、砂、细砂及淤泥 4 种渗透材料，按照库水位下降时间 15d、30d、45d、60d、75d、90d、120d、180d，计算了相应的路基渗流场及其对应的路基稳定性，其稳定性计算结果见表 2-7-6，渗透系数对稳定系数的影响如图 2-7-44 ~ 图 2-7-47 所示。

水位下降 0.33m/d 时不同计算方法得到的稳定系数变化　　　　表 7-4-6

渗透系数(m/s)	时间(d)	简布法	毕肖普法	摩根斯坦-普莱斯法
标准砂 (uniform sand) 渗透系数为 1.00×10^{-4}	0	1.214	1.298	1.301
	15	1.165	1.243	1.246
	30	1.136	1.207	1.209
	45	1.132	1.197	1.198
	60	1.144	1.207	1.206
	75	1.176	1.24	1.238
	90	1.265	1.347	1.344
	120	1.275	1.358	1.355
	180	1.276	1.359	1.357
砂(sand) 渗透系数为 5.40×10^{-5}	0	1.214	1.298	1.301
	15	1.157	1.236	1.238
	30	1.125	1.195	1.197
	45	1.123	1.187	1.188
	60	1.128	1.188	1.187
	75	1.159	1.221	1.219
	90	1.242	1.32	1.317

续上表

渗透系数(m/s)	时间(d)	简布法	毕肖普法	摩根斯坦-普莱斯法
砂(sand)渗透系数为 5.40×10^{-5}	120	1.265	1.347	1.344
	180	1.275	1.359	1.356
细砂(fine sand)渗透系数为 4.30×10^{-6}	0	1.214	1.298	1.301
	15	1.146	1.226	1.229
	30	1.066	1.134	1.137
	45	1.041	1.1	1.102
	60	1.027	1.078	1.079
	75	1.029	1.075	1.075
	90	1.117	1.177	1.176
	120	1.164	1.23	1.229
	180	1.278	1.362	1.36
淤泥(silt)渗透系数为 2.50×10^{-7}	0	1.214	1.298	1.301
	15	1.124	1.204	1.207
	30	1.008	1.076	1.08
	45	0.942	1	1.002
	60	0.895	0.941	0.944
	75	0.863	0.901	0.903
	90	0.935	0.98	0.982
	120	0.941	0.987	0.989
	180	0.984	1.031	1.032

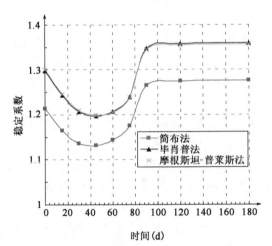

图 2-7-44 水位下降时间与稳定系数关系图
(标准砂,0.33m/d)

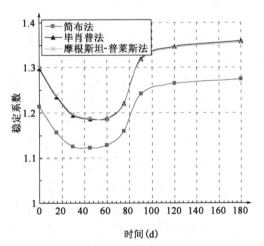

图 2-7-45 水位下降时间与稳定系数关系图
(砂,0.33m/d)

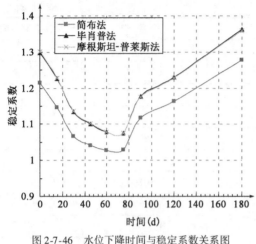
图 2-7-46　水位下降时间与稳定系数关系图
（细砂,0.33m/d）

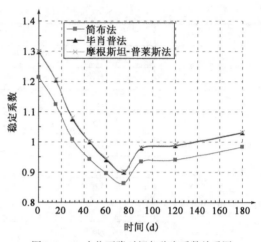
图 2-7-47　水位下降时间与稳定系数关系图
（淤泥,0.33m/d）

(2)不同降水速率下的路基稳定性分析。

从图 2-7-7～图 2-7-18 中的计算结果可以看出,在一定的库水位下降速率下,不同渗透系数的路基,其稳定系数随着库水位下降的关系具有一致性,具体表现为:稳定系数随着库水位的下降起初有减小趋势,当达到一定值时稳定系数又增大,然后逐渐趋于平稳,接近某一定值。

如图 2-7-48～图 2-7-50 所示,不同库水位下降速率下,渗透系数对稳定系数的影响。从图中可以看出:在一定的库水位下降速率下,中等透水材料(标准砂、砂)路基,路基稳定系数在下降后上升得就越快;弱透水材料(细砂、淤泥)的路基,稳定系数的变化为随着库水位的下降稳定系数迅速下降,到最低点后变化曲线稍有上升但多数随即下降,变得平坦,并且彼此越来越接近;稳定系数下降得越低,且稳定系数下降后上升的稳定值也越小;对于不同渗透系数材料的路基,在库水位下降到相同的位置时,稳定系数随渗透系数的减小而降低,即随着渗透性由强渐弱,稳定系数呈下降趋势。

如图 2-7-51～图 2-7-54 所示,为库水位下降速率对稳定系数的影响。从图中可以看出:降水速率越大,路基达到最低稳定系数所需的时间就越短。另外,对于中等透水材料(标准砂、砂)路基,在不同的降水速率下,稳定系数下降幅度较小(1.3～1.14),可见中等透水材料的库岸路基稳定性较好,受水位变化的影响不大。稳定系数随时间推移呈现整体下降趋势且下降较快,但降到最低点之后变化幅度趋缓。就整体而言,极微透水路基的稳定系数下降幅度很大(从 1.3 降低至 0.87),库岸路基会发生失稳。

由此可见,对于渗透系数大的库岸路基,库水位下降时坡体内的水能够很快地得以排出,孔隙水压力能较快被消除,故稳定系数下降的幅度不大。相反,如果路基的渗透系数较小,库水位下降时坡体内的水在短时间内不能排出,则孔隙水压力会在坡体内产生高剪切力而导致滑坡的产生。因此,库水位下降时,需特别注意渗透系数较小材料构成的路基的稳定性。

(3)库水位下降率与稳定系数下降率的关系。

对于同种材料的路基,进一步比较在不同渗透系数下库水位下降率(库水位下降的高度占总下降高度的百分比)对路基体稳定性的影响,并进行了稳定性分析计算。选择了标准砂、砂、细砂及淤泥 4 种材料的坡体在不同渗透系数和不同降水速率时,计算所得的稳定系数下降率(稳定系数的变化相对于起始稳定系数的百分比)与库水位下降率的关系,计算结果如图 2-7-55 ~ 图 2-7-57 所示。

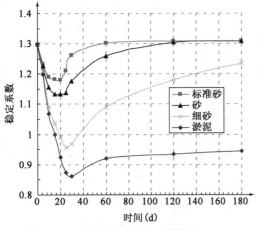

图 2-7-48 渗透系数对稳定系数影响(1m/d)

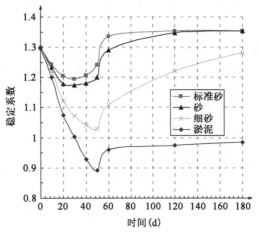

图 2-7-49 渗透系数对稳定系数影响(0.5m/d)

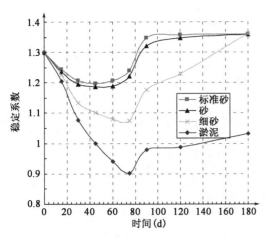

图 2-7-50 渗透系数对稳定系数影响(0.33m/d)

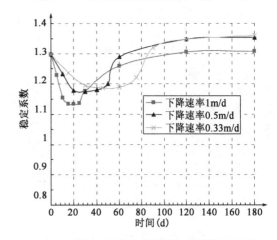

图 2-7-51 下降速率对稳定系数影响(毕肖普法,标准砂)

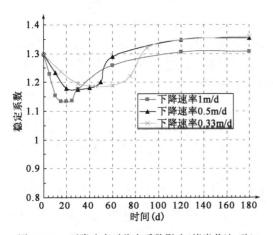

图 2-7-52 下降速率对稳定系数影响(毕肖普法,砂)

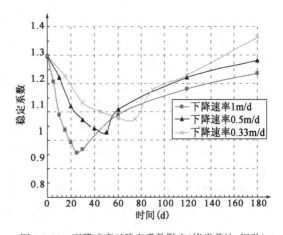

图 2-7-53 下降速率对稳定系数影响(毕肖普法,细砂)

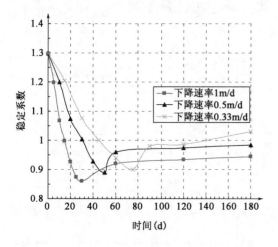

图 2-7-54　下降速率对稳定系数影响(毕肖普法,淤泥)

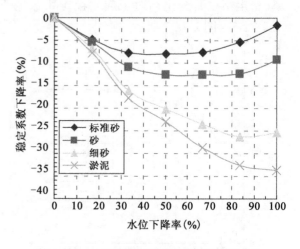

图 2-7-55　水位下降率与稳定系数下降率的关系
（毕肖普法,下降速度 1m/d）

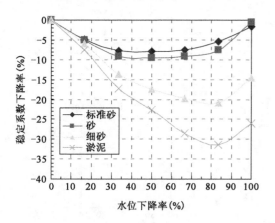

图 2-7-56　水位下降率与稳定系数下降率的关系
（毕肖普法,下降速度 0.5m/d）

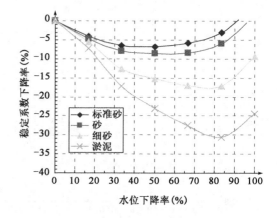

图 2-7-57　库水位下降率与稳定系数下降率的关系
（毕肖普法,下降速度 0.33m/d）

由图 2-7-55～图 2-7-57 可知,在库水位下降阶段,路基稳定性的变化趋势与其渗透系数密切相关,相对而言,库水位下降速率则对稳定性的变化影响较小。不同渗透等级的路基的稳定性表现不尽相同,而同种渗透等级的路基的稳定性变化趋势则基本接近,且相同渗透系数的坡体在不同库水位下降速率下其稳定性的变化曲线都是相似的。

从标准砂到淤泥,当库水位下降到相同位置时,随着坡体材料渗透系数的减小,其稳定系数的下降率增大。另外,由计算结果可知,最小稳定系数(最危险的水力条件)发生在库水位下降期间,而不是在最高库水位或者最低库水位处。渗透系数越小的坡体到达最小稳定系数的时间越长。

图 2-7-55～图 2-7-57 中还可以看出,水位下降到相同位置时:对于不同材料的坡体,渗透系数越小,则稳定系数越低;曲线整体是下降的趋势,即降水速率越高,则库岸的稳定系数越低,越可能发生路基失稳。

8 库岸路基典型断面结构

库岸路基是指沿水库边缘修筑的路基以及跨越水库支流修筑的受库水浸泡的路基,设计库岸路基时,应根据水库的运行特点,考虑库水浸泡、渗透、水位升降、波浪侵袭、水流冲刷、库岸坍塌、水库淤积和地下水壅升高引起的湿陷等影响,采取相应的防护、加固措施。本章通过工程实例,分析了造成库区库岸路基病害的原因,从填土造地、渗透稳定、滑坡治理、塌岸防护等综合治理和综合利用的原则出发,探讨了库区新建路基和改造路基的形式及构造,研究了路基本体和地基的渗流计算分析与控制方法,详细地阐述了各种路基断面形式、防渗设施布置形式以及路基填料等在不同水位差条件下的适用性和有效性。

8.1 库岸路基设计顶高程

路基边缘顶高程应按设计洪水位加堤顶超高确定。超高包括波浪侵袭高度、爬高、风壅水高和安全加高。《公路路基设计规范》(JTG D30—2015)规定设计洪水位的重现期应根据公路等级确定,安全加高取0.55m。如公路兼有堤防功能时,还应满足《防洪标准》(GB 50201—2014)中有关防护对象的防洪标准的规定。波浪侵袭高度、风壅水高可按《堤防工程设计规范》(GB 50286—2013)中推荐的方法计算。堤顶超高为

$$Y = R + E + A \tag{2-8-1}$$

式中:R——设计波浪爬高;

E——设计风壅水增高;

A——安全加高值,按表2-8-1确定,1、2级堤防的堤顶超高值不应小于2.0m。

堤防工程的级别和安全加高值　　　　表2-8-1

防洪标准重现期 t(年)	堤防工程级别	不允许越浪的安全加高值(m)
$t \geq 100$	1	1.0
$50 \leq t < 100$	2	0.8
$30 \leq t < 50$	3	0.7
$20 \leq t < 30$	4	0.6
$10 \leq t < 20$	5	0.5

因受筑堤土源及场地的限制,可在路堤临水面侧路肩修建稳定、坚固的防浪墙。防浪墙顶高程应与上述方法计算相同,但路堤顶高程应高出设计静水位0.5m以上。在库区进行路线设计时,要调查了解水库修建计划及有关资料,避免库岸公路建成后不久即被水库淹没。对于一些地方性的小型水库,应注意水库淤积后,往往采用增加坝高措施,以提高库容量,或为农田

灌溉需要,提高水库等级,加高堤坝。故对路基高度设计,应尽可能留有余地。由于水库淤积会使水位抬高,库区路基设计高程也要作相应抬高。

8.2 库区新建路基断面形式

8.2.1 碾压式路基梯形横断面

在库区的缓坡地段修筑路基,可以采用一般梯形路堤形式。图 2-8-1 所示为三峡库区某段路基的设计断面,路基堤身为碾压黏土岩,堤脚设有堆石排水体及盖重,既可防冲防浪,又可防止库水位下降时路堤内侧水向库区渗流而产生的渗透变形。堤内回填黏土岩,既可提高路堤挡水稳定性,又可填土造地。这种梯形断面路基对地基承载力要求较低,对地基沉陷适应性较强。

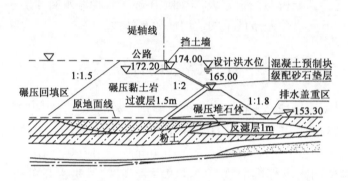

图 2-8-1 碾压式路基梯形横断面图(高程单位:m)

8.2.2 陡坡地挡土墙式路基横断面

当库岸路基较陡、堤顶与岸边河床之间高差较大,如采用一般路基形式,则放坡太远,工程量太大,不经济。如风化岩层不厚,可选用挡土墙路基,挡土墙基础置于岸坡稳定的基岩,图 2-8-2 所示为三峡丰都风景区某挡土墙式路基横断面图。

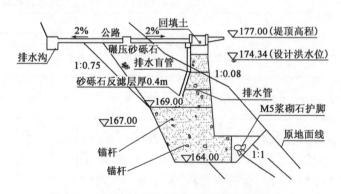

图 2-8-2 陡坡地挡土墙式路基横断面图(高程单位:m)

8.2.3 一体化综合利用式路基横断面

在库岸滑坡变形体前缘修筑路基,可起到压脚固坡、避免波浪对岸坡侵蚀的作用。图 2-8-3 所示为一种滑坡治理、塌岸防护与沿江公路建设一体化模式的横断面图,具有一定的参考价值。板桩墙式路基反压第二级滑坡体,下部的预应力锚索抗滑桩具有抵抗第一级滑坡体部分推力的作用,同时具有确保路基自身稳定的功能。

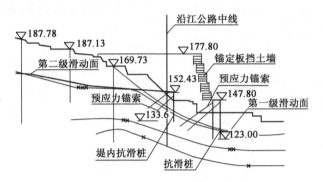

图 2-8-3 一体化综合利用式路基横断面图(高程单位:m)

8.2.4 填石填土混合式路基横断面

跨越水库支沟、支流或库湾的浸水路基,其间适当的位置设有过水建筑物,以尽量减小两侧水位差。如图 2-8-4 所示,为防止路基和坡脚受水流冲刷,填料受水浸泡后强度下降,以及水位骤降时产生渗透变形,常在设计水位以下选用石料,设计水位以上选用土料,在土石交界面处设置反滤层进行填料隔离和细料防漏,并加铺加筋垫层,提高软基上填石路堤的变形协调能力,防止路面产生反射裂缝。若高速公路修建在河滩砂土段,利用河滩中砂土作为路堤的填芯材料,既疏通河道,又少占耕地。但砂土失水后易坍塌,可采用黏土作为包边,充分利用两种土的优点,使得路堤既稳定又经济。

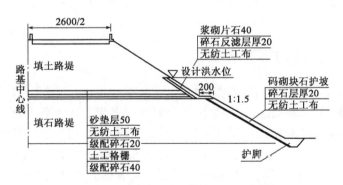

图 2-8-4 填石填土混合式路基横断面图(尺寸单位:cm)

8.2.5 加筋土组合挡土墙形式断面

针对纯加筋土挡土墙的抗冲刷能力不强,而山区高等级公路挡土墙往往沿沟谷地形进行设置,重庆交通科研设计院提出了加筋土组合挡土墙形式(图2-8-5),该形式结合了重力式挡土墙、钢筋混凝土挡土墙及加筋土挡土墙三者的优点,是一种新型支挡结构。

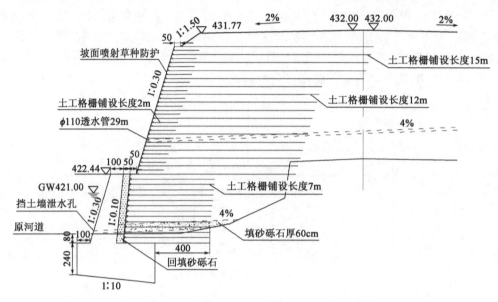

图2-8-5 加筋组合挡土墙(尺寸单位:cm;高程单位:m)

该结构是在迎水面设置低强度等级混凝土使之成为挡水防冲结构,而墙背则采用新型土工合成材料——土工格栅,使墙背填土成为整体性能极好的加筋复合土体,把挡土墙墙体和墙背填土分开,使墙背填土在土工格栅的约束作用下其侧向土压力极小,从而可大大减少混凝土外墙的断面积。墙背充填砂砾作为缓冲及反滤层,降低水渗流的影响,可进一步削弱路堤填土的侧向变形对墙体的作用,其结构形式比重力式挡土墙更加合理。该结构形式整体稳定性、抗冲刷、防渗等方面的能力均比重力式挡土墙要好,抗自然灾害的能力相对较强。由于该形式的挡土墙对地基的承载力要求大大低于衡重式挡土墙,在同等高度情况下造价也大大低于衡重式挡土墙,是一种经济合理的方案。通过大量的设计计算,目前该挡土墙已经应用于部分高速公路防护中。

8.2.6 桩基托梁挡土墙形式断面

桩基托梁挡土墙是挡土墙与桩的组合形式,由托梁相连接,如图2-8-6所示。在河岸严重冲刷、高路堤陡坡地段,采用桩基托梁挡土墙,能解决路基岩土体承载能力不足、基础埋置较深的问题。当挡土墙基础承载能力不足或基岩面较陡,加载后很可能形成基础沿基岩面下滑时,设桩基托梁挡土墙可将水平推力及竖向压力均传递至完整基岩上。在河岸严重冲刷、高路堤陡坡地段,采用桩基托梁挡土墙,较好地解决了岸坡防护建筑基础埋置较深的困难,均取得较好的技术经济效益。

8.2.7 石笼挡土墙形式断面

如果路基基础沉积层较厚,就存在支挡结构基础落不到基岩上的情况,这时可以考虑采用石笼等柔性支挡结构(图2-8-7),石笼最重要的一个优点就是它的柔性好,每一个单元和石笼整体具有较强的柔性。石笼结构的每个单元具有不同的沉降变形,尤其适用于地基基础不稳定或挡土墙趾部受水流或波浪淘蚀而导致结构沉降地段。石笼挡土墙允许一定量的沉降、扭曲、弯曲,并且能适应不同地面形状,而不影响结构的整体性。

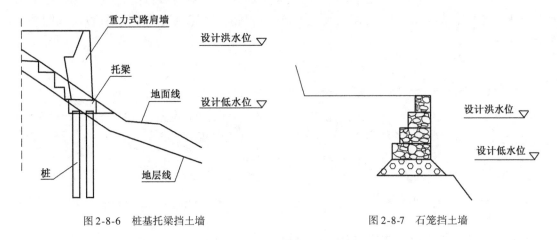

图 2-8-6 桩基托梁挡土墙　　　　　图 2-8-7 石笼挡土墙

8.3 库区路基改造的断面形式

8.3.1 原填石路堤加固横断面

原填石路堤高度足够,但须加固路基,可采用填石防护,并于设计低水位以下增设抛石护脚或铁丝笼护脚。填石路基须另加防护,可以采用干砌片石防护,不设置反滤层。原填石路堤加固横断面图,如图2-8-8所示。

8.3.2 原土质路堤加固横断面

原土质路堤高度足够,须加固路基。加固措施如图2-8-9所示,并于设计低水位以下增设抛石护脚或铁丝笼护脚。土质路基须另加防护,可以采用干砌片石防护,并且设置反滤层。

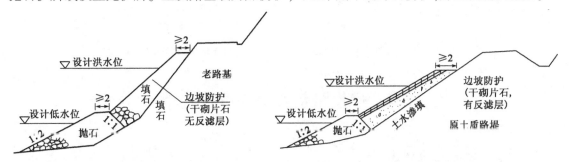

图 2-8-8 原填石路堤加固横断面图(尺寸单位:m)　　图 2-8-9 原土质路堤加固横断面图(尺寸单位:m)

8.3.3 原填石路堤加高加固横断面

原填石路堤高度不够,须加高加固。可采用填石加高加宽,须另加防护,可不设反滤层,在设计低水位以下增设抛石护脚或铁丝笼护脚,如图 2-8-10 所示。

8.3.4 原土质路堤加高加固横断面

原土质路堤高度不够,须加高加固。原土质路堤高度不够时,设计洪水位以下,可采用渗水性填料;在设计洪水位以上,可用黏性土填筑。路基应加以防护,并需设反滤层,如图 2-8-11 所示。

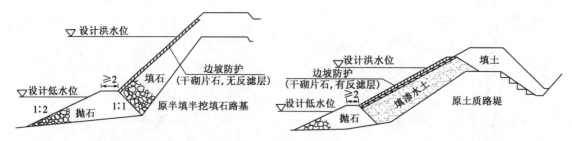

图 2-8-10 原填石路堤加高加固横断面图(尺寸单位:m)　　图 2-8-11 原土质路堤加高加固横断面图(尺寸单位:m)

8.3.5 采用"减压"和"反压"的措施

库水位上升使老路堤成为"防洪堤坝"或"挡水坝"后,除应加固护坡、护脚外,还应消除堤身地基沉落、路基滑坍、路堤整体失稳等病害。为了防止堤身、堤基出现渗透稳定问题,可在迎水侧基底设置灌浆帷幕或防渗齿墙,同坡面浆砌片石综合防护,截断渗透水流。或者在迎水侧坡脚处设置护坦及其前端的基础墙,以求"减压",背水侧设置反压护道(盖重),以求"反压"抵消强大的渗透压力,确保下游渗流逸出处稳定,如图 2-8-12 所示。

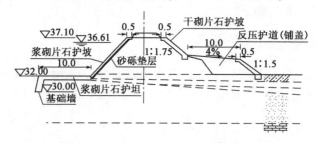

图 2-8-12 采用"减压"和"反压"的整治措施(尺寸单位:m;高程单位:m)

8.4 库岸路基坡率与填料选择

8.4.1 库岸路基坡率

库岸路基应按浸水路基的要求设计,当边坡高度较大时,宜采用台阶形断面。不受库水影响的填土部分,其坡度与一般路堤边坡相同。在设计水位以下的边坡坡率不宜陡于 1:1.75;当路堤边坡较高时,边坡坡度应进行稳定性计算确定。

库岸路基稳定性分析,应考虑上、下游水头差在堤内产生的稳定渗流及水位骤然下降在堤内产生的不稳定渗流,对路堤边坡产生的渗流压力和冲蚀作用。土质路堤应按路堤内渗流的最不利情况进行验算,必要时应进行流网计算。

稳定性验算既应考虑库水浸泡后路基土抗剪强度降低的影响,土的强度参数在地下水位高度(浸润曲线以上加地下水壅升高度)以上和以下分别采用夯后快剪和夯后饱和快剪试验值;也应考虑库水的浮托力影响,物理参数按地下水位以上和以下分别取值。

在封冰和流冰地区,应考虑冰荷载作用。在水库的上游地段,若流速较大,还需考虑水流的冲刷作用。在淤积快的水库区,由于蓄水初期为危险期,这时没有淤积物或淤积物很少,验算路堤稳定性时,不考虑将来淤积后增加的路堤抗滑能力。

路基抗滑稳定计算可采用瑞典圆弧法。当地基存在较软弱土层时,宜采用改良的瑞典圆弧法。

8.4.2 填料选择

路堤在渗透压力作用下,不仅降低了路堤边坡的稳定性,还可能产生管涌和流土现象,不利于路堤的稳定。因此,路堤应采用级配良好的渗水性土作为填料,并严格控制路堤填筑的压实度。

当渗水性材料较为缺乏时,路堤受库水浸泡的部位宜用渗水性材料填筑,库水位以上的部位可用细粒土填筑。对于用细粒土填筑的路堤,当渗透速度和渗透压力较大而可能发生冲蚀时,除放缓边坡外,宜在低水位一侧设置排水设施,如设置较厚的反滤层及基底的护底等。

浸水路基填料,一般优先选用压缩变形小、水稳性好、渗透性强的粗颗粒材料,如砾石、卵石、漂石、不易风化的碎石和块石,以及粗砂、中砂等,以减小渗透压力的作用。一般黏性土也可用作填料,但施工中应严格控制填土在最佳含水率时达到的压实度。一般黏性土的含砂量以50%～75%为佳。

重黏土、易崩解岩土、易湿陷土、粉质土及其他不宜用作填筑一般路堤的填料,均不宜用作水库浸水路基的填料。当采用细砂、粉砂作填料时,应考虑振动液化的影响。

需要注意的是,当路堤两侧水位差较大时,宜参照《堤防工程设计规范》(GB 50286—2013)进行筑堤材料选择,进行防渗稳定设计。采用一种材料的均质土堤宜选用黏性土,黏粒含量宜为15%～30%,塑性指数宜为10～20。石料、砂砾料等其他筑堤材料,防渗体、排水体、反滤层等材料均应满足有关规定。

9 库岸路基防排水技术

水库蓄水后,由于库区水位变动频繁,地下水水位随之波动涨落,进而改变了岩土体原生性质和结构。以泥岩、粉砂岩、泥灰岩等软弱岩层为基岩的岸坡,地下水和库水的作用十分明显,主要是劣化岸坡岩土体物理力学参数,降低岩土体抵抗外荷载的能力;不仅如此,当库水位陡降造成地下水与库水间出现水头差、地下水开始流动时,地下水对岸坡滑动体就会产生静水压力作用和动水压力作用,加大岸坡滑动体的滑动效应,弱化坡体的稳定性能,并降低抵抗库岸变形能力。水是水库岸坡失稳破坏的主要的因素之一。大量研究表明,90%以上的路基失稳滑动破坏都由地下水造成。水可以使原本稳定的路基蠕动变形,最终生成坍滑破坏。因此,采取排水设施,迅速降低地下水水位,减小渗流动、静水压力对路基滑动作用是保证岸坡稳定、消除库岸地质灾害的重要措施。

路基排水系统设计的目的是拦截路基上方的地面水和地下水,迅速汇集路基基身内的地面水,把它们导入顺畅的排水通道,并通过桥涵将其宣泄到路基下方。降落在路基基身范围内的水,则将其迅速汇集,并引导和宣泄至路基下方,以免停滞在路基范围内浸湿基身而降低其强度和稳定性。对于路基下方,应采取排水措施妥善处理上方宣泄下来的水流或路基下方水道内的水流,防止它们冲刷路基坡脚,危及路基稳定性。几十年来,已有许多以"防排水"为主要途径的路基灾害防治设计方案被相继采用,这些方案大体上可分为两类:一类是主动防排水方案,另一类是被动防排水方案。

主动防排水,就是地表排水,把降水或来自路基范围之外的地表径流拒之于路基之外,使之通过地面径流排走,切断坡体地下水的补给源。其排水设施主要有边沟、截水沟、排水沟、跌水及急流槽、拦水带、蒸发池等。被动防排水,即路基内部防排水,指降雨或其他来源的水已经进入路基系统,并引起了地下水水位抬升,为防止停滞在路基范围内浸湿基身而降低其强度和稳定性所采取的措施,主要有盲沟、渗沟和渗井等。

路基排水的任务是,将路基范围内的土基湿度降低到一定范围内,保持路基常年处于干燥状态,确保路基、路面具有足够的强度和稳定性。路基上方、基身和下方,为完成各自的排水任务,需采用不同的排水设施,而要完成整个路基的排水任务,把全部地面水和地表水有效地拦截、汇集、引导和宣泄到路基范围之外,就必须把各种排水设施联结成排水网络,进而构成路基排水系统,使各处水流合理疏排,均有归宿。

9.1 库岸路基渗流特点与设计原则

9.1.1 库岸路基地下水渗流特点

库岸路基土体受水的作用,坡体中地下水不仅可从大气中的雨水获取,更重要的是可以从水库中获取,地下水渗流路径也与山体路基渗流不同,当库水位上升时,岸坡前缘部分岩土体中地下水位将会低于库水位,出现反向水头差,如图2-9-1中所示 FIJH 线,进而产生由外向内、由下向上渗流的特性;水库降水历时短、水位落差大,在水位降落过程中,除渗流溢出点岩土体内外水位一致外,渗流自由面高于库水位,在岸坡体上将产生滑动力,致使路基失稳滑移破坏,进而引发严重的地质灾害。

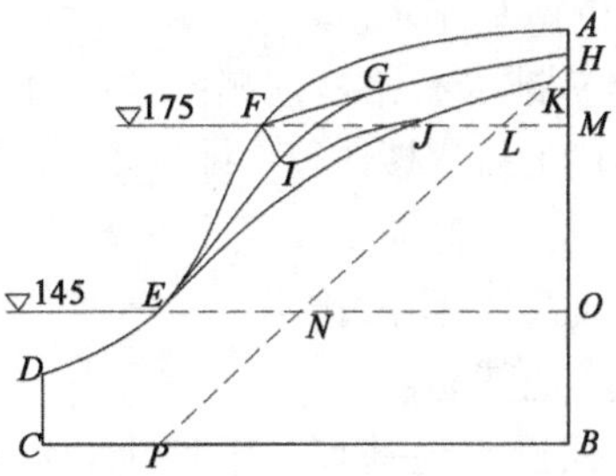

图2-9-1　库岸渗流自由面概念图(高程单位:m)
FGH-高水位时的渗流自由面;EGH-降水终了时刻渗流自由面;EJH-稳定的水位渗流自由面;FIJH-库水位上升终了时刻渗流自由面;DEFA-库岸自然边坡

9.1.2　防渗与排水设计原则

水库水位下降幅度和时间的变化较为复杂,一般认为当土体的渗透系数 $K>10^{-3}$ cm/s,水位消落速度小于1m/d时为缓降,而大于3m/d时为骤降。当水库水位骤降时,路堤内侧的水向库区渗流,对水库侧的路基产生渗透压力和冲蚀作用;当水库水位上升时,库区的水向路堤渗流,对外侧路基产生渗透压力和冲蚀作用。

路堤内的渗透变形主要为管涌和流土。当路堤上下部位采用不同填料时,可能产生接触流土和接触冲刷。对水库路基,应从土的不均匀系数、颗粒直径、土体的密实度和渗透系数及渗透速度、渗透压力等因素分析其渗透破坏作用。路堤一般应就地取材,尽可能采用均质断面,只有当筑堤土料渗透性较强,不能满足渗流稳定时,才考虑采用多种材料填筑的非均质断面。

水库路基本体和地基两者的防渗与排渗设施应统筹布置,并应使两者紧密结合,控制通过路基和地基的渗流,以防止土体因渗流作用发生危险的冲蚀、滑坡等破坏。渗流控制的基本方法是防渗与排渗,并在渗流出口等部位设置滤层保护。防渗措施总是靠近临水侧或路基中部,以消杀大部分渗流能量后,再让渗水从下游或背水侧排渗出口流出。对于水库路基来说,应以防渗为主,排渗为辅,特别是水资源宝贵的工程,应尽可能采用阻水作用较大的垂直防渗。对于库岸路基来说,为了防止影响低水位时两岸地下水的消退,最好在背水侧采用排渗措施为主。

1)路基的防渗排水
(1)路基防渗。

路基防渗可采用临水侧的斜墙、路基内部的心墙等形式。防渗体应采用透水性很小的材料,主要防渗材料可采用就地取材的黏土以及混凝土、钢筋混凝土或沥青混凝土、土工膜等。路基防渗体顶部应高出设计水位0.5m。土质防渗体的断面,应自上而下逐渐加厚,顶部最小水平宽度不宜小于1m,底部厚度不宜小于堤前设计水深的1/4。土质防渗体的顶部和斜墙的临水面侧应设置保护层,保护层的厚度不应小于当地冻结深度。沥青混凝土或混凝土防渗体和填筑体之间,应设置垫层或过渡层。土工膜与土工织物的性能应满足强度、渗透性和抗老化等要求,表面应加以防护,防止机械和生物破坏。

(2) 路基排水。

路基排水有路基内稍倾斜的直立式排水、背水坡脚处的贴坡滤层、路基内的褥垫层、伸入背水坡脚的排水棱体等。排水体采用强透水的材料，主要是就地取材的砂、砾料，其入渗侧还应符合滤层设计的标准。砂、砾石排水体的厚度或顶宽不宜小于1m。滤层材料还可采用土工织物等。

2) 地基的防渗排水

(1) 地基防渗。

浅层透水地基宜采用黏性土截水槽或其他垂直防渗措施截渗。截水槽底部应为相对不透水层，截水槽宜采用与路基防渗体相同的土料填筑，其压实密度不应小于堤体的同类土料。截水槽的底宽，应根据回填土料、下卧的相对不透水层的允许渗透坡降及施工条件确定。

相对不透水层埋置较深、透水层较厚且临水侧有稳定滩地的地基，宜采用铺盖防渗措施。铺盖的长度和断面应通过计算确定。计算时，应计算下卧层及铺盖本身的渗透稳定。可充分利用天然弱透水层作为防渗铺盖，在防渗性能（厚度、级配、渗透系数等）不足的部位，应采用人工铺盖补强；在缺乏铺盖土料的地方，可采用土工膜或复合土工膜，在表面应设保护层及排气排水系统。

深厚透水地基上的重要堤段，可设置黏土、固化灰浆、混凝土、塑性混凝土、沥青混凝土等地下连续截渗墙。截渗墙的深度和厚度应满足地基和墙体材料允许的渗透坡降的要求。

砂、砾石地基通过室内及现场试验确定可灌性后，可建造灌浆帷幕。岩石地基上设置防渗灌浆帷幕时，应按《水工建筑物水泥灌浆施工技术规范》（DL/T 5148—2012）执行。岩石地基上的路堤主要应防止岩石裂隙和沿岩石面的渗水冲蚀强风化的岩石和路基，一般以表层处理为主。因岩溶等原因，渗水量过大，可能危及路基安全时，应该根据当地材料的情况，堵塞漏水通道，必要时可加设防渗铺盖。

(2) 地基排水。

表层弱透水层较厚的地基，宜采用盖重措施处理。盖重宜采用透水材料，厚度根据盖重有无被顶托破坏来确定。

表层弱透水层较薄的地基，如下卧的透水层基本均匀且厚度足够时，宜采用排水减压沟。排水减压沟可采用明沟。若为暗沟可采用砂石、土工织物、开孔管等。弱透水层下卧的透水层呈层状沉积，各向异性，且强透水层位于下部，或其间夹有黏土薄层和透镜体，宜采用排水减压井，应根据渗流控制要求和地层情况，结合施工等因素，合理确定井距和井深。

排水减压沟、排水减压井的平面位置宜靠近路基背水侧坡脚。设置排水减压沟、排水减压井后，应复核地基及渗流出口的渗透坡降。超高允许的渗透坡降，应采用其他防渗或反滤措施。防渗、反滤设施可用天然材料或土工膜、土工织物等。

3) 地表排水

对于库岸路基，除了考虑路基与地基的排水外，还应考虑与地面排水相结合。地表排水工程可分为截水沟和排水沟两种。对于缓坡地段与陡坡地段的库岸路基中，均采用边沟与排水沟，截水沟主要用于不良地质与陡坡地段。

边沟、排水沟的设计应结合地面自然坡度以及路线纵坡，并充分与泄水构造物相协调，并能保证把路基水排到河流、沟渠中。在设计中，除进行路线纵坡设计外，还应进行边沟的纵断面设计，以保证地面水能迅速排走。边沟、排水沟的纵坡设计不同于路线纵坡设计，在纵断面设计时，应考虑到边沟、排水沟的设计纵坡应与地面线自然变化相一致，不应出现填筑边沟以及水流倒流的现象。另外，应特别注意的是，在路线填挖交界处，地面自然纵坡通常大于5%，需进行特殊设计，如加设急流槽等。边沟、排水沟的纵坡也应取大于0.5%的坡度，在特殊困难地区也必须保证大于0.2%，以使沟内的水流能保持畅通地排出，不至于淤积。

截水沟设置是否合理，将关系到地面径流能否顺畅排泄和挖方路基是否稳定，因此，对于上侧山坡汇水面积较大，一道截水沟不能保证拦截全部地面径流时，可设置多道截水沟，分散径流，降低流速，做到分别拦截，梯次排水。

9.2 库岸路基排水布置方案设计

9.2.1 设计的基本要求

库岸路基及其路基岩土体的渗透特性使得排水系统中的地下水具有独特的补给、径流、排泄规律和水力学特性。在设计中首先要考虑公路工程与岩土体环境的相互作用关系，进而确定地下排水工程的必要性及排水构筑物的合理组合，以及经济技术合理的优化方案。

1）水文地质调查与资料收集

设计前应进行水文地质调查，并收集下列资料：

(1) 设置地下排水设施的工程地质平面图，其中包括地形、地貌及路线的纵横断面图。

(2) 原地段土的物理力学性质，如土的颗粒组成、渗透性和毛细管水上升高度等。

(3) 土的冻结深度、最小填土高度及有关气象资料。

(4) 地下水位、流向、流量和流速；泉眼的位置和流量。

(5) 含水层的性质、层数与厚度。

(6) 地下水水位降落曲线的平均坡度。

(7) 当地已有的地下排水设施工作情况。

2）设计的基本原则

(1) 在地下水危及路基稳定（包括整体稳定和局部稳定）或严重降低路基强度的情况下，通常根据具体情况采取拦截、旁引、排除含水层的地下水，疏干坡体内地下水，降低地下水水位以及采取隔离等措施进行处理。

(2) 在地下水水位很高的地段，通常适当提高路基填土高度，或在路基两侧、路基边沟、中央分隔带的地面下设置排水设施，以降低地下水位。

(3) 对于水文地质条件比较复杂的地下水，需要通过较详细和相当范围的调查、勘探及试验，进行全面比较，采取综合排水措施治理。

(4) 地下排水设施的类型、位置与尺寸，取决于工程地质及水文地质条件。设计前必须调查清楚，因地制宜，以免遗留后患。

(5) 在排除地下水的同时，还需完善地表排水设施，防止地表水下渗造成地下水补给危害。

(6) 对于地下排水设施的设计，要进行地下水流量、流速的计算，并考虑地下水渗流条件随年份、季节的改变会发生变化。当施工的复查结果有变化时，就要根据现场观测资料做相应的调整。

3）设计的主要内容

(1) 确定排水设施的类型、位置与深度。

(2) 计算流入排水设施的流量,并绘制水位降落曲线。

(3) 进行水力计算,并确定排水设施的尺寸。

(4) 设计计算排水设施细部,如渗水缝隙、反滤层埋置深度等。

(5) 设计地下排水构筑物的附属设施,如出水口、引水沟等。

(6) 提供详细的设计图纸与说明。

9.2.2 设置场合与排水断面形式

在地下水危及路基稳定(包括整体稳定和局部稳定)或者严重影响路基强度的情况下,应根据具体情况采取拦截、排引含水层地下水,降低地下水水位或者疏干坡体内的地下水等措施。

(1) 当路堑开挖截断了坡体内的含水层,或者山坡路堤的基底范围内有含水层出露时,可沿挖方或填方路基坡脚设置纵向地下排水沟,将含水层的地下水拦截在路基范围外,并排引出路堑或路堤(图 2-9-2)。

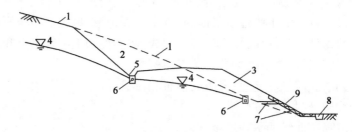

图 2-9-2　拦截地下水的纵向地下排水沟
1-天然地面;2-挖方;3-填方;4-地下水位;5-边沟;6-地下排水沟;7-水平排水层;8-排水沟;9-渗水性坡面

(2) 当填挖交界路段,路堤基底遇有含水层出露时,须在填挖交界处设置横向地下排水沟,以拦截含水层内的地下水并排引出路界(图 2-9-3)。

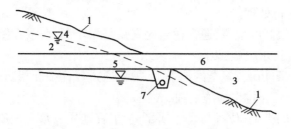

图 2-9-3　拦截地下水的横向地下排水沟
1-天然地面;2-挖方;3-填方;4-原地下水位;5-降低后地下水位;6-水平排水层;7-地下排水沟

(3) 当地下水水位高而路堤填土高度受到限制时,或者路堑开挖后路床高程离地下水水位很近时,可沿两侧边沟设置地下排水沟,以降低地下水水位,减小路基湿度,提高其承载能力(图 2-9-4)。

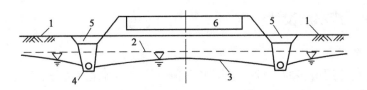

图 2-9-4 降低地下水的横向地下排水沟
1-天然地面;2-原地下水位;3-降低后地下水位;4-地下排水沟;5-边沟;6-路面层

（4）土质路堑边坡的含水率很大（或有上层滞水）而易产生坡体滑动，可在坡体内设置条形、分岔形或拱形边坡渗沟以疏干坡体（图 2-9-5），或者设置水平排水孔以降低坡体内的静水压力（图 2-9-6）。

（5）为拦截地下水或上层滞水的毛细水上升以阻止其进入路面结构，或者排出因负温差作用而聚积在路基上层的自由水，可直接在路床顶部设置排水层，并在其两侧配置纵向集水管（图 2-9-7）。

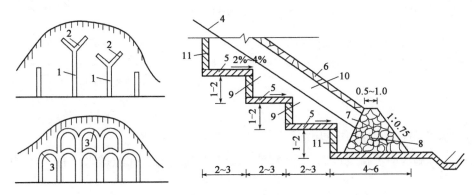

图 2-9-5 疏干边坡坡体的边坡渗沟（尺寸单位:m）
1-主沟;2-岔沟;3-拱形沟;4-潮湿与干燥稳定土层的分界线;5-浆砌片石铺砌;6-干砌片石石垛;7-片石;8-边沟;9-底部回填粗粒料;10-上部回填细粒料;11-反滤层或反滤织物

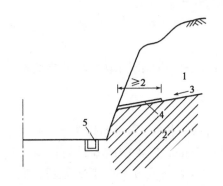

图 2-9-6 疏干边坡坡体的水平排水孔
1-透水性岩土;2-黏性土;3-涌水;4-水平排水孔;5-边沟

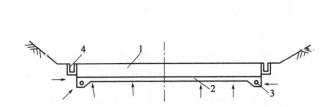

图 2-9-7 水平排水层和纵向集水管
1-路面结构;2-排水层;3-纵向集水管;4-边沟

9.2.3 地下排水沟设计

1）一般设计要求

地下排水沟是应用最多的一种地下排水设施。地下排水沟有管式和洞式两种，它由透水管（管式）、排水洞（洞式）及沟槽内回填的透水性材料组成（图2-9-8、图2-9-9）。

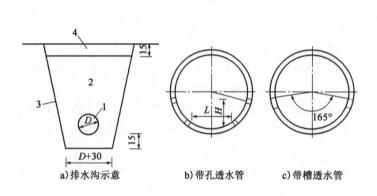

图2-9-8 管式地下排水沟（尺寸单位：cm）
1-带槽或带孔透水管；2-透水性回填料；3-反滤层或反滤织物；4-不透水封层

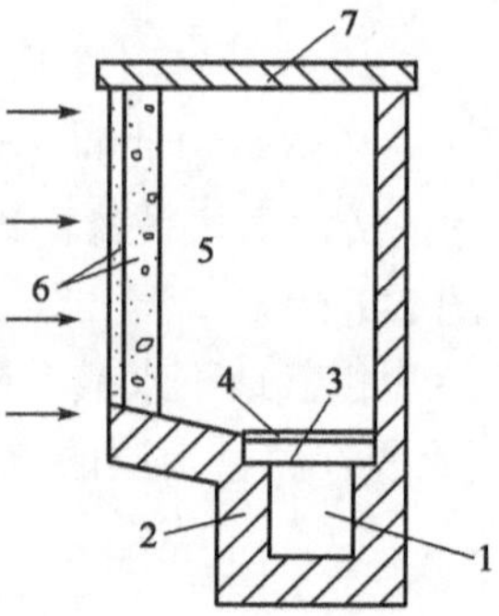

图2-9-9 洞式地下排水沟
1-排水洞；2-浆砌片石；3-混凝土或石盖板；4-透水性土工布；5-透水性回填料；6-反滤层或反滤织物；7-封闭层

地下排水沟设计的一般要求如下：

（1）排水设施应具有渗滤能力，防止渗流携带的细粒堵塞多孔隙透水材料，致使排水设施失效。

（2）排水设施埋置在地下，应具有足够的耐久性。设在路床内的设施，其服务年限应不低于50年；设在路床外的设施，其服务年限可为25年。

（3）地下排水设施遇地表排水系统须分开，表面水不允许通过地下排水设施排放；地下水可排入路界地表排水系统或涵洞，但出水口的水不能具有压力。

（4）为便于检查、疏通和维修地下排水沟管，在其上游端头、中间段的汇流点和适当间距处，应设置检查井和疏通井管（人孔）。

（5）进行地下排水设施设计时，应同时考虑采取措施减轻或防止因地表水下渗而造成对地下水的补给。

2）透水管

透水管可采用带槽孔的水泥混凝土管、钢筋混凝土管或塑料管（聚氯乙烯或聚乙烯）等。

带孔的排水管，其圆孔的内径为5～10mm，纵向间距75mm，按4排或6排对称地排列在圆管断面的下半截（图2-9-8）。最上面一排圆孔距内底的最大高度 H 和管下部无圆孔截面的悬出段长度 L，应满足表2-9-1中所列的要求。

带槽的排水管，其槽口的宽度为3～5mm（沿管长方向），沿圆周方向的长度和槽口的间距应满足表2-9-1中所列的要求。槽口分两排，间隔165°对称排列在圆管断面的下半截。

带槽孔透水管的槽孔布置尺寸要求 　　表 2-9-1

管径 (mm)	圆 孔			槽 口	
	排数	H(mm)	L(mm)	长度(mm)	距离(mm)
150	4	70	98	38	75
200	4	94	130	50	100
250	4	116	164	50	100
300	6	140	195	75	150
280	6	175	244	75	150
460	6	210	294	75	150

在沟槽内安设透水管时,槽孔须向下。

透水管所需的过水断面面积可按下式计算

$$A = \frac{qlF}{v} \tag{2-9-1}$$

式中:A——透水管所需的过水断面面积(m^2);

q——透水管每延米长度的设计流量(m^3/s);

l——透水管长度(出水口间距,m);

v——管内平均流速(m/s),为 0.3~1.0m/s;

F——安全系数,由现场试验确定渗透系数时,F 可取值为 1.5;由室内试验确定渗透系数时,F 取值为 2.0;按土质类型估计渗透系数时,F 取值为 3.0。

透水管的长度在 150m 以内者,其内径不得小于 150mm;长度在 150m 以上者,其内径不得小于 200mm。

3)石砌排水洞

在盛产石料地区,可采用片石浆砌成矩形的排水槽,槽顶覆盖水泥混凝土板或者石条盖板,形成排水洞(图 2-9-9)。板条间留有小于 20mm 宽的缝隙,间距不超过 300mm,供渗入沟槽内的地下水流入排水洞。盖板顶面覆盖透水性土工布,以免回填料随渗流水落入排水洞内。

4)沟槽

透水管或排水洞设置在沟槽底部,沟槽内回填透水性材料。透水管管底铺设 15cm 厚的填料,管两侧的回填料宽度不小于 30cm。为避免透水管的孔槽被堵塞,回填料在通过率为 85% 时的粒径比孔口直径或槽口宽度大两倍。透水性回填料可采用粒径为 5~40mm 的碎石或砾石,但小于 2.36mm 的细粒含量不得大于 5%。含水层内的细料有可能随渗流进入沟槽内堵塞排水沟,应在排水沟的迎水面沟壁处设置反滤层或土工织物。排水沟位于路床范围外时,透水性回填料顶部应覆盖 15cm 厚的不透水封闭层(黏土或浆砌片石),以防止地面水渗入。

5)反滤层

当透水性回填料的级配不满足反滤要求时,需在沟壁迎水面处设置反滤层。反滤层材料的级配应满足下列排水和反滤的要求:

(1)当反滤层集料在通过率为 15% 时,粒径 d_{15} 应不小于迎水面沟壁被保护岩土集料在通过率为 15% 时的粒径 D_{15} 的 5 倍,即 $(d_{15}/D_{15}) \geq 5$。

(2)当反滤层集料在通过率为15%时,粒径d_{15}应不大于迎水面沟壁被保护岩土集料在通过率为85%时的粒径D_{85}的5倍,即$(d_{15}/D_{85}) \leq 5$。

(3)当反滤层集料在通过率为50%时,粒径d_{50}应不大于迎水面沟壁被保护岩土集料在通过率为50%时的粒径D_{50}的25倍,即$(d_{50}/D_{50}) \leq 25$。

(4)反滤层集料的不均匀系数(通过率为60%的粒径与通过率为10%的粒径的比值)不大于20,即$(d_{60}/D_{10}) \leq 20$。

上述要求的具体应用如图2-9-10所示。图2-9-10中所示的曲线1为迎水面沟壁岩土颗粒的级配曲线。按第一点要求,可点出点2的位置;按第二点要求,可点出点3的位置;按第三点的要求,可点出点4的位置;连接点3和点4,并外延到通过率为60%处,可点出点5的位置;继续外延,可得到反滤层集料级配范围的上限;按第四点要求,可点出点6的位置;连接点6和点2,并按级配范围详细曲线平行外延,可得到反滤层集料级配范围的上限;按第四点要求,可点出点6的位置;连接点6和点2,并按级配范围上限曲线平行外延,可得到反滤层集料级配范围的下限。反滤层集料的级配处于上限和下限曲线之间时(图中阴影部分),即可满足上述反滤要求。

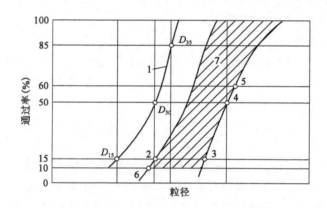

图2-9-10 符合反滤要求的集料级配设计

1-被保护集料的级配曲线;2-第一点要求$(d_{15} \geq 5D_{15})$;3-第二点要求$(d_{15} \leq 5D_{85})$;4-第三点要求$(d_{50} \leq 25D_{50})$;5-点3和点4外延;6-第四点要求$(d_{60} \leq 20D_{10})$;7-符合反滤要求的反滤层集料级配范围

当单层反滤层集料无法满足上述要求时,可考虑采用多层反滤层。各反滤层与其相邻反滤层的集料级配应符合上述要求,每层反滤层的最小厚度为15cm。

6)反滤织物

反滤织物(土工布)可选用聚酯类、尼龙或聚丙烯材料制成的编织或无纺织物。织物的性能应符合下述三方面要求:

(1)在有透水要求时,其渗透能力应高于邻近粒料或土的渗流能力。反滤织物的透水能力与织物的渗透性(渗透系数)和厚度有关,其渗透系数通常在0.1~0.001cm/s范围内。

(2)阻挡细粒透过。反滤织物阻挡细粒的能力以其视孔径(AOS)大小表征,而计算时以最接近的视孔径筛子尺寸的相应值O_{95}表示。按所需阻挡的细粒的粒径大小,选用不同的O_{95}要求值,见表2-9-2。

对织物孔径 O_{95} 的要求　　　　　　　　　　　　　　　　表 2-9-2

阻挡细粒的类型	中砂的下区	细砂的上区	细砂的中区	细砂的下区	粉土的上区	粉土的中区
AOS(筛号)	40	60	70	100	200	400
O_{95}	0.42	0.25	0.21	0.15	0.075	0.037

(3) 具有一定的强度,包括刺破强度、握持强度及梯形撕裂强度等,以承受邻近粒料或其他物体的破坏作用。

按上述各项反滤织物的性能要求制定建议指标列于表 2-9-3,供选用反滤织物时参考。

反滤织物各项性能指标的建议值　　　　　　　　　　　　　表 2-9-3

项目	渗透性(cm/s)	孔径尺寸 O_{95} (mm)	刺破强度(N)	握持强度(N)	梯形撕裂强度(N)
试验方法	ASTM D4491	ASTM D4751	ASTM D3787	ASTM D4632	ASTM D4533
指标值	≥0.001	≤0.15	≥334	≥800	≥334

注:需阻挡粉土时,孔径筛子尺寸 $O_{95} \leq 0.074$ mm 或 $O_{95} \leq 0.037$ mm。

7) 布设

地下排水沟的布设位置,应配合地下水水位及其流向、排水功能要求、公路基础设施、地面排水设施以及地下埋置物等情况来确定。

(1) 深度。

地下排水沟的埋置深度,按地下水位的高程、为保证路基或坡体稳定地下水水位所需下降的深度及含水层介质的渗透系数等综合考虑确定。

式(2-9-2)为图 2-9-11 中所示情况下的地下排水沟最小埋置深度的计算公式:

$$H = \frac{(I_0 - i)B}{200} + h_0 + h_a + h_p \tag{2-9-2}$$

式中:H——透水管最小埋置深度(m);

I_0——地下水水位降落曲线的平均坡度,随含水层介质的渗透系数不同而异;

i——路面横坡;

B——透水管中心之间的间距(m);

h_0——透水管中心至地下水水位的高差(m),含水层介质为砂时,可取为 0.05m;为砂质土时,可取为 0.10m;为黏性土时,可取为 0.15m;

h_p——路面结构层厚度(m);

h_a——路床顶面到地下水位间的允许间距(m),至少采用 0.60m。

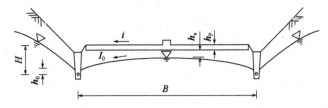

图 2-9-11　透水管埋置深度

(2)纵坡和出水口。

地下排水沟的纵坡一般不宜小于0.5%。在条件困难时,其主沟的最小纵坡可采用0.25%,支沟的纵坡不得小于0.20%。

排水沟出水口的间距不得大于300m。应妥善处理出水口的排水通道,防止出现漫流或冲刷山坡坡面。

(3)清理孔和人孔。

透水管的上游端头应设置成45°角向上倾斜,并与地面相通,以利于清扫和疏通。在汇流点和中间适当距离处须设置人孔,以便于检查和清理。内径小于100cm的透水管,人孔间距不应大于100m;内径小于60cm的透水管,人孔间距不应大于75m。

人孔应具有足够的空间供维护人员上下和工作,其形状和构造不应干扰水的流动(图2-9-12)。

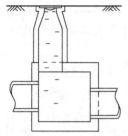

图2-9-12 人孔构造示意

9.2.4 库岸路基排水布置方案设计内容

为引排山坡土体内的地下水,以解除静水压力,保证坡体稳定,可采用平式钻孔排水。用钻孔直径75~150mm、钻深可达180m的钻机,在挖方边坡平台上钻入坡体含水层,而后在钻孔内推入直径50mm、带槽孔的塑料(PVC)排水管,或将塑料排水管放在钻杆内一起钻入,随后抽出钻杆。带孔排水管的圆孔直径为10mm,纵向间距为75mm,沿管周分三排均布排列:一排在管的顶部,其他两排分别在管的两侧,顶排的圆孔位置与侧排圆孔交错排列。靠近出水口1~10m的范围内,应设置不带槽孔的塑料排水管。在靠近出水口至少60cm的范围内,应用黏土堵塞钻孔与排水管之间的空隙。

排水孔的空间位置决定了排水效果的好坏,而排水孔的空间位置取决于排水孔的仰坡度、深度及间距三个要素。

1)排水孔的仰坡度

最佳的排水孔方向应是排水量最大或者最易降低地下水水位的方向,即应该是穿过最多、最宽裂隙的方向。在路基上布孔,其排水孔的方向由仰坡度所表征。就计算成果而言,最佳仰坡度只可能是一个值。但具体到施工方面来讲,由于仰坡度的增加,其施工难度也增加,投资也随之增加。因此,排水孔的仰坡度一般采用平均仰坡度10%~15%。

2)排水孔的深度

路基上排水孔的深度取决于需要降低地下水水位的深度和斜孔倾角的陡缓(由仰坡度表征)。排水斜孔的孔口高程应低于需要降低地下水水位的最低高程,斜孔的斜深度 L 可用下式表示:

$$L = \frac{H - h}{\sin\alpha} \tag{2-9-3}$$

式中:H——要求降低地下水位的最低高程;

h——排水斜孔的孔口高程;

α——排水孔的倾角。

3)排水孔的间距

路基排水孔间距的大小,一般工程用工程类比法确定。对于大中型工程,近年来有利用基岩裂隙的渗透系数(假定为各向同性)进行模拟试验而确定的。由于所采用的渗透系数不能代表相应基岩各向异性的渗透性,其成果在很大程度上带有估计性。现对排水孔的间距作如下分析:

裂隙基岩的透水性实质上是裂隙的透水性。排除岩层内的地下水,即排除裂隙内的地下水。排除地下水的影响范围只能在裂隙内扩展。从裂隙排水的角度出发,所有岩层内的裂隙,无论是在平面上还是在剖面上,都可将其分为两大类:一类是不与其他裂隙切割的单条裂隙;另一类是与其他裂隙相互切割的裂隙(简称切割裂隙)。排水孔穿越单条裂隙时,排水孔(钻穿透水岩层的落水孔)只能排除倾向孔内的那段裂隙内的地下水;排水孔穿越切割裂隙,排水孔也只能排除倾向孔内的那段切割裂隙内的地下水。暂且称倾向孔内的单条裂隙和倾向孔内的切割裂隙长度在与钻孔轴向呈垂直方向的投影长度分别为排水孔的最小孔间距和最大孔间距。

在坚硬层状较强透水区内,层面裂隙分布可以认为是无限远的,构造裂隙多与其相交或相割。所谓相交,是指两条裂隙相遇不穿过;相割,则是指两条裂隙相遇且相互切割。一般3~4组的构造裂隙在平面上的切割点较多。可以想象,如果排水孔遇到多条裂隙中的其中一条,那么其他条裂隙都可在饱水条件下发生或强或弱的水力联系。因此,排水孔的间距应根据切割裂隙排水影响直径来确定。

第 3 篇 库岸路基及桥台锥坡的防护与加固

库岸路基防护的实践表明,路基工程的投资增加,在很大程度上是由于防护、支挡与加固结构问题引起的变更造成,因此,如何根据库岸路基不同地质地貌特点,对防护、支挡与加固结构物进行合理的选型和设计,已成为设计、建设单位十分关注的问题。

库岸路基的失稳破坏在库区库岸公路建设中比较常见,时有发生,造成的危害较大,有的甚至是灾难性的,对生态环境的影响十分显著,在近些年来引起了公路界的高度重视,已经开展了一些研究工作,但是这些研究工作还不足以涵盖库岸路基防护与加固中遇到的各种问题。目前,库岸路基设计中面临的主要问题有以下三方面:

(1)缺乏永久性库岸路基工程建设的实践经验。

(2)库岸路基防护与加固基础资料薄弱,缺乏对工程设计提供有力的支撑。

(3)缺乏完备的设计方法和设计原则,库岸路基工程设计多因设计人员的习惯和经验而定,往往缺乏理论依据,有时与客观实际差距较大。

通过对各种已有防护工程与加固结构进行库岸路基工程适宜性研究,归纳整理出各种结构形式的主要适用范围、适用条件、设计因素等主要指标,为库岸路基和桥台防护工程与加固结构的设计方案选择提供充分的论证依据。以库岸路基动态变化因素影响下的失稳机理为理论基础,以库岸路基和桥台防护工程与加固结构变形破坏模式为依据,坚持人与自然相和谐,树立尊重自然、保护环境的理念,建立科学的库岸路基防护工程与支挡结构选择方法,解决库岸路基防护工程中的关键技术问题。

因此,如何根据库岸路基不同地质地貌特点,对支挡结构物进行合理的选型和设计,已成为设计、建设单位十分关注的问题。虽然有关专家和学者已对库岸路基防护的结构形式、防护机理、设计和施工要点进行了一些研究,但针对库岸路基防护结构的适应性、护岸工程新材料和新技术、护岸工程的破坏机理以及护岸效果的研究仍处于初级阶段,研究成果尚不能很好地指导工程实践。

10 库岸路基及防护结构适宜性评价与选型

10.1 库岸路基常见支挡结构类型

路基支挡与防护结构产生病害导致库岸路基病害较为普遍,目前,有关库岸路基支挡与防护结构病害处治、修复的论述往往都是一些具体的单个工程的实录及经验的总结。对于各类库岸路基支挡与防护结构病害处治方法的理论分析则比较少,主要是凭经验估计各种处治手段的合理性、可靠性、经济性,缺乏系统性。从现场及相关文献调研结果来看,目前维护库岸路基稳定的最重要和普遍的方法还是设置各类挡土墙,如重力式挡土墙、锚杆挡土墙、加筋土挡土墙及抗滑桩等。下面逐一进行论述。

10.1.1 重力式挡土墙

由于我国的一些地区石料来源丰富,就地取材方便,再加上施工方法简单,因此,在过去很长一段时间内,石砌的重力式挡土墙是我国岩土工程中广泛应用的主要支挡结构形式。重力式挡土墙形式简单,设计一般采用库仑土压力理论。20世纪50年代,为适应山区地形陡峻的特点,出现了我国独创的衡重式挡土墙;后来按第二破裂面计算理论完善了衡重式挡土墙,编制了有关标准图。衡重式挡土墙是我国山区公路应用比较广泛的一种挡土墙形式。

10.1.2 锚杆挡土墙

20世纪40—50年代,美国、法国等国家就开始利用锚杆加固水电站边坡、隧道及洞口边坡等。我国从20世纪50年代开始引进锚杆技术,最初在煤炭系统中使用,随后又在水利、交通、建筑工程中逐渐推广。1990年,原铁道部将锚杆挡土墙纳入《铁路路基支挡结构设计规范》(TB 10025—2019)中,并编制了相应的标准图供设计使用,加速了这种结构的推广和使用,锚杆挡土墙适用于一般地区岩质路堑地段。

10.1.3 加筋土挡土墙

加筋土工程起源于法国,亨利·维特尔于1963年提出加筋土结构新概念,1965年在法国建起了世界上第一座加筋土挡土墙。我国从20世纪70年代初就开始了加筋土挡土墙储煤仓的探索实践。20世纪80年代,先后在公路、水运、铁路、水利、市政、煤矿、林业等部门运用这项技术,加筋土工程的设计计算理论和施工技术也日臻成熟。交通运输于1991年正式颁布了《公路加筋土工程施工技术规范》(JTJ 035—199),现行《公路路基施工技术规范》(JTG/T 3610—2019)。加筋土结构中已广泛采用复合土工带、土工格栅等材料作为拉筋,墙面板除采用钢筋混凝土面板外,还出现了采用土工合成材料的无面板包裹式加筋土挡土墙。

10.1.4　锚定板挡土墙

锚定板在港口码头护岸工程中用来锚定岸壁钢板桩或混凝土板桩的顶部,已有很久的历史,一般要求锚定板埋设在被动土压区,大多数只用单层。20世纪70年代,铁路系统首先把锚定板结构作为支挡结构运用于铁路路基工程,这种结构由墙面系、钢拉杆、锚定板和填土共同组成。1974年,铁道部科学研究院、第三工程局和铁三院共同试验研究在太焦铁路上首次建成了一座12m高的多层锚定板挡土墙。1976年以后,铁路、公路、建筑、航运等在不同线路和边坡工程上修建了一些锚定板桥台、锚定板挡土墙。1990年,锚定板挡土墙设计的有关要求已纳入《铁路路基支挡结构物设计规范》(TB 10025—2019)。近年来,该技术在土质边坡的水毁工程中得到了推广和运用。

10.1.5　土钉墙

1972年,法国凡尔赛市铁路边坡开挖工程中成功地应用土钉墙加固边坡,成为世界上首次将土钉墙作为支挡结构运用于岩土边坡的先行者。我国在20世纪80年代初期开始引进这项技术。1980年,山西柳湾煤矿地边坡稳定工程中首次运用土钉墙加固边坡。冶金、建筑、铁路、公路等行业也将这项技术运用于基坑边坡加固及路基边坡加固工程中。一些工程单位为解决软弱破碎岩质边坡的稳定问题,结合工程开展了分层开挖、分层稳定新技术的研究,并根据试验结果,提出了土钉墙设计计算建议公式。近年来,该项技术在防治土质边坡水毁工程中得到了推广和运用。

10.1.6　抗滑桩

抗滑桩是我国铁路部门于20世纪60年代开发、研究的一种抗滑支挡结构。1966年,铁道部第二勘测设计院在成昆铁路滑坡中首次采用钢筋混凝土桩来加固稳定滑坡。这种结构很快在铁路路基工程中得到推广,科研设计单位对抗滑桩的设计及计算理论进行了深入的研究,开发了分层开挖、分层稳定、坡脚预加固新技术,抗滑桩与钢筋混凝土挡板、桩间挡土墙、土钉墙、预应力锚索等结构组成桩板墙、锚索桩等复合结构,大量使用在路堑边坡的坡脚预加固工程中。后来这些复合结构在铁路、公路、水利以及矿山等方面的建设工程中得到了推广和运用。

10.1.7　锚杆、锚索

预应力锚索技术用于岩土工程中在国外已有很长的历史。1933年,阿尔及利亚首次将锚索技术用于水电工程的坝体加固。20世纪40—70年代,锚索技术得到迅速推广,加固理论和设计方法逐步完善。我国从20世纪60年代开始引进这项技术。20世纪70年代开始,该项技术在我国的国防、水电、矿山、铁路等领域逐步推广。由于预应力锚索技术具有施工机动灵活、消耗材料少、施工快、造价低等特点,20世纪90年代中期开始广泛应用于整治滑坡、加固顺层边坡、加固危岩以及抗滑桩结合组成锚索桩等,在加固软质岩路堑高边坡等工程中发挥着巨大的作用,锚索加固技术得到了较大发展。

10.1.8 锚杆基础挡土墙

锚杆基础挡土墙是由钢筋混凝土墙面(肋柱、面板)和锚杆组成的支挡结构,它依靠锚固在稳定岩土层内锚杆的抗拔力平衡墙面处的土压力。锚杆的设计拉拔力可由抗拔试验获得,以保证设计有足够的安全度。

锚杆基础挡土墙是锚杆挡土墙的一种变化形式,由钢筋混凝土基础和锚杆组成,靠锚杆拉力来维持基础稳定,适用于一般地区岩质地基路基或边坡加固。

10.2 新型防护结构

10.2.1 柔性石笼网垫防护

在岸坡整治工程中,传统的护岸或护坡,水下多采用抛石,水位以上多采用浆砌片石或混凝土预制块。当采用浆砌片石或混凝土护坡时,由于不透水,阻断了岸坡内自然生态系统的循环,已不能适应自然生态防护的理念。而由于石笼网内填充块石或卵石护坡既具有抗冲刷能力强、透水、整体性强、抗风浪性强、施工简便、造价低廉等特点,又是生物易于栖息的多孔隙结构,所以它常被用于自然生态河道建设中(图3-10-1、图3-10-2)。

图3-10-1 水在石笼挡土墙两侧迁移图

图3-10-2 石笼护垫的施工

10.2.2 生态型护坡的应用

近50年来,我国护岸工程技术处于不断发展与探索阶段,对护岸工程的破坏机理、护岸效果和施工方法等方面进行了大量的试验研究。在护岸工程形式上,由传统的守点工程(包括矶头、丁坝)改进为平顺型护岸,并逐步被工程实践广泛地采用。护岸结构材料也多种多样,并由传统的抛石、沉柴排发展到混凝土铰链排和模袋混凝土等新材料、新技术的采用。国外对河流的治理研究较早,很多新材料、新技术得到了广泛应用,如美国的密西西比河早在20世纪40年代就采用了混凝土铰链排,西欧河流中采用软体排沟护岸工程较多,运用土工织物也较广泛,而且随着社会与经济的发展、人们环境意识的提高和对高质量环境的需求,生态型护岸已成为国外护岸形式的发展方向。

目前，国内外的生态护岸技术综合起来可以归纳为三类：一是单纯利用植物护岸，二是植物护岸与工程措施相结合的护岸技术，三是土壤生物工程技术。下面介绍几种国内常用的生态型护岸技术。

1）植草护坡技术

植草护坡技术常用于河道岸坡及道路边坡的保护，国内很多河道治理及道路建设中都使用了这一技术，如在吉林省西部嫩江流域治理工程中采用了当地的牛毛草、早熟禾、翦股颖等草本植物为护坡植物，以及河柳等灌木为迎水坡脚防浪林的植物护坡技术。这一技术主要是利用植物地上部分形成堤防迎水坡面软覆盖，减少坡面的裸露面积和外营力与坡面土壤的直接接触面积，起到消能护坡的作用；利用植物根系与坡面土壤的结合，改善土壤结构，增加坡面表层土壤团粒体，提高坡面表层的抗剪强度，有效地提高了迎水坡面的抗蚀性，减少坡面土壤流失，从而保护岸坡。

2）三维植被网技术

三维植被网技术原先多用于边坡的保护，现在也开始被用于河道、岸坡的防护。它主要是利用活性植物并结合土工合成材料，在坡面构建一个具有自身生长能力的防护系统，通过植物的生长对边坡进行加固的一项新技术。根据岸坡地形地貌、土质和区域气候等特点，在岸坡表面覆盖一层土工合成材料，并按一定的组合与间距种植多种植物，通过植物的生长达到根系加筋、茎叶防冲蚀的目的，可在坡面形成茂密的植被覆盖，在表土层形成盘根错节的根系，有效地抑制水流对岸坡的侵蚀，增加土体的抗剪强度，减小孔隙水压力和土体自重力，从而大幅度地提高岸坡的稳定性和抗冲刷能力。土工网对减少岸坡土壤的水分蒸发、增加入渗量等有较好的作用。

3）防护林技术

在河岸带种植树木或竹子，形成河岸防护林，洪水经过河岸防护林区时，在防护林的阻滞作用下，流速大为减慢，减小了水流对土层的冲刷，减少了土壤流失。其作用主要体现在三个方面：一是茎、叶的覆盖和栅栏作用，既避免雨滴、风力对土壤表面的直接侵蚀，又减缓了河水的流速，减少了水流对土壤的冲刷，增加了淤泥的沉积量；二是树木根系发达，穿扎力强，增加了土壤抗侵蚀的机械强度，减少了河岸的崩塌量和冲刷量；三是根、茎、叶的生长对土壤具有改良作用，增加了土壤有机质的含量，改善了土壤结构，增强了土壤的持水性和抗侵蚀能力。河岸防护林既能保持水土起到固土护岸作用，又能提高河岸土壤肥力，改善生态环境。

4）土壤生物工程

土壤生物护岸技术主要是利用植物对气候、水文、土壤等的作用来保持岸坡稳定，该技术在欧美国家已得到广泛运用，如美国阿拉斯加州科纳河护岸、加拿大 Jacques Cartier 公园中河岸保护、英国约克郡戴尔斯三峰地区国家公园自然环境恢复等项目中均采用了该技术。常用的土壤生物护岸技术主要有如下几类：

（1）土壤保持技术。土壤保持技术主要是通过植物对坡面的有效覆盖，使其免受表面侵蚀，从而起到保持土壤的作用。土壤保持技术主要包括草皮移植、草播种、乔灌树种直播、侵蚀控制网和活枝灌丛席等技术。

（2）地表加固技术。该技术主要是通过植物根系降低土壤孔隙水压来加固土层和提高抗滑力。地表加固技术主要包括灌丛席、灌丛层、原木式椰子壳纤维、根系填塞、活性淤泥植物、草卷、活枝扦插、枝条篱墙、活枝柴捆、排水式活枝柴捆、垄沟式种植、压枝和枝干篱墙等技术。

(3)生物技术与工程技术相结合的综合保护技术。该技术主要是通过植物与石块、水泥、钢筋、土工合成材料和木材等相互搭配,稳固和加强岸坡,提高防护工程使用年限。它主要包括绿化干砌石墙、渗透式植被边坡、绿化网箱、绿化土工织物固土结构、绿化栅栏、活性栅栏等技术。

现有生态型护岸技术主要是利用植被来保护岸坡,这些技术与传统护岸工程方法相比较,除了具有增强岸坡的稳定性、防止水土流失等工程措施所具有的功能之外,还具有成本小、工程量小、环境景观协调性好、适应性好等优点。

10.3 库岸路基支挡结构适宜性分析

10.3.1 重力式挡土墙

1)普通重力式挡土墙

重力式挡土墙主要依靠墙身自重保持稳定。它取材容易,形式简单,施工简便,适用范围广泛。多用浆砌片石,墙高较低(小于或等于6m)时也可用干砌,在缺乏石料的地区可用混凝土浇筑。其断面尺寸较大,墙身较重,对地基承载力的要求较高。

(1)依靠墙身自重承受土侧压力。

(2)一般用浆砌片石砌筑,在缺乏石料地区或墙身较高时也可用混凝土浇筑。

(3)形式简单、取材容易、施工简便。

(4)适用于地基条件较好的一般地区、浸水地区、地震地区等的边坡支挡工程,当地基承载力较低时或地质条件复杂时应适当控制墙高。

2)衡重式挡土墙

衡重式挡土墙上下墙背间有衡重台,利用衡重台上填土重力和墙身自重共同作用维持其稳定。其断面尺寸较重力式挡土墙小,且因墙身陡直、下墙墙背仰斜,可降低墙高和减少地基开挖量,但地基承载力要求较高。多用于地面横坡陡峻的路肩墙,或用于路堤墙或路堑墙。由于衡重台以上有较大的容纳空间,上墙墙背加肩墙,既可用作路堤墙或路堑墙,也可作为拦截崩坠石之用。

(1)利用衡重台上的填土重量及墙体自重共同抵抗土压力以增加墙身的稳定性。

(2)由于墙胸坡陡、下墙背仰斜、在陡坡地区可降低墙高,减少基坑开挖面积。

(3)主要用丁地面横坡较陡的路肩墙和路堤墙,或用于拦挡落石的路堑墙。

10.3.2 锚杆挡土墙

(1)锚杆挡土墙由钢筋混凝土肋柱、墙面板及锚杆组成,靠锚杆拉力来维持稳定,肋柱、挡板可预制,有时根据地质和工程的具体情况,也采用无肋柱式锚杆挡土墙。

(2)锚杆挡土墙适用于一般地区岩质或土质边坡加固工程[《铁路路基支挡结构设计规

范》(TB 10025—2019)中规定目前仅使用于岩质路堑边坡],可采用单级或多级,在多级墙的上下级之间应设平台,每级墙高不宜大于8m,总高度宜控制在18m以内。

10.3.3　锚定板挡土墙

(1)锚定板挡土墙是由钢筋混凝土墙面板和锚杆及锚定板共同组成,靠固定在稳定区的锚定板提供的抗拔力来维持墙体的稳定,有时根据地质和工程的具体情况,也可采用无肋柱式锚定板挡土墙。

(2)锚定板挡土墙适用于一般地区墙高不大于10m的路肩墙或路堤墙,设计时可采用单级或双级,在双级墙的上下级之间应设置平台,单级墙高不宜大于6m,双级墙总高度宜控制在10m以内。

10.3.4　加筋土挡土墙

(1)加筋土挡土墙是由墙面系、拉筋及填土共同组成的挡土结构,由拉筋和填土间的摩阻力维持墙体的稳定;墙面板宜采用钢筋混凝土板,拉筋宜采用钢筋混凝土板条、钢带、复合拉筋带或土工格栅,目前也有采用土工合成材料作拉筋的包裹式(无面板)加筋土挡土墙。

(2)加筋土挡土墙适用于石料缺乏地区,由于其为柔性结构,对地基承载力的要求不高,能适应地基轻微的变形,一般对墙高没有限制。但铁路工程中加筋土挡土墙仅限于使用在一般地区的路肩墙,在铁路一级干线上加筋土挡土墙的高度不宜大于10m,高度大于10m或在其他地区使用时按特殊设计考虑。

10.3.5　土钉墙

(1)土钉墙一般由土钉及墙面系(钢筋网和喷射混凝土构成的面层)组成,靠土钉拉力维持边坡的稳定。

(2)土钉墙适用于一般地区及破碎软弱岩质边坡加固工程,在地下水发育或边坡土质破碎时不宜采用。单级土钉墙墙高宜控制在12m以内,多级土钉墙上、下墙之间应设置平台,每级墙高不宜大于10m,总高度宜控制在20m以内。

10.3.6　抗滑桩

抗滑桩是防治滑坡的一种支挡工程,目前在国内广泛应用于加固边坡,也可用于失稳库岸路基的处治。

(1)抗滑桩是一种由其锚固段侧向地基抗力来抵抗悬臂段土压力或下滑力的横向受力桩,在土质和破碎软弱岩质地层中常设置锁口和护壁。

(2)抗滑桩常用于稳定路基、加固其他特殊边坡。例如,作为软弱破碎岩质库岸的预加固桩。

10.3.7　锚杆、锚索

(1)预应力锚索由锚固段、自由段及锚头组成,通过对锚索施加预应力以加固岩土体使其达到稳定状态或改善结构内部的受力状态,预应力锚索采用高强度、低松弛钢绞线制作。

(2)预应力锚索可用于土质、岩质地层的边坡及地基加固,其锚固段宜置于稳定地层中,预应力锚索也常与抗滑桩结合组成锚索桩,以减小抗滑桩的锚固段长度及桩身截面。

10.3.8　石笼挡土墙

石笼及石笼护垫已成功用于引水渠道、河岸治理、边坡稳定及其他工程,已有100多年的历史。石笼与其他材料相比,具有柔性好、耐久性强、强度高、渗透性强、生态环保、可靠性强、寿命长、成本低、外形美观等优点。

(1)柔性。石笼和石笼护垫最重要的一个优点就是它的柔性好,每一个单元和石笼整体都具有较强的柔性,石笼结构的每个单元具有不同的沉降变形。石笼和石笼护垫尤其适用于地基基础不稳定或挡土墙趾部受水流或波浪淘蚀而导致结构沉降地段;可以允许沉降、扭曲、弯曲,并且能适应不同地面形状,而不影响结构的整体性。

(2)耐久性。石笼或石笼护垫由高强度六边形钢丝网编织而成,里面填充硬质块石,多个石笼连在一起形成坚固的整体式结构,能承受一定的结构位移,从而保持结构的完整性,是一种耐久的支挡和防护结构。

(3)强度。石笼应具有抵抗土压力或水流冲刷的能力,表征石笼强度比较重要的参数是网格刺穿强度、网格抗拉强度、抗腐蚀能力等。

(4)渗透性。石笼可以自由透水,在石笼前后不会产生水头,如多孔介质可以允许空气流通一样,水的排泄主要靠渗透和蒸发,无须额外设置排水系统,孔隙率在30左右。另外,土壤可以填充在石笼间孔隙中,植物可以在石笼中生长,并起到加强石笼挡土墙背土中的水排除的作用。

(5)整体性。石笼的结构具有独特的整体性,所有的石笼单元都是相互连在一起的,当产生沉降时,整个石笼结构可能吸收、消纳部分变形,可将局部的破坏影响降至最低。

(6)生态、环保。石笼挡土墙可以为对环境变化敏感的土质边坡提供较好的支护。石笼利用天然的块石来维持稳定并提供强度。具有多孔体系的石笼结构允许水的自由流通,水可以在石笼块石间的孔隙中沉积,可以促进植物生长,并遮挡住部分石笼结构,甚至完全掩盖住石笼结构,并可以采取不同的措施加快植被的恢复,达到生态、环保的目的。

(7)成本低。石笼挡土墙非常经济,施工简单,需要的设备较少,几乎不需要大型机械设备,对工人素质要求较低,对地基适应能力强,不用排水,所需块石可采用天然块石或工程开挖弃方中的块石。另外,石笼几乎不需要维护,只要设计和施工质量有保障,完全可以作为永久性支挡结构。

(8)美观。与其他类型的材料不同,这种由不同单元组装起来的石笼挡土墙,通过精心设计,可以产生良好的视觉效果。实际上,石笼挡土墙修筑时间越久,与植被融合得就越好,显得更美观。石笼结构可完全融于周围自然环境中。

石笼挡土墙根据地质和工程的具体情况,以及墙背填料特点,还可以与加筋土挡土墙形式相结合,形成石笼加筋土挡土墙形式,以提高墙背填土稳定性。

10.3.9 锚杆基础挡土墙

根据地质和工程的具体情况,可采用单级或多级,锚杆基础上部结构可采用锚杆挡土墙形式,在多级墙的上下级之间应设置平台,每级墙高不宜大于8m,总高度宜控制在18m以内。

锚杆基础挡土墙具有以下特点:

(1)占地面积小,在地形陡峻、场地狭窄的地段降低边坡高度,可减小土石方开挖和占地,节省石料,特别适用于岩层比较完整、不易坍塌的地段。

(2)与重力式挡土墙相比,可以节约大量的圬工和节省工程投资。

(3)利于挡土墙的机械化、装配化施工,可以减轻笨重的体力劳动,提高劳动生产率。

(4)不需要开挖大量基坑,能克服不良地基挖基的困难,并利于施工安全。

(5)锚杆基础挡土墙对施工工艺要求较高,要有钻孔、灌浆等配套的专用机械设备。

各类支挡结构的适用范围见表3-10-1。

各类支挡结构适用范围　　　　　　　　　　表3-10-1

类　　型	使用条件及范围
石砌重力挡土墙	(1)石料丰富地区; (2)墙高在6m以下,地基良好; (3)对于库岸和河道冲刷边坡防护一般采用浆砌; (4)用于路堤墙、路肩墙、路堑墙、浸水挡土墙、抗滑挡土墙
混凝土重力挡土墙	(1)缺乏石料地区; (2)一般用于低挡土墙
锚杆挡土墙	(1)高挡土墙; (2)一般用于路堑墙,亦可用于路肩墙; (3)一般用于地基承载力较低、石料缺乏、挖基困难地段
薄壁挡土墙	(1)缺乏石料地区; (2)普通高度路肩墙,一般不宜超过15m; (3)地基承载力较低时
抗滑桩	一般用于滑坡地段
加筋土挡土墙	(1)用于缺乏石料的地区; (2)大型填方工程; (3)不宜用于挖方路段、河流冲刷崩塌等不良地质地段
石笼	(1)石料丰富的地区; (2)地基承载力较低地段; (3)用于库岸和河道治理、边坡冲刷防护
石笼—加筋土挡土墙	(1)石料较缺乏地区; (2)基础冲刷较严重地段
锚杆基础挡土墙	(1)场地狭窄地段; (2)基础岩体完整性好

10.4 库岸路基防护结构选型

库岸路基的防护,首先,通过库水位及库水调节规律的调查,获取水情和有关数据;其次,通过现场勘测认识所在库区的类型及地形、地质构造等特点;最后,有针对性地采取相应的工程、生物及管理方面的对策。切忌盲目套用已有工程设计、盲目加大工程尺寸的办法和凭经验办事的做法;否则,必将发生重复水毁,造成极大的浪费。

库岸路基水毁的一般处理对策见表3-10-2。

库岸路基水毁的一般处理对策 表3-10-2

序号	路基水毁类型	防护和处理对策
1	凹岸冲刷(包括股流弯曲近岸冲刷、对岸挑流冲刷等)	分析凹岸冲刷的具体情况、位置、范围、深度和河段分类;峡谷河段采用挡土墙、护坡、配合护坦基础防护;山区开阔河段、变迁性河段可采用护坡,挡土墙护坦基础配合浸水丁坝群,材料及工艺采用浆砌、石笼、预制混凝土板块及土工织物等
2	河道压缩冲刷(包括地形突变河道变窄、修路造田等)	冲刷原因和桥梁一般冲刷相同,冲刷深度按桥梁一般冲刷计算;应注意是否有对岸挑流等其他形式水流的作用;一般应以边坡直接防护(挡土墙、护坡)配合护坦基础为宜,不宜采用丁坝再挤压水流;但是也有应用短、密、低的漫水丁坝群防护成功的实例
3	路面淹没,急速退水冲刷	因路基过分压缩水流,水位升高或设计水位确定过低,路基设计高程不足;可完善路面排水系统,硬路肩防护
4	黄土路基冲刷	黄土湿陷性对水的浸泡、淋洗特别敏感;必须设置完善的排水系统,对雨水远接远送,并做好必要的防护工程
5	路基上边坡(挖方)的坡面坍塌、坍塌和滑坡	坡面防护(植物防护、砌石、喷浆等);完善地表排水和地下排水系统;坡脚修挡土墙等
6	泥石流对路基的冲刷、堵塞和覆盖	路线绕避;慎用涵洞;排导、拦截;水土保持;等等

表3-10-2中列举了主要库岸路基防护的一般对策,但是如果不了解具体引起库岸路基病害产生的机理和防护对策,以及水流特征、流浪侵蚀和岸坡、河床变形的作用过程,也难以做到对症下药。有效的防护结构的设置必须从研究其水流结构及相应的侵蚀破坏出发。例如,对于发生较频繁的凹岸冲刷问题,如它是由弯道螺旋流引起的,则应从研究螺旋流的发生、发展和消失出发,寻找凹岸冲刷的范围、深度等规律。又如,丁坝对下游库岸的防护长度也是由漩涡扩散到下游,能够挟带泥沙的距离来决定的。这些问题都需要根据其发生、发展的规律来解决。只有根据不同的水流地形特征、平面特征、地质特征,因地制宜地采取防护措施,才能有效地对库岸路基进行防护。

10.4.1 库岸公路支挡与防护结构设置原则

库岸路基支挡结构的设置,应针对库岸路基工作条件,贯彻国家技术经济政策,按照全面规划、远期近期结合、统筹兼顾的原则。库岸路基在下列情况下应修筑支挡与防护结构物：

(1) 受水流冲刷严重的路段。

库区上游库岸路基的坡脚伸入水中，或在凹岸侧路基，水流冲刷将会影响路基边坡的稳定，为了收缩坡脚或减少路基对水流的影响，可以设置支挡与防护结构。

(2) 受库水波浪侵蚀的路段。

当坝后库岸路基的坡脚伸入库水中时，波浪的反复淘蚀将会逐渐带走路基填土中的细小颗粒，长期作用下会影响路基的安全，此时可以设置路基防护结构。

(3) 当库岸路基位于陡坡地段或风化的路堑边坡地段。

这些地段一般由于地面横坡较陡，路堤边坡形成薄层填方，采用支挡结构收缩坡脚，以提高路基的稳定性。

(4) 有可能产生崩塌、滑坡的不良地质地段。

在不良地质地段，为提高该地质体的稳定性或提高路基的安全性，可以考虑设置支挡与防护结构：

① 为加固滑坡、岩堆、软弱地基等不良地质体。

② 为拦挡危岩、落石、崩塌、泥石流等。

③ 在特殊土地段或软弱破碎岩质地段的路堑边坡，进行坡脚预加固。

(5) 为避免大量挖方及降低边坡高度的路堑地段。

路堑设计边坡与地面坡接近平行，边坡过高，且形成剥山皮式的薄层开挖，破坏天然植被过多，采用支挡结构来降低路堑边坡，减少对环境的破坏。

(6) 为减少土石方开挖数量、节约用地、少占农田的地段。

(7) 为保护重要的既有建筑物，避免对既有建筑物的影响、破坏或干扰及其他特殊条件和生态环境的需要。

(8) 其他特殊需要。

10.4.2 库岸路基支挡与防护结构设置位置的选择原则

库岸路基支挡与防护结构设置位置的选择可参考以下原则：

(1) 库区上游沿河路基支挡结构要注意使设置后的水流平顺，不致形成漩涡，发生严重的局部冲刷，更不可挤压河道。

(2) 坝后区域水流平缓路段的路基支挡结构，要考虑便于水中作业或基础施工的支挡与防护结构形式。

(3) 路堤挡土墙与路肩挡土墙比较，当其墙高、工程数量、地基情况相近时，宜设路肩挡土墙；当路肩挡土墙、路堤挡土墙兼设时，其衔接处可设斜墙或端墙。

(4) 滑坡地段的抗滑支挡结构，应结合地形、地质条件、滑体的下滑力，以及地下水分布情况，与清方减载、排水等工程综合考虑。

(5) 受其他建筑物(如房屋、桥涵、隧道等)控制的支挡结构的设置，应注意保证既有建筑物的稳定和安全。

10.4.3 库岸路基支挡与防护结构选型原则

库岸路基支挡与防护结构类型的选择与确定,应安全可靠、经济合理,便于施工与养护,结构材料应符合耐久、耐腐蚀强等要求。

1) 地质地形条件
(1) 从地质条件考虑,是否位于震区以及堆积体、崩塌、滑坡等不良地质地段。
(2) 从地形条件考虑,是否有设置支挡与防护结构所需足够宽度的场地。
(3) 石料资源是否丰富。
(4) 从地形条件出发,考虑是否为高大型支挡结构。
(5) 从地基承载力出发,考虑是否为软弱土等承载能力较低的不良地基。

2) 水文地质条件
(1) 水流、波浪对基础的冲刷、淘蚀能力是否较强。
(2) 地下水是否丰富。

3) 技术经济条件
(1) 从公路等级出发考虑所能承受的造价。
(2) 从所处地区出发,考虑所能承受的造价。

4) 施工工艺
宜选用施工工艺简单、成熟的,对基础条件要求较低的支挡与防护结构形式。

5) 环境与生态保护
宜选用环境友好、生态支挡与防护结构。

10.4.4 库岸路基防护结构物选型及设置的模糊多属性决策

在目前国内外大量的防护工程与支挡结构形式出现的情况下,根据各种结构形式的主要适用范围、适用条件、设计因素等主要指标,对防护结构物进行合理选型,能够为库岸路基防护工程与支挡结构的设计方案选择提供充分的论证依据。

结构选型属于概念设计范畴,是结构设计中最富有创造性的阶段,需要建筑师和结构工程师的丰富经验和密切合作,具有强烈的软科学决策特点。结构选型的设计进程包括方案生成、方案评价及方案决策三个典型阶段。其中,方案生成是设计师运用抽象思维、形象思维及创造性思维(灵感、顿悟等)等思维方式,根据工程实践对结构的功能要求和其他设计约束条件生成多个方案形式的过程,可以将其看成是从功能空间到属性空间的映射,它是一个"一对多"的映射过程;方案评价是决策者建立影响结构选型各个属性的因素层次关系,并将其变成主观效用(满足主体要求的程度)的行为,即明确价值的过程,可以将其看成是从属性空间到价值空间的映射;方案决策是决策者在方案评价建立的评价矩阵的基础上,运用其对决策变量和或属性的偏好信息对结构形式方案进行优选排序的过程,可以将其看成是从价值空间到决策空间的映射,它是一个"多对一"的映射过程。

在公路工程设计中,防护结构形式方案的优选决策问题往往取决于设计人员的个人素养,其结果是有些设计方案不尽合理,随意性较大。同时,由于影响库岸路基防护结构稳定的各方面因素具有随机性和不确定性的特征,非线性学科相关理论为解决这个问题提供了理论基础,采用模糊多属性决策方法可以达到较好的决策效果,使设计方案更加合理。

1)模糊多属性决策方法的基本原理

(1)结构选型的模糊多属性决策模型。

影响结构选型的因素众多,且十分复杂,有些因素不能够用确切的数字来衡量,只能定性描述,具有模糊性,如在施工可行性中的当地施工经验的丰富程度、施工难易程度等;还有一些因素具有不确定性,首先结构构件的强度具有较大的离散性,建筑物所在的场地发生地震的概率以及烈度的大小都是随机的,因此在结构真正遭受地震之前,无法确切预计结构的抗震能力(尽管我们在某种程度上可以估计它)。这些不确定的因素由于不能直接被量化,可比性较差,在选型决策中常常不受重视甚至被忽略。

根据模糊优化理论,将结构经济性能(工程造价)E、施工可行性K、结构对功能的适用性能S及安全性R等作为优化目标,其他作为约束条件。

设工程有n个方案,对于任意方案,工程造价低、施工可行性优、适用性能好、受力性能强的方案是最佳的选型。方案与目标E、K、S、R的关系可用目标相对隶属度K_j表示,$K_j = (k_{1j}、k_{2j}、k_{3j}、k_{4j})^T$,$k_{ij}$表示方案$j$对目标$i$($i = 1、2、3、4$,代表$E$、$K$、$S$、$R$)的相对隶属度。对于$n$个方案,目标相对隶属度矩阵为

$$\boldsymbol{K} = (k_{ij}) \tag{3-10-1}$$

其中,$i = 1、2、3、4$,$j = 1、2、3、4、\cdots、n$。为了计算k_{ij},对于任意工程,工程造价越低越好,设n个结构方案的工程造价为$x_{ij}(j = 1、2、\cdots、n)$,设

$$x_{1\min} = x_{11} < x_{12} \cdots < x_{1n} \tag{3-10-2}$$

则

$$k_{1j} = \frac{x_{1\min}}{x_{1j}} \quad (j = 1, 2, \cdots, n) \tag{3-10-3}$$

对于施工可行性、适用性能、受力性能,则是越大越优的目标,n个结构方案对施工可行性、适用性、受力性能的特征值分别为x_{2j}、x_{3j}与x_{4j}。

设

$$x_{2\max} = x_{21} > x_{22} > \cdots > x_{2n} \tag{3-10-4}$$

则

$$k_{2j} = \frac{x_{2j}}{x_{2\max}}$$

同理

$$k_{3j} = \frac{x_{3j}}{x_{3\max}}$$

$$k_{4j} = \frac{x_{4j}}{x_{4\max}} \quad (j = 1, 2, \cdots, n) \tag{3-10-5}$$

不同的方案对不同的目标具有不同的权重,设权重矩阵为

$$\boldsymbol{W} = \begin{vmatrix} w_{11} & w_{12} \cdots w_{1n} \\ w_{21} & w_{22} \cdots w_{2n} \\ w_{31} & w_{32} \cdots w_{3n} \\ w_{41} & w_{42} \cdots w_{4n} \end{vmatrix} \tag{3-10-6}$$

对任意方案,它满足:

$$\sum_{i=1}^{4} w_{ij} = 1 \tag{3-10-7}$$

对于结构工程方案,不管采用何种形式,相对于工程造价、施工可行性、适用性能及受力性能,都具有相同的权重,因此式(3-10-6)可简化为

$$\boldsymbol{W} = (w_1 w_2 w_3 w_4) \tag{3-10-8}$$

式中:w_1、w_2、w_3、w_4——方案对于工程造价、施工可行性、适用性、受力性能的权重。

为了求得方案对优的相对隶属度 μ_j,设方案与优、劣的广义欧氏权距离分别为 S_{jg} 与 S_{jh},即

$$\left.\begin{array}{l} s_{jg} = \left| \sum_{i=1}^{4} [w_{ij}(1-k_{ij})]^2 \right|^{1/2} \\ s_{jh} = \left| \sum_{i=1}^{4} (w_{ij}k_{ij})^2 \right|^{1/2} \end{array}\right\} \tag{3-10-9}$$

由模糊集合的余集理论,方案 j 对劣的相对隶属度为 μ_j^p,当 $\mu_j^p = 1 - \mu_j$ 时,在模糊集合理论中,隶属度可认为是权重,则方案 j 与优、劣方案之间的权距离分别为 D_{jg} 与 D_{jh}。

$$\left.\begin{array}{l} D_{jg} = \mu_j s_{jg} \\ D_{jh} = \mu_j^p s_{jh} \end{array}\right\} \tag{3-10-10}$$

根据距离最短的原则,目标函数定义为:方案 j 的加权距优距离的平方与加权距劣距离的平方之和为最小,即目标函数为

$$\min F_j = D_{jg}^2 + D_{jh}^2 = \mu_j^2 \sum_{i=1}^{4} [w_{ij}(1-k_{ij})]^2 + (1-\mu_j)^2 \sum_{i=1}^{4} (w_{ij}k_{ij})^2 \tag{3-10-11}$$

令 $dF_j/d\mu_j = 0$,得到以距离参数 $P=2$ 的欧氏距离表示的模糊优化模型为

$$u_j = \cfrac{1}{1 + \cfrac{\sum_{i=1}^{4}[w_{ij}(1-k_{ij})]^2}{\sum_{i=1}^{4}(w_{ij}k_{ij})^2}} = \cfrac{1}{1 + \left|\cfrac{s_{jg}}{s_{jh}}\right|} \tag{3-10-12}$$

对于不同的方案,都可以依据以上步骤求得各方案对优的相对隶属度,得到相对隶属度向量:

$$\boldsymbol{\mu} = (u_1, u_2, \cdots, u_n) \tag{3-10-13}$$

取其中最大者为最佳方案。

(2)用层次分析法确定各评估因素的权值。

层次分析法需确定某个指标本层各个元素相对于上一层的相对重要性权重,具体为计算准则层的 j 个指标相对于总目标的权重,以及 i 个方案分别相对于 j 个指标的权重。

层次分析法要求先把各个因素两两进行比较,给出相对权重,组成判断矩阵,比较时可参考表3-10-3所提供的标度含义。如结构的经济性因素比结构对功能的适应性因素明显重要,故在判断矩阵的1行2列的元素是5,而2行1列的元素是1/5。经专家商议构造判断矩阵后,须进行一致性检验,防止在确定相对权值时出现逻辑错误,如 A 比 B 重要,B 比 C 重要,但 C 又比 A 重要。

判断矩阵标度及其含义 表3-10-3

标 度	含 义
1	表示两个因素相比具有同样的重要性
3	表示一个因素比另一个因素稍微重要
5	表示一个因素比另一个因素明显重要
7	表示一个因素比另一个因素强烈重要
9	表示一个因素比另一个因素极端重要
2,4,6,8	为上述两相邻判断的中值
倒数	当i与j因素比较取b_{ij}时,则i与j的比较取$1/b_{ij}$

一致性检验的步骤是先计算判断矩阵平均偏离指标 $C_1 = (\lambda_{\max} - n)/(n-1)$,然后与随机偏离指标 R 比较(R 是由500个随机正互反矩阵算得的平均偏离指标的平均值,通过表3-10-4可查)。当其比值 $C_R = C_1/R_1 < 0.1$ 时,认为一致性检验通过,否则需调整判断矩阵直至一致性检验通过为止。在结构选型过程中,准则层对方案层的权重矩阵要根据具体方案来定。

随机偏离指数 表3-10-4

n	1	2	3	4	5	6	7	8	9	10	11
R_1	0	0	0.58	0.9	1.12	1.24	1.32	1.4	1.45	1.49	1.51

2)选型实例

某段长25km公路,全部为山区道路。道路沿库岸布线,且急弯、陡坡相当多。近几年来,雨季期间,道路塌方、路基缺口、路基路面沉陷、边沟淤塞、路面泥石流等水毁病害经常发生,现准备治理水毁,选择防护方案。

(1)利用经济评价系统进行经济性分析。

利用基于Matlab 6.1经济评价神经网络系统的结论,将各工程量套以公路工程定额:浇筑 $1m^3$ 混凝土需要300元,绑扎1t钢筋需要3500元,可以得到有关工程量的造价,可以将其作为经济性能方面评价的指标,见表3-10-5。

结构经济性评价 表3-10-5

结构类型	挡土墙	挡土墙+护坦	混凝土护坡
混凝土厚度($m \cdot m^{-2}$)	0.3607	0.3607	0.3675
钢筋用量($100kg \cdot m^{-2}$)	0.5369	0.6861	0.6906

(2)结构的工程特性。

①强度

要求所选用的材料必须能够承受最大设计荷载和施工期间施加的任何荷载。此外,对强度的考虑还必须包括整个系统的结构整体性和各组成部分的强度。

②使用年限(耐久性)

工程技术人员不仅要考虑全面的防护方法或防护系统,还要考虑其各个构件。根据整个系统的特性确定其使用年限。在使用期间,各个构件(如石工)则可以更换或修补。

③透水性

是否采用可透水或不透水材料护岸,取决于是否有可能在护岸趾部修筑很好的截水墙,同时要注意土壤特性,为降低护岸后面的地下水压力需要设置排水设施。此外,还应考虑因河道中行船或波浪运动所引起的水流紊动强度。

对透水性能极差的土壤(如硬黏土),通常采用不透水材料护岸,修筑满足要求的截水墙一般是没有什么问题的。地下水的排放可通过在护岸后面或护岸下面修建排水区并在正常壅水位正上方设置排水孔的方式来解决。对于这类土壤,尽管需要长期进行一些经常性的防护,但不会因刚性建筑物的沉陷而带来麻烦。

近几年来,由于土工织物的应用,已促使护岸垫层的设计和施工都得到改进和简化,透水材料护岸工程得到了更广泛的应用。

④柔性

边岸防护既可以采用刚性材料护岸,也可以采用柔度可变的柔性护岸。究竟选择哪种材料护岸,首先得取决于需要防护的边岸土质类型和预计的位移值。沉陷通常与新修筑的边岸或松散的、高度压实的土有关。

刚性材料护岸通常考虑采用更耐久的结构形式,其维护费用较低(如采用大体积混凝土或圬工结构)。如果预计基本会发生沉陷,那么设计的防护结构形式应能跨过无支承力的活动区,或者必须设置有合适间距的施工缝。一旦刚性结构发生破坏,一般来说,它比柔性结构更难修复。

柔性护岸允许基土或垫层产生有限的位移(可能是由于基土沉陷或局部侵蚀所致);就铺砌护岸而言,允许在基土上维持一定的约束压力。从监测和潜在问题的预警角度来看,采用柔性结构护岸比采用刚性结构更容易发现沉陷问题和垫层破坏,并且更容易维护,因为刚性结构更可能在没有预警的情况下发生事故。

⑤护岸重量

尽管护岸重量在施工图设计阶段只是一般的考虑因素,但在极软弱的基土情况下,它很可能影响到其初设方案的选择。例如,在低强度有机土的地区,一般采用柴捆的护岸方式。这种材料可为边岸排水提供表面保护,且不产生很大的重荷载,而采用自重很大的材料可能导致大的沉陷或边岸破坏。

⑥水力糙率

边岸衬砌的水力糙率对河道水力特性的影响必须加以考虑。对小型河道来说,其衬砌的水力糙率对河道过水能力有很明显的影响,它可能抬高上游河道水位。换句话说,采用光滑的护岸即可提高河道过水能力和增大流速,但这会导致紧靠护岸段下游的冲刷。曼宁公式中的水力糙率系数 n 值在《水力学标准手册》中已经给定。

挡土墙、挡土墙+护坦、混凝土护坡、抛石护坡等常见的防护结构的工程特性给出定量描述,见表3-10-6。

(3)施工可行性。

除水深是施工的主要约制条件之外,在确定最优方案时还应考虑下列潜在的施工制约条件:

结构的工程特性　　　　　　　　　　　表3-10-6

结构体系	强度、使用年限	透水性；柔性；容量	水力糙率
挡土墙	0.9	0.8	0.7
挡土墙+护坦	0.8	0.9	0.8
混凝土护坡	0.3	0.4	0.9
抛石护坡	0.9	0.9	0.6

①地理位置

河道渠道和排水渠一般位于遥远地区，交通不便。无论如何施工，设备劳动力和原材料都应经济地运到或到达工地，这些条件必须加以考虑。

②劳动力

在某些情况下，可以直接雇佣劳动力进行施工，而无须通过合同转包。一方面，可获得的劳动力及其工种可能影响方案的选择，特别是对熟悉特种防护工程或有专门技能的劳动力更是如此。另一方面，如果劳动力在数量和能力上有限，将制约方案的选择，除非取得外援。当然，由承包商组织施工，其监理工作就要求比直接雇佣劳动力进行施工做得更仔细。

③机械设备

已就道路和施工场地对施工用设备种类的约制进行了论述。其他（如地面状况和噪声控制）都需要考虑。对不良地面状况，通常采用铺临时道路或用木垫板来解决。

④建筑材料

在施工过程中，能否取得合适的建筑材料是选择防护方案的一个主要约束条件。例如，若当地有很好的石料，就应采用砌石，而不采用混凝土板。当然，材料的取得与投资有很大的关系。另外一个因素是易于加工处理，而材料的加工处理与工地可能得到的设备有关。

在施工可行性方面的应主要考虑工程的难易程度，根据各种结构类型的建筑的复杂程度，确定各种结构类型建筑的施工可行性量值，或采用标准化，即个数值都在0~1范围内，见表3-10-7。

结构施工可行性　　　　　　　　　　　表3-10-7

结构类型	挡土墙	挡土墙+护坦	混凝土护坡	抛石护坡
施工可行性	0.6	0.7	0.7	0.8

利用抗冲刷模糊评价系统作抗冲刷评价，结果见表3-10-8。

结构抗冲刷特性　　　　　　　　　　　表3-10-8

结构类型	挡土墙	挡土墙+护坦	混凝土护坡
评价结果	0.813	0.825	0.838

各因素的权重值为[0.30 0.39 0.36 0.05]。

(4) 利用多因素模糊综合评价系统作整个系统的综合分析

$$K = \begin{bmatrix} 1.000 & 0.851 & 0.841 \\ 0.778 & 0.889 & 1.000 \\ 0.857 & 1.000 & 1.000 \\ 0.970 & 0.984 & 1.000 \end{bmatrix}$$

$$W = \begin{bmatrix} 0.30 & 0.30 & 0.30 \\ 0.09 & 0.09 & 0.09 \\ 0.56 & 0.56 & 0.56 \\ 0.05 & 0.05 & 0.05 \end{bmatrix}$$

$$S_g = \begin{bmatrix} 0.083 & 0.046 & 0.048 \end{bmatrix}$$

$$S_h = \begin{bmatrix} 0.572 & 0.622 & 0.623 \end{bmatrix}$$

$$\mu = \begin{bmatrix} 0.980 & 0.995 & 0.994 \end{bmatrix} \tag{3-10-14}$$

从式(3-10-14)结果可以看出,从经济性上来讲,挡土墙结构是最经济的,但从多因素评判角度来看,选用挡土墙+护坦结构方案和混凝土护坡结构方案略优于挡土墙结构体系方案。因此,针对此防护工程建议采用挡土墙+护坦结构方案或混凝土护坡结构方案。

在进行结构体系选型时,只凭某种单个因素进行评判,即使局部达到了最优,但是往往达不到整体上最优的效果。我们不能单纯地追求造价上的最低,有时其他因素较差,往往使整个体系的整体性能受到影响,影响了经济性,使长期效益或整体效益不能达到最优。因此,在进行结构方案选择的决策过程中,应考虑多因素的影响,最终得到综合性能较优的方案。

11 传统圬工结构在库岸路基及桥台锥坡防护与加固中的应用

库岸路基的防护有其自身特点,在设计库岸路基支挡结构时,应充分考虑支挡结构的适应性及其特殊性。库岸路基支挡防护大多是就地利用石料、土料,修建干砌或浆砌石料挡土墙及护墙等结构物。对于存在滑移面的路基,采用抗滑桩等结构进行支护;对于基础较软弱的库岸路基,可以采用桩基托梁挡土墙结构,局部可以采用拱式跨越挡土墙结构;对于库岸路基岩质较好、路基宽度不足的情况,可以采用锚杆基础挡土墙结构进行防护。下面重点研究挡土墙结构、预应力抗滑桩结构以及锚杆基础挡土墙结构。

11.1 挡土墙结构

11.1.1 挡土墙结构形式

工程中采用的挡土墙类型很多,通常按结构形式、建筑材料、墙背形状、墙在断面上所处的位置、施工方法及环境条件等进行分类。

按结构形式,挡土墙可分为重力式(包括衡重式)挡土墙和轻型挡土墙;根据建筑材料的不同,挡土墙可分为石砌挡土墙、混凝土挡土墙及钢筋混凝土挡土墙等;根据挡土墙墙背的倾斜方向,挡土墙可分为竖直式、俯斜式、仰斜式、折线式、衡重式等挡土墙断面形式,如图3-11-1所示。

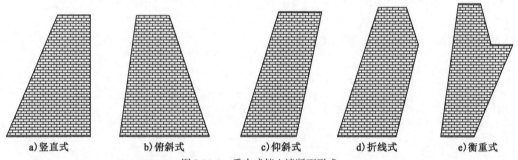

图 3-11-1　重力式挡土墙断面形式

以竖直式、仰斜式及俯斜式三种不同的墙背所受的土压力分析,在墙高和墙后填料等条件相同时,仰斜式挡土墙所受的土压力最小,垂直式挡土墙次之,俯斜式挡土墙较大;因此仰斜式的墙身断面较经济。用于路堑墙时,墙背与开挖的临时边坡较贴合,开挖量与回填量均较小。但当墙趾处地面横坡较陡时,采用仰斜式墙背会增加墙高,断面增大。故仰斜式挡土墙适用于路堑墙及墙趾处地面平坦的路肩墙或路堤墙。仰斜式挡土墙的坡度越缓,所受的土压力越小,但施工越困难,故仰斜式挡土墙墙背的坡度不宜缓于1:0.3。

俯斜式挡土墙所受的土压力较大,相对而言,俯斜式挡土墙的断面比仰斜式挡土墙要大。但当地面横坡较陡时,俯斜式挡土墙可采用陡直的墙面,从而减小墙高。俯斜式挡土墙墙背的坡度缓些固然对施工有利,但所受的土压力亦随之增加,致使断面增大。因此俯斜式挡土墙墙背坡度不宜过缓,通常控制在1:0.4。

垂直式挡土墙的特点介于仰斜式挡土墙和俯斜式挡土墙之间。

折线式挡土墙系将仰斜式挡土墙的上部墙背改为俯斜,以减小上部断面尺寸,故其断面较为经济,多用于路堑墙,也可用于路肩墙。

衡重式挡土墙可视为在凸形折线式的上下墙之间设一衡重台,并采用陡直的墙面。上墙俯斜式挡土墙墙背的坡度通常为1:0.45～1:0.25,下墙仰斜式挡土墙墙背的坡度一般在1:0.25左右,上下墙的墙高比一般为2:3。衡重式挡土墙适用于山区地形陡峻处的路肩墙和路堤墙,也可用于路堑墙。

11.1.2 挡土墙地基要求

对于库岸路基来说,地基不良和基础处理不当,往往引起挡土墙的破坏,因此,应重视挡土墙的基础设计。基础设计的程序:首先应对地基的地质条件作详细调查,必要时须做挖探或钻探,然后确定基础类型与埋置深度。对于挡土墙基础,主要有以下几种类型:

(1)如果地基承载力满足要求,挡土墙可以修筑在天然地基上。

(2)当地基承载力不足,地形平坦而墙身较高时,为了减小基底压应力和增加抗倾覆稳定性,采用扩大基础,如图3-11-2a)所示。

(3)当地基压应力超过地基承载力过多时,需要的加宽值较大,为避免加宽部分的台阶过高,可采用钢筋混凝土底板,如图3-11-2b)所示。

(4)若地基为软弱土层时,可采用砂砾、碎石、矿渣或灰土等材料予以换填,如图3-11-2c)所示。

(5)当挡土墙修筑在陡坡上,而地基又为完整、稳固、对基础不产生侧压力的坚硬岸石时,可设置台阶基础,以减少基坑开挖和节省圬工,如图3-11-2d)所示。

(6)如地基有短段缺口(如深沟等)或挖基困难(如需水下施工),可采用拱形基础,如图3-11-2e)所示。

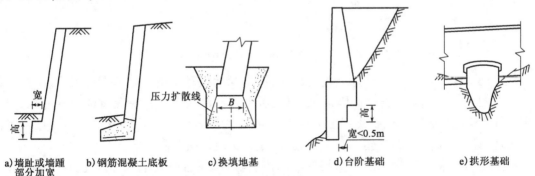

图3-11-2 挡土墙常见基础形式

挡土墙基础,应视地形、地质条件埋置足够的深度,以保证挡土墙的稳定性。设置在土质地基上的挡土墙,基底埋置深度应符合下列要求:

(1)无冲刷时,一般应在天然地面下不小于 1.0m。

(2)有冲刷时,应在冲刷线下不小于 1.0m。

(3)受冻胀影响时,应在冰冻线以下不小于 0.25m。非冰胀土层中的基础,如岩石、卵石、砾石、中砂或粗砂等,埋置深度可不受冻深的限制。

挡土墙基础设置在岩石上时,应清除表面风化层;当风化层较厚难以全部清除时,可根据地基的风化程度及其相应的容许承载力将基底埋在风化层中。当墙趾前地面横坡较大时,基础埋置深度用墙趾前的安全襟边宽度来控制,以防地基剪切破坏。

11.1.3 挡土墙防冲刷和排水要求

对于库岸路基来说,其排水和防冲刷需要特别注意的是,针对库岸路基的研究,设置护坦或者抛石护脚是比较常用的方法。研究表明,采用护坦的挡土墙,不仅能有效地防止挡土墙和路基的冲刷,而且可以适当降低挡土墙埋深。

设置挡土墙护坦时,一般要将护坦顶面埋入床面以下,并且具有一定的埋深,这样才能发挥护坦的减冲作用(图 3-11-3)。护坦的设计一般可以按照田伟平的护坦冲刷公式来计算:

$$H_{sa} = h_s e^{-0.73\frac{b}{h_s}} \tag{3-11-1}$$

式中:H_{sa}——护坦垂裙冲刷深度(m);

h_s——无护坦基脚护墙的冲刷深度(m);

b——护坦宽度(m)。

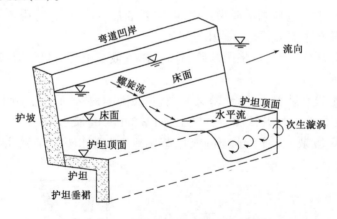

图 3-11-3　库岸路基挡土墙护坦示意图

从式(3-11-1)中可以看出,护坦宽度越大,冲刷深度相对越浅。对于护坦来说,常用的护坦形式如图 3-11-4 所示。根据冲刷情况,以及考虑到水流携带的石块等对护坦的冲击,建议采用柔性护坦,如石笼护垫,护坦厚度一般在 1~2m 为宜。在护坦外可设置块石反压或者混凝土铰链反压,从而有效地降低水流冲刷速度,延长护坦使用寿命。

挡土墙的排水处理是否得当,直接影响到挡土墙的安全及使用效果。因此,挡土墙应设置排水设施,以疏干墙后坡料中的水分,防止地表水下渗造成墙后积水,从而使墙身免受额外的静水压力;消除黏性土填料因含水率增加产生的膨胀压力;减少季节性冰冻地区填料的冻胀压力。

图 3-11-4 常用的护坦形式

挡土墙的排水设施通常由地面排水和墙身排水两部分组成。

(1)地面排水可设置地面排水沟,引排地面水;夯实回填土顶面和地面松土,防止雨水和地面水下渗,必要时可加设铺砌;对路堑挡土墙墙趾前的边沟应加以铺砌加固,以防止边沟水渗入基础。

(2)墙身排水主要是为了迅速排除墙后积水。浆砌挡土墙应根据渗水量在墙身的适当高度处布置泄水孔,如图 3-11-5、图 3-11-6 所示泄水孔尺寸视泄水量大小可分别采用 5cm × 10cm、10cm × 10cm、15cm × 20cm 的方孔,或直径 5 ~ 10cm 的圆孔。泄水孔间距一般为 2 ~ 3m,上下交错设置。最下排泄水孔的底部应高出墙趾前地面 0.3m;对于库岸路基,常用的浸水挡土墙应高出常水位以上 0.3m,以避免墙外水流倒灌。为防止水分渗入地基,在最下一排泄水孔的底部应设置 30cm 厚的黏土隔水层。在泄水孔进口处应设置粗粒料反滤层,以避免堵塞孔道。当墙背填土透水性不良或有冻胀可能时,应在墙后最低一排泄水孔到墙顶 0.5m 之间设置厚度不小于 0.3m 的砂、卵石排水层或采用土工布。

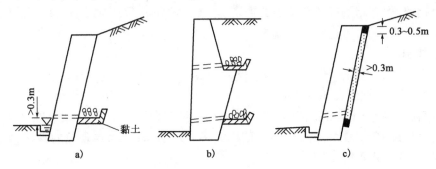

图 3-11-5 泄水孔和排水层

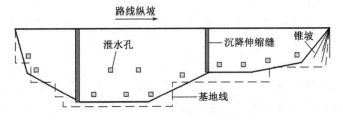

图 3-11-6 挡土墙泄水孔设置示意图

11.1.4 施工工艺与施工控制

1）基础测量放线

根据设计图纸,按围墙中线、高程点测放挡土墙的平面位置和纵断高程。精确测定出挡土墙基座主轴线和起讫点以及伸缩缝位置,每端的衔接是否顺直,并按施工放样的实际需要增补挡土墙各点的地面高程,并设置施工水准点,在基础表面上弹出轴线及墙身线。

2）基坑开挖

(1)挡土墙基坑采用挖掘机开挖,人工配合挖掘机刷底。基础的部位尺寸、形状、埋置深度均按设计要求进行施工。当基础开挖后若发现与设计要求有出入时,应按实际情况调整设计,并向有关部门汇报。

(2)基础开挖为明挖基坑,在松软地层或陡坡基层地段开挖时,基坑不宜全段贯通,而应采用跳槽办法开挖,以防止上部失稳。当基底土质为碎石土、砂砾土、砂性土、黏性土等时,应将其整平夯实。

(3)基坑用挖掘机开挖时,应有专人指挥。在开挖过程中不得超挖,避免扰动基底原状土。

(4)基坑刷底时,要预留10%的反坡(内低外高),预留坡底的作用是防止墙内土的挤压力引起挡土墙向外滑动。

(5)当开挖基坑的土方,在场地有条件堆放时,一定要留足回填需用的好土;多余的土方应一次运走,避免二次倒运。

(6)在基槽边弃土时,应保证边坡稳定。当土质好时,槽边的堆土应距基槽上口边缘1.2m以外,高度不得超过1.5m。

(7)任何土质基坑挖至高程后不得长时间暴露、扰动或浸泡,以免削弱基底承载能力。基底尽量避免超挖,如有超挖或松动应将其夯实;基坑开挖完成后,应放线复验,确认位置无误并经监理工程师签认后,方可进行基础施工。

3）砂浆拌制

(1)砂浆采用机械搅拌,投料顺序应先倒砂、水泥,最后加水;搅拌时间宜为3~5min,不得少于90s;砂浆稠度应控制在50~70mm。

(2)砂浆配制应采用质量比,砂浆应随拌随用,保持适宜的稠度,一般宜在3~4h内使用完毕。当气温超过30℃时,宜在2~3h内使用完毕。发生离析、泌水现象的砂浆,砌筑前应重新拌和,已凝结的砂浆不得使用。

(3)为改善水泥砂将的和易性,可掺入无机塑化剂或以皂化松香为主要成分的微沫剂等有机塑化剂,其掺量可通过试验确定。

(4)砂浆试块:每工作台班需制作立方体试块2组(6块),如砂浆配合比变化时,应相应制作试块。

4）扩展基础浇筑

(1)开挖基槽及处理后,检查基底尺寸及高程,报请监理工程师验收,浇筑前要检查基坑底预留坡度是否为10%(内低外高),预留坡度的作用是防止墙内土的挤压力引起墙体向外滑动。验收合格后浇筑垫层。

(2)进行放线扩展基础,支模前放出基础底边线和顶边线之间挂线控制挡土墙的坡度。

(3)支模。模板采用15mm厚覆膜光面多层木板,50mm×100mm木枋背楞。要求模板拼缝整齐,做到横平竖直,施工过程必须横向、竖向均拉通直线检查。竖向拼缝需错缝,错缝位置为模板长度的一半。操作时按从下到上的顺序边校正边加固,保证施工位置平整、不漏浆。

(4)浇筑。浇筑时用振动棒振捣,防止出现蜂窝、麻面等影响质量及观感的现象。每隔10~15m设置一道变形缝,变形缝用30mm厚的聚苯乙烯板隔离,要求隔离必须完整彻底,不得有缝隙,以保证挡土墙各段完全分离。

5)片石墙身砌筑

(1)放线。基础施工完进行墙身测量放样,用全站仪找出挡土墙的控制线,并根据基础测量放样控制点测定出墙身内外边线以及各伸缩沉降缝的位置,检查每端的衔接是否顺直。

(2)基础转角和交接处应同时砌筑,对不能同时砌筑而又必须留置的临时间断处,应留成斜槎。

(3)基础砌筑时,石块间较大的空隙应先填塞砂浆,后用碎石块嵌塞,不得采用先摆碎石块,后塞砂浆或干填碎石块的方法。

(4)基础灰缝厚度20~30mm,砂浆应饱满,石块间不得有相互接触的现象。

(5)砌筑前应将石料表面泥垢清扫干净,并用水湿润。砌筑时必须两面立杆挂线或样板挂线,外面线应顺直整齐、逐层收坡,内面线可大致适顺以保证砌体各部尺寸符合设计要求,浆砌石底面应卧浆铺砌,立缝填浆补实,不得有空隙和立缝贯通现象。砌筑工作中断时,可将砌好的石层孔隙用砂浆填满,再砌时表面要仔细清扫干净、洒水湿润。工作段的分段位置宜在伸缩缝和沉降缝处,各段水平缝应一致。

(6)当基础完成后立即回填,以小型机械进行分层夯实,并以表层稍留向外斜坡,以免积水渗入浸泡基底。

6)墙体砌筑规定及要求

(1)一般规定。

①为了控制好墙身内外侧的坡度,在砌筑前,首先用松木板钉好坡度架,其坡度按各段图纸设计要求进行控制。坡度架制作好后立于砌筑段的两端,并拉小线进行砌筑。

②砌筑顺序以分层进行为原则。底层极为重要,它是以上各层的基石,若底层质量不符合要求,则要影响以上各层。分层砌筑时,应先角石,后边石或面石,最后才填腹石。

③因此段挡土墙较长,砌体除分层外,还要按图纸设计要求分段砌筑。分段砌筑时,分段位置应设在变形缝或伸缩缝处,各段水平砌缝应一致;相邻砌筑高差不宜超过1.2m;缝板安装应做到位置准确、牢固,缝板材料应符合设计规定。

④相邻挡土墙设计高差较大时,应先砌筑高墙段;挡土墙每天连续砌筑高度不宜超过1.2m。砌筑中墙体不得移位变形。

⑤砌筑挡土墙应保证砌体宽(厚)度符合设计要求,砌筑中应经常校正挂线位置。

⑥砌石底面应卧浆铺砌,立缝填浆捣实,不得有空缝和贯通立缝。砌筑中断时,应将砌筑好的石层空隙用砂浆填满。再砌筑时石层表面应清扫干净,洒水湿润。工作缝应留斜槎。

⑦挡土墙外露面应留深10~20mm的勾缝槽,按设计要求勾缝。

⑧片石分层砌筑以2~3层石块组成一工作层,每工作层的水平缝大致平齐,竖缝应错开,

不能贯通。

⑨外圈定位行列和转角石选择形状方正、尺寸相对较大的片石,并长短相间地与里层砌块立交接成一体,上下层石块也应交错排列,避免竖缝重合,砌缝宽度一般不应大于4cm。

⑩较大的砌块应使用于下层,石块宽面朝下,石块之间均要有砂浆隔开,不得直接接触,竖缝较宽时可在砂浆中塞以碎石块,但不得在砌块下面用小石子支垫。

⑪砌体中的石块应大小搭配、相互错叠、咬接密实并备有各种小石块,做挤浆填缝之用,挤浆时可用小锤将小石子敲入缝中。

⑫预埋泄水管应位置准确。泄水孔每隔2m布设一个,渗水处适当加密,上下排泄水孔应交错设置。

⑬泄水孔向外横坡为3%,最底层泄水管距地面高度为30cm。进水口填级配碎石反滤层进行处理。

(2)砌筑要求。

①宜2~3层石块组成一工作层,每工作层的水平缝应大致找平。立缝应相互错开,不得贯通;应选择大尺寸的片石砌筑砌体下部;转角外边缘处应用较大及较方正的片石长短交替与内层砌块咬砌。

②墙体外圈定位行列与转角石应先选择表面较平、尺寸较大的石块。浆砌时,长短相间并与里层石块咬紧,上下层竖缝错开,缝宽不大于4cm,分层砌筑应将大块石料用于下层,每处石块形状及尺寸应合适。竖缝较宽者可塞以小石子,但不能在石下用高于砂浆层的小石子支垫。排列时,应将石块交错,坐实挤紧,尖锐凸出部分应敲除。

③砌筑处露面应选择有平面的石块。使砌体表面整齐,不得使用小石块镶垫。

④砌体中的石块应大小搭配、相互错叠、咬接牢固,较大及较方正的片石应宽面朝下,石块之间应用砂浆填灌密实,不得干砌。

⑤勾缝。勾缝具有防止有害气体和风、雨等侵蚀砌体内部,延长构筑物使用年限及使装饰外形美观等作用。本分项工程挡土墙勾缝采用凹缝进行施工。勾缝宜采用1:2~1:1.5的水泥砂浆,并应嵌入砌缝内约2cm。勾缝前,应先清理缝槽,用水冲洗湿润,再在缝内抹适量水泥净浆。

勾缝应保持砌后自然缝,不应有瞎缝、丢缝、裂纹和黏结不牢等现象。成活的灰缝水平缝与竖直缝应深浅一致、交圈对口、密实光滑,搭接处平整,阳角方正,阴角处不能上下直通,不能有丢缝、瞎缝现象。灰缝应整齐、拐角圆滑、宽度一致、不出毛刺,不得空鼓、脱落。

7)墙背填料

(1)墙背填料需待砌体砂浆强度达到70%以上时,方可回填墙背填料,并应优先选择渗水性较好的砂砾土填筑。如确有困难采用不透水性土时,必须做好反滤层及泄水孔,并与砌体同步进行,浸水挡土墙背应全部用水稳性和透水性较好的材料填筑。

(2)墙背回填要均匀摊铺平整,并设不小于3%的横坡逐层填筑。逐层夯实,严禁使用膨胀土和高塑性土,每层压实厚度不宜超过20cm,根据碾压机具和填料性质,应进行压实试验,确定填料分层厚度及碾压遍数,以正确地指导施工。

(3)压实时应注意勿使墙身受到较大的冲击影响,临近墙背1.0m的范围内,应采用蛙式打夯机、内燃打夯机、手扶式振动压路机和振动平板夯等小型压实机具碾压。

11.2 锚杆基础挡土墙

11.2.1 锚杆基础挡土墙基本形式

20世纪60年代,由铁路部门自行设计的第一道锚杆挡土墙应用锚杆技术迅速发展,已经涉及土木工程的许多领域。作为轻型的支挡结构,较之重力式挡土墙,锚杆基础挡土墙具有自重轻、节省圬工,降低工程造价,可以大批量的进行机械化生产,减轻笨重的体力劳动,极大地提高劳动生产率等优点。特别是在陡坡路堤应用中更有其自身的优越性,可以更早地收缩坡脚降低挡土墙高度,以降低工程造价。

在库岸公路修建中,经常遇到公路需要穿越地形陡峭的地段,一边临水,一边近山。如果采用挖方路基的形式,将不可避免地产生高边坡,且挖方量巨大,经常使工程造价难以接受。而采用填方路基形式,又可能导致路集体遭受水流冲刷和淘蚀,经过广泛地现场调研,总结工程经验,我们提出了采用填挖结合的方法通过这些地形陡峭的地段,在路基外侧设置挡土墙,以最大限度地减小靠山侧的挖方高度与挖方量。这时挡土墙高度往往都达到十几米,需要设置2级或多级结构。由于原地面坡度往往较陡,一般都大于1∶1,表面风化层就较薄,一般都在2m以内,2m以下为新鲜基岩。

基于此,外侧挡土墙可采用锚杆基础挡土墙形式,锚杆基础挡土墙是利用锚杆技术将稳定性不足或承载能力不足的岩土体进行加固后作为挡土墙或挡土墙基础的一种工程支挡结构形式。

锚杆挡土墙由于锚固地层、施工方法受力状态以及结构形式等不同,有各种各样的形式,其基本形式如图3-11-7所示。锚杆一端通过砂浆或其他形式锚固在稳定的地层中,另一端浇筑在混凝土基础中或固定在挡土墙混凝土面板中,以维持基础(挡土墙)的稳定性。

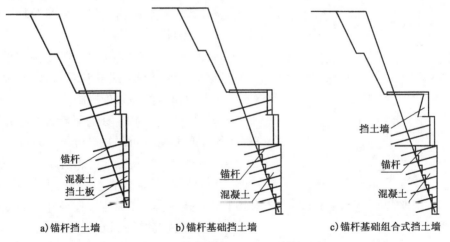

a) 锚杆挡土墙　　b) 锚杆基础挡土墙　　c) 锚杆基础组合式挡土墙

图3-11-7　典型锚杆(基础)挡土墙结构形式

11.2.2 锚杆基础挡土墙基本构造

锚杆基础挡土墙主要由墙体和锚固结构组成,墙体既可以采用全浇,也可以采用挡土板结构形式。

墙体一般都采用强度等级不低于 C25 的混凝土浇筑。

锚杆可采用普通工程锚杆,主要包括锚固体、拉杆及锚头三个基本组成部分。锚头是结构物与锚杆连接部分,其作用是将来自结构物的力有效地传递给拉杆。

拉杆,即非锚固段或自由段。锚杆中的拉杆要求位于锚杆装置的中心线上,其作用是将来自锚头的拉力传递给锚固体。由于拉杆常要长期承受一定的荷载,所以它一般采用抗拉强度高的钢材制成。

锚固体在锚杆的尾部,与土体紧密相连。它的作用是将来自拉杆的力通过摩擦阻力或支撑抵抗力(统称锚固力)传递给稳定的地层。锚固体的可靠性直接决定着整个挡土墙的可靠性,因此,锚固体的设置是否合理将是锚杆技术应用的关键,它关系到锚杆挡土墙的成败。

锚杆可采用 Ⅰ 级或 Ⅱ 级钢筋或钢丝索,也可采用高强钢绞线或高强钢筋。钢筋锚杆宜采用螺纹钢,直径一般应为 18~32mm。锚孔直径应与锚杆直径相配合,一般为锚杆直径的 3 倍,不宜小于 10cm。锚杆应尽量采用单根钢筋,如果单根不能满足拉力需要,也可采用两根或多根钢筋共同组成锚杆束。

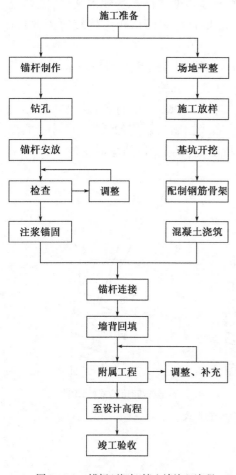

图 3-11-8　锚杆(基础)挡土墙施工流程

11.2.3　锚杆基础挡土墙施工

锚杆基础挡土墙施工的工艺流程可按图 3-11-8 所示的流程安排作业。

1)锚杆基础挡土墙施工准备

(1)施工调查与技术准备。

根据锚杆挡土墙的特点,施工前应做下列调查工作和技术准备:

①核对设计条件,研究设计内容、设计要求、地层条件和环境条件。

②对地下埋设物、障碍物应做进一步核实,并进一步确定其位置、形状、尺寸和数量,同时提出相应的对策,如排除和防护等处理措施。

③对锚杆挡土墙周围地形状况、建筑物进行调查,预测可能出现的问题并提出相应的对策。

④准备施工空间、工地进出道路。

⑤检查原材料及仪器设备的型号、品种、规格以及预制构件的质量,特别是检查锚杆的加工和制作质量及主要技术性能是否符合设计要求。

⑥进行锚杆钻孔、注浆等试验性作业,考核施工工艺和施工设备的适应性。

(2)施工设计。

施工设计包括施工技术设计、施工组织设计及附件三部分。

在锚杆挡土墙施工前,应对施工方法、施工工艺程序、劳动组织和安全质量管理给出详细的设计,并编制相应的施工设计书。设计书一般包括以下项目:

①工程概况,包括工程名称、工程地点、建设单位施工单位、工程量、工期以及工程场地地质情况等。

②规划和设计条件。

③工程进度。

④组织安排表。

⑤使用的机械设备的型号、规格及主要性能特点。

⑥使用材料的生产厂家、规格尺寸及主要性能参数。

⑦施工管理、安全质量管理以及人员组织安排和管理计划。

⑧各种技术资料。

2)锚杆的制作

锚杆的材料、尺寸、规格必须经检验合格并符合设计要求后,方能使用。钢筋的机械性能应符合规定。当锚杆采用多根钢丝或钢绞线时,锚固段内的束线应做变形加工处理,以保证其锚固能力。

锚杆制作的质量直接影响到锚杆的可靠性和锚杆挡土墙的整体稳定性,因此,应确保锚杆制作的质量。所采用的材料必须要有国家法定单位或部门的合格证书及试验检测报告。

采用Ⅰ级、Ⅱ级钢筋作锚杆时,杆体的组装应遵守以下规定:

(1)组装前钢筋应调直、除油和除锈。

(2)锚杆体不得采用焊接。

(3)沿杆体轴线方向每隔1.5~2.0m应设置一个对中支架,以便使锚杆在孔内正确就位,排气管应与杆体绑扎牢固。

(4)杆体自由段应用塑料布或塑料管包裹钢丝绑牢。

(5)杆体应按防锈要求进行防锈处理。

(6)锚杆丝扣在存放运输过程中,均应包扎保护,防止碰坏。

(7)锚杆应在清洁、干燥的条件下储存,堆放高度应在地面以上30m,并加遮盖,避免锈蚀和污染,一般刷防锈漆,并禁止日晒和雨淋。

3)基础开挖

对岩质边坡进行开挖,从而锚杆施工扩大基础,施工锚杆基础前需要对边坡进行台阶开挖。开挖后的岩质边坡将和混凝土基础通过锚杆连接形成一个整体,开挖后的基岩坡面要求具有很好的完整性和很高的强度。因此边坡开挖时严禁采用大爆破,采用控制爆破和人工相结合的开挖方式,尽可能避免对岩体造成大的扰动。要求开挖后的岩坡坡面垂直、整齐,无开裂破损。

4)锚杆成孔及注浆

(1)锚杆成孔。

钻孔是锚杆基础挡土墙施工中至关重要的一环,如果钻孔速度慢,会直接影响到工程成本和经济效益;如果钻孔质量差,则会影响到锚杆的安装、水泥砂浆的灌注质量,进而影响到锚杆与砂浆以及砂浆与孔壁的黏结力,致使锚杆达不到设计要求。因此,在钻孔的钻凿过程中,必须严格按设计要求施工,以确保锚孔的成孔质量。

钻进方法主要是根据地层岩土性质兼顾钻机性能择定。目前在岩体锚孔施工中的钻进方法有长螺旋干钻、冲击回转挤密钻进、常规的冲洗液全面钻进和风动潜孔锤冲击回转钻进等。根据重庆地区地质条件,推荐采用风动冲击回转钻进法,也可采用冲洗液牙轮钻进。

锚孔钻进参数基本上与地质常规岩芯钻探相同,只在冲洗液、冲洗液流量方面略有区别。在完整岩层,常用清水大泵量钻进,如系金刚石钻进,必要时可加适量润滑剂减小摩擦阻力;在易水化剥落的岩层中,应使用小失水量的优质泥浆钻进;在有滑动面的地层,应严禁带水钻进;破碎带应采用钻一段、固结灌浆一段、再透孔钻进一段的方法钻进。

需要注意的是,在锚孔钻进中使用冲洗液的原则是,能不用冲洗液应尽量不用,能用清水冲洗钻进应尽量用清水。因为采用泥浆或润滑剂作冲洗液,留在孔壁上的泥皮和润滑剂残留液会减弱砂浆与锚孔壁的黏结力,从而降低锚杆抗拔力。如使用了泥浆或润滑剂,完孔后必须进行清洗工作,可用清水(或高压空气)洗孔,直到孔口流出的水是清水为止。

(2)锚杆安放。

锚杆杆体的安放是锚杆施工中的第二道工序。锚杆安放时应注意以下几点:

①杆体放入钻孔之前,应检查杆体质量,确保杆体组装满足设计要求。

②插入组装好的锚杆体,应确保杆体插入部分的长度不小于设计要求的长度。

③安放杆体时,应防止杆体扭压、弯曲,注浆管宜随锚杆一同放入锚孔,注浆管头部距孔底宜为5~10cm,杆体放入角度应与钻孔角度保持一致。对大型锚杆,应采用偏心夹管器、推送器与人工相结合的方式,平顺缓慢推送。推送时,严禁上下左右抖动、来回扭转和串动,防止中途散束和卡阻,造成安装失败。

④杆体插入孔内深度不应小于锚杆设计要求,杆体安放后不得随意敲击,不得悬挂重物。

(3)锚杆注浆。

注浆锚固是锚杆施工的重要工序之一。注浆的目的是形成锚固段,并防止钢筋锚杆锈蚀。此外,压力注浆还能改善周围土体的力学性能,使锚杆具有更大的抗拔能力。

锚杆的注浆应采用先插后注的施工工艺,施工流程如下:

①在灌浆之前应对锚孔用风、水冲洗,并排尽岩屑和污水。

②将组装好的杆体(包括注浆管)平顺、缓慢推送至孔底,这一点与杆体安放同时完成。

③从注浆管注入水泥砂浆或水泥净浆,随浆液的注入匀速拔出注浆管。

锚杆外露部分避免敲击、碰撞,3d内不得悬吊重物,4d后才可以安装垫板。注浆作业开始和中途如停止较长时间,再作业时宜水或稀水泥浆润滑注浆泵及注浆管线;浆体硬化后不能充满锚固体时,应进行补浆。

(4)锚杆连接与锚固。

从锚杆基础挡土墙基本形式可以看出,锚杆的设置的两种基本方式:一种是锚杆的一端锚固在稳定岩层中,另一端与钢筋混凝土挡板连接;另一种是锚杆的一端锚固在稳定岩层中,另一端直接浇筑、固定在钢筋混凝土基础中,如图3-11-9所示。在锚杆挡土墙中,锚杆还可以通过连筋的方法与钢筋混凝土挡土板连接,如图3-11-10所示,连接筋需采用与锚杆筋材相同的钢筋,焊接时搭接长度不小于30cm。

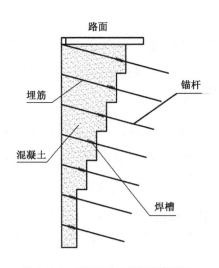

图 3-11-9　锚杆基础中锚杆直接通过连接筋混凝土基础连接

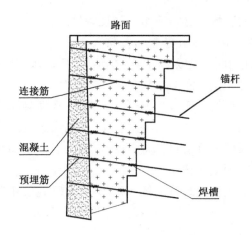

图 3-11-10　锚杆挡土墙中锚杆通过连接筋与混凝土挡土板连接

5）配置混凝土钢筋骨架、挂钢筋网

按设计要求配置混凝土配筋，受力钢筋和箍筋应用细钢丝捆绑牢固，保证混凝土浇筑时钢筋不错位、滑移。

混凝土配筋布置好后，应按设计要求安装编制好的钢筋网。如果挡土墙采用锚杆挡土墙形式，则钢筋网在与锚杆交接处必须进行焊接，或者在挡土墙内预埋钢筋，通过连接钢筋与锚杆连接；保证浇筑混凝土时钢筋网不晃动；钢筋网必须平整，保证钢筋混凝土的保护层厚度。

在施工中，钢筋混凝土墙体内预埋锚筋必须要与山体内锚杆在同一直线上，否则，将视为不符合设计要求而返工，所以必须引起高度重视。为便于在施工中控制锚杆的布置位置，首先利用水准仪测得同一排锚杆高程拉线，利用测距仪定出两端锚杆对应的路基中心位置，再用经纬仪置镜于其一点，后视另一点，转镜90°后，交水平拉线所得即锚杆孔位。采用同一方法，定出另一端锚杆孔位后，按设计位置，在拉线上用钢尺定点，即各点锚孔位。

在模板上打孔，锚筋伸入模板内，钢筋骨架按设计角度焊接。

锚杆基础是承重构件，保证路基稳定性的受力构件，长期暴露在野外，因此水泥质量、砂石料的级配和含泥量必须符合要求，钢筋的保护层必须留足。

6）锚杆防腐

对锚杆的腐蚀环境，应进行充分的调查，并选择适宜的防腐方法。防腐方法应适应岩土锚固的使用目的，即不能影响锚杆各部件（包括锚固体、自由段和锚头）的功能，因此对锚杆的不同部位要做不同的防腐处理。防腐方法的确定还必须使防腐材料在施工期间免受损伤，并保证长期具有防腐效能。

（1）锚固体防腐。

锚杆的锚固体防腐，宜采用波形防护管，在钢筋与波形防护管间的空隙内则充填环氧树脂或水泥砂浆，在不担心发生有害裂缝的情况下，也可只用水泥浆封闭防腐，但钢筋一定要居中，一般使用定位器使水泥砂浆保护层厚度不小于20mm。

(2) 自由段防腐。

防腐构造必须不影响张拉钢材的自由伸长，一般可用润滑油或防腐漆涂刷后，再用塑料布包裹，然后还要在塑料布上涂润滑油或防腐漆，最后套上防腐塑料管。若自由段存在空洞，容易积存雨水，经以上防腐处理后，最后用水泥浆充填封死。

(3) 锚头的防腐。

锚杆的承压板一般要涂沥青，一次灌浆硬化后承压板下部残留空隙，要再次充填水泥浆或润滑油。如锚杆不需再次张拉，则锚头涂以润滑油、沥青后用混凝土封死；如锚杆需重新张拉，则可采用盒具密封，但盒具的主腔内必须用润滑油充填。

7) 混凝土浇筑

混凝土浇筑是锚杆（基础）挡土墙施工中的重要组成部分，是实现设计者意图的关键环节。混凝土浇筑应均质密实、平整，无蜂窝麻面，不露筋骨，强度符合设计要求，做到搅拌均匀、振捣密实、养生及时。

在施工过程中，应经常检查粗、细集料的湿度，并据此将原定设计配合比换算为施工配合比。如因降雨、降雪或冲刷等原因，导致集料湿度明显变化时，亦应及时检测，以便随时进行调整。混凝土拌制过程中，为保证拌和质量，应加强现场的监控。

混凝土一般应在工地拌和，应使用机械搅拌，自全部材料装入搅拌筒至开始出料的最短搅拌时间应按设备出厂说明书的规定，并经试验确定，且不得少于表3-11-1中所列的规定。搅拌细砂混凝土或掺有外加剂的混凝土时，搅拌时间应适当延长1~2min。但搅拌时间也不宜过长，对搅拌时间每一工作班至少应抽查两次。当采用其他形式的搅拌设备时，搅拌的最短时间应按设备说明书的规定或经验确定。

混凝土最短搅拌时间　　　　表3-11-1

搅拌机类型	搅拌机容量(L)	混凝土坍落度(mm)		
		<30	30~70	>70
		混凝土最短搅拌时间(min)		
自落式	≤400	2.0	1.5	1.0
	≤800	2.5	2.0	1.5
	≤1200	—	2.5	1.5
强制式	≤400	1.5	1.0	1.0
	≤1500	2.5	1.5	1.5

混凝土拌和后，应检查混凝土拌和物的均匀性。拌和物应拌和均匀，颜色一致，不得有离析和泌水现象。

浇筑混凝土前，应全面地进行复查，检查模板高程、截面尺寸、接缝、支撑，钢筋的直径、数量、弯曲尺寸、位置间距、节点连接、焊接等是否符合设计要求，检查锚固螺栓、预埋件及预留孔位置是否正确，一旦发现问题，应及时纠正。同时，模板内的杂物、积水和钢筋上的污垢应清理干净；模板如有缝隙，应填塞严密；模板内面应涂刷隔离剂。

混凝土应按一定厚度、顺序和方向分层浇筑。分层浇筑时，应在下层混凝土初凝或能重塑前完成上层混凝土的浇筑,以便使插入式振动器伸入(深度 5~10cm)下层振捣,使得层面黏结为一体,无分层接缝的痕迹。上、下层同时浇筑时,上层与下层前后浇筑距离应保持 1.5m以上。在倾斜面上浇筑混凝土时,应从低处开始逐层扩展升高,保持水平分层。混凝土分层浇筑厚度不宜超过表 3-11-2 中的规定。

混凝土分层浇筑厚度　　　　　　　　表 3-11-2

捣实方法		浇筑层厚度(cm)
用插入式振动器		30
用附着式振动器		30
用表面振动器	无筋或配筋稀疏时	25
	配筋较密时	15
人工捣实	无筋或配筋稀疏时	20
	配筋较密时	15

浇筑混凝土时,一般应采用振动器振实,振捣时,应符合下列规定:

(1)使用插入式振动器时,移动间距应保证全部混凝土均受到振实,如以直线行列插入,应不超过振动器作用半径的 1.5 倍,按交错梅花式插入,不超过作用半径的 1.75 倍,并与侧模应保持 5~10cm 的距离;插入下层混凝土 5~10cm,每一处振动完毕后,应边振动、边徐徐提出振动棒;应避免振动棒碰撞模板、钢筋及其他预埋件。

(2)表面振捣器仅允许用以振实混凝土表面,其移动距离应以使振动平板能覆盖已振实部分的 10cm 左右为宜。

(3)附着式振捣器的间距,可根据构造物形状、断面大小、振动器性能等情况通过试验确定。

(4)振捣时间不宜过长,但也不宜过短,一般的标志是混凝土达到不再下沉,无明显气泡上升,顶面平坦一致,并开始浮现水泥浆为止。

现浇混凝土基础必须保持设计线形,在现浇混凝土与锚杆连接处,应将坡面清除干净,四周安放模板再灌注混凝土并振捣密实。

当最后的混凝土浇筑完毕 24h 后,立即喷水养护,每天至少喷水养护 4 次,养护时间不少于 7d。混凝土终凝后的第一次喷水养护的压力不宜过大,防止冲坏混凝土防护层表面。锚杆基础的养护期必须达到规范要求日期,养护结束后才能进行上部结构施工。

8)墙背回填

锚杆基础墙背回填与路基填筑要求基本相同,不再赘述。

11.2.4　质量控制

1)材料要求

(1)注浆材料。

①水泥

水泥是水泥砂浆注浆材料的主体材料,可采用普通水泥和硅酸盐水泥,水泥标号应不低于 425 号,并且必须具有抵制水和土侵蚀的化学稳定性。氯盐总含量不应超过 0.1%。

②水

一般情况下，凡适合于饮用的水均可作为拌和水。对于硫酸盐含量超过0.1%、氯含量超过0.5%，并且含有糖分或有机悬浮质的水，不能作为拌和水。

③砂

锚杆锚固工程水泥砂浆，用砂以中砂(平均粒径0.3~0.5mm)较好，并要求含泥量不应大于3%(以质量计)，砂中有害物质(如云母、轻物质、有机质、硫化物等)含量应低于1%~2%。

④外加剂

锚杆加灌浆液用的外加剂为早强剂、调凝剂，外加剂应根据工程需要合理选用，并应符合混凝土外掺剂应用的有关技术规范。

(2)混凝土材料。

①水泥

水泥应采用标号不低于C425的普通硅酸盐水泥。水泥必须具有抵制水和土侵蚀的化学稳定性。

②粗集料

锚杆基础混凝土中使用的粗集料，可以是碎石或卵石(砾石)，应质地坚硬、耐久、洁净。粗集料最大粒径不能超过结构最小边尺寸的1/3和钢筋最小间距的3/4。碎石和卵石必须具有一定的强度，一般可采用压碎值指标控制，应满足表3-11-3的要求。

粗集料技术要求　　　　　　　　　表3-11-3

项　目	混凝土强度等级		
	≥C35	≥C30	<C30
压碎值指标(%)	≤16	—	—
针片状颗粒含量(%)	—	≤15	≤15
含泥量(按质量计)(%)	—	≤1.0	≤2.0
泥块含量(按质量计)(%)	—	≤0.5	≤0.7
小于2.5mm的颗粒含量(按质量计)(%)	≤5	≤5	≤5

③细集料

细集料应优先选用良好、质地坚硬、颗粒洁净、粒径小于5mm的河砂，也可以选用山砂或由硬质岩加工的机制砂。砂应宜用中粗砂，含水率应控制在5%~7%范围内。

为了保证混凝土的强度和密实度，并节约水泥，要求粗、细集料组成的混合料要有良好的级配。

④水

一般情况下，凡适合于饮用的水均可作为拌和水。对于硫酸盐含量超过0.1%、氯含量超过0.5%，并且含有糖分或有机悬浮质的水，不能作为拌和水。

⑤外加剂

一般用早强剂和调凝剂作为外加剂，外加剂应根据工程需要合理选用，并应符合混凝土外掺剂应用的有关技术规范。外加剂的添加量应该根据现场试验确定。

2)现场质量检测

锚杆基础挡土墙的检测项目主要包括：

(1)现浇混凝土基础检测的主要依据是《公路工程质量检验评定标准 第一册 土建工程》(JTG F80/1—2017)、《混凝土结构设计规范》(GB 50010—2010)和《公路工程水泥及混凝土试验规程》(JTG 3420—2020)。现浇混凝土检测项目及要求,见表3-11-4。

现浇混凝土检测项目及要求 表3-11-4

项次	检查项目	规定值或允许偏差	检查方法和频率
1	现浇混凝土强度(MPa)	在合格标准内	每50~100m³拌和料或小于50m³的独立工程不少于1组,每组试块不少于3个
2	断面尺寸(mm)	+8,-5	每一沉降单元检查20个点
3	长度(mm)	+0,10	用尺量
4	平整度(mm)	8	用2m直尺检查
5	轴线偏位	10	用经纬仪测量

(2)锚杆检测。

锚杆是锚杆挡土墙中重要构件,其质量(包括材料质量、制作质量和注浆质量)直接影响挡土墙的稳定性。为了确定锚杆的极限承载力,验证锚杆设计参数和施工工艺的合理性,检验锚杆的工程质量,对锚杆要进行拉拔试验。锚杆检测项目及要求见表3-11-5。

锚杆检测项目及要求 表3-11-5

项次	检查项目	规定值或允许偏差	检查方法和频率
1	混凝土、砂浆强度(MPa)	在合格标准内	每1~2m³拌和料或小于1m³的独立工程不少于1组,每组试块不少于3个,按《公路工程质量检验评定标准 第一册 土建工程》(JTG F80/1—2004)附录D、F检查
2	间排距(mm)	+10,-10	每一沉降单元检查5个点
3	注浆饱满程度	≥96%	每200根锚杆抽取一组试件,每组试件为3根锚杆
4	钻孔深度(mm)	钻孔深度不小于设计深度的101%	每200根锚杆抽取一组试件,每组试件为3根锚杆
5	孔位(mm)	符合图纸规定	查灌浆前记录

试验的目的是确定锚杆的极限承载力,掌握锚杆抵抗破坏的安全程度,揭示锚杆在使用过程中可能影响其承载力的缺陷,以便合理确定锚杆结构参数或改进锚杆施工工艺。

拉拔试验的锚杆数量一般为2~3根。最大试验荷载不应超过锚杆杆体钢筋强度标准值的0.8倍,且不低于锚杆设计工作拉力值。

每200根锚杆抽取1组试件,每组试件为3根锚杆。对于不同锚杆的工程部位,均应抽取不少于1组的试件进行检验,以保证其结果能全面反映各种情况下的锚杆施工质量。对于注浆密实度和注浆长度小于设计值的4%的锚杆判为不合格锚杆,应该进行补浆。抽查中,当不合格锚杆根数达到抽查总数的30%以上时应该再加倍抽查,如果不合格锚杆根数还是达到抽查总数的30%以上,则应该对所有的锚杆根数进行复查和补浆。

被检验的注浆体应该在现场提取,其抗压强度应不小于设计强度。

12 石笼结构在库岸路基及桥台锥坡防护与加固中的应用

石笼网内填充块石或卵石护坡具有抗冲刷能力强、透水、整体性强、抗风浪性强、施工简便、造价低廉等特点,同时又是生物易于栖息的多孔隙结构,因而近年来广泛应用于河道、库岸防护中。不同于挡土墙等常规圬工结构,石笼挡土墙属于柔性结构,结构自身能允许产生较大变形。其设计计算理论以及施工要求,还有待进一步研究。

鉴于对石笼这种柔性挡土结构的理论研究还相对较少,从组成石笼挡土墙的单体石笼的力学性质研究开始,包括剪切试验和压缩试验,采用实际工程中的需要是基本吻合的工况,研究挡土墙在不同土压力作用下的受力、变形特性,进一步研究其设计计算方法和施工工艺,从而满足工程设计与施工需要,为石笼挡土墙的推广应用奠定基础。

12.1 单体石笼的力学特征研究

石笼挡土墙是由单个的石笼网箱通过绑扎钢丝或扣件连接在一起的。这些单体石笼网箱相互作用、有机协调,共同组成了石笼挡土墙这种柔性的挡土结构。研究单体石笼组成的石笼挡土墙的力学特征,从研究单体石笼开始有重要的现实意义。

由于石笼单体本身是一种由钢丝网目和块石组成的组合体,尚无相应的试验仪器来研究其特性,同时考虑试验方法要便于推广应用,试验中采用最能体现石笼物理更深性质的压缩试验和剪切试验来研究石笼单体的特性。

12.1.1 试验设备简介

压缩试验和剪切试验采用自主研制的大型土工多功能力学试验仪,如图 3-12-1 所示。

仪器的试样剪切盒有两种尺寸,分别为 100cm × 100cm × 80cm、50cm × 50cm × 40cm。

垂直荷载最大加载能力为 1000kN,千斤顶最大行程为 200mm;水平荷载最大加载能力为 1000kN,千斤顶最大行程为 500mm。

剪切速率为等速率控制,速率可调,范围为 0.5 ~ 50mm/min。

图 3-12-1 大型土工多功能试验仪

1) 荷载测量

垂直荷载和水平荷载均采用荷载传感器测量,最大量程为 1000kN。

2) 位移测量

水平位移测量采用两只差动变压器式位移传感器测量,最大行程为 500mm;垂直位移采用 4 只差动变压器式位移传感器测量,最大量程为 200mm。

3) 量程分档与量测精度

所有荷载与位移测量,其量程均分为 20%、50%、100% 三档标定,测量精度为 1%FS。

垂直荷载和水平荷载的初始值由人工设定,试验过程中自动控制,控制精度为 2%FS。

起吊方式为手动葫芦,最大起吊能力为 10kN,旋转角度为 180°,半径变幅为 500~1500mm。

12.1.2 试验过程及分析

剪切试验中使用的石笼尺寸为 50cm×50cm×40cm。人工编织好后,采用中硬石灰岩进行石笼填装,填装采用人工填装,并使石块间缝隙相互嵌挤,使石笼空隙率达到最小,之后用钢丝封顶。压缩试验用石笼尺寸为 50cm×50cm×50cm,用同样的方法控制空隙率,因做无侧限条件下的压缩试验,故直接将其放在压缩台上准备加压即可。准备好做剪切试验和压缩试验的单体石笼,如图 3-12-2 所示。

a)   b)

图 3-12-2 剪切和压缩试验用石笼

在石笼填装过程中,由于石笼的空隙率与石笼的大小及形状、碎块石的大小及搭配、工作人员的细心程度等因素有关,在忽略人为因素及每次试验所用石笼都相同的情况下,石笼的空隙率主要与碎块石的性质有直接关系。碎块石料粒径大小应不均匀,且必须进行适当搭配,才能更易达到较小的空隙率,这也正是实际工程中需要强调的。但在实际操作中,往往只能将石笼的空隙率控制在一定范围内。这样做的目的,一是很难将石笼空隙率控制在某一固定值,毕竟碎块石的选择和填装是随机的,二是空隙率在某一个范围内时,石笼的力学性质不会有太大的变化,因此在石笼挡土墙的施工中,一般将石笼空隙率限制在一定的范围内。鉴于此,在剪切和压缩试验中,石笼的空隙率为 26%~40%。事先按照空隙率为 30% 计算出所需填入的石料重量,选取石料时,考虑网孔大小及填石的难易程度,使粒径为 8~20cm 的石料质量占 80%、粒径为 5~8cm 的石料质量占 20%,即石料是有级配的,这样做是使碎块石可以大小搭配、小粒径的石料可以填充到大粒径石料之间的空隙中。然后进行手工填装石笼,若预先称好的石料未用完,称量剩余质量,依据石料的密度计算出石笼的实际空隙率;若预先称好的石料不够用,则继续按照粒径为 8~20cm 的石料重量占 80%、粒径 5~8cm 的石料重量占 20% 的比例填入碎块石直至石笼填满。空隙率越小,填石越密实,空隙率的计算公式为

$$n = \left(1 - \frac{m/\rho}{lwh}\right) \times 100\% \tag{3-12-1}$$

式中:n——石笼孔隙率(%);

m——填石质量(kg);

ρ——填石密度(kg/m³);

l、w、h——石笼的长、宽、高(m)。

试验测定灰岩石密度为 $2.6 \times 10^3 \text{kg/m}^3$,在本项目所有石笼试验中,均使用同一料场的灰岩石料。

石笼组成部分的物理性质指标见表 3-12-1。

石笼的物理性质指标　　　　　　表 3-12-1

项目	数值	项目	数值
网孔尺寸(mm)	80×100	丝径延伸率(%)	≥12
丝径(mm)	3.0	填石单轴抗压强度(MPa)	≥30
丝径抗拉强度(MPa)	350~380	碎块石料粒径(cm)	5~20

将编织好的石笼放入指定位置,然后由专人向石笼中填装碎块石料,注意石料是有级配的,这就要求填石时尽量把大粒径石料填装在石笼四周,用小粒径的石料去填充大块石之间的空隙。当填筑到约石笼高度的 1/3、2/3 时,各施加一次十字筋,同时在石笼拐角处用钢丝绑扎,以限制石笼的变形,十字拉筋的丝径与石笼网丝直径相同,如图 3-12-3 所示。填筑到顶时,用与石笼丝径同等粗细的钢丝绕圈绑扎封口,即可进行剪切和压缩试验。应力和应变值使用读数仪采集,如图 3-12-4 所示。

a) 十字拉筋形式1

b) 十字拉筋形式2

图 3-12-3

c) 拐角处的绑扎筋

图 3-12-3 两种形式的十字拉筋和转角绑扎钢丝

1) 直剪试验

将石笼放入剪切盒中,封顶后在石笼顶部施加恒定垂直荷载,在水平推力作用下,石笼及其中填石作为一个整体完成变形直至破坏的过程,石笼中的石料因摩擦挤压错位发生相对滑动,在剪切面附近,石料被剪切破碎成更小粒径的石块,甚至从网孔中掉落出来,石笼网丝也因受到推力作用而发生拉伸变形,网丝与填石之间在剪切时存在相互挤压、摩擦和滑动,这两种作用使网丝的强度逐渐降低,当承受的力超过其抗拉强度时就会发生断裂。在试验过程中,由数据显示仪记录水平荷载和剪切位移值。水平位移传感器测量剪切位移如图 3-12-5 所示,剪切试验结束后石笼的剪切变形及剪切面钢丝的断裂如图 3-12-6 所示。

剪切试验共进行了 4 组,石笼尺寸均为 50cm×50cm×40cm(长×宽×高)。

在一般的土工直剪试验过程中,判别试样破坏的标准为应力的急剧减小。在石笼的剪切试验中,要观察到这种情况,石笼的水平位移将非常大,这种情况在实际工程中是不允许发生的,原因是石笼是柔性结构,组成石笼的钢丝有很大的延伸率(≥12%)。鉴于此,在直剪试验中,取 5% 石笼水平方向应变时的应力值为峰值强度,进行了 3 组直剪试验,绘出摩尔包络线,如图 3-12-7 所示。

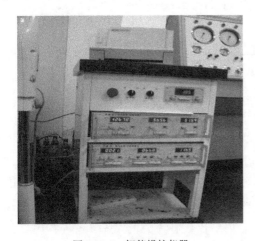

图 3-12-4 智能操控仪器

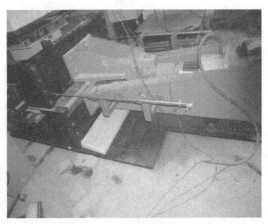

图 3-12-5 传感器测量水平位移

图 3-12-6　剪切变形及钢丝被剪断

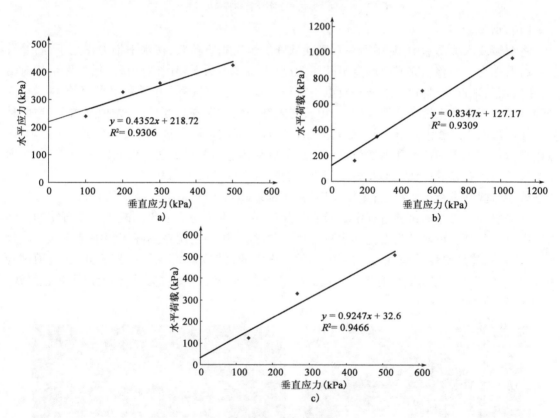

图 3-12-7　摩尔包络线

图 3-12-7a)、b)、c)组中石笼的空隙率依次为 25.8%、29.2%、31.5%;试验用石笼的抗剪强度参数 c 分别为 218.72kPa、127.17kPa、32.6kPa,依次减小;内摩擦角 φ 依次为 23.5°、39.8°、42.7°,依次增大。c、φ 值与石笼的空隙率有密切关系,空隙率越小,c 值越大,φ 值越小。c 值的变化范围为 32.6~218.72kPa,主要由钢丝的限制作用产生,空隙率越小,填石越紧密,钢丝对填石的限制作用越大,因此 c 值也越大;φ 值的范围在 23.5°~42.7°,主要由填石之间的相互作用产生,空隙率越大,φ 值越大,变化幅度不大。

这里的 c 值为似黏聚力,填石之间不存在黏结作用,之所以石笼能表现出抗剪强度参数 c 的类似特性,主要是因为填石的相互摩擦、嵌挤,与石笼共同作为整体抵抗剪力作用的缘故。

2) 压缩试验

将编织好的石笼放在平板上,装入石料,其过程同剪切试验,做无侧限压缩试验,石笼尺寸均为 50cm×50cm×50cm(长×宽×高)。

鼓胀率是单体石笼的重要力学性质之一,鼓胀率过大,将使石笼在压力作用下发生较大的侧向变形,从而导致石笼挡土墙沉降偏大;过大的鼓胀率也将加大填石与石笼网丝间的挤压摩擦作用,使填石从网孔中崩出,造成石笼功能性破坏,影响挡土墙的正常使用。

填石结束封顶至压缩之前,在石笼高度 1/3、2/3 处分别量测石笼的周长(图 3-12-8),因填石后石笼发生鼓胀变形,量测到的周长大于未填石时的四个边长之和。在压缩试验结束后,量测相应位置的周长,通过计算得出石笼的鼓胀率。

图 3-12-8 量测石笼周长

鼓胀率的计算公式为

$$T = \frac{\sum l' - \sum l_0}{\sum l_0} \times 100\% \qquad (3\text{-}12\text{-}2)$$

式中:T——鼓胀率(%);

l_0——加压前各个边长(cm);

l'——加压后各个边长(cm)。

试验结果表明,单体石笼的上、下部的鼓胀变形明显小于中部,石笼的鼓胀主要发生在中间部位,从测量到的石笼高度 1/3、2/3 处的周长数据可知,两个位置在压缩前后的周长值很接近,因此在表 3-12-2 中列出两个高度处的平均值。

石笼的鼓胀变形记录　　　　表 3-12-2

空隙率(%)	压缩前周长(cm)	压缩后周长(cm)	压缩量(cm)	鼓胀率(%)
25.9	217	291	74	34.1
30.3	214	255	41	19.2
31.1	216	250	34	15.7
41.5	198	265	67	33.8

由表 3-12-2 中所列的数据整理出石笼的空隙率与鼓胀率之间的关系曲线,如图 3-12-9 所示。由图可得如下结论:①为降低鼓胀率,应将石笼的空隙率控制在一定的范围,过大或过小的空隙率都无法保证合理的鼓胀率,因此石笼填装时,存在一个最佳空隙率,可使鼓胀率达到最小。在试验条件下,将石笼的空隙率(最佳空隙率)控制在 30% 左右是比较合适的,此时,石笼的鼓胀率达到最小,约为 15%。②空隙率与鼓胀率之间有密切的函数关系,可用二次抛物线拟和。在实际工程中,控制空隙率即可达到控制鼓胀率的目的。

除在 1/3、2/3 高度位置量测石笼的周长以评价石笼在压缩作用下的鼓胀率外,还在 1/3、

2/3 高度处的四个侧面量测了石笼距试验仪器内壁的距离(图 3-12-10),即在压缩前后,分别量测石笼上同一点到某一固定点的距离,每个侧面有两个观测点,从而得知各个侧面鼓胀的具体值,见表 3-12-3。

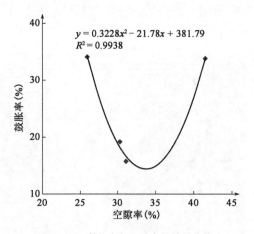

图 3-12-9 鼓胀率与空隙率的关系曲线

图 3-12-10 石笼观测点至仪器内壁的距离

各个侧面的鼓胀变形　　　　　　　　　　　　　　　　　表 3-12-3

试验编号	侧面编号	加压前(cm)	加压后(cm)	鼓胀变形(cm)	鼓胀率(%)
A	1	20.2	13.4	6.8	33.7
		16.5	11.7	4.8	29.1
	2	19.7	15.7	4	20.3
		16.5	12.7	3.8	23.0
	3	13.3	7.5	5.8	43.6
		12.4	7	5.4	43.5
	4	14.1	9.7	4.4	31.2
		11.1	7.6	3.5	31.5
B	1	26.7	13.9	12.8	47.9
		25.4	12.7	12.7	50.0
	2	25.5	12.3	13.2	51.8
		22.7	10	12.7	55.9
	3	26	14.4	11.6	44.6
		21.9	11.3	10.6	48.4
	4	31.3	14.6	16.7	53.4
		26.5	14.3	12.2	46.0
C	1	20.2	13.4	6.8	33.7
		16.5	11.7	4.8	29.1
	2	19.7	15.7	4	20.3
		16.5	12.7	3.8	23.0

续上表

试验编号	侧面编号	加压前(cm)	加压后(cm)	鼓胀变形(cm)	鼓胀率(%)
C	3	13.3	7.5	5.8	43.6
		12.4	7	5.4	43.5
	4	14.1	9.7	4.4	31.2
		11.1	7.6	3.5	31.5
D	1	16.1	13.5	2.6	16.1
		19.4	18	1.4	7.2
	2	17.5	11.3	6.2	35.4
		18.2	12.6	5.6	30.8
	3	23	15.8	7.2	31.3
		24.6	14.7	9.9	40.2
	4	19.3	19.7	-0.4	-2.1
		21.8	14.5	7.3	33.5

从表 3-12-3 中可以看出,石笼中部的变形是比较大的,鼓胀率最大达到了 55.9%,再次验证了压缩作用下,石笼的变形主要出现在中部。压缩后的石笼已近似呈圆墩形,如图 3-12-11 所示。

在压力作用下,易于崩出石料的部位为相邻边的连接处,石笼网出现破裂现象,石块崩出,从而产生了石笼网箱的整体破坏,如图 3-12-12 所示。石笼网片均为厂家大规模批量生产,相邻边用与编织网孔的钢丝同等直径的钢丝缠绕绑扎连接,而网孔为六角形结构,这种结构能承受的力较大,因此建议在施工中增大相邻边的连接强度,可以使用抗拉强度更大的钢丝捆绑邻边的连接处,以降低破裂发生的概率。

图 3-12-11 石笼受压后呈圆墩形

图 3-12-12 相邻边连接处石料崩出

因在压缩作用下,中部发生了较为明显的鼓胀变形,对石笼顶面的钢丝网孔产生了拉伸的作用,当拉力超过其抗拉强度时,钢丝发生断裂,如图 3-12-13 所示,图中标示出了钢丝断裂的位置。鼓胀率过大不仅引起石笼的较大沉降,而且致使顶面钢丝产生断裂。

在压缩过程中,起约束石笼变形作用的拉筋承受了较大的拉力,一般在拉筋的中间位置发生断裂,如图 3-12-14 所示。

图 3-12-13 压缩造成顶面钢丝断裂

图 3-12-14 拉筋断裂

在压缩作用下,石笼单体的鼓胀变形主要发生在中部,所以在现场施工中,为防止出现较大的鼓胀变形,应在石笼单体中部施加更能约束其变形的拉筋,如增加拉筋的数量、使用抗拉强度更高的拉筋等,在试验中,石笼体内在 1/3、2/3 高度位置处分别使用了拉筋,就是基于这种考虑而设置的。

图 3-12-15 所示为石笼在压缩作用下典型的应力应变关系曲线,可分为三个阶段。从图 3-12-15 中可以看出,初始阶段石笼应变很小,然后开始逐渐增大,刚受压时,由于填石密实,石料间的接触较紧密,石笼在压力作用下的变形较小,石笼有一定的抵抗变形的能力,之后因石料被压碎、鼓胀率增大引起钢丝发挥抗拉作用,应变开始变大;第二阶段为应变显著增大阶段,此时主要是填石之间的相互嵌挤填充、钢丝的屈服破坏过程,应变呈跳跃式增大,在应变增大的过程中,出现应变变化较为平缓的现象,这是因为当石料的破碎达到一定程度时,石笼再受压力,主要是石料骨架在起抵抗作用,但这种作用是有限的,在压力作用下,更多的石料被压碎,同时钢丝网破坏后,填石受限制作用减小,从而产生更大的应变;最终阶段为应变值基本达到稳定,上一阶段发生断裂的钢丝产生的裂缝已使相当数量的碎块石脱离石笼,堆积在外侧形成了对填石继续脱离的限制,完整性尚存的钢丝对变形的继续发展起了主要作用,石笼仍能保持整体性。可见,在压缩过程中,先是填石间的摩擦嵌挤起主要的抵抗变形的作用,然后钢丝发挥其抗拉强度,最后主要是钢丝的抗拉强度起作用。

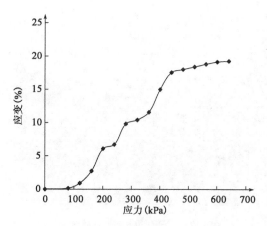

图 3-12-15 压缩作用下的应力应变关系

12.1.3 单体石笼力学特征

通过对单体石笼的剪切试验和压缩试验的分析,有以下结论:

(1)单体石笼的抗剪强度参数因石笼空隙率不同而存在一个范围之内,空隙率越小,c 值越大,φ 值越小。

(2)在压缩作用下,填石的崩出发生在相邻边的连接处,应在这些部位加强连接,如使用抗拉强度高一级的钢丝绑扎等。

(3)鼓胀率过大的危害包括石笼产生较大的沉降、填石从网孔中崩出、顶面钢丝受拉发生断裂等,单体石笼的鼓胀变形主要发生在中部位置,施工中应在此部位采取相应措施以限制其产生过大变形;鼓胀率与石笼空隙率之间有密切关系,存在一个最佳空隙率,可使鼓胀率达到最小。

(4)压缩后,石笼单体呈圆墩形,各向向外膨胀的程度相当。

(5)压缩作用下的应力应变曲线可分为三个阶段,抵抗变形的力有填石之间的摩擦、嵌挤以及钢丝的抗拉强度,先是填石间的摩擦嵌挤起主要的抵抗变形的作用,接着钢丝发挥其抗拉强度,最后主要是钢丝的抗拉强度起作用。

12.2 石笼挡土墙二维地质力学模型试验研究

12.2.1 试验模型的设计及制作

石笼挡土墙是典型的柔性结构,柔性结构必然允许有较大的变形能力,石笼挡土墙的这种柔性结构很适合库岸路基使用,首先是协调变形,其次是抗冲刷性能以及良好的排水性。

为更好地了解石笼挡土墙的变形特征,采用二维地质力学模型模拟石笼挡土墙在路基施工过程中的变形发展规律,为石笼挡土墙的变形和稳定性计算及设计提供依据。

1)二维加载框架

试验采用自主研制的二维物理模型试验系统,试验仪尺寸为 30cm × 32cm × 20cm。两侧用有机玻璃板加工字钢约束,既限制模型的侧向变形,又便于沉降观测。二维加载框架水平方向荷载 135kN,垂直方向总荷载:上梁 135kN、下梁 183kN,使用此框架模拟平面应变状态下石笼挡土墙的力学性质。

二维地质地质力学试验系统主要包括以下几个组成部分:

(1)反力框架。

(2)加载系统。

采用液压千斤顶加载,通过调节千斤顶的油压来模拟路基自重荷载,如图 3-12-16 所示。

(3)稳定系统。

通过负反馈稳压装置,当千斤顶压力达到设计压力后,就自动停止施加压力,压力稳定在某一固定值,在路堤变形后,可以自动反馈补偿因路基变形而造成的压力下降,对模型提供恒定的压力。

(4)监测系统。

采用数据采集系统,测量路基变形,如图 3-12-17 所示。

图 3-12-16 二维地质力学模型试验加压系统

图 3-12-17 数据采集系统

2) 石笼挡土墙

石笼挡土墙按墙背形式不同,采用两种模型:墙背阶梯式和墙背直立式,如图 3-12-18 所示。

a)墙背阶梯式

b)墙背直立式

图 3-12-18 两种形式的石笼挡土墙模型

将编织好的石笼放入加载框架相应的位置,采用符合粒径和强度要求的碎块石料填装,保证其空隙率满足要求后,用钢丝绑扎封顶;然后按照设计填土压实度进行墙背回填,上一层石笼按照事先设计好的形式放在适当的位置,再进行墙背填土,如此形成墙背阶梯式和墙背直立式两种形式的石笼挡土墙。

石笼挡土墙模型试验采用的石笼尺寸均为 30cm×30cm×30cm,墙背阶梯式挡土墙使用 6 个石笼,共 5 层,从下往上每层依次向内缩进 6cm,从而形成的坡比为 1:0.2;墙背直立式挡土墙使用 9 个石笼,共 5 层,墙面也呈阶梯状,建立的模型如图 3-12-18b)所示。墙背阶梯式模型的尺寸(长×宽×高)为 214cm×30cm×150cm,墙背直立式模型的尺寸(长×宽×高)为 180cm×30cm×150cm。

墙后填土压实度按 93% 控制,埋设压力传感器测量土压力,同时记录挡土墙各层墙面的侧向变形,填土表面设置百分表量测沉降,通过沉降观测控制竖向荷载施加速度。

3)加载系统

为模拟不同填土高度下石笼挡土墙的力学特性,使用油压千斤顶对填土顶部施加竖向荷载,如图 3-12-19 所示。在填土顶部用油压千斤顶加载,不同的高度用 γh 换算出上部填土的自重,控制千斤顶的输出压力,就可以模拟路堤填土高度,改变千斤顶压力可以模拟填筑过程。

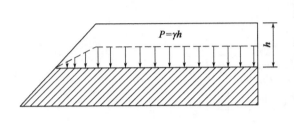

图 3-12-19 石笼挡土墙二维地质力学模型加载图

试验中,先后加载 2MPa、4MPa、6MPa、8MPa、10MPa、12MPa,共 6 级,分别相当于 2MPa、4MPa、6MPa、8MPa、10MPa、12MPa 高的土柱压力。在每级荷载施加后,观测填土表面的百分表沉降数据,观测时间为 2h,当连续 2 次的读数值差在 0.1mm 之内时,说明在当级压力作用下,填土的沉降变形已经结束,可施加下一级荷载。

4)量测系统

(1)土压力量测。

试验选用的传感器是 BY-3 微型土压力传感器,系应变式传感器,其主要技术指标见表 3-12-4,其读数记录采用应变仪,对照标定曲线,每一个应变值都有一个相应的应力值,即作用在传感器表面的平均应力,用这种方法量测土压力。

BY-3 微型土压力传感器主要技术指标 表 3-12-4

尺寸(mm)	非线性(FS)	输出灵敏度(mV/V)	输出阻抗(Ω)	量程(με)	绝缘电阻(MΩ)
φ30×15	<±0.5%	0.1%(满量程时)	350	>1000	>500

两种形式挡土墙土压力传感器的布置如图 3-12-20 所示,量测相应位置的垂直方向和水平方向土压力。

(2)挡土墙墙面位移量测。

侧向位移量测方法:在石笼挡土墙模型以外设置一铅垂线,通过测量挡土墙模型侧面固定点至铅垂线之间距离,来反映石笼挡土墙的侧向变形。在每层石笼标记 4 层,共 16 个测点,如图 3-12-21 所示。

在测量石笼挡土墙侧向位移中,墙背阶梯式模型共使用了 56 个测点,其中上 3 层,各 16 个;因最下一层石笼被反压土遮挡一部分,共布置了 8 个测点;墙背直立式共使用了 80 个测点,每层 16 个。量测填土的沉降用了 2 个百分表,精度为 0.01mm,量程为 30mm,当沉降过大超过量程时,调整百分表的固定位置重新记录,累加以前的沉降值。

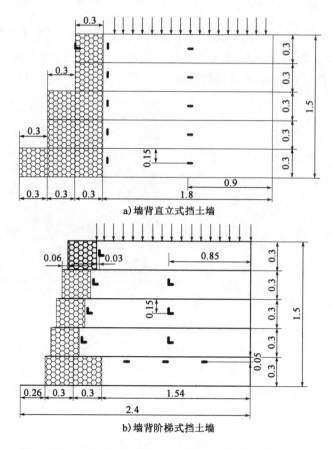

a) 墙背直立式挡土墙

b) 墙背阶梯式挡土墙

图 3-12-20 两种形式挡土墙土压力传感器布置图(尺寸单位:m)

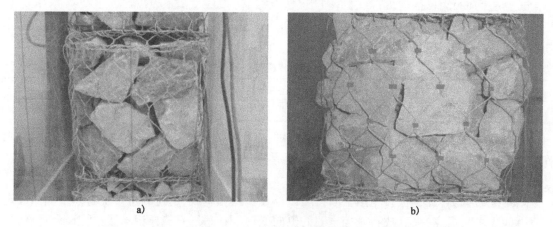

图 3-12-21 量测方式及测点布置

12.2.2 模型填筑材料

在模型试验中,一般采用原形的土料制作模型。但采用原型的土料,带来的问题是模型土料粒 d 和原形土料的粒径 D 之间不满足相似比例条件,模型的粒径 d 与模型结构物尺寸 B 之间,亦不能满足相似比例条件,由此而产生的试验偏差,叫作粒径效应与几何尺寸效应。粒径效应在模型试验中是始终存在的,它与时间比例尺矛盾问题一起被认为是模型技术的两个缺陷。如果把模型的土料严格按照相似比例尺缩小后,原型土石混合料在模型中就会变成有黏性的土。很显然,这样就背离了模型材料力学性质与原型相同的模型试验基础,这种缩小比例尺的做法是不合适的。也有人认为,所谓粒径效应并不存在,因为土力学本身就是在宏观的基础上建立的研究方法,不能按照细观甚至微观的要求来苛求宏观模型,宏观的力学表现一致应当作第一要求。

大量的试验证实,细粒土不存在粒径效应,但在进行粗粒材料的模型试验时,如土石坝、堆石坝、路堤等,原型的颗粒粒径太大,目前为 60~100cm。用原型的土料来进行试验已无可能,必须通过缩小比例尺来配制模拟试料。

目前,国内外对超粒径料的处理方法大体上有三种:剔除法、等量替代法及相似级配法。所谓剔除法,是指剔除超粒径颗粒,并将其剩余部分作为整体再计算各粒径组含量,这样会使细粒含量增加,改变了粗粒土的性质,故除对超粒径颗粒含量极少的粗粒土外,一般不采用此法。所谓等量替代法,是指以模型箱最小尺寸所允许的最大粒径以下的粗粒,按比例等量替换超粒径颗粒部分,经替代后粗粒土级配虽保持了原粗、细颗粒含量,但改变了粗粒部分的不均匀系数 C_u 及曲率系数 C_c,有关试验证实,用等量替代法制备的试样较剔除法更符合实际情况。所谓相似级配法,是指根据所确定的最大允许粒径按几何相似原则等比例将原粗粒土粒径缩小,即其级配曲线按一定几何模拟比尺平移,这种方法虽使 C_u、C_c 保持不变,但细粒含量有所增加,使原粗粒土的工程性质有所改变。

目前,关于粗粒土模型料的缩制方法仍是一个值得进一步研究的课题,Saboya 研究表明,土的力学性质与参量是随粒径、级配和不均匀系数的变化而变化的。因此,在试验中,应根据试验的主要目标,选择关键力学指标作为主要控制条件,以达到关键力学表现正确的目的。

根据相关文献资料,模拟试样的直径应不小于试料最大直径的 5~6 倍,综合相似模拟试验研究成果,模型框架宽度为 30cm,确定试验中采用最大粒径为 4cm,这也与相关规范联系起来。具体做法是,将粒径为 1~4cm 的级配碎石与土样以各约 50% 的重量比例混合,颗粒组成见表 3-12-5。

土样颗粒筛分试验结果　　　　表 3-12-5

粒径(mm)	20~40	10~20	5~10	1~5	<1
累积百分含量(%)	13.41	20.74	12.46	17.67	35.72

重型击实试验得到碎石土最优含水率为 8.2%,最大干密度为 $1.89 \times 10^3 kg/m^3$,控制填筑压实度,采用干密度控制法控制填筑密度。试验前采用击实试验测出试料的最大干密度和最优含水率,称出在控制含水率时土石混合料的重量,填筑时控制其压实后的体积,控制填土压实度为 93%。

12.2.3　试验结果整理及分析

同时说明两种挡土墙形式的变形受力特点并放在一起,以便于比较。

1)墙面侧向变形

在墙背阶梯式挡土墙模型中,取第4层(最上层)第2排4个节点的侧向位移的变化来说明挡土墙侧向位移经历的过程,如图3-12-22a)所示。从图中可见,随着填土高度的增加(观测时间的增大实际上代表了填土工作的继续),侧向位移基本经历了一个急剧增大→平缓稳定的过程,在第4天观测时间之内,侧向位移的增加较快,呈直线式上升,曲线斜率很大,4d之后,增大的趋势已减小,曲线斜率大幅度下降,节点最大位移值为6.0cm。石笼挡土墙填筑结束后,虽然碎块石之间的嵌挤较为紧密,上下相邻的石笼间也是由钢丝绑扎在一起作为一个整体的,但是在上部压力作用下,这些抵抗变形的因素所起的能力有限,石料间的接触关系要经过重新调整,以达到更紧密的状态,而当这种状态完成后,再增大荷载,侧向变形值随时间的变化将很微小,这说明在挡土墙的侧向变形主要发生在填土完成后的较短的一段时间内,之后基本达到稳定。初始阶段,节点位移值为负,有内缩变形,这是节点所在位置碎块石不够密实并处于逐步调整位置的过程中,当这个过程结束后,位移均为正值,表现为外鼓变形。即使在同一排,节点的位移也是有差别的,这将导致不均匀变形。

在墙背直立式挡土墙模型中,同样取第4层(最上层)石笼第2排4个节点的侧向位移值[图3-12-22b)],与墙背阶梯式挡土墙模型不同,随填土高度的增大,侧向位移曲线中间虽出现了转折,但一直是以较大的斜率增大的。节点最大位移值为2.9cm,节点的位移值比墙背阶梯式挡土墙模型的小。相比于墙背阶梯式挡土墙模型,墙背直立式挡土墙模型石笼间的连接更加牢固,填石间因土压力作用发生的调整很小,这样在图3-12-22b)中就没有发生位移值为负的情况,即没有内缩。

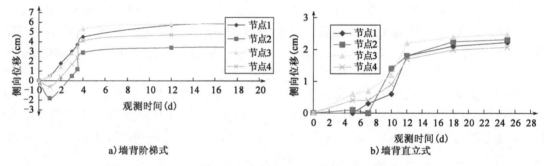

a)墙背阶梯式 b)墙背直立式

图3-12-22 第4层第2排4节点侧向位移

在墙背阶梯式挡土墙模型中,第4层第4排测点的侧向位移随观测时间,即填土高度的变化曲线如图3-12-23a)所示,取节点1代表每排的位移值。从图中可以看出,上部的位移比下部的大,这是因为挡土墙的墙面呈阶梯状,每层石笼底部均与下层石笼用钢丝连接在一起,受到一定的约束,而顶部向外伸出一部分,这样就导致了墙面上节点处的位移受钢丝连接的影响较小,从而位移值较大;同时发现在每排的节点侧向位移中,都出现了暂时减小的现象,下部的第3、第4排尤为明显,石笼为柔性结构,因每处的填石密实度不易达到统一,而且填石的位置是在不断调整的,这就导致了这种现象的发生,而下部也是因为与下层石笼间的连接较紧密,向外的变形受限,在一段时间内出现了内缩,随着下层石笼上部的外移,本层下部的位移将得到恢复并继续增大,从图3-12-23a)中可以看出,位移值的减小只是暂时的。

墙背直立式挡土墙模型相应层的侧向位移随时间,即填土高度的增加的关系如

图 3-12-23b) 所示, 填土高度不大时, 位移增加较小, 但到了一定高度, 侧向位移值发生了急剧增大, 随后减小, 继续填土, 则位移得到恢复, 达到的最大位移值小于墙背阶梯式模型相应值。墙背直立式挡土墙的位移受填土高度的增加影响较大。

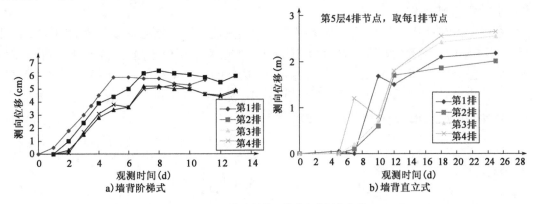

图 3-12-23 第 4 层第 4 排节点的侧向位移

墙背阶梯式模型中, 测量石笼墙面的水平位移时, 在每层石笼网丝的铰接处设置了测量点, 每层石笼 4 排测点。在加压结束后, 统计水平位移值绘出与挡土墙高度的关系图[图 3-12-24a)], 这里选取每层第 2 排第 1 节点的数值代表每层石笼的位移值(用其他节点位移值做代表得到的结果类似)。由前所述, 石笼挡土墙分 4 层(另外基础 1 层), 在图 3-12-24a) 中由水平线划分出了 4 层石笼的界限, 可以看出, 石笼挡土墙在压力作用下的水平位移, 上部比下部的大。在填土表面加压过程中, 上部的石笼距离加压作用的距离较近, 受到的挤压作用较大, 这就导致了石笼上部比石笼下部水平位移大的情况出现。

墙背直立式测量侧向位移的方式同墙背阶梯式, 一样用水平线划分出了 5 层石笼的界限[图 3-12-24b)]。上部的位移比下部的大, 但第 4、5 层的位移值相同, 往下则减小得剧烈。

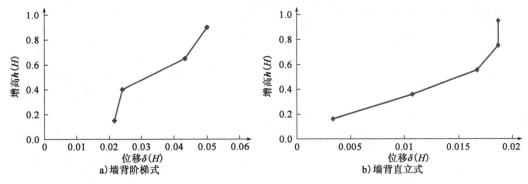

图 3-12-24 墙面最终的水平位移示意图

图 3-12-25 所示为不同填土高度时两种模型各层石笼的侧向位移曲线图, 图中用水平线划分出了各层石笼的界限, 每层中均用第 2 排第 1 节点的位移值代表本层的位移。

墙背阶梯式模型中, 不同的填土高度, 均是上层石笼比下层石笼的位移大, 如图 3-12-25a) 所示。第 4 层石笼的位移变化始终受填土高度的增加影响较大; 第 3 层石笼的位移在填土高度增加到 6m 后, 增加值已变小, 说明此时第 3 层的位移变化已趋于稳定; 第 1、第 2 层石笼的位移变化情况相似, 填土高度为 2m 时, 石笼中的填石经历了主要的位置调整阶段, 位移值出现负值,这样就产生了除最上层第 4 层外,其余的第 3、第 2、第 1 层都向内缩的现象,填土高度再增加时,位移值均为正值。在填土高度增加到 4m 后,位移的增加趋于平稳,说明已达到稳定。由此可知,墙背阶梯式挡土墙上部位移受填土高度的增加影响较大,而下部较小,在填土高度较小时即达到了稳定。

墙背直立式模型中,不同的填土高度,均是上层石笼比下层石笼的位移大,如图 3-12-25b)所示,第 4、第 5 层位移增大的幅度相同,为所有层中最大值;第 3 层位于挡土墙的中部,其位移随填土高度的增加而增大,但幅度比第 4、第 5 层略小,达到的最大值稍小;第 2 层的位移填土起始阶段增大较快,当填土高度为 8m 后,增加值已较小,说明已经达到了稳定;第 1 层石笼的位移随填土高度的增加变化最小,最早达到稳定。

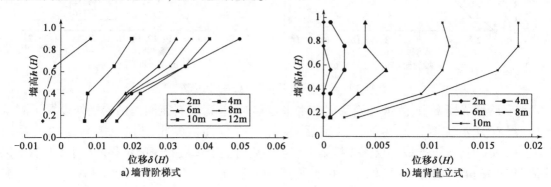

图 3-12-25　不同填土高度时挡土墙的侧向位移图

上述两种形式的挡土墙,均是石笼上部受填土高度的影响较大,石笼下部则能在填土过程中较早达到稳定,墙背阶梯式模型的侧向位移值较大。

2)水平应力

在全部加压结束后,整理压力传感器测得的应变值,对应各个传感器的标定曲线,得出填土中相应深度的侧向土压力值,绘于图 3-12-26 中。

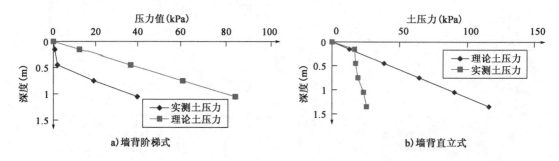

图 3-12-26　侧向土压力

由图 3-12-26 可知,墙背阶梯式挡土墙在上两层的深度范围内的土压力值小于理论土压力值,随着深度的增加,土压力值激增,原因为墙背阶梯式挡土墙上下位移不一致,下部挤压墙后土体;而墙背直立式挡土墙土压力值始终大于理论土压力值,在第 4 层土压力激增,在第 5 层得到恢复,在压力作用下挡土墙后仰土压力由静止转为被动所致。

通过两种形式的二维石笼挡土墙模型试验,可以得到以下结论:

(1)墙背阶梯式挡土墙若干节点在土压力作用下,暂时出现内缩,但随着填土高度的增大,这种现象将逐渐转变为外鼓,而墙背直立式挡土墙的节点位移一直是增大的;与节点位移最大值比较,墙背直立式的较小。

（2）同一层石笼不同高度上,上部的位移比下部的大,因填石密实度不均、位置调整等原因,侧向位移有暂时减小的现象。

（3）两种形式的挡土墙,均是石笼上部受填土高度的影响较大,石笼下部则能在填土过程中较早达到稳定,墙背阶梯式模型的侧向位移值较大。

（4）两种形式的挡土墙实测土压力值均远小于理论土压力值,这是石笼挡土墙柔性结构的优点。它能对土压力产生一定的卸荷作用。

12.3　石笼挡土墙颗粒流离散元分析

12.3.1　颗粒流离散元软件简介

通过石笼单体的剪切和压缩试验,以及二维石笼挡土墙模型试验,对石笼挡土墙从部分到整体进行了较为系统的研究,可为设计、稳定性计算及施工提供有益的参考。试验中,剪切试验石笼单体的尺寸为 50cm×50cm×40cm(长×宽×高),压缩试验石笼单体的尺寸为 50cm×50cm×50cm(长×宽×高),组成挡土墙模型的石笼单体尺寸为 30cm×30cm×30cm(长×宽×高),石笼挡土墙高度为 1.5m,这些尺寸与实际工程中有差距,为了将模型实验的结果加以推广,有必要对足尺的挡土墙模型作进一步的研究。

颗粒流离散元是岩土工程中进行数值模拟的一个很有效的工具。颗粒流离散元是离散单元法的一种,离散单元法的思想源自分子动力学(Molecular Dynamics)。Cundall 于 20 世纪 90 年代末期首次提出了适用于解决岩石力学问题的颗粒流离散元(Particle Flow Code,PFC)方法。颗粒流离散元是建立在块体离散元的基础上的。块体离散元(UDEC)方法在岩土工程中的作用已得到了广泛证明,而颗粒流离散元则是新兴的研究方法,正逐渐为众多学者所使用。

采用二维颗粒流离散元程序 PFC^{2D} 可以构建两种结构形式的石笼挡土墙:墙背阶梯式和墙背直立式。所以依据所在层的结构形式,令每层石笼的宽度不同、高度均为 1m、挡土墙整体高度均为 9m,并模拟在荷载作用下石笼挡土墙的侧向变形及土压力的分布、填土与挡土墙接触关系以及挡土墙整体的颗粒接触等性质。下文进行具体开始。

1）PFC 计算程序介绍

颗粒流程序(PFC)方法是通过离散单元方法来模拟圆形颗粒介质的运动及其相互作用。最初,这种方法是研究颗粒介质特性的一种工具,它采用数值方法将物体分为有代表性的数千以及上万个颗粒单元,期望利用这种局部的模拟结果来研究边值问题连续计算的本构模型。由于通过现场试验来得到颗粒介质本构模型相当困难,随着微机功能的增强,用颗粒模型模拟整个问题成为可能,一些本构特性可以在模型中自动形成,因此 PFC 便成为用来模拟固体力学和颗粒流问题的一个有效手段。

2）基本假设

颗粒流方法在模拟过程中作了如下假设:

（1）颗粒单元为刚性体。

(2)颗粒单元为圆形(球形)。
(3)接触发生在很小的范围内,即颗粒之间只有一个接触点,为点接触。
(4)接触特性为柔性接触,接触处允许有一定的"重叠"量。
(5)"重叠"量的大小与接触力和接触刚度有关,与颗粒大小相比,"重叠"量很小。
(6)接触处有特殊的连接强度。

3)基本理论

颗粒流方法在计算循环中交替应用运动定律与力-位移定律,其计算循环过程如图 3-12-27 所示。

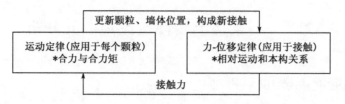

图 3-12-27　计算过程循环图

(1)力-位移定律。

通过力-位移定律把相互接触的两部分的力与位移联系起来,颗粒流模型中接触类型包括"球-球"接触与"球-墙"接触两种。

接触力 F_i 可以分解为切向和法向分量:

$$F_i = F_i^n + F_i^s \tag{3-12-3}$$

式中:F_i^n——法向分量;

F_i^s——切向分量。

法向分量可以根据下式计算:

$$F_i^n = K^n U^n n_i \tag{3-12-4}$$

式中:K^n——接触点法向刚度;

U^n——接触"重叠"量;

n_i——接触面单位法向量。

切向接触力以增量的形式计算:

$$\Delta F_i^s = -K^s \Delta U_i^s \tag{3-12-5}$$

$$\Delta U_i^s = V_i^s \Delta t \tag{3-12-6}$$

式中:K^s——接触点切向刚度;

ΔU_i^s——计算时步内接触位移增量的切向分量;

V_i^s——接触点速度的切向分量;

Δt——计算时步。

通过叠加求出切向接触力分量:

$$F_i^s = F_i^s + \Delta F_i^s \tag{3-12-7}$$

(2)运动定律。

单个颗粒的运动是由作用于其上的合力和合力矩决定的,可以用颗粒内一点的线速度与颗粒的角速度来描述。运动方程由两组向量方程表示,一组描述了合力与线性运动的关系,另一组表示了合力矩与旋转运动的关系。

线性运动 $$F_i = m(\ddot{x}_i - g) \tag{3-12-8}$$

旋转运动 $$M_i = \dot{H}_i \dot{x}_i \tag{3-12-9}$$

式中: F_i ——合力;

    m ——颗粒总质量;

    g ——重力加速度;

    M_i ——合力矩;

    $\dot{H}_i$ ——角动量。

将使用二维颗粒离散元程序 PFC^{2D} 对石笼挡土墙的砌筑、回填及在行车荷载作用下的行为进行模拟,在模拟过程中将应用 PFC^{2D} 的一些高级技术,如颗粒集合体的应力量测、应力应变追踪等,通过 PFC^{2D} 中的高级开发语言 Fish 来实现。

石笼挡土墙每个石笼中的填石料都是由各个粒径不同的石块组合而成的,这些石块小则几厘米,大则 30~40cm,它们之间本来就是离散的,连续介质的有限元法不适宜分析这种情况。在 PFC^{2D} 中,可以定义颗粒的半径来模拟填石料的不同粒径,石笼网线的抗拉强度通过相邻两个颗粒间的重叠来实现,同时对墙背填土和岩石地基分别赋予不同的材料参数。

12.3.2 数值模型

1) 模型的建立

在上节的室内模型试验中,建立了墙背阶梯式和墙背直立式两种结构形式的挡土墙,对其在荷载作用下的力学特性进行了研究。在本节中,为了便于进行对比,按照同样的结构形式构建了两种足尺的石笼挡土墙模型:墙背阶梯式和墙背直立式,如图 3-12-28 所示。

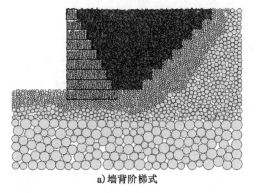 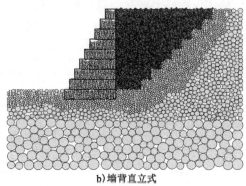

a) 墙背阶梯式　　　　　　　　　　　b) 墙背直立式

图 3-12-28　两种挡土墙模型

(1) 地基。

两种模型使用的地基部分相同,宽为 18m,高为 16m。为减少颗粒数量,加快计算速度并保证数据准确,地基部分从外向内颗粒的直径逐渐减小。在生成地基颗粒的过程中,预留空间使地基与将要生成的填土之间的界面坡比为 1:1。地基在计算过程中,地基部分固定不变。

(2) 石笼挡土墙。

石笼挡土墙由石笼颗粒和填石颗粒两部分构成。石笼颗粒直径为 0.05m，颗粒间无重叠，但在相邻颗粒接触处存在接触联结和平行联结，能保证石笼的受力和变形。1m 长度的石笼需要的颗粒数为 200 个，依据各层石笼周长的不同，每层使用的颗粒个数也不同；基础层石笼为最下一层，宽 5m，埋于地基中。每生成一层石笼，向其中填入石料颗粒，即在相应的范围编写程序命令，生成填石颗粒，为保证石笼的空隙率在 25% ~ 30%（此数值比室内试验时的空隙率小）范围内，采用不同粒径有级配的石料，先试算石笼面积与空隙率之间的对应关系，用 PFC 中的测量圆量测每层石笼的填充率，从而得到大致需要填石的个数、直径与空隙率间的对应关系；为达到相同的空隙率，石笼面积不同，使用的填石颗粒的个数也不同。

挡土墙部分每层石笼高 1m，基础层宽 5m，往上每层比下一层宽度减少 0.5m，共分 9 级；挡土墙整体高度为 9m，其中基础层高度为 1m。

墙背阶梯式挡土墙模型的墙背坡比为 1:0.5，填土顶部宽 13.5m；墙背直立式挡土墙模型的墙面坡比为 1:0.5，填土顶部宽 9.5m；在填土顶部施加荷载。

(3) 填土。

在生成地基颗粒过程中，预留了空间使地基与将要生成的填土之间的界面坡比为 1:1，每 1m 高一个台阶。当石笼及其中石料均生成后，回填当层墙背土体（基础层相应的水平位置无填土），要保证填土空隙率在 25% 左右，采用产生石笼空隙率类似的方法，填土颗粒有级配。

在 PFC^{2D} 中，空隙率定义为颗粒所占的面积与整体面积之比，用百分比表示；在程序的实现过程中，若设置的空隙率过小，则颗粒之间的"重叠"量将会很大，从而颗粒的接触力很大，这将直接导致一个严重的后果：计算速度特别慢甚至无法计算。为此，PFC^{2D} 中建议一般岩土颗粒集合体的空隙率为 20% ~ 30%，这样在直观上看是空隙率较实际土体的空隙率大，但模型中颗粒之间是存在连接的，在力学行为上可以达到模拟的效果，因而在本模型的构建中，将填土的空隙率设为 25%，这个值在随后的模拟中，对计算的稳定进行发挥着重要的作用。

石笼、填石、填土颗粒个数计算见表 3-12-6，填土颗粒组成见表 3-12-7。

石笼、填石、填土颗粒个数计算 表 3-12-6

墙背阶梯式						
层数	石笼周长(m)	石笼颗粒个数	石笼面积(m^2)	填石个数	填土面积(m^2)	填土个数
8	3	600	1	28	13.5	1971
7	3.5	700	1.5	42	12	1752
6	4	800	2	56	10.5	1533
5	4.5	900	2.5	70	9	1314
4	5	1000	3	84	7.5	1095
3	5.5	1100	3.5	98	6	876
2	6	1200	4	112	4.5	657
1	6.5	1300	4.5	126	3	438
基础	12	2400	5	140	0	0
总计	50	10000	27	756	66	9636

续上表

墙背直立式						
层数	石笼周长(m)	石笼颗粒个数	石笼面积(m^2)	填石个数	填土面积(m^2)	填土个数
8	3	600	1	28	9.5	1387
7	3.5	700	1.5	42	8.5	1241
6	4	800	2	56	7.5	1095
5	4.5	900	2.5	70	6.5	949
4	5	1000	3	84	5.5	803
3	5.5	1100	3.5	98	4.5	657
2	6	1200	4	112	3.5	511
1	6.5	1300	4.5	126	2.5	365
基础	12	2400	5	140	0	0
总计	50	10000	27	756	48	7008

土样颗粒组成 表 3-12-7

颗粒半径(mm)	11.4~19.0	5.7~11.4	1.9~5.7	0.475~1.9
质量比	60	77	100	6
颗粒个数比	8	30	200	200

（4）压路机。

为使填土颗粒达到一定的密实性和表面平整，每层填土结束后，填土颗粒在模拟的周期性荷载压路机的作用下被压实，接着建造上一层石笼、填石，然后删除压路机颗粒，再回填土，生成压路机颗粒……依次完成各层工作。压路机颗粒是临时存在于模型中的。

（5）荷载。

荷载部分颗粒在第 8 层填土结束及平整后置于顶层对填土施加竖向压力，荷载颗粒直径为 0.5m，根据填土顶面宽度的不同，两种模型中使用的荷载颗粒的个数是不同的。

两种模型所用颗粒的参数相同，除压路机、行车荷载的颗粒外，其他部分的颗粒均一直存在于模型中。在每层填土完成后，表层施加的压路机颗粒要在上一层填土前删除，这样墙背阶梯式模型共使用 22170 个颗粒，墙背直立式模型共使用 19537 个颗粒，组成计算模型各个部分的颗粒的性质见表 3-12-8。

颗粒性质参数表 表 3-12-8

项 目	基础	石笼	填石	填土	压路机	行车荷载
密度(个/m^2)	3500	16	2600	2000	2000	8000
颗粒摩擦黏度	10	0.25	0.15	0.2	0.2	2
法向刚度(N/m)	1.00×10^{10}	2.00×10^6	8×10^6	1.00×10^6	1.00×10^6	1.00×10^{20}
切向刚度(N/m)	1.00×10^{10}	2.00×10^6	8×10^6	1.00×10^6	1.00×10^6	1.00×10^{20}
半径(m)	0.21~0.33	0.0025	0.04~0.06	0.00475~0.019	0.25	0.25
接触连接法向强度(N/m)	—	0	1.00×10^4	1.00×10^2	1.00×10^{12}	1.00×10^{12}

续上表

项　　目	基础	石笼	填石	填土	压路机	行车荷载
接触连接切向强度(Pa)	—	0	3.00×10^7	3.00×10^4	1.00×10^{12}	1.00×10^{12}
平行连接法向强度(Pa)	—	6.00×10^5	—	—	1.00×10^{20}	1.00×10^{20}
平行连接切向强度(Pa)	—	8.00×10^6	—	—	1.00×10^{20}	1.00×10^{20}
平行连接法向刚度(Pa)	—	1.00×10^8	—	—	1.00×10^{15}	1.00×10^{15}
平行连接切向刚度(Pa)	—	4.00×10^{12}	—	—	1.00×10^{15}	1.00×10^{15}

需要指出的是，PFC^{2D}中使用的"颗粒"，与更广泛范畴内的力学中的"颗粒"的概念是有很大区别的。力学范畴内的"颗粒"，其大小是可以忽略不计的，在讨论问题时不占据空间，只作为一个点来对待；而在PFC^{2D}中，"颗粒"不仅有一定的大小，而且占据一定的空间。在PFC^{2D}的计算中，颗粒的数量越多，计算速度越慢，需要的时间也就越长，所以，在模拟中，为加快计算的速度，就应当适当减少颗粒的数目，对颗粒的半径进行放大。

在实际工程中，石笼钢丝的直径多为2.5～3.7mm。本节建立的模型中，统一石笼颗粒的直径为5mm，一方面，适当减少了生成颗粒的数量，提高了计算效率；另一方面，采用颗粒间的平行连接的办法来模拟钢丝具备的抗拉强度及抗弯特性。

土压力的量测使用PFC^{2D}中的专用工具——Measurement Circle，即测量圆。在连续介质中，应力是一个连续量，应力一般定义为作用于单位面积上的力，对于二维问题，应力则定义为作用于单位线段上的合力。然而，这种定义在离散介质中并不适用，因为颗粒介质是离散的，在颗粒模型中不存在作用于每一点上的连续力，而且因点的位置不同，变化幅度很大。在PFC模型中，计算颗粒间接触力和颗粒的位移，不能将这些量与连续模型直接建立联系，要经过一个平均的过程，所以测量圆中用平均应力的概念来表示连续介质中的相应物理量。

填土结束并整平顶面后，在每层石笼背后布置2个测量圆测量填土中的土压力，8层共设置16个。在室内模型试验中，每层石笼取4排节点的位移；在本节建立的模型中，与室内模型试验不同，墙面和墙背的位移值均取每层竖向的最大值。

在加压前，测量回填土中的应力如图3-12-29所示。竖向应力值和侧向应力值均是在相应深度处的测量圆中得到的，由于填土颗粒是随机生成的，所测量到的应力也是测量圆中的平均应力，因此，测点应力值并不严格地在一条直线上，但竖向应力和侧向应力与深度大体有线性的关系，将量测值进行线性回归，分别得到竖向应力(kPa)和水平向应力(kPa)与深度(m)的关系式：

$$\sigma_y \approx 11h \tag{3-12-10}$$

$$\sigma_x \approx 8h \tag{3-12-11}$$

上式所反映的应力规律是可以使用的，模拟结果可用，是进一步模拟挡土墙土压力的基础。

2) 模拟结果分析

在回填过程中，土体充分压实，对石笼产生了冲击，加之填石对石笼的挤压，石笼产生了变形(图3-12-30)，墙背水平向的变形最大，墙背竖向变形次之，墙面变形最小。这种变形与填石、填土颗粒以及组成石笼的颗粒的大小、特性是有关系的。石笼属柔性结构物，相对来讲，其刚度较填石小,填石过程中的石料滚动、移动,很容易使石笼发生变形,且石料的运动效果多为使填石集合体更加密集,因此石笼的这种变形将不能得到恢复;石笼刚度较填土颗粒为大,但填土在压路机压力及顶面荷载作用下,将力作用于石笼,也使石笼发生了水平方向的变形。由于这些原因,石笼钢丝变形一般与填石、填土颗粒的外形轮廓相同,因外部颗粒大小不同,对石笼的挤压作用不同,石笼各个部位的变形也随之不同,外部颗粒越大,对石笼的挤压作用越大,石笼相应位置的变形越大,填石颗粒与填土颗粒接触处,石笼受到较大的挤压力,伸缩空间小,拉伸变形较小。

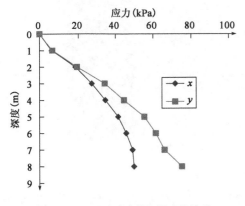

图 3-12-29　土中应力值与深度的关系

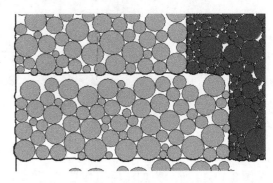

图 3-12-30　石笼网钢丝的变形

在填土表面施加压力,加压颗粒半径为 0.25m,依据填土表面宽度的不同,墙背阶梯式和墙背直立式所用的加压颗粒数目分别为 27 个和 19 个。组成荷载的颗粒以 0.1mm/时步的速度向下平移,运行 20 时步后使速度为零,再运行 10 时步,接着向下平移,依此反复 20 次,模拟周期性行车荷载的作用。

两种模型的整体变形如图 3-12-31 所示,石笼挡土墙无明显变形,石笼上部位移较石笼下部大,与室内模型试验相互印证。填土中未发现破裂面。

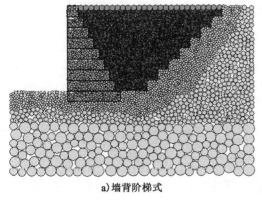
a) 墙背阶梯式

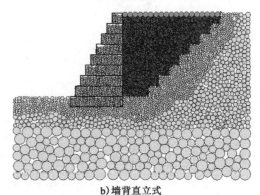
b) 墙背直立式

图 3-12-31　石笼挡土墙的变形

图 3-12-32 所示的是在荷载作用下,两种模型局部墙背的位移。在压力作用下,填土颗粒为力的初始接受载体,产生的位移最大。在墙背阶梯式挡土墙中,填土对挡土墙的位移可分解为向下和向墙背两个方向,向下的位移通过摩擦挤压使石笼发生向下的内缩变形,向墙背的位

移挤压石笼使之发生水平方向的内缩变形;石笼中的填石发生较小的位移,这主要是因为填石过程中石料位置尚未固定,填石间仍存在作用力的缘故,填石对石笼的变形影响较小;石笼的位移最小,石笼钢丝是填土作用于挡土墙的直接承载物,同时也是填土进入石笼的中间体,较小的填土颗粒可从钢丝网孔进入石笼。墙背直立式挡土墙因形式的不同,填土位移对挡土墙发生作用的位移有向墙背水平方向、向墙背斜向下的这两个方向,其余作用同墙背阶梯式挡土墙。

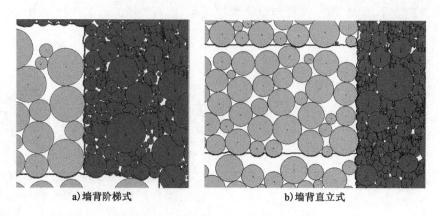

图 3-12-32　墙背局部范围内的位移矢量图

图 3-12-33 所示为加压后组成挡土墙的填石、石笼颗粒间的接触图,石笼颗粒间的接触构成了接触的主要部分,是主要的抵抗作用力的部分;填石间的接触紧密,但在石笼的上部,填石与石笼间的接触较少,原因为填石在填筑过程中发生了沉降。

图 3-12-33　颗粒接触图

3)石笼挡土墙的水平位移

如图 3-12-34 所示为加压后石笼挡土墙的水平位移示意图。无论是墙背阶梯式还是墙背直立式,挡土墙的位移都是上部位移比下部的大;在相同的高度,阶梯式石笼挡土墙的位移比直立式石笼挡土墙的位移大,这与室内试验观测得到的位移趋势是一致的。

挡土墙修筑完毕后,石笼的下部在填石、填土的重力及挤压作用下已完成大部分的变形,当填土顶部施加压力时受到的影响较小,而石笼的上部则在填石、填土过程中的变形还经历较少,当受到压力作用时,因距离施压位置较近,更易发生较大的位移。

对于直立式石笼挡土墙,可以看到其上部两层的位移值很接近,产生这种现象的原因,一是距离荷载作用位置较近,二是上部的石笼没有高处与之连接的石笼,那样能对其变形有限制作用。而在中间部位,可以看到位移值超过了上部的值,与室内试验得到的结果不一致,这是因为在室内的试验中,每层的位移值是取第一排的位移值为代表的,而在这里建立的数值模型中,为量测位移,编写了程序使每层石笼颗粒的最大值作为当层的代表,因此最大的位移值未必就是对应的第一排的颗粒。

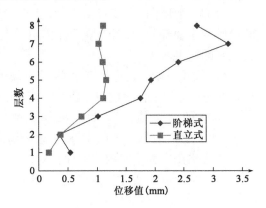

图 3-12-34 挡土墙水平位移

这里要说明一点,就是在数值模型的模拟中,使用的是每层最大位移代表该层位移值的做法,这样做有更大的搜索范围。室内试验位移的测量,每层可以设置几十个,但若在二维的数值模型中也这样做,就显得十分生硬、不实用,采用上述方法,仍可达到分析的目的。

在阶梯式石笼挡土墙的位移显示中,同样有类似的现象。

4) 土中应力

在两种石笼模型墙背紧贴石笼处设置了土压力计,测量得到相应深度处的土压力,数据整理结果如图 3-12-35 所示。

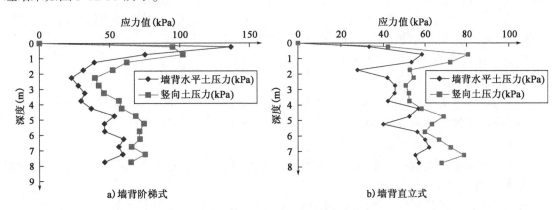

a) 墙背阶梯式 b) 墙背直立式

图 3-12-35 墙背阶梯式土压力示意图

图 3-12-35a) 为阶梯式挡土墙紧贴墙背的测量圆中测得的水平土压力及竖直土压力的示意图,侧向土压力系数为 0.69。在较浅深度处,距离荷载颗粒的位置较近,受到的冲击作用较大,造成竖向和侧向应力值都很大,随着深度的加深,受荷载颗粒作用的影响也相应减小,应力值得到恢复,竖向和侧向应力值曲线的线性增强。

图 3-12-35b) 为直立式挡土墙紧贴墙背的测得的水平土压力及竖直土压力的示意图,侧向土压力系数为 0.80。曲线变化的情形与阶梯式挡土墙的类似。

使用二维颗粒流离散元程序建立了两种结构形式的石笼挡土墙模型,分别为墙背阶梯式和墙背直立式。对模型进行受力研究,数据趋势与室内模型试验相似,同时也对室内试验中不易观测的项目进行了研究,有以下结论:

(1)墙背水平向的变形最大,墙背竖向变形次之,墙面变形最小;石笼网丝的接触是挡土墙接触的主要部分,对挡土墙发挥作用最大,填石间的接触较为紧密,但在上部的石笼,填石与石笼间的接触较少。

(2)无论是阶梯式还是直立式,挡土墙的位移都是上部位移比下部的大;在相同的高度,阶梯式石笼挡土墙的位移比直立式石笼挡土墙的位移大,与室内试验观测得到的位移趋势一致。

(3)土中应力值的测量中,阶梯式侧向土压力系数为0.69,直立式侧向土压力系数为0.80,除上部填土中有异常外,其余数据构成的曲线与室内试验的类似。

首次采用颗粒流离散元程序针对大型的土工建(构)筑物开展研究,得到的结论大部分与室内模型试验有相通之处,对工程设计有参考作用。

12.4 稳定性计算方法

12.4.1 土压力计算

1776年,库伦提出,当挡土墙在外力或者填土的作用下产生位移或者变形,墙背面填土形成楔形滑裂土体,滑裂体内的土体处于整体极限平衡状态,滑裂体以外的土体仍处于弹性状态,此时根据滑裂土体上作用力的平衡条件,即可求得土压力。当挡土墙向背离填土的方向位移或者变形,滑裂土体将向挡土墙方向移动,此时滑裂土体对挡土墙的压力,称为主动土压力;当挡土墙向填土方向位移或变形,滑裂土体将沿滑动面向上挤出,此时滑裂土体对挡土墙的压力,称为被动土压力。这就是著名的库仑土压力理论。

库仑土压力理论的基本假定如下:
(1)墙背面填土为均质。
(2)当墙体产生位移或者变形后,墙背面填土中形成滑裂土体,滑裂土体被视为刚体。
(3)滑动面为一个通过墙踵的平面,滑动面上的摩擦力是均匀分布的。
(4)填土表面为水平面或倾斜面。
(5)挡土墙墙面既是一平面,也是一个滑动面,填土与墙面之间存在摩擦力,摩擦力沿滑面的分布是均匀的。
(6)土压力问题是一个二维问题(平面问题),可以取单位长度进行计算。

如前所述,石笼挡土墙是一种柔性防护结构,其在土压力作用下会产生一定的变形,其所受土体压力主要为主动土压力,在同等情况下,其受力要比刚性挡土墙稍小。由于石笼结构是靠自身重力起到稳定土体的作用,需要较大的安全储备,因而可以使用库仑土压力理论进行土压力计算。石笼挡土墙一般不需要埋置较大的深度,因而在计算中忽略被动土压力的作用,主要考虑由填土产生的主动土压力。

1)无黏性土主动土压力

如图3-12-36所示,作用在石笼挡土墙上的主要力有上部石笼的重力和侧向土压力,也是石笼设计中主要考虑的两个力。如果有别的作用力,如行车荷载、地震荷载等,也必须在分析计算中加以考虑。侧向土压力一般采用库伦公式计算。根据库伦土压力理论,作用在石笼挡土墙上的土压力呈三角形分布:

$$\left. \begin{array}{l} P_a = K_a w_s \dfrac{H^2}{2} \\ d_a = \dfrac{H}{3} \end{array} \right\} \quad (3\text{-}12\text{-}12)$$

式中:w_s——填土密度;
H——墙高;
K_a——主动土压力系数。

如果有附加荷载,可以按换算成相等的填土厚度,式(3-12-12)变为:

$$\left. \begin{array}{l} P_a = K_a \left(w_s \dfrac{H^2}{2} + qH \right) \\ d_a = \dfrac{H\left(H + \dfrac{3q}{w_s}\right)}{3\left(H + \dfrac{2q}{w_s}\right)} + B\sin\alpha \end{array} \right\} \quad (3\text{-}12\text{-}13)$$

土压力系数 K_a 由下式计算:

$$K_a = \dfrac{\cos^2(\varphi - \alpha)}{\cos^2\alpha \cos(\alpha + \delta)\left[1 + \sqrt{\dfrac{\sin(\varphi + \delta)\sin(\varphi - \beta)}{\cos(\alpha + \delta)\cos(\alpha - \beta)}}\right]^2} \quad (3\text{-}12\text{-}14)$$

式中:β——填土表面坡度;
α——墙背倾角[负号如图 3-12-36a)所示,正号如图 3-12-36b)所示];
φ——填土的内摩擦角;
δ——P_a 与墙背填土侧面的法线夹角,由于墙面摩擦效应较小,一般取 $\delta = 0$。

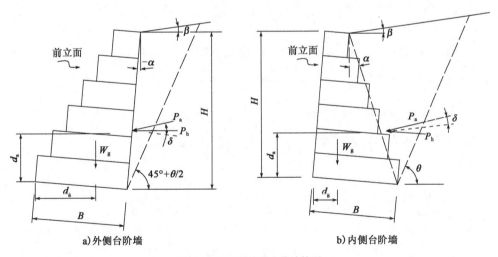

图 3-12-36 石笼挡土墙计算图

2)黏性土主动土压力

黏性土对于挡土墙的土压力计算,是以墙背面填土为均匀的各项同性介质,墙体和填土均属于平面变形问题,滑裂面为平面。

在计算黏性土的土压力时,应考虑两个问题,即黏结力问题和填土表面开裂的问题。在计算黏性土对挡土墙的土压力时,不仅应考虑到滑裂滑动面上存在黏聚力 c,而且还应考虑填土对墙面的黏着力。当石笼挡土墙和黏土产生相对位移时,两者的接触面之间将存在一定的黏着力,这种现象已被一些工程试验所证实。根据莫热菲基洛夫的研究,认为填土与挡土墙墙面之间的黏着力 k 可以采用填土黏聚力 c 的 $1/4 \sim 1/2$,或者采用 $k/c = \tan\delta/\tan\varphi$(其中,$\delta$ 为填土与墙面的摩擦角,φ 为填土的内摩擦角)。

在计算黏土对挡土墙的土压力时候,墙后填土中出现裂缝的可能性,与填土的性质,特别是墙体的变形有很大关系,根据普洛克菲也夫的试验,当墙体绕墙顶转动时,墙后表层填土不会产生水平位移,填土的变形主要表现为下沉,所以填土的上部不可能产生拉裂,而主要是剪切破坏。因此在计算黏土的土压力时候,应考虑墙体实际变形的可能。对于墙体可能产生水平位移和绕墙底转动时,则可按墙后填土表面不开裂的情况计算。

(1)不考虑填土表面存在裂缝的情况。

图 3-12-37 所示的石笼挡土墙,墙高为 H,墙面倾斜,与竖直线之间的夹角为 α,墙背面为黏性土,填土表面向上倾斜,与水平面的夹角为 β,填土表面作用均布荷载 q,填土的重度为 w_s,内摩擦角为 φ,黏聚力为 c,填土与挡土墙墙面的摩擦角为 δ,黏着力为 k。

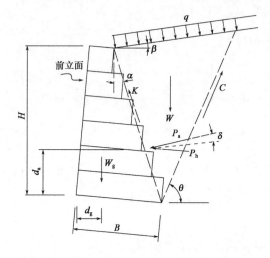

图 3-12-37 不考虑填土表面开裂时的土压力计算图

通过推导可得土压力的表达式为

$$P_a = w_s\left(\frac{1}{2}H + h\right)H\lambda \tag{3-12-15}$$

式中:h——填土表面均布荷载 q 换算为填土层高度后的折算高度(m):

$$h = \frac{q\cos\alpha\cos\beta}{w_s\cos(\alpha - \beta)} \tag{3-12-16}$$

λ——主动土压力系数,其值为

$$\lambda = \frac{\cos(\alpha - \beta)}{\cos\alpha} \cdot \frac{L_1}{H} \cdot \frac{L_2}{D} + \frac{1}{w_s\left(\frac{1}{2}H + h\right)H}\left\{\frac{c\sin(\alpha + \delta - \beta)}{\cos(\alpha + \delta)} \cdot \frac{L_1 L_2}{D} - \frac{H\cos\delta}{\cos\alpha\cos(\alpha + \delta)}(c + k)\frac{L_2}{D} - \frac{c\cos\beta}{\cos(\alpha + \delta)}L_1 + \frac{H\tan\alpha}{\cos(\alpha + \delta)}(c + k)\right\} \tag{3-12-17}$$

其中:

$$\left.\begin{array}{l} L_1 = A_1 + A_2 D \\ L_2 = G - FD \end{array}\right\} \tag{3-12-18}$$

而:

$$\left.\begin{array}{l} A_1 = -\dfrac{H\sin(\varphi+\delta)}{\cos\alpha\cos(a+\delta+\varphi-\beta)} \\[2mm] A_2 = \dfrac{\cos(\alpha+\delta)}{\cos(a+\delta+\varphi-\beta)} \\[2mm] G = \dfrac{H\cos(\alpha-\beta)}{\cos\alpha\cos(a+\delta+\varphi-\beta)} \\[2mm] F = \dfrac{\sin(\varphi-\beta)}{\cos(a+\delta+\varphi-\beta)} \end{array}\right\} \tag{3-12-19}$$

根据极值条件,可得 D 值为

$$D = H\sqrt{\dfrac{\cos(\alpha-\beta)}{\cos\alpha\cos(\alpha+\delta)}\left\{\dfrac{\dfrac{2(c+k)}{w_sH}\cdot\dfrac{\cos\delta}{\cos\alpha(\alpha+\delta)} - \left[\left(1+\dfrac{2h}{H}\right)\dfrac{\cos(\alpha-\beta)}{\cos\alpha}+\dfrac{2c}{w_sH}\cdot\dfrac{\sin(\alpha+\delta-\beta)}{\cos(\alpha+\delta)}\right]\dfrac{A_1}{H}}{\dfrac{2c}{w_sH}\cdot\dfrac{\cos\beta}{\cos(\alpha+\delta)} + \left[\left(1+\dfrac{2h}{H}\right)\dfrac{\cos(\alpha-\beta)}{\cos\alpha}+\dfrac{2c}{w_sH}\cdot\dfrac{\sin(\alpha+\delta-\beta)}{\cos(\alpha+\delta)}\right]F}\right\}}$$

(3-12-20)

式(3-12-20)也可以简写成:

$$\dfrac{D}{H} = \sqrt{M\left\{\dfrac{\dfrac{2(c+k)}{w_sH}N - \left[\left(1+\dfrac{2h}{H}\right)J+\dfrac{2c}{w_sH}K\right]\dfrac{A_1}{H}}{\dfrac{2c}{w_sH}S + \left[\left(1+\dfrac{2h}{H}\right)J+\dfrac{2c}{w_sH}K\right]F}\right\}} \tag{3-12-21}$$

其中:

$$\left.\begin{array}{l} M = \dfrac{\cos(\alpha-\beta)}{\cos\alpha\cos(\alpha+\delta)} \\[2mm] N = \dfrac{\cos\delta}{\sin(\alpha+\delta-\beta)} \\[2mm] S = \dfrac{\cos\beta}{\cos(\alpha+\delta)} \\[2mm] J = \dfrac{\cos(\alpha-\beta)}{\cos\alpha} \\[2mm] K = \dfrac{\sin(\alpha+\delta-\beta)}{\cos(\alpha+\delta)} \end{array}\right\} \tag{3-12-22}$$

式中:H——挡土墙的高度(m);

w_s——填土的重度(kN/m³);

α——挡土墙墙面与竖直线的夹角(°);

β——填土表面与水平线的夹角(°);

φ——填土的内摩擦角(°);

δ——填土与挡土墙墙面的摩擦角(°)。

根据上述公式计算出 D 以后,就可按照公式计算主动土压力。由土压力公式可见,土压力沿墙高为线性分布,压力作用线与墙面法线成 δ 角。填土面以下深度 y 处的主动土压力强度为

$$P_{ay} = w_s(H+h)\lambda \tag{3-12-23}$$

填土的滑裂角为

$$\theta = \arctan\left(\frac{H + L_1\sin\beta}{L_1\cos\beta - H\tan\alpha}\right) \quad (3\text{-}12\text{-}24)$$

（2）考虑填土表面出现裂缝的情况。

在考虑填土表面出现开裂时，实际作用在墙面上的土压力，是从墙面上的法向接触应力为零的点开始的，因此，根据填土表面上均布荷载的大小，黏性土的土压力可分为两种情况计算：均布荷载 q 的折算高度 h 大于从荷载折算高度表面到法向接触力为零的点的深度 h_c，此时墙背面填土中的滑裂体为 ABC，如图 3-12-38 所示。此时作用于滑裂土体上的力有滑裂土体自重 W、填土面上的均布荷载合力 Q、滑裂面上的反力 R 和黏聚力 C、挡土墙墙面的反力 P_a 和黏着力 k。

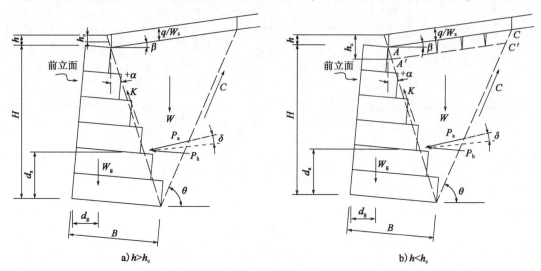

图 3-12-38 考虑填土表面开裂时的土压力计算图

① 当 $h > h_c$ 时土压力 P_a 可用下式表示：

$$P_a = w_s\left(\frac{1}{2}H + h - h_c\right)H\lambda \quad (3\text{-}12\text{-}25)$$

此时，由于 $h > h_c$，故实际的填土表面并未开裂，因此作用在挡土墙上的土压力仍然可用未开裂土压力公式计算。

比较式（3-12-24）和式（3-12-25）可得：

$$-\lambda h_c = \left[\frac{c\sin(\alpha + \delta - \beta)}{w_s H\cos(\alpha + \delta)}L_1 - \frac{(k+c)\cos\delta}{w_s\cos\alpha\cos(a + \delta)}\right]\frac{L_2}{D} - \frac{c\cos\beta}{w_s H\cos(\alpha + \beta)}L_1 + \frac{\tan\alpha}{w_s\cos(\alpha + \delta)}(c + k) \quad (3\text{-}12\text{-}26)$$

$$\lambda = \frac{\cos(\alpha - \beta)}{\cos\alpha}g\frac{L_1 L_2}{HD} \quad (3\text{-}12\text{-}27)$$

由此可得：

$$h_c = \frac{\cos\alpha}{w_s\cos(\alpha + \delta)\cos(\alpha - \beta)}\left\{c\left[\cos\beta\frac{D}{L_2} - \sin(\alpha + \delta - \beta)\right] + \frac{(k+c)H\cos\delta}{L_1\cos\alpha} - (c+k)\tan\alpha \cdot \frac{HD}{L_1 L_2}\right\} \quad (3\text{-}12\text{-}28)$$

公式整理后得:

$$D = H\sqrt{\frac{\cos(\alpha-\beta)}{\cos\alpha\cos(\alpha+\delta)}\left\{\frac{\dfrac{2(c+k)}{w_sH}\cdot\dfrac{\cos\delta}{\cos\alpha(\alpha+\delta)} - \left[\left(1+\dfrac{2h}{H}\right)\dfrac{\cos(\alpha-\beta)}{\cos\alpha}+\dfrac{2c}{w_sH}\cdot\dfrac{\sin(\alpha+\delta-\beta)}{\cos(\alpha+\delta)}\right]\dfrac{A_1}{H}}{\dfrac{2c}{w_sH}\cdot\dfrac{\cos\beta}{\cos(\alpha+\delta)} + \left[\left(1+\dfrac{2h}{H}\right)\dfrac{\cos(\alpha-\beta)}{\cos\alpha}+\dfrac{2c}{w_sH}\cdot\dfrac{\sin(\alpha+\delta-\beta)}{\cos(\alpha+\delta)}\right]F}\right\}}$$

(3-12-29)

式中:H——挡土墙的高度(m);

w_s——填土的重度(kN/m³);

α——挡土墙墙面与竖直线的夹角(°);

β——填土表面与水平线的夹角(°);

δ——填土与挡土墙墙面的摩擦角(°)。

式(3-12-29)和不考虑填土表面出现裂缝时 D 的计算公式完全相同。

根据上述公式计算出 D 后,再按式(3-12-27)和式(3-12-28)计算得到 λ 和 h_c 的值,就可根据式(3-12-29)计算土压力 P_a 的值。

②当 $h < h_c$ 时,填土表面将开裂,开裂的深度为 $h_c - h$。由于填土表面开裂,开裂处的填土将不再具有黏聚力,也不存在切向力和法向接触应力,所以填土与墙面接触处,在开裂深度范围内也同样不再具有黏聚力,也不存在切力和法向接触应力,所以填土与墙面接触处,在开裂深度范围内也同样不存在黏着力和接触压力。此时,填土表面相当于由 AC 面移至 $A'C'$ 面,而 $A'C'$ 面上的填土,则相当于作用在新的填土表面上的荷载。

经过公式推导,作用在挡土墙上的土压力 P_a 可以表示为

$$P_a = \frac{1}{2}w_s(H+h-h_c)^2\lambda \tag{3-12-30}$$

$$\lambda h_c = \left\{\frac{c\cos\beta}{w_sH\cos(\alpha+\delta)}L_1 - \left[\frac{c\sin(\alpha+\delta-\beta)L_1}{w_sH\cos(\alpha+\delta)} - \frac{(k+c)\cos\delta}{w_s\cos\alpha\cos(\alpha+\delta)}\right]\frac{L_2}{D} - \frac{\tan\alpha}{w_s\cos(\alpha+\delta)}(c+k)\right\}$$

(3-12-31)

$$h_c = \frac{c\cos\alpha\cos\beta}{w_s\cos(\alpha-\beta)\cos(\alpha+\delta)}\cdot\frac{D}{L_2} - $$
$$\frac{1}{w_s\cos(\alpha-\beta)}\left[\frac{c\sin(\alpha+\delta-\beta)}{\cos(\alpha+\delta)} - \frac{(c+k)\cos\delta}{\cos\alpha\cos(\alpha+\delta)}\cdot\frac{H}{L_2}\right] - $$
$$\frac{\cos\alpha\tan\alpha}{w_s\cos(\alpha-\beta)\cos(\alpha-\beta)}(c+k)\frac{HD}{L_1L_2} \tag{3-12-32}$$

$$\lambda = \frac{\cos(\alpha-\beta)}{\cos\alpha}g\frac{L_1L_2}{HD} \tag{3-12-33}$$

$$D = H\sqrt{M\left\{\frac{\dfrac{(c+k)}{w_sH}N_1 - \left[\left(1+\dfrac{h}{H}\right)J_1 + \dfrac{c}{w_sH}K_1\right]\cdot g\dfrac{A_1}{H}}{\dfrac{c}{w_sH} + \left[\left(1+\dfrac{h}{H}\right)J_1 + \dfrac{c}{w_sH}K_1\right]\cdot gF}\right\}} \tag{3-12-34}$$

其中：

$$\left.\begin{array}{l} M = \dfrac{\cos(\alpha-\beta)}{\cos\alpha\cos(\alpha+\delta)} \\ N_1 = \dfrac{\cos\delta}{\cos\alpha\cos\beta} \\ J_1 = \cos(\alpha+\delta) \\ K_1 = \dfrac{\sin(\alpha+\delta-\beta)}{\cos\beta} \end{array}\right\} \quad (3\text{-}12\text{-}35)$$

根据式(3-12-32)和式(3-12-33)计算出的 h_c 和 λ 值，再按式(3-12-30)计算出主动土压力 P_a。

土压力沿墙高呈线性分布，压力作用线与墙面法线成 δ 角。此时，在填土面以下 y 高程处，主动土压力强度为

$$p_{ay} = w_s(y+h-h_c)\lambda \quad (3\text{-}12\text{-}36)$$

根据挡土墙墙面上接触应力不应为负值的条件，在深度 $y<(h_c-h)$ 的一段墙高范围内，主动土压力强度因为零。此时，填土的滑裂角 θ 仍按式(3-12-24)计算。

12.4.2 稳定性分析

由前述挡土墙土压力计算结果，可以分析挡土墙的稳定性，对于石笼挡土墙来说，需要验算其倾覆稳定性和滑移稳定性，以及地基承载力情况，同时还可以计算石笼挡土墙所受内力，并可以使用条分方法计算其整体稳定性。

1）倾覆稳定性分析

P_a 与墙背填土侧面的法线夹角为 δ，然而，由于墙面摩擦效应较小，一般取 $\delta=0$。

重力式石笼挡土墙 P_a 在水平方向分量值为

$$P_h = P_a\cos(\alpha+\delta) \quad (3\text{-}12\text{-}37)$$

在设计中，P_a 在竖直方向分量值通常忽略不计，因为其对挡土墙的稳定性起到积极作用，可以减小倾覆力矩，而增大滑移力矩。

抗倾覆稳定性验算计算公式为

$$M_r \geqslant SF_o M_o \quad (3\text{-}12\text{-}38)$$

式中：M_r——抗倾覆力矩；

M_o——倾覆力矩；

SF_o——抗倾覆安全系数，一般取不低于 1.5。

忽略墙背摩擦，当附加荷载已知时，总的主动压力作用点在趾部上的距离为

$$d_a = \dfrac{H\left(H+\dfrac{3q}{w_s}\right)}{3\left(H+\dfrac{2q}{w_s}\right)} + B\sin\alpha \quad (3\text{-}12\text{-}39)$$

倾覆刚度：

$$M_o = d_a P_h \quad (3\text{-}12\text{-}40)$$

石笼挡土墙的重力(W_g)竖直通过断面的重心，此点离墙脚趾的水平距离(d_g)计算如下：

$$d_g = \frac{\sum_{i=1}^{n} A_i x_i}{A} \tag{3-12-41}$$

抗倾覆力矩是竖向合力(或单位长度的重力)与对墙趾力臂的乘积:

$$M_r = \sum dW \tag{3-12-42}$$

一般来说,对于重力式石笼挡土墙,主要由重力提供抗倾覆力,式(3-12-43)可变为

$$M_r = d_g W_g \tag{3-12-43}$$

2) 滑移稳定性分析

主动土压力使墙体产生滑动趋势,对于重力式挡土墙,抗滑力由墙体的基底摩擦力提供:

$$\mu W_g \geq SF_s P_h \tag{3-12-44}$$

式中:μ——滑动摩擦系数(土摩擦角的正切值,根据土体情况不同,一般取为 $0.5 \sim 0.7$);

W_g——石笼挡土墙的重量(忽略土压力的竖向分量);

SF_s——滑动安全系数,一般取 1.5。

3) 基底承载力分析

首先检查离挡土墙主动土压力作用点处竖向力,如果用 B 表示基础宽度,竖向力偏心率为 e_e,则

$$e = \frac{B}{2} - \frac{(M_r - M_o)}{W_V} \tag{3-12-45}$$

合力偏心距应满足:

$$-\frac{B}{6} \leq e \leq \frac{B}{6} \tag{3-12-46}$$

基础上最大力压应力 P:

$$P = \left(\frac{W_g}{B}\right)\left(1 + \frac{6e}{B}\right) \tag{3-12-47}$$

最大力压应力 P 不能超过土基的容许承载力 P_b:

$$P \leq P_b \tag{3-12-48}$$

其中:P_b 已包含安全系数。

4) 整体稳定性分析

对于土质岸坡支护来说,挡土墙可能因为下方或者后方土体产生圆弧形滑动,为了验证挡土墙的整体稳定性,需要使用简化 bishop 方法计算其整体稳定性。

通过颗粒流离散元分析了石笼挡土墙的受力和变形模式,并计算了不同土质下的石笼土压力,提出了相应的稳定性计算方法。

本节结论如下:

(1) 从挡土墙变形情况分析,直背式石笼挡土墙的变形比台阶式石笼挡土墙位移小。

(2) 直背式石笼挡土墙的变形以滑移变形为主,而台阶式石笼挡土墙的变形以倾覆变形为主。

(3) 石笼挡土墙的受力分布基本呈三角形分布,但是较刚性挡土墙的土压力为小。可以采用库伦土压力计算其稳定性。

(4) 提出了石笼挡土墙的土压力计算方法和稳定性分析方法。

12.5　石笼挡土墙设计软件开发

目前还没有一套现成的石笼支挡结构设计软件,采用现代化数据可视化以及面向对象的组件技术,开发出了"石笼支挡结构物综合设计软件系统"。基于面向对象和组件技术开发的"石笼支挡结构物综合设计软件设计系统",以石笼支挡为主要研究对象,采用可视化建模技术,充分融合了现阶段人们对支挡结构的研究深度、工程经验及计算方法,能对石笼支挡结构进行滑移稳定、倾覆稳定、基地压力等的计算,并自动生成计算报告书,供设计人员参考。

12.6　石笼挡土墙施工工艺

12.6.1　石笼主要结构形式

石笼网一般采用钢丝编织的双绞六角网制成的网箱,钢丝直径根据六角形的大小而不同。如果是钢丝属镀层的金属线六角形,则使用线径为 2.0~4.0mm 的钢丝。外框边缘的钢丝则使用比六角网线粗一号的钢丝。

根据用来纺织石笼网线材的防腐方法有镀锌、镀锌铝、PVC 包裹、镀铝等,常用的是镀锌和 PVC 包裹。镀锌钢丝纺织的石笼常用于无腐蚀和弱腐蚀环境中永久性支挡结构,或在作为临时支挡的石笼挡土墙中采用;镀锌石笼网可用于中等腐蚀环境中的永久性支挡结构;PVC 包裹石笼可用于重污染环境或污染在加剧环境中的永久性支挡结构;而镀铝钢丝石笼使用得很少。

在水质极差河道中的石笼挡土墙、护坡工程用石笼护垫(坦)的网可采取热镀层外加涂 PE 树脂保护膜,以增强产品的抗腐蚀能力,延长工程使用年限。考虑到所用的 PVC 裹覆层具有二次污染,近年来又出现有采用 PE 裹覆层。同时,如果对景观有特殊要求,还可采用外涂彩色树脂膜镀锌钢丝作为石笼网线。

如果采用 PVC 包覆的钢丝编织的六角网,则使用外径为 3.0~4.5mm 的 PVC 钢丝。

1)石笼网箱

石笼网箱是一种由钢丝编织成的长方体网箱,每个隔室或单元的尺寸相同,内部采用块石、片石或卵石填充,即使在石笼发生较大变形情况下仍然能提供较好的支挡作用。

石笼网箱主要尺寸规格:高度可分为 1.0m、0.5m 及 0.4m 三种型号,各型号常用尺寸见表 3-12-9~表 3-12-11。石笼网箱示意如图 3-12-39 所示。

高为 1m 的网箱常用定型尺寸　　　　表 3-12-9

长×宽×高(m×m×m)	间隔网数(片)	整套用量面积(m^2)
1×1×1	—	6
1.5×1×1	—	8
2×1×1	1	11
2.5×1×1	1	13

续上表

长×宽×高(m×m×m)	间隔网数(片)	整套用量面积(m²)
3×1×1	2	16
3.5×1×1	2	18
4×1×1	3	21

高为0.5m的网箱常用定型尺寸　　　　　　　　　　　　　表3-12-10

长×宽×高(m×m×m)	间隔网数(片)	整套用量面积(m²)
1.5×1×0.5	1	6
2×1×0.5	1	7.5
2.5×1×0.5	1	9
3×1×0.5	2	11
3.5×1×0.5	2	12.5
4×1×0.5	3	14.5

高为0.4m的网箱常用定型尺寸　　　　　　　　　　　　　表3-12-11

长×宽×高(m×m×m)	间隔网数(片)	整套用量面积(m²)
2×1×0.4	1	6.8
2.5×1×0.4	1	8.2
3×1×0.4	2	10
4×1×0.4	3	13.2
2×2×0.4	1	12
2.5×2×0.4	1	14.4
3×2×0.4	2	17.6
4×2×0.4	3	23.2

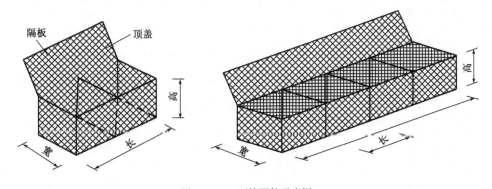

图3-12-39　石笼网箱示意图

2) 石笼护垫

当受到水流冲刷时,柔性双绞网石笼挡土墙可以较好地与地面接触,以7~15cm级配块石作为石笼护垫的填料,可以保证石笼护垫的柔性。在基础发生沉降时,石笼结构仍然能保持平衡与稳定。

在库岸路基石笼挡土墙设计中,石笼护垫一般用来保护石笼挡土墙的趾部免受水流冲刷。石笼护垫厚度一般不小于23~30cm。长度可能伸入到石笼挡土墙趾部的深度至少是预计冲刷深度的2倍。

石笼护垫与石笼网箱主要区别在于二者高度不同,石笼护垫主要用于石笼挡土墙基础防护,石笼护垫可以在护垫地基发生冲刷、侵蚀时,生产较大的位移和变形的情况下,仍然能保持与地基的紧密接触。

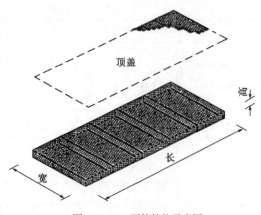

图 3-12-40 石笼护垫示意图

石笼护垫主要尺寸规格:高度可分为 0.3.0m、0.25m 及 0.2m 三种型号,各型号常用尺寸见表 3-12-12 ~ 表 3-12-14。石笼护垫示意如图 3-12-40 所示。

高为 0.3m 的网垫常用定型尺寸　　　　表 3-12-12

长 × 宽 × 高 (m×m×m)	间隔网数 (片)	整套用量面积 (m^2)
3 × 2 × 0.3	2	16.2
4 × 2 × 0.3	3	21.4
5 × 2 × 0.3	4	26.6
6 × 2 × 0.3	5	31.8

高为 0.25m 的网垫常用定型尺寸　　　　表 3-12-13

长 × 宽 × 高 (m×m×m)	间隔网数 (片)	整套用量面积 (m^2)
3 × 2 × 0.25	2	15.5
4 × 2 × 0.25	3	20.5
5 × 2 × 0.25	4	25.5
6 × 2 × 0.25	5	30.5

高为 0.2m 的网垫常用定型尺寸　　　　表 3-12-14

长 × 宽 × 高 (m×m×m)	间隔网数 (片)	整套用量面积 (m^2)
3 × 2 × 0.2	2	14.8
4 × 2 × 0.2	3	19.6
5 × 2 × 0.2	4	24.4
6 × 2 × 0.2	5	29.2

12.6.2 石笼主要材料要求

1）石笼网箱

山区公路挡土墙一般都是永久性或半永久性一种支挡结构,因此采用石笼挡土墙结构首先要解决石笼寿命过短的问题。在我国工程建设中,钢丝石笼或钢筋石笼在临时工程中的应用较为普遍,但是永久建筑物中成功应用得较少,其主要原因是钢丝容易锈蚀,使用年限一般在3～5年,达不到工程永久建筑物的年限要求。要在公路工程建设中成功应用石笼挡土墙技术,首先要寻找一种抗锈蚀能力较强的钢丝并使用这种钢丝制作石笼网。经过几十年的应用、对比、研究,目前用来编制石笼网的钢丝主要有以下两种:

（1）重镀锌钢丝。

钢丝镀锌一般采用热镀锌钢丝,采用优质碳素结构钢,经拉拔、热镀锌加工而成,镀锌量为30～300mg/m^2,具有镀层厚、抗腐蚀能力强、镀层牢固等特点。根据石笼工作环境选择适宜的镀锌钢丝,对于处于环境潮湿、库岸路基条件下的石笼挡土墙,可选择镀锌量在200mg/m^{2}以上的钢丝,这种钢丝也称为重镀锌钢丝。钢丝热镀层质量的规定见表3-12-15。

钢丝热镀层质量的规定 表3-12-15

钢丝直径(mm)	2.0	2.2	2.4～3.4	3.5～6.0
镀锌层重量(mg/m^2)	220	220	260	260

（2）PVC钢丝。

为进一步增加石笼的抗腐蚀能力,可以采用PVC钢丝进行石笼网箱编制。PVC钢丝也称为涂塑钢丝或包塑钢丝,是采用优质镀锌钢丝及塑料作为原材料,经过深加工处理,使塑料与镀锌丝牢固结合在一起,PVC包裹层厚度一般为0.08～0.5mm,具有抗老化、抗腐蚀性、防龟裂等特点,使用年限是热镀锌钢丝的几倍。

用于生产石笼网线和用作绑扎线的线材抗拉强度一般为350～500MPa。

石笼网采用六角网,如图3-12-41所示。根据六角网宽度D和对角长度H的大小,石笼网的主要规格见表3-12-16。

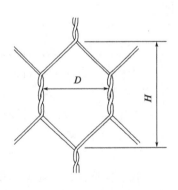

图3-12-41 六角网示意图

石笼网主要规格(mm) 表3-12-16

网格尺寸	使用线径(镀锌钢丝)	使用线径(PVC钢丝)内径/外径
60×80	2.0～3.0	2.0/3.0～2.8/3.8
80×100	2.2～3.5	2.2/3.2～3.0/4.0
100×120	2.4～3.5	2.4/3.4～3.2/4.2
120×150	2.7～4.0	2.7/3.7～3.5/4.5

用作绑扎线的钢丝应与编制石笼的钢丝直径、规格相同,网片和网片的连接强度应大于30kN/m,见表3-12-17。

石笼网线拉伸强度　　　　　　表3-12-17

网孔尺寸	拉伸强度(kN/m)			
(mm×mm)	网线、绑扎线直径(mm)			
	φ2.2	φ2.7	φ2.8	φ3.0
60×80	≥38	≥44	—	—
80×115	—	≥38	—	≥44
100×120	—	—	≥36	≥38
120×150	—	—	—	≥36

2)石笼填料

(1)块石。

根据岩石饱和抗压强度指标,分类见表3-12-18。

岩石强度分类　　　　　　表3-12-18

岩石类型	单轴饱和抗压强度(MPa)	代表性岩石
坚硬岩石	60	(1)花岗岩、闪长岩、玄武岩等岩浆岩类; (2)硅质、钙质胶结的砾岩及砂岩、石灰岩、白云岩等沉积岩类;
中硬岩石	30~60	(3)片麻岩、石英岩、大理岩、板岩、片岩等变质岩类
软质岩石	5~30	(1)凝灰岩等变质岩类; (2)泥砾岩、泥质砂岩、泥质页岩、泥岩等沉积岩类; (3)云母岩或千枚岩等变质岩类

用于填充石笼的块石,首先要求具有较强的抗风化能力,即采用岩石饱和抗压强度为中硬及以上的块石。

片石的大小应根据石笼的网眼大小决定,片石的直径一般为8~30cm,并且允许超过下限5%、上限10%的超粒径片石,且片石的最大直径不应超过石笼网箱高度的1/3。

(2)卵石。

用作填充石笼的卵石须质地坚硬、表面洁净,级配应符合下列规定:粒径为2~10cm的石料约占5%,粒径为10~18cm的石料约占15%,粒径为18~30cm的石料约占80%。

12.6.3　石笼挡土墙的施工准备

石笼挡土墙工程施工一般包括:基槽开挖,地基处理及基础施工,填料开挖、运输、摊铺及压实,反滤排水设施,基础护脚和附属设施的施工,等等,每一个环节都应按设计要求进行,并及时做好工程质量检查和隐蔽工程的验收等。

石笼挡土墙施工前应做好以下各项准备工作:

(1)熟悉施工图设计文件,做好现场材料特别是填料的核查工作(质量和数量)。

(2)根据现场情况、设计文件和工期要求,编制施工组织设计。其内容一般包括:施工方法、主要工程数量、开工、完工日期、劳力、机械设备(重点是压实机械设备)和运输车辆的调配计划、主要材料数量和进度计划、关键技术问题、质量保证体系、安全施工措施、临时工程和现场布置，等等。

(3)设置施工基线和施工水准点，进行中线测量、水平测量、复测横断面。

施工基线和高程控制点布设时，要考虑到工程施工中和竣工后能对加筋土工程的沉降和位移进行连续和可靠的观测。

(4)临时道路、临时设施、预制场和工地仓库的修建，施工用水、电和通信线路的敷设等。

(5)材料准备。加筋材料、钢筋、水泥、砂、石、防腐材料、反滤材料等的直接采购或招标采购。材料的有关性能指标必须达到设计要求和符合国家标准或行业规范要求。

(6)勘测料场，取样进行必要的土工试验。

(7)机具准备。

①碾压机械：加筋土工程都必须用机械碾压；对砂砾石填料，宜选用振动式压路机；对路堤坡面附近，宜选用平板夯、蛙式打夯机或轻型压路机。

②其他施工机械：挖掘机、铲运车、运输车辆等。

③测量检测仪器：水平仪、经纬仪、填料压实度检测设备和仪器。

(8)人员组织。包括工地现场管理人员、专业技术人员、技术工人及普工等。

(9)其他。各种施工记录表格、各类材料出厂质保书、分部分项工程质检(自检)和报检、交验表格、开工文件、工地标识等。

12.6.4　石笼挡土墙施工工序

石笼挡土墙施工的工艺流程可按如图3-12-42所示的框图安排作业。

12.6.5　石笼挡土墙地基处理要求及方法

石笼挡土墙一般都直接堆砌在天然地基上，石笼挡土墙的基础要整平，可按照浆砌片石挡土墙的要求进行处理，并且基底承载力必须满足设计要求，石笼挡土墙基础要向背面倾斜6°。

当基础开挖后，若发现基底土质与设计情况有出入时，应按实际情况进行设计调整。

1) 对地基承载力的要求

挡土墙一般修筑在地势险峻、沟壑纵横的山岭地区。由于线形的缘故，挡土墙的高度较高，石笼挡土墙本身的自重也较大，这就对地基的承载力提出了较高的要求。石笼挡土墙属于柔性支挡结构，在地基发生一定变形时，随之产生变形，与地基变形相互协调。也就是说，当地基的不均匀变形程度较小时，石笼挡土墙通过石笼网箱之间的协调变形作用可以保证挡土墙的整体稳定性，避免其发生较大的变形而失稳。

然而，当地基发生较大不均匀沉降变形，超过石笼挡土墙的承受极限时，挡土墙也会发生较大的变形而失去稳定。可见，地基承载力是保证挡土墙正常使用的前提条件，如若地基承载力不足，必将会导致挡土墙的变形和失稳，进而使路基、边坡产生病害破坏。

调研结果表明，由于目前很多设计及施工单位对此问题没有高度重视，在设计及具体施工过程中未对地基进行严格的要求与控制,从而导致挡土墙在竣工后甚至施工阶段中由于地基的原因而发生变形破坏的现象一直存在。据此,在调研的基础上,初步提出石笼挡土墙的地基承载力技术要求与处理要求。

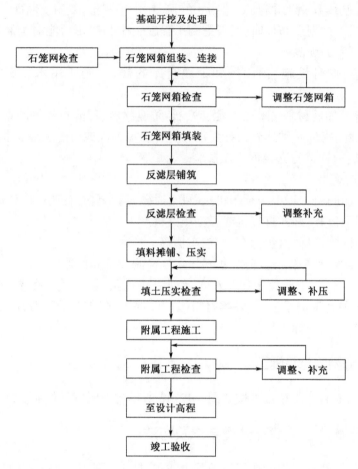

图 3-12-42 石笼挡土墙施工流程图

石笼挡土墙对地基的沉降要求较为严格,在石笼挡土墙修筑前应对地基的承载力进行测试,地基的承载力应满足挡土墙不同高度的要求:

(1)当石笼挡土墙高度小于 8m 时,地基承载力不宜低于 150kPa。
(2)当石笼挡土墙高度为 8~15m 时,地基承载力不宜低于 300kPa。
(3)当石笼挡土墙高度大于 15m 时,宜修筑在石质基底上。

2)对地基处理的要求

(1)土质地基处理方法。

在石笼挡土墙施工前,首先应该对原地面进行表面清理,清除树木等杂物。一般耕植土地段原地面应清除表土 30cm 深,同时用满足规范要求的土料回填原地面的坑、洞等低凹处,并按规定进行压实。当基底为松散土且含水率较高时,压实前应先进行翻晒,使其重型压实度不小于 93%;当基底原状土的强度不符合要求时,应进行换填,其换填深度不小于 30cm;当基底为土质(如碎石土、砂砾土、砂性土、黏性上等)时,应将其整平夯实,为提高地基的强度与均匀性,应设置过渡层。

(2)石质地基的处理方法。

一般认为,石质地基较为理想,其承载力较大,能为石笼挡土墙的稳定性提供较为理想的支承保证。但是,如果对石质地基的要求过低或施工时处理不当,其承载力的不均匀现象仍然会对路基产生不利的影响。因此,不应对挡土墙的石质地基放松要求,应确保石质地基的平整性与强度的均匀性。

对于岩石地基,若发现岩层有孔洞、裂缝,应视裂缝的张开度,以水泥砂浆或小石子混凝土、水泥—水玻璃等浇筑饱满;若基底岩层有外露软弱夹层时,宜再对其进行封面保护。

(3)土石混合地基的处理方法。

在山区施工现场经常会遇到岩石和细粒土混合地基。这种地基的强度很不均匀,同时其表面不易整平,如不采取必要的处理措施将会对挡土墙的稳定性有较大的影响,尤其是挡土墙高度较高时,会增加不均匀沉降,导致挡土墙产生破坏。故在挡土墙施工前应认真对待,合理处理。

对于岩石和细粒土混合的地基,主要问题是由于强度不同,存在承载力差异,故应提高细粒土部位的强度。具体处理方法是,将岩石炸平,并在细粒土部位设过渡层。当基底为石芽状时,应将石芽炸除不少于80cm;并用岩石填料置换细粒土,以形成均匀、平整的岩石混合基底。这是因为若不炸掉岩石,细粒土部分无法压实,而且即使炸平岩石,也应用石料置换部分细粒土,置换一定厚度并高出原岩石面后对可进行有效压实。对于混合地基类型,保证其强度的均匀性和平整度是地基处理时的关键。

(4)软弱地基的处理方法。

若遇到不良地基(膨胀土、盐渍土、黄土等),应视具体工程条件采取清淤、排水固结、抛石、换填或复合地基等技术措施进行加固处理。最常用的方法是换填法处理,即挖除软土,抽出基坑中积水,换填砂砾、碎石、矿渣或灰土等质量较好的材料,碾压或夯实,最上部30cm填土压实度不低于96%,以扩散基底土压应力,使土压力均匀地传递到下卧软弱土层中。换填料的最大粒径以8cm为宜,并进行分层铺筑、夯实,分层厚度一般为20~30cm。

3)对地基的排水要求

由于石笼挡土墙采用片石或卵石填筑,孔隙较大,水较容易从边坡或路基等部位通过挡土墙进入地基中,很容易浸湿地基;同时,若地基范围内存在地下水,也会影响地基的稳定。因此,当挡土墙基底范围内由于地面水或地下水影响地基稳定时,应采取必要的引排、拦截等措施,或在挡土墙基底设置不易风化的片石、砂砾石或块石等透水性材料来设置透水层,其厚度应不小于30cm,以防止水对地基的不良影响。

12.6.6 石笼挡土墙施工工艺

1)石笼网箱组装

空的石笼网箱需要逐个装配起来,并按照设计的线形和坡度放置好,所有的石笼都必须按照设计图纸在水平和竖直方向正确地排列。

石笼网是一般都是整卷提供的,并且根据要求规格编制成半成品后运抵现场的(图3-12-43),要独立地装配各个单元。把石笼网打开,首先拉伸因折叠而引起的褶皱,摊平石笼网,然后连接石笼,要先连接单元体的四个角,然后内部隔立面连接在侧面上,连接要求如图3-12-44所示;再把侧面直立起来,确保面板和间隔板在正确的位置,把四个相邻侧面竖起来,绑扎好,然后摆放到设计位置。

将网笼四边立起,用绑扎线将相邻边沿绑扎紧,绑扎时,将绑线围绕两条重合的框线或框线与网笼的双扭结边螺旋状扭紧,避免损伤镀锌或PVC裹覆层,装配好的石笼如图3-12-45所示。需要注意的是,石笼网箱组装时,四个边角的绑扎应采用与石笼网材质相同的钢丝,先在把绑扎线在石笼的双扭结边的一端,采用如图3-12-46所示的方式绑扎,绑扎线的螺距不大于5cm。

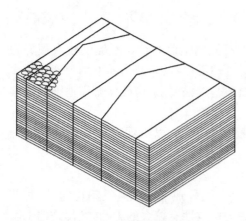

图3-12-43 石笼网半成成品

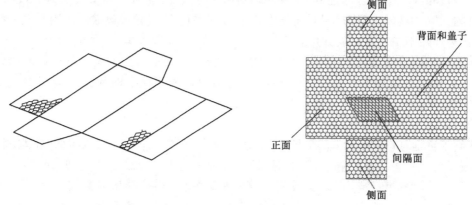

图3-12-44 石笼的装配

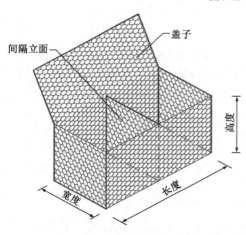

图3-12-45 装配好的石笼

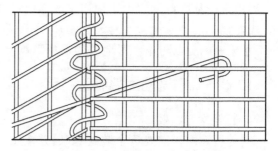

图3-12-46 石笼网箱双扭结边绑扎

如果石笼挡土墙有弧形部位或与其他支挡结构连接部位,可采用图3-12-47所示的处理方法,将石笼网箱的侧边向内收拢,用绑扎线或扣件连接起来,以达到石笼挡土墙的平顺过渡。

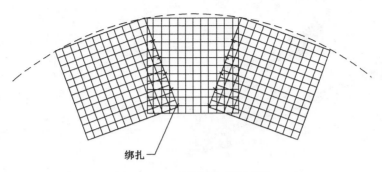

图 3-12-47 弧形部位石笼组装图

2) 石笼连接

把石笼逐一装配好后,再与相邻石笼绑扎在一起,最后检查石笼是否排列整齐。石笼装配好后,在石笼与石笼接触面之间不应该有空隙,否则应检查后重新装配。所有的石笼桁架必须用扣件扣牢。相邻两个石笼间的绑扎线缠绕螺距不宜大于 12cm。

使用捆绑钢丝线把所有石笼网相互连接在一起,网线使用和石笼同等直径的线材。使用绑扎钢丝线的程序包括切割足够长度的钢丝线,将钢丝的一端牢固地绑扎在石笼一条框线上,沿石笼框线缠绕,并在每个网孔开口处螺旋缠绕 2~3 圈,再以最大螺距不超过 15cm 绑下一点,将绑线围绕两条重合的框线或框线与网笼的双扭结边(缝合网格时)螺旋状扭紧,避免镀锌损伤,同时在框线两头打死结,避免连接线松动、脱离,确保石笼之间固定连接如图 3-12-48 所示。对于使用不锈钢钢丝扣环密闭的石笼,需要使用专业的锁扣工具,如图 3-12-49 所示。然后每隔一个网孔开口(距离 100mm,最大不超过 150mm)使用工具把钢丝扣密封,钢丝扣开口尺寸为 4cm,闭合后为 2.5cm 左右,确保石笼之间固定连接。石笼网连接时,应先连接上面的四个角,四个角固定后再连接其他部位。当在已完成的底层网石笼上面安装石笼时,应用绑扎线(或扣件)沿新装石笼下部边框将其固定在底层的石笼上,同一层相邻的石笼也应用绑扎线(扣件)相互系牢,使石笼连成一体。

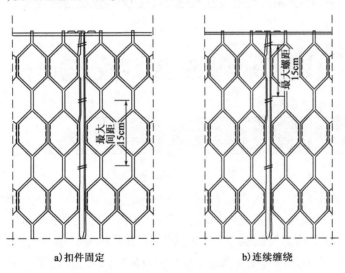

a) 扣件固定 b) 连续缠绕

图 3-12-48 石笼网箱之间连接示意图

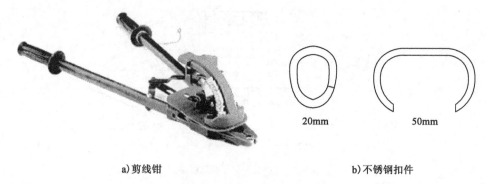

a) 剪线钳　　　　　　　　b) 不锈钢扣件

图 3-12-49　钢丝扣环和封口工具

3) 石笼填装

石笼填装是石笼挡土墙施工中最重要的程序,按设计图纸的尺寸排好组装成型的石笼网箱。在某单元工程的同一水平层施工时,应将网笼全部就位后再开始填装。填料必须满足设计要求,必须具有一定的抗压强度与耐久性,且不易风化。一般采用 8～30cm 的新鲜、硬质的岩块。具有良好级配的卵石、碎石可以增加密实度。

首先,按设计好的线形和坡度把石笼安置在反滤层基础上,相邻两个石笼单元采用绑扎或扣件固定。

石笼填装一般采用台阶式填装,以防止单个石笼的变形,如图 3-12-50 所示。在高为 1cm 的石笼可以分层填装,每层约填装 33cm,高为 0.5m 的石笼可以分两层填装,每层约 25cm。在填装过程中,相邻两石笼填装高度差不宜超过 30cm。如果采用 PVC 钢丝,还要防止破坏 PVC 裹覆层。

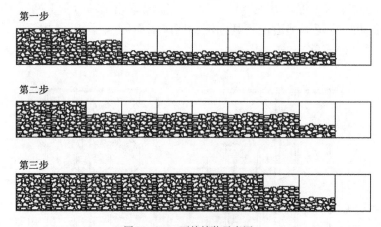

图 3-12-50　石笼填装示意图 1

其次,为使石笼不变形,应先将石料装至石笼高度的 1/3,用中间钢丝固定后依次装 2/3 高度的块石,再用铁丝连接,直至装到顶部。同时,为了石笼外露正面部分整齐美观不变形,要用几根直径 40mm 以上的钢管捆在若干个石笼的正面后再进行填装,并且填装时随时进行检查,防止石笼变形。当采用河卵石填装时,因河卵石形状圆滑,对石笼的压力较大,容易使石笼变形,因此,采用石笼的铁线直径也必须粗些,如图 3-12-51 所示。

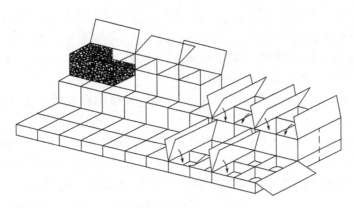

图 3-12-51　石笼填装示意图 2

最后,当石笼填装达 1/3 时,应在石笼的中部各 1/3 位置处加加强筋,加强筋使用连接线一样的钢丝线,每隔 1/3 高度设置 2 道加强筋,防止向外鼓胀,要求加强筋必须穿过至少 2 个网眼,以使该钢丝受力均匀。在两个边缘,应使用 45°的斜交加强筋。具体布置方法如图 3-12-52、图 3-12-53 所示。

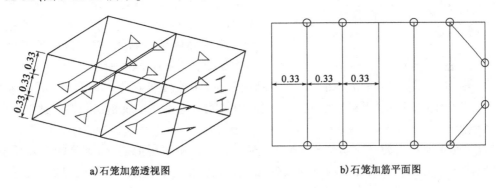

a) 石笼加筋透视图　　　　b) 石笼加筋平面图

图 3-12-52　石笼加筋示意图(尺寸单位:m)

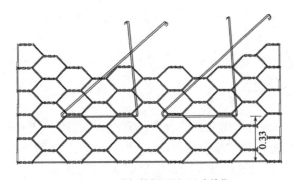

图 3-12-53　石笼加筋侧面图(尺寸单位:m)

块石填装必须严格按照操作设计文件要求进行,不得随意填装。块石必须按照自然形状,使其相互交错地衔接在一起,石笼最底层的块石应大面朝下,上面的块石不一定要大面朝下,在石笼网箱四周尽可能用较大块石,中间可用稍小一些的块石,同时要使大面朝外,以使外侧表面平整、美观。块石应大小搭配、相互错叠、咬合紧密,做到犬牙交错、搭接紧密即可。

块石必须采用手工摆放,以降低孔隙率并保证外露面外观平整,保持石笼成方形以及横隔板平直,不得采用倾倒方式进行石笼填装。待装满块石后,用绑扎线将顶盖网片绑扎固定好,同时注意箱子的各边要整齐,避免绑扎线的断开。同时可采用块石和碎石或卵石,因为石笼挡土墙为重力式挡土墙,装满石料后的石笼必须保证重量,应考虑块石的级配,所以填装重度应达到 $1.7 \times 10^3 \text{kg/m}^3$ 以上,孔隙率应小于 30%。石笼外露侧面的块石应用手工摆放,以保持侧墙面的整齐。

石笼网箱的变形和膨胀,尤其是墙面的侧向变形与膨胀,应在石笼全部填充前进行校正。进行人工或机械填装时,如果石笼钢丝有 PVC 裹覆层,应注意保护石笼钢丝的 PVC 裹覆层不被破坏。所有的墙面侧块石都必须手工摆放,以形成整齐美观的墙面。

在石笼填装时,考虑到石笼结构的沉降和在上部石笼压力下的压缩,填装高度应视石笼网箱高度超高 2~5cm。

石笼填装完毕后,须进行封盖,石笼顶盖应当沿四个边紧密地绑扎或扣牢,所有的钢丝线头都应向内弯曲。螺距不应大于 5cm。如果因为超高 2~3cm 而不方便封闭,可以使用撬杠或者铁棒等辅助手段封闭,也可以使用不锈钢钢丝扣封闭,如图 3-12-54 所示。

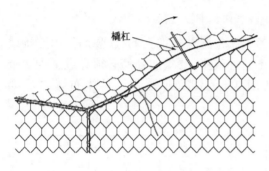

图 3-12-54 石笼网上盖封闭示意图

在已完工的底层石笼网箱上面安装石笼网箱时,应用连接线或者不锈钢扣环沿新装网笼下部边框将其固定在底层的网笼上,同一层相邻的网笼也应用连接线相互捆扎牢,使得石笼网连成一个整体。

因为场地需要对石笼进行切割或折叠时,需要沿网孔用钳子剪切开,剩余的网孔折叠好,网线整理整齐。网孔切痕要保证与钢丝线绑扎在一起,保证石笼的强度和完整性。任何切割开的网笼应组装完整,封闭成一个整体。

4)墙背回填

如果需要设置反滤层,应按设计要求进行。石笼挡土墙最顶部 30cm 填土压实度应按 100% 控制。

墙背填料以石碴、卵石、砂砾石等粗粒料为宜,不宜采用页岩或黏性土等填料,以保证排水能力,同时应做好防排水处理。

(1)填料选择。

为保证石笼挡土墙的正常使用和经济合理,墙背填料的选择是重要的环节之一。

从土压力原理出发,应选择内摩擦角大、重度小的填料。因为填料的内摩擦角越大,主动土压力就越小;而填料的重度越大,主动土压力就越大。

一般情况下,应尽可能采用透水性好、抗剪强度高且稳定、易排水的砂类土、碎(砾)石类土等粗粒土。严禁使用腐殖质土、盐渍土、淤泥等强膨胀性土等作为填料,填料中不得含有机物、草皮、树根等杂物和生活垃圾。

黏性土、黄土、工业废渣及稳定土类也可用于石笼墙背填料,但须针对不同土质的物理力学性质,在设计、施工中采取相应的技术措施。

因黏性土的压实性和透水性较差,又常具有吸水膨胀性和冻胀性,产生侧向膨胀压力,从而影响石笼挡土墙稳定,因此一般不宜使用黏性土。当不得已采用黏性土时,应在土中掺入碎石、砾石或粗砂等材料加以改良。对于重要的、高大的石笼挡土墙,禁止使用黏土作为填料。

浸水挡土墙墙背应全部用水稳性和透水性良好的材料填筑。小于0.075mm的细粒土含量不超过15%,最大颗粒粒径不超过25cm。这样可以在受到河水冲刷、含水率变化时,仍然能保持其承载能力。压实后内摩擦角不小于36°。但无论采用何种填料,都应保证内摩擦角为28°~30°,填料分层厚度为15~30cm。

(2)基底处理。

石笼挡土墙墙背回填范围内的基底处理与一般路堤基底处理相似,对于原地面的坑、洞、穴等,应用原地的土或砂性土回填并压实;基底为耕地或松土时,应先清除有机土和种植土,平整后进行压实,必要时,深耕地段应将松土翻挖,土块打碎,然后再回填、整平、压实;当基底原状土(如软弱土层)的强度不符合要求时,应进行换填,换填深度不应小于30cm,并予以分层压实;当地面横坡不陡于1:5,且基底土满足强度要求时,基底可不进行处理,直接回填墙背填料;当地面横坡陡于1:5时,原地面宜挖成台阶,台阶宽度不应小于1m,并用小型夯实机具加以夯实。开挖台阶可减小墙背土压力,有利于石笼挡土墙的稳定。填筑应由最低一层台阶续起,并分层夯实,然后逐台向上填筑。

(3)填筑与压实。

正式填筑前,碾压机具和填料性质应进行压实试验,确定填料分层厚度及碾压遍数,以便正确地指导施工。堵后回填要均匀,摊铺要平整,并设不小于3%的横坡,以利于排水,逐层填筑,逐层碾压、夯实,不允许向墙背斜坡填筑。

墙背回填应紧随石笼填装,就要进行墙背回填,回填高度不宜滞后石笼挡土墙2m以内,并且应先填筑靠近石笼侧,以维持石笼稳定,如图3-12-55所示。

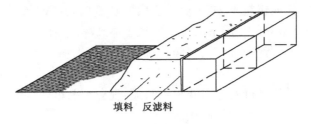

图3-12-55 墙背回填

压实时应避免墙身受较大的冲击影响,临近墙背1m范围内,不能有大型机械行驶或作业,以防压坏石笼墙体,应采用蛙式打夯机、内燃打夯机、手扶式振动压路机、振动平板夯等小型压实机具,每层压实厚度不得超过20cm。碾压时应先从靠近石笼侧开始碾压,以防止石笼整体水平向外侧移动。

除临近墙背1m的范围之外,墙后填料的填筑方法和要求基本同一般路堤。根据设计断面,分层填筑,分层压实,用透水性不良的填料回填时,应控制其含水率在最佳含水率±2%范围内。当采用机械压实时,分层的最大松铺厚度,高速公路和一级公路不应超过30cm;其他公路,按土质类别、压实机具功能、碾压遍数试验确定,但最大松铺厚度不宜超过50cm。路床顶面最后一层填土厚度不应小于8cm。

如原地面不平,应由最低处分层填起。若分几个作业段回填,两段交接处不在同一时间填筑,则先填地段应按1:1的坡度分层留台阶;若两个地段同时填筑,则应分层相互交叠衔接,其搭接长度不得小于2m。

不同性质的土应分别填筑,不得混填。透水性较小的土填筑于下部,应做成4%的向外倾斜的横坡;强度大、稳定性好的土填于上层。

墙背填料的压实效果应达到所在路基相应高度处的压实度,基底压实度不应小于96%。

(4)压实质量控制

填料压实度可采用灌砂法、环刀法、水袋法和核子密度湿度仪法进行检查。灌砂法是压实度检测的标准方法,适用于各类填料,环刀法仅适用于细粒土。当采用灌砂法和水袋法时,试坑深度应等于压实层厚度,即取土样底面位置为压实层底部;当采用环刀法时,环刀应处于压实层的中部;用核子密度湿度仪检测时,应先进行标定,并与灌砂法做对比试验,找出相关的修正系数。

每一压实层均应检验压实度,合格后方可填筑其上一层,否则应查明原因,采取措施进行补充压实,直至满足要求。检验频率距墙背1m范围以内,每层100延米检验不小于3点,小于100延米时,可取3点;距墙背1m范围以外,每层500m² 或每50m延米检验不小于3点。

距墙背1m范围以内,是填料压实的薄弱部位,压实度标准较低,容易引起不均匀沉降,致使路面开裂等。因此,应特别重视填料的选择,并加强压实质量的控制。

(5)反滤层设置。

许多类型土木结构的成功应用在很大程度上取决于过滤与排水。例如,如果道路基层不能迅速地排水,因基层扩散荷载能不足,交通荷载应力将基本被传递到地基上,使路面加速破坏。如果挡土墙后部的积水没有排掉,静水压力将增加墙体承受的荷载。在这种情况下,必须采取适当的措施进行排水;否则,严重侵蚀、管涌或土壤沉淀可能导致土木结构逐渐失效。

当土中水从细粒土流向粗粒土,或水流从土内向外流出处,需要设置反滤措施,否则土粒将受水流作用而被带出土体外,发展下去可能导致土体破坏。因此,在石笼挡土墙墙背部分必须反滤层,其作用是削弱墙背静水压力,并防止墙背填料中细颗粒随水流被带走,产生不均匀沉降。

以往过反滤材料多采用砂砾石等多孔材料组成,现在土工布一类土工合成材料逐渐增多,下面分别介绍二者在石笼挡土墙中的应用。

①砂砾石反滤层。

反滤层可以用砂、卵砾石、角砾或碎石,所用材料为未风化和非溶性的岩石,质地坚硬,如果在寒冷地区,还要求抗冻性好。反滤层可由2~3层(每层厚度15~25cm)均质透水性材料组成,相邻层平均粒径之比一般为8~10倍,最小不应小于4倍,各层滤料颗粒不均匀系数不宜大于4,小于0.075mm颗粒的含量不应大于5%(按质量计)。

对反滤料的铺设,有以下几点要求:

a. 反滤料铺设要层次分明,尤其分段施工时,必须做好接缝处各层之间的联结。

b. 铺设反滤料时,各层料不得彼此混合。

c. 反滤料铺设要防止产生层面错动或折断现象,保证连续性。

d. 反滤料铺设时要防止分离。

e. 已铺设好的反滤料应作适当防护,禁止车辆通行、行人践踏,免破坏或堵塞反滤料。

f. 堆存的反滤料,应经质量检查合格,方允许运输进行铺设。

石笼挡土墙反滤料铺设一般采用人工进行,因为它的施工场面小,厚度薄,机械铺设难以达到设计要求。反滤层铺筑采用人工、铁锹拍实,砂及砂砾料适当洒水。因为墙背回填一般采用重型机械压实,容易使层间混杂、反滤料颗粒破碎,从而改变反滤料的级配,影响排水与反滤性能。

铺设反滤料时,可以设置木模板或钢模板铺设方法,如图 3-12-56 所示。

铺设时,基础上的反滤料应先铺设。当铺设①层反滤料时,先将模板 A 适当埋入基础反滤料中,埋入深度以能稳定模板 A 为准,然后从上部逐渐卸入反滤料,避免将模板冲倒。与此同时,将 B 模板按同样的方法施工,并使①层中反滤料稍领先②层,②层领先③层。当反滤料接近模板高度后,慢速将模板向上提升,随即填入反滤料直到全部反滤料施工完毕。施工用的木模板厚度约为1cm,钢板约5mm,每块宽度为 20~50cm,长度为 40~50cm。

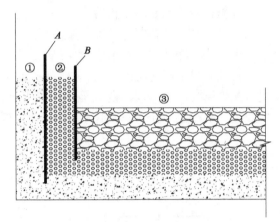

图 3-12-56 反滤层施工工艺

反滤层材料要求:一是要保证级配均匀;二是施工时要保证厚度;三是必须密实。

②土工布反滤层。

土工布反滤层施工工序如下:

a. 压头。挡土墙底部土工布的线头必须压实,即沿与挡土墙趾部平行方向1m处0.5m处开挖一条 300mm×300mm 的 U 形沟槽,将布边铺至沟槽内,再添加中砂和碎石压实。

b. 修整。由于石笼挡土墙内侧表面上竖立的尖石可能划伤、刺破土工布,必须在土工布与石笼间增设 30cm 的卵砾石过渡层。

c. 摊铺。按土工布的长度方向,沿石笼挡土墙自下而上地自然摊开,同时检查和剔除破损处。

d. 缝制。按土工布的长度方向,将两块重叠布的长边对齐,用尼龙线及手提式缝纫机统制三道线。第一道距长边 30mm,第二道距第一道 100mm,然后揭开第一层布,将接头毛边压在拉毛内表面,依此类推。

e. 回填。全部统制铺平后,在土工布的内侧回填一层 200mm 厚的卵石过渡层,人工拍打平整密实,然后才能进行正常的回填作业。

土工布使用中应注意的问题:

a. 土工布在运输、储存和施工过程中,应注意防火和防损伤。施工前,要抽样检查布的质量是否符合试验的技术要求。

b. 施工时,工作人员不得穿带钉的鞋进入现场,避免锐器刺破土工布,导致反滤失效。

c. 土工布为化纤产品,抗紫外线照射能力较差,所以铺设土工布后,必须很快地进行回填,以减少阳光照射,防止老化,降低耐久性。

5）石笼挡土墙绿化

支挡结构的修筑过程就是对天然边坡的开挖与重建过程，在这个过程中，山体表面的植被遭到破坏，是对生态环境的一种人为扰动与破坏，在挡土墙修建部位产生了次生裸地，破坏了自然生态的和谐。因此，对石笼挡土墙进行生态恢复和绿化，能恢复已破坏的植被，美化环境，有效地解决工程防护与生态环境破坏之间的矛盾，实现人类建设活动与自然环境的和谐共处。

根据石笼挡土墙的结构特点，在石笼挡土墙中植入草本、灌木类植物，如藤蔓类植物爬山虎、美国爬山虎、常春藤等。除美化景观外，树木与水面之遮阴利于某些生物之栖息，其根系之发展更可使石笼结构与背填土紧密结合。

在石笼挡土墙施工前，进行绿化准备工作，购置所需的绿化植物备用。在施工时，在下一层石笼填填装前，将藤蔓、枝条等放置在两层石笼之间，如图 3-12-57、图 3-12-58 所示，植物的根或枝条末端必须介入石笼背后的填土中，然后进行正常的施工作业。

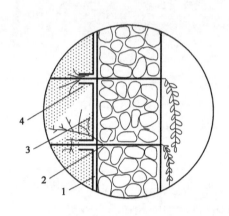

图 3-12-57 石笼夹植藤蔓植物绿化示意图
1-石笼网箱；2-枝条；3-反滤料；4-墙背填土

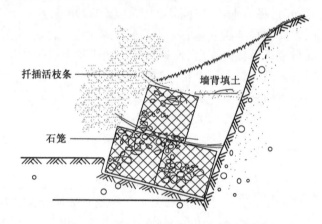

图 3-12-58 石笼挡土墙夹植灌木绿化示意图

13 生态工程防护在库岸路基及桥台锥坡防护与加固中的应用

生态环境是人类生存和发展的基本条件,是经济、社会发展的基础,保护和建设好生态环境,实现可持续发展,是我国现代化建设中必须始终坚持的一项基本方针。随着人类生活水平和科技发展水平的提高,人们对环境的关注越来越多。评价一项工程的成败不再只看技术方面的因素,而更多地从保护人类赖以生存的生态环境着手。库岸路基的防护亦是如此,要在做到安全防护的同时,还要尽可能考虑其生态效应。对于常年水位较低,偶有涨水但是流速不大,浸水时期不长的库岸路基,可以考虑采用生态防护工程进行防护。在诸多生态工程中,植被固坡技术被认为对库岸路基具有特殊的优势。主要体现在以下几个方面:

(1)降低坡体孔隙水压力。植物通过吸收和蒸腾坡体内水分,降低土体的孔隙水压力,增加土体吸力,提高土体的抗剪强度,有利于边坡体的稳定。

(2)降雨截留,削弱溅蚀。一部分降雨在到达坡面之前就被植被截留,以后重新蒸发到大气中或下落到坡面。下落的雨滴在打击坡面时,把动量传递给土体,产生的分裂力使土体颗粒分离飞溅,在滴溅过程中,雨滴动量越大,撞击分裂力越大,被溅出的土粒数量也越多,植被能拦截高速下落的雨滴,减少雨滴数量、滴溅能量及飞溅的土粒。

(3)控制土粒流失。地表径流带走已被滴溅分离的土粒,进一步可引起片蚀、沟蚀。植被能够抑制地表径流并削弱雨滴溅蚀,从而控制土粒流失。通常情况下,土体的流失量随植被覆盖率的增加呈指数关系降低。

随着植物的生长,植物根系越来越发达,其固坡的作用将越来越明显。而传统的锚杆(索)则相反,随着时间的推移,受各种环境因素的影响,性能将越来越差。如果将传统的锚杆(索)比喻为"死"锚固的话,植物根系锚固则可看成"活性"锚固,其具有其他固坡措施所不具有的优点。

13.1 植物根系固坡基本特点

13.1.1 植物根系的形态及分布特点

1)根系形态

K. Lemke(1956)按照根系的形态特征,将其划分为三种类型的根型(Root Type),即主直根型(Taproot)、散生根型(或斜生根型或心状根型)(Heartroot)和水平根型(Flatroot),如图3-13-1所示。

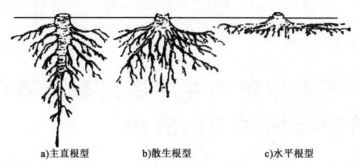

图 3-13-1　木本植物根系的形态类型

（1）主直根型。主直根型由明显近乎垂直的主根和许多侧根构成，垂直根在整个根系中占优势，垂直向下生长，深入土层可达 3～5m，其中细小的吸收根不是带有根毛便是带有真菌感染的短根，即所谓菌根。在松、栎等类树种中，主直根系最为常见，如油松、栓皮栎、杨树、白榆等。

（2）散生根型。散生根型没有明显的主根，而是由若干支原生和次生的根构成，大致以根茎为中心，向地下各个方向作辐射状发展，并由此扩展而成网络状、纤细的吸收根群，如槭、冷杉、杉木等树种。

（3）水平根型。水平根型由水平方向伸展的固着根和繁多的链状细根群构成，其主根不发达，侧根或不定根发达，并向四周扩展，长度远超过主根，因此，根系多分布在土壤表层，一般分布在 20～30cm 的土壤表层中，如刺槐、悬铃木、云杉、铁杉及一些耐水湿的树种。

2）根系分布特点

实际植物根系在土壤中的分布形态，除了取决于植物的种类（遗传特性）外，还与生态环境，特别是土壤环境，以及人为影响等因素有关。根据根系在土壤中分布的深浅，可以将根系分为深根性和浅根性两类：

（1）深根性根系。这种根系主根发达，深入土层，垂直向下生长，根型为主直根型。由于其分布较深，常将具有这类根型的树种称为深根性树种，如马尾松、油松、栓皮栎、核桃、白榆等。其中，马尾松一年生苗主根达 20～30cm，长成后可深达 5m 以上。

（2）浅根性根系。主根不发达，侧根或不定根向四面扩张，长度远远超过主根，根系大部分分布在土壤表层，相当于水平根型或其他根型。具有浅根性根系的树种，称为浅根性树种。

乔木根系具有以下一些分布规律：

（1）乔木根系相对于其他植物根系，根量大，分布深而幅度大。深根性树种可以深入基岩，浅根性树种水平分布幅度可以超过树冠幅度数倍。

（2）同树种的根系分布情况不同。同一树种，不同龄期根系分布也不同。龄期大的乔木根系量大，但龄期过高，死根占比加大，根系的抗剪强度削弱，不利于根系固土。

（3）根系密度随深度的增加而急剧减小。粗壮根系在水平方向的分布因树种而异，或随着根系与树干基部距离的增加而减少，或呈均匀分布。

（4）根系的分布因立地条件的不同而变化。一般土层深厚，且较为干旱的黄土区，根系分布较深；土层较薄的石质山区，土壤含水率较高的高海拔地区和沿海沿河岸等地区，根系分布较浅；沙漠地区的根系分布深度大，有时水平根系也极为发达。

13.1.2 根土相互作用

1) 从根系复合土看根系的作用

自然情况下,植物根系在土体中错综盘结(图 3-13-2),在根系的盘结范围内,边坡土体可看作由土和根系组成的根-土复合材料,植物的根系如同纤维的作用,此时可按照加筋土原理分析边坡土体的应力状态,把土中根系的分布视为加筋纤维的分布,且为三维加筋。由此,可以从理论上定性地分析根系对提高土体抗剪强度的作用。

可采用摩尔-库仑模型分析根系复合土的强度。一方面,土中的根系三维加筋为土体提供了附加黏聚力 Δc,使原土体的抗剪强度曲线向上推移了距离 Δc;另一方面,土中的三维加筋又限制了土体的侧向膨胀,从而使 σ_3 增大到 σ'_3。这两方面的作用,使土体抗剪强度得到提高,如图 3-13-3 所示。

图 3-13-2　土体中错综盘结的根系

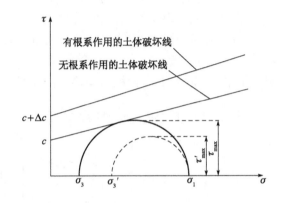

图 3-13-3　根系对土体的加筋作用

在 σ_1 不变的情况下,由应力莫尔圆,可得出根系土抗剪强度的增加值:

$$\Delta \tau_f = \Delta c + (\tau_{max}\cos\varphi_1 - \tau_{max}'\cos\varphi_2)$$
$$= \Delta c + \frac{\sigma_1 - \sigma_3}{2} \cdot \cos\varphi_1 - \frac{\sigma_1 - \sigma'_3}{2} \cdot \cos\varphi_2 \quad (3\text{-}13\text{-}1)$$

式中:φ_1——无根系土内摩擦角;

　　　φ_2——有根系土内摩擦角。

根土形成复合体,必须以根系达到一定密度为条件。土中根系的密度与根型和植物的密度有关。当利用种植比较密的散生根系进行固坡时,可能形成根土复合土体。

2) 将根土分开看待根系的作用

将根土作为复合体看待,可以在总体上了解根土复合体的抗剪强度,用于复合体的破坏分析。当需要分析根从土中的拔出破坏或根的锚固作用时,需要将根、土分开看待。

从机械效应方面来看,植物根系对土的加强作用主要由垂直根系和侧向根系两部分组成。其中,侧向根系可以提高根际土层的整体抗张强度,垂直根系可以把根际土层锚固到深层更稳定的土层上,增加土体的迁移阻力,起到固坡的作用。

张云伟等人将阻碍土壤与根之间相互滑动的作用因素统称为根土黏合键,并把根土黏合键分为以下三类：

（1）第一类是由于土壤和根之间的有机胶质、黏液及毛细作用产生的附着黏结型根土黏合键。这种类型的根土黏合键比较弱，容易受根土相对移动破坏，对于一般植物根系，可以忽略。

（2）第二类是摩擦型根土黏合键。它是由根所受的土壤压力和两者之间的相对运动引起的，这种类型的黏合键强度较大，存在最普遍，计算分析也比较容易。

（3）第三类是剪切型根土黏合键。根有时会弯曲、分支、形状不规则，当根土相对移动时，由于弯折，根会剪切、破坏周围土壤而产生剪切作用，阻碍根土相对移动。

实际上，可以对第三类即剪切型根土黏合键进行简化。植物侧根一般抗弯强度小，根土相对移动时，根系的剪切作用最后还是会转化为摩擦作用，所以一般情况下，这类根土黏合键可以简化为摩擦型根土黏合键。少数情况下，当侧根较硬，抗弯强度较大时，或弯折角度较大时，可将其近似简化为一附加外力，其大小等于弯折处根的拉断力或剪断力。但多数情况下，所需计算、研究的根土黏合键还是属于摩擦型。

根面（主要是根皮面）总是凹凸不平的，加之叉根、根节及根毛（根表皮细胞的突起物，直径为 5~15μm，长为 5~10mm）众多，都大大增加了根土间接触的面积；又因根周土壤在根系膨压作用下，重度增加，使根土间接触更加紧密，加大了根土间的摩擦力。

13.1.3 根系的锚固作用分析

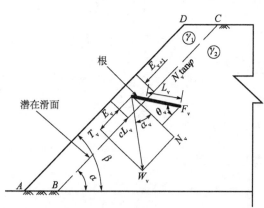

图 3-13-4 单根锚固作用分析

当坡体遭受破坏时，坡体中起到锚固作用的植物根系会出现两种破坏情况：一是从土体中拔出，二是被拉断。一般情况下，木本植物根系抗拉强度较高，出现拔出的可能性大；草本植物根系强度较低，可能被拉断。

1）单根锚固作用分析

（1）保证边坡稳定时根系应该提供的最小锚固力计算。

设有一浅层潜在不稳定边坡，$ABCD$ 为潜在滑体，潜在滑面上、下土体的天然重度分别为 γ_1、γ_2，现取出一局部滑体 v，如图 3-13-4 所示。

由力的平衡条件可知：

$$N_v = W_v\cos\alpha_v + F_v\sin\theta_v \tag{3-13-2}$$

$$E_{v+1} + W_v\sin\alpha_v = E_v + F_v\cos\theta_v + N_v\tan\varphi + cL_v \tag{3-13-3}$$

式中：E_v、E_{v+1}——滑体 v 两侧受到相邻土体的推力；

W_v——滑体 v 重力；

F_v——穿过潜在滑面的根系 v 的锚固力；

L_v——根系 v 锚固长度；

α_v——滑体 v 重力与滑面法向的夹角；

θ_v ——根系与坡面的夹角($0 < \theta_v < 90°$);

c、φ ——潜在滑面处土体黏聚力与内摩擦角;

l_v ——滑体 v 的滑面长度。

近似假定 $E_{v+1} = E_v$,则有:

$$W_v \sin\alpha_v = F_v \cos\theta_v + (W_v \cos\alpha_v + F_v \sin\theta_v) \tan\varphi + cl_v \tag{3-13-4}$$

实际上,式(3-13-4)中的 $F_v \sin\theta_v$ 在力分解的时候存在,但是实际情况中是不存在的,不会增加根土间的摩擦力,具体的解释见式,所以式(3-13-4)其实应该为

$$W_v \sin\alpha_v = F_v \cos\theta_v + W_v \cos\alpha_v \tan\varphi + cl_v \tag{3-13-5}$$

由式(3-13-4)可得:

$$F_v = \frac{W_v(\sin\alpha_v - \cos\alpha_v \tan\varphi) - cl_v}{\cos\theta_v} \tag{3-13-6}$$

式中:F_v ——保证边坡稳定时根系应该提供的最小锚固力。

(2)根系的抗拉力计算。

设根系的抗拉强度为 T_r,则根系的抗拉力:

$$F_r = \pi r^2 T_r \tag{3-13-7}$$

(3)根系实际能提供的最大锚固力(由最大静摩擦力提供)计算。

如图 3-13-5 所示,设任意穿过潜在滑面根系的锚固段长度为 L_v,用条分的方法来计算根系表面正应力,从而计算出根系锚固力。将 L_v 等分成 n_v 份,则每条的宽度为

$$b = \frac{L_v \cos\beta_v}{n_v} \tag{3-13-8}$$

式中:β_v ——根系与水平线的夹角。

第 i 土条底部根系表面每单位面积所受到的土压力为

$$\sigma_i = h_{i1}\gamma_{i1} + h_{i2}\gamma_{i2} = \sum_{j=1}^{2} h_{ij}\gamma_{ij} \tag{3-13-9}$$

则第 i 土条底部根系表面每单位面积所受到的垂直于根系的土压力为

$$\sigma_{ni} = \sigma_i \cos\beta_v = \left(\sum_{j=1}^{2} h_{ij}\gamma_{ij}\right)\cos\beta_v \tag{3-13-10}$$

式中:h_{ij} ——第 i 土条第 j 层土层的厚度;

γ_{ij} ——第 i 土条第 j 层土层天然重度。

设根系滑体与土之间的摩擦系数为 μ_v,则第 i 土条底部根系的最大静摩擦力为

$$F_i = \mu_v \sigma_{ni} 2\pi r_v \cdot \frac{L_v}{n_v} = 2\pi r_v \cdot \frac{L_v}{n_v} \cdot \left(\sum_{j=1}^{2} h_{ij}\gamma_{ij}\right)\cos\beta_v \mu_v \tag{3-13-11}$$

则整个锚固段根系 L_v 所受的最大静摩擦力(这里称作锚固力)为

$$F_\mu = \sum_{i=1}^{n_v} F_i = 2\pi r_v \cdot \frac{L_v}{n_v} \cdot \sum_{i=1}^{n_v} \left(\sum_{j=1}^{2} h_{ij}\gamma_{ij}\right)\cos\beta_v \mu_v \tag{3-13-12}$$

若根系与潜在滑面的夹角为 θ_v($0 < \theta_v < 90°$),则根系垂直于滑面的分力为

$$F_H = F_\mu \sin\theta_v = 2\pi r_v \cdot \frac{L_v}{n_v} \cdot \sin\theta_v \cdot \sum_{i=1}^{n_v}\left(\sum_{j=1}^{2} h_{ij}\gamma_{ij}\right)\cos\beta_v \mu_v \qquad (3\text{-}13\text{-}13)$$

由 F_μ 分解的根系垂直于坡面的分力 F_H 在计算坡体稳定的时候是不考虑的,因为如果将根系与滑面的交点处的位移 δ 也分解为垂直于坡面的位移分量 δ_H 与平行于坡面方向的分量 δ_k 的话,当滑动发生时,δ_H 基本是零,而 F_H 的产生要以 δ_H 为前提,所以实际上 F_H 对于滑面摩擦力的增加不起作用。

平行于滑面的抗滑力为

$$F_k = F_\mu \cos\theta_v = 2\pi r_v \frac{L_v}{n_v} \cdot \cos\theta_v \sum_{i=1}^{n_v}\left(\sum_{j=1}^{2} h_{ij}\gamma_{ij}\right)\cos\beta_v \mu_v \qquad (3\text{-}13\text{-}14)$$

如果计算涉及的土层更多,比如 m_v 层,则以上公式中的 $\sum_{j=1}^{2}$ 改为 $\sum_{j=1}^{m_v}$ 即可。此计算结果也适用于不规则坡面与潜在滑面。

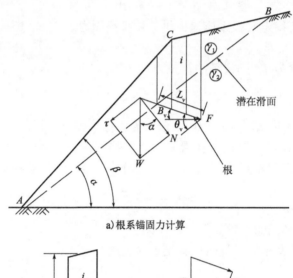

a) 根系锚固力计算

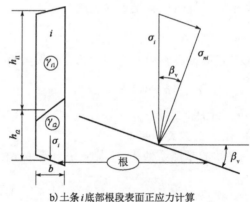

b) 土条 i 底部根段表面正应力计算

图 3-13-5 单根锚固力计算

(4) 局部稳定性判断。

对于局部潜在滑体 i,有:

① $F_v \leq F_\mu$,稳定。

② $F_v > F_\mu$,不稳定,此时有两种可能的破坏情况:
a. $F_\mu \geq F_r$,根系拉断破坏;
b. $F_\mu < F_r$,根系拔出破坏。
(5) 根系最小锚固长度计算。
当 $F_v \leq F_\mu$ 时,局部是稳定的。此时可以据此求出根系的最小锚固长度。由 $F_\mu \geq F_v$,则有

$$2\pi r_v \cdot \frac{L_v}{n_v} \cdot \sum_{i=1}^{n_v}\left(\sum_{j=1}^{m_v} h_{ij}\gamma_{ij}\right)\cos\beta_v\mu_v \geq F_v \tag{3-13-15}$$

可求得为保证局部边坡稳定的根系的锚固长度:

$$L_v \geq \frac{n_v F_v}{2\pi r_v \cos\beta_v \mu_v \sum_{i=1}^{n_v}\left(\sum_{j=1}^{m_v} h_{ij}\gamma_{ij}\right)} \tag{3-13-16}$$

则根系的最小锚固长度为

$$L_{v\min} = \frac{n_v F_v}{2\pi r_v \cos\beta_v \mu_v \sum_{i=1}^{n_v}\left(\sum_{j=1}^{m_v} h_{ij}\gamma_{ij}\right)} \tag{3-13-17}$$

(6) 滑移剪切破坏。

设一浅层潜在滑体,滑面为平面(图3-13-6)。当坡体中有单根植物根系作用且局部根系土体稳定(根系不发生拔出或拉断破坏)时,对其进行稳定性分析。

滑动力

$$T = W\sin\alpha \tag{3-13-18}$$

抗滑力

$$R = R_{soil} + R_{root} \tag{3-13-19}$$

$$R_{soil} = W\cos\alpha\tan\varphi + cl \tag{3-13-20}$$

$$R_{root} = F\cos\theta \tag{3-13-21}$$

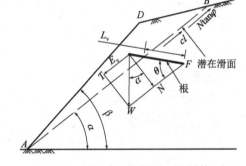

图3-13-6 单根边坡滑移剪切破坏计算

则边坡的整体稳定系数:

$$F_s = \frac{W\cos\alpha\tan\varphi + cl + F\cos\theta}{W\sin\alpha} \tag{3-13-22}$$

式中:W——滑体的重量;
F——根系力(取根系抗拉力 F_r 与根系锚固力 F_μ 中的较小值);
α——坡角(°);
θ——根系与坡面夹角($0 < \theta < 90°$);
c——潜在滑面处土体的黏聚力(kN);
φ——内摩擦角(°);
l——潜在滑面长度(m)。

2)群根锚固作用分析

群根作用下,设穿过潜在滑面且符合 $0 < \theta_v < 90°$ 条件的根系数目为 u(图3-13-7),则群根平行于滑面的抗滑力为

$$\sum F_k = \sum_{v=1}^{u} 2\pi r_v \cdot \frac{L_v}{n_v}\cos\theta_v\cos\beta_v\mu_v\sum_{i=1}^{n_v}(\sum_{j=1}^{m_v}h_{ij}\gamma_{ij})\tag{3-13-23}$$

式中:r_v——任意穿过滑面 v 的根系的半径;

L_v——根系的锚固段长度;

n_v——求根系的锚固力时将根系的锚固段长度 L_v 等分成的份数;

m_v——将 L_v 条分时涉及的土层数;

β_v——根系与水平线的夹角;

θ_v——根系与潜在滑面 v 的夹角;

h_{ij}——条分 L_v 时第 i 土条第 j 层土层的厚度;

γ_{ij}——第 i 土条第 j 层土层的天然重度。

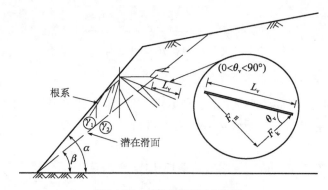

图 3-13-7　植物群根锚固力计算

本节通过对根系锚固作用的初步理论分析,可得如下结论:

(1)实际植物根系在土壤中的分布形态,除了取决于植物的种类(遗传特性)外,还与其生存环境,特别是土壤环境,以及人为影响等因素有关。根系形态可以划分为三种类型,即主直根型、散生根型(或斜生根型或心状根型)及水平根型。根据根系在土壤中分布的深浅,可以将根系分为深根性和浅根性两类。

(2)土中的根系可以提高土体的黏聚力,限制土体的侧向膨胀。

(3)多数情况下,所需计算、研究的根土作用最终都可以转化为根土摩擦。

(4)从局部和整体两方面来分析根系锚固作用,可以求得根系局部稳定时的最小锚固长度,以及根系土边坡的整体稳定系数。

13.2　植物根系复合土强度特性试验研究

植物根系分布形态不同、根系数量不同,则根系复合土的强度不同。为探讨根系分布形态、根系数量等对根系复合土抗剪强度的影响,选择与植物根系相似的材料来模拟根系,在室内采用大型直剪试验进行模拟试验研究。

13.2.1 试验采用的材料

1）土样

植物根系固坡对象更多的是土体或土石混合的堆积体，这样的土体才具备植物生长的条件，所以选择细粒土和土石混合的粗粒土进行试验。

（1）细粒土。取重庆广泛存在的褐色黏土，风干粉碎后过孔径5mm的圆孔筛备用，如图3-13-8所示。

（2）粗粒土。采石场拉回来的碎石子过2cm的圆孔筛，取粒径$d\leqslant2cm$的石料，与上述细粒土混合成含石量为30%和50%的粗粒土，如图3-13-9所示。

图3-13-8　试验用细粒土

图3-13-9　试验用粗粒土

采用击实试验，获得了试验土的有关参数，见表3-13-1。

土体击实试验参数　　　　表3-13-1

土体组别	最大干密度ρ_d(g/cm³)	最佳含水率w_{op}(%)	压实度k(%)
细粒土	1.84	13.65	85
含石量30%粗粒土	1.98	10.6	85
含石量50%粗粒土	2.12	8.9	85

2）根系模拟材料

（1）植物根系的力学参数。

①抗拉强度。据前人研究，部分植物根系的抗拉强度见表3-13-2。

部分植物根系的抗拉强度　　　　表3-13-2

植物名称	抗拉强度范围(MPa)	植物名称	抗拉强度范围(MPa)
柳树	9~36	银桦	15~30
杨树	5~38	西铁杉	27
桤树	4~74	禾草、非禾本科草	2~20
黄杉	19~61	香根草	40~180
越橘	16	大麦	15~37

注：有代表性的模拟根系材料的抗拉强度可选为10~40MPa。

②弹性模量。据测定,冷杉和冬瓜杨根系的弹性模量 E 变化范围大,为 $10\sim600\text{N/cm}^2$,即 $100\sim6000\text{kN/m}^2$,所以弹性模量的选择余地较大。

③塑性变形。根系塑性变形量(残余变形)可以用根系的伸长系数来表示,而根系的伸长系数是根系固坡中一个重要指标,当土体出现滑动时,伸长系数较大的根系有利于把根系所受的力向土体深层传递。根系塑性变形量的资料很少,据测定,根径为 6mm、根长为 100cm 的冷杉、冬瓜杨、杜鹃的残余变形量依次为 2cm、2.5cm、3cm,对应的伸长系数分别为 0.02、0.025、0.03。

(2)根系模拟材料的力学参数。

参照上述实际根系的参数,选取同样为植物原料做成的麻绳(图3-13-10)作为根系模拟材料。选取的根系模拟材料——麻绳的平均直径为 6mm,采用土工合成材料万能试验机(图3-13-11)进行拉伸试验(图3-13-12),获得的试验结果见表3-13-3。

根系模拟材料拉伸试验数据   表3-13-3

试 样	最大拉力(kN)	抗拉强度(MPa)	最大伸长量(mm)	伸长系数(%)
1	0.47	16.63	1.23	1.23
2	0.33	11.68	1.07	1.07
3	0.43	15.22	1.16	1.16
4	0.33	11.68	1.01	1.01
5	0.52	18.40	1.17	1.17
平均值	0.42	14.86	1.13	1.13

图3-13-10　根系模拟材料——麻绳

图3-13-11　土工合成材料万能试验机

由试验结果得出,根系模拟材料的平均抗拉强度为 14.86MPa,伸长系数为 0.01,与一般的植物根系特性基本一致。

13.2.2　试验手段与方法

1)试验设备

选用重庆交通科研设计院的大型直剪试验仪进行根系土大型直剪试验。剪切盒面积尺寸为 50cm×50cm,上、下盒高均为 20cm。大型直剪试验设备如图3-13-13 所示。

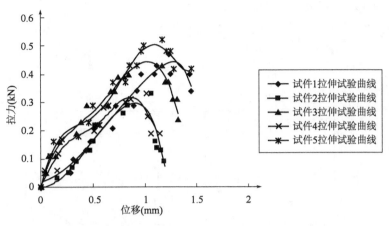

图 3-13-12 根系模拟材料拉伸试验曲线

图 3-13-13 大型直剪试验设备

2）试验方案

选择的模拟根系材料——麻绳的平均直径为 6mm，为了根系固土的效果明显并方便实际操作，拟在横截面积尺寸为 50cm×50cm 的剪切盒内每次埋入 2 排 6 根麻绳，这样，土体中根的面积比率（RAR）为 0.07%，占比较小。

该方案共进行了以下五种工况的模拟试验。

（1）工况 1。

纯细粒土的直剪试验，称为试验组别 1。细粒土性质见表 3-13-4，压实度为 85%（以模拟比较松散的土体）。通过试验获得试验土体本身的基本性质，求出试验土体参数 c、φ。

细粒土抗剪强度-垂直压力关系　　　　表 3-13-4

垂直压力 p(100kPa)	抗剪强度 S(100kPa)	垂直压力 p(100kPa)	抗剪强度 S(100kPa)
1	0.7	3	1.512
2	1.12	4	1.9

（2）工况 2。

根系垂直布置于细粒土（与工况 1 细粒土试样相同）中，但根系位置不同，分别称作试验组别 2-1、试验组别 2-2（图 3-13-14），以便比较根系位置对抗剪强度的影响。相关情况如

图 3-13-15～图 3-13-17 所示。

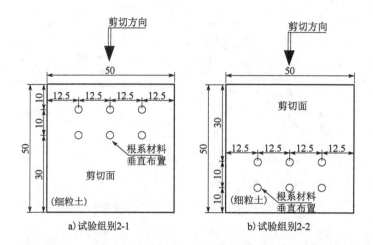

图 3-13-14 工况 2 的根系布置(尺寸单位:cm)

图 3-13-15 试验组别 2-1 根系骨架网填土后

图 3-13-16 试验组别 2-1 根系复合土剪坏后

图 3-13-17 试验组别 2-2 根系骨架网

(3)工况3。

三种植物根系形态(水平根型、主直根型、散生根型)中,对边坡锚固有明显作用的是主直根型和散生根型,为弄清这两种形态的根系在固坡贡献上的差异,特设计三组根系细粒土试验(图3-13-18),分别称为试验组别3-1、实验组别3-2、实验组别3-3,在同样的试验条件下试验,以便结果互相比较。试验组别3-1的根系骨架网如图3-13-19所示,其填土后的情况如图3-13-20所示,试验组别3-2的根系骨架网如图3-13-21所示,试验组别3-3的根系骨架网如图3-13-22所示,其填土后的情况如图3-13-23所示。

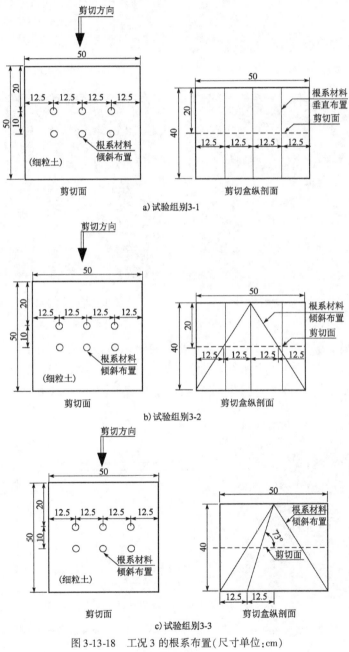

图3-13-18 工况3的根系布置(尺寸单位:cm)

图 3-13-19　试验组别 3-1 根系骨架网

图 3-13-20　试验组别 3-1 根系骨架网填土

图 3-13-21　试验组别 3-2 根系骨架网

图 3-13-22　试验组别 3-3 根系骨架网

(4) 工况 4。

从前面工况 2、工况 3 中,选出根系作用最大的根系布置,进行不同正应力情况下的剪切试验,获得这种根系布置条件下根系复合细粒土的抗剪强度参数,与工况 1 进行比较,得出根系对抗剪强度参数的影响,称为试验组别 4,其根系布置如图 3-13-24 所示。

图 3-13-23　试验组别 3-3 根系骨架网填土

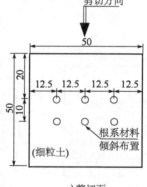

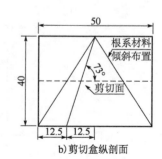

图 3-13-24　工况 4 的根系布置(尺寸单位:cm)

(5) 工况 5。

为得出植物根系对不同含石量土体的影响,进行了 30% 含石量土、50% 含石量土,采用工况 4 的根系布置方式对 30% 含石量根系土、50% 含石量根系土进行直剪试验,分别称为试验组别 5-1、试验组别 5-2、试验组别 5-3、试验组别 5-4。

3) 试验关键问题的处理

由于模拟根系材料的特点,要在实验室中把根系埋入土中并将土分层填实,达到预定的压实度,是比较困难的。为此,试验中采取了以下操作方法:

首先,按照试验方案设计的根系尺寸和角度,将根系用细丝绳稍微固定在细钢丝上,借助细钢丝的支撑作用在剪切盒内形成根系骨架网;其次,人工分层填土,全部填完以后,将细钢丝小心拔出;最后,再用小锤在根系周围稍作密实,所有根系在土体的上部预留 3cm,填土完成后将麻绳预留部分折过来,上面盖上透水板,加垂压,基本稳定后剪切。这样,剪切的时候根系在土体中的运动模式与实际土质岸坡中根系的受力模式基本相似,能较好地模拟现实情况。

13.2.3 试验结果与分析

1) 工况 1:细粒土试验结果

试验后得到表 3-13-4 和图 3-13-25 所示的结果。细粒土的强度参数 $c=31\text{kN/m}^2$、$\varphi=22°$。

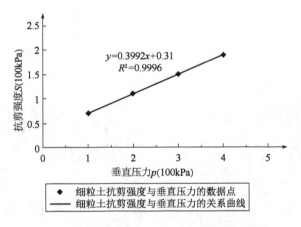

图 3-13-25 细粒土抗剪强度与垂直压力的关系曲线

2) 工况 2:垂直根系位置对根系土强度的影响

图 3-13-26 所示为工况 2 条件下剪切试验得到的剪应力和位移的关系曲线,为进行比较,同时列出了细粒土(试验工况)在相同正应力(100kPa)情况下的剪应力与位移的关系曲线。图 3-13-27、图 3-13-28 所示为一些试验实况,从中,可从另一侧面了解根系土的相互作用。

分析试验结果,可得出如下结论:

(1) 根系固土的作用明显。在垂压 100kPa、剪切速率 1mm/s 的情况下,有根系土的强度明显大于纯土,如 3-13-26 所示。试验组别 2-2(根系复合土体)和试验组别 2-1(根系复合土体)的抗剪强度(与第一次峰值强度比较)分别是纯土(试验工况 1)的 1.4 倍和 2.27 倍,见表 3-13-5。

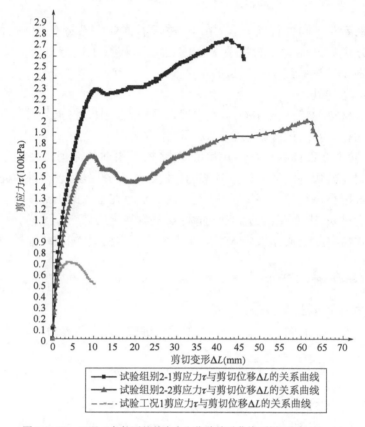

图 3-13-26 工况 2 条件下的剪应力和位移关系曲线（剪切速率 1mm/s）

图 3-13-27 根系土剪切后的情况（上盒中出露的根系由于事先弯折并且受垂压而保持不动）

试验 1,试验组别 2-1,试验组别 2-2 结果的比较　　　　表 3-13-5

试验组别	第一次峰值强度 (100kPa)	第一次峰值位移 (mm)	第二次峰值强度 (100kPa)	第二次峰值位移 (mm)
工况 1（纯土）	0.7	4.2	—	—
组别 2-1	2.292	11	2.756	42
组别 2-2	1.68	10	2.012	61.2

图 3-13-28 从剪切盒中卸土时模拟根系材料从土中拔出的情况

(2) 根系复合土体的抗剪强度曲线具有两个峰值。出现两个峰值的原因可能是,当复合土体本身的黏结力(构成比较复杂,包括土本身的强度、根与土的咬合等)遭到破坏后,随着剪切位移的进一步增加,土中根系的根土摩擦力逐渐发挥出来,并达到强度曲线的第二次峰值,最后根系复合土体彻底剪坏,强度曲线下降。就试验的情况看,试验组别 2-1 和试验组别 2-2 第二次峰值强度分别比第一次峰值强度提高了 19.7% 和 20.2%。

(3) 根系复合土体破坏时的剪切位移比无根系土体大,尤其是第二次峰值强度对应的位移,且两个峰值间的位移特别大。就试验的情况,试验组别 2-2 和试验组别 2-1 第一次峰值强度对应的位移分别是纯土(工况 1)的 2.38 倍和 2.6 倍,试验组别 2-2 和试验组别 2-1 第二次峰值强度对应的位移分别是第一次峰值对应位移的 5.12 倍和 2.8 倍。这对于减少土体破坏的突然性、增加人们对于滑坡事故的反应时间及减少损失是十分有利的。

(4) 不同位置根系对土体的峰值强度贡献不同。就第一次峰值而言,试验组别 2-1 比试验组别 2-2 增大了 36.4%,试验组别 2-1 第二次峰值增大了 36.9%。试验时,模拟根系固定于上盒顶部,相当于根系的锚固端(图 3-13-29)。如果把上盒土体看作实际边坡潜在滑动面下的稳定土层,把下盒土体看作潜在滑动面上的滑动土层,那么,由试验结果可以得出,根系布置在位移先发生的部位,能更好地发挥根系的作用。因下盒的推移,首先是使接近推动端的土体先发生位移。对实际边坡或滑坡来说,由于情况比较复杂,应视具体情况具体分析。

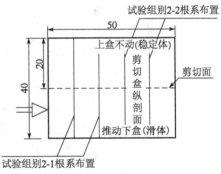

图 3-13-29 剪切盒中根系布置比较情况
(尺寸单位:cm)

3) 工况 3:根系分布形态对根系土强度的影响

试验组别 3-1、试验组别 3-2、试验组别 3-3 的差别在根系布置位置与剪切面的夹角不同,根系在土体中分布总长度也不同。通过试验得到的结果见表 3-13-6,工况 3 的直剪位移—应力关系曲线如图 3-13-30 所示。

工况 3 直剪位移—应力结果　　　　　　　　　表 3-13-6

试 验 组 别	第一次峰值强度 （100kPa）	第一次峰值位移 （mm）	第二次峰值强度 （100kPa）	第二次峰值位移 （mm）
3-1	0.932	3.4	1.128	87
3-2	1.164	8.5	1.856	90
3-3	1.184	6.5	1.952	90

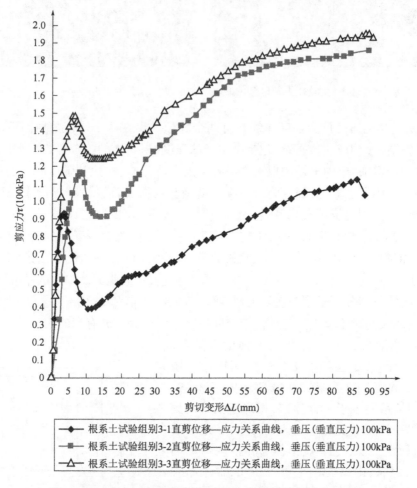

图 3-13-30　工况 3 的直剪位移—应力关系曲线（剪切速率 2mm/min）

由试验结果可以看出，同等条件下（如土体、根系抗拉强度、表面根土摩擦系数、根系直径等），穿过滑动面的根系伸展越长，根土接触面越大，根土摩擦力发挥得越充分，根系固土效果越好。试验组别 3-3 较试验组别 3-2 和试验组别 3-1 的第一次峰值强度分别提高了 1.7% 和 27%，第二次峰值强度提高了 5.2% 和 73%。

4）工况 4：植物根系土的强度参数

从上述试验得出，试验组别 3-3 的强度最大。为此，以试验组别 3-3 的根系分布形态，进行不同正应力情况下的剪切试验,获得根系土的抗剪强度参数 c、φ。试验结果见表 3-13-7,根系细粒土的抗剪强度关系曲线如图 3-13-31 所示,为进行比较,将细粒土的抗剪强度曲线也绘于图中。

根系土试验组别 3-3 抗剪强度与垂直压力的关系　　　　表 3-13-7

垂直压力 p(102kPa)	抗剪强度 S(100kPa)	抗剪强度参数 c、φ
0.5	0.884	
1	1.484	$c = 52$ kPa,$\varphi = 40°$
2	2.196	

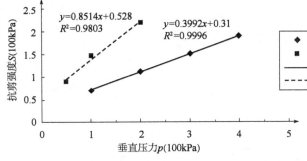

图 3-13-31　根系细粒土的抗剪强度关系曲线

由试验结果可以看出,土体中加入根系后,土体的 c、φ 值都有不同程度的提高,内摩擦角的提高尤为明显。就本次试验而言,有根系土的 c 值由无根系时的 31kPa 提高到 52kPa,上升了 67%;φ 值由 22°提高到 40°,上升了 82%。

5)工况 5:土性对根系土强度的影响

不同含石量情况下的试验结果见表 3-13-8,工况 5 的重剪位移—应力关系曲线如图 3-13-32 所示。

垂压 100kPa 下相同植物形态根系含石量土和无根系土强度比较　　　　表 3-13-8

试验组别	第一次峰值强度（100kPa）	第一次峰值位移（mm）	第二次峰值强度（100kPa）	第二次峰值位移（mm）
5-1	1.468	68	—	—
5-3	剪切位移范围内不存在峰值(位移为 68mm 时,剪应力 232.8kPa)			
5-2	0.904	56		
5-4	剪切位移范围内不存在峰值(位移为 56mm 时,剪应力 176.4kPa)			

从试验结果可以看出:

(1)土石混合土及其根系土的应力—位移曲线与细粒土及其根系土有较大的差异,曲线呈现硬化状态。土石混合土的峰值不明显,其根系土在剪切位移范围内不存在峰值。这说明,在试验压实度(85%)条件下,土石混合土相对于细粒土而言,处于相对松散的状态。

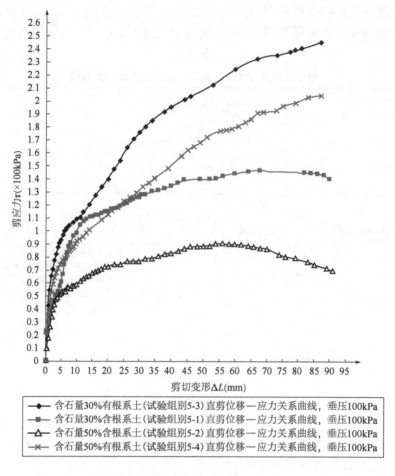

图 3-13-32 工况 5 直剪位移—应力关系曲线比较(剪切速率 2mm/min)

(2)植物根系对土体强度的贡献,随着含石量的增加而增大。如以土体峰值强度时的位移对应的根系土强度来看,在相同根系分布形态情况下,垂压 100kPa 时,30% 含石量根系混合土强度(位移为 68mm 时)由无根系土的 146.8 kPa 提高到 232.8 kPa,提高了 58.5%;50% 含石量根系混合土强度(位移为 56mm 时)由无根系土的 90.4 kPa 提高到 176.4 kPa,提高了 95%。这可能是由于土体中加入的石子使根系弯曲,增大了根土摩擦和咬合,从而使土体的峰值强度提高更多。

在现实生活中,往往可以看到乔木的根系扎入石缝中牢牢地将松散岩土体缠绕锚固住的现象(图 3-13-33)。

通过模拟试验,可得出如下结论:

(1)根系固土的作用明显。无论是单级正应力条件下的剪切强度,还是多级正应力条件

图 3-13-33 乔木根系扎入石缝锚固岩土体

下算得的强度参数 c、φ 值,均表明根系固土作用效果十分明显。

(2)根系固土效果受多种因素影响。根系的位置、根系分布形态、土的性质等都影响到根系的固土效果,影响到根系复合土的强度。因此,在实际工程中,应当根据场地土性条件,选择合适的根系和种植位置,以求得良好效果。

13.3 植物根系锚固作用有限元数值分析

采用室内试验的方法对根系复合土的强度特性及有关因素对根系复合土强度的影响,进行研究分析。本节进一步采用数值分析方法,把根系放到边坡中,进行数值仿真,以便了解根—土相互作用以及植物根系对边坡稳定性的影响。

13.3.1 数值分析手段与方法

当采用有限元数值法对根系土分析时,需要考虑和建立土、根系及根—土相互作用三方面的模型。

1)计算分析模型

(1)土体模型。

对土体,采用常规的理想弹塑性本构模型,土体的破坏采用 Mohr-Coulomb 破坏准则。Mohr-Coulomb 模型的破坏准则为

$$\frac{1}{2}(\sigma_1 - \sigma_3) = c\cos\varphi + \frac{1}{2}(\sigma_1 + \sigma_3)\sin\varphi \tag{3-13-24}$$

式中:c、φ——土的黏聚力和内摩擦角。

式(3-13-24)为平面应力状态的 Mohr-Coulomb 屈服函数,在应力空间中,Mohr-Coulomb 屈服函数可表示为

$$\frac{1}{3}I_1\sin\varphi - \left(\cos\theta_\sigma + \frac{\sin\theta_\sigma \sin\varphi}{\sqrt{3}}\right)\sqrt{J_2} + c\cos\varphi = 0 \tag{3-13-25}$$

式中:I_1——应力张量第一不变量;

J_2——应力偏张量第二不变量;

θ_σ——洛德角。

式(3-13-25)所表达的 Mohr-Coulomb 破坏面在 π 平面上是一个不等角的等边六边形;在主应力空间,Mohr-Coulomb 屈服条件的屈服面为一不规则的棱锥面,其中心轴线与等倾线重合,如图 3-13-34 所示。

(2)根系模型。

一般情况下,植物根系是柔性的,只能受拉,不能受压。为此,采用只能受拉、不能受压的柔性杆单元来模拟植物根系,并采用理想弹塑性本构关系(图 3-13-35)。

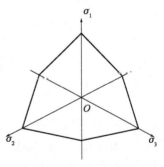

图 3-13-34 Mohr-Coulomb 屈服面

在弹性阶段,根系的应力应变关系为

$$\sigma = E_r \varepsilon \quad (3\text{-}13\text{-}26)$$

式中:E_r——根系的弹性模量。

(3)根土相互作用模型。

根系对土体的作用主要是通过根土间的摩擦力产生的,为此,对根土间相互作用的应力应变关系采用理想弹塑性模型,接触面的强度按下式计算:

$$\tau_{\text{inter}} = c_{\text{inter}} + \sigma_n \tan\varphi_{\text{inter}} \quad (3\text{-}13\text{-}27)$$

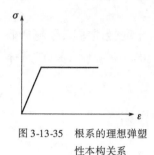

图3-13-35 根系的理想弹塑性本构关系

式中:φ_{inter}、c_{inter}——接触面强度参数,按式(3-13-28)计算:

$$\tan\varphi_{\text{inter}} = R_{\text{inter}} \tan\varphi_{\text{soil}}$$
$$c_{\text{inter}} = R_{\text{inter}} c_{\text{soil}} \quad (3\text{-}13\text{-}28)$$

式中:R_{inter}——接触界面强度折减系数;

c_{soil}、φ_{soil}——与根接触土层的内聚力和内摩擦角。

2)基本假定

自然根系形态十分复杂,且呈空间分布,要进行真实的模拟应当采用三维数值分析,但作为规律分析,为计算简便,采用以下一些假定,以简化计算:

(1)按照平面应变问题考虑,进行二维有限元法分析。

(2)坡体的初始应力场由坡体自重荷载产生。

(3)植物根系按直线考虑,且只能承拉、不能承压和承剪。

3)边坡稳定分析的强度折减法

采用强度折减法(Phi-c reduction)进行边坡的稳定性分析。所谓强度折减,是指在弹塑性有限单元法计算中将岩土体抗剪强度参数(c、φ)逐渐折减降低,直到使系统达到不稳定状态,有限单元静力计算将不收敛,边坡发生破坏,此时的折减系数就是边坡的稳定系数

$$\tau' = \frac{\tau}{F_r} \quad (3\text{-}13\text{-}29)$$

对于Mohr-Coulomb准则,有

$$\tau' = \frac{\tau}{F_r} = \int_0^l \left(\frac{c}{F_r} + \sigma \frac{\tan\varphi}{F_r} \right) dl = \int_0^l (c' + \sigma\tan\varphi') dl \quad (3\text{-}13\text{-}30)$$

故有

$$c' = \frac{c}{F_r} \qquad \varphi' = \arctan\left(\frac{\tan\varphi}{F_r}\right) \quad (3\text{-}13\text{-}31)$$

式中:F_r——折减系数。

有限单元强度折减法稳定系数的定义在本质上与传统方法是一致的。计算时,首先取初始折减系数F_r,对土体强度参数进行折减,将折减后的参数作为新参数输入,进行有限单元静力稳态计算,并采用解的不收敛性作为破坏标准,在指定的收敛准则下算法不能收敛,表示应

力分布不能满足 Mohr-Coulomb 破坏准则和总体平衡要求,意味着出现破坏。若计算结果收敛,则土体处于稳定状态,然后再增加折减系数,直到恰好不收敛为止,此时的折减系数 F_r 即边坡的稳定系数 F,则

$$F = \frac{c + \sigma_n \tan\varphi}{c_r + \sigma_n \tan\varphi_r} \quad (3-13-32)$$

式中:c、φ——实际土体的黏聚力和内摩擦角;

σ_n——实际正应力;

c_r、φ_r——达到极限平衡时的黏聚力与内摩擦角。

13.3.2 计算分析工况

参照根系固坡力学强度有效范围算式:

$$\frac{A_R}{A} \geqslant 0.1\% \quad (3-13-33)$$

式中:A_R——剪切面上根的横截面积;

A——剪切面的总面积。

为了根系固坡的效果明显,不选择坡高或坡长过大的边坡,否则由于边坡中根系含量过低,会使根系固坡的效果难以看出来。如果加大根系含量,则在建模的时候带来绘图和视图的困难。

1) 工况 1:单根根系在坡体中的位置及形态变化对固坡效果的影响

将单根根系分别以不同的位置和与坡面不同夹角置于坡体中,计算它们各自的固坡贡献。

计算模型与参数如图 3-13-36 所示。

取单根根系长度为 2m,为了较明显地看出单根固坡的贡献,取坡高为 2m($\alpha = 45°$)的边坡作为计算对象,作为规律性分析,在无根系边坡模型原始分析模型(图 3-13-37)分析基础上,将根土界面强度折减系数 R_{inter} 取为 0.9,根系的直径 D 为 2cm,模量 E 为 5000kN/m²,则根系参数 $ED = 100$ kN/m(表 3-13-9)。

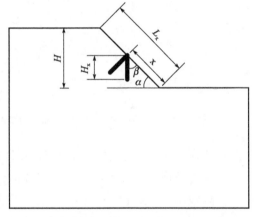

图 3-13-36 工况 1 有限元计算几何模型
H-坡高;α-边坡倾角;L_x-根系长度;x-根系位置距坡角距离;β-根系与坡面的夹角

工况 1 有限元计算土体参数　　表 3-13-9

参　数	符　号	黏　土	单　位
模型类型	Model	M-C	—
重度	γ	17.77	kN/m²
模量	E_{ref}	1200	kN/m²
泊松比	υ	0.33	—

续上表

参　　数	符　　号	黏　　土	单　　位
黏聚力	c_{ref}	3	kN/m^2
内摩擦角	φ	22	°
剪胀角	ψ	0	°
根系参数	ED	100	kN/m
界面强度	R_{inter}	0.9	—

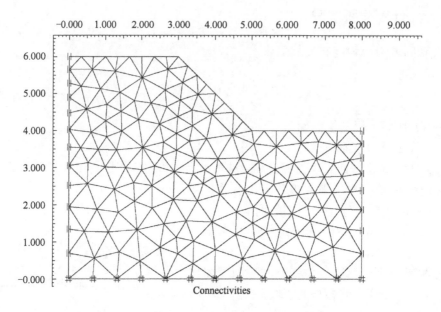

图 3-13-37　无根系边坡模型计算网格图(稳定系数为 1.212)

2)工况 2:根土界面特性对边坡稳定性的影响

计算边坡模型及参数同工况 1,以 2m 长单根根系水平布置于 $X=1.414$(经工况 1 算得的固坡贡献较明显的位置)处时,计算根土界面强度折减系数 R_{inter} 与边坡稳定系数 K 的关系。

3)工况 3:根系特性对边坡稳定性的影响

计算边坡模型及参数同工况 1。以 2m 长单根系水平布置于 $X=1.414$ 处时,计算根系参数 ED 与边坡稳定系数 K 的关系。

4)工况 4:根长与边坡稳定系数的关系

计算边坡模型及参数同工况 1。以 2m 长单根竖直布置于 $X=1.414$ 处,计算根长 L_x 与边坡稳定系数 K 的关系。

5)工况 5:根系生物量与边坡稳定系数的关系

计算边坡模型及参数同工况 1。以 2m 长、参数 ED 为 100kN/m 的根系布置于距坡脚位置 $X=1.414$ 处($H=2m,\alpha=45°$),依次增加根系的数目,算出边坡稳定系数的变化。

6）工况6：模拟群根的分布形态对固坡效果的影响

工况6计算边坡模型如图3-13-38所示。

以4根2m长竖直布置的根系等间距布置于坡体中不同位置，模拟群根在边坡上位置的变化（图3-13-39）；以4根2m长根系以不同角度布置于坡体中部同样位置，模拟群根与坡面夹角的变化（图3-13-40），计算群根布置形态对固坡贡献的影响。工况6计算参数见表3-13-10。

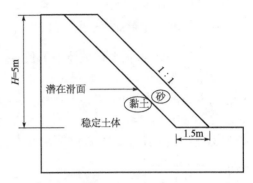

图3-13-38　工况6边坡计算模型

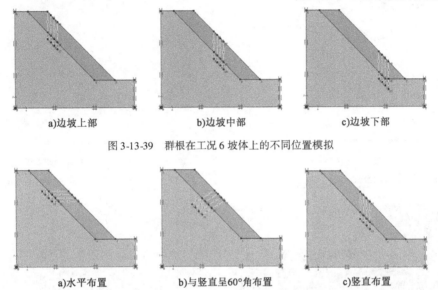

a）边坡上部　　　　b）边坡中部　　　　c）边坡下部

图3-13-39　群根在工况6坡体上的不同位置模拟

a）水平布置　　　b）与竖直呈60°角布置　　　c）竖直布置

图3-13-40　群根在工况6坡体上的不同夹角模拟

工况6计算参数　　　　　　　　　　　　　　表3-13-10

参　　数	符　　号	黏　　土	砂　性　土	单　　位
模型类型	Model	M-C	M-C	—
重度	γ	16	17	kN/m^3
模量	E_{ref}	10000	12000	kN/m^2
泊松比	ν	0.33	0.3	—
黏聚力	c_{ref}	15	3	kN/m^2
内摩擦角	φ	25	33	°
剪胀角	ψ	0.0	0.0	°
界面强度	R_{inter}	0.7	0.7	—
根系参数	ED	100		kN/m

7）工况7：边坡全坡面栽植植物固坡模拟计算

取全坡面栽植植物坡体模型如图3-13-41所示，土体参数同工况1，根土界面参数$R_{inter}=0.7$，计算出此情况下的坡体稳定系数提高值。

13.3.3 计算结果与分析

1) 工况1：单根根系在坡体中的位置及形态变化对固坡效果的影响

单根系边坡计算模型如图3-13-42所示，根系穿过滑动面的情况如图3-31-43所示，单根系边坡网格剖分图如图3-13-44所示，其破坏变形后的网格如图3-13-45所示，根系潜在总变形位移图如图3-13-46所示，2m长单根根系竖直布置于边坡不同位置时根系潜在变形位移图如图3-13-47所示，根系距坡脚距离 X 与边坡稳定系数 K 的关系见表3-13-11。

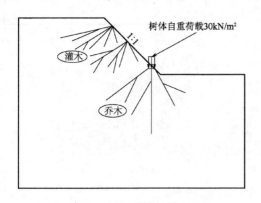

图3-13-41　全坡面栽植植物计算模型

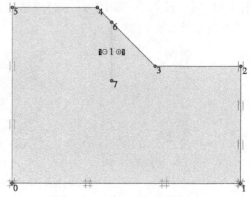

图3-13-42　单根系边坡计算模型

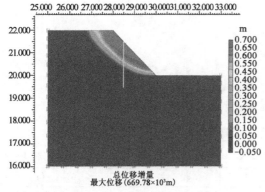

图3-13-43　根系穿过潜在滑动面

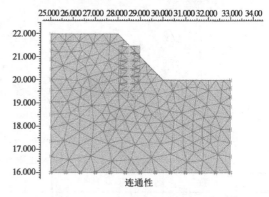

图3-13-44　单根系边坡网格剖分图

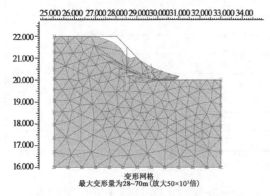

图3-13-45　单根系边坡折减破坏变形后网格

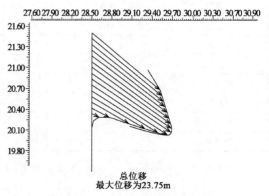

图4-13-46　根系潜在总变形位移图

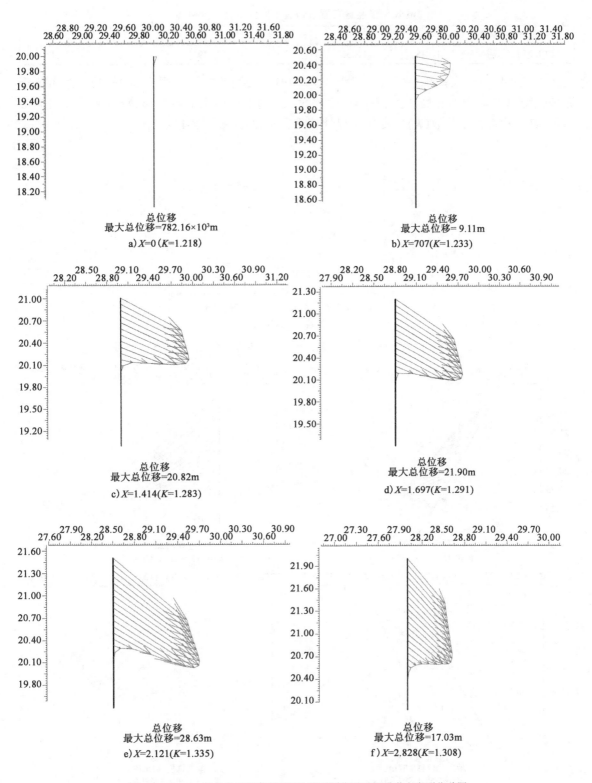

图 3-13-47 2m 长单根系竖直布置于边坡不同位置时根系潜在变形位移图

2m 长单根竖直布置于边坡不同位置时 X-K 关系　　　　表 3-13-11

根系距坡脚距离 X	0	0.707	1.414	1.697	2.121	2.828
边坡稳定系数 K	1.218	1.233	1.283	1.291	1.335	1.308

由图 3-13-48 可知,根系竖直布置于 $X=2.121$m 处固坡效果较好。以 2m 长根系布置于距坡脚距离 $X=2.121$m 处,随根系与坡面夹角(β)的不同根系潜在变形位移图如图 3-13-49 所示,其与边坡稳定系数(K)的变化情况计算见表 3-13-12 和图 3-13-50。

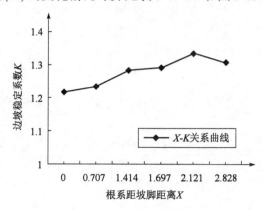

图 3-13-48　2m 长单根系竖直布置于边坡不同位置时 X-K 关系图

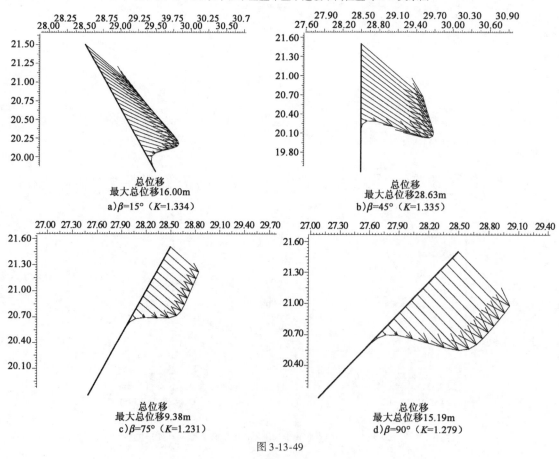

图 3-13-49

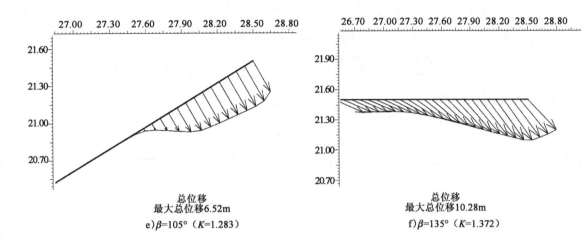

图 3-13-49 2m 长根系布置于 $X=2.121$m 处不同 β 时的根系潜在变形位移图

2m 长根系布置于 $X=2.121$ 处不同 β 时 $\beta \sim K$ 关系 表 3-13-12

根系与坡面夹角 β(°)	15	45	75	90	105	135
稳定系数 K	1.334	1.335	1.231	1.279	1.283	1.372

计算结果：

(1) 当根系穿过边坡的潜在滑动面时，根系固坡贡献的大小与根系在坡体中的潜在总位移图所包络的面积(这里暂称为根系抗滑作用虚拟功)大小成正比。这是因为根系在土体中的位移引起根土摩擦力做功，根土摩擦力做功阻止土体滑动，起到固坡效果，这部分功的大小与根系固坡贡献大小成正比例关系，所以可以用这个指标来衡量坡体中不同分布形态根系的固坡效果。也就是说，从固坡角度来看，根系能发挥出最大抗滑作用虚拟功时的分布形态(X 与 β)为根系在坡体中的最佳分布形态。

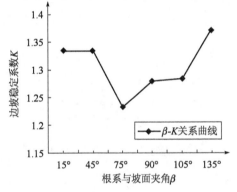

图 3-13-50 2m 长根系布置于 $X=2.121$m 处不同 β 时 β-K 关系图

在本算例中，2m 长单根系竖直布置于坡高 2m、坡角 45°的边坡上的最佳布置位置为距坡脚 2.121m 处，可以提高边坡的稳定系数 10%(稳定系数 K 从无根系边坡的 1.212 到有根系边坡的 1.335)；根系与边坡潜在滑动面的夹角越小，根系提供的加固效果越好，反映为当根系布置在距坡脚 2.121m 处时，根系与坡面的最佳夹角为 135°，即水平布置，这样可以提高边坡的稳定系数 13%(K 从无根系边坡的 1.212 到有根系边坡的 1.372)。

(2) 从根系与坡面夹角对固坡贡献的影响计算结果来看，土体上部低矮轻巧且根系发达的水平根型植物(如灌木类)对于固坡有不可忽视的作用。在本算例中将根系水平布置于坡体中的计算结果见表 3-13-13 和图 3-13-51。

2m 长根系水平布置于边坡不同位置时 X-K 关系　　　表 3-13-13

根系距坡脚距离 X(m)	0	0.707	1.414	1.697	2.121	2.404
边坡稳定系数 K	1.186	1.449	1.473	1.422	1.372	1.326

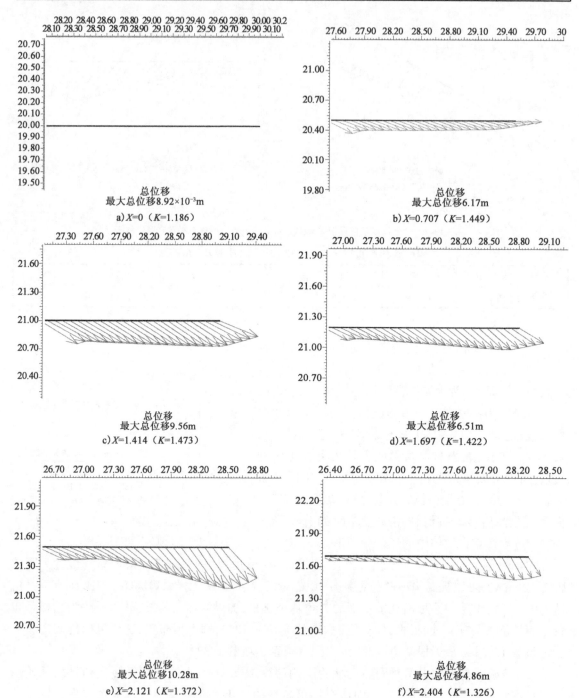

图 3-13-51　2m 长根系水平布置于边坡不同位置时根系潜在变形位移图

根系水平布置时,最佳位置为距坡脚位置 $X=1.414m$ 处,此时根系抗滑作用虚拟功最大,可将边坡的稳定系数 K 提高 21.5%(K 从无根系土边坡的 1.212 提高到 1.473),如图 3-13-52 所示。

(3)植物根系有时候对边坡稳定有负面作用。例如,布置在根土作用虚拟功非常小的位置时,根系微弱的固坡贡献会小于根系对坡体的负面作用(如根系的存在增大了土体孔隙,降低了土体重度等),从而使边坡稳定系数变小。以上算例中,2m 单根系水平布置在坡脚($X=0$)处时,边坡的稳定系数由原来无根系土边坡的 1.212 降低为有根系土边坡的 1.186。

2)工况 2:根土界面特性对边坡稳定性的影响

2m 单根系水平布置于 $X=1.414m$ 处时,根土界面强度折减系数 R_{inter} 的与边坡稳定系数 K 的关系计算结果如图 3-13-53 所示。

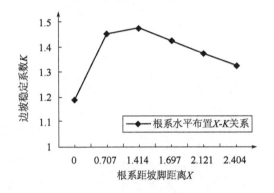

图 3-13-52　2m 长根系水平布置于边坡不同位置时 X-K 关系图

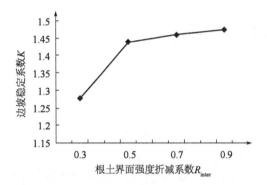

图 3-13-53　根土界面强度折减系数 R_{inter} 与边坡稳定系数 K 的关系图

从图中可以看出,边坡稳定系数 K 随根土界面强度折减系数 R_{inter} 的增大而增大,即在同等条件下,根系表面越粗糙,根土摩擦系数越大,根系固坡效果越好。

3)工况 3:根系特性对边坡稳定性的影响

2m 单根系水平布置于 $X=1.414m$ 处时,根系参数 ED 与边坡稳定系数 K 的关系计算结果如图 3-13-54 所示。

从图中可以看出,在同等条件下,边坡稳定系数 K 随根系参数 ED 增大而增大,即弹性模量 E 值越大,根径越粗,根系固坡效果越好。

4)工况 4:根长与边坡稳定系数的关系

以 2m 单根系竖直布置于 $X=1.414m$ 处为例,根长 L_x 与边坡稳定系数 K 的关系计算结果如图 3-13-13-55 所示。

从图中可以看出,植物在土体中的根系并不是越长越好,在某个方向上,超过某个最优长度,根系再长的话,对固坡贡献影响不大;由于根系扎于土体中对坡体稳定也有负面作用,所以有时根系太长反而会使坡体稳定系数下降。

5)工况 5:根系生物量与边坡稳定系数的关系

以 2m 长参数 ED 为 100kN/m 的根系布置于距坡脚位置 $X=1.414m$ 处($H=2m$,

$\alpha=45°$),按图 3-13-56 中根系末端数字大小的先后顺序依次增加根系的数目,计算结果如图 3-13-56～图 3-13-58 所示。

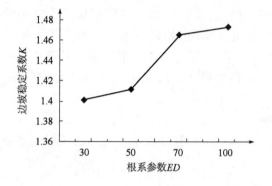

图 3-13-54 根系参数 ED 与边坡稳定系数 K 的关系图

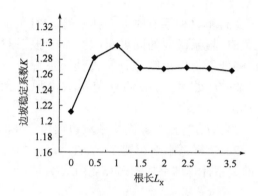

图 3-13-55 根长 L_x 与边坡稳定系数 K 的关系

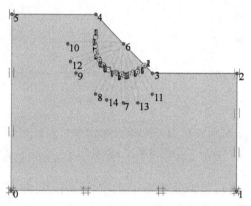

图 3-13-56 根系数目依次增加模型

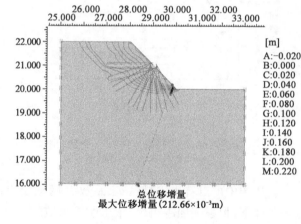

图 3-13-57 根系穿过潜在滑面

从上图可以看出,边坡稳定系数大小与穿过边坡潜在滑体的根系生物量成正比。

6)工况 6:模拟群根的分布形态对固坡效果的影响

(1)以四根根系模拟群根竖直布置于坡体中的不同位置,计算边坡稳定性,如图 3-13-59～图 3-13-65 所示。

(2)四根根系以不同夹角布置于坡体中部相同位置的计算结果如图 3-13-66～图 3-13-69 所示。

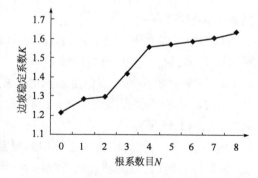

图 3-13-58 根系数目与边坡稳定系数的关系

由计算结果可以看出,群根对边坡的作用是每根根系综合作用的结果,根系的潜在位移变形图的面积之和越大,固坡效果越显著。

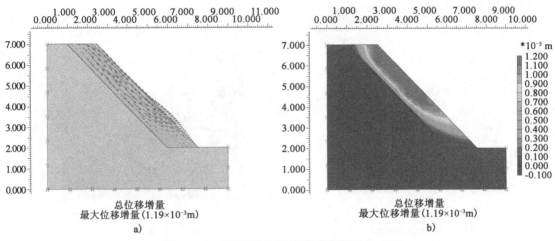

图 3-13-59 无根系边坡折减破坏变形图($K=1.110$)

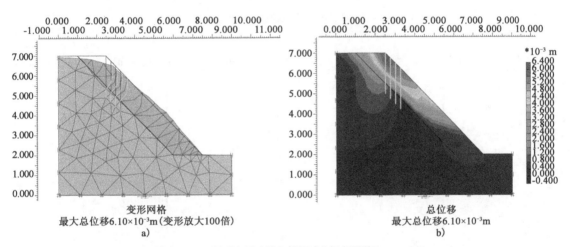

图 3-13-60 根系布置边坡上部折减破坏变形图($K=1.182$)

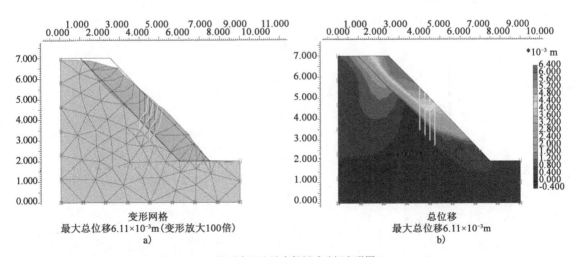

图 3-13-61 根系布置边坡中部折减破坏变形图($K=1.163$)

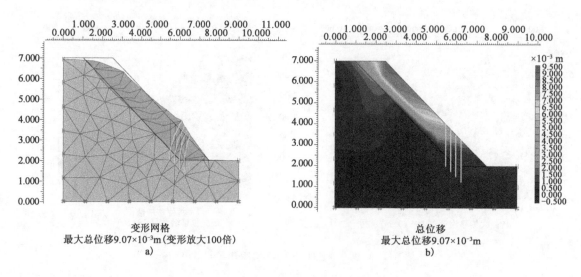

图 3-13-62　根系布置边坡下部折减破坏变形图（$K=1.144$）

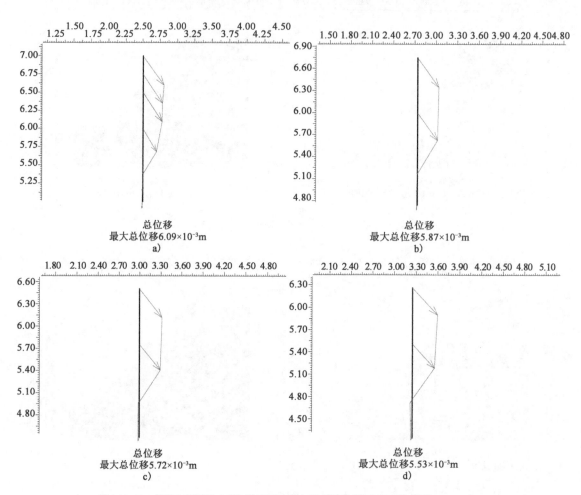

图 3-13-63　根系布置边坡上部时各根系（由左到右顺序）潜在变形位移图（$K=1.182$）

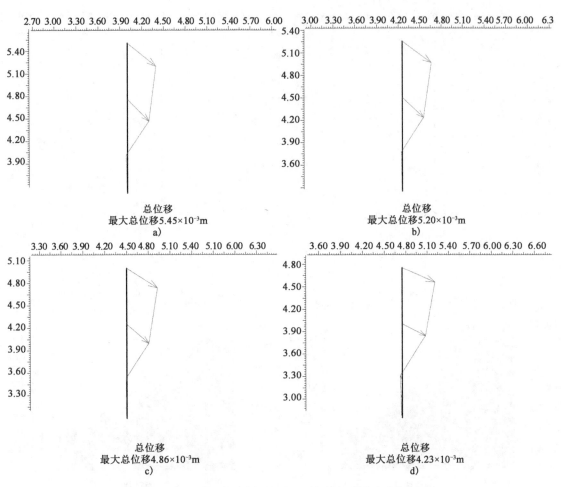

图 3-13-64 根系布置边坡中部时各根系(由左到右循序)潜在变形位移图($K=1.163$)

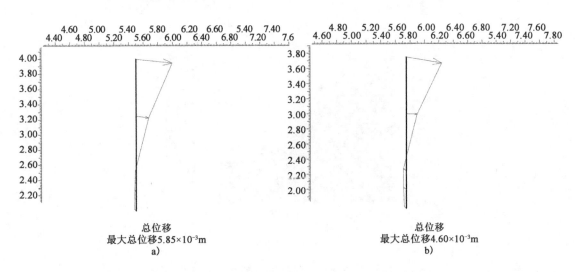

图 3-13-65

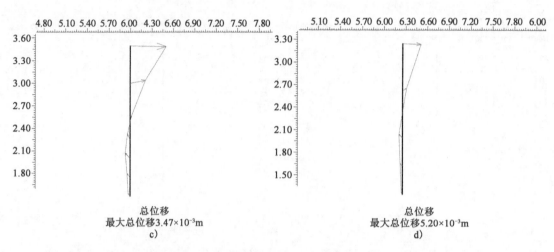

图 3-13-65　根系布置边坡下部时各根系(由左到右顺序)潜在变形位移图($K=1.144$)

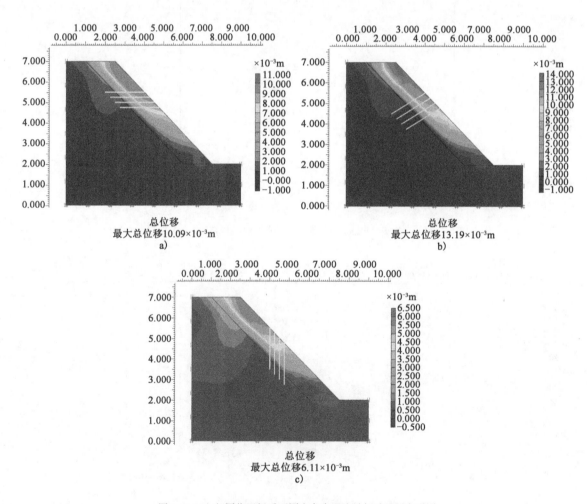

图 3-13-66　相同位置根系不同夹角布置边坡折减破坏变形图

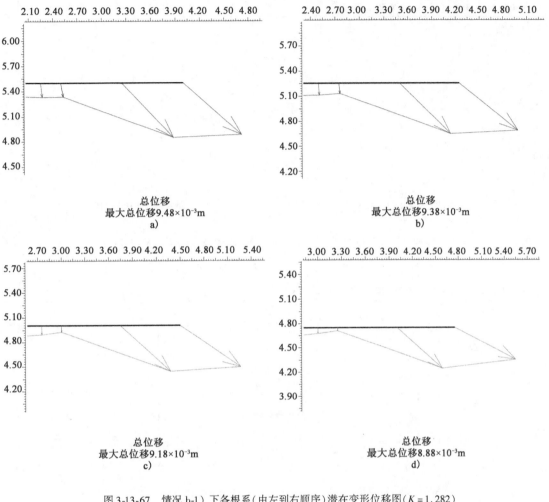

图 3-13-67 情况 b-1) 下各根系(由左到右顺序)潜在变形位移图($K=1.282$)

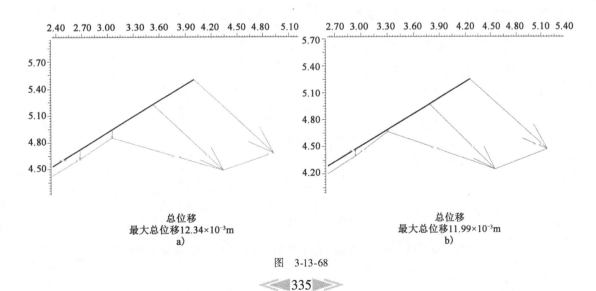

图 3-13-68

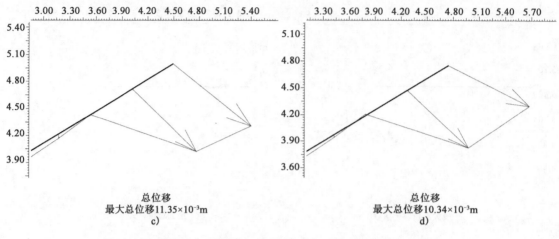

图 3-13-68　情况 b-2) 下各根系(由左到右顺序)潜在变形位移图($K=1.244$)

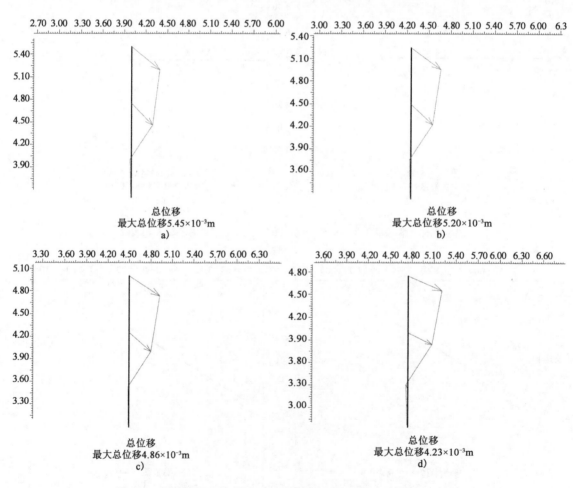

图 3-13-69　情况 b) 下各根系(由左到右顺序)潜在变形位移图($K=1.163$)

7)工况 7:全坡面栽植植物模拟计算结果

全坡面栽植植物并且考虑坡体下部种植的高大乔木的树体重量的边坡,其稳定性计算结果如图 3-13-70、图 3-13-71 所示。

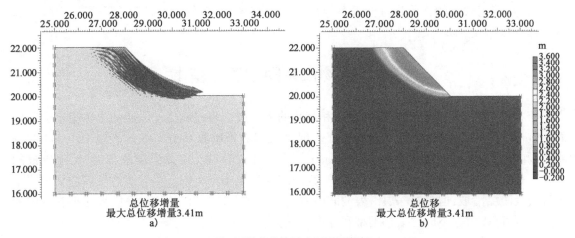

图 3-13-70　坡面无植物坡体折减破坏变形图($K=1.212$)

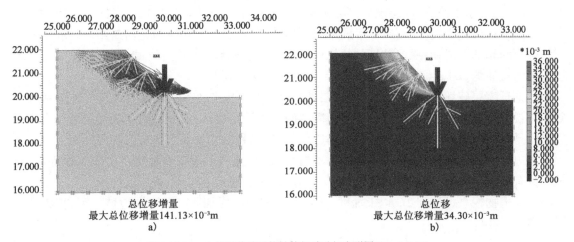

图 3-13-71　全坡面栽植植物坡体折减破坏变形图($K=1.541$)

全坡面栽植植物后,坡体的稳定系数提高了 27%(从 1.212 到 1.541)。

通过有限元数值模拟分析相关因素对根系固坡的影响,得出了以下结论:

(1)当根系穿过边坡的潜在滑动面时,根系固坡贡献的大小与根系在坡体中的潜在总位移图所包络的面积(这里暂称为根系抗滑作用虚拟功)大小成正比。也就是说,从固坡角度来看,根土摩擦力发挥得最充分的位置为根系在坡体中的最佳分布位置。

(2)土体上部低矮、轻巧且根系发达的水平根型植物(如灌木类)对于固坡有不可忽视的作用,根系布置于坡体的中上部,固坡效果较显著。

(3)边坡稳定系数 K 随根土界面强度折减系数 R_{inter} 的增大而增大,即在同等条件下,根系表面越粗糙,根土摩擦系数越大,根系固坡效果越好。

(4)在同等条件下,边坡稳定系数 K 随根系参数 ED 增大而增大,即弹性模量 E 值越大,根径越粗,根系固坡效果越好。

(5) 植物在土体中的根系并不是越长越好,在某个方向上,超过某个长度,根系过,对固坡贡献的影响不大。

(6) 边坡稳定系数大小跟穿过边坡潜在滑体的根系生物量成正比。

(7) 群根对边坡的作用是每根根系综合作用的结果,根系的潜在位移变形图的面积之和越大,固坡效果越显著。

13.4 植物根系固坡适用范围

植物根系固坡主要通过根系的作用和茎叶的水文效应来提高边坡浅层的土体稳定性和坡面的抗侵蚀能力,这种加固效果非常明显。但是大多数植物根系分布在地表以下 1.5m 的深度范围内,某些深根植物的根系可以达到地表以下 5m 的深度,在此深度范围内,无论单根的直径还是根系的总体密度,都大幅度减小,其加固效果也十分有限。尽管植被可以抑制表层水土流失及浅层滑坡,但是在深层滑坡的防治方面仍比较欠缺,所以植物根系固坡还是有一定的适用范围,可以根据不同的植物类型和深度来划分。

边坡的破坏常表现为表层破坏、浅层破坏和深层破坏。其中,表层破坏主要表现为雨水冲蚀,形成冲沟及水土流失;浅层破坏一般发生在 2~3m 的岩土体范围内,尤以纯土体边坡或具有覆盖土层的边坡为突出,其破坏形式可以是接近圆弧的滑动,也可以是沿着某一软弱层或土岩结合面的非圆弧滑动;深层破坏往往规模较大,滑动面处于较深的位置,它是目前研究边坡稳定最为关注的。

无论是表层破坏、浅层破坏,还是深层破坏,都应当引起足够的重视。对表层破坏和浅层破坏重视不够,将诱发深层破坏。即使是表层破坏和浅层破坏,有时其破坏规模及其所带来的后果也是非常严重的。因此,现行的公路边坡,对这三种破坏都要求进行防护与加固。

对边坡的表层破坏,目前的设计侧重于植物防护,且多采用草本植物。实际工程证明,这是十分有效而且有利于生态环境保护的防护方法,在公路边坡中,已被广泛应用。

木本植物根系可达到 2m 以上深度,适合于边坡的浅层加固。对不同边坡类型,植物的作用见表 3-13-14。

植物根对不同类型边坡的作用　　　　表 3-13-14

边坡类型	边坡特征	植物固坡的作用
类型A（土层/基岩）	覆土层较薄,基岩为树根无法伸进的完整岩体	土层与基岩的界面为弱面,植物固坡作用不大
类型B	类似于类型A,但基岩有裂隙,树根可伸进并起到抗滑桩作用	植物固坡作用很大

续上表

边坡类型	边坡特征	植物固坡的作用
类型C 过渡层	覆土层较厚,接近基岩处有一过渡土层,其密度与抗剪强度随深度增加,树根可伸进过渡层加固边坡	植物固坡作用明显
类型D	覆土层较厚,超过树根长度;树根可影响土层水文状态,但不能伸到深部,可能滑移面	植物固坡作用小

由此,可将植物根系固坡的适用条件总结如下:

(1) 植物根系固坡主要适用于浅层边坡的防治性处理,一般治理深度不超过 2m,而且土体需适宜植物生长。

(2) 草本植物,适用于边坡表层的防护。

(3) 根系发达的木本植物,适用于土体、土石混合体边坡的浅层加固与防护。

(4) 当库岸路基偶有涨水或雨季时,对于浸水而冲刷不严重的路基段落,适合采用植物固坡技术。对于常年浸水路基或者冲刷较严重的路基段落,不适合单独采用植物固坡技术,但建议采用复合加固措施。

14 预制构件式挡土墙在库岸路基及桥台锥坡防护与加固中的应用

预制构建式(砌块)挡土墙是一种先进的符合建筑学原理的混凝土面层系统,由预制构件与水平层铺设在墙后填土中的分层分布,并与预制构件联结在一起的土工合成材料组成一个整体的挡土体系,由预制构件挡土墙面层和其后的加筋土层共同抵抗土压力作用并保持稳定(图3-14-1)。在库岸路基支挡结构中,这种结构一般用于对于景观要求较高的市内库岸路基防护,因为其具有美观效果,同时预制构件式挡土墙和土工材料一起,能够有效地降低放坡坡度,节约河流河道和湖泊库容,并能抵抗一定程度的水流冲刷。加筋砌块式结构具有如下优点:

(1)加筋砌块挡土结构为柔性结构,地基适应能力强,可以适应少量的沉降和变形。

(2)加筋砌块挡土结构的加筋材料一般为土工格栅,较其他加筋材料而言,其耐腐蚀、耐久性较强。

(3)砌块之间连接不用砂浆,便于拆卸,易于维护。

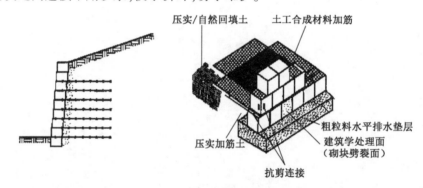

图3-14-1 预制构件式挡土结构示意图

14.1 预制构件结构

14.1.1 砌块的外观样式

砌块的作用是防止土工格栅间填土的侧向挤出、传递土压力以及便于格栅固定布设,并保证填料、格栅和砌块墙面构成一定形状的整体。另外,砌块还具有防止填土侧向散出或侵入,使填土易于压实、美观外表的作用。加筋砌体结构对砌块有如下的要求:

(1)砌块应具有一定的刚度,以保证拉筋端部土体的稳定。

(2)砌块应具有一定的强度,以抵抗预期的冲击和振动作用。

(3) 砌块还应满足坚固、美观、运输方便和施工便捷等要求。

砌块在大小和形状方面实际没有限制,已有的主流砌块尺寸范围见表 3-14-1。

砌块主体尺寸范围　　　　　表 3-14-1

砌块参数	高度	宽度	长度
主体尺寸(cm)	8~60	15~75	15~180

目前,砌块的材料主要是干硬性水泥混凝土或者预制混凝土块;砌体结构使用加筋材料通常为高强度的土工格栅和土工织物(如聚乙烯、聚丙烯等)。

在国外,典型砌块有"diamond 系列""diamond_pro 系列""landmark 系列""vertica 系列""vertica_pro 系列""allon 系列"等。图 3-14-2 所示是一些比较常用的、外观新颖的砌块。

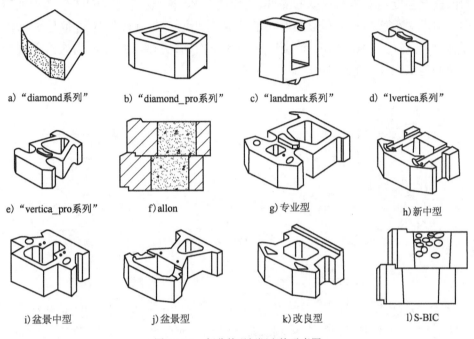

图 3-14-2　部分外观新颖砌块示意图

就其外观而言,挡土砌块主要可分为平板式和齿坎式,如图 3-14-3 所示。平板式砌块只能通过剪切键来增加砌块间的抗剪能力,从而控制砌体结构外立面一致倾角(墙面倾角)。对于常用砌块:$1° < \omega < 15°$。而齿坎式砌块能通过前沿或后沿、销齿或钳齿等部分相互嵌接,以达到同样的功能。

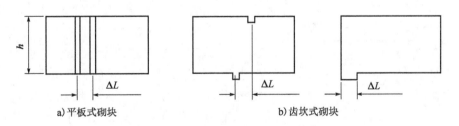

图 3-14-3　平板式砌块和齿坎式砌块的外观示意图

由于齿坎式砌块可通过剪切键、前沿或后沿、销齿或钳齿等部分相互嵌接,来增加砌块挡土墙块体间的抗剪能力,从而控制砌体结构外立面倾角一致。也正是由于前沿或后沿、销齿或钳齿的缘故,砌块之间块块相嵌,不仅保证了结构的安全性,而且施工方便且速度较快。

图 3-14-4a)、b) 所示是两种常见的齿坎式砌块:艾仑砌块和盲孔的钻石砌块。从图中可以看出,在开孔的砌块中填入级配碎石或者营养基土,和不开孔时砌块的重量相差无几;在开孔的砌块孔隙中置入营养基土就可以种植植被。在开孔的砌块中可以插入其他加固物,在上面设置栏杆等;不仅如此,开孔的砌块在相同的力学性能下,减少了水泥的用量,对环境影响较小。比较图 3-14-4a)、b) 两图,当墙面受到锚固端反向力矩时,砌块之间的抗剪强度和砌块与格栅之间的连接强度均有不同程度的降低,构成的砌体结构墙面就可能产生较大的变形和破坏。新砌块力求减小这样的不利影响。除了像常规砌块一样,在砌块的端部上下砌块锚固、咬合之外,新砌块还在砌块的前部设置小孔,在小孔里面插入抗剪键,增加砌块抗剪性能和砌块与格栅之间的连接性能(图 3-14-4c)。

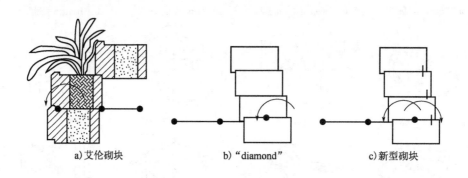

a) 艾伦砌块　　　　b) "diamond"　　　　c) 新型砌块

图 3-14-4　两种常见典型砌块与新型砌块的比较

图 3-14-5 所示的 ACB 土体有沿潜在滑动面向下滑移的趋势,将对砌块背面产生侧向推力,砌块、填土与土工格栅协同作用,控制着砌体结构墙面变形。理论上,当砌块墙面倾角与潜在滑动面与竖直方向夹角一致时,砌块将不受墙背水平推力的影响。

与经典的朗肯和库仑理论有所不同,由国外岩土工程界专家测试表明,当墙面倾角大于 18°时,在土工格栅加筋的作用下,砌体结构墙面具有向填土区移动的趋势。墙面倾角是由砌块高度和错台尺寸决定的。当墙面倾角较大时,同样高度的砌块就必须留较大的错台,每级错台累计到墙底将占用较大的面积。砌体结构一般是用在城市或者城郊新老河道的库岸路基中,土地资源极其珍贵,所以砌块墙面倾角小于 18°;这样的砌体结构要求砌块本身或者砌块与土工格栅构成的系统具有抵抗侧向推力的能力。为了增加砌块间的抗剪能力,使砌体结构具有更好的结构性能,砌块的墙面倾角限制在 12°左右。

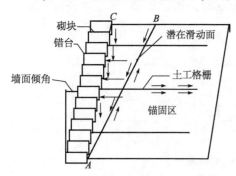

图 3-14-5　加筋砌体结构受力示意图

14.1.2 砌块的结构特征

砌块构成的砌体结构应适应内弧、外弧等非直线砌筑,所以砌块外观应采用不等宽设计,如图3-14-6所示。为了使砌块在砌筑过程中不发生转动,后缘的宽度 W_1 应大于砌块最大宽度 W_0 的一半。

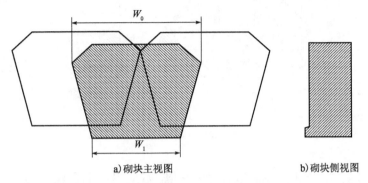

a) 砌块主视图　　　　　　b) 砌块侧视图

图3-14-6　砌块外观示意图

在满足前面所述条件的前提下,为了使砌块外观人性化,砌块的长宽接近黄金分角比设计;主体尺寸采用450mm×320mm×150mm设计;该砌块主体部分厚度为150mm,厚度后缘宽度为32mm,则该砌块构成的砌体结构墙面倾角为12°,将具有较好的结构性能。即便是在实心条件下,砌块重量也小于45kg,便于现场施工人员搬运。如图3-14-7所示,砌块的最小转角半径小于910mm。

砌块块体中设计四个圆形小孔和两个肾形孔,对称分布在砌块的两边,如图3-14-8所示。砌块中小孔间距与砌块中肾形孔间距一致,如图中 L_0 所示;两小孔与肾形孔之间的距离同后缘的宽度一致,如图中 L_1 所示。

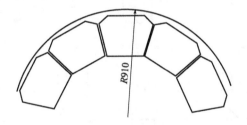

图3-14-7　砌块转角特征(尺寸单位:mm)

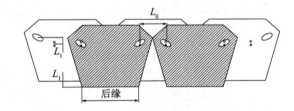

图3-14-8　砌块的铺筑示意图

这样设计,在砌体结构施工时能便捷的错位码上,在下层砌块小孔中的小棒可以准确地固定在上层砌块的肾形孔中。采取肾形孔设计,能实现弧线墙面的顺利砌筑。上层砌块的后缘紧扣着下层相邻两块砌块后缘,这样层层相扣,形成一个自然连锁柔性的墙面结构。

由于砌块构成的墙面倾角为12°,砌块主体尺寸为450mm×320mm×150mm,按整块计算,砌块相互作用铰链高度为1.65m,剪切面以上砌块的重量最大为9.8kN/m;竖直方向上有30kN/m 的作用力,对于一般C30混凝土块都是能承受的。当砌块受到水平方向上推力时,危险面应该是砌块的后缘,砌块的主体部分并不受多大的作用力。为了便于蒸汽养护,在砌块主体部分设计一个大孔,如图3-14-9所示。如果仅为了养护,大孔可以设计成盲孔的形式,但是考虑到植被生长及施工的方便,砌块大孔采用通孔设计。在实际工程中,根据实际情况,在大孔和块与块之间的空隙中填入富含营养基黏土或者级配碎石。

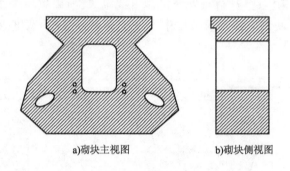

图 3-14-9　砌体示意图

14.2　预制构件式挡土墙变形失稳机理分析

砌块挡土结构存在内部破坏和外部破坏。和普通加筋土挡土墙相似,砌块挡土结构可能存在拉筋的拉出、拉筋拉断、面板与拉筋的接头破坏、面板断裂、贯穿回填土破坏、沿拉筋表面破坏等几种内部破坏方式,如图 3-14-10 所示;砌块挡土结构可能存在整体失稳、墙底滑动、倾倒破坏、承载力不足等几种外部破坏方式,如图 3-14-11 所示。

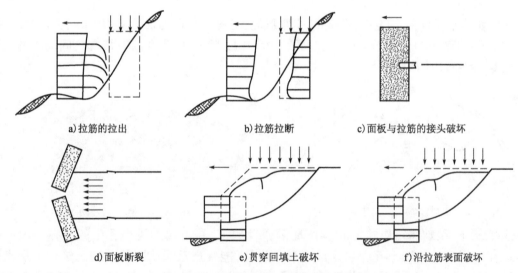

图 3-14-10　砌块挡土墙可能的内部破坏方式

加筋砌体结构作为一种特殊的加筋挡土结构,从现象上来看,也存在上述各种破坏方式。由于砌体结构采用的加筋材料几乎都是土工格栅,其分层铺设在加筋填土区,形成整个面积覆盖的加筋层;由于土工格栅与填土工程性质的差异,就必然使加筋填土区工程性质出现分层性;这样就可能导致结构填土区局部产生张性破坏。从加筋砌块结构变形失稳力学模式入手,深入地分析新型砌块结构加筋回填土区的应力性状及土工格栅的加固机理。

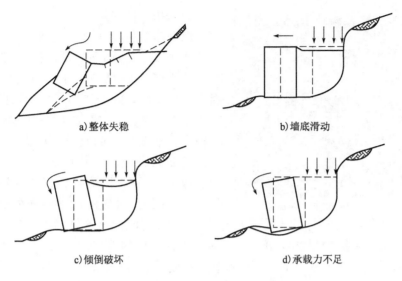

图 3-14-11　砌块挡土墙可能的外部破坏方式

14.2.1　新型砌块加筋挡土结构变形失稳的力学模式分析

1）拉裂—滑移

在填土侧向推力的作用下，砌块墙面不断向临空面移动，在加筋填土区产生张性裂隙；随着土工格栅侧向位移的加剧，张性裂隙逐渐向上扩展。随着变形的发展，裂面扩展到填土表面。加筋填土区随着变形的发展而松动，使得格栅的拉结能力逐渐降低；在其他因素（如由于库岸水渗透入格栅与填土的接触面而影响格栅与填土之间抗拔界面系数）的综合影响下，表层格栅拉结能力大大降低，甚至会可能会消失，如图 3-14-12 所示。这样会大大增加下一层格栅所承担的土压力，引起下一层格栅的失稳。这样的连锁作用，必然导致拉裂面的进一步扩容，最终切开某个砌块面，沿该层加筋面滑出。

图 3-14-12　加筋砌块结构拉裂——滑移失稳

这类失稳演变过程可分为如下三个阶段：
（1）填土区逐渐向临空面蠕滑；在加筋层面形成近似于垂直的张性裂隙。
（2）张性裂隙向上扩展，扩展到地面。
（3）张性裂隙与加筋面贯通成滑移面，导致结构失稳。

2）鼓出—滑移

在砌体结构填土区一定深度的土工格栅，由于其埋深较大，当加筋间距也相对较大时，该层格栅将承受较大的侧向土压力，产生较大的变形。当格栅与墙面之间的作用力大于格栅与砌块之间的连接强度 T_{conn} 时，格栅将被从墙面中拉出（有时当砌块和格栅之间的咬合力较大时，格栅甚至可能被拉断），使砌块与格栅之间产生连接破坏，如图 3-14-13 所示。该层格栅相邻的格栅将分担部分侧向土压力，对应的墙面将向外鼓出。这时墙面变形，将使得砌体结构的后缘承受更大的侧向剪力，可能使该区域的砌块后缘产生局部破坏。由于墙体不断侧移，使得加筋填土区表面产生一定量的下沉，如图 3-14-14 所示。随着变形的发展，砌体结构整个变形区的土可能沿鼓出点附近破坏，滑出墙外，导致加筋砌体结构的失稳。加筋砌体结构鼓出—滑移失稳，如图 3-14-15 所示。

图 3-14-13　砌块与格栅之间连接破坏

图 3-14-14　砌体结构加筋区表面下沉

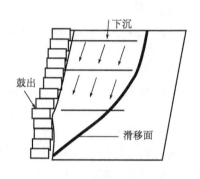

图 3-14-15　加筋砌体结构鼓出—滑移失稳

这类失稳演变过程可分为如下三个阶段：
(1) 填土区逐渐向临空面侧移；在加筋层面形成近似于垂直的张性裂隙。
(2) 填土区内某层格栅与砌块之间的连接能力丧失，该处墙面向外鼓出。
(3) 活动区土沿鼓出点附近滑移，导致结构失稳。

14.2.2　砌块加筋土结构应力性状分析

图 3-14-16 所示为加筋砌块结构与未加筋砌块结构在竖向受力时应力状态示意图。由图 3-14-16 可以看出，无筋土在受到竖向压力时，能形成完整自然的剪切应力面，在应力分部面的底端伴随着土体的侧移。在土体中加入土工格栅，受竖向压力时，由于格栅的存在，剪切应力流不能切穿格栅而进入下层土体，只能存在于格栅以上的土体中；在竖向压力的底部，土体向两侧移动，格栅与土之间存在阻碍土体侧移的摩擦力。

加筋砌体结构受竖向压力时的应力状态如图 3-14-17 所示。由于竖向荷载及土体自身的重量的原因，回填土区表面一定深度内土体产生拉应力；区域 B 的土体向墙面移动，必然对砌块产生侧向推力；由于格栅与填土之间的剪切、摩擦、咬合、锁定作用（以下统称摩擦作用），必

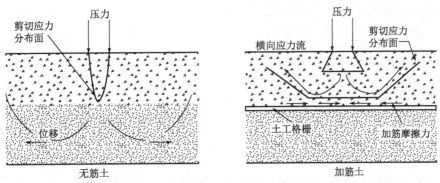

图 3-14-16 加筋砌块结构与未加筋砌块结构在竖向受力时应力状态示意图

然导致格栅的变形。

由于土工格栅是一种具有蠕变性质的材料,它试图控制土体抗剪强度的发挥,由此,可以认为,最初土工格栅的应变增量$d\varepsilon_R$与土工格栅周围填土沿受拉方向应变增量$d\varepsilon_x$相等。由于土工格栅与填土抗拉性质的差异,当加筋回填土区侧向应变超过填土的极限应变时,土体被拉坏,将不能承受拉应力,格栅将承受全部的侧向土压力。格栅承受的拉力将由格栅与填土之间的摩擦力平衡。砌体结构这部分区域内填土,也就产生拉裂破坏,如图 3-14-18 所示。

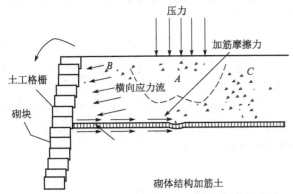

图 3-14-17 加筋砌体结构在竖向受力时应力状态示意图

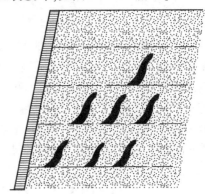

图 3-14-18 加筋砌体结构填土拉裂示意图

通常认为,格栅的拉结能力可表示为

$$A_C = 2L_a C_i d\gamma_i \tan\varphi_i \tag{3-14-1}$$

式中:L_a——该层加筋锚固段长度;

C_i——土工格栅与填土之间的抗拔界面系数;

d——L_a 以上加筋土平均覆盖层厚度;

γ_i、φ_i——回填土的重度和内摩擦角。

故土工格栅的拉结力大小取决于填土工程属性、土工格栅的长度以及格栅与填土之间的接触性质。

土工格栅所承担的土压力可表示为

$$F_g = K_a \gamma_i A_z D\cos(\delta - \omega) \tag{3-14-2}$$

式中:K_a——土压力系数;

A_z——该层加筋的有效面积;

D——墙顶到该层加筋有效作用面积中心的距离；

γ_i——墙背与填土之间的摩擦角；

ω——墙面倾角。

故土工格栅所承受的土压力取决于填土工程属性、填土与墙背之间的摩擦性质、该层格栅的有效作用面积以及该层格栅的埋深。

如图3-14-18所示,由于填土和土工格栅加筋逐渐向墙前临空面方向产生侧向移动,追踪土工格栅铺设面,拉应力集中生成与加筋面近于垂直的张性裂隙,向上扩展(有时可能向下扩展)且其方向逐渐转成与墙面倾角大体趋于一致,并伴有局部滑移。随着变形的发展,裂面可以扩展到地面;加筋填土区随着变形的发展而松动,并伴有少许的转动,但仍然处于稳定破裂阶段。随着拉裂隙进一步增大,加筋土结构开始产生明显转动,陡倾的阶状裂面成为应力集中带,与加筋接触处填土可能有扩容现象,使得墙面向外微微隆起。若陡倾的裂面与加筋层面构成贯通的滑移面,则导致加筋砌体结构的失稳。对于单层土工格栅,理论上,只要土工格栅的拉结能力大于该层格栅承受的土压力,土的水平推力被筋—土间的摩擦力所克服,该层格栅将不被拉出;而当某种原因导致格栅的拉结能力减小,或者某种原因导致该层格栅所承担的土压力增大,直到格栅拉结力不能承受所承担的土压力时,该结构可能产生失稳。由于填土性质的不同、加筋类型以及加筋方式的差异等实际因素,加筋砌体结构存在两种可能的变形失稳力学模式,即拉裂—滑移和鼓出—滑移。

以上两种组合形式都是由加筋砌体结构侧移,格栅与填土或者格栅与砌块之间作用降低乃至丧失而导致的。为了避免砌体结构的拉裂—滑移失稳,应该适当增长填土区顶部一定范围内土工格栅的长度;可以增加一些活体栽植,栽植的根系能在一定程度上增加格栅与土之间的连接强度,增强土的侧向抗拉能力。为了避免砌体结构鼓出—滑移失稳,可以在砌体结构滑移鼓出点附近(鼓出点一般在等效墙高的1/3处)适当加密格栅的层数,对该区域内的格栅,应验算格栅与砌块之间的连接强度是否符合安全设计要求。

14.3　预制构件式挡土墙设计方法

砌块石预制构件挡土墙具有施工便捷,不需要大型机械施工,施工快速,同时具备较好的环境效应等优点。本章的研究表明,砌块一般作为单排存在,宽度不超过50cm,因而砌块本身提高的土体抗滑力一般不计算在加筋结构之类。砌块式挡土墙的计算方法依然可以参照加筋土的计算方法进行设计计算。同时要注意到,砌块式结构其护面效果的发挥主要依赖于腔内填土的质量以及加筋带提高的拉力,因而在填料选择以及加筋材料选择上应特别注意。对于库岸路基来说,填料最好选用透水性强的砂卵石或者碎石土,在砌块内侧铺筑土工布防止水土流失。砌块挡土墙的修筑高度应根据场地条件进行细致计算,原则上砌块式结构的高度不超过10m。

砌块式挡土墙施工工艺要求也和加筋土挡土墙基本一致,需要注意的是,砌块面板在码砌之前,要先做好基底处理,必要的时候采用换填的方式加强砌块的基础,以防止砌块整体产生沉陷、滑移。

第4篇 库岸路基变形、稳定监测与病害处治技术

水库、河流等水位的变化对库岸路基的稳定性有着重要的影响。当水位上升时，路基浸水部分的土体由于浸泡作用导致抗剪强度下降，从而可能诱发路基失稳；当水位下降时，一方面路基基底的浮托力减小，另一方面由于路基内孔隙水来不及排出而使路基水位高于库（河）水位，由此产生的渗流作用使潜在滑动面的抗滑能力降低，也可能诱发库岸路基失稳。

库岸路基经常受到季节性或长期浸水，由于水位变化或雨水作用诱发路基失稳的实例数不胜数。长期受水冲刷侵蚀，弱化了库岸路基的承载力和稳定性，通常容易出现路基位移和路面下陷。由于水和路基之间产生长期的、反复的物理、化学和力学作用，削弱了土颗粒和岩块之间的联系，增加了土颗粒和岩块的自由度和活动度，加快了岩体向破碎—松散介质转化的进程；路基长年受渗流、浪击、水流冲刷和风蚀影响，也将明显加速这一过程，库岸公路也必将随之出现路基软化、塌陷，边坡滑动、崩塌，挡土墙、涵洞、桥梁基础淘刷、稳定性降低、承载力不足而产生病害或失稳。

库岸路基常见的病害有路基沉陷、路堤失稳、路基滑塌、路基崩塌、沟槽回填土沉陷、路肩盲沟淤塞、泄水孔堵塞、防护工程与加固工程损坏等。

随着时间的推移，一般库岸路基的病害将越来越明显，为了确保道路的工作水平及行车安全，对库岸路基病害的防治加固刻不容缓，主要表现在防止路基边坡受水流的侵蚀、冲刷，产生崩坍，减少路基土体内部受水的浮力与渗透动水压力的破坏以及浸入水对填筑料的力学性能改变，减轻路面荷载对路基土的直接作用。库岸路基防治加固可依据现场水文地质及实际情况选择透水性强的路基填料，减少库岸路基承受水侵蚀的影响，同时进行堤岸防护与加固，防治水流冲刷和约束路基侧向位移。

对库岸路基不均匀沉降进行处治。目前常采用压力灌浆、强夯等措施来消除不均匀沉降，

或者在施工时设置土工织物、玻纤织物等以缓解不均匀沉降对库岸路基的影响。对库岸路基边坡滑动、崩塌，挡土墙、涵洞与桥梁基础淘刷等病害，多采用防与治相结合的方法。

目前，公路运输成为国内主要的运输方式之一，在发生库岸路基病害时，交通中断所带来的巨大经济损失和社会影响将越来越大，交通中断的同时也会使抢险救灾人员、运输受到极大限制，因此，恢复交通就成为库岸路基病害处治的重要任务之一，交通恢复得越快，抢险救灾就越有利，灾害造成的损失和社会影响就越小。库岸路基受水的影响较大，路基病害发生频繁，快速修复和恢复交通的任务量很大，对库岸路基病害段修复技术需求急迫。随着公路工程施工技术的发展，公路病害处治与修复技术也在不断提高，积累了丰富的经验，但到目前为止，我国公路领域的勘察、设计以及施工技术的研究还是以公路建设阶段为主要对象，而对公路养护阶段的勘察、设计以及施工技术的研究较少，并且主要集中在路面上，路基病害处治、修复与维护技术还比较薄弱。

目前，在路基病害路段，需要进行快速修复和尽快恢复交通时，多采用常规技术，在需要进行支挡加固时，通常是采用很强的工程措施。常用的措施是根据塌方断道或路基滑移变形、重要支挡结构变形破坏、路基沉陷，以及填方或挖方路段、抢险救灾工程或预防性工程等具体条件而定，可分为临时措施、永久措施或兼顾临时和永久使用的措施以及分阶段整治等，常用的措施有封闭地面水、卸载减压和堆载反压、抗滑桩、锚杆（索）、注浆、土工合成材料、挡土墙、疏排地表和地下水等。虽然在病害路段的抢险性处理时采用了大量工程措施，但效果并不理想，有的还存在诸多隐患，修了又补，补了又修，需要进行多次再处治后方能满足要求，甚至有时也难以达到理想效果，使库岸路基病害防治工程成为影响公路正常运营的薄弱环节之一。

虽然不能完全消除库岸路基病害，但可以通过采取积极的、有效的方法来减轻这种灾害。开展预养护与修复技术研究的主要目的是在掌握库岸路基病害发生、发展规律的基础上，提出库岸路基病害修复的方法与技术，提高应急处理的主动性和科学性，从而降低库岸路基病害对交通通行的影响，减小经济损失和社会影响，对提高我国公路养护管理水平和运营质量、促进行业技术进步和行业发展、保证公路畅通和社会安定等方面具有重要意义。

在掌握库岸路基病害发生、发展规律的基础上，广泛地收集国内外有关库岸路基病害整治研究的相关资料，分析各种库岸路基病害修复技术的适用条件及存在的不足，并对各种修复技术进行详细分类整理，初步形成了国内外库岸路基病害修复的原则、方法与技术方案选择。针对库岸路基病害修复的需要，提出库岸路基病害修复技术的原则，提出不同成因、不同现场条件下的库岸路基病害修复技术，并形成各项具体技术的适用条件、材料、结构形式、设计计算方法、施工工艺及相应的修复技术评价体系，从而缩短由于库岸路基病害引起交通中断的时间，减小经济损失和社会影响，提高我国公路养护管理水平。

为了解对库区库岸公路边坡、支挡结构的运营状况，分析其主要病类型，对重庆、四川、云南、陕西等省市库岸公路进行了调研，包括重庆—开县—城口—巫溪—奉节—云阳—万州三峡库区库岸公路，乌江沿线涪陵至酉阳沿线公路，岷江流域的都汶路，汶川至马尔康公路，嘉陵江的草街电站水库沿线公路，陕西岚皋—镇平的澜河沿线公路（省道S207）等多条公路，历时近2个月，初步掌握了库岸路基的工作状况以及库岸边坡稳定与安全现状，并将主要调查结果进行了归纳、总结和分析，为研究工作奠定了基础。

15 库岸路基病害调查

15.1 库岸路基特点

从现场调查的结果来看,库岸路基具有如下典型特征:

1)路基与水的关系更为密切

在水库形成后,库岸路基的边界条件发生显著变化,路基的稳定状况也相应发生变化。例如,当水库蓄水后,部分路基淹没于水下,不仅使路基岩土体处于饱和状态,开始承受水的浮力影响,使其重度发生改变,而且在一定地质条件下,路基也可能承受库水的压力。另外,在水的长期浸泡下,路基岩土体可能发生的软化,水库蓄水后,库岸边坡、路基中的地下水水位的抬高,水库周边受到波浪的冲刷,都可能对库岸路基的稳定性产生影响。在一定速度水流冲刷下的路基边坡及其防护工程,都可能因水的作用而影响路基的稳定。

2)水库运行直接影响库岸路基稳定

库岸路基随着水库蓄水运行过程中水库水位的涨落,库岸路基的自然条件和受力条件也随之改变,水库运行的方式直接影响库岸路基的稳定状况。例如,当水库水位急剧下降,路基岩土体排水不畅时,路基中可能出现较大的地下水动水压力,从而造成地下水路基失稳。在进行库岸路基的稳定性和病害防治措施研究时,应认真考虑水库工程运行这一影响因素。

3)对库岸路基稳定的要求随路基所处部位不同而异

库岸路基与水库及河道的关系不同,对库岸路基稳定性的要求也不同。由于库岸路基所涉及的范围较广,对破坏后可影响库区和河道通航的库岸路基,在设计阶段要详细勘察,仔细评价其稳定性,设置适宜的支挡与防护结构,确保库岸路基的稳定与安全。而对那些离水库及河道较远的路基,其安全性可适当降低要求。因而,应根据库岸路基所处的不同位置及其与水库、河道的关系,结合公路工程特点,确定对库岸路基稳定的要求。

15.2 水库水流特点及其对库岸公路的影响

1)山区高速公路库岸受库水的影响要小于其他等级公路

从调查结果来看,库岸的稳定对路基安全性有重大影响,但高速公路受影响程度要小于二级公路或更低等级公路。其原因是,随着经济水平的发展,高等级公路投资提高,目前部分山区的高速公路的投资超过每千米1亿元。为了满足设计运营速度的要求,高等级公路在山区库岸段往抬高了线路,或采用高架桥的形式通过,如图4-15-1、图4-15-2所示。这种方法使公路受库水的影响就大大减小。而二级以下的公路则不同,因为投资相对较低,不可能像高速公路或高等级公路一样,尽量远离库岸,反而为了节约投资、降低造价,公路往往是紧邻库岸布线,如图4-15-3、图4-15-4所示。经调查发现,当路基或路基基础处于水位消落带内时,库水位的变化等对库岸路基的稳定有较大影响(图4-15-5、图4-15-6),且库区高大边坡的塌方、溜滑、滑坡等地质灾害将对路基安全产生直接影响,如图4-15-7所示。

图4-15-1 云南蒙新高速公路

图4-15-2 云南平锁高速公路

图4-15-3 辽宁丹东鸭绿江沿江公路

图4-15-4 省道207岚湖段库岸路基

图4-15-5 岚镇公路岚皋水库库岸路基

图4-15-6 重庆开县至城口二级公路

2)山区河道型水库的水流多变化,对不同区域路基影响差别较大

目前,各大江、河流域内的水电开发方兴未艾,在山区修筑各种水坝工程量相对较小,且便于进行水力资源的梯级开发,已经修建完成的有三峡、二滩、溪洛度紫坪铺等大型水库,但更多的是库容中小型水库,即在山区小的河道上形成众多大大小小的水库。这些水库大部分用于蓄水发电,小部分用于农业灌溉。山区水库多为河道型水库,与中东部地区的湖泊型水库不

同,库区内水流速度快,冲刷、淘蚀能力强,对库岸及库岸上的构筑物影响较大。在水库上游,水流速度湍急,至水库常水位线部分后水流变缓,如图4-15-8、图4-15-9所示。而在水库下游,水流受水库水位调节影响较大。在洪水期,水库泄洪时,水流携带的块石、泥砂冲击巨大;而在枯水期,水库下游水流较小,有的甚至处于半断流状态,或成间歇性河流,如图4-15-10所示。

图4-15-7 紫坪铺电站库区的国道317线库岸路基

图4-15-8 山水河道型水库电站附近上游水流湍急

图4-15-9 水库坝后水流平缓

图4-15-10 水库坝前水流受水库调节影响较大

15.3 库岸路基主要病害

15.3.1 库岸的塌岸调查与分析

1)库岸的塌岸调查

水库塌岸(库岸再造)是指由于水库蓄水,库岸岸坡受库水浸泡、风浪冲击、水流侵蚀以及干湿交替等因素影响,使库岸岩土体风化加剧,抗剪强度降低,以及库水位涨落引起库岸地下水动水压力变化而造成的库岸冲蚀、磨蚀、塌岸(崩塌)、滑移等再造变形的不良地质现象。水库塌岸是水库蓄水运行期间在所难免的问题,特别是山区水库。塌岸既是库区重要的环境地质灾害之一,也是山区库岸公路修建中常见的地质灾害之一。

水库蓄水后水位的调节范围在几米至几十米之间(图4-15-11),致使消落带内库岸岩土体的含水率周期性地发生变化,进而引起岩土体强度软化、崩解,以致塌岸、滑移。在水面较宽阔库区风浪增大,库岸在波浪的侵蚀、冲击和淘刷作用下,下部土体被淘空,形成空穴,

（图 4-15-12、图 4-15-13），进而上部岩土体失去支撑而塌落，岸线随之后移，如图 4-15-14 ~ 图 4-15-17 所示。

图 4-15-11　处于水位调节形成的消落带范围内的岸坡

图 4-15-12　三峡库区土质岸坡受江水的淘蚀形成的空穴

a)　　　　　　　　　　　　　　　b)

图 4-15-13　三峡库区土质岸坡受江水的淘蚀

图 4-15-14　三峡库区土质岸坡塌岸

图 4-15-15　黄河土质库岸塌岸

2）影响山区库岸的塌岸主要因素分析

从现场调查结果来看，结合已有研究成果，可以将库岸塌岸过程分为三类：一是库岸岩土体的风化与强度弱化；二是水流的直接冲刷导致土体流失，局部或整体失稳破坏；三是水流的冲刷作用使库岸边坡产生水土流失，最终导致库岸失稳。此外，还可以把影响库岸塌岸因素细分为若干类小的影响因素，影响堤岸的主要因素有近岸水力特征、库岸高度、库岸地质特征及岩土体性质等。库岸侵蚀影响因素见表4-15-1，库岸及路基破坏失稳主要模式如图4-15-18所示。

图4-15-16 三峡库区岩质岸坡塌岸

图4-15-17 三峡库区土石混合体岸坡塌岸

库岸侵蚀影响因素 表4-15-1

水力因素	地质因素	人力因素	生物因素	气候因素
水流性质：流速大小、分布情况、流量、层流或紊流；波浪（频度、高度）；动力：能量、剪切力、拖曳/抬升力；渗流	河道平坦度，河道顺直、曲折度，支流多少；河床和岸坡岩土体材料（颗粒大小、形状、级配、相对密度、渗透性）；黏聚力大小、沉积分层特征、分层厚度	农业活动；采砂、矿业；水利工程，取水、灌溉、筑坝等；航运、交通、漫滩发展情况	树木、灌木、草、动物活动	冰冻（冰层厚度、持续时间、频率、解冻）是否存在永久冻结带，风力

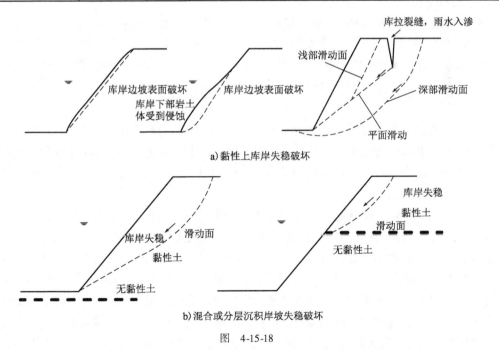

图 4-15-18

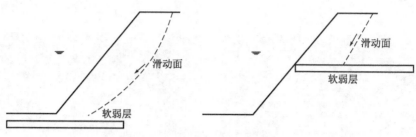

c) 岸坡中存在软弱层时失稳破坏

图4-15-18 库岸及路基破坏失稳主要模式

(1) 水流冲刷。

岸坡材料可以分为黏性土、无黏性土和介于二者之间混合性土,岸坡材料性质影响库岸抵抗侵蚀的能力。黏性库岸材料往往具有较强的抵抗水的侵蚀能力,具有较低的渗透性,从而降低由渗透、管涌、冻融和坡面碎屑流失而导致的岸坡侵蚀。无黏性岸坡材料由于属于无黏性土,岸坡材料,随不断地岸坡线,发生移动,从而导致库岸侵蚀,其侵蚀能力大小与近岸水流速度和流量、水流波动和紊乱程度、水流施加土颗粒上的剪切力、岸坡渗透力、波浪压力等因素相关。混合或分层沉积岸坡材料常见于冲积性河流,水流携带大量土体沿河走向分选、沉积于河岸。不同的沉积层往往具有不同的颗粒大小、渗透性和黏聚力。无黏性层易受到水流侵蚀影响,但又可以受到临近的黏性沉积层的保护。这种类型的库岸同样在水流冲刷和渗流作用下而最终发生侵蚀或失稳。地下水和地表水对库岸侵蚀和稳定性也有一定的影响,与地下水和地表水的渗流压力、冲刷作用可以导致库岸土体发生、土体流失等,最终表现为库岸受到不同程度的侵蚀。

(2) 渗透破坏。

管涌破坏也是库岸常见的一种破坏模式。对于库岸由沉积形成的分层土体来说,在某一层土中可能缺少砂或粗颗粒材料,如果相邻一层为细粒土,则在渗流作用下,细粒土被水带走,严重时可形成管涌。随着细粒土的大量流失,其上部的土层失去了支撑,形成拉裂缝,地表水随裂缝下渗,库岸稳定性降低,最终可导致库岸失稳破坏(塌岸发生),大量岸坡土体滑入水中。

(3) 水土流失。

当岸坡土体达到饱和以后,强度急剧下降,在水流冲刷、切割作用下,库岸岩土体逐渐崩塌滑落至水中被水流带动而流失。库岸沿线居民的生活、工农业生产活动、各种植物的生长以及公路的建设与运营都会对库岸边坡的渗流条件产生不利影响。长期作用下,水土流失可导致库岸失稳或滑坡的产生。

可见,山区水库蓄建,库区地质环境和水文条件将会发生前所未有的改变。在库水长期作用下,库岸必将会以各种各样的形式加速其地质历史演化过程——发生塌岸。山区水库库岸塌落物可使过水面积缩小,水流速度增大,岸线后移,库岸公路构造、道路遭受毁坏,水库塌岸直接威胁到库岸路基的稳定。因此,对库岸将要出现或已经出现塌岸时,必须采取相应的预防和整治措施。规模较大的塌岸一般都有先兆,可以进行监测预报,并采取适宜的预防措施。对水库蓄水后可能引起的崩塌或滑坡库岸,可采取放缓岸坡、挖除顶部土体以减载、加大坡脚压重、表面封闭裂缝减少雨水渗入或增设表面和深层排水系统改善水文地质条件等措施。对规模不大的崩滑体,有条件时,可采用抗滑、阻滑工程,在塌滑体或坡脚修建支挡、加固工程,如修筑圬工、混凝土挡土墙、拱形拦网,也可采取对岩体实施钻孔桩或钢索、预应力锚杆等加固措施,以提高阻滑作用和滑动土体的抗滑能力。

15.3.2 库岸路基主要病害调查与分析

1) 库岸路基现场调查

公路选线时,特别是山区公路,由于受到地形限制,不少路段沿水库、江河布线,一面傍山,一面临水,在临水一侧修筑半填半挖的路基,或在山区水库、河流的开阔地段沿库岸修筑路基,使路基的一侧成为库岸。由于天然河道一般都是弯曲的,在河流弯道中,因环流的存在导致凹岸冲刷、凸岸淤积,库岸公路弯凹岸的路基边坡和坡脚将受到水流的淘刷,冲刷十分严重,有可能将库岸路基边坡的坡脚淘空,造成路基坍塌。如图4-15-19、图4-15-20所示,在凹岸处只剩下一些大的块石,路基直接面临水流冲刷。

图4-15-19 重庆开县至城口二级公路

图4-15-20 重庆开县至城口二级公路凹岸冲刷

单边桥桩基的防护锥坡已经受到冲刷而产生破坏,使桩基直接受到水流侵蚀,长此以往,会对桩基安全产生不良影响,如图4-15-21所示。在洪水期,水流携带的大块石可能直接冲出到桩基。而在凸岸侧和水流流速减缓地带,携带的大颗粒沉积下来,岸坡逐渐升高,进一步压缩河道,大颗粒进一步在水流边缘沉积,长期作用下可导致涵洞过水能力下降,路基内侧积流不能及时排出,对库岸路基稳定性产生不利影响,如图4-15-22所示。

图4-15-21 城口至岚皋二级公路桥基冲刷

图4-15-22 城口至岚皋二级公路

水库蓄水后，水库水位的周期性调节将在库区范围内形成消落带或称消落区。消落带是水库特有的一种现象，是指水库季节性水位涨落使库区被淹没土地周期性出露于水面的区域。库岸路基处于消落带范围内未加防护（图4-15-23～图4-15-25），路基坡面岩土体在库水的作用下而流失，长期作用下会影响到路基的稳定性，最终使路基路面产生破坏。有些路基边坡进行了实体护坡，使用效果较好，如图4-15-26所示。

图4-15-23 省道S207线路基处于水库消落带范围 　　图4-15-24 省道S207

图4-15-25 路基变形导致路面破坏 　　图4-15-26 实施了实体护坡的库岸路基

如图4-15-27、图4-15-28所示，库岸岩土体在水的冲刷、渗流作用下发生软化，强度下降，稳定性下降，坡面上方产生纵向裂缝，最终变形失稳，进而牵引到路基下方堆积土体，堆积土体沿基岩坡面下滑，使路基直接出露在库水面前，最终可能对路基稳定性产生不利影响。

图4-15-27 岸坡变形失稳（塌岸） 　　图4-15-28 岸坡变形失稳影响到路基的稳定

2) 库岸路基主要病害类型

库岸路基是公路的主要组成部分,路基质量的好坏直接影响到路基的使用质量,通常库岸路基的变形失稳是一种或多种因素长期综合作用的结果。从调查结果来看,路基的破坏主要有以下几种模式:

(1) 库(河)水的水流、波浪作用下,对路基基础的冲刷、淘蚀,以及对库岸路基岩土体的浸润、软化作用,造成库岸路基产生大变形甚至失稳,这也是库岸路基失稳最主要的模式。

(2) 库岸路基沿坡面位移、滑动而失稳。填方路基基身稳定性满足要求,但因路基常年暴露于自然环境中,承受着各种自然条件的影响,使路基发生各种变形、病害甚至破坏,其中水的冲刷作用尤为明显,由于水流对路基的冲刷、浸润,使得路基土体颗粒之间(或岩层间)抗剪能力降低,填方路基沿原坡面发生位移或滑动而造成的失稳现象屡见不鲜。

(3) 库岸路基的局部塌岸。库岸路基的支挡与防护结构在水的长期作用下,防护结构产生病害,最终导致路基本体产生破坏。

(4) 库岸路基防排水不畅,或能力不足,或防排水系统不够完善,导致路基填土渗流破坏。

(5) 库岸路基与坡面防护受到水的侵蚀。库岸路基边坡颗粒流失是最为常见的侵蚀模式,当水流施加在土颗粒上的力大于抵抗力时,土颗粒就发生移动或滚动,或被水流带到其他位置上去,随着被水流带走的颗粒越来越多,路基坡面岩土体的冲刷、流失破坏严重时,最终将对库岸路基的稳定性产生不利影响。

冲刷的产生与许多因素有关,包括水流磨损作用,碎屑物、水流、漩涡流作用,水流加速,不稳定水流,冻融,库岸路基边坡上的人类活动,冰雪,泥沙沉积,波浪,坡脚侵蚀,等等。

(6) 由于库岸路基本身的稳定性不够,随着时间的推移,边坡发生徐变而最终失稳,形成整体或局部滑坡破坏。

因此,必须采用工程措施阻止水流对库岸路基的侵蚀。

3) 库岸路基病害主要表现形式

库岸路基病害的产生、发展到最终失稳破坏是一个渐进的过程,在公路施工及运营过程中,及时发现库岸路基的变形、近岸水流变化等,对库岸路基的安全及预防性养护具有指导意义。库岸路基病害的前期表现形式主要包括:

(1) 路基边坡上的灌木等发生倾斜甚至落入水中。

(2) 路基边坡上产生与路基走向一致的裂缝或弧形裂缝。

(3) 路基防护结构产生塌方、掉块,如浆砌片石挡土墙上的一些片石掉落、路基边坡局部塌陷等。

(4) 路基防护结构中生长出新的灌木等植物,如片石混凝土挡土墙、扶壁式挡土墙等。

(5) 路基防护结构出现倾斜,由于路基基础局部不均匀沉降、深陷,在路基防护结构中产生垂直于路线走向的裂缝。

(6) 沿库路基走向方向局部水流速度加快。

实际上,即使路基处于稳定状态,库岸路基也经常经受各种各样的侵蚀,路基失稳只是其终极表现形式。

4) 影响库岸路基稳定的主要因素

影响库岸路基病害的诱因很多,如荷载大小、土层特性及其分布、土的应力或地下水的作

用等。调查研究表明,库岸路基病害是多方面因素综合作用的结果。一般而言,库岸路基病害主要有以下几个的诱因:

(1)库岸路基物质结构及工程地质性质。

由于山区库岸路基所处位置的特殊性,其物质结构较一般路基具有不同的性质。就位于典型河谷的库岸路基而言,其物质源于河床、漫滩、阶地及谷坡。岸坡的上部往往以基岩、风化壳(层)或残积物为主;下部除基岩、风化壳或残积物外,还有多种成因的松散堆积物;谷底部分主要为河漫滩淤积物和河床冲积物(河床质)。库岸公路就是修筑在这些物质之上的,其路基往往也是由这些物质或这些物质经开挖或填筑构成;沿谷底下部、坡麓或坡麓与河床之间的接触地带物质的性质和结构对库岸路基的稳定性及抗冲刷性是至关重要的,多具有决定性的作用。从现场调查的结果来看,狭窄河谷的库岸往往就是库岸路基的外边坡。因此,从库岸路基动态失稳机理研究的角度出发,主要介绍岸坡下部和河床的物质组成及其结构。

①河流相冲积物和洪积物

河流相冲积物上部一般为河漫滩相砂层或粉砂层,有的含有小砾石,结构疏松,有层理。而下部统称为河床相砾石层,砾石磨圆度好或较好,但也有一些地区的砾石呈次棱角状,有比较明显的分选性和水平层理或斜层理。不同的河流或同一河流的不同地段,砾石的粒径相差比较大。砾石层中往往含有砂土的夹层或透镜体。洪积物一般是由间歇性溪沟的洪水带来的泥砂石块堆积而成,通常以砂、石为主,有一定的层理,可呈堆积扇或台地。

在水流流速较大或流速变化较大的地段,其沉积物的分选性较差,常含不规则的透镜体或囊状构造,无规则的相变。在流速特别大的河段,甚至缺失河漫滩相冲积物,或者细小的淤泥只能停留在巨大的砾石和岩块的缝隙中,分选性很差。其中一些疏松砾石层,砾石之间的空洞很大,成为严重的渗流通道;又常有很细的粉砂层,摩擦系数低,极易产生流砂和砂土液化现象,不利于工程建设。

②崩坡积和残坡积物

库岸路基通常位于山高坡陡、河流深切地带,极易形成崩塌、滑坡,尤其在软弱和破碎岩层出露处,崩塌、滑坡发育,崩坡积物和残坡积物分布较广。崩坡积物由角砾和岩屑构成,含有不同数量的粉砂和黏土,结构松散,因其往往堆积在坡麓(脚),而峡谷河段的公路往往沿坡麓通过,使不少路段修筑在崩坡积物上,直接影响到路基的稳定性和抗冲刷性。

基岩风化碎石和坡脚堆积类碎石分布不均,分选性差,常充填大量砂粒、粉粒和黏粒等细小颗粒,其性质处于砾类土和黏性土之间,透水性相对较弱,内摩擦角较小,抗剪强度较低,压缩性稍大。由于其透水性较好,在开挖或填筑时,常伴随塌岸及边坡失稳现象。

③基岩

修筑在基岩上的库岸路基,当路基为全开挖时,路基稳定性很好;当路基为半填半挖时,把内侧从基岩开挖出来的石块、岩屑堆在公路外侧构成路基,这样的路基在运营过程中具有典型半填半挖路基病害特征。基岩岩性对路基稳定与安全性有着较大的影响,当基岩为中硬以上岩石时,路基为填石路基,其渗透系数也比较大,稳定性较好;当基岩为强度较低时,在河水和地下水的综合湿化作用下,强度下低,路基填土渗透性降低,路基容易失稳破坏。

④高寒地区的冰水堆积物和冰碛物

冰水堆积物以砂、砾为主,黏粒较少,具有不太明显的层理,结构松散,堆积的时间越长结构相对也越紧密,胶结程度越好。位于河流两侧的冰水堆积物大多比较松散。

冰碛物一般磨圆度较好,表面多有擦痕,粒径变化较大,呈混杂堆积,无层理,除了卵石或漂石外,通常还含有较多的呈灰白色或青灰色的黏粒;干燥时其结构比较紧密,但在饱和状态下容易液化,稳定性不高。

当库岸路基通过富含这些冰水堆积物和冰碛物区域时,在库水作用下这些土体易发生湿化变形失衡,强度降低,最终可能使路基变形失稳。

⑤岸坡岩土体结构及产状

当岸坡表层为渗透性较强的土或岩层,下层为渗透性较弱或不透水土或岩层(形成隔水层),且岩层为顺层倾斜时,在这种情况下,当有地下水经常活动时,就会使透水层土(或岩层)沿隔水层滑动造成滑坡。当路基下部基岩的主要岩层较陡,且又伸入水库中时,则上部的路基容易发生滑动失稳。

⑥填筑物成分不均

在公路施工过程中,填方物质的成分、级配很难得到有效控制,填筑物常常是开挖路堑、隧道产生的弃方。这些物质成分差异大,级配也相差甚远。在施工过程中,一方面,如果分层碾压厚度过大,小颗粒物质和软弱物质很难得到有效压实,在荷载的长期作用下,回填物质会产生不协调沉降变形,柔性路面会产生局部沉陷,刚性路面可能产生纹裂或局部沉陷;另一方面,由于回填物的性质不一样,特别是有的回填物具有膨胀性,在路基排水系统局部失效后,水的渗入会使路面胀起,进而影响行车舒适度,严重时会使路面破坏。值得注意的是,路基不均匀沉降的发生并非上述某一方面的原因,而可能是各种模式组合的结果。典型的如边坡失稳造成的路基路面病害,就是多种原因共同作用的结果。

⑦路基填土压实不足

路基压实不足是由多种因素造成的。在施工时,局部路堤填料粉碎不足、暗埋式构造物使路基边缘不能超宽碾压、超车道与行车道拼接段施工不同步、拼接处理得不好、填方路堤施工到一定高度以后,路堤边缘土体往往存在压实度不足的现象,这些情况都会导致路基发生不均匀沉降。由于压实度不足,往往导致填方路基的不均匀沉降变形,路基两侧出现纵向裂缝。路基土体压实度不足,其先期固结压力小于自重应力和附加应力之和,在自重作用下就会发生沉降变形。另外,在运营过程中,行车动载、降雨入渗导致土体含水率变化引起的交变力、负孔隙水压力等也会加强土体沉降变形。

⑧地基中存在软弱层

地基土体中存在饱和软土层时,由于渗透固结和次固结需要一段较长时间,公路运营后的一段较长时间内,沉降会持续进行。地基由于处理不当会导致不均匀沉降,引起路基病害。

(2)库岸路基水力及水文地质特征。

库岸路基所处地段河流的径流主要由大气降水和地下水两部分组成,在具体表现形式上有雨水、融水、上游溃水及地下水四类。

①雨水,即大气液态降水,是河流径流的主体部分,在时空分布上具有极度的不均匀性。山区特大洪水都是由暴雨或较长时期降雨所形成的。在雨季和干季比较明显的地区,雨季的降雨量一般占全年雨水的80%~90%,而且雨季的降雨量分布也具有不均匀性,导致水库上游的水流量和水位变化很大。因此,库岸路基在雨季时的稳定性应得到设计人员和施工人员

的高度重视。

②融水是指高寒地区或山顶积雪和冰川的消融水,主要受气温控制。由于各地区的气温差别较大,因此相应的消融期变化也较大。一般而言,主消融期相对于全年来说,所占比例是较小的,大多在4个月左右;再加之融水的径流途径远,其水量变化不如雨水,尤其是不如暴雨激烈,因此融水在河水的径流总量中占的比例也是较小的。但是融水与强降雨组合,可以进一步加大洪水流量,构成对库岸路基的威胁。同时,大量雨水、融水渗入路基体内,使岩土体潮湿软化,降低了岩土体的强度,增加土路基重量,从而加速路基失稳破坏的过程。

③上游溃水是山区库区河流所特有的一种来水,是由各种成因的挡水体溃决而形成的溃决水。在某些沟谷地带,出于滑坡或泥石流形成的堵塞坝溃决,也能形成溃水。相对于降雨所形成的洪水,溃水的频率要小得多,但其强度特别大,破坏力是惊人的。一旦发生溃水,对岸路基的危害就相当大。

④地下水。库岸路基地段地下水事实上是由降雨和库水入渗所形成的,大部属潜水,与库水存在着水力联系。水库水位上升时由库水补给地下水,水库水位下降时地下水也可补给库水。从水力冲刷的角度来说,除少数根本未加任何防护措施的库岸路基外,地下水对库路基的安全构不成大的威胁。但是,地下水水位的升降可以改变路基岩土体的含水率,进而改变其应力场,降低库岸路基岩土体的强度。如地下水水位下降可以引起路面塌陷,地下水流速加大会促使土体的潜蚀作用。

鉴于库岸路基所处的地理位置不同,其水文地质条件也不同;构成路基的岩土体不同,其水理性质也不同。库岸路基地段的地下水多为潜水,路基内侧边坡内地下水多为呈季节性存在的孔隙水和基岩裂隙水,都与降雨有着较强的相关性。

地下水对库岸路基影响是一个复杂的过程,这里涉及的方面很多,由于库水、洪水对库岸路基的冲刷、淘蚀作用,路基水下部分的岩屑、碎石等细小颗粒物质被水流带走,造成路基边坡底部被逐渐淘空,导致路基形成不均匀沉降、塌陷甚至失稳。

水流的冲刷与淘蚀是造成库岸塌岸和路基变形失稳的重要因素,水流的冲刷作用与水流特征、河床质因素、地形条件、路基和库岸几何线形都密切相关。

对于陡坡地段库岸路基,主要是挡土墙背填土发生沉降。由于填料选择不当,加之施工压实不足,在墙背排水不利情况下,地表径流汇集、雨水下渗,在潜蚀下引起沉陷变形。当墙体泄水孔畅通时,土颗粒将随下渗水流移动,被水流带走,逐渐形成陷穴,使墙背脱空,影响行车舒适性和安全性;若泄水孔被堵塞,则墙背将积水,填土含水率增大,强度大大减弱,土压力增大,极易使墙背填土发生沉陷变形,甚至会使土体发生溜塌、滑坡,导致挡土墙失稳和破坏,最终导致路基失稳。

15.4 库岸路基支挡与防护结构病害调查与分析

如前所述,由于山区库岸公路所处的特殊地理、地质、水文环境,路基变形失稳不可避免。工程中为了维护库岸路基的安全与稳定,采用大量的支挡与防护结构,这些结构的工作状况直接影响到库岸路基的稳定与公路运营安全。

15.4.1 库岸路基支挡与防护结构现场调查

为了摸清库岸路基支挡与防护结构物的使用、工作状况,对一些库岸路基支挡与防护结构进行了调查。从调查结果来看,库岸路基支挡防护多是就地利用石料、土料,修建干砌或浆砌石料挡土墙及防护墙等结构物,在库岸路基支挡结构中,以重力式挡土墙应用最为普遍,其次是混凝土半重力式。在处理路基滑坡时,抗滑桩是常用结构形式。但总的来说,挡土墙是最为常见和重要的结构形式,它的结构类型多,适用性广。下面重点以挡土墙为主,介绍库岸路基支挡与防护结构使用现状及病害发生特点。

按所在位置,路基防护用的挡土墙,可以分为路垫式、路堤式、路堑式、山坡式四种挡土墙,如图4-15-29所示。其中,路肩式或路堤式挡土墙(图4-15-30),设在较陡山坡上,可保证填方稳定,缩小占地宽度,减少填方数量,不拆或少拆原有建筑物。库岸路堤还可少占河床,防止水流冲刷路基。而路堑式或山坡式挡土墙,可以减少挖方,避免破坏原地层的自然平衡,降低边坡高度,放缓边坡,并支挡边坡,保证边坡稳定。

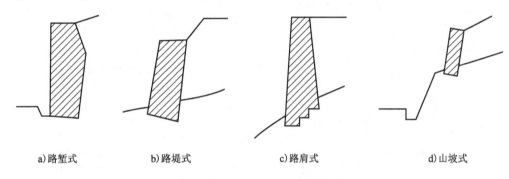

a) 路堑式　　b) 路堤式　　c) 路肩式　　d) 山坡式

图4-15-29　路基挡土墙的分类示意图

按构造形式与特点的不同,挡土墙可分为重力式、悬臂式及扶壁式等,目前库区公路中比较普遍采用的是干砌或浆砌块(片)石重力式挡土墙(图4-15-31),下面对其做重点介绍。

图4-15-30　路堤式挡土墙　　　　图4-15-31　新渝巴路K316+300浆砌片石重力式挡土墙

石砌挡土墙结构简单、施工方便,有利于就地取材,但污工体积大、砌体较重、要求地基承载力高、整体性比钢筋混凝土差,在使用上受到一定限制。

石砌挡土墙因墙背不同,有仰斜式、直立式、俯斜式和衡重式等几种形式。

仰斜式挡土墙所受的土压力较小,墙身断面较为经济,用于路堑挡土墙时,墙背与开挖的临时边坡比较吻合,开挖和回填的土石方量均较小,但当趾处的地面横坡较陡时,如果采用仰斜式墙背,就会增高墙身和加大断面尺寸。因此,仰斜式既适用于路堑挡土墙,也用于墙趾处地面平坦的路肩挡土墙或路堤挡土墙。

各类支挡结构特点和应用范围见表4-15-2。

各类支挡结构特点和应用范围 表4-15-2

类型	特点	使用范围
石砌重力式挡土墙	依靠墙身自重抵抗土压力作用;形式简单,取材容易,施工简单	(1)墙高在6m以下,地基良好; (2)对于库岸和河道冲刷边坡防护,可以使用干砌,其他情况下一般采用浆砌
石砌衡重式挡土墙	利用衡重台上部填土的下压作用和全墙重心后移,增加墙体稳定,节约断面尺寸	(1)地面横坡较陡的路肩挡土墙; (2)路堑挡土墙,可以兼有拦挡坠石作用; (3)路堤挡土墙
混凝土半重力式挡土墙	在墙背加入少量钢筋,以减薄墙身,节省圬工,墙趾较宽,以保证基底宽度,必要时在墙趾处设少量钢筋	(1)缺乏石料地区; (2)一般用于低挡土墙
锚杆式挡土墙	一般由立柱、挡板及锚杆三部分组成,靠锚杆锚固在基岩内,对立柱提供拉力;断面尺寸小,立柱、挡板可预制	(1)场地狭窄地段,高挡土墙; (2)较宜用于路堑墙,亦可用于路肩挡土墙
钢筋混凝土悬臂式挡土墙	由立壁、墙趾板及墙踵板三个悬梁组成,断面尺寸较小;墙高时,立壁下部的弯矩大,消耗钢筋多,不经济	(1)缺乏石料地区; (2)普通高度路肩挡土墙; (3)对地基要求比重力式挡土墙低
钢筋混凝土扶壁式挡土墙	沿悬臂式挡土墙的墙长,隔一定距离加高一道扶壁墙,使立壁与墙踵板连接起来,更好受力	(1)在高挡土墙时较悬臂式挡土墙经济; (2)对地基要求比重力式挡土墙低
抗滑桩挡土墙	依靠桩与周围岩土体共同作用,把滑坡推力传递到稳定地层,抗滑能力强、桩位灵活、施工简便,多采用钢筋混凝土结构	成本较高,一般用于滑坡地段
加筋土式挡土墙	由墙面板、拉筋及填土三部分组成,借助于拉筋与填土间的摩擦作用,把土的侧压力传给拉筋,从而稳定土体;可承受地基较大的变形,可承受荷载的冲击、振动作用	缺乏石料的地区和大型填方工程
石笼挡土墙	石笼挡土墙的主要组成部分就是石笼网箱,石笼网箱由石笼网组装而成,是采用高强度的镀锌低碳钢丝或PVC包裹钢丝,石笼采用块石或卵石填充	(1)石料充足的地区; (2)库岸坡与路基防护
桩基挡土墙	由桩基承担挡土墙自重,通常应用在高陡边坡、严重冲刷的河岸、稳定性较差的陡坡或基岩埋藏较深的边坡地段,主要用于解决挡土墙结构基础承载力较低的矛盾,并且在滑坡地段可以起到稳定滑坡的作用	(1)地基承载力较低地区; (2)库岸公路、沿河公路

俯斜式挡土墙所受的土压力较大，通常在地面横坡较陡时选用，以利用陡直的墙面与填料之间的摩擦力，有利于减小墙高。俯斜墙背做成台阶式，可以提高墙背挡土墙稳定性。俯斜式适用于路肩或路堤挡土墙，它是路基防护工程中常用的形式之一。衡重式挡土墙，在墙背上设有衡重平台，上墙俯斜、下墙仰斜，适用于陡坡上的路肩或路堤挡土墙，亦可用于路堑挡土墙。因为墙身上设有平台，借助于上面填方的垂直压力，有助于墙的稳定，而且下墙仰斜易与挖方边坡吻合。

基础是挡土墙的质量关键，稍有不当就可能导致墙的破坏。因此，自然滑坡等不稳定地基上，尽量不设挡土墙。当在岩层倾斜口骨向山坡外侧、表层软弱、横坡较陡的岩层上设挡土墙时，应尽量少开挖，以免破坏岩层的天然稳定状态。为此，对于拟设挡土墙的地点，必须事先进行地基勘察，作为选择基础类型和埋置深度的依据。

在三峡库区，不少公路工程先后采用了加筋土技术修筑加筋土挡土墙，如巫山县新城集仙中路1号~3号加筋土挡土墙等，而且以墙高超过12m的高大挡土墙居多，如图4-15-32所示。

库岸路基在受到水流冲刷、淘蚀作用下，路基挡土墙基础受到侵蚀，产生局部破坏，在洪水期一些大的块石直接冲出到挡土墙后沉积到路基凹岸侧，如图4-15-33所示。

图4-15-32　奉节沿江大道加筋土挡土墙

图4-15-33　国道317线库岸路基

凹岸处外侧堆积体压缩过水断面，水流速度加快，凹岸侧挡土墙基础受到冲刷、淘蚀，长期作用下挡土墙基础呈悬空状态，进而可直接导致挡土墙失稳或倾覆破坏，如图4-15-34~图4-15-36所示。

图4-15-34　城岚公路挡土墙基础冲刷淘蚀

图4-15-35　库岸路基挡土墙基础受到淘蚀

库岸路基填料的渗透性对路基稳定性有一定影响，尤其是在库区水位频繁升降时期。在蓄水期，随水库水位的上升，部分路基淹没于水下，土体逐渐达到饱和，重度增加，下滑力增大，但此时高水位可以提供部分抗滑力，路基边坡还不是处于最不利工况。在洪水期，出于防洪等需要进行库容快速调节，水库水位骤然下降，此时，高水位的抗滑力也骤降，如果路基填土的渗透性不足以使路基内部水快速排出，产生一定的地下水动水压力，将使路基处于最不利工况（不考虑地震），路基稳定系数降至最低。因此，理想的库岸路基填料应具有较大的渗透系数，以适应库水位频繁调节。图4-15-36～图4-15-38中所示就是路基排水不良，水从挡土墙中部渗出。

图4-15-36　国道319线路支挡结构失稳导致路基破坏

图4-15-37　三峡谷库区大宁河段路基挡土墙基础

图4-15-38　路基挡土墙排水不畅

在库岸路基施工中，由于地形条件限制，形成一些临水挡土墙，挡土墙的修筑需要开挖基础到基岩上，以确保挡土墙的稳定与安全。若基础开挖与挡土墙施工困难（图4-15-39、图4-15-40），此时可以考虑采用合理的施工时间或采用对基础要求相对较低的支挡与防护结构，如桩基基础、格宾挡土墙等。

图4-15-39　城岚路临水挡土墙基础开挖施工困难

图4-15-40　G317线汶马路桩基托梁挡土墙基础

石笼挡土墙与其他的混凝土和浆砌片石挡土墙相比,施工方便,寒冷地区施工不存在冻胀问题。同时,石笼挡土墙具有排水性能好、施工速度快、可就地取材、可利用碎石废料、与自然环境相和谐等优点。石笼可就地取材,降低工程造价,施工简单,技术要求标准低,不受季节限制,施工过程与质量易于控制。相对于其他类型的重力式挡土墙,石笼挡土墙在施工过程中不需要水泥或水泥砂浆,不需要搭建模板,施工过程简单,挡土墙质量易于控制和保障。项目组对石笼挡土墙的应用状况进行调查时发现,石笼挡土墙确实上具有以上一些优点,适合在库岸路基中推广应用,但石笼挡土墙还存在一些问题尚待解决:一是石笼挡土墙高度较高,一般在12m以下;二是目前推广力度不够,一些单位对其使用尚存一些顾虑;三是在使用中也出现了病害。在施工中,石笼网箱的PVC裹覆层保护破损,其抗腐蚀能力下降(图4-15-41)。也有在洪水期大的块石冲击下局部钢丝被砸断,没有得到及时修补,如图4-15-42所示。

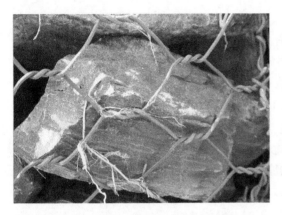

图4-15-41　石笼网片塑封保护层受损

图4-15-42　石笼网片局部受冲击破坏

挡土墙失稳是库岸路基支挡结构变形破坏的最终表现形式,在调查中发现,在水流长期作用下,库岸路基支挡与防护结构失效最终导致路基失稳,如图4-15-43～图4-15-46所示。

图4-15-43　岷江段临水路基失稳

图4-15-44　紫坪铺电站库区路基挡土墙失稳

图 4-15-45　原凹岸挡土墙破坏后重建

图 4-15-46　挡土墙局部失稳破坏

15.4.2　山区库岸公路支挡结构典型破坏方式

1）挡土墙滑移

挡土墙滑移主要表面为挡土墙整体外移,与相邻挡土墙产生错位,且上、下位移大致相等,如图 4-15-47 所示。

原因分析:

(1)基底未到岩层或密实土基,且未做反向倾角,使基底摩擦系数未达到设计要求。

(2)挡土墙基础两侧填土没有同时回填,被动土压力减少,导致滑移。

(3)墙背回填土采用推土机或挖掘机回填时,未按要求做到分层建筑、分层压实。

(4)采用淤泥或过湿土回填,减小了填土的摩擦力,增大了土压力,如挡土墙排水不畅,还会引起静水压力和膨胀压力。

(5)基础埋深不够,被动土压力减小。

2)倾覆破坏

倾覆破坏主要表现为挡土墙整体倾覆失稳,与相邻挡土墙产生位移,且位移成上大下小的楔形,如图 4-15-48～图 4-15-50 所示。

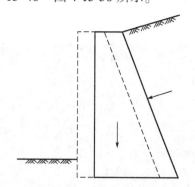
图 4-15-47　挡土墙滑移破坏

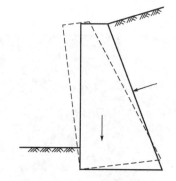
图 4-15-48　挡土墙倾覆破坏

原因分析:

(1)墙背后填土未进行分层压实或填土的含水率过大,未达到设计要求的密实度,使填土的内摩擦角减小,土压力增加。

图 4-15-49 国道 319 线 BK112+190~BK112+330 现浇混凝土挡土墙倾覆破坏

图 4-15-50 万开路 K70+000~K70+130 段路肩挡土墙倾覆破坏

(2)挡土墙地基不均匀或地基超挖后用素土回填又未进行夯实,或淤泥、软土等不良土质没有清除干净等,导致地基承载能力下降,使受力最大处前墙趾下沉,挡土墙随之前倾。

(3)墙身断面设计不合理,如墙趾较短,力臂小,抗倾覆能力差;或墙背倾斜过大,形成较大的土压力。

(4)排水不良或采用含量过大的黏土回填,引起静水压力和膨胀压力增大。

3)整体破坏

整体破坏主要表现为砌体产生较大的裂缝,整体倾斜或下沉,严重时砌体发生墙身断裂或倒塌,如图 4-15-51~图 4-15-53 所示。

原因分析:

(1)地基处理不当,如淤泥、软土、浮土等没有清理干净;地基超挖后用素土回填又未进行压实;地基土质不均匀,又未按规定设置沉降缝,或地基应力超限。

(2)砌筑质量低下,包括砂浆填筑不饱满,捣固不密实;砂浆标号不够;采用强度低的风化石砌筑;块石竖向没有错缝,形成通缝;小石块过分集中;等等。这些都将影响砌体质量。

(3)沉降缝不垂直或者块石间相互交叉重叠甚至不设沉降缝,导致地基不均匀下降时,挡土墙相互牵制拉裂。

（4）挡土墙一次砌筑高度过高或砌筑砂浆强度未达到设计要求时，过早进行墙后填土，导致砌体断裂或倒塌。

（5）墙身断面过小，拉应力超限或基础底面过小，应力超限，导致挡土墙破坏。

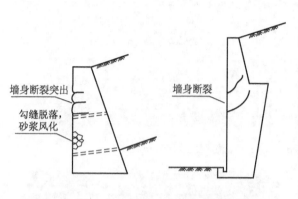

图 4-15-51　挡土墙裂缝破坏

图 4-15-52　老渝巴路 K47+240 挡土墙变形

图 4-15-53　国道 319 线黔江段 K1969+268～K1969+381 路肩挡土墙整体破坏

4）泄水孔堵塞

泄水孔堵塞主要表现为挡土墙背后填土潮湿，填土的含水率大，但泄水管却长期流不出水，形同虚设；水从周围块石缝隙渗出，表面有明显渗水痕迹。

挡土墙中设置合理的泄水孔，有利于排除墙背填土积水，降低孔隙水压力，维持其稳定性。但由于施工质量问题，如反滤层设置不合理或泄水孔结构施工不符合设计要求等。在使用过程中，随水流的作用，可能使泄水孔的排水通道被细颗粒材料堵塞，从而形成墙背填土积水，容易导致冻胀、湿陷、滑塌等严重病害。

原因分析：

（1）墙背未设反滤层，泄水管直接与填土接触，填土进入泄水孔。

（2）泄水孔进水口处反滤材料被堵塞，路基填土进入反滤层。

（3）反滤层设置位置不当，起不到排水作用。

(4)泄水孔被杂物堵塞或竹管泄水孔本身未贯通。

(5)泄水孔横坡度不够。

5)深层剪切滑动破坏

深层剪切破坏也是由于地基中某一曲面上剪应力过大而产生的。这种情况多发生在基底上部为坚硬土层,其下有一层抗剪强度较低的软弱土层,这时需考虑深层剪切破坏问题。挡土墙的基底平均压力多在100～120kPa,一般不会出现深层滑动稳定问题。

原因分析:

(1)挡土墙的基底未到岩层或密实土基,且未做反向倾角,使基底摩擦系数达不到设计要求。

(2)基础两侧填土没有同时回填,被动土压力减少,导致滑移。

(3)墙背回填土采用推土机或挖掘机回填时,未按要求做到分层建筑、分层压实,而是将大量土方推向墙背或堆靠在墙背上,由于推土机引起的主动土压力和未压实土主动土压力增加形成很大的水平推力而导致挡土墙外移。

(4)采用淤泥或过湿土回填,降低了填土的摩擦力,增大了土压力,如挡土墙排水不畅,还会引起静水压力和膨胀压力。

6)管涌破坏

管涌破坏表现为,在浸水路基中,路堤挡土墙墙下渗流的水力梯度高(图4-15-54),引起地基基土的管涌和地基材料的流失,接着发生承载力的破坏。

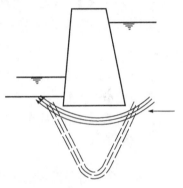

图4-15-54 挡土墙基础管破坏

7)勾缝砂浆脱落

勾缝砂浆脱落主要表现为砂浆勾缝在雨水表面径流作用下,砂浆被冲刷散失,水泥混凝土预制块或片(块)石砌缝外露,勾缝砂浆出现裂缝,继而起壳呈块状或条状脱落。勾缝脱落是砌体挡土墙比较普遍的一种病害。

原因分析:

(1)勾缝前砌体没有洒水湿润,勾缝后砂浆中水分被干燥的块石吸收,导致砂浆因水化反应不充分而产生强度下降,碎裂脱落。

(2)砂浆配合比不准,强度不够,在外力的作用下,碎裂脱落;或水泥含量过大,收缩裂缝增多,造成碎裂脱落。

(3)采用块石砌筑时,砂浆填缝不饱满,空隙太大,块石松动,造成表面勾缝砂浆脱落。

(4)砂浆勾缝养生不充分,造成收缩裂缝或强度减低,导致砂浆松缩脱落。

8)基础冲刷淘空

基础冲刷淘空是山区库岸公路水毁的一种主要形式,且危害较大。处于暴雨集中、雨水冲刷严重或库岸、冲沟地段的挡土墙,常因雨水急速局部冲刷基础,使底部材料被形成的涡流冲蚀、卷起带走,随着冲刷深度和范围的增大,导致基础脱空,如图4-15-55所示。如不及时处理,则会进一步导致结构物失稳破坏。

9)墙背填土沉陷变形

挡土墙背填土发生沉降变形是一种比较普遍的严重病害。由于填料选择不当,加之施工压实不足,在墙背排水不利的情况下,地表径流汇集、雨水下渗,在潜蚀作用下引起沉陷变形。当墙体泄水孔畅通时,土颗粒将随下渗水流移动,被水流带走,逐渐形成陷穴,使墙背脱空,影响行车舒适性和安全性;当墙体泄水孔被堵塞时,则墙背将积水,填土的含水率增大,强度大大减弱,土压力增大,极易使墙背填土发生沉陷变形,甚至会使土体发生溜塌、滑坡,导致挡土墙失稳和破坏。

图 4-15-55　万开路由水位变化引起路基边坡裂缝

10)沉降缝、伸缩缝破损变形

沉降缝、伸缩缝破损变形主要是指缝在施工中未按设计要求完全封闭、设计中设置位置不合理或设置数量不足,从而导致在自然因素和人为因素作用下,缝被颗粒材料填充、变形量不足而被挤裂或拉开。

15.4.3　库岸路基支挡结构病害成因机制

挡土墙产生破坏的原因大致有以下几个方面。

1)基础承载力不足

挡土墙的破坏主要表现为滑移、倾覆等,其中多是由于基础埋置深度过浅、基底承载力不足或者偏心距过大等原因造成的。趾部下沉、冲刷和淘空易造成挡土墙过度倾斜以致倾覆,基底抗滑和剪切强度不足易造成过度滑动。

2)挡土墙排水不良

由于挡土墙排水不良,使墙背填土和地基土的含水率增加,从而加大了土体的湿密度,降低了抗剪强度和地基承载力,并产生附加的静水压力和土体的膨胀压力。这些变化都加大了墙背所受的主动土压力,使墙身丧失稳定。

3)地质情况勘察不清楚

当滑坡地段或地形较陡,对在建公路拓宽时,应对边坡下部作一定开挖,增大临空面坡度,以利于滑坡形成。虽然在建公路具反压作用,但填筑较松散,临空面仍具一定活动空间。有些支挡结构基础落在滑坡体或坡积体上,也容易引起支挡结构的失稳。

4)水的作用

库水位的调节和河水位的周期性变化都将引起地下水水位的变化,改变支挡结构地基岩土的性质,在建公路使雨期潜流水位上升,增大了受地下水水位涨落影响的范围,抗剪强度被降低的黏性土及受地下水动水压力影响的范围随之增大。另外,潜流水的淘蚀范围也有一定增加,潜流水是土滑坡被诱发的重要因素。

5) 设计、施工不完善

如断面过小、设计参数选择不当、砌石挤浆不够密实、墙体断面达不到设计要求、回填土不符合要求、压实不足等,都会造成墙身剪切破坏、外凸变形、勾缝脱落、石块松动等病害。

6) 养护不及时

当病害发生初期,若不认真检查,很难及时发现,也就不能及时进行养护、修补;或者发现后,未能准确找出真正病害原因,而采用了不正确的处治方法,延误时机,导致严重病害的产生,如勾缝脱落、表面破损等如能及时给予维修,将会避免更严重的病害发生。

16 库岸路基变形与稳定监测

库岸路基变形与稳定监测是从库岸路基变形失稳等病害特点出发,对影响库岸路基变形稳定的主要因素及表现形式进行综合分析,对变形量、变形速率、孔隙水压力、支挡结构承受的荷载等进行观测,以便对路基变形稳定性进行评价,为制定养护方案提供参考。

16.1 库岸路基变形与稳定监测的目的

(1)作为路基工程监控、优化设计手段的现场观测,其目的在于了解路基变形的动态变化过程,特别是陡斜坡、软弱地基或不良地质体上的高填方库岸路基,监测路基及地基变形的动态变化过程,控制地基与路基的稳定性,探讨库岸路基变形的规律,验证设计理论的正确性,制定施工控制标准,指导设计和施工,这是进行库岸路基现场观测的基本出发点。

(2)评价路基施工及其运营过程中变形、稳定,并做出相关预测、预报,为建设单位、施工方及监理提供预报数据,跟踪和控制施工进程,对原有的设计和施工组织的改进提供最直接的依据,对可能出现的路基病害、险情及时提供预警,合理采用和调整有关施工工艺和步骤,做到信息化施工和取得最佳经济效益,直接为施工、设计方案决策服务。

(3)对于已经产生变形或正在变形失稳的库岸路基掌握其演变过程,及时捕捉路基失稳的特征信息,为路基病害的正确分析评价、预测预报及路基预防性养护提供技术依据。通过监测可掌握路基变形失稳特征及规律,预测路基变形失稳方式、发生时间及危害性,并及时采取防灾措施,尽量避免和减轻工程和人员的灾害损失。通过监测可对路基岩土体及路基支挡、防护结构的时效特性进行相关的研究。因此,库岸路基变形稳定监测,既是路基病害预测预报信息获取的一种有效手段,又是路基病害调查、研究和防治工程的重要组成部分。

(4)对于已经发生病害并得到处治的库岸路基,监测结果也是检验库岸路基病害处治工程效果的重要方法。通过监测为决策部门提供相应参数数据,有助于管理运营部门科学决策。

(5)路基变形与稳定监测用于研究库岸路基稳定与变形随时间的动态发展变化规律;了解库岸路基横断面沉降分布规律,以确定路基是否稳定;控制库岸路基填筑速率,进而确定最终路面的铺筑时间,同时也可为预留加高、预留加宽提供依据。

(6)为进行有关位移反分析及数值模拟计算提供参数,对于路基内部岩土体的特征参数,由于直接通过试验无法直接取得,通过监测工作对实际监测工作的数据(特别是位移位)建立相关的计算模型,进行有关反分析计算,从而验证新的路基结构形式设计。

(7)使用观测仪器和设备对路基施工与运行进行系统的观测,也是路基病害诊断、预测,科研研究和事故责任法律认定等方面的需要。同时,由于路基工程不同于其他工程,其研究、分析的对象具有随机性与多变性的特点,因此重要高填方库岸路基和不良地基,必须通过现场观测及其反演分析来正确判断路基的稳定性,并进一步准确获取路基的力学参数。在此基础上进一步优化设计与施工方案,最终在确保路基施工安全、经济的同时,保证路基运行期各种复杂状态下路基的安全与稳定。

(8)由于前期地质勘查与钻探并不能获得所有地基的地质资料,所以在此基础上所进行的初步设计与技术设计等存在诸多不确定性,难以保证路基施工中的安全与稳定。因此,通过对路基施工过程进行观测,实时反馈,采取合理的施工、工程措施,不仅能使路基安全施工,而且对保证工程进度有重要意义。

16.2 库岸路基变形与稳定监测的特点

路基是线性工程,场区范围较大,库岸路基按岩土介质可分为土质路基与岩质路基两大类。对于不同的路基,岩土介质具有复杂性和特殊性,因而库岸路基变形稳定监测具有以下特点:

(1)岩土体介质的复杂性。对于某一具体工程来说,整个监测区域范围较大,路基填筑材料不同,分布不均匀,并受库水位变化影响较大。难以对岩土体采用一个统一的理论模型来分析,所获得的监测参数有时也有一些矛盾,因而监测人员不仅仅是简单地采取数据,更为重要的是判断和对所取得的数据加以处理后进行整体分析。

(2)监测的内容相对较多。主要有路基表面变形监测和路基内部变形监测,物理参数如应力、孔隙水压力等参数监测,环境因素(如地下水位)的监测,等等,监测的工作量大,工种复杂,对于监测人员来说,必须是多面手,要对不同的工作都能适应。

(3)监测的周期较长。一般不少于1年或更长时间,有时是贯穿于整个工程建设、运营过程中,即从公路工程的建设阶段开始,在建设施工过程中和公路通车运营后始终进行,对于监测人员和设备的要求一定要有连续性。

16.3 库岸路基变形与稳定监测的内容

16.3.1 主要监测指标

对于存在潜在病害的库岸路基,主要是对库岸路基失稳病害成灾条件、过程的监测和处治过程及防治效果的反馈监测。路基变形与稳定监测应以其变形监测为重点,即对监测对象在表面、内部不同高程布设位移测点,共同监测路基边坡的位移变形情况,实时监测其稳定情况。设置地下水位观测点,观测路基水位变化情况。在降雨对路基稳定性影响的路段,还需要布置雨量观测点。

库岸路基变形与稳定监测重点项目如下:路基外部及内部变形的二维(X、Y两方向)位移、倾斜变化监测;有关物理参数——应力应变监测;环境因素——降雨量、地表(下)水[孔隙水压力、库(河)水位]等的监测。

1)路基表面位移监测

表面位移监测仪器选择依据测量范围而定:当测量范围在200mm以内时,建议采用普通裂缝计改制；如测量范围更大，建议采用大量程水平位移计改制。

水平位移监测可提供库岸路基平面方向的移动量、位移速率及移动方向的信息，这些是反映路基工程是否稳定的直观参数。垂向位移观测可提供库岸路基表面的沉降量、沉降速率及沉降分布的信息，这些信息在路基变形失稳前会显得异常，对了解施工加载进度是否过快或路基工程运行时的预养护决策都有着重要意义。

2）路基内部水平与垂直位移监测

路基的内部变形观测，依据其具体情况可采用垂直钻孔安装多点位移计或钻孔安装垂直测斜管和固定测斜仪。

3）路基内部应力监测

在库岸路基监测中的应力监测主要包括路基边坡内部应力监测、路基支护与防护结构应力（受力）监测、锚杆（索）预应力监测等。

路基内部应力监测可通过土压力盒来连续测量，土压力盒的性能好坏，直接影响压力测量值的可靠性和精确度。电测式的压力盒可分为应变式、钢弦式、差动变压式、差动电阻式等。在一般情况下，选择差动电阻式和振弦式仪器较多，根据实际情况有选择地使用，因为差动电阻式仪器信号利于传输距离很远的情况。而振弦式仪器的灵敏度和测量精度可以做得较高，对生产厂家的产品品质、加工工艺等水平也要求很高。

对于路基支挡与防护结构受力监测，如各类挡土墙受力状态、锚杆锚索的锚力拉力监测，从而直接反映所受荷载的变化。量测锚杆轴力可以采用电阻应变计，对于预应力的监测可以采用锚索测力计，锚索测力计要求必须性能稳定、精度可靠。

4）地下水监测

地下水的变化往往对库岸路基病害加速恶化起很大作用，地下水连续监测也是重要的一项监测内容，主要是监测地下水位、路基填土的含水率以及路基边坡地下水孔隙水压力等。因此对库岸路基建议增设地下水观测项目，布设一个测点或多个测点，采用钻孔安装渗压计来实现地下水监测。

地下水监测包括地下水位监测和孔隙水压力监测。孔隙水压力的确定，对正确评价库岸路基的稳定性具有重要的意义。库岸路基所受的荷载大小是一定的，为了增大安全因素，必须使孔隙水压力降低到可接受的应力水平。因此，孔隙水压力的现场测量资料，是确保库岸路基稳定的重要依据之一。

监测地下水位最直接、有效的方法是使用水位计或者选用孔隙水压力配套大气压力计一起进行监测。常用水位计有压阻式、电感式、振弦式等。对于路基土含水率的测量，可以使用基于介电理论并运用频率测量技术研制开发的土壤水分传感器。

监测孔隙水压力主要采用孔隙水压力计。孔隙水压力计有液压型、电气式、气压式及振弦式等。在岩土工程中，振弦式孔隙水压力计是很好的选择，被广泛应用，这种传感器的灵敏度比差动电阻式仪器高，不需变送电路，不易受雷击，且由于其密封的真空结构，外界潮气也不会影响其性能，可以长期、可靠地运行。

5）水下地形测量

库岸路基的稳定与水流、波浪的冲刷与淘蚀密切相关，路基基脚是否被水流冲刷变陡，基脚是否受到水流、波浪淘刷而产生变形破坏，在水面上是不易发现的，必要时还需加强对近岸水下地形进行测量。水上路基的变形观测相对水下地形变化的观测要容易,水下地形的变化更隐蔽,但水下地形被冲刷、淘蚀是既库岸路基工程失稳的重要因素之一,也是判别库岸路基稳定及护岸的重要手段。

水下地形监测与路基变形监测相似,可以采用相同的监测方法和传感器。

6) 降雨量及环境监测

在降雨量较大的地区,降雨量往往是影响库岸路基稳定的重要因素,因此,路基的降水量也是路基监测的重要内容。降水量的测量主要应用雨量计,可根据地形条件和周围环境的情况在合适的地方布置一个雨量监测测点。目前使用较多的是精度较高的翻斗式雨量计,这种雨量计设计合理,极小化了与降雨强度关联的误差,可提供降雨量和降雨强度的可靠测量数据。

16.3.2 传感器的选型

随着科技的迅速发展,大量的工程测试传感器不断出现,各种传感器在土工测试中也正在得到广泛的应用,如在桥梁、路基、爆破、抗震等领域中的应用。工程测试的仪器种类繁多,测试结果受到传感器、记录与分析设备、操作人员的熟练程度等方面的影响,其中传感器的选择在监测中尤为关键。

1) 传感器选型的原则

理想的监测传感器其测量精度应满足要求,长期稳定性好,结构牢固,维护要求不高,便于施工,费用低、操作简单。事实上,选择能满足上述全部要求的传感器是难以做到的,应综合考虑上述要求(往往相互矛盾的),以寻求最佳的传感器。在上述要求不能全部满足的情况下,应重点满足以下三点:精度、长期稳定、结构牢固。

监测传感器应根据监测项目来选择,而监测项目又要根据工程性质和工程阶段(施工期还是运行期)来确定。选择传感器应遵循以下原则:

(1) 监测传感器结构简单、可靠、实用。路基监测仪器首先必须要求准确、可靠;具有防水、防潮、抗雷电等性能,能在温差较大的露天环境下工作,且零漂小,能长期稳定工作。例如,采用电测法,需要有很好的绝缘度。

(2) 具有工程所要求的精度、量程、直线性及重复性。精度和量程应根据地基和路基填料特性不同而异。例如量测位移时,对于坚硬完整的岩体地基,沉降监测精度可能要求 0.1 ~ 0.5mm;对于软弱土地基,1.0mm 的精度就可以满足要求。前者的量程一般在 20mm 左右,而后者可能要求 200mm 甚至更大。

(3) 施工期安全监测传感器应力求结构安装和操作简单,且价格较便宜。因为施工期间,传感器受路基填筑碾压、挖方路基爆破震动等干扰,容易损坏。传感器太贵,工程负担不起,而对于永久监测的传感器则要求长期稳定、结构牢固和保护牢靠。

(4) 兼顾自动化观测的需要。自动化监测是路基监测工作的发展趋势,因此在选择传感器时,应选择能满足实现自动化的要求,而且自动化传感器最好备有人工测读接口。

(5) 传感器类型宜尽量单一。对于同一个工程监测传感器,类型应尽可能少或单一,如都采用振弦式或电阻式等,以便共用二次仪表,简化监测系统。

(6) 监测传感器的埋设和监测应尽量减少对正常施工的影响。如传感器的埋设和监测工作对施工产生较大影响,将使施工单位不愿意配合传感器的安装与监测工作,不利于监测工作的实施。

(7) 在条件允许条件下,采用先进的监测传感器。先进的监测传感器和设备往往具有更高的精确度,并且在提高监测工作精度的同时,降低监测工作强度,提高工作效率。

2) 传感器工作原理及选用

在土木工程中,需测量的物理量大多为非电量,如位移、压力、应力、应变等。为使用非电量能用电测法来测定,必须将它们转化为电量,这种将被测物理量转换为相应的容易测量、传输和处理的信号的元件称为传感器。

传感器是一种能将物理量、化学量、生物量等转换成电信号的器件。输出信号有不同形式,如电压、电流、频率、脉冲等,能满足信息传输、处理、记录、显示、控制要求,是自动监测系统和自动控制系统中不可缺少的元件。如果把监控主机比作大脑,那么传感器则相当于五官,传感器能正确感受被测量并转换成相应输出量,对系统的质量起决定性作用。目前在路基、桥梁、隧道、建筑等工程结构的研究、设计、建造与使用中,为了验证设计理论、选定设计方案、鉴定工程质量以及分析施工运营中产生的问题,往往需要对工程结构进行静态或者动态的监测,而像土压力传感器、加速度传感器、位移计传感器等都是获得试验数据的直接媒介。

现代传感器在原理与结构存在着千差万别,所以在进行某个量的测量之前首先要根据具体的测量目的、测量对象以及测量环境合理地选用传感器。传感器确定之后,与之相配套的测量方法和测量设备也就可以确定了。测量结果的准确与否,在很大程度上取决于传感器的选用是否合理,所以传感器的选择显得尤为重要。在库岸路基变形稳定监测中,根据路基所处具体场地条件和监测内容,监测仪器和传感器的选择应从仪器的技术性能、仪器埋设条件、仪器测读的方式和仪器的经济性四个方面加以考虑。

(1) 传感器的精度。

精度是传感器的一个重要的性能指标,它是关系到整个测量系统测量精度的一个重要环节。传感器的精度越高,其价格越昂贵,如果选用的仪器精度不足,可能使监测结果失真,甚至导致错误的结论。选用具有足够精度的传感器是监测的必要条件。但过高的精度也不可取,实际上它不会提供更多的信息,只会增加监测工作烦琐性和费用。因此,传感器的精度只需要满足整个测量系统的精度要求即可,无须选得过高。这样可在满足同一测量目的的诸多传感器中选择比较便宜、简单合理的传感器。如果测量目的是定性分析的,选用重复精度高的传感器即可,不宜选用绝对量值精度高的;如果是为了定量分析,必须获得精确的测量值,则需选用精度等级能满足要求的传感器。

(2) 线性范围。

传感器的线形范围是指输出与输入成正比的范围。从理论上来讲,在此范围内,灵敏度保持定值。传感器的线性范围越宽,则其量程越大,并且能保证较高的测量精度。在选择传感器时,当传感器的种类确定以后首先要看其量程是否满足要求。实际上,任何传感器都不能保证绝对的线性,其线性度是相对的。通常当所要求测量精度比较低时,在一定的范围内,可将非线性误差较小的传感器近似地看作是线性的,这会给测量带来极大的方便。

(3) 灵敏度和量程。

灵敏度和量程是互相制约的。一般对于量程大的仪器其分辨力较低;反之,分辨力高的仪器其量程则较小。在土工测试时,在传感器的线性范围内,通常希望传感器的灵敏度越高越好。传感器灵敏度高,被测量变化对应的输出信号的值就比较大,有利于信号处理。但传感器灵敏度高既有其优点也有其缺点。缺点是传感器的灵敏度高,与测量无关的外界噪声容易混入,也会被监测系统中的信号放大系统放大,从而影响测量精度。因此,要求传感器本身应具有较高的信噪比,尽量减少从外界引入的干扰信号。另外,传感器的灵敏度是有方向性的。当被测量是单向量,而且对其方向性要求较高,则应选择其他方向灵敏度小的传感器;如果被测量是多维向量,则要求传感器的交叉灵敏度越小越好。

因此,在库岸路基监测传感器选择时,对传感器的量程和分辨力应统一考虑。在不能两全的情况下,应首先满足量程要求。例如,在对路基变形较大的部位,宜采用量程较大的传感器;反之,宜采用分辨力较高的传感器。当路基地基不良时,路基沉降变形很难估计,既要有高分辨率又要有大量程的要求,保证测量的分辨率能使测量范围可根据需要加以调整,在岩土体变形很难估计的情况下,这种传感器将是首选。

(4)稳定及可靠性。

①传感器的可靠性。

为考虑监测结果的可靠性,一般认为用简单的物理定律作为测量原理的传感器,即光学传感器和机械传感器,其测量结果要比电子传感器可靠,受环境影响也较少。因而对于库岸路基监测来讲,在满足精度要求下选用设备时,应以光学、机械和电子为先后顺序,优先考虑使用光学及机械式设备,提高测试可靠度;这也是为了避免无法克服的环境因素对电子设备的影响。所以在检测时,应尽可能选择简单测量方法的传感器。

②传感器的稳定性。

传感器在使用一段时间后,其性能保持不变化的能力称为稳定性。影响传感器长期稳定性的因素除传感器自身结构外,主要是传感器的使用环境。因此,要使传感器具有良好的稳定性,传感器必须要有较强的环境适应能力。例如,在公路路基动应力长期测试中就要求使用土压力传感器,其工作环境就是隐蔽潮湿且常受水的影响,所以要求其稳定性要好。因此,在选择传感器之前,应对其使用环境进行调查,并根据具体的使用环境选择合适的传感器,或采取适当的措施,降低环境的影响。土工测试中传感器的稳定性有定量指标,在超过使用期后,在使用前应重新进行标定,以确定传感器的性能是否发生变化。在某些要求传感器能长期使用而又能轻易更换或标定的场合,所选用的传感器稳定性要求更严格,要能够经受住长时间的考验。

(5)频率响应特性。

土工测试中,传感器的频率响应特性决定了被测量的频率范围,必须在允许频率范围内保持不失真的测量条件,实际上传感器的响应有一定延迟,希望延迟时间越短越好。传感器的频率响应高,可测的信号频率范围就宽,而由于受到结构特性的影响,系统的惯性较大,固有频率低的传感器可测信号的频率较低。

电测法自动化监测具有实时性、多点性、远程性、经济性等特点,在岩土工程监测中占主导地位。"工欲善其事,必先利其器。"监测仪器设备的选型是路基变形与稳定自动化监测系统成败的关键,在实际工程中,根据工程实况来确定使用什么参数的仪器,在选型时,认真进行成本和功能的比较,在保证可靠、适用和满足基本条件的前提下,力求选用最经济有效的仪器与传感器设备。

(6)仪器使用寿命。

库岸路基变形稳定监测一般是较为长期、连续进行的观测工作,要求各种仪器能从路基施工开始,直到公路建成通车后一段时间的运营期内都能正常工作。对于埋设后不能置换的仪器,仪器的工作寿命应与工程使用年限或要求的观测时间相当。对于重大工程,应考虑某些不可预见因素,仪器的工作寿命应超过要求的观测年限。

(7)仪器的坚固性和可维护性。

在仪器选型时,应考虑其耐久性和坚固性,仪器从现场组装、率定,直至安装运行,应不易损坏,在各种复杂环境条件下均可正常工作。为了保证监测工作的有效性和持续性,在选择仪器时,应优先考虑仪器能比较容易率定、修复或置换,以弥补和减少由于仪器出现故障给监测工作带来的损失,这点对于电子设备尤为重要,现在工厂中所采用的多种移动式的变形(位移)监测仪器,如移动式钻孔测斜仪、滑移式测微计,以及在孔口可置换其传感器的各式钻孔多点位移计等,这些仪器均可随时检查、率定或置换,能确保监测资料的质量和工作的连续性。

3)监测仪器元件选择

在当今的信息时代里,信息产业包括信息采集、传输及处理三部分,即传感技术、通信技术及计算机技术。现代的计算机技术和通信技术由于超大规模集成电路的飞速发展而已经充分发达后,不仅对传感器的精度、可靠性、响应速度、获取的信息量要求越来越高,还要求其成本低廉且使用方便,而传统传感器在功能、特性、体积、成本等方面已难以满足使用的需要。

传感器按变换原理主要有电阻式、电容式、送去变压器式、光电式和振弦式等,按被测物理量进行分类主要有位移传感器、压力传感器、速度传感器和温度传感器等。

工程中常用的有以下几种:

(1)压力计和应变计。

压力计和应变计是土木工程监测中最为常用的两类传感器,其主要区别是测试敏感元件与被测物理的相对刚度的差异,其核心敏感元件为一般弹簧元件,压力计的弹簧元件的刚度比被测系统刚度大很多,应变计的弹簧元件比被测系统的刚度小很多。

(2)电阻式传感器。

电阻式传感器是把被测物理量(如位移、力等)参数转换为电阻变化的一种传感器,其工作原理可分为电阻式、电位计式、热电阻式和半导体热能电阻传感器等。电阻应变式传感器是根据电阻应变效应先将被测量转换成应变,再将应变量转换成电阻,所以它也是电阻式传感器的一种,其使用特别广泛。

电阻应变式传感器的工作原理是,基于电阻应变效应,其结构通常由应变片、弹性元件及其他附件组成。在被测拉压力的作用下,弹性元件产生变形,贴在弹性元件上的应变片产生一定的应变,由应变仪读出读数,再根据事先标定的应变—力(位移)对应关系,即可得到被测力的数值。

弹性元件是电阻应变式传感器必不可少的组成环节,其性能良好是保证传感器质量的关键。弹性元件的结构形式是根据所测物理量的类型、大小、性质和安放传感器的空间等因素来确定的。

电阻式传感器的弹性元件主要有测力传感器、位移传感器、液压传感器、压力盒和热电阻温度计等。

(3) 电感式传感器。

电感式传感器是根据电磁感应原理制成的,它是将被测量的变化转换成电感中的自感系数或互感系数的变化,引起后续电桥桥路的桥臂中阻抗的变化,当电桥失去平衡时,输出与被测的位移量成比例的电压。电感式传感器常分成自感式(单磁路电感式)和互感式(差动变压器式)两类。

差动变压器式传感器具有线性范围大、测量精度高、稳定性好和使用方便等优点,广泛应用于直线位移测量中。差动变压器式传感器也可通过弹性元件把压力、重量等参数转换成位移的变化再进行测量。

(4) 振弦式传感器。

在土木工程现场测试中,常利用振弦式应变计或压力盒作为量测元件,其基本原理是由钢弦内应力的变化转变为钢弦振动频率的变化。根据《数学物理方程》中有关弦的振动的微分方程,可推导出钢弦应力与振动频率的如下关系:

$$f = \frac{1}{2L}\sqrt{\frac{\sigma}{\rho}} \tag{4-16-1}$$

式中:f——钢弦的频率;
  L——钢弦的长度;
  σ——钢弦的密度;
  ρ——钢弦所受的张拉应力。

以土压力盒为例,当压力盒做成后,L 和 ρ 为已知量,钢弦的频率只取决于钢弦上的张拉应力,钢弦上产生的张拉应力又取决于外来压力 P,从而使钢弦频率与薄膜所受压力 P 的关系为

$$f^2 - f_0^2 = KP \tag{4-16-2}$$

式中:f——土压力盒受压后钢弦的频率;
  f_0——土压力盒钢弦的初始频率;
  K——标定系数,与土压力和构造有关,各土压力盒各不相同;
  P——土压力盒底部薄膜所受的压力。

振弦式传感器构造简单,测试结果比较稳定,受温度影响较小,易于防潮,可做长期监测。在土木工程现场监测中得到了广泛的应用,其据点是灵敏度受传感器尺寸限制,且不能用于动态测试。

振弦式传感器还有钢筋应力计、应变计、孔隙水压力计、表面应变计及位移计等。振弦式位移计一般采用薄壁圆筒式,适用于钻孔内埋设使用。

振弦式传感器的钢弦振动频率是由频率仪测定的,它主要由放大器、示波管、振荡器及激发电路等组成,若为数字式频率仪,则还有一数字显示装置。频率仪工作原理如图 4-16-1 所示。首先由频率仪自动激发装置发出脉冲信号输入到振弦式传感器的电磁线圈,激励钢

弦产生振动,钢弦的振动在电磁线圈内感应产生交变电动势,输入频率仪放大器放大后,加在示波管的 y 轴偏转板上。调节频率仪振荡器的频率作为比较频率加在示波管的 y 轴偏转板上,使之在荧光屏上可以看到一椭圆图形为止。此时,频率仪上的指示频率即所需定的钢弦振动频率。

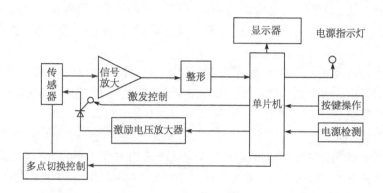

图 4-16-1　振弦式频率仪原理图

(5)电容、电压和压磁式传感器。

①电容式传感器。

电容式传感器是以各种类型的电容器作为传感元件,将被测物理量转换为电容量的变化。电容式传感器输出的电容量,还需要进一步转换为电压、电流或频率信号。其优点是抗干扰能力强、灵敏度高,但电缆分布对电容输出有较大影响,使用中调整比较困难。

②压电式传感器。

有些电介质晶体材料在沿一定方向受到压力或拉力作用时发生极化,并导致介质两端表面出现符号相反的束缚电荷,其电荷密度与外力成比例,若外力取消时,它们又会回到不带电状态,这种由外力作用而激起晶体表面荷电的现象称为压电效应,此类材料被称为压电材料。压电式传感器就是根据这个原理制成的。当有一外力作用在压电材料上时,传感器就有电荷输出,因此,从可测的基本参数来讲,它属于力传感器,但是,它也可测量能通过敏感元件或其他方法变换为力的其他参数,如加速度、位移等。

压电式测力传感器特点是刚度好、线性好,当采用大时间常数的电荷放大器时,可以测静态力与准静态力。

③压磁式传感器。

压磁式传感器是测力传感器中的一种,它利用铁磁材料磁弹性物理效应,即材料受力后,其导磁性能受影响,将被测力转换为电信号,当铁磁材料受机械力作用后,在它的内部产生机械效应力,从而引起铁磁材料的磁导率发生变化。如果在铁磁材料上有线圈,由于磁导率变化,将引起铁磁材料的磁通量的变化,磁通量的变化则会导致线圈上的自感电势或感应电热变化,从而把力转化为电信号。

压磁式传感器可整体密封,因此具有良好的防潮、防油和防尘等性能,适合在恶劣环境条件下工作。此外,压磁式传感器还具有温度影响小、抗干扰能力强、输出功率大、结构简单、价格较低、维护方便、过载能力强等优点。其缺点是线性和长期稳定较差。

(6) 光栅类传感器。

光纤光栅传感器是光纤传感器中的一种,通过于光纤光栅完成传感过程,即通过外界物理参量对光纤布拉格(Bragg)波长的调制来获取传感信息,是一种波长调制型光纤传感器。

由于光纤光栅与光纤之间天然的兼容性,很容易将多个光纤光栅串联在一根光纤上构成光纤光栅阵列,实现准分布式传感,加上光纤光栅具有普通光纤的许多优点,且本身的传感信号为波长调制,测量信号不受光源起伏、光纤弯曲损耗不受光源功率波动和系统损耗影响的特点,因此光纤光栅在传感领域的应用引起了世界各国有关学者的广泛关注和极大兴趣。自从1989年Morey等人首先对光纤光栅的应变和温度传感特性进行了研究后,光纤光栅传感器的应用领域不断拓展,现在人们已将其逐步应用于多种物理量的测量,制成了各种传感器。

光栅类传感器主要包括光纤光栅应变传感器、温度传感器、加速度传感器、位移传感器、压力传感器等。其主要特点如下:

①抗电磁干扰。一般电磁辐射的频率比光波低许多,所以在光纤中传输的光信号不受电磁干扰的影响。

②电绝缘性能好,安全可靠。光纤本身是由电介质构成的,而且无须电源驱动。

③耐腐蚀,化学性能稳定。由于制作光纤的材料——石英具有极高的化学稳定性,因此光纤传感器适宜于在较恶劣环境条件下使用。

④传输损耗小。可实现远距离遥控监测。

⑤传输容量大。可实现多点分布式测量。

⑥测量范围广。可测量温度、压强、应变、应力、流量、液位等。

通过前面的论述可以看出,各种传感器种类繁多,用途各异,其敏感元件也是种类繁多,各不相同。传感器的敏感元件根据应用、能量转换方式、输出信号特点、电原理等进行分类,但确切地划分传感器的类别是比较困难的。因为一种物理量的检测可以用不同种类的转换方式或工作原理来实现;同一种原理也可以用来检测不同的物理量,所以从分类的角度来讲,它们必定是重叠的、交叉的。根据电原理,对敏感元件进行分类,见表4-16-1。

传 感 器 分 类   表4-16-1

传感器类别	敏感元件类型	工 作 原 理	被 测 量
机械式	弹簧元件	利用弹簧元件的受力与变形之间的关系	压力、位移
电阻式无源传感器（需外加电源）	电位计式	在外力作用下,滑动触点的位置改变,从而使电位计或电桥的电阻发生变化	压力、位移
	金属应变计式	在外力作用下,金属箔或金属丝产生伸长或压缩,从而使其电阻值发生变化	力、扭矩、压力、位移
	热丝计式	气流通过热丝时使其冷却,从而使其电阻值发生变化	气流压力、气体压力
	半导体压阻式	在外力作用下,半导体材料的其电阻率发生变化	压力、加速度、流量

续上表

传感器类别	敏感元件类型	工作原理	被测量
电容式	可变电容式	在外力作用下,两平行板间的距离发生变化,从而使电容产生变化	液面、厚度
	可变介质式	在外力作用下,电容介质发生变化,从而使电容产生变化	压力、位移
电感式	磁路式	磁路的变化引起交流励磁线圈自感或互感的变化	振动、位置压力、力、位移、位置
	磁阻式	铁芯或线圈位置的改变引起磁路磁阻的变化	振动、位置压力、力、位移、位置
	差分变压式	在外力作用下,磁芯位置的改变使变压器两个次级线圈的差电压发生变化	位移厚度
	涡流式	涡流板接近线圈时,使线圈的电感发生变化	力、压力、声
	磁致伸缩式	在压力或应力作用下,磁特性发生变化	力、压力、声
电压与电流式无源传感器（无需外加电源）	动圈式	磁场中线圈的移动产生电压	温度、压强、应变、应力、流量、液位
光纤光栅传感器	光纤光栅	光纤光栅在外界物理参量影响下,光纤布拉格波长发生变化	温度、压强、应变、应力、流量、液位

16.3.3 传感器埋设条件的要求

（1）传感器选型时,应考虑其埋设条件。对用于同一监测目的传感器,在其性能相同或出入不大,应选择在现场易于埋设的仪器设备,以保证埋设质量,节约劳力,提高工效。

（2）当施工要求和埋设条件不同时,应根据现场施工条件选择合适的传感器。以钻孔位移计为例,固定在孔内的锚头有楔入式、涨壳式及灌浆式。其中,楔入式与涨壳式锚头具有埋设简单、锚固快及对施工干扰小等优点,在施工阶段和在比较坚硬完整的岩体中进行监测,宜选用这种锚头。灌浆式锚头最为可靠,完整及破碎岩石条件下均可使用,永久性的原位监测常选用这种锚头。但灌浆式锚头的埋设操作比较复杂,且浆液固化需要时间,不能立即生效,对施工干扰大,所以不适合施工过程中的监测。

（3）传感器测读方式的要求。

①测读方式也是传感器选型中需要考虑的一个因素。库岸路基变形稳定的监测,往往是多个监测项目子系统所组成的统一的监测系统。有些项目的监测传感器布设较多,每次测量的工作量很大,野外任务十分艰巨。为此,在实际工作中,为提高一个工程的测读工作效率与加快数据处理进度,选择操作简便易行、快速有效及测读方法尽可能一致的传感器是十分必要的。有些工程的测点,人员到达受到限制,在该种情况下可采用能够远距离观测的仪器。

②对于能与其他监测网联网的路基监测,尽可能与公路其他监测项目采用同一监测网络,

如路基变形可与附近桥梁监测系统联网监测、传感器选型时应根据监测系统统一的测读方式选择传感器,以便于数据通信、数据共享和形成统一的数据库。

(4)传感器选择的经济性要求。

①在选择传感器时,进行经济比较,在保证技术使用要求时,使传感器购置、损耗、埋设及全监测周期费用最为经济、简便,在运用中能达到预期效果。传感器的可靠性是保证实现监测工作预期目的的必要条件,但是,提高传感器的可靠性,要增加很多的辅助费用。另外,选用具有足够精度的传感器,是保证监测工作质量的前提,但是过高的精度,实际上不会提供更多的信息,还会导致费用的增加。

②在我国,岩土工程监测试传感器的研制已有很大发展,近年来研制的大量国产监测传感器,已在工程的监测中大量采用。实践证明,这些传感器性能稳定可靠且价格低廉。除此之外,国产传感器及元件维护方便、快捷,这要比进口设备高额的维护费用和不够及时的技术服务具有更大的竞争力。其他各类传感器,经过多年的研制、工程应用,其质量大都能满足库岸路基监测工作的需求。因此,在工作中应尽可能选用国产传感器,可节省监测工作费用和加快工作进程。

16.3.4 传感器布置的原则

1)观测工作应目的明确、突出重点

通常,库岸路基工程施工期和运行期变形与稳定监测的主要目的是了解路基变形情况、确保工程的安全,为工程决策提供依据。路基的现场监测以路基整体稳定性监测为主,当路基范围大,需布置多个监测断面时,应区分重要断面和一般断面。重要断面的观测项目和观测传感器的数量应多于一般断面。

2)应监测路基性状变化的全过程

监测工作应贯穿工程活动(施工、病害处治、运行)的全过程。为此,监测中最重要的是及时,即及时埋没、及时观测、及时整理分析监测资料和及时反馈观测信息。四个及时环节中任何一个环节的不及时,不仅会降低或失去监测工作的意义,甚至会给工程带来不可弥补的影响或造成重大的损失。

3)施工期和运行期监测应相结合、相衔接

施工期监测设计应和运行期监测设计一样,纳入工程设计的工作范围,作为工程设计的一部分,即施工期安全监测实施前应进行观测设计,然后实施。施工期监测设施能保留作运行观测的应尽量保留;运行期监测设施应兼顾作为实施以后施工过程的施工期监测。

4)布置传感器力求少而精

传感器数量应在保证实际需要的前提下尽可能减少;采用的传感器应满足工程要求的精度和量程,精度和量程应根据路基工程的阶段特性等确定。

5)观测量常以传感量测读为主,人工巡视、宏观调查为辅

力求传感器量测与人工巡查相结合;传感器量测常以人工量测为主,重点部位少量进行自动化观测;即使进行自动化观测的传感器,仍应同时进行人工测量,以便做到确保重点,万无一失。

6) 避免或减少施工干扰

施工干扰（如爆破、车辆通行、出渣、打钻、偷盗、破坏等）是路基监测中一大难题,应尽量避免。为此,应尽可能采用安装方便、受施工影响小的传感器进行观测,便于保护;施工活动应各方通气,进行文件会签;应尽可能采用抗干扰能力强的传感器;应加强传感器观测站、测孔孔口的保护,保护设施力求牢靠。

7) 监测设计应留有余地

监测过程中可能存在一些不确定的因素,设计方案时应考虑到这些因素,在监测项目、传感数量和经费概算上留有余地。在监测过程中根据工程实际需要,补充布设传感器。

16.4 库岸路基变形与稳定监测体系

库岸路基变形与稳定监测是一个复杂的系统工程,它不仅取决于监测方法的高低和优劣,还取决于监测人员对库岸路基岩土体的了解程度和工况的掌握程度。因此,在进行路基变形稳定监测时,首先应该对库岸路基所处的水文地质环境和工作状况有充分的了解,并选择相应的方法和手段。

监测人员首先应对库岸路基岩土力学参数进行全面的了解,对路基设计图纸和施工步骤进行深入细致的研究和掌握,做出有针对性的监测方案和合理的工作程序。

由于我国现行公路工程建设体制、技术水平以及其他方面的原因,目前对于路基工程的建设过程及运营期的变形与稳定监测技术的应用仍然不够重视,往往在路基出现大的变形时才开始考虑监测的问题,但是为时已晚,因而监测工作的介入应该是在项目建设开展的开始阶段。

根据现场观测目的,库岸路基变形与稳定监测工作主要包括以下监测项目:路基内部土压力;路基沉降、水平变形;路基内部不均匀沉降;地基沉降和水平位移;地下水位观测;等等。

16.4.1 路基表面变形观测

1) 精密水准法

精密水准法监测库岸公路变形的核心是设置水准基点,水准基点是变形监测的基准点,应根据路基的地形条件及观测精度,在路基影响范围以外的稳定区域设置一组水准基点,对于重要的路基,水准基点宜设置20～30m的等边三角形,以便检验水准基点的稳定性,以及出现一个基点被破坏时恢复基点。库岸路基变形监测的水准基点也可直接采用路基施工时设置的水准基点。

在路基变形监测中通常设置一个工作基点,工作基点应力求设置在与路基观测点大致相同的高程上,以方便监测。

在路基上设置位移标点,通常在路基边坡上根据观测需要设置3～5个观测断面。

在水位基点、工作基点和位移标点设置好以后,就可以根据监测工作计划,采用水准仪或经纬仪进行库岸路基表面变形观测。

2) 三角高程法

对于处于地形条件较差的区域,采用水准仪观测比较困难,此时可以在路基横断面设置观测桩,采用全站仪来进行观测。采用全站仪测量简单快速,并且可以同时测得观测点的水平位移和垂直位移。

3) 采用 GPS 定位系统观测路基沉降

近年来,工业交通能源和建筑系统等部门都引进了 GPS 接收机,促进了 GPS 技术在我国的发展,其在土木工程领域中的应用主要表现在大坝桥梁隧道公路等方面的测量及定位控制。

目前,国内引进了各种类型的 GPS 测地型接收机,其双频接收机的精密相对定位精度可达 5mm + 1ppm.D,单频接收机在一定距离内定位精度可达 10mm + 2ppm.D。各种类型的 GPS 接收机体积越来越小,重量越来越轻,便于野外作业。

前述几种监测方法中,精密水准法和三角高程法都需要采用光学仪器,观测工作量较大,完全不能实现自动监测,而基于 GPS 的变形观测技术可以实现自动监测。

16.4.2 路基内部变形的观测

路基内部沉降观测常用的仪器设备包括分层沉降板、电磁式沉降仪、水管式沉降计、断面式沉降仪(测斜仪)及多点位移计等。

路基内部水位位移监测可采用测斜仪(断面式沉降仪)、多点位移计等仪器进行观测。

路基内部分层沉降观测主要用于路基稳定管理与研究,掌握路基不同高度在不同时期土体的分层压缩量,用以分析不同土层在施工过程中的变形情况,推定土体剪切破坏的位置。对于陡斜坡路基,了解路基内部不均匀沉降发展过程,为路基超高预留提供依据;对于软弱土地基上的填方路基,可以根据观测数据调整填土速率。

路基内部沉降观测主要采用断面式沉降仪、沉降杯、分层沉降板、多点位移计等进行观测。传统的沉降板式观测,由于沉降板要随路基填筑不断接长,对路基施工影响较大,而其他几种观测仪器的共同特点是对路基填筑施工影响小。

1) 采用沉降板进行库岸路基内部变形观测

沉降板板块选用 15mm 厚钢板,尺寸为 30cm × 30cm;沉降管选用钢管,其构造如图 4-16-2 所示。

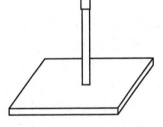

图 4-16-2　沉降板构造图

沉降管在埋设时需要开挖、接管、回填,适用于采用路基填土颗粒较小的路基,不适用于填石路基或土石混填路基。沉降板应在路基填筑施工中埋设,在路基填筑到要求的高程时挖坑,埋设沉降板、连接管后回填并夯实,这样就可以不影响路基填筑正常施工。每次接长沉降管时,应先根据其桩号坐标来确定沉降管的位置,然后再挖坑,接管时还应进行水平测量以确定其高程,以测得施工期沉降资料。

2) 水管式沉降仪、水管式沉降计

水管式沉降仪法监测路基内部沉降量的方法是利用液体在连通管两端口保持同一水平面的原理制成。其关键结构为沉降杯,沉降杯可用外径约 20cm、高约 35cm 的有机玻璃筒或防锈处理的钢管制成,沉降杯底部设有带保护送流水管、通气管、排水管的底座。连通管的另一端上安装有玻璃管,为溢流水管的量测管。通气管和排水管的终端也固定在量测板上,并设有阀门,以控制进水及排气。当测知连通管一个端口的液面高程时,可知另一端口(测点)的液面高程。前后液面高程之差,即被测点的沉降量。

自制的水管式沉降仪来观测填土的沉降,如图 4-16-3 所示。采用沉降杯进行沉降观测时,一般随施工过程填土高度的增加连续观测。

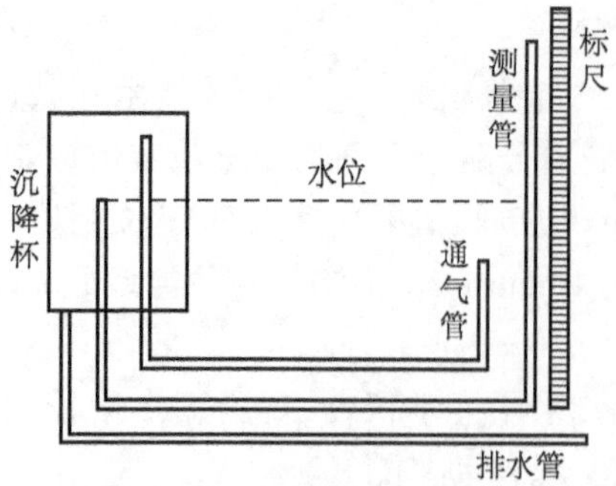

测试时,从进水口向沉降杯灌水,直到出水口处有水溢出来,这时进水口处的水位值同沉降杯内的水位是一致的。这样就可以在土体外通过观测进水口处水位的变化,得知填土内的沉降情况。

水管式沉降计的优点是构造简单,埋设对施工干扰比沉降板要小。沉降板需要在路基填筑施工中埋设,需要反复开挖回填,埋设接长管,而水管式沉降计则是埋设好沉降筒后,在已经填筑的路基上沿水平方向挖沟槽,将管路埋设好即可。

图 4-16-3 水管式沉降仪示意图

3)多(单)点位移计

位移计的工作原理是将位移计底端路基填土或基岩牢固联结成一体,当土体沿钻孔轴线方向变位时,位移经测杆将唯一变化量传递给安装于孔口基准处的位移量测传感器。同一位移计上可装置一个或多个位移测量传感器,将测杆锚固在钻孔不同位置,就可以测量不同位置的位移(沉降),如图 4-16-4 所示。多点位移计的使用场所比较广,埋设安装的部位和环境也各有不同,埋设方法有水平埋设、倾斜埋设及垂直埋设,可以测量路基内部沉降、水平位移和倾斜方向上的变形。

多点位移计的使用主要包括以下三步骤:

(1)钻孔。根据设计要求确定埋设高程、方位、角度,在设计定位的地方打孔,准备埋设测量杆。按设计要求造好孔后,进行清孔处理并做好埋设前的准备。

(2)装配。选一块平地,长度应大于多点位移计埋入测杆的长度,按照位移计装配说明将位移装配好。

(3)安装及锚固。将组装好的多点位移计整体顺孔放入,直至传感器保护筒的筒底落入大孔的孔底,保护筒一定要放置牢固。确认测杆放置到位后,可进行回填砂浆固结。

4)断面式沉降仪(测斜仪)

断面式沉降仪(测斜仪)是通过测量测斜管轴线与水平线(铅垂线)之间的夹角变化量,来观测土体的位移的一种高精度仪器,它可以测定填土内部各个部位的水平(竖向)位移,以判断路基土体产生位移的部位、大小和方向,持续的监测可获得时间与位移及位移速率等关系,综合路基的回填等施工因素以及降雨、地下水位等相关因素与位移的关系,可以判断路基的稳定性及其影响因素,为设计、施工、病害处治提供依据。

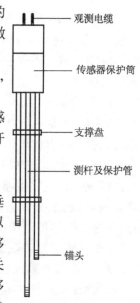

图 4-16-4 多点位移计结构示意图

采用数字显示滑动式沉降、测斜仪,该仪器用石英挠性伺服加速度计作为敏感元件,如图 4-16-5 所示。

沉降仪(测斜仪)主要由斜度测头、导管及测读系统组成。其中,导管由铝合金制造。导管的断面形式及测斜仪工作原理如图 4-16-6、图 4-16-7 所示。

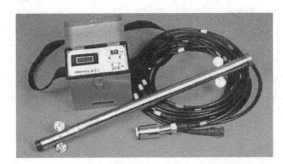

图 4-16-5　数字显示滑动式沉降、测斜仪

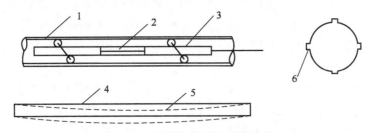

图 4-16-6　沉降仪中导管的断面形式

1-导管；2-感应元件；3-测头；4-测斜管原始位置；5-变形后的测斜管；6-导槽

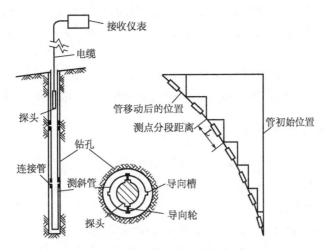

图 4-16-7　测斜仪工作原理

测头由导轮嵌入导槽内滑动，自一端部固定点起，记录每段量程的倾角，在图上逐段描绘，即可得出路基变形后的剖面，与初始值对比，能直观地看出不同时期、不同高程路基的变形，并可由此算出各点的垂直沉降。

观测系统由以下两大部分组成：

（1）仪器系统。仪器系统一般由传感器探头、有深度标记的承重电缆及读数显示仪组成。从可靠性与技术先进性的角度出发，可选用带自动记录功能的双轴伺服加速度式测斜仪。

（2）测斜导管。垂直埋设在需要观测部位的岩体里面，并与填土连成一体，导管内壁有互成 90°的两对凹槽，以便探头的滑轮能上下滑动并起定位作用。如果填土产生位移，导管将随填土一起变形。观测时,探头由导轮引导,用电缆垂向悬吊在测斜管内沿凹槽滑行。当探头以一定间距在导管内逐段滑动测量时,装在探头内的传感元件将每次测得的探头与垂线的夹角转换成电信号,通过电缆传输到读数仪测出。设探头上、下两组导轮的距离为 L,传感元件测得的探头与锤线的夹角为 $\Delta\theta$,则相应两测段之间的水平挠度量为 $L\sin\Delta\theta$,如果逐段测试全孔,则它的总挠度量为 $\sum L\sin\Delta\theta$。多次观测,则总挠度量的变化值即代表位移,由于导管与填土结合在一起,由此测得的导管的变形,也就代表了填土体的竖向位移或水平位移。我们建议使用 ABS 工程塑料制作的测斜管。

16.4.3 路基土压力监测

土压力观测常用土压力盒,土压力盒分为接触式和埋入式两类。前者用于监测路基支挡与防护结构与路基土体等的接触压力,后者用于监测路基填土中的内部土压力。土压力盒测得的土压力均为总压力,如需要知道土体内的有效应力,在埋设土压力时,应同时埋设孔隙水压力计。

路基填筑到待测高程以下 50~100cm 时,在埋设点开挖埋设坑,挖至埋设高程以下约 5cm,细心整平开挖的基床,其上铺约 5cm 厚的潮湿、均匀的中细砂,将土压力盒旋转在砂垫层上,再填入约 5cm 的中细砂,然后回填除去大块颗粒的路基土,采用人工夯实,干密度达到路基设计要求后,回填至测点以上约 1.2m,可以恢复正常路基填筑施工。为了保证土压力盒感应膜处于水平,在埋设时可特制能固定土压力盒的带有凹槽的混凝土块,把土压力盒放入其中,四周用橡皮泥填塞固定。埋设测试面铺设一定厚度的砂,使感应薄膜受力均匀,从而保证测出的值始终是竖向土压力。

接触式土压力的观测,应根据路基的土压力分布情况,在路基支挡与防护结构承受土压力较大处、地质情况较复杂处,选择具有代表性的观测断面,布置接触式土压力计。

16.4.4 路基内部地下水监测

路基内部地下水监测主要包括地下水位监测和孔隙水压力监测。其监测的仪器设备主要有水管式、测压管式、振弦式、差动电阻式、电阻应变片式等。其中,水管式和测压管式设备费用低,测量精度较高,耐久性好,但埋设、观测操作繁杂,且不能深孔埋设,工程中使用较少;差动电阻式结构牢固,长期稳定性比较好,也不受埋设深度的影响,施工干扰亦小,埋设和操作技术要求稍高;电阻应变片式,反应灵活、精度高,埋设简单,施工干扰小,但长期稳定性差,仅适宜振动观测和短期观测,不能用作长期观测;振弦式结构牢固,长期稳定性好,不受埋设深度影响,施工干扰小,埋设和操作简单,有记载的历史长期观测可达 30 年以上,而且观测自动化容易实现,具有优越性,被国内外广泛采用。

水液位传感器由电阻应交片式水液位仪测头、信号传输电缆和接收仪表(如电阻应变仪)组成。其工作原理是:水压力通过装在测头顶盖上的透水石,施加压力于贴有电阻应变片的弹性薄膜上,膜片的变形引起电阻应变片四个桥臂的电阻变化,用接收仪表(电阻应变仪)量测电桥输出信号,换算出水压力大小,再由水压力变化换算出水位变化情况。

振弦式孔隙水压力计由测头(带传输信号的屏蔽电缆)和钢弦频率测定仪组成。其工作原理是：测头的传感器承受作用于其承压膜上的孔水压力，并使之转换成频率输出，应用钢弦频率测定仪接收其自振频率，即可换算出相应的孔隙水压力值。综上所述，库岸路基变形稳定监测体系观测项目见表 4-16-2。

观 测 项 目　　　　　　　　　　　　　表 4-16-2

观测项目	仪器名称	观测目的
地基水平位移沉降（隆起）量	沉降桩、全站仪、GPS 定位系统	用于沉降管理。根据测定数据调整路基填筑速率，预测沉降趋势，确定路面施工时间，确定路基超高、超宽量，提供施工期间沉降土方量的计算依据
路基表面位移量	位移边桩、全站仪、GPS 定位系统	用于稳定管理与研究，用作掌握分层位移，推定土体剪切破坏的位置
路基土体分层压缩量	沉降杯、多点位移计、分层沉降计	路基不同高度在不同时期土体的分层压缩量，用以分析不同土层在施工过程中的变形情况，根据观测数据调整填土速率
地下水位	水液位传感器、渗压计	了解地下水位变化情况，为确定软弱地基上路基施工速度和地基处理效果提供依据
路基内部水平位移与不均匀沉降	测斜仪（断面式沉降仪）	了解地基水平位移和路基内部不均匀沉降，可以验证设计，为路基稳定性评价提供依据
路基填土土压力	土压力盒	测定路基土体内部的应力分布及变化情况

16.5　路基变形与稳定远程智能监测

路基通常安装有多种类型的监测仪器，这些仪器在安装后，由于地势险要，场地有限，现场大多无法提供便利、安全的人行通道及配套供电设施，特别是在汛期或梅雨季节需要加密监测时，现场可能出现的塌方、落石及滑坡将会威胁到监测人员的生命安全。

使用自动化数据采集装置对安装的监测仪器进行测量是一个不错的解决方案。但常规的数据采集装置由于体积大、功耗高、布线难度大，在现场无电源供应的环境下难以实现长期自动监测。

为适应今后路基变形稳定监测工作的开展，提高工作效率，有必要尽快建立路基稳定、变形监测自动化系统，真正实现其数据采集、传输、处理、分析以及决策的一体化。

为保证路基监测工程埋设的观测仪器、传感器能够稳定可靠地运行，使其真正起到工程的监测与预警作用，所选传感器和设备不仅要有多个类似工程成功运行的实践经验，而且必须是公认的成熟、可靠的品牌产品。目前监测设备的类型很多，如振弦式、差动电阻式、电容式、压阻式等。相比较而言，这些仪器，或存在长期稳定性差，或对仪器电缆要求苛刻，或传感器本身信号弱、受外界干扰大的缺点，而振弦式仪器测量的是频率信号，具有信号传输距离远（可以达到 2km）、长期稳定性好、反应快、测量灵敏、对电缆的绝缘度要求低、便于实现自动化等特点，并且每支仪器都可以自带温度传感器，可以同时测量温度。监测内容一旦确定下来，就要选择合适的监测方法，这对整个监测系统来说是非常重要的。

在监测系统中可内置一台 GPRS(通用无线分组业务)模块,在有移动通信网络覆盖的环境下均可实现远程通信。

现代传感器在原理和结构上有很大区别,我们要根据测量对象、测量目的和测量环境选用合适的传感器。传感器确定后,相应的测量方法和测量设备也可以确定了。用于库岸路基变形稳定监测的传感器都要满足一定的要求,而对在现场使用的监测传感器较之一般在实验室里的传感器要有更高的要求。

远程监测采集设备的选型。安装在库岸路基现场的远程监测采集单元设备,是整个自动化监测系统的核心部件,设备的选择优劣也决定了整个监测系统的性能与品质。远程监测采集单元系统一般主要由数据采集系统、电源系统、数据传输终端、防雷器件及机箱等设备组成。对于库岸路基变形与稳定监测,在满足基本的采集条件下,远程监测采集设备应具有以下几个特点:

(1)可靠性与稳定性。库岸路基变形稳定监测系统一般都处在恶劣的野外环境,长期工作稳定性是考核系统设备的重要指标,应力求选用测量精度高、性能可靠的国内外知名品牌的监测采集设备。

(2)采集设备的兼容性。电测法路基变形稳定监测采用的传感器种类繁多,采集设备必须保证能具有采集各种电测信号的功能,并能很方便地进行传感器的连接、调整及更换。

(3)适于野外的电源性能。库岸路基变形稳定监测环境一般是处于无人值守的荒野地带,在这种情况下,监测采集系统的整体能耗越小越好,选择数据采集系统应优先考虑具有"自动定时巡检""自动保存""休眠"等低功耗工作模式的仪器设备。同时,监测系统应具有自供电源的能力。在野外现场一般应采用太阳能板及可充电蓄电池等部件来保证系统的正常供电,系统的防雷、接地设备也应配置全面。

(4)抗干扰性能。远程监测采集设备不仅应具备抗高温、低温及防水、防雷、防电磁干扰等特性,其自身硬件的隔离装置还应解决传感器和采集系统的接地回路等问题,以确保恶劣的自然路基监测区域采集信号的精确度。

(5)远程通信功能。远程监测采集设备应满足现代多通信模式接口的需求,传输距离最好不受限制,一般应具有 RS232 接口、网络接口等,并可以利用 GPRS(通用无线分组业务)/CDMA(码分多址)网或无线数据传输设备进行无线数据传输。

16.5.1 GPRS 无线网络介绍

移动通信是当前发展最快、应用最广和最前沿的通信领域之一,移动通信的最终目标是实现任何人可以在任何地点、任何时间与其他任何人进行任何方式的通信。随着技术发展和社会进步,人类已进入一个"互联"时代,网络带给人们的不只是信息量的增加,更是一种思想的变革,它推动着各种业务的互联和技术革新。移动业务在给人们带来方便的同时,也产生更大的信息量传输需求,从而对第二代的网络结构和应用模式提出了挑战。

通用分组无线业务(General Packet Radio Service,GPRS)是在现有的 GSM 网络基础上发展起来的分组交换系统,与因特网或企业网相连,向移动客户提供丰富的数据业务。GPRS 技术是介于移动通信第二代和第三代之间的一种技术,通常称为 2.5G,是现阶段解决移动通信信息服务的一种较完善的技术方案。在 3G 网络实现之前,GPRS 将是移动信息服务的主要解决手段。GPRS 技术较完美地结合了移动通信技术和数据通信技术,它采用分组交换技术,可以让多个用户共享某些固定的信道资源,理论上 GPRS 最高传输速率可达 171.2kb/s。同时,GPRS 提高了 GSM 网络系统的无线资源利用率,可利用无线信道的空闲资源提供分组业务。此外,GPRS 网络还具有以下特点:

(1)网络覆盖范围广。GPRS 是在现有的 GSM 网络上进行改造升级,可充分利用全国范围的电信网络,提供方便、低成本的远程接入网络方案。

(2)终端永远在线。无线数据传输终端能自动登录到 GPRS 网络,并与指定中心建立通信连路,随时收发设备数据,即使没有数据传输,终端还与网络保持联系。

(3)传输速率高。GPRS 网络的传输速度理论可达 171.2kb/s,能以 20~40kb/s 的稳定传输速度进行数据传输。

(4)按流量计费。GPRS 用户只有在发送或接收数据时占用资源,所以多个用户可高效地共享同一信道,而且用户只需按数据通信量计费,无需对整个线路在占用期间付费。

(5)支持标准数据通信协议。GPRS 网络可以和 IP 网、X.25 网互联。支持点到点和点到多点的服务。

(6)接入时间短。分组交换接入时间小于 1s,能提供快速、即时的连接,可大幅度提高远程监控等的效率。

GPRS 移动数据传输系统有很广的应用范围,几乎可以应用于所有中、低速率的数据传输业务。

库岸路基变形稳定监测就是充分利用现代化的信息技术手段,建设库岸路基变形稳定监测的健康信息管理系统。由于路基工程是线性工程,需要监控的路基工点往往分布在几十千米甚至上百千米的范围内,采用传统的人工观测、数据采集与分析,只能以周(7 天)为周期的频率进行监测,监测频率低、速度慢,不能及时反映出库岸路基的工作状态。迫切需要采取有效的手段将路基变形稳定监测监控信息及时、准确地传送到相关人员手中。

远程监测技术是将计算机技术、通信技术与健康诊断技术相结合的一种全新的监控监测模式,是一种行之有效的监测设备及传输设备终端数据的技术。监测系统正经历从单机系统到分布式多机系统,再到基于网络监测系统的过程。网络技术的不断发展,移动通信的迅速普及以及二者之间的不断融合,使得移动互联网成为可能。互联网以及移动通信的融合、发展,为路基工程变形与稳定监测监控的数据传输提供了一种简洁的介入平台和方式。将移动互联网技术引入库岸路基变形稳定监测监控中,将会有效地解决大范围、长时间持续监测的数据采集和远程传输问题。

采用无线 GPRS 技术的监测系统依托移动通信网络系统,很好地解决了监测系统在地域上的限制,能切实有效地实现实时在线监测的功能。将 GPRS 数据业务连接 Internet 用作监测终端的通信线路,具有连接速度快、适时在线等特点;而且采用 GPRS 进行远程监控,开辟了远程监测监控的新领域。

构建库岸公路路基变形稳定监测无线传感器网络系统时,需要考虑以下几个方面:

(1)系统的稳定与可靠性。

库岸路基所在区域的环境复杂且变化性大,因此要求节点的各个模块、部件能够适应环境变化,并能稳定可靠地工作。

(2)系统的实时性。

要求系统监测到的信息能实时传送到监控终端,使用户能实时查询库岸路基监测量变化情况。

(3)系统具有较高的精度。

库岸路基变形稳定远程监测系统的数据传输精度都能满足要求。监测系统的整体精度主要取决于采用的传感器,选择的传感器决定了采集到数据的精度。

(4)系统低功耗。

山区库岸公路的地理条件比较特殊,大多路段沿线一般不可能有供电系统,所以在路基变形稳定监测系统中只能采用太阳能或普通蓄电池供电。太阳能供电受天气影响较大,蓄电池供电电量受到极大的限制,所以要求监测系统网络的功耗低,以保证网络的正常运行。

(5)系统低成本。

库岸路基是线性工程,监测点多,所以要求该系统必须降低成本,不论节点平台的软硬件还是传感器,都必须采用相对价格较低的产品。

16.5.2 系统体系结构

自动监测系统包括传感器模块、数据采集与传输模块(分机)及中央控制模块(主机)。大量传感器节随机部署在监测区域内部或附近,能够通过自组织方式构成网络。传感器模块监测的数据沿着监测网络逐级地进行传输,最后到达中央控制模块。用户通过中央控制模块对传感器网络进行配置和管理,发布监测任务以及收集监测数据。从网络功能上来看,数据采集与传输模块具有传统网络的终端和路由器双重功能,除进行本地信息收集和数据传输外,还要接收中央控制模块发布的各种指令。

根据路基监测的目的和特点,通过在监测区域部署传感器模块来完成数据的采集,各监测区域以自组织方式构成无线网络。各传感器模块收集到的信息经数据采集与传输模块的网络协调器汇聚后,再传送到中央控制模块进行存储、分析和处理,从而完成对数据的实时监测。

16.5.3 系统工作过程及数据流程

数据采集系统的工作过程如下:

(1)传感器模块部署后,加电启动,等待加入无线传感器网络的命令。

(2)中央控制模块(主机)发送启动命令到监测网络内每个数据采集与传输模块。

(3)数据采集与传输模块(分机)接收到启动命令后加入网络,获取网络的地址信息,配置本地链路地址,建立路由。

(4)数据采集与传输模块根据事先设定好传感器模块的数据采集周期来采集数据,并且将数据信息以数据包的形式传送到中央控制模块(监测主机)。

依据系统的工作过程,监测数据采集与传输的简要工作流程,如图4-16-8所示。

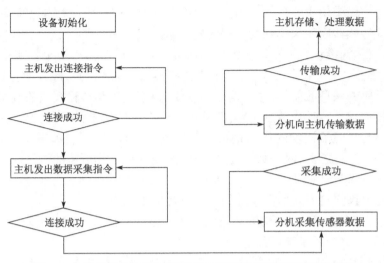

图 4-16-8　山区库岸公路路基变形与稳定远程监测系统的工作流程图

16.5.4　数据采集与传输模块设计

无线监测网络由大量体积小,功耗低,具有无线通信、传感和数据处理功能的传感器节点组成,因此,数据采集与传输模块是无线监测网络的基本单元,设计的好坏直接影响到整个网络的质量。数据采集与传输模块除了负责采集信息和处理该信息之外,还要在传感器模块与中央控制模块之间转发其他相关的信息,同时在特定的应用环境中,要与其他模块协作完成某些特定的任务。

1)无线数据采集与传输模块综述

数据采集与传输模块是无线监测网络的基本模块,它的稳定运行是整个网络可靠性的基本保证。数据采集与传输模块是一个微型的嵌入式系统,它的处理能力、存储能力和通信能力相对较弱,在不同应用中,数据采集与传输模块的组成不尽相同,但一般都是与传感器模块紧密相连的,由处理器模块、无线通信模块和能量供应模块几部分组成。常见数据采集与传输模块结构,如图 4-16-9 所示。

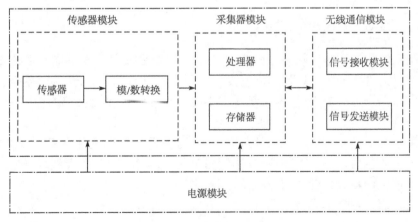

图 4-16-9　数据采集与传输模块结构

数据采集与传输模块主要负责对周围信息的采集和处理,并发送自己采集的数据给中央控制模块或将从传感器模块采集到的数据转发给基站或更靠近基站。无线监测系统由传感器模块、数据采集与传输模块和能量供应模块等部分组成。传感器模块负责测量某一区域的数据(应力、应变、温度、含水率等物理量)。由于传感器模块输出的一般是模拟信号,而且这些信号包含很多无用的信息,这样传送数据很不方便,数据处理与传输模块的数据处理器把传感器模块输出的模拟信号转换成数字信号,并从中提取有用的信息,这样能大大提高无线监测网络的工作效率。无线通信模块的作用是负责不同模块之间的通信,即发送信号和接收信号。能量供应模块是指给传感器模块、数据处理、无线通信提供工作所需的能量。

2) 自动监测系统设计原则

库岸路基变形稳定自动化监测系统的总体设计原则如下:

(1) 为了确保路基安全,监测精度必须达到库岸路基变形稳定监测要求,监测系统获取的数据必须正确可靠,整个系统运行稳定。

(2) 要求充分合理地改进监测方法,减轻劳动强度,从数据的获取到处理,以及分析预报,达到内外业一体化。

(3) 在保证高可靠性的基础上,还应尽可能降低成本,整个系统尽量采用较为成熟的新技术、新设备,并有实用性强的信息管理软件做支撑。

(4) 系统应便于扩展,最终可接入其他相关监测项目,系统用户界面应尽量简单、直观、通用。

3) 自动监测系统功能

库岸路基变形稳定自动监测系统在满足上述设计原则的基础上,应具有以下功能:

(1) 野外数据自动采集,包括自动读数、自动记录、自动存储等。

(2) 基础监测数据的处理全自动,可随时显示并打印计算成果,进行数据的初步分析等。

(3) 监测系统可与电脑实现双向通信,可实现联机实时监控自动化。

(4) 超限数据以及各类错误或有效信息报警。

(5) 应具有操作灵活、功能齐全的数据库,包括数据入库、数据查询、数据合并、数据转储及数据库维护等功能。

16.5.5 自动监测系统的组成

自动监测系统的设计应该从两方面考虑:一方面,要考虑建立该系统的目的和功能,建立该监测系统的目的是长期监控库岸路基的变形与稳定,并通过数据分析为路基病害处治、公路运营管理提供依据。另一方面,监测系统成本不能过高,需要考虑监测系统中所使用的传感仪器和通信设备费用。

自动监测系统根据监测的功能设计基本原则,监测系统总体设计方案如图 4-16-10 所示。自动监测系统主要包括以下几个模块:现场监测单元、数据采集单元、无线发送单元、电源供应和监控中心计算机以及数据管理与分析单元等。

下面简要介绍下各个单元:

(1) 现场监测单元。

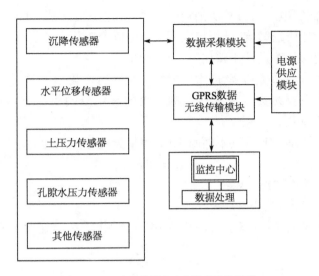

图 4-16-10　库岸路基自动监测系统组织图

现场监测单元主要包括路基位移、土压力、孔隙水压力等，传感器能自动获取数据，单总线结构，降低监测网络的复杂性。

（2）数据采集单元。

数据采集单元具有一般数据采集器的功能，而且 CPU 采用低功耗，以满足电池供电的要求。

（3）无线传输单元。

无线传输单元采用 GPRS 传输，GPRS 模块与采集器 RS-232 口和现有的无线传输 TCP/IP 协议相兼容，降低成本。

（4）监控中心。

监控中心通过 GPRS 网络远程监控数据采集单元并接收采集器采集的数据。

（5）数据管理与分析单元。

这部分由数据存储和管理、数据检验、常规分析等模块组成，以后将逐步扩充建立和使用数学模型，进行路基变形与稳定的综合分析评价。

该系统的优点在于能实时、自动地采集沉降数据，而且根据路基的施工进度增加监测网络节点也比较简单，只需要增加一节监测装置，与原来已安装的监测设备没有关联。

1）系统电力供应

库岸路基变形稳定监测系统采集数据测量站点不少处于地形环境十分复杂、交通不便、传输距离远、无电网供电的地方，路基监测系统的供电是必须解决的一个问题，采用太阳能对蓄电池进行浮充的电源方案就是常用的解决方案。

首先，现场数据采集模块（分机）和传感器应采用低功率、低能耗的；其次，选择的太阳能发电板和蓄电池应是经济、可靠性的。既要防止太阳能发电板在阴雨期容量不够，达不到测量目的，又要避免容量过大，造成浪费。

（1）确定太阳能发电板容量。

太阳能发电板容量是指平板式太阳能板发电功率。太阳能发电功率量值取决于负载所能消耗的电力,由负载额定电源与负载所消耗的电力,决定了负载消耗的容量,再考虑到平均每天日照时数及阴雨天造成的影响,计算出太阳能电池阵列工作电流 I_p(A)。

太阳能电池阵列的具体设计步骤如下:

①确定远程无线监测系统功率,即太阳能供电系统的负载。

太阳能供电系统主要是为远程无线监测系统的现场分站供电,分机设计中一般可采用 12V、24V、48V 标准直流电。

由于无线监测系统是 24h 持续不间断工作,每个分机每天消耗的电量为

$$H = Wh \tag{4-16-3}$$

式中:W——分站系统额定功率(W);

h——分站每天工作时间(h)。

②确定系太阳能供电系统的容量,即负载 24h 消耗电量 P,选定每天日照时数 t(h)。

$$P = \frac{H}{U} \tag{4-16-4}$$

式中:P——太阳能板的容量(Ah);

H——远程无线监测系统耗电量(Wh);

U——负载额定电压(V)。

(2)根据分机的电压或功率要求确定太阳能供电系统的直流电压;根据当地气象特点(如平均最长阴雨天天数)确定蓄电池的类型和存储天数。

根据负载功率确定系统的直流电压(蓄电池的电压)。确定的原则:在条件允许的情况下,尽可能提高系统电压,以减少线路损失;直流电压的选择要符合我国直流电压的标准等级,即 12V、24V、48V 等。

蓄电池的容量由下列因素决定:

①蓄电池单独工作天数。在特殊气候条件下,蓄电池允许放电达到蓄电池所剩容量占正常额定容量的 20%。

②蓄电池每天放电量。对于日负载稳定且要求不高的场合,日放电周期深度可限制在蓄电池所剩容量占额定容量的 80%。

③蓄电池要有足够的容量,以保证不会因过充电造成失水。一般在选蓄电池容量时,只要蓄电池容量大于太阳能发电板峰值电流的 25 倍,则蓄电池在充电时就不会造成失水。

④蓄电池自身漏掉的电能。随着电池使用时间的增长及电池温度的升高,自放电率会增加。对于新的电池,自放电率通常小于容量的 5%;但对于旧的、质量不好的电池,自放电率可增至每月容量的 10%~15%。

在库岸路基变形稳定远程监测系统中,连续阴雨天的长短决定了蓄电池的容量,由遥测设备在连续阴雨天中所消耗能量加上 20% 因子,再加上 10% 电池自放电能,便可计算出蓄电池的容量。

(3)根据太阳电池方阵面接收到的平均日辐射量和负载消耗电量,计算太阳电池的电流;根据系统电压和太阳电池组件的工作电比确定太阳电池的串联数,根据太阳电池的电流需求和无线监测系统分站工作电流确定太阳电池组件的并联数,并计算出太阳电池总的功率。

按照上述两种容量方案的计算,可进行太阳能电源的设计。

①远程监测系统现场分机的主要参数。

a. 分站工作电压为 12V,额定功率为 3W,输出电流 4A;

b. 一般地区日照时间为 6~8h。

分站每天消耗的电量为(12V 供电)

$$0.25 \times 24 = 6(Ah)$$

②分机蓄电池容量统计。

设电池容量能满足监测分机工作 7d,则电池容量最小值

$$6 \times 7 = 42(Ah)$$

虽然电池的标称容量就是其额定放电容量,但我们仅按 75% 的放电量来设计,以便有一定的富裕量,则设计的电池总容量

$$\frac{42}{0.75} = 56(Ah)$$

蓄电池:采用铅酸蓄电池,每块标准组件设计为 12V 蓄电池充电,一组即可。总容量 56Ah,采用三个 20Ah 容量并联形式。

③太阳能电源设计值。

一块标准的太阳能板的充电电流为 4A,我国大部分地方在有太阳的情况下,太阳能板的最大充电电流为 3A,且以 3A 充电的时间仅有 4h/d,其他时间的充电电流则达不到 3A。在阴天时,太阳能板的充电电流只有约 0.7A/块。假设在较恶劣的天气里,7d 内,晴天为 4d、阴天为 1d、雨天为 2d(不充电),则每块太阳能板的输出电流:

晴天时

$$3A \times 4h + (3A + 0.7) \div 2 \times 4h = 19.4(Ah/d)$$

$$19.4 \times 4d = 77.6(Ah)$$

阴天时

$$0.7A \times 8h = 5.6(Ah/d)$$

$$5.6 \times 1 = 5.6(Ah)$$

共计

$$77.6 + 5.6 = 83.2(Ah)$$

假设采用输入电压为 12V/4A 的太阳能板 2 块,则 7d 内的总充电量

$$2 \div 2 \times 83.2 = 83.2(Ah) > 56Ah$$

因而可满足系统供电的需要。

(4)太阳能电源安装使用中注意的问题。

①太阳能电池阵列板选择安装在周围无高大建筑物、树木、电线杆等无遮挡太阳光和避风处。可以根据当太阳能板所处位置的纬度粗略确定太阳能电池板的倾斜角:

a. 当纬度为 0°~25°时,倾斜角等于纬度;

b. 当纬度为 25°~40°时,倾斜角等于纬度加上 5°~10°;

c. 当纬度为 40°~55°时,倾斜角等于纬度加上 10°~15°;

d. 当纬度为 55°以上时,倾斜角等于纬度加上 15°~20°。

②太阳能电池阵列板配套的蓄电池在第一次使用时,要先充电到额定容量,不可过充或过放。

2) 观测仪器的选择及监测频率

一般情况下,可按照表4-16-3中所列的频率进行监测,但在持续降雨、洪水期等特殊情况下,不再受表中频率限制,须进行实时监测。

库岸路基变形与稳定监测频率　　　　　　　　表4-16-3

监测类别	监测项目	施 工 期	施工后观测
变形	表面变形	2~4次/月	1~2次/月
	内部变形	4~10次/月	2~4次/月
水位	—	4~10次/月	4~10次/月
应力	—	3~6次/月	1~2次/月

16.6 路基变形与稳定远程智能监控系统

路基安全监测是保证路基稳定及安全运行的重要内容,已成为目前路基设计、施工及灾害预警的重要依据。在路基施工和运行过程中开展安全监测,一方面能保证将路基的变形、渗流、防护结构工作状况等信息及时反馈给设计人员,以便调整和优化设计方案;另一方面可对路基及防护结构进行动态监测,及时发现安全隐患,以便开展安全预警,保证山区库岸公路运行安全。

招商交科"云眼"可视化路基边坡智能监控路联网系统(以下简称"云眼"系统)是招商局重庆交通科研设计院有限公司(以下简称"招商交科")自主研发的路基边坡智能监控系统,如图4-16-11所示。"云眼"系统可对路基性状变化的特征信息实现自动化连续监测和远程数据传输,包括路基表面变形、裂缝、深部位移、防护与加固结构应力、应变、地下水、降雨量、现场图像等,并通过云平台实现对监测数据的智能分析和预警。

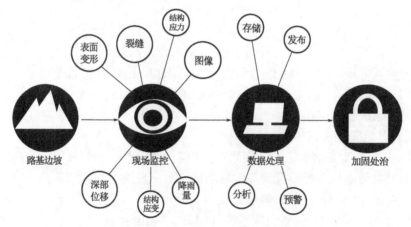

图4-16-11　招商交科"云眼"系统

目前,"云眼"系统包含8个硬件子系统和2个软件子系统,共同配合实现路基边坡现场的监测和对监测数据的处理和展示。"云眼"系统各子系统的主要监测内容(表4-16-4)可根据路基边坡的具体情况和监测需要进行组合安装。

"云眼"系统各子系统功能表 表4-16-4

系统	系统名称	系统型号	监测内容
硬件系统	CMCT-SRM 系统	"云眼"101 系统	进行非接触式表面变形
	CMCT-SSM 系统	"云眼"201 系统	主断面变形/裂缝变化
	CMCT-SIG 系统	"云眼"301 系统	内部滑动情况
	CMCT-TCM 系统	"云眼"401 系统	支护结构上裂缝变化
	CMCT-TSG 系统	"云眼"501 系统	支护结构倾斜状态
	CMCT-APS 系统	"云眼"601 系统	锚固预应力状态
	图像监测系统	—	获取高清图像
	降雨监测系统	—	边坡所在区域降雨情况
软件系统	云端数据平台	—	存储、分析、展示,发布各类监测数据
	手机App软件	—	便于用户通过移动互联网实时查询各类监测数据

16.6.1 招商交科"云眼"系统主要设备

1)"云眼"101系统:表面变形非接触式监测系统

"云眼"101系统以先进的精密激光与光学仪器为核心传感器,无须在路基、边坡上进行任何施工,即可实现对路基、边坡关键部位的远距离非接触高精度实时变形监测,如图4-16-12所示。

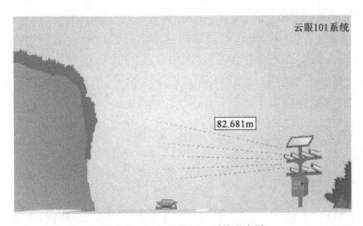

图4-16-12 "云眼"101系统示意图

"云眼"101系统主要功能及特点:

(1)可远距离非接触地监测路基、边坡、危岩表面变形,可对监测人员无法到达的危险区域进行监测。

(2)标准量程为150m,最大可监测距离250m,精度1mm。

(3) 一套系统可最多对边坡上 8 个监测点同时进行实时监测。
(4) 采用太阳能+大容量锂电池供电,在完全没有太阳能补充的条件下可连续工作 15d。
(5) 利用移动网络进行数据传输,覆盖范围广,运营费用低。

2) "云眼"201 系统:表面裂缝监测系统

"云眼"201 系统利用高精度位移传感器对路基、边坡地表裂缝和整体变形进行监测,如图 4-16-13 所示。当路基、边坡产生变形、出现裂缝时,系统可以及时监测裂缝的发展情况。

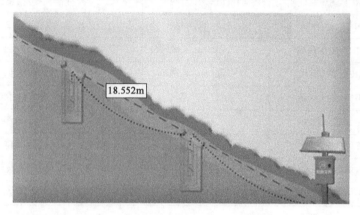

图 4-16-13 "云眼"201 系统示意图

"云眼"201 系统主要功能及特点:
(1) 单个监测设备量程为 1m,精度为 1mm。
(2) 单个系统可接入多条数据通道,每条数据通道可完成一个边坡长断面的监控。
(3) 在监测裂缝时,地表变形监测设备可采用独立数据上传模式。
(4) 采用太阳能+大容量锂电池供电,在完全没有太阳能补充的条件下可连续工作 15d。
(5) 利用移动网络进行数据无线传输,覆盖范围广,运营费用低。

3) "云眼"301 系统:边坡内部滑移监测系统

"云眼"301 系统可以对路基、边坡内部数 10m 深的变形进行连续监测,如图 4-16-14 所示。在路基、边坡内部出现滑移时,测斜仪会随之发生倾斜,传感器感知到数据变化后会立即将监测数据实时传输至服务器中。

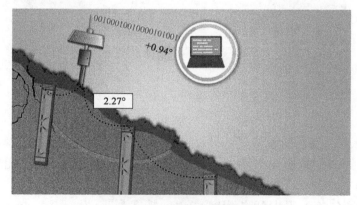

图 4-16-14 "云眼"301 系统示意图

"云眼"301系统主要功能及特点:

(1)通过多级深部倾斜状态监测实现对路基、边坡内部滑移的数据获取,可适应路基内部大变形。

(2)每个深部位移监测孔可安装5~10个深部位移测斜传感器。

(3)设备量程为双轴±30°,精度为0.01°。

(4)采用太阳能+大容量锂电池供电,可在完全没有太阳能补充的条件下工作15d。

(5)利用移动网络进行数据无线传输,覆盖范围广,运营费用低。

4)"云眼"401系统:结构物裂缝监测系统

"云眼"401系统主要用于监测路基、边坡防护结构及附近构筑物上的裂缝监测,如图4-16-15。"云眼"401系统主要功能及特点:

(1)设备量程为200mm,精度为0.01mm。

(2)系统可以定时上传监测数据。

(3)在裂缝数据超过设定阈值时自动报警,并发出报警短信给相关人员。

图4-16-15 "云眼"401系统示意图

5)"云眼"501系统:结构物倾斜状态监测系统

"云眼"501系统主要用于监测路基、边坡防护与加固结构的倾斜情况,可同时监测x、y两个轴向倾斜,如图4-16-16所示。

图4-16-16 "云眼"501系统示意图

"云眼"501系统主要功能及特点：
（1）设置量程为±30°,精度为0.01°,分辨率为0.001°。
（2）系统可定时上传监测数据。
（3）在出现倾斜数据超过设定阈值时自动报警,并发出报警短信提示相关人员。
6)"云眼"601系统：锚索预应力监测系统
"云眼"601系统通过在锚索张拉时预埋入测力传感器,可以实现对边坡锚索预应力的实时监测,在出现预应力损失时,系统可以将监测数据实时传输至服务器中。系统可定时上传监测数据；在数据超过设定阈值时自动报警,并发出报警短信提示相关人员,如图4-16-17所示。

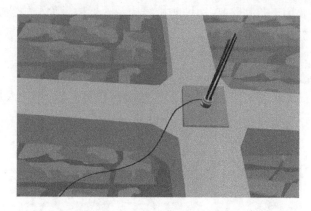

图4-16-17　"云眼"601系统示意图

"云眼"601系统主要功能及特点：
（1）系统可以根据需求接入多种类型的锚索测力计,监测范围为200~10000kN,监测精度1%FS。
（2）每套系统可最多接入8台锚索测力计。
（3）采用太阳能+大容量锂电池供电,可在完全没有太阳能补充的条件下工作15d。
（4）利用移动网络进行数据无线传输,覆盖范围广、运营费用低。
7）图像监测系统
图像监测系统用于获取路基、边坡高清图像,安装于路基、边坡附近视野较好的位置,用于实时获取边坡当前的图像情况,还可通过历史图像的对比,分析路基、边坡变形状态,便于管理者更加直观形象地了解路基、边坡目前的运营情况,如图4-16-18所示。
8）降雨监测系统
路基、边坡现场降雨监控系统可以独立安装于路基、边坡区域,也可与其他系统整合安装,实现对监测区域降雨量的实时监控,并可与其他监控系统联动,根据降雨量情况自动调整其他监控系统的监控频率,系统最大可监控降雨量为4mm/min,如图4-16-19所示。

16.6.2　招商交科"云眼"软件系统

1）云端数据平台
该系统用于存储、分析、展示、发布各类监测数据,所有前端监测设备在获取到其传感器数据之后,利用2G/3G网络将数据定期上传至"云眼"监控系统数据平台之中,平台上建立了对应的数据接收软件、数据库系统以及数据展示发布软件,数据最终可以在 www.cloudeyes.cn 网站上进行实时查询,如图 4-16-20 所示。

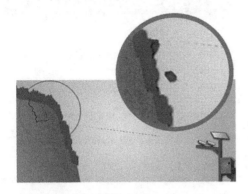

图 4-16-18　图像监测系统示意图

图 4-16-19　降雨监测系统示意图

a)

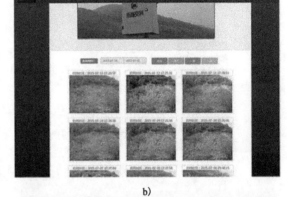

b)

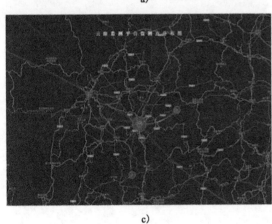

c)

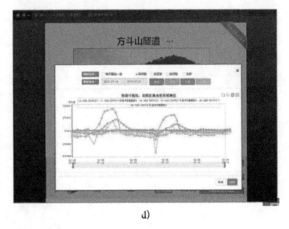

d)

图 4-16-20　云端数据平台展示界面

2)手机软件

手机软件便于用户通过移动互联网实时查询各类监测数据,拥有安卓和苹果手机应用系统两个平台版本,用户可以通过安装软件实现接收异常报警、例行数据推送、监测点基本信息显示、数据显示、历史数据查询、用户基本管理等功能,如图 4-16-21 所示。

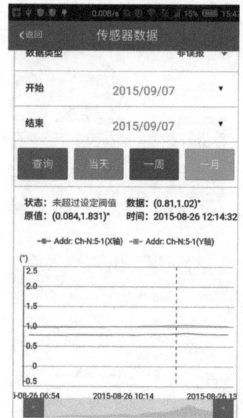

图 4-16-21　手机软件展示界面

17 库岸路基病害处治技术

库岸路基经常受到季节性或长期浸水,路基长期受水冲刷侵蚀弱化了路基的承载力和稳定性。由于水和路基之间产生长期、反复的物理作用、化学作用和力学作用,削弱了土颗粒和岩块之间的联系,增加了土颗粒和岩块的自由度和活动度,加快岩体向破碎—松散介质转化的进程;路基长年受渗流、浪击、水流冲刷和风蚀,也将明显加速这一过程,库岸公路也必将随之出现路基软化、塌陷、边坡滑动、崩塌、挡土墙、涵洞、桥梁基础淘刷、稳定性降低、承载力不足,等等,进而产生病害或变形失稳。

库岸路基常见的病害有路基沉陷、路堤失稳、路基滑塌、路基崩塌、沟槽回填土沉陷、路肩盲沟淤塞、泄水孔堵塞、防护工程与加固工程损坏等。

在公路建成之后,随着时间的推移,库岸路基的病害将越来越明显。为了确保路基稳定及行车安全,需要对库岸路基的病害进行防治,主要是防止路基边坡受水流的侵蚀、冲刷而失稳或崩塌,减少路基土体内部受水的浮力与渗透动水压力的破坏,以及浸入水对填筑料力学性能的改变。库岸路基病害防治可依据现场地质水文及实际情况选择透水性强的路基填料,减少路基承受水侵蚀的影响,同时进行堤岸防护与加固,防止水流冲刷并约束路基侧向位移。对库岸路基不均匀沉降进行处治,目前常采用压力灌浆、强夯等措施,预防措施是在施工时设置土工织物、玻纤织物等,以缓解不均匀沉降对路面的影响。对库岸路基边坡滑动、崩塌,挡土墙、涵洞与桥梁基础淘刷等病害,多采用防与治相结合的方法。

一般来说,水对库岸路基边坡、支挡与防护结构的冲刷、淘蚀、侵蚀是无法避免的,必然要采取防护措施。对库岸路基病害的防治主要有两种防护方法。

1)主动防护方法

主动防护方法包括调整公路路线、提高库岸路基岩土体强度、加强路基岩土体抗冲刷能力、完善路基排水系统等。

2)被动防护方法

被动防护方法包括改河以及改变水流方向,采用各种路基支挡与防护结构等。其总体防治思路如下:

(1)在设计阶段充分考虑库水对公路路基的不利影响,适当调整线路,在路基与水库、河道间设置足够的安全距离,从而避免路基受水流的侵蚀。

(2)在设计阶段,对水流特征及拟建公路路基相互影响进行充分调查、分析和评价,必要时采用改河等方法使水流远离公路,或采用设置丁坝等工程措施改变水流方向,从而降低水对路基的侵蚀。

(3)改善库岸路基岩土体工程性质,选择水稳定性好的填料进行路基填筑,采用冲击碾、强夯、灌浆等工程技术手段来改善库岸路基填土强度和水稳定性。

(4) 采用工程措施对路基加以防护。

在路基挡土墙基础中设置防冲墙,加固挡土墙基础,加强支挡结构挡防能力;提高路基防、排水能力,增加泄水孔、排水沟,加强路基排水能力,采用抛石护坡、实体护坡、生物防护等方法改善库岸路基边坡抗冲刷能力,从而保证路基的稳定安全性。

17.1 库岸路基及岸坡支挡结构病害防治技术

17.1.1 库岸路基支挡与防护结构典型加固措施

挡土墙、岸坡防护是保护路基、路面不受水毁的重要构造物,而它们又因长年累月受雨水、雪水渗透或洪水淹没,也容易发生损坏,需要经常进行检查,及时发现受损和变形破坏情况,及时进行维护和修复。

1) 挡土墙

(1) 挡土墙的裂缝、断缝,如已停止发展,应立即进行修理、加固,其方法是将裂缝缝隙凿毛,用水泥砂浆填塞;对混凝土挡土墙裂缝,可采用环氧树脂粘合。

(2) 因基础发生不均匀沉降或因墙背土压力引起的挡土墙倾斜、鼓肚、滑动或下沉,可选用以下加固方法:

①锚固。采用锚杆(索)锚入墙后稳定山体内,以分担部分土压力。锚固法应根据构造物种类、形状及锚固山体的土质等因素进行设计。锚固法加固如图 4-17-1 所示。

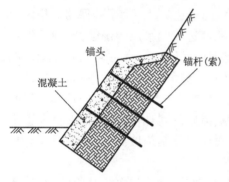

图 4-17-1 锚固法加固

②套墙加固。用钢筋混凝土在原挡土墙外侧,加宽基础,加厚墙身。施工时应先挖除墙后一部分填土,减除一部分土压力,以策安全。要注意新墙、基础和墙身的结合。旧墙表面应凿毛洗净润湿或加设钢筋锚栓或石榫,增强联结。套墙法加固如图 4-17-2 所示。

③增建支撑墙加固。在挡土墙外边增建支撑墙,支撑墙的基础深浅应与现有挡土墙基础相同,支撑墙尺寸和间距,应通过计算确定。支撑墙法加固如图 4-17-3 所示。

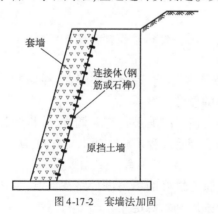

图 4-17-2 套墙法加固

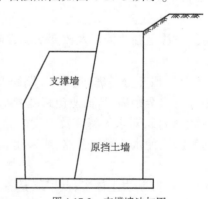

图 4-17-3 支撑墙法加固

(3) 基础淘空,可用石块填塞密实,并加做浆砌块石或石笼护坦防护。

(4) 挡土墙泄水孔应保持畅通,如有堵塞,应加以疏通,如疏通困难,应根据地下水情况,增设泄水孔,或加做墙后排水设施,严防墙后积水引起的土压力增加挤倒、挤裂墙身。墙后回填土必须分层夯实。

(5) 对挡土墙两端连接的边坡,若被水流冲成沟槽或缺口,应及时填补夯实。

(6) 锚杆及加筋土挡土墙,应做好顶面和墙外的防水、排水,发现变形、倾斜或肋柱、挡板断裂,应抽换加固。

2) 岸坡防护

(1) 护坡坡面有部分损坏,应将损坏部分拆除重砌。重砌时,护坡内要用碎(砾)石填筑夯实,否则发生洪水时洪水会掏空坡内填料,把整个护坡冲毁。

(2) 如基础有冲刷,可用石笼护基或加砌体护坡。

(3) 挡土墙、护坡等上部填土部分要注意排水,最好种上草皮,防止地面水下渗增加土的推力,导致鼓胀、倒塌。

17.1.2 增强支挡与防护结构趾部防护

为防止支挡与防护结构因趾部受到水流冲刷或库水侵蚀而产生各类病害,必须防止库岸路基挡土墙的趾部因水流、波浪作用和渗透产生的冲刷而导致的河床下切。趾部的防护可由两种基本方法来实现:

(1) 修建防冲墙或截水墙,将护岸建筑物延伸至估计的最大冲刷深度以下,截水墙还可用来延长潜在的渗流。

(2) 修建护坦(或护裙)等柔性护底层,从岸趾部伸向河床面,可控制冲刷,并且可随着河床的冲刷向下沉,这样可持续保护挡土墙趾部。

趾部防护的几种形式如图 4-17-4 所示。

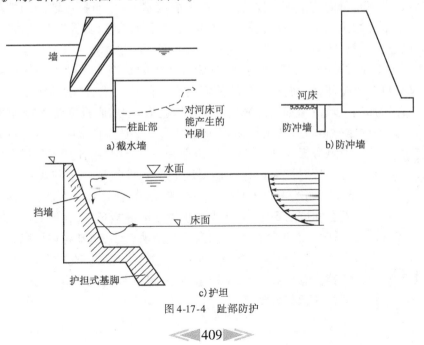

图 4-17-4　趾部防护

在砂砾质河床上最好采用柔性护坦,其下卧材料受冲刷和变形后,构成比较均一的斜坡。在黏性土河床上,冲刷过程不会构成均一的斜坡,因此护岸结构要向下延伸,直至预计最大冲刷深度。

防冲墙和截水墙的深度必须是超出床面以下预测的最大冲刷深度的适当距离(一般至少为50%),或者到达基岩。

可根据河床材料和路基修建后的水流流态来估算最大冲刷深度。护坦的长度也应根据对未来冲刷所作的估算来确定,并且应有足够的长度,以保护冲刷后存留的边坡。在实践中,所选择的标准应至少允许有1m的冲刷。在柔性趾部防护的情况下,如果是石笼挡土墙等柔性构造物,常常可简单连续地伸向河床。防护"裙"应完全是柔性的,并要进行精心设计,以便不会沿趾部线产生破坏。趾部细部设计实例如图4-17-5所示。

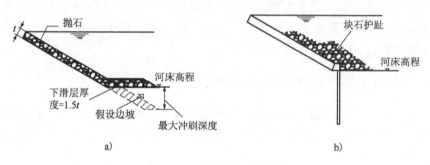

图4-17-5 趾部细部设计实例

17.1.3 采用凸榫基础提高挡土墙与防护工程的抗滑能力

山区库岸公路挡土墙是路基的重要组成部分,它不但具有一般挡土墙的作用,而且还具有岸边接连、挡水、导流及侧向防渗等多种功能。挡土墙浸水后,水对挡土墙的回填料及坡体将产生影响,如浮力加大、主动土力减小;黏性土浸水后,其强度指标显著降低,墙背和墙面受静水压力作用;墙基底受扬压力作用等。挡土墙在任何情况下均须满足以下几点:不滑动;不倾斜;平均基底压力不超过地基土的容许承载力;墙身产生的拉应力不超过墙体材料的允许应力。在墙前没有可靠支撑底板、地基松软、墙前墙后有水的情况下,滑动稳定是挡土墙底宽的控制条件。以往增加挡土墙抗滑稳定性采用的工程措施有:增加底板宽度,加大底板上的有效重力,墙背填料选择内摩擦角较大的土料,减小墙后土压力;把基底做成向内倾斜或在墙后增加阻滑板,等等。这些措施都有一定局限性,比如工程量会增加很多。

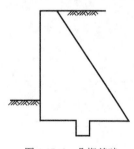

图4-17-6 凸楔基础

"凸榫"基础是在挡土墙底板底面设置一个与底板成整体的榫状凸块,如图4-17-6所示。它的作用在于增大榫前挡土墙被动阻力,从而有利抗滑稳定,可适当减小挡土墙底板长度;在地下水位较高的地基松软区域,土体黏聚力和内摩擦角值较小,地基容许承载力也较小的情况下,带凸榫的挡土墙更能突显它的优越性。选择合理的挡土墙断面,使其构造相对简单,工程量适中,既能满足抗滑稳定要求,又能满足地基容许承载力要求。

1) 凸榫的设计

(1) 凸榫的位置及最大高度的确定。

为了增大凸榫前被动阻力,要求被动凸榫不能超出挡土墙的前趾;整个凸榫应置于通过挡土墙前趾并与水平线成$(45°-\varphi/2)$角线和通过墙踵并与水平线成φ角线所形成的三角形范围内(φ为内摩擦角),凸楔的最大高度h_{max}要求不超出上述规定三角形范围,如图4-17-7所示。凸楔的尺寸如图4-17-8所示。

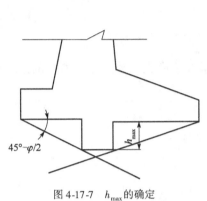

图4-17-7 h_{max}的确定

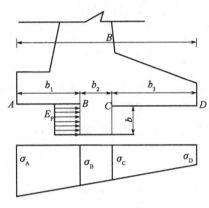

图4-17-8 凸楔的尺寸

(2) 加凸榫前后安全系数K_c的控制。

在挡土墙设计过程中,设置凸榫前挡土墙就应保证基本稳定,即$K_c>1.0$;而加凸榫后,挡土墙抗滑能力增加且应满足规定的抗滑稳定安全系数要求,即$K_c \geq [K_c]$。

2) 凸榫高度h的计算

(1) 砂土地基或中小型工程黏性土地基在未加凸榫前的挡土墙抗滑稳定验算:

$$K_c = f\frac{\sum G}{\sum H} \tag{4-17-1}$$

式中:K_c——计算抗滑稳定安全系数;

$\sum G$——作用于挡土墙基底全部竖向荷载之和;

$\sum H$——作用于挡土墙全部水平荷载之和;

f——挡土墙底面与地基土间的摩擦系数。

这时抗滑力$f\sum G = K_c \sum H$,为了使抗滑力增加到T,使之达到规抗滑稳定系数$[K_c]$,所以靠加凸榫后增加的抗滑力为

$$T - f\sum G = \{[K_c] - K_c\}\sum H \tag{4-17-2}$$

(2) 在图4-17-8中,基底设凸榫后,b_1和b_2还存在抗滑摩擦力。但b_1在凸榫前只有被动抗力,无摩擦阻力,所以加凸榫后产生的抗滑力为

$$\Delta T = \{[K_c] - K_c\}\sum H + \frac{1}{2}(\delta_A + \delta_B)b_1 f \tag{4-17-3}$$

式中:δ_A——基础前趾处压应力;

δ_B——凸楔前缘处压应力。

(3) 凸榫高度 h 应满足榫前被动土压力：

当 $E_p \geq \Delta T$ 时

$$E_p = \frac{1}{2}(\sigma_A + \delta_B)\tan^2\left(45° + \frac{\varphi}{2}\right) = \frac{1}{2}(\sigma_A + \delta_B)K_p \tag{4-17-4}$$

式中：E_p——凸楔前被动土压力；
φ——挡土墙基底与地基土的摩擦角；
K_p——被动土压力系数。

当 $K_p = 1$ 时，则

$$e_p = \frac{1}{2}(\delta_A + \delta_B) \tag{4-17-5}$$

因为当 $K_p = 1$ 时，被动土压力所需的墙身位移量大于形成主动土压力所需的最小位移量，即墙身设计所允许的最大位移量。

(4) 在高度 h 之内总被动土压力：

$$E_p = \frac{1}{2}(\sigma_A + \delta_B)K_p h \tag{4-17-6}$$

则凸榫高度的确定应满足下式要求：

$$E_p = \frac{1}{2}(\delta_A + \delta_B)K_p h \geq \Delta T \tag{4-17-7}$$

$$h \geq \frac{2\Delta T}{(\sigma_A + \delta_B)K_p} \tag{4-17-8}$$

当 $K_p = 1$，并代入式(4-17-8)得

$$h \geq \frac{2\{[K_c] - K_c\}\sum H + (\delta_A + \delta_B)b_1 f}{\delta_A + \delta_B} \tag{4-17-9}$$

3) 凸榫宽度 b_2 的计算

(1) 按截面弯矩求解：

$$b_2 = \sqrt{\frac{3h_{ep}^2}{[\delta_{wl}]}} \tag{4-17-10}$$

式中：$[\delta_{wl}]$——混凝土容许弯曲拉应力。

(2) 按截面剪力求解：

$$b_2 = \frac{h_{ep}}{[\delta_j]} \tag{4-17-11}$$

式中：$[\delta_j]$——混凝土的容许剪应力。

取式(4-17-10)、式(4-17-11)计算结果中最大的值作为设计凸榫宽度。

4) 混凝土凸榫与浆砌石墙身的连接

由于凸榫所受的被动土压力较大，所以保证凸榫本身的抗弯抗剪强度及其与墙体的连接强度就显得十分重要。在库岸公路建设中，可采用混凝土凸榫及混凝土底板，同时为保证混凝土与浆砌片石墙体的连接强度，连接面需凿毛并埋入20%左右材质坚硬的露面石，保证墙体与底板的整体性。

5) 与不带凸榫挡土墙的对比

带凸榫与不带凸榫挡土墙对比图如图 4-17-9 所示。从墙身体积来看,二者没有区别;从抗滑机理来看,二者有明显的不同。图 4-17-9a)仅是利用了齿墙前河床土的被动土压力,图 4-17-9b)不仅利用了墙前河床土的被动土压力,更主要的是利用了墙底应力产生的附加应力,二者的抗滑力相差 2~6 倍。

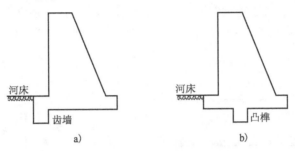

图 4-17-9　带凸榫与不带凸榫挡土墙对比图

防滑凸榫挡土墙利用凸榫前的被动土压力可以显著地提高挡土墙的抗滑能力,减小挡土墙断面,节省工程投资,提高经济效益。与其他形式的挡土墙相比,带凸榫挡土墙抗滑效果更为显著。此外,在挡土墙底部设置凸榫,由于凸榫的嵌固作用,不同程度地改善了地基的承载能力,同时地基的稳定性有所提高。

17.1.4　在支挡结构上设置防冲刷凸起点

库岸路基、岸坡的支挡结构直接面临水流的侵蚀,可以在临水挡土墙中每隔一定距离设置突出的凸起点,当水流遇到凸起点时。水流方向发生改变以远离挡土墙,从而达到保护下游挡土墙的目的,如图 4-17-10 所示。挡土墙防冲刷的凸起点一般采用正三角形结构,与挡土墙一起施工。

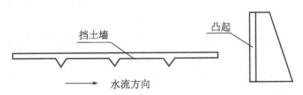

图 4-17-10　临水支挡结构上的防冲刷凸起点

17.1.5　库岸路基病害综合修复技术

工程实际中,单一修复技术往往难以达到库岸路基病害治理修复的目的,需要采用综合的治理修复技术,即组合上述各种治理修复技术,根据库岸路基病害产生原因、特点及病害路段的工程地质和水文地质实际条件,采取最优的治理修复技术的组合。一个基本的综合治理修复技术组合如图 4-17-11 所示。其中,路基排水设计应当着重强调构成完整的排水系统,确保截住坡面范围以外流向公路的地表径流和地下水,避免流入路基或岸坡内部,同时尽快将路基或岸坡范围内的水排出或疏干。大部分路基或岸坡通过完善排水设计,配合减载和支挡工程,使得公路路基或岸坡得到加固稳定。

对于填方路堤沉陷、滑塌的防治:

(1)填方路堤沉陷滑移时,可以采取防治滑坡的方法处理。用纵横盲沟排出地下水,并在坡脚修建支撑构造物或修筑抵墙抗滑(图4-17-11)。抵墙有各种不同结构和形式,一般用透水材料如大卵石,开山石堆底。

(2)高填方路堤由于原地基软弱而发生下沉或地面鼓起,则在鼓起范围内填土(石)反压护坡道,其高度为路堤高的0.3~0.5倍,使两者受力保持平衡(图4-17-12)。

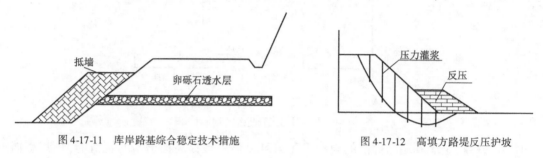

图4-17-11　库岸路基综合稳定技术措施　　　　图4-17-12　高填方路堤反压护坡

17.2　降低水对库岸路基、岸坡支挡与防护结构侵蚀的工程措施

库岸路基及岸坡防护是许多库岸路基水毁防治研究的重点,特别是水库蓄水后,水位大幅度的变化以及水流的冲刷引起浸水路基坡脚的后退,库岸路基边坡稳定性将受到严重的威胁,因此,应对库岸路基进行防护,以确保路基在水流的侵蚀下及水位的涨落下功能的可靠性。

为了降低或防止水流对库岸路基、岸坡的侵蚀,维持库岸路基、岸坡的稳定,需修建近岸临水防护工程。传统的库岸整治与防护建筑物主要有堤防、丁坝、护岸及镇坝等类型,但对于公路工程来说,常用的是护岸和丁坝。库岸防护工程可以是平顺式的护脚护坡形式,也可以是短丁坝或矶头形式。防护工程的结构形式取决于部位的重要程度、工作环境、承受水流作用的情况、当地材料的特性等因素。

平顺式防护工程最为常用,在布局、形式、结构、材料等方面多种多样,各具不同特点,需根据具体情况分析研究采用。防护工程按形式一般分为以下四类:

(1)坡式防护结构。坡式防护结构,也称为平顺护岸,用抗冲材料直接铺敷在岸坡及堤脚一定范围内,形成连续的覆盖式护岸。它对河床边界条件改变较小,对近岸水流的影响也较小,是一种常见且需要优先选用的形式。

(2)坝式防护结构。依托堤身、滩岸修建丁坝、顺坝,导引水流离岸,防止水流、风浪直接侵袭、冲刷堤岸,保证堤防安全。坝式防护结构是一种间断性的有重点的护岸形式,并且它有调整水流的作用。

(3)墙式防护结构。墙式防护结构顺堤岸设置,具有断面小、占地少的优点,但要求地基满足一定的承载能力。

(4)其他防护形式。包括坡式与墙式相结合的混合形式坝、生物防护工程等。

平顺式护岸可分为以下三种:

(1)在中水位(或枯水位)以下的为下层工程,主要是护坡和护底。护底是为了保护枯水位以下护坡的安全。其经常处于水下工作状态,须在水下施工,且遭受水流冲刷较为严重,易被冲坏,要求能够适应河床变形。

(2)在中水位(或枯水位)以上、洪水位以下的为中层工程,在水上的时间长,可以在陆上施工,建筑材料要能适应时干时湿的变化,具有较强的抗腐蚀性。

(3)在洪水位以上的为上层工程,除被雨水冲蚀外,不与水接触,均可在陆上施工。由于各层的条件和要求不同,防护建筑物的结构和材料也不同。

库岸路基的防护措施按其构造和作用可分为两种形式:

(1)对路基和岸坡进行直接防护,用抗冲材料直接覆盖在凹岸路基边坡上,以抵抗水流的淘刷而引起的崩塌。

(2)间接防护,通过在凹岸布设丁坝或丁坝群来改变水流性质,减轻水流对路基的侵蚀。

17.2.1 对库岸路基和岸坡进行直接防护

库岸路基的直接护坡主要是为了增强路基抵抗水流侵蚀的能力。护坡的构造形态应根据库岸的地形、路基特性以及侵蚀的程度来设定。直接护坡可分为高水位护坡和低水位护坡两种。一般来说,低水位护坡应先选择自然河岸,利用天然植物进行护坡;高水位护坡主要是针对洪水时的侵蚀,可选抛石护坡、铺砌护坡或修筑挡土墙等方法。

1)植被护坡

植树造林是一种常用的植被防护方法。在河流整治工程中,滩地上植造防护林带,能起到导流、防浪、减速、固滩的作用。在宽浅游荡和宽浅变迁河段上,植树造林能起到稳定库岸边坡岩土体的作用。

种草和铺草皮是土质边坡的简单护坡方法,适用于草类易于生长,淹没时间不长,波浪侵蚀和水流冲刷不大,或为了防止雨水从路肩下泄时,边坡遭到侵蚀等情况。

在水流流速较大的库岸路基段,则应在路基边坡上种植根系发达、枝叶茂密喜水性的灌木或抗冲能力较强的水草,以增强路基的耐侵蚀能力。此外,近年来三维植被网技术在黄河黄土护坡与长江风化岩边坡治理中,有效地提高了边坡的整体稳定性。

2)抛石护坡

抛石护坡是护岸与路基工程中最常用的边坡防护措施(图4-17-13)。抛石护坡是库岸防护中的一种有效措施,通过计算,用一定粒径范围内的块石把需要防护的岸坡或路基从深泓到岸滩均匀抛成一定厚度的块石层,全面覆盖易受侵蚀的路基岸坡,增加其抗冲能力,稳定路基岸坡的作用。

注意:抛石护坡的边坡坡度不可大于抛石水下休止角,以防止水流对基础的冲蚀,使抛石逐渐被水流带走;应设置反滤垫层,以防抛石崩塌。

库岸路基边坡抛石防护中,因防护部位与水流条件的不同,所需抛石大小应有所不同。但对于凹岸处的库岸路基,由于水流的运动特性对凹岸路基边坡泥沙运动具有独特的影响,凹岸路基边坡上抛石粒径 d 的计算应与顺直河岸有所不同,应该从抗冲稳定性方面考虑,确定库岸凹岸路基边坡抛石的粒径。

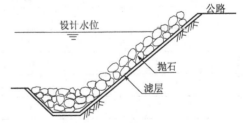

图 4-17-13 抛石护坡

抛石落距受到环流旋度的影响,由于存在螺旋流,抛下的石子在沉降过程中除了沿水流方向(纵向)运动外,还向水流中央方向(横向)运动,抛石横向运动的距离与环流的强度有关。环流强度大,抛石横向运动距离就大;环流强度小,抛石横向运动的距离就小。因此,凹岸抛石落距公式应不同于直段抛石落距公式,抛石落距可按经验公式(4-17-12)计算。

$$\frac{S}{h} = \left(\frac{\bar{u}}{\omega}\right)^{3/2} \tag{4-17-12}$$

式中:S——抛石落距(m);
h——垂线水深(m);
$\bar{u}$——垂线平均流速(m/s);
ω——石子在静水中的沉速(m/s)。

当进行抛石防护时,如果通过缝隙使支承面发生冲蚀,则抛石护坡将有可能失败。因此,应选择级配良好的砂砾料以及透水性好的土工织物作为反滤层材料,以确保抛石护坡的成功。

不同(水流)流速与抛石粒径下的水深、不同护坡坡度与流速下的抛石粒径、不同护坡坡度与浪高下的抛石粒径如表4-17-1~表4-17-4所示。

抛石护坡坡度参考 表4-17-1

护坡坡度	适宜水流条件	护坡坡度	适宜水流条件
1:1.25~1:1.5	浅水、流速小	篱格填石	3.5m/s
1:2.0~1:3.0	水深2~6m,流速较大,波浪汹涌	石笼	4.0~5.0m/s
>1:2.0	水深大于6m,在急流中施工	浆砌块石	6.0m/s
双层石砌	3.5	水泥混凝土铺砌	8.0~12.0m/s

不同流速与抛石粒径下的水深 表4-17-2

抛石粒径(cm)	流速(m/s)				
	0.4	1.0	2.0	3.0	5.0
15	2.70	3.00	3.40	3.70	4.00
20	3.15	3.45	3.90	4.20	4.50
30	3.50	3.95	4.25	4.45	5.00
40	—	4.30	4.45	4.80	5.05
50	—	—	4.85	5.00	5.40

不同护坡坡度与流速下的抛石粒径 表4-17-3

流速(m/s)	护坡坡度					
	1:1	1:1.5	1:1.75	1:2.0	1:2.5	1:3.0
2.0	20	20	20	20	20	20
2.5	25	20	20	20	20	20
3.0	35	30	30	30	25	25
3.5	45	40	35	35	30	30

不同护坡坡度与浪高下的抛石粒径　　　　　　表 4-17-4

浪高(m)	坡比					
	1∶1	1∶1.5	1∶1.75	1∶2.0	1∶2.5	1∶3.0
0.25	30	20	20	20	20	20
0.50	45	30	30	25	25	25
0.75	—	45	40	30	30	30
1.00	—	—	50	45	45	35

3) 挡土墙护坡

填土较高的浸水库岸路基,应综合考虑路基边坡冲刷范围、河道水位、地下水位以及边坡的坡度等因素来评价库岸路基的稳定性。如果库岸路基的稳定性不能满足要求,可考虑采用挡土墙护坡的方法(图 4-17-14),墙高 2m 以上时可采用浆砌,2m 以下则可干砌。目前,加筋土挡土墙技术已经在公路、铁路、水利等部门广泛被采用。该技术在重庆长江滨江路工程中,获得可靠的护岸效果,节约了工程造价。

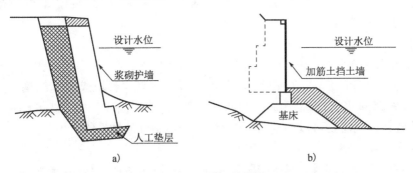

图 4-17-14　挡土墙护坡

采取挡土墙护坡时,基础底面应埋置在局部冲刷深度以下 1.0~1.5m 处,采用水稳性好的材料设置人工垫层,在其上设置片石混凝土基础。墙背填料应尽量选用水稳性良好、稳定易密实的岩渣、砂砾土混合回填夯实。

4) 铺砌护坡

根据不同的施工方法与防护效果,铺砌护坡主要分为干砌片石护坡、浆砌片石护坡和混凝土预制块护坡。

(1) 干砌片石护坡。

干砌片石护坡,一般用于较缓(不陡于 1∶2.5)土质路基边坡,因雨、雪水冲刷会发生流泥、拉沟与小型溜塌,或有严重剥落的软质岩质边坡,周期性浸水的河滩或水库的岸坡防护。干砌片石护坡厚度一般为:单层 0.15~0.25m;双层的上层为 0.25~0.35m,下层为 0.15~0.25m。铺砌层的底面应设碎石、砾石或砂砾混合物作为垫层,厚度一般为 0.1~0.15m。

(2) 浆砌片石护坡。

浆砌片石护坡(图 4-17-15),常用于坡度较平坦(小于 1∶1),水流流速较大(4.0~6.0m/s)或波浪较大以及可能有流冰、漂浮物冲击时的坡面冲刷防护。护坡铺砌厚度较小,不能承受土压力。铺砌厚度一般为 0.20~0.50m，用于冲刷防护时，最小厚度为 0.35m。在砌石和土之间设置 0.10~0.15m 厚的碎石或砂砾垫层。

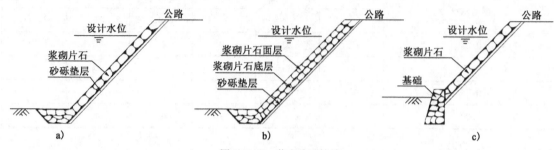

图 4-17-15　浆砌片石护坡

(3) 混凝土预制块护坡。

块片石材料比较缺乏的地区，一般考虑用混凝土预制块来护坡。它比浆砌片石护坡更能抵抗较大的水流冲刷力，其容许流速一般在 4.0~8.0m/s。混凝土块一般采用 C15 混凝土，预制成边长不小于 1.0m、厚度大于 6.0cm 的方块，并配置一定的构造钢筋；砌缝宽 1.0~2.0cm，并用沥青麻絮填实。混凝土块护坡应设置砂砾垫层，一般厚度为：干燥边坡采用 10.0~15.0cm；潮湿边坡采用 20.0~30.0cm。

5) 护坦防护

护坦防护是公路工程的一种浅基防护形式。当用护坡、挡土墙单独防护路基时，往往基脚冲刷深度过大，基础埋深难以达到要求，可采用护坦形式来改善坡脚水流结构，达到防护基脚的目的。简单地说，护坦就是将干砌或浆砌块石等以低于床面高程的方式铺砌在护坡、挡土墙的坡脚处，铺砌宽度视需要可以调整，其前缘设置垂裙基础的构造物。

(1) 护坦的防护机理。

护坦属于直接防护构造物，直接依附于路基本身，顺水流而布设，对天然水流的干扰较小，对上、下游和对岸水流几乎没有影响。由于其对水流的作用特点，这类防护构造物对山区峡谷河段的库岸路基防护较为适宜。但是，这类防护工程一旦被洪水冲毁，将立即危及路基安全，属于被动防护形式。

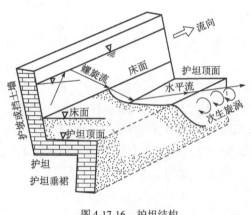

图 4-17-16　护坦结构

在凹岸处修筑埋深于河床面以下的护坦后，沿凹岸壁面的水流会发生一定的变化，如图 4-17-16 所示。近壁处向前发展的螺旋流到达床面后，带走坡脚床面的泥沙，形成冲沟，随着冲沟的加深、加宽，护坦的顶面逐渐露出床面。水流遇到护坦顶面后，变成沿护坦顶面向斜前方水平流动的水流。水流到达护坦的外缘（护坦垂裙）后，进入砂质、卵石河床，在护坦垂裙与沙质河床交界处导致泥沙运动和河床变形，水流在这里形成了次生的水平轴旋涡体系，以及河床床面上沿护坦垂裙的冲沟。

护坦防护坡脚与基脚的机理包括三方面：

①螺旋流首先冲走护坦顶面以上土层,增大了断面,消耗了一部分动能。

②在护坦顶面迫使沿凹岸或结构壁面向床面深处发展的螺旋流或绕流漩涡,改变为水平方向流动。

③护坦顶面水平流动,在整个护坦(垂裙)与散粒体床面分界处诱导形成的次生平轴旋涡体系,引起护坦边缘的冲刷。次生漩涡的冲刷较凹岸螺旋流或绕流漩涡的直接冲刷大为减弱。因此,由于设置护坦改善了水流结构,使弯道横断面河床变形(凹岸冲刷和凸岸淤积)变得平缓了。

顺直河道河床压缩引起的库岸路基冲刷,以平行纵向流动为主,其水流结构和防护机理较简单。防护机理是把护坦在床面以下和路基的护坡、浸水挡土墙牢固连成整体,使坡面和护坦顶面砌体的容许流速大于洪水时的冲刷流速,或者说,使护面和护坦的块体可承受的表面切应力大于床面洪水施加的水流切应力。

对库岸路基的边坡、挡土墙以及丁坝等多采用护坦防护基脚。护坦防护具有效果好、造价低、易施工等优点。

护坦防护设计的主要参数有基础埋置深度、顶面宽度和高程、防护起点和终点等。护坦防护上下游的起、终点与沿凹岸冲刷深槽是相对应的,而沿凹岸深槽的冲刷深度和范围则与弯道环流的形成、发展、衰减有关。根据理论分析和试验观测,护坦的防护起点可偏安全地确定在凹岸弯顶上游 $0.5B \sim 1.0B$ 处,防护终点在凹岸弯道出口下游的 $1.5B \sim 2.0B$ 处。B 是指河床宽度。

(2)护坦的使用条件、范围。

护坦作为一种浅基防护形式,应用广泛,特别适用于山区峡谷河段库岸路基护坡、挡土墙的基脚防护。

护坦使用时除了必须满足护坦设计中的要求外,还须注意:为防河道洪水携巨石的撞击破坏,山区公路路基防护多用石砌护坦顶板,而且尽量用较大石块砌筑,坐浆要饱满,板厚不小于 $0.8m$;山区高等级公路采用护坦防护路基挡土墙基脚时,顶板和垂裙可采用片石混凝土砌筑,厚度为 $0.4m$;护坦顶板和挡土墙、护坡应砌筑连接成整体,以提高整体的抗冲刷能力。

护坦也常和其他防护构造物配合使用。例如,对于冲刷严重的路段,可用护坦配合潜坝(坝顶低于或平行于河床面)防护护坡、挡土墙的基脚冲刷;对于山区开阔河段,也常采用护坦配合漫水丁坝群的防护形式。

直接护坡必须设计合理的坡脚防护,抵制水流对坡脚的冲刷,以确保护坡取得良好的效果。坡脚防护构造物一般设在路基坡脚与河床相接部位,主要承受水流的冲刷和推移质的磨损,具有较好的整体性和耐久性。除了传统的铁丝、藤条、木材制作的石笼以外,还可以采用各种混凝土构件、混凝土板桩、钢板桩等。

17.2.2 采用间接防护降低水流的侵蚀能力

间接防护功能主要体现在降低流速、调整流向、减轻水流对凹岸处库岸路基的作用。水流动力轴线(主流线)在凹岸进口偏向凸岸,进入河湾后主流逐渐向凹岸偏移,到湾顶附近,主流靠近凹岸的顶冲点,然后紧逼河湾下游凹岸发展,直至河湾进口一段距离,对路基造成严重侵蚀,应将此作为防护的重点范围。间接护坡主要有丁坝、丁坝群和顺坝等防护形式。

1)丁坝

丁坝是库岸路基冲刷防护中最常用的一种结构形式。如图4-17-17所示,丁坝压缩水流的原有过水宽度后,改变了水流的边界条件,被压缩的水流绕过坝头后,产生水流边界层的分离和旋涡,水流继续收缩至最大收缩断面,然后逐渐扩散恢复至原来无丁坝的河段水流状态。由于丁坝的阻拦,在坝后形成一个回流区,在主流区与回流区的交界面上,存在流动水流与回水区中的静水之间的速度梯度,相应地产生切力,从而带动静水向下游流动,根据流体的连续性原理,近岸部分的静水必须前往补充,这样就形成坝后回流区。同时,在丁坝上游近岸处会形成一个滞流区。坝前滞流区远小于坝后回流区的长度。回流区的流速,其近岸最大流速大约只有主流区流速的1/4,所以水流能够挟带泥沙在这个区域沉积下来。可见,丁坝对库岸的防护作用,主要是依靠坝后回流区的减速和淤沙。

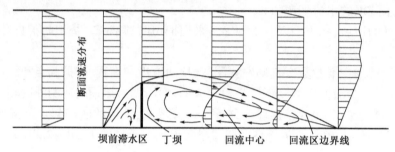

图4-17-17 单坝回流区水流图式

回流区长度可按式(4-17-13)计算:

$$L_S = \frac{C_0^2 H L_D}{L_D + 0.05 C_0^2 h}\left(l_n \frac{B}{B-L_D} + 0.58\right) \tag{4-17-13}$$

式中:L_S——回流区长度(m);

L_D——丁坝阻水长度,以垂直流向计(m);

l_n——系数,$l_n = e^{f(x)}$,其中:$f(x)$为回流边界方程;

H——平均水深(m);

B——河床宽度(m);

C_0——无量纲系数,$C_0 = C/\sqrt{g}$,其中:C为谢才系数,g为重力加速度。

丁坝长度L_D的大小直接影响丁坝压缩水流的程度和对主流的改变程度。当丁坝长度L_D较小时,其主要作用是防止水流对库岸路基的有害冲刷,它只改变局部水流的方向,不改变主流的方向;当丁坝长度L_D较大时,其作用以挑流为主,它改变主流的方向,使其远离防护的库岸路基。库岸路基冲刷防护以短丁坝为主,以防止水流对路基冲刷为目的。

丁坝坝根与路基连接,伸入河道,按其轴线与水流方向的夹角,丁坝可分为正挑、下挑式和上挑式。对于非漫流情况,以下挑式丁坝为最好,水流平顺,绕流引起的冲刷较弱;而上挑式丁坝效果则较差,坝头对水流干扰较大,水流较为紊乱,坝头局部冲刷也较深。对于漫流情况来说,以上挑式丁坝为最好,水流漫越过上挑丁坝后,形成沿坝身方向指向岸边的平轴环流,环流的底流流向坝根和库岸,将泥沙带向坝根和库岸处淤积,因此护岸效果较好[图4-17-18a)];而下挑式丁坝的护岸效果较差,水流漫过丁坝后,沿与坝轴线呈垂直方向流向河岸,使坝根和库岸受到冲刷,在坝后形成的平轴环流,底流指向河心,将泥沙带向河心[图 4-17-18b)]。

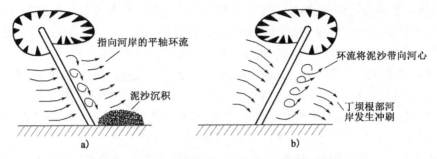

图 4-17-18　上挑式和下挑式漫水丁坝的不同漫流情况

丁坝断面一般采用梯形,顶宽为 1.0~3.0m,上游边坡大于 1∶5,下游边坡坡度为 1∶1.5~1∶2.0,头部边坡坡比为 1∶3~1∶5。丁坝根部与岸坡相接,对于地基较稳定的区域,丁坝可以采用浆砌片石修筑,抗冲刷能力要大于抛石丁坝,正逐步得到推广应用。抛石丁坝典型断面如图 4-17-19 所示。

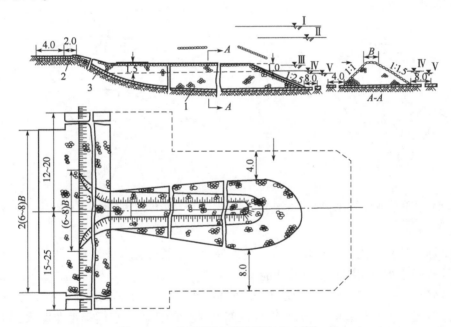

图 4-17-19　抛石丁坝典型断面图(尺寸单位:m)
1-抛石;2-根部;3-护岸;B-河床宽度;Ⅰ-最高水位;Ⅱ-平均高水位;Ⅲ-最低流冰水位;Ⅳ-平均低水位;Ⅴ-最低水位

2)丁坝群

当一个丁坝不足以防护整段路基时,常采用多个丁坝组成丁坝群来防护,能够取得预期的防护效果。丁坝群的防护常用于弯曲库岸路基段。在丁坝群的布置中,第一座丁坝(首坝)必须在水流的转折点的上游,使水流未冲刷路基之前就能控制水流的主流方向。首坝的长度应当比中间各坝要短,获得比较平顺的导治线,起到因势利导的作用。丁坝的间距与淤积效果及布置数量有密切关系。在工程实践中,凹岸丁坝间距为坝长的 1~1.25 倍。

下面推荐两种凹岸上的丁坝群布设方法:

(1)高冬光教授建议的方法(XG法)。

①根据地形图或现场测量,确定凹岸圆曲线的位置、圆心角和半径 $R_凸$、$R_凹$。通过现场勘测的地形图、平面图上确定凹岸防护的起终点及1号坝的位置、长度 L_{D1} 和方向(一般取正挑或下挑式丁坝)。取 $L_{D1}=0.5L_{D2}=L=0.5L_{Dn}$ 时,坝长不应大于河槽宽的15%,一般不大于10m。

②按式(4-17-13)计算1号坝在直河段的回流长度 L_{S1},坝距 $l_{1,2}=l_{2,3}=L=0.8L_{S1}$。

③在1号坝切线上截取 $0.8L_{S1}$,连接该点与圆心,连线与凹岸相交,其交点为2号坝的坝位;或从1号坝切线 $0.8L_{S1}$ 点,作垂线与凹岸相交,其交点为2号坝的坝位;在2号坝切线上截取 $0.8L_{S1}$,按上述方法确定3号坝的坝位;下游凹岸各坝的坝位按上述方法依此类推,逐个定出;凹岸段水流出口下游直河段,坝距为 $0.8L_{S1}$。凹岸丁坝群布设过程如图4-17-20所示。

(2)美国联邦公路总署研究报告(FHWA-IP90014)建议的方法(FHWA法)。

①防护范围、1号坝位置与上述XG法建议的方法相同。

②自1号坝头向下游作坝轴的垂线,以此为一边,向凹岸一侧量取17°为另一边,该线延长与凹岸相交,交点为2号坝的坝位。依此类推,逐个确定下游各坝的坝位。具体做法如图4-17-21所示。

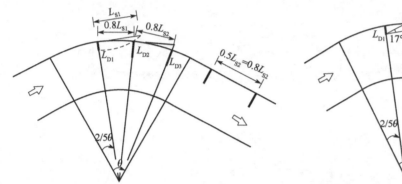

图4-17-20 凹岸丁坝群的布设方法1(XG法)　　图4-17-21 凹岸丁坝群的布设方法2(FHWA法)

3)顺坝

顺坝是坝身顺着水流的一种岸坡整治建筑物,它可以沿着岸坡修建,也可以在河滩上修建。顺坝具有防止水流淘刷和导流的功能。

沿岸坡修建的护岸,实际上就是方向顺着水流的顺坝。由于其利用了已有的堤身,故只需在迎水面修筑好护坡及护底即可,而且堤身也兼有坝身的作用。它们都是非淹没型的。在河滩上修建的顺坝,其上游坝根与岸坡相接,下游坝头与岸坡相接或留有缺口。除束窄河床外,它还能引导水流向稳定的方向流动,可以改善水流流势。

如用顺坝进行常水位时路基防护,则其坝顶高程要与河滩滩唇齐平,这时顺坝是淹没型的。如用顺坝来进行洪水位时路基防护,其坝顶略高于洪水位,此时的顺坝是非淹没型的。淹没型顺坝的坝顶从坝根到坝头应略有倾斜,其比降略大于水流比降,使顺坝淹没时自坝根至坝头逐渐过水。

顺坝修筑在河道治导线上以束窄河床。起导流作用的顺坝,多修建在急弯、凹岸末端等处。如图4-17-22、图4-17-23所示,顺坝修建在从深槽过渡到浅滩脊的地方,以增大浅滩处水深,使水流冲刷浅滩。顺坝把河岸曲线一直延伸到浅滩脊为止,坝根与河岸护坡下端相接。

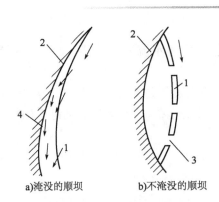 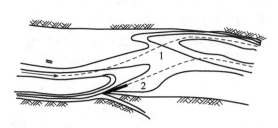

图 4-17-22 顺坝布置示意图　　　　　图 4-17-23 导流防护顺坝布置图
1-顺坝;2-岸坡;3-缺口;4-纵向水流　　　　1-导治线;2-顺坝

顺坝也可用抛石和土来修筑,与丁坝相同;顺坝断面也基本上与丁坝相同,但可稍小些。顺坝迎水面流速较大,应铺砌块石保护。淹没型顺坝坝顶溢流,坝顶应铺砌块石,做成圆肩溢流顶。

顺坝坝头顺河向边坡系数不应小于 3.0。顺坝坝根与河岸相接,应与丁坝一样,紧密连接好。顺坝迎水面护底应与上游岸坡的护底连接。淹没顺坝的背水面也应护背、护底。顺坝后面的河岸用一般护坡保护,以免发生大的冲刷。在坝根附近与河岸之间的空间,最好用土充填,这部分河岸不需加保护,只保护填土表面即可。

顺坝迎水坡面和顶部的石块尺寸应根据水流的最大流速和风浪的作用来计算,计算方法同丁坝,顺坝坝顶部分承受冰盖的挤压作用,坝顶宽度计算可与丁坝一样。但由于冰下水流方向与顺坝近于平行,所以这种挤压力较小,故顺坝断面可比丁坝稍小。典型抛石顺坝断面如图 4-17-24 所示。

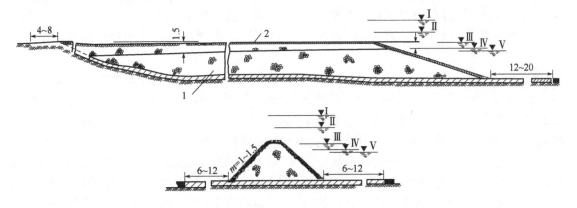

图 4-17-24 抛石顺坝典型断面图(尺寸单位:m)
1-抛石;2-砌石;Ⅰ-最高水位;Ⅱ-平均高水位;Ⅲ-最低流冰水位;Ⅳ-平均低水位;Ⅴ-最低水位

17.2.3 综合防护措施

库岸路基和浅基构造物护坡,抵抗水流的侵蚀,一般从两方面进行综合防护：

（1）提高路基坡脚各浅基的抗冲能力。

（2）引导洪水在坡脚或基础附近避开对坡脚的侵蚀，导引水流逐步消能、改变方向，到达防护范围末端后再平顺地流向下游。

实践证明，采用丁坝群、漫水丁坝群配合其他路基冲刷防护建筑物（图4-17-25），如植被、挡土墙、铺砌、抛石等直接护坡措施，可获得更合理的护坡措施，取得更为良好的综合防护经济效益。

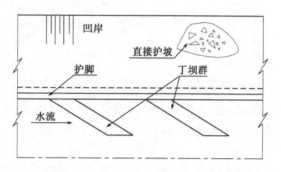

图4-17-25　库岸路基护坡综合治理示意图

17.3　库岸路基防排水设施病害防治措施

库岸路基路面的强度和稳定性与水的关系十分密切。库岸路基、路面的病害破坏，都不同程度地与地表水和地下水的侵蚀有关。因而，排水系统是库岸公路工程的重要组成部分，对库岸路基的使用性能和寿命具有十分重要的意义。排水设计的目的是设置排水设施以排除降落在公路范围以内的地表径流，并将公路上侧方的地表水和地下水引排到公路的下侧方，避免公路路基和路面结构遭受地表水和地下水的浸湿、冲刷等破坏作用。

公路路基排水设计可分为地表排水和路基地下排水，主要由坡面排水设施和地下排水设施组成。

路基排水设计的目的是将影响路基强度和稳定性的地下水及地面水及时地排出公路范围，使路基始终保持相对稳定的湿度和稳定的状态。路基排水一般采取"拦、截、疏、排"的处理方法，设置防冲刷、防渗漏和有利于水土保持的综合排水设施和防护工程，在对水流进行早接远送、迅速引离路基的同时，还要重视进、出水口的防护处理。

路基边坡排水防护可以分为抹面防护、支挡结构防护及绿化防护三种。其中，抹面防护可以减轻雨水的冲刷，避免坡面的风化；支挡结构防护可以使路基边坡稳定且免受雨水的浸蚀；绿化防护通过在边坡上种草及植树，可以防止边坡表面水土流失，固结表土，增强路基的稳定性，同时降低水流流速，防止和减少水流对路基的冲刷。在进行坡面排水时，宜将各种排水设施综合考虑，合理安排截水沟，使水能迅速顺畅地排出公路路界以外。

地下水带来的危害往往很大，会使得路基泡软、坍塌，并严重影响路面结构的安全，因此须重视地下排水设计。设置地下排水设施的原则：

对库水的处理有两种基本理念：一是防，加强对路基边坡坡面防护，阻止库水进入路基内；二是导与排，让库水能顺畅渗进、渗出路基，从而使水对路基的影响降至最低，这种方法还需要在路基填筑时使用透水性较强的土体填筑。当路堑开挖截断坡体内含水层,或山坡路堤的基底范围内有含水层出露时,沿挖方或填方边坡坡脚设置纵向盲(渗)沟,将含水层内的地下水拦截在路基范围外,排出路堑或路堤。在填挖交替路段,接近路堑的路堤基底遇到含水层出露时,在填挖交替处设置横越路堤的盲(渗)沟,拦截含水层内地下水,并排出公路路界。在地下水位较高而路堤填土高度受限制或路堑开挖后路基顶高程距离地下水位较近处,在路基两侧边沟下设置纵向渗沟降低路基范围的地下水位,从而降低路基湿度,提高其承载能力。

路基及坡面排水设施由排水沟、排水管、涵洞等组成,地下排水设施由盲沟、渗沟、渗井等组成。典型半填半挖路堤排水综合设计结构如图 4-17-26 所示。

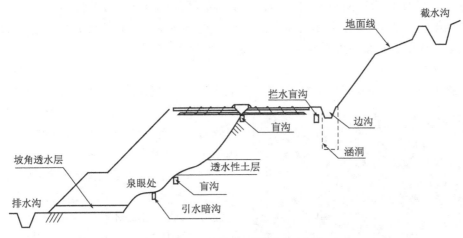

图 4-17-26 典型路基排水设计示意图

17.3.1 土工合成材料在库岸路基防排水中的应用

土工合成材料是一种新型的岩土工程材料,以人工合成的聚合物(如塑料、化纤、合成橡胶等)为原料,制成各种类型的产品,置于土体内部、表面或各层土体之间,主要用来滤渗、防渗、排水、隔离、加筋、护坡等,发挥加强或保护土体的目的。土工合成材料可分为土工织物、土工膜、特种款式合成材料和复合型土工合成材料等类型。

1) 土工织物

土工织物目前已广泛应用于铁路、公路、水利、电力及码头建设等工程,是解决各种江河堤岸、水库堤坝、临水路基坡面防护的理想材料,它具有加固、防裂、排水、防冲刷、抗冷冻等特性。由于它是以涤纶纤维为原料,采用国际先进无纺织技术精制而成,因而具有纵横向强力差异小、体质轻薄、强度高、耐压、耐磨、耐腐蚀、耐酸碱以及抗老化、寿命长、高渗透能力等优点,使用后可提高工程质量,降低工程造价,延长使用周期,且施工方便、工期短。但由于它的主要原料是丙纶,抗紫外线能力差,因此,必须注意避免阳光较长时间的直接照射。

以往的路基防排水系统中,往往仅采用碎石、卵石、砂砾等材料,但这样具有一些固有缺陷,如性能单一、使用寿命不长等。

(1)用于排水系统。用土工织物包在碎石、卵石等透水材料之外或直接包在各种带孔的排水管外,构成排水盲沟;用于路基内部纵向、横向排水,代替一般要求较高且施工困难的砂砾反滤料,或代替各种材料的排水盲沟管材。主要采用针刺型或热黏型无纺土工织物。近年来,排水软管以其重量轻、易于运输和施工,以及寿命长、质量可靠等优点,也得到推广应用。

(2)用于边坡防护或防冲蚀。利用土工合成材料较高的强度及反滤功能保护库岸路基,综合利用土工合成材料的隔离、反滤和排水作用,在水位下降时阻止路基土粒因渗流而流失,通过平面排水快速地消散路基中的孔隙水压力。使用的土工合成材料包括多种类型,但多数采用针刺型无纺土工织物或土工膜。此外,还可利用土工织物袋装砂石作护坡。

将土工织物用于道路边坡防护,是将土工织物铺设于种植土与排水层之间,起到隔离和防渗的作用,使具有一定压力的裂隙水不得在种植土下形成压力水,而是由排水层排出;其隔离作用使得降雨和绿化用水不能流入边坡内部,从而达到保护路基边坡的目的。

(3)在挡土墙背后或桥台锥坡上铺设土工合成材料排水层以降低水压力。德国最新的路基技术规范明确要求在桥台背后与填土之间铺设土工织物排水层。

2)软式透水管

软式透水管是经过防腐处理并以裹覆聚氯乙烯(PVC)或其他材料作为保护层的弹簧钢丝圈为骨架,以渗透性土工织物及聚合纤维编织物作为管壁包裹材料组成的一种复合型管材,如图4-17-27所示。

软式透水管具有倒滤透(排)水作用,它克服了其他排水管材的诸多弊病,因其产品独特的设计原理和构成材料的优良性能,其排、渗水效果强,利用"毛细"现象和"虹吸"原理,集吸水、透水、排水功能为一体,具有满足工程设计要求的耐压能力及透水性和反滤作用。施工简便,无接头,对地质、地形无特殊要求,任何需要用暗排水的地方都可以随心所欲地使用。

图4-17-27　软式透水管

软式透水管的主要结构:

(1)高碳钢丝。磷酸防锈处理、外覆PVC保护层防止酸碱腐蚀,独特的钢线螺旋骨架确保管壁表面平整并承受压力。

(2)无纺土工织物反滤层。确保有效过滤并防止沉积物进入管内。

(3)合成聚酯纤维。经纱采用裹覆PVC的高强力特多龙纱或尼龙纱,纬纱使用特殊纤维,形成足够的抗拉强度。

软式透水管可根据环向长度生产,设有配套的直通、三通接头,可以方便地进行连接。软式透水管按外径分为50mm、80mm、100mm、150mm、200mm、250mm、300mm等规格。

经过几十年的发展,已经形成了国家标准《软式透水管》(JC 937—2004),但在公路中应用得还比较少。

软式透水管的特点:

(1)孔隙直径小,全方位透水,渗透性好。

(2)抗压耐拉强度高,使用寿命长。

(3)耐腐蚀和抗微生物侵蚀性好。

(4) 整体连续性好,接头少,衔接方便。
(5) 重量轻,施工方便。
(6) 质地柔软,与土结合性好。软式透水管滤布性能指标见表4-17-5。

软式透水管滤布性能指标　　　　　　表4-17-5

软式透水管直径(mm)	性 能 指 标						
	50	80	100	150	200	250	300
纵向抗拉强度(kN/5cm)≥	1.0						
纵向伸长率(%)≥	12						
横向抗拉强度(kN/5cm)≥	0.8						
横向伸长率(%)≥	12						
圆球顶破强度(kN)≥	1.1						
CBR顶破强度(kN)≥	2.8						
渗透系数 K_{20}(cm/s)	0.1						
等效孔径 O_{95}(mm)	0.06~0.25						

注：圆球顶破强度试验及CBR顶破强度试验只需检测其中的一项,由于直径50mm滤布面积较小,应采用圆球顶破强度试验；80mm及以上直径建议采用CBR顶破强度试验。

软式透水管管径的选用可按表4-17-6中所列进行。

软式透水管管径、流量和流速参数　　　　　　表4-17-6

管径	50		80		100		150		200		250		300	
流速 流量 梯度 i	v	Q	v	Q	v	Q	v	Q	v	Q	v	Q	v	Q
1:50	0.544	1.068	0.744	3.739	0.864	6.780	1.132	19.989	1.371	43.049	1.591	78.053	1.797	126.923
1:100	0.385	0.755	0.526	2.644	0.611	4.794	0.800	14.134	0.969	30.440	1.125	55.192	1.270	89.748
1:150	0.314	0.616	0.430	2.159	0.499	3.914	0.653	11.541	0.793	24.854	0.919	45.064	1.037	73.279
1:200	0.272	0.534	0.372	1.870	0.432	3.390	0.566	9.995	0.685	21.525	0.795	39.027	0.898	63.461
1:250	0.243	0.478	0.333	1.672	0.386	3.032	0.506	8.939	0.613	19.252	0.711	34.906	0.803	56.762
1:300	0.222	0.436	0.304	1.527	0.353	2.768	0.462	8.161	0.560	17.575	0.649	31.865	0.733	51.816
1:350	0.206	0.404	0.281	1.413	0.326	2.563	0.428	7.555	0.518	16.271	0.601	29.501	0.679	47.972
1:400	0.192	0.378	0.263	1.322	0.305	2.397	0.400	7.067	0.485	15.220	0.562	27.595	0.635	44.874
1:450	0.181	0.356	0.248	1.246	0.288	2.26	0.377	6.663	0.457	14.350	0.530	26.013	0.599	42.308
1:500	0.172	0.338	0.235	1.182	0.273	2.144	0.358	6.321	0.434	13.631	0.503	24.683	0.568	40.137
1:550	0.164	0.322	0.224	1.127	0.260	2.044	0.341	6.027	0.413	13.980	0.480	23.534	0.542	38.269
1:600	0.157	0.308	0.215	1.079	0.249	1.957	0.327	5.770	0.396	12.427	0.459	22.532	0.519	36.639
1:650	0.151	0.296	0.206	1.037	0.240	1.880	0.314	5.544	0.380	11.940	0.441	21.648	0.798	35.202
1:700	0.145	0.285	0.199	0.999	0.234	1.812	0.302	5.342	0.366	11.505	0.425	20.861	0.480	33.922

续上表

管径 流速流量 梯度 i	50		80		100		150		200		250		300	
	v	Q	v	Q	v	Q	v	Q	v	Q	v	Q	v	Q
1:800	0.136	0.267	0.186	0.935	0.216	1.695	0.283	4.997	0.343	10.762	0.398	19.513	0.449	31.731
1:900	0.128	0.252	0.175	0.881	0.204	1.598	0.267	4.711	0.323	10.147	0.375	18.397	0.423	29.916
1:1000	0.122	0.239	0.166	0.836	0.193	1.516	0.253	4.470	0.307	9.626	0.356	17.453	0.402	28.331
1:1200	0.111	0.218	0.152	0.763	0.176	1.384	0.231	4.080	0.280	8.787	0.325	15.933	0.367	25.908
1:1500	0.099	0.195	0.136	0.683	0.158	1.238	0.207	3.649	0.250	7.860	0.290	14.250	0.328	23.173
1:2000	0.086	0.169	0.118	0.059	0.137	1.072	0.179	3.161	0.217	6.807	0.252	12.341	0.284	20.068

注：

$$Q = vA$$
$$v = \frac{1}{n}R^{\frac{2}{3}}i^{\frac{1}{2}}$$

(4-17-14)

式中：Q——流量(L/s)；

v——流速(m/s)；

n——粗糙系数，一般取 0.014；

R——水力半径(m)；

i——水力梯度；

A——水流断面积(m^2)。

软式透水管主要适用范围：各类挡土墙背面垂直排水及水平排水；公路路基、路肩及软土地基排水；横向水平钻孔排水；易崩滑地排水护坡；隧道、地下通道的排水；公路中央分隔带排水及保护植被。

软式透水管与常用的 PVC 打孔管比较，具有透水面积大、抗压强度高、铺设要求低、安装连接简单、综合成本低等优点。当墙后土体含水率较大时，可采用具有透水性及排水性的软式透水管来处理墙后渗水问题；对于受水影响而产生病害的路基，可以采用软式透水管进行排水，如采用钻机在库岸路基或边坡中施钻，沿墙纵坡为 2%，纵向每 50m 设一变坡点，相邻坡段向中间排水，将软式透水管逐步塞入钻孔中，到达预定的深度，利用其透水性将墙后渗水集结，及时将路基边坡中的地下水排出。

路基中埋设软式透水管以排除路基中的积水，选用软透水管必须满足保土、透水及防淤堵三个准则。

17.3.2 路基、边坡排水系统病害防治

排水不畅是造成库岸路基支挡与防护结构产生病害的主要原因之一，因此应加强支挡与防护结构物的排水措施，增强排水管的目的在于疏干墙后回填土中的地下水，防止由于积水而使墙身承受额外的静水压力、黏性土填料浸水后的膨胀力或季节性冰冻地区的冻胀力；对于桥台锥坡还可以防止锥坡后土体浸水后变软，造成构造物两端路面沉陷，影响行车安全。

路基支挡与防护构造物排水最常用且经济有效的办法是采用透水性材料回填，但因条件

限制,不得不采用透水不良的黏性土时,就必须采用相应的排水措施使积水及时排出。当公路运营期支挡与防护结构排水不畅或失效时,需要重建排水系统。

(1)当采用透水性材料回填时。

由于地下水可以在回填料内较快的渗流,可以采用仅在墙身设置泄水孔的简易排水措施即可。泄水孔高度应高于水库常水位0.3m。最下排泄水孔在进水口底部应铺设30cm厚黏土层并夯实,以防止地下水渗入基础。进水口周围应用粗颗粒粒料做成反滤结构,以免堵塞泄水孔。干砌片石挡土墙可不设泄水孔。泄水孔构造如图4-17-28所示。

(2)当回填料透水不良,回填区域渗水量较大时,可以采用以下措施使墙(台)背渗出的水由泄水孔迅速排出:

①在墙(台)背与回填料之间设置由透水性粒料组成的连续排水层(图4-17-29),排水层的厚度不应小于30cm,其顶部和底部应用30~50cm厚的不透水材料(如黏土)封闭,以防止地下水下渗。

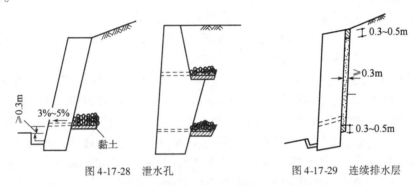

图4-17-28 泄水孔　　　　图4-17-29 连续排水层

②沿墙(台)背的底部设置厚度为30~40cm、高为50cm的纵向排水渗沟,并间隔4~5m设置厚度、宽度均为30~40cm的竖向渗沟,并在纵竖向渗沟的交互处设置泄水孔,竖向渗沟的顶部用30~50cm厚的不透水材料回填。

③沿墙(台)背的底部设置内径为10~15cm的软式透水管,并间隔2~3m竖向设置内径为50~80mm的软式透水管,在纵竖向透水管的交互处设置泄水孔。为防止回填料顶部的地表水沿墙(台)背后透水层下渗,透水层的顶面采用不透水材料予以封闭。

(3)运营期库岸路基内部排水系统重建。

在路基运营期间,既有排水系统的排水能力不足或排水能力失效,就需要重建排水系统,此时往往不能进行大的开挖工作,以免影响现有的交通,此时可采用非开挖技术进行排水系统重建。非开挖修复技术的核心是水平定向钻进技术(Horizontal Directional Drilling,HDD),非开挖技术在国内的应用总体上还处于起步阶段,在公路工程中的应用还极少。在采用非开挖技术的同时,还需要采用新型的防排水材料——土工合成材料。美国、法国和澳大利亚等发达国家比较注重新型防排水材料的研究,开发了适用于不同排水条件的新型土工合成材料——复合土工排水体(Geocomposite Drainage Systems),并对其排水效果、设计方法做了大量研究。软式透水管就是一种在排水系统重建中使用较多的排水材料。

首先,可沿路基、墙(台)背进行竖向施钻,形成80~120mm的钻孔,间距为2~5m;其次,在路基、墙(台)背竖向钻孔对应的横断面底部进行仰斜式施钻,形成直径为100~150mm的仰斜式钻孔；最后，根据路基内部地下水流量和软式透水管的排水能力选择合适的软式透水管，将软式透水管逐一放入钻孔中，完成对排水系统的重建。为防止回填料顶部的地表水沿竖向透水管下渗，在透水管顶部采用不透水的材料回填 30~50cm。

17.3.3 路基及岸坡渗透变形的防治

受到季节性或长期浸水的库岸路堤、河滩路堤及桥头引道等，都是浸水路堤。当水位上涨时，水从边坡的一侧或两侧渗入路基；当水位降落时，水又从堤内渗出来，随着路基外的水位涨落，内部所形成的水位也要升降，但速度较慢。

浸水路基除受自重及行车荷载的作用外，还要受到水的浮力和渗透动水压力的作用。在水位骤降时，使路基受到渗透动水压力的作用，从而降低了路基边坡的稳定性。

塌方路基下沉导致断面尺寸改变的病害现象称为路堤沉陷。沉陷是不均匀的，严重时会破坏局部路段，造成交通中断。

库岸路基面临库水和地下水的侵蚀，水在路基土体中的渗流不仅对于某一接触面作用有浮力，而且土粒本身也受到孔隙水流拖曳力的作用。渗流作用于路基及岸坡中的孔隙水压力可以分为两种：一种是静水压力，即由粒间孔隙中的水所传递的压力，它与土粒间的接触情况无关，对土体骨架的结构形式以及对土的剪应力等力学性质不产生影响；另一种是动水压力，当饱和土体内有水头差时，水体就通过土粒间的孔隙流动，沿渗流方向给土粒以拖曳力，使土粒有前移的趋势。静水压力和动水压力关系着土体的渗透稳定性。虽然静水压力所产生的浮力不直接破坏土体，但它减小了土体的有效重量，降低了土体抵抗破坏的能力。因此，静水压力是一个消极的破坏力，而动水压力所产生的渗透力则是一个积极的破坏力，它影响着渗透变形的破坏程度。在渗透水压力作用下，土体常产生渗透变形。

（1）管涌。管涌是指在渗流作用下，无黏性土中的细颗粒从孔隙通道中连续被带出的现象。当土体内的渗透流速达到一定数值时，土壤中的细小颗粒开始被带走，随着小颗粒的流失，土壤的孔隙加大，较大颗粒也会流失，这样逐渐在内部形成集中的渗流通道，以致使路基、岸坡破坏。管涌主要发生在路基的下游坡面或下游地基表面渗流逸出处，多为砂砾石等无黏性土层。

（2）流土。流土是指在上升的渗流作用下局部土体表面的隆起、顶穿或者粗细颗粒群同时浮动而流失的现象。对于黏性土，表现为表面隆起、断裂和剥落；对于砂性土则表现为土体同时浮动。流土主要发生在黏性土和较均匀的无黏性土体的渗流逸出处。

（3）接触冲刷。接触冲刷是指当渗流沿着两种渗透系数不同的土层接触与地基的接触面流动时，沿层面带走细颗粒的现象。

（4）接触流土。接触流土是指渗流垂直于渗透系数相差较大的两相邻土层的接触面流动时出现的，将渗透系数较小的土层中的细颗粒带入渗透系数较大的另一土层的现象。

库岸路基及岸坡中水的渗流，由于其机械或化学作用，可能使土体局部破坏，从而产生渗透变形。渗透变形可以在小范围内发生，也可发展至大范围，导致路基及岸坡沉降、路基塌陷或形成集中的渗漏通道等，危及路基的安全。据调查和统计，库岸路基因渗透变形导致失事的案例中，管涌和流土占绝大部分。

土体发生渗透变形的原因，除与土料性质有关外，主要是由渗透坡降过大造成的。因此，路基设计中,一方面要增加渗流出口处土体的抵抗渗透变形的能力,另一方面应尽量降低渗透坡降,设置水平与垂直的防渗设施,延长渗流路径,设置拦截水流等措施。

防止管涌一般可从以下两方面采取措施:

(1)改变水力条件,降低土层内部和渗流逸出处的渗透坡降,如浸水路基上游做防渗铺盖,设置浆砌实体护坡等。

(2)改变几何条件,在渗流逸出部位铺设层间关系满足要求的反滤层,是防止管涌破坏的有效措施。具体工程措施如下:

①设置砂石反滤层。

反滤层的作用是滤土、排水,以增加渗流出口处土体的抵抗渗透变形的能力。反滤层一般是由2~3层不同粒径的砂石料组成。层次与渗流方向正交,粒径顺水流方向由细到粗排列,材料分层粒径级配具有严格的要求。水平反滤层最小厚度可采用30cm;垂直或倾斜反滤层最小厚度可采用50cm。近年来,工程上趋向于减少层数而加大单层厚度,一般不超过2层,也有单层过渡的。

②采用土工合成材料反滤。

近年来,国内外在土石坝及其他水利工程中采用土工织物做反滤料收到了较好的效果,土工膜及复合土工膜防渗技术是目前工程上造价最低的一种防渗措施。土工膜材料一般为聚乙烯,其厚度可根据设计水头、抗穿刺能力和施工条件等因素进行确定。其施工工序为:成槽机开沟造槽—铺膜—回填土—场地平整。复合土工膜有长、短纤维两种。另外,按照布膜组合,有一布一膜、二布一膜和二膜一布之分。土工膜及复合土工膜的渗透系数为$10 \sim 12$cm/s。

防治流土的关键在于控制逸出处的水力坡降,为了保证实际的逸出坡降不超过允许坡降,可采取下列工程措施:

(1)上游做水平防渗铺盖,以延长渗流路径,降低下游的逸出坡降。

(2)下游挖减压沟或打减压井,贯穿渗透性小的黏性土层,以减小作用在黏性土层底面的渗透压力。

(3)下游加透水盖重,以防止土体被渗透力所悬浮。

这几种工程措施往往是联合使用的,具体的设计方法可参阅水工建筑专业的有关书籍。

17.3.4 桥台锥坡的病害防治

桥台锥坡具有改善水流形态,防止水流冲刷引道路基与桥台,使桥孔通畅泄洪的功能。锥坡由于经常遭遇不利水流条件的冲击,常常会发生水毁,一旦遭受水毁,桥头引道与桥台的安全便会受到严重威胁。

桥台的锥形护坡是桥梁的附属构造物,往往被认为是附属工程,在设计、施工和养护中都不被重视,因此常常经不起洪水考验,毁坏者较多。在养护中,应着重检查,及时发现隐患,立即消除,做到堵小洞、防大害。

1)锥坡水毁的影响因素分析

(1)桥址冲刷。

河床冲刷下切使锥坡基础埋置深度不足,这是导致锥坡水毁的关键因素。加速锥坡基础冲刷的因素主要包括以下几方面：
①桥梁基础压缩河道、水流自然断面，导致桥下水的流速增大。
②水流在锥坡基础附近形成漩流，加速了锥坡基础的局部冲刷。
③桥梁下游大量水土流失使岸坡、河床比降增大。
（2）岸坡、河道变迁。
岸坡、河道的变迁改变了桥址处的水流方向，使水流斜向冲击锥坡，并在锥坡基础附近形成漩流，从而加剧了水流对锥坡基础的冲刷。此外，水的流向变化使水中的漂浮物直接撞击锥坡基础或坡面，导致锥坡砌体出现裂缝或局部破损。

2）防治措施

锥形护坡的基础往往埋置较浅，在洪水期，受水流回流漩涡的影响，易造成基础淘蚀。如发现基础淘空，应及时用石料填塞，并抛石防护。锥形护坡又往往会因内部填料夯实不够，引起下沉开裂或鼓肚，应及时修复。重修时，填料可改用砂砾或透水性良好的砂土加碎、砾石填筑夯实，对砌体应加水泥砂浆勾缝。

桥台锥坡及其护坡直接受到水流的作用。在洪水季节，还受到浪击、冲刷、淘空、漂浮物撞击等的作用，甚至锥坡受洪水淘刷发生坍塌或被冲断，因此，应经常进行检查，根据具体情况，做好防治工作。

（1）合理设计锥坡基础。
①选择稳定的锥坡基础结构形式。
锥坡基础不仅遭受水流的冲击，同时还要承受锥心填土的主动土压力作用，因此，需要锥坡具有足够的稳定性才能抵抗墙背填土主动土压力产生的倾覆力矩。一般情况下，选用仰斜式锥坡基础能减轻墙背填土的主动土压力，这种形式的锥坡基础较俯斜式基础具有更高的稳定性。此外，若将锥坡基础的墙背设计为折线形式，既能减轻墙背填土压力，又能增强基础的稳定性，更有利于预防锥坡遭受水毁。

②确定合理的锥坡基础埋置深度。
锥坡基础的安全埋置深度应根据桥址处的最大冲刷深度与岸坡、河床地质情况确定。因此，锥坡的设计洪水频率应与桥梁基础的设计洪水频率相同。锥坡基础埋深不能凭经验估算或降低设计标准，否则将为锥坡水毁埋下隐患。

（2）锥坡基础冲刷防护。
当桥台锥坡受水流的破坏，影响锥坡的稳定时，可根据流速、水深、浪高及当地材料选择铺草皮、石砌护坡等方法防护或加固。

对于直接受到水流冲刷的锥坡坡脚，一般应做石砌护坡或抛石垛护坡。抛石垛边坡坡度与水深及流速有关，通常不陡于石料浸水后的天然休止角。

①石笼与抛石防护。
石笼具有适应变形能力强，施工经济、快速等优点。采用石笼防护锥坡基础时应注意：一是锥坡基础发生了严重冲刷并形成冲刷坑，这时可将石笼用于锥坡基础的防护。石笼应紧贴锥坡基础外围布设，不能影响正常排洪。二是若桥址上游岸坡坡面、河床发生了变迁，洪水深泓就会在岸坡、河床内摆动并对锥坡基础产生淘刷，这时可结合治理岸坡河床，采用石笼丁坝对锥坡基础水毁进行防治。若锥坡基础不宜采取局部铺砌或石笼防护等措施，可在锥坡基础

发生严重的冲刷时进行抛石防护,以阻止或减轻洪水对锥坡基础的冲刷。

②设置防冲墙防冲刷。

若河床比降大,河床冲刷下切严重,应在桥位下游 30～50m 河床内修筑防冲墙,对桥墩台及锥坡基础进行冲刷防护,防冲墙的埋深应根据河床冲刷情况确定,其顶面高程一般与现有水位高程一致。实践证明,这一措施能有效地防止锥坡基础因淘刷冲空而遭受水毁。

③植物防护。

植物防护在防治桥梁水毁方面的作用是工程防护措施所不可取代的。实践证明,在锥坡尾端的河岸处植树,能起到稳定岸坡、降低水流速度、拦洪落淤的防护效果。

④预防性的养护措施。

汛期要特别重视对桥梁构造物的安全质量检查,即检查桥梁上游的防护设施是否发挥其调治功能,锥坡泄水孔是否排水良好,锥坡砌体勾缝有无脱落或是否发生了局部破损,如有局部破损应及时修补,防止水的渗入而造成水毁。

此外,汛期要监视锥坡基础的冲刷情况,若锥坡基础发生了严重的冲刷,要及时采取措施进行冲刷防护,以确保锥坡基础的安全。锥护防护及加固类型参考见表 4-17-7。

锥护防护及加固类型参考　　　　　表 4-17-7

防护及加固	适宜水流速度(m/s)	防护及加固	适宜水流速度(m/s)
密铺草皮	2.0	篱格填石	3.5
叠铺草皮	2.5	石笼	4.0～5.0
单层石砌	3.0	浆砌块石	6.0
双层石砌	3.5	水泥混凝土铺砌	8.0～12.0

17.4　改善库岸路基土体路用性能

对于由于路基、岸坡岩土体性质较差,如路基压实度不足、边坡岩土体松散而导致的路基、岸坡稳定性较低,产生路基与岸坡变形失稳等相关病害,可以采用灌浆、动力固结等方法来提高库岸路基岸坡岩土体工程性质,从而达到稳定路基岸坡、防治病害的目的。

17.4.1　灌浆在库岸路基病害处治中的应用

灌浆技术是利用压力将能固结的浆液通过钻孔注入岩土孔隙或建筑物的裂隙中,使被加固体物理力学性能改善的一种方法。浆液注入被加固体后,以填充、渗透、挤密等方式,挤出土体颗粒或岩石裂隙中的水分和空气后占据其位置,浆体凝结硬化后则将原来松散或不密实的土体胶结成一个整体,形成一个有较高强度、较好的水稳定性及化学稳定性的结构整体。近年来,该技术在土质边坡的水毁工程中得到了推广运用。

库岸路基病害处治中的灌浆实质上是静压注浆,它是利用液压、气压原理,通过注浆管将浆液均匀地注入路基中,浆液以填充、渗透和挤密等方式,挤走土颗粒间或岩石裂隙中的水分和空气后并占据其位置,经人工控制一定时间后,浆液将原来松散的土粒或裂隙胶结成一个整体,形成一个结构新、强度大、防水性能高和化学稳定性良好的"结石体"。

显然,灌浆(静压注浆)不仅能解决地基加固问题,其适用范围较之高压喷射注浆要广泛得多。钻孔灌浆按浆液类型可分为粒状浆液和化学浆液灌浆两大类;灌浆按其作用可分为固结灌浆、帷幕灌浆及接触灌浆三种类型;按灌浆理论又可分为渗透灌浆、劈裂灌浆、压密灌浆及电动化学灌浆四种类型。

1)灌浆法加固库岸路基设计方法

灌浆设计是基于灌浆标准和现场试验条件下的动态设计过程。因此,灌浆试验在设计中具有重要的作用,通过对灌浆资料的及时分析,对灌浆施工技术的及时总结,不断优化设计和施工,形成以基本资料收集,到数据分析优化设计决策一条龙的动态设计体制,确保了优化设计工作的及时和有效,以获得较好的工程效益。

(1)灌浆加固库岸路基设计程序。

①地质调查。探明被加固岩土体的工程地质特性及水文地质条件。

②方案选择。根据工程性质、灌浆目的及地质条件,初步选定灌浆方案。

③灌浆试验。除进行室内灌浆试验外,对比较重要的工程,还应选择有代表性的地段进行现场灌浆试验,以便为确定灌浆技术参数及灌浆施工方案提供依据。

④设计和计算。利用下节中的方法,确定各项灌浆参数和技术措施。

⑤补充设计和修改设计。在施工期间和竣工后的运用过程中,根据观测所得的异常情况对原设计进行必要的调整和补充。

(2)灌浆加固库岸路基主要设计内容。

灌浆设计的主要内容应包括:

①灌浆标准。通过灌浆应达到的效果和质量指标。

②施工范围。包括灌浆的深度、长度和宽度。

③灌浆材料。包括浆材种类和浆液配方。

④浆液影响半径。浆液在设计压力情况下所能达到的有效扩散距离。

⑤钻孔布置。根据浆液影响半径和灌浆体设计厚度,确定合理的孔距、排距、孔数和排数。

⑥灌浆压力。规定不同地区和不同深度的最大允许灌浆压力。

⑦灌浆效果评估。确定灌浆质量检测的标准和依据。

在进行灌浆设计之前,设计者必须先明确灌浆加固的目的,即明确灌浆加固的目的是为了解决不均匀沉降、压实度不足还是抵抗边坡下滑力等。根据加固的目的不同,应选择不同的施工方案和加固设计计算方法。

(3)压力灌浆试验。

根据压力灌浆加固的设计方法,压力灌浆加固设计的重要内容是压力灌浆的现场试验,灌浆试验工序流程如下:

①确定试验点与钻孔点,进行点位放样。

②试验点施工前的面波测试。

③钻进取样孔,采取土样,在终孔后封孔。

④施工动探孔,终孔验收后封孔。

⑤试验点灌浆,进行配合比试验,采取浆样,测试块体强度与结石率。
⑥施工灌浆后的取样与动探孔,终孔验收后封孔。
⑦灌浆施工后的面波测试。
⑧数据对比分析和整理。
(4)灌浆设计应提供的最终设计资料。
①工程设计图和设计说明书。
②灌浆地区工程地质和水文地质资料。
③灌浆试验报告及有关资料。
④灌浆施工技术要求。
⑤灌浆质量检查方法和质量标准。
⑥初步设计阶段的灌浆施工组织设计。
2)灌浆加固库岸路基施工工艺
(1)灌浆孔的成孔工艺及钻进方法。
①钻孔机械设备的选择。
压力灌浆一般可选用回转钻机或潜孔钻机,并配备空压机作为钻进洗孔设备。
②钻进成孔工艺。
灌浆钻孔主要对象为碎石料(强风化砂岩、粉砂岩和泥岩为主)和黏性土两部分组成,对于不同的岩土地质条件,可采用不同的钻进方法。成孔孔径不小 70mm,一般选用 $\phi 91mm$ 钻头开孔及终孔。

对于比较致密、坚硬的块石土和大块石等,成孔较难,一般采用密集合金钻头或潜孔锤回转钻进;对于其他填方部分,根据不同地层岩性采用不同的钻探工艺,一般采用普通合金钻头或肋骨合金钻头进行钻进;对于部分砂卵石层可采用冲击钻进办法。

以上钻进过程均以压缩空气冷却钻头、排渣、洗孔。

钻孔施工中严格依据设计要求,按次序及间隔施工,满足灌浆次序要求。钻孔施工结束后,应对孔深、孔底残留物等进行丈量检查,孔深误差不超过 20cm(经检查合格后的钻孔方可进行灌浆)。钻进过程中遇空洞、塌孔、软塑土、大块石、地下水等异常情况应予以描述记录。在卵石、块石回填层采用空气潜孔锤钻进灌浆孔,是解决取芯钻头和全面钻头钻进该类地层成孔质量和施工效率的有效途径。

(2)灌浆施工工艺。
①灌浆材料。
选用强度等级不低于 C42.5 号普通硅酸盐水泥,工地附近对混凝土无腐蚀的水。
②灌浆压力。
上部孔段的灌浆压力为 0.1MPa,下部孔段的灌浆压力为 0.5~0.6MPa,以孔口压力指针摆动的中值为准。
③灌浆方法。
灌浆方法:为防止下部灌浆时浆液沿现有裂缝和孔洞窜冒至地面,首先在地面以下 1m 进行低压力灌浆,在地面形成一个硬壳层后,再进行下部灌浆孔试验。

灌浆顺序:首灌 0~1m 以内的部分,灌浆压力为 0.1MPa;主灌配合比为水∶水泥∶粉煤

灰 = 1:1:0.5，等灌浆终止后，方可灌地面 1m 以下的孔段，灌浆压力为 0.5~0.6MPa。

采用孔口封闭法，按设计要求选用止浆塞封堵孔壁。

④浆液搅拌与灌注。

采用搅拌机拌和浆液。在完成对灌浆管线与设备的常规检查后，安设止浆塞，随后启动制浆设备并加水加料拌制浆液。每桶浆液的搅拌时间不小于 3min，搅好的浆液需经过滤后放入储浆桶。在灌浆施工过程中，应边灌边搅，连续灌注。灌浆使用砂（灰）浆泵，设专人执守灌浆机、检查浆液配合比、记录灌浆数据和有关异常情况。

⑤浆液配合比。

a. 普通类钻孔：

水:水泥 = 1.5:1。

水:水泥:粉煤灰(湿) = 3:2:1；2.5:1:1；2:2:1。

b. 超漏类钻孔：

水:水泥 = 1.5:1。

水:水泥:粉煤灰(湿) = 3:2:1；2.5:1:1.5；2:2:1.5。

c. 微渗类钻孔：

水:水泥 = 1.5:1；1:1；0.8:1。

在水泥粉煤灰浆中加入占水泥用量 1%~3% 的外渗剂；超漏类钻孔在堵漏后，再换普通类钻孔所用同一配合比级续灌至终灌。

制浆用水采用刻读法计量，粉煤灰和外掺剂经称量后加入。

⑥浆液变换。

a. 采用 1.5:1 的比级起灌，限量灌注水泥 50kg。

b. 起灌后，改用水泥粉煤灰浆续灌，由稀到浓逐级变换。

c. 当灌浆压力保持不变，注入率持续减少时，或当注入率不变而压力持续升高时，不得改变配合比。

d. 当某一级比浆的灌浆量已达 200L/m，且注入率 >30L/min 时，应加浓一级。

e. 当注入率大于 60L/min，且孔口压力 <0.1MPa 时，可越级变浓。

⑦止浆。

达到下列条件之一者，即可止浆，停止灌注：

a. 在规定的压力下，当注入率 ≤1L/min 时，持续灌注 10min。

b. 地面、边坡、锥坡、孔口窜冒浆液，封堵无效。

c. 原地面抬动变形达到 4cm 或已经造成原地面裂缝的加宽。

因窜冒浆液、地面变形而止浆的钻孔，若该孔的灌浆量已达 500L/min，灌浆压力 ≥0.3MPa，注入率 ≤20L/min，可视为正常灌注止浆（但当孔内液面至孔口的距离 >1.0m 时，仍需试补灌）；若前述 3 个灌浆参数不能同时满足，对窜冒浆钻孔应及时补灌（间歇灌浆）；对因变形而停灌的钻孔不再补灌，以避免变形继续加大；未达到正常止浆的钻孔需根据现场情况补孔重新钻孔灌浆。

⑧封孔。

所有试验孔封孔采用强度等级为 42.5 号普通硅酸盐水泥集料为砂砾石，人工拌制低强度等级混凝土，上部孔段的水泥用量多于下部孔段，封孔填料人工用杆捣实，钻孔封闭一律封至孔口。

（3）特殊情况处理。

①灌浆过程中，必须设专人观察，并记录原地面抬动变形和窜冒浆液的情况。根据不同情况采用封堵、减量、浓浆、间歇灌浆等方法进行处理。

②当孔与孔间窜浆时，可用止浆塞塞住窜浆孔后续灌，待止浆后再灌注冒浆孔。

③灌浆中断处理。灌浆工作要求连续进行，若因故中途停灌应尽快恢复灌浆，恢复灌浆后若注入率较中断前减少较多，应使用停灌前一级浆液进行灌注，然后再恢复中断时的配合比制浆续灌。

④地面冒浆处理。灌浆过程中，发现地面冒浆时，应根据情况采用嵌缝、表面封堵、加浓浆液、降低压力及间歇灌浆等方法处理，但中断间歇时间应在浆液初凝时间以内。

⑤串浆处理。灌注过程中与邻孔串通时，采用如下方法：

如果出浆量较大，应与被串孔同时灌浆，但应适当降低压力，防止地面抬动，若无同时灌注的设备条件，可用止浆塞将串孔塞住，单对灌浆孔灌浆（结束后应针对串浆孔及时补灌）。如串浆孔正在钻进，应立即停钻。

⑥灌浆工作因故中断，可按下述原则进行处理并如实记录：

及时排除故障，恢复灌浆；否则应立即冲洗钻孔。

恢复灌浆时，若注入率较中断前减少较多，应使用开灌比级进行灌注，然后再换中断前的比级续灌。

恢复灌浆后，如在短时间内停止吸浆，应采取补救措施。

⑦特大耗浆。经正常变浆，且浆液稠度已达设计最大时或已达 0.5∶1 的水灰比后，孔段吸浆率仍很大，灌浆难以结束时一般采用以下方法处理：

a. 降低压力，在此情况下灌浆的干料已达限量后，若吸浆率仍不减小，可采用间歇灌浆。

b. 在浆液中加速凝剂。

⑧地面抬动：灌浆过程中若发现地面抬动，应立即降低压力或终止灌浆。当吸浆量很大时，调整配合比，尽量多灌浓浆。

对各种异常情况，可以根据现场情况采用以下方法进行处理：

a. 浓—稀浆交替灌入法。由于路基中存在孔洞、空洞，吸灌量特别大，在施工中遇到吸浆量特别大的孔、孔段，采用浓—稀浆交替灌入法，阻止浆液过量压入被加固处治区以下，保证处治区以上孔段灌浆饱满。灌浆采用浓浆。

b. 分段限量灌入法。对于孔洞、空洞较多的孔段，灌浆极易把浆液压至加固范围以下而达不到加固效果。在各个灌浆段段实行限注，并根据试验确定适当地灌浆量，确保对上部土体的加固作用。

c. 间歇灌入法。对窜冒浆液孔实施间歇灌入法，以确保出现窜冒浆时土体充填饱满。

灌浆施工工艺流程如图 4-17-30。

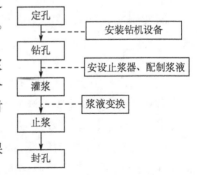

图 4-17-30 灌浆施工工艺流程图

3）原路基坡面及设施维护

由于浆液窜冒，往往导致地面出现较大变形，浆液形成较大的透镜体或在被加固体中形成团块，起不到加固土体中孔隙的作用，这些变形用肉眼往往不易察觉。在灌浆试验中，可使用仪表监测孔口附近原地面抬动变形情况，设专人观测和记录，控制抬动值不大于5cm/孔。

为防止压力灌浆对沥青混凝土原地面的抬动破坏，设计原地面抬动监测仪，其结构如图4-17-31所示。

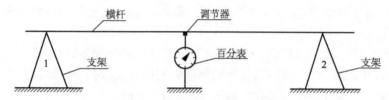

图4-17-31 原地面抬动监测仪示意图

原地面抬动监测仪的工作原理：将原地面抬动监测仪横放于灌浆孔中央，支架1和支架2在原地面平稳放置，检查百分表并调至零位，调整调节器的长度，让百分表的探头刚好接触原地面，紧固调节器。原地面一旦抬动，探头带动探杆上行，百分表内刻度盘开始转动，便可十分直观地观测原地面的抬动变化情况。

4）压力灌浆质量检验评定办法

灌浆质量检测可用动力触探、面波及复灌检测三种方法进行测试和对比分析。

（1）动力触探。

采用重型圆锥动力触探，落锤质量63.5kg。在采用回转钻方法穿过原地面及垫层后，换重型动力触探按规定记录贯入10cm的锤击数。探孔深度和设计的灌浆孔深度相同。

（2）面波测试。

采用稳态面波法进行，面波测试技术是近年来发展起来的一种新型无损测试方法，它可以广泛地应用于岩土工程和地基处理工程中。面波的频散特性是由介质的层状结构造成的，地震学理论已经证明频散特性对介质的剪切波速度变化较为敏感。由于剪切波速度与岩土工程力学参数有密切的关系，所以它是地层划分、地基质量评价和工程抗震的主要依据。面波测试是指通过不同波长的面波来反映不同深度的介质，并通过面波平均速度来描述不同地层的物理力学性质的。

面波测试通过对特定深度的被加固体面波波速的变化来检测和反映压力灌浆的加固效果。

（3）复灌检测。

在压力灌浆孔之间施工复灌孔进行压力灌浆，通过复灌孔同原压力灌浆孔之间的灌浆量对比分析，确定复灌孔周围灌浆孔的浆液对土体的填充效果。复灌孔灌浆量越小，说明原压力灌浆浆液对土体的填充效果越好。

研究结果表明，动力触探、面波测试和浆液复灌检测等都可作为灌浆工程的检验方法。压灌浆处治的灌浆质量检验以面波检测和复灌检查为主，在此基础上，结合对竣工资料、动探测试成果的分析，综合评定，即以面波检测、浆液试块检测和复灌检测定量评价为主，以动力探测对灌浆效果作定性评价。检测频率可为 500~800m 钻孔进尺检测一次,一次合格率不小于 90% 即灌浆合格。

利用面波测试可进行压力灌浆效果检测,通过与其他检测方法对比,可估算加固后岩土体的承载力,并从宏观上判明场区水平和垂直方向上的加固效果;同时该方法在地表进行施测,受场地限制少,而且方便、迅速、成本低,但目前对各种土层中面波速与承载力关系的理论研究和实际经验均较欠缺,还需不断去研究、总结和完善。

与其他方法相比,压力灌浆加固岩土体特别是应用于路堤、边坡加固具有以下优点:施工设备简单;规模小,投资少;占地面积小,对环境的影响小;工期短、见效快;施工中产生的噪声和振动小;狭窄场地和矮小的空间均可以使用;加固深度可深可浅,易于控制。特别是在已有路堤或者边坡抢险工程中,这种方法具有得天独厚的优势。

与其他处治方法不同的是,浆液注入各种介质后形成不具有"有界性"加固体(加固体非桩性),浆液扩散范围难以人工掌握,其加固效果也难以进行定量评价,因此往往导致设计者难以明确掌握灌浆后的加固效果,往往导致设计缺乏明确的针对性,甚至造成较大的浪费。同时灌浆加固处治施工质量往往难以通过已有常规手段进行检测。项目研究表明,现场灌浆试验是确定诸多灌浆设计、施工和质量检测手段的重要环节。通过有针对性的试验研究,能够详细地掌握灌浆施工中的设计参数,并可以对设计方案和施工工艺提出动态修正过程。

17.4.2 强夯在库岸路基病害处治中的应用

强夯法又称动力固结法,早在 20 世纪 30 年代由德国人用这种方法来加固砂土及砂卵石土地基并获得成功。1969 年,法国工程师梅拉(L. Menard)通过大量的工程实践,提出了强夯设计计算方法,使得用它加固地基,在世界各国得到了迅速推广。

强夯是将 100~600kN 的重锤从 6~40m 高处自由落下,给地基以强大冲击力和振动,从而达到提高地基土的强度并降低其压缩性的目的。强夯法具有效果显著、设备简单、施工方便、适用范围广、经济易行和节省材料等优点。经过几十年的应用与发展,其应用范围已适用于加固碎石土、砂土、黏性土、杂填土、湿陷性黄土等各类地基。它不仅能提高地基的强度并降低其压缩性,而且还能提高其抵抗振动液化的能力和消除土的湿陷性。目前,应用强夯法处理的工程范围是极广的,有工业与民用建筑、仓库、油罐、储仓、公路和铁路路基、飞机场跑道及码头等。总之,强夯法在某种程度上比其他加固方法更为广泛和有效。

1) 强夯加固机理

强夯法虽然已在工程中得到广泛的应用,但有关强夯机理的研究,国内外至今尚未取得满意的结果,其主要原因是各类土体的性质千差万别,很难建立系统的强夯加固理论,不同的研究者大多从不同的角度,针对不同的研究对象,提出了各自不同的见解,但尚无统一的结论,导致没有统一的、成熟的设计计算方法,因此通常的做法是针对工程情况,根据经验初步选定设计参数,再通过现场试夯结果,并经必要的修改后,最终确立它适合于现场土质条件的强夯设计参数。

(1) 动力固结理论。

动力固结理论是梅那(L·Menard)基于饱和黏性土强夯瞬间产生数十厘米沉降的现象而提出的,而原有的固结理论认为饱和黏性土在瞬时荷载作用下,由于渗透性低,孔隙水无法在瞬间排除,因此被看作是不可压缩体;而强夯由于其巨大的冲击能量使土体产生强烈的振动和压力,导致土中孔隙压缩,土体局部液化,夯击点周围产生裂隙,形成良好的排水通道,孔隙水迅速逸出,土体得以固结,从而减少沉降并提高密实度和工程性质。

(2)震动波压密理论。

在强夯法施工过程中,落锤冲击地面后,其能量是以应力波的形式在土体中传播的。在夯锤作用于地面的一瞬间,土体产生强烈震动,类似于地震的震源,在路基土中产生震动波,从震源向四周传播。因路基为一弹塑性材料,在巨大的冲击能作用下,质点连续介质的振动,其振动能量可以传递给周围介质,从而引起周围介质的振动。振动在介质内的传播形成波,根据其作用、性质和特点的不同,可分为体波和面波两种。强夯主要是体波起加固作用,体波又分为纵波和横波。其中,纵波是由震源向外传递的压缩波,质点的振动方向与波的前进方向一致,同时伴随着产生体积的变化,一般表现为周期短、振幅小;横波是由震源向外传递的剪切波,质点的振动方向与波的前进方向垂直,不产生体积的变化,一般表现为周期较长、振幅较大。

强夯时,巨大的冲击能作用于路基上,在路基中产生体波(含纵波和横波)和面波两种,但对路基起加固作用的主要是纵波和横波,面波不但起不到加密的作用,反而对路基表面产生松动,故为无用波或有害波。

强夯时,重锤从很高处自由落下,产生强大的动能(震动源)作用于路基土中,由动能变成波能,从震源向深层扩散,能量释放于一定范围内的路基中,使土体得到不同程度的压密加固。由于强大的夯击能,使土体表层产生剪切压缩和侧向挤压等,而横波使土体表层松动,当达到一定深度时,只有压缩波(纵波)才对土体起压密加固作用。随加固深度的增加,纵波强度衰减,其压密作用也逐渐减少。

对非饱和土路基,其加固机理可以归结为压缩波的反复作用消耗能量做功,从而对土体产生压密固结。其中一部分能量使土体产生塑变转换为土的位能,使土体产生弹性变形,并将另一部分能量向深层传播而加固深层路基,最终使能量转换为土的塑变位能。

对含水率较高的饱和土路基,其加固机理也是通过压缩波的反复作用和波的折射、反射重复做功而获得加固效果的。具体地说,由于压缩波的反复做功和孔隙水压力的共同作用,在土体中形成了网状贯通排水通道,使土体的渗透条件得到明显改善;夯击之后,土体将在良好的渗透条件和较高的孔隙水压力的作用下完成其动力固结过程。但夯击初期,因土体渗透性较小,大量土体只会在夯后固结,因此,夯击后的土体应有足够的间隔时间,否则即使较小能量的过早夯击也是有害无益,使土体无法恢复。这一动力固结过程,成为强夯法处理淤泥质土的显著特点,随着这一固结过程的完成,土体性质将得到明显改善,从而获得强夯加固的预期效果。

2)强夯工程设计方法

强夯加固效果主要受夯击能(夯锤吊高)、夯锤面积、夯击次数、夯击间距及土性参数等因素的影响。强夯设计计算参数主要包括单点夯击能、夯击遍数、相邻两次夯击遍数的间歇时间、加固范围及夯点布置等。不同的加固要求需要进行有针对性的处治设计。

(1)单点夯击能。

根据计算分析和研究表明,路堤填方类材料能够承受较大的冲击荷载,而且高能级的强夯的影响深度和作用范围大大高于低能级的强夯。同时,高能级强夯的有效夯击遍数多于低能级强夯,其夯击遍数可以较低能级强夯大大减少。单点夯击能选择中应考虑以下因素:

①被加固土体深度。当填土深度较小而采用大能量的强夯将使强夯能量作用于不需要加固的土体中,造成能量浪费。

②构筑物安全性。强夯能量在路基中以波动的形式传播,如果能量过大,将对涵洞、挡土墙等造成冲击破坏。

(2)夯击遍数。

夯击遍数一般通过现场试夯来确定,常以夯坑的压缩量最大,夯坑周围的隆起量最小为确定原则。目前,常通过现场试夯得到的夯击遍数与夯沉量的关系曲线来确定。

(3)夯点布置。

研究表明,夯点间距过大,各夯点的土体反而得不到有效加固;夯点间距过小,或采用夯点搭接的方法往往使后续强夯降低前期强夯形成的路基沉降,降低加固效果。根据工程经验一般取 5~10m,有效加固范围一般为 1.5~2.5 倍锤径;建议在缺乏资料时,夯点间距取 2 倍夯锤直径(其中大能量的加固范围可以取大值)。

3) 强夯施工工艺

(1)强夯施工可按下列步骤进行:

①清理并平整施工场地。

②标出第一遍夯点位置,并测量场地高程。

③起重机就位,夯锤置于夯点位置。

④测量夯前锤顶高程。

⑤将夯锤起吊到预定高度,开启脱钩装置,待夯锤脱钩自由下落后,放下吊钩,测量锤顶高程,若发现因坑底倾斜而造成夯锤歪斜时,应及时将坑底整平。

⑥重复步骤⑤,按设计规定的夯击遍数及控制标准,完成一个夯点的夯击。

⑦换夯点,重复步骤③~步骤⑥,完成第一遍全部夯点的夯击。

⑧用推土机将夯坑填平,并测量场地高程。

⑨在规定的间隔时间后,按上述步骤逐次完成全部夯击遍数,最后用低能量满夯,将场地表层松土夯实,并测量夯后场地高程。

(2)施工过程中应设专人负责下列监测工作:

①开夯前应检查夯锤质量和落距,以确保单击夯击能量符合设计要求。

②在每一遍夯击前,应对夯点放线进行复核,夯完后检查夯坑位置,发现偏差或漏夯应及时纠正。

③按设计要求检查每个夯点的夯击次数和每击的夯沉量。对强夯置换,尚应检查置换深度。

当强夯施工所产生的振动对邻近建筑物或设备会产生有害的影响时,应设置监测点,并采取挖隔振沟等隔振或防振措施。

4) 强夯施工质量检测方法分析

由于土质、填料、含水率、施工条件、设备、气候和施工控制等客观条件以及人为因素的影响,强夯路基承载力分布的均匀性和加固深度的可靠性常常是此类工程建设质量的关键问题。对于一般工程应采用两种或两种以上的原位测试方法,而对于重要工程则应增加现场大压板荷载试验的检验项目。常用的检验方法是在地表做一些压板试验来确定路基的承载力,并打一些钻探、标贯试验来确定其加固深度。这类方法在抽查数量较少时易漏掉薄弱部位,抽查数量较大时费时费钱,特别是对那些粗、巨粒土为主的强夯工程,标贯试验也显得无能为力。经过多年的建设工程实践发现,运用面波法进行路基的强夯动态检测,不仅能解决常用方法所不能解决的问题,而且还能提高建设工程的质量。

常用的强夯检测手段为静力触探、标准贯入试验、十字板剪切试验、荷载试验及取样进行室内试验。就山区库岸公路而言,若路基土体为土石混填类材料,静力触探、标准贯入试验、十字板剪切试验等应用都存在一定的困难,特别是十字板剪切试验主要适用于软土加固后的路基评价中。而荷载试验成本较大、周期较长,难以应用到大面积的强夯加固检测过程中,因此采用面波法进行测试具有较为明显的优势。

为测试强夯对路基加固的效果,需要对夯前和夯后的路基沉降变形和土体物理力学参数进行测试分析,可进行如下检测:

(1)路基变形沉降测试与观测。

夯击遍数与夯坑体积及夯坑深度的关系基本呈直线分布,表现出良好的线性相关性,即在同类型的路基土中,强夯的夯坑深度基本与夯击次数成正比。根据沉降测量结果,可以对强夯后的土体密实度进行评价。

因此,在进行强夯试验之前应利用对以上各点高程进行统一测试,在每次夯击后进行一次测量,绘制观测点夯击遍数与路基沉降的关系曲线。主要观测路基边坡是否产生裂缝和位移。

(2)面波测试分析。

在强夯前后测试点的路基土体面波波速及其变化,以评价强夯加固效果和深度。招商局重庆交通科研设计院有限公司经过长期研究,提出了强夯评价的有效深度法,建立了面波速度在强夯前后和土体密度的关系:

强夯前

$$\rho = 0.0857 e^{0.0134 V_R} \qquad (4\text{-}17\text{-}15)$$

强夯后

$$\rho = 0.7723 e^{0.0038 V_R} \qquad (4\text{-}17\text{-}16)$$

式中:ρ——土体密度;

V_R——面波波速。

17.5 库岸路基病害防治支挡结构选型

关于库岸路基的防护,首先,通过库水位及库水调节规律的调查,获取水情和有关数据,通过现场勘测认识所在库区的类型及地形、地质构造等特点;其次,有针对性地采取相应的工程、生物及管理方面的对策。切忌盲目套用已有工程设计、盲目加大工程尺寸的办法和凭经验办事的做法;否则,必将发生重复水毁,造成极大的浪费。

库岸路基防治的一般处理对策见表4-17-8。表中列举了主要库岸路基防护的一般对策,但是如果不了解具体引起路基病害产生的机理和防护对策,对水流特征、流浪侵蚀和岸坡、河床变形的作用过程,则难以做到对症下药。有效防护结构的设置必须从研究其水流结构及相应的侵蚀破坏出发。例如,对于发生较频繁的凹岸冲刷问题,是由弯道螺旋流引起的,则应从研究螺旋流的发生、发展和消失出发,寻找凹岸冲刷的范围、深度等规律。又如,丁坝对下游库岸的防护长度也是由漩涡扩散到下游所能挟带泥沙的距离来决定的。这些问题,都必须从其发生、发展的规律来解决。

库岸路基水毁一般处理对策 表 4-17-8

序号	路基水毁类型	防护和处理对策
1	凹岸冲刷(包括股流弯曲近岸冲刷、对岸挑流冲刷等)	分析凹岸冲刷的具体情况、位置、范围、深度和河段分类;在峡谷河段采用挡土墙、护坡、配合护坦基础防护;在山区开阔河段、变迁性河段可采用护坡,挡土墙护坦基础;配合浸水丁坝群。材料、工艺采用浆砌、石笼、预制混凝土板块及土工织物等
2	河道压缩冲刷(包括地形突变河道变窄、人类修路造田等)	冲刷原因和桥梁一般冲刷相同,冲刷深度按桥梁一般冲刷计算;应注意是否还有对岸挑流等其他形式水流的作用;一般应以边坡直接防护(挡土墙、护坡)配合护坦基础为宜,不宜应用丁坝再挤压水流;但是,也有应用短、密、低的漫水丁坝群防护成功的实例
3	路面淹没,急速退水冲刷	因路基过分压缩水流,水位升高或设计水位确定得过低,提高路基设计高程;完善路面排水系统;硬路肩防护
4	黄土路基冲刷	黄土湿陷性对水的浸泡、淋洗特别敏感。必须设置完善的排水设施,对雨水远接远送,并做必要的防护工程
5	路基上边坡(挖方)的坡面坍塌、坍塌和滑坡	坡面防护(植物防护、砌石、喷浆等);完善地表水和地下水系统;坡脚修挡土墙等
6	泥石流对路基的冲刷、堵塞和覆盖	路线绕避、慎用涵洞;排导、拦截;水土保持等

只有根据不同的水流地形特征、平面特征、地质特征,因地制宜地采取防护措施,才能有效地对库岸路基进行防护。

17.5.1 山区库岸公路支挡与防护结构设置原则

库岸路基支挡与防护结构的设置,应针对库岸路基工作条件,贯彻国家技术经济政策,按照"全面规划、远期近期结合、统筹兼顾"的原则;库岸路基在下列情况应修筑支挡与防护结构物:

(1)受水流冲刷严重的路段。

库区上游库岸路基的坡脚伸入水中或在凹岸侧路基,水流冲刷将会影响路基边坡的稳定,为了收缩坡脚或减少路基对水流的影响,可以设置支挡与防护结构。

(2)受库水波浪侵蚀的路段。

坝后库岸路基的坡脚伸入库水中时,波浪的反复淘蚀将会逐渐带走路基填土中的细小颗粒,长期作用下影响到路基的安全,此时可以设置路基防护结构。

(3)当库岸路基位于陡坡地段或风化的路堑边坡地段。

这些地段一般由于地面横坡较陡,路堤边坡形成薄层填方,采用支挡结构收缩坡脚,以提高路基的稳定性。

(4)有可能产生塌方、滑坡的不良地质地段。

为提高该不良地质地段地质体的稳定性或提高路基的安全性,可以考虑设置支挡与防护结构:

①为加固滑坡、岩堆、软弱地基等不良地质体。

②为拦挡危岩、落石、崩塌、泥石流等。

③在特殊土地段或软弱破碎岩质地段的路堑边坡,采用坡脚预加固。

(5)为避免大量挖方及降低边坡高度的路堑地段。

路堑设计边坡与地面坡接近平行,边坡过高,且形成剥山皮式的薄层开挖,破坏天然植被过多,采用支挡与防护结构来降低路堑边坡,减少对环境的破坏。

(6)库岸路基为土石方数量、节约用地、少占农田的地段。

(7)为保护重要的既有建筑物,避免对既有建筑物的影响、破坏或干扰及其他特殊条件和生态环境的需要。

(8)其他特殊需要。

17.5.2 库岸路基支挡与防护结构设置位置的选择原则

(1)库区上游沿河路基支挡结构要注意使设置后的水流平顺,不致形成漩涡,发生严重的局部冲刷,更不可挤压河道。

(2)坝后区域水流平缓路段的路基支挡结构,要考虑到便于水中作业或基础施工的支挡与防护结构形式。

(3)结合路堤挡土墙与路肩挡土墙比较,当其墙高、工程数量、地基情况相近时,宜设路肩挡土墙;当路肩挡土墙、路堤挡土墙兼设时,其衔接处可设斜墙或端墙。

(4)滑坡地段的抗滑支挡结构,应结合地形、地质条件、滑体的下滑力、地下水分布情况,以及清方减载、排水等工程综合考虑。

(5)受其他建筑物(如房屋、桥涵、隧道等)控制的支挡与防护结构的设置,应注意保证既有建筑物的稳定和安全。

17.5.3 库岸路基支挡与防护结构的选型原则

库岸路基支挡与防护结构类型的选择与确定,应安全可靠、经济合理、便于施工与养护,结构材料应符合耐久、耐腐蚀强的要求。

1)地质地形条件

(1)从地质条件考虑,是否位于震区以及堆积体、崩塌、滑坡等不良地质地段。

(2)从地形条件考虑,是否有设置支挡与防护结构所需足够宽度的场地。

(3)石料资源是否丰富。

(4)从地形条件方面考虑,是否为高大型支挡结构。

(5)从地基承载力方面考虑,是否为软弱土等承载能力较低的不良地基。

2)水文地质条件

(1)水流、波浪对基础的冲刷、淘蚀能力是否较强。

(2)地下水是否丰富。
3)技术经济条件
(1)从公路等级方面考虑其所能承受的造价。
(2)从所处地区方面考虑其所能承受的造价。
4)施工工艺
尽量使用施工工艺简单、成熟的对基础条件要求较低的支挡与防护结构形式。
5)环境与生态保护
尽量使用环境友好、生态的支挡与防护结构。

第5篇 库岸路基设计典型工程案例

18 雅泸高速公路 K92 段瀑布沟电站库区塌岸预测

18.1 工程概况

该工程位于大渡河左岸 108 国道右侧斜坡上，行政区划属汉源县青富乡青富村，拟建公路路基宽 24.50m，起止里程：K92+332～K97+765，线路中心路面设计高程为 869.51～871.59m，高边坡最大开挖深度 16.50～40.00m。区内各工程相互之间的关系如图 5-18-1、图 5-18-2 所示。

图 5-18-1　K92+332～K92+765m 岸坡全貌

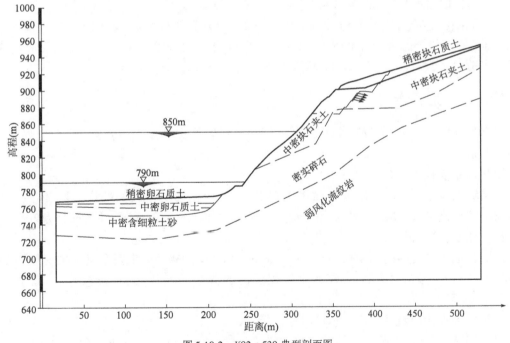

图 5-18-2　K92+530 典型剖面图

从图中可以看出,边坡路基高程以下临河坡面较陡。区内广泛分布有一层呈碎块石夹土形式的新生界第四系中更新统冰水堆积层,据勘探资料,冰水堆积层水平厚度约40m,竖直厚度近100m,总方量约700万m^3。这些冰水堆积物的分布范围广、分布厚度大,并且在区内分布厚度极为不均,最厚处可达上百米,而最薄处仅数米。

该段高速公路设计以深挖路堑的形式穿过该巨型冰水堆积层,并且以冰水堆积层作为路基,路基设计高程约870m。下游瀑布沟电站蓄水后坡脚河流水位将由770m抬升至850m,形成完全由冰水堆积层构成的高约100m的路基下边坡(其中水下边坡高约80m)和高约30m的路基上边坡,因此蓄水后该冰水堆积层的稳定性状况将是影响高速公路安全运行的一个重要因素,路基外侧岸坡不可避免地出现一定程度的塌岸或库岸再造现象。那么,在上述因素的影响下,岸坡岩土体到底是否会出现失稳破坏,若产生失稳,失稳的范围有多大,是否会影响到上方高速公路的安全运行? 这些问题都迫切地需要进行深入研究。

18.2 岸坡工程地质条件

18.2.1 地形地貌

拟建公路岸坡位于汉源县青富乡青富村六组丁丁岗斜坡平台地带,岸坡总体走向为N20°~25°E,倾向SE。自然条件下呈陡—缓—陡形态,高程780m以下为大渡河左岸的宽缓平坦的河漫滩,高程790~900m间坡度较陡,一般在50°以上,局部呈直立状;高程900~1060m间坡度较缓,一般在13°~28°,该段岸坡坡面上零星分布有数户居民;高程1060m以上边坡再次变陡,坡度40°~50°。岸坡走向S20°W,与拟建线路近乎平行,区内属构造剥蚀中、高山河谷地貌,场地属侵蚀堆积斜坡缓脊地貌。

区内周围已有或再建的工程设施主要有三处,即坡脚靠近大渡河的108国道,其高程约785m;拟建的高速公路位于高程869.51~871.59m,平行于坡面走向,在岸坡上形成高30~40m的高边坡;因修筑瀑布沟水电站而拟改线的108国道为高程900~910m。

18.2.2 地层岩性

根据现场调查和勘探资料,岸坡区内出露的地层岩性由新至老分述如下(新生界第四系简称第四系)。

1)第四系现代人工耕植土(Q_4^{me})

该层岩土体主要出露于岸坡高程900~1060m范围内相对平缓的部位,岩土体的组分主要为粉土和粉质黏土,厚度一般为1~2m,其与下伏冰水堆积层的界限一般较缓,为20°~30°。

2)第四系全新统坡残积物(Q_4^{dl+el})

该层岩土体主要出露于岸坡高程790~900m和高程1060m以上两个岸坡坡度较陡部位。结构松散,粒径一般在1~2cm,较冰水堆积层内的碎块石小得多,厚度较小,一般在20~50cm,局部位置可达1m左右。

3)第四系现代河流冲洪积层(Q_4^{al+pl})

据勘探资料显示,该类岩土体按其物质组成可进一步细分为卵石质土和含粉粒砂土两个亚类。

4) 第四系中更新统冰水堆积层(Q_{1+2}^{gl+fgl})

据勘探资料显示,岸坡区内出露的冰水堆积物按其密实程度可分为稍密碎块石土、中密碎块石夹土及密实碎石。

5) 震旦系上统苏雄组($Z_s^λ$)

该组岩体是区内出露的主要基岩,岩性主要是强风化—弱风化流纹岩、流纹斑岩,呈肉红色,岩性坚硬。

各岩土体分布特征如图 5-18-3 所示。

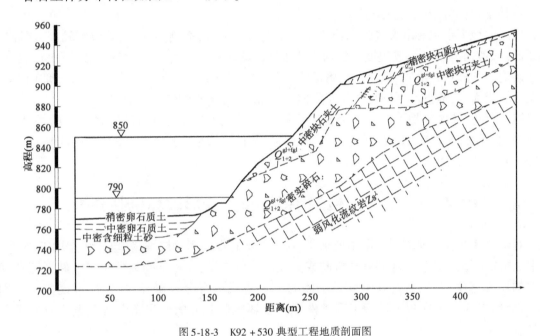

图 5-18-3 K92+530 典型工程地质剖面图

18.3 水文地质条件

1) 地表水

大渡河为区内地下水、地表水的汇集、排泄通道和最低侵蚀基准面。在 K92+700～K92+710 有一小型冲沟,冲沟由右侧的丁丁岗滑坡延伸至大渡河,径流向由北向南,流量约 0.4L/s,大气降水补给以坡面流的形式汇集于沟内,而位于拟建线路右侧上方的两个蓄水"堰塘"则为区内最大的地表人工水体,坡体上耕地灌溉均靠引用该地表水。

2) 地下水类型划分及含水层富水性

该层地下水类型主要为第四系松散层孔隙水。

拟建路基段,主要出露地层为第四系中更新统冰积、冰水沉积层(Q)的含砾低液限粉(黏)土、块石夹(质)土、小块石土、块石土等(均为透水性较好的土层),路基段场地内位置相对较高(高程约 900m),加之切割强烈(其东侧为田坝头大桥跨越的干河沟,沟面高程约

800m;南侧为大渡河,河床高程约在770m),地形坡度大(36°~48°),大气降水多以坡面流的形式向下排泄,不利于对地下水的补给,地面调查未发现该类地下出露点,仅在降雨后于108国道边的陡坎上见到滴水、浸润水,坡体上呈干、稍湿状态,本次施工钻孔均为干孔,无地下水出露。

该层地下水具有排泄、径流条件好,补给条件、储水条件差,地下水贫乏等特点。

在大渡河漫滩第四系现代河流冲、洪积层的砂、卵石层具富水性好、透水性强的特点。其地下水位与大渡河河面相近,由于分布高程低,对拟建线路工程施工建设的影响极小。

3) 地下水的补给、径流、排泄

场区内地下水主要由大气降水补给。由于地形坡度大,切割强烈,相对位置较高,侵蚀基准面低(大渡河),加之组成边坡土层均为透水性强的块石土等粗粒土,有利于地下水径流,地下水接受大气降水补给后,途经短距离径流,于低洼沟谷或陡坎处排泄,排泄方式以坡面流及浸润状渗流为主,地下水严格受季节变化控制,具山区地下水的普遍特征。

综上所述,场区内地下水主要为松散层孔隙潜水,分布高程,具有以下特点:随季节、降水量变化,给水条件差、径流、排泄条件好,赋存条件差,地下水贫乏;等等。这些特点对工程施工基本无影响。

18.4 岸坡岩土体结构特征及其变形破坏机制分析

对于山区峡谷型河流的库岸岸坡来说,在电站运行期间影响岸坡塌岸宽度的因素有很多,其中最主要的是岸坡岩土体的破坏机制或模式。也就是说,要想准确地预测出电站运行期间岸坡的塌岸宽度,首先必须对岸坡岩土体的破坏模式进行深入研究,并作出准确判断。因此,研究岸坡岩土体在各种可能工程条件下的破坏机制对准确预测库岸再造宽度具有重要意义。

一般对于均质土质岸坡来说,其失稳破坏主要取决于坡体内部最大剪应力,因此其破坏面多呈近似圆弧形;而对于岩质边坡来说,它的失稳破坏总是沿坡体内部的力学强度相对较弱的结构面进行。那么,对于像本工程这样以碎块石为主,夹有一定程度土体,并且块石之间还有一定程度胶结的冰水堆积层,在库水位变动过程中又可能以哪一种方式发生失稳破坏呢?它的失稳会在多大程度上对高速公路的安全运行造成影响?这些问题都是本书亟待深入研究并解决的问题。

关于水对岩土体稳定性的影响,国内外众多先行者进行了大量研究,取得了一系列成果,概括起来,库水对岸坡岩土体变形破坏模式的影响主要体现在三个方面,即物理作用、化学作用及力学作用。

(1) 水对岸坡岩体的物理作用主要表现为润滑作用、软化作用及泥化作用。由于岩体内部发育有众多的不连续面,在这些结构面中,有些是无张开或微张开的硬性结构面,有些是充填有其他物质成分(如泥、岩屑、岩脉等)的软弱结构面。对于硬性结构面,地下水主要表现为润滑作用,它降低了结构面两侧岩块间的摩擦阻力;对于软弱结构面,通过地下水与充填物质的相互作用,使得充填物质产生泥化、软化、崩解,从而降低结构面强度。

具体到该段岸坡,库水岸坡岩土体的物理作用主要表现为波浪及水流对岸坡坡脚的侵蚀作用、淘蚀作用,以及对水下岸坡岩土体的冲磨蚀作用。

(2)库水对边坡岩土体的化学作用主要表现为通过水与岩体某些矿物成分发生化学反应(如溶解作用、溶蚀作用)来破坏岩土体结构,降低岩土体强度。这一点在碳酸盐岩地区表现得更为突出。该段岸坡出露的中密碎块石夹土以及密实碎块石内部粗颗粒之间的钙质胶结有可能与水产生化学反应,破坏岩土体的结构,降低其物理力学强度,从而导致岸坡失稳破坏。

(3)库水对边坡岩土体的力学作用。水库蓄水后,由此产生的地下水静水压力和动水压力对边坡稳定性的影响,在地下水对边坡稳定性的影响中表现得最为强烈。静水压力通过降低边坡岩土体的有效应力来降低岩土体力学强度;动水压力主要产生于水库水位的骤升、骤降过程中。在水库水位骤升过程中形成库水对边坡地下水的反补给作用,相当于对边坡岩土体骤然加载;在水库水位骤降过程中,由于边坡地下水排泄的滞后性,使得在边坡岩土体内部因地下水渗流而产生渗透压力,从而降低或破坏边坡稳定性。

如图5-18-4所示,在水库水位从850m降低至790m的过程中,由于岸坡地下水位的降低速度远小于水库水位的降低速度,形成地下水对库水的反补给,从而在岸坡内产生较大的渗透压力,必然会给岸坡稳定性带来一定程度的影响。如图5-18-5所示,当水库水位从790m上升至850m的过程中,受库水补给岸坡地下水的影响,导致岸坡岩土体的孔隙水压力增大,有效应力减小,从而也会给岸坡岩土体的稳定性带来影响。

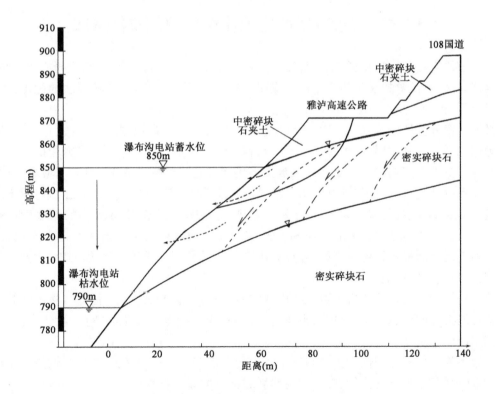

图5-18-4 水库水位降低过程中地下水的反补给作用

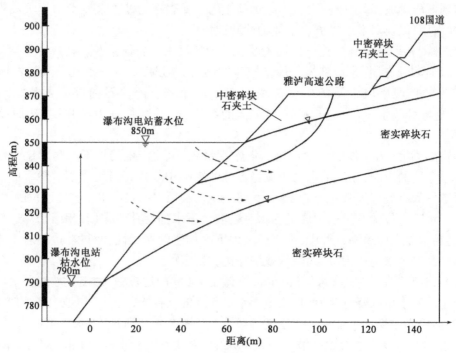

图 5-18-5 水库水位升高过程中对地下水的补给作用

18.5 蓄水后岸坡岩土体塌岸预测参数选取

根据该段岸坡的结构特征、工程地质条件以及变形破坏机制等,课题组经研究决定采用极限平衡计算法、数值分析法对该段岸坡的塌岸宽度进行研究,力争结合各方法的优点,做到预测结果合理、正确。

极限平衡计算法是建立在极限平衡理论基础上的一种塌岸预测的新方法,它是以瑞典条分法为基础,将土质岸坡划分为多个土条,分析各个土条所受到的各种下滑力和抗滑力,用土条上的全部抗滑力矩与滑动力矩之比来定义土质岸坡稳定性安全系数,而无须考虑岩体的应力应变关系以及边坡的变形。因此,该方法具有概念明确、算式简洁、计算速度快等优点,再加上现有 Geo-Slope 软件可以根据不同的塌岸类型,建立库岸模型,选取适当的方法(如 Bishop 法条分法、Janbu 条分法、Morgenstern-Price 法、有限元法等)自动搜索出岸坡在水库正常蓄水后最不利工况下的最不稳定破裂面,并计算出其安全系数,所以能快速而简便地进行塌岸范围的预测,以达到塌岸预测的目的。

数值分析法采用通用的岩土数值分析软件 Geo-Slope 和 FLAC 3D,首先构建出计算模型,采用适合岩土体的结构关系,根据岩土体的应力场、变形特点和屈服区特点,从变形控制的角度预测岸坡塌岸宽度。

塌岸参数取值的合理性对于预测塌岸的正确性具有决定性意义,将在现场调查的基础上,结合勘查资料和室内试验分析,综合确定岸坡岩土体的塌岸参数。

通过综合分析,该段岸坡物理力学参数按表 5-18-1 所列取值,按两段法预测塌岸宽度时塌岸参数按表 5-18-2 所列取值。

岸坡岩土体物理力学参数 表 5-18-1

岩土体名称	天然状态			饱水状态		
	重度(kN/m)	黏聚力(kPa)	内摩擦角(°)	重度(kN/m)	黏聚力(kPa)	内摩擦角(°)
稍密碎块石土	21.3	50	20	21.6	30	18
中密碎块石夹土	24.3	120	30	24.8	80	25
密实碎块石	25.4	200	45	25.7	180	40

两段法预测塌岸参数 表 5-18-2

岩性及状态	参数类型	
	水下稳定坡角(°)	水上稳定坡角(°)
稍密块石质土	20	25
中密块石夹、质土(胶结)	37	45
密实块石夹土、块石(胶结)	40	50

18.6 基于两段法理论的塌岸预测

18.6.1 计算剖面及参数选取

为尽可能准确、合理地预测岸坡在水库蓄水后的塌岸宽度,根据岸坡结构特点,结合勘探资料绘制了五条工程地质剖面,分别是 K92+700、K92+605、K92+530、K92+455、K92+332,如图 5-18-6~图 5-18-10 所示。

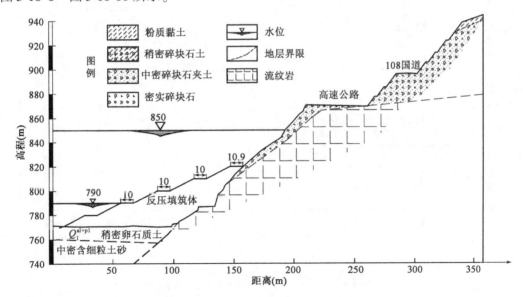

图 5-18-6 K92+700 工程地质剖面图(尺寸单位:m)

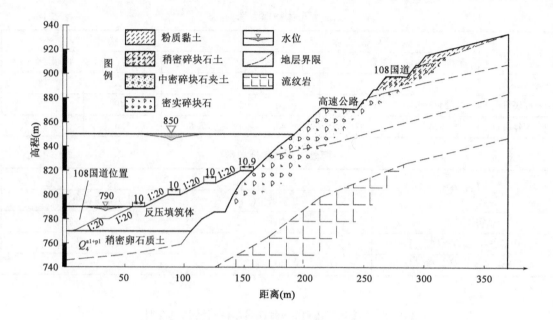

图 5-18-7　K92+605 工程地质剖面图(尺寸单位:m)

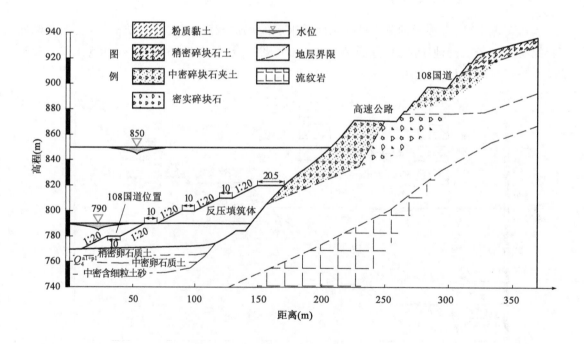

图 5-18-8　K92+530 工程地质剖面图(尺寸单位:m)

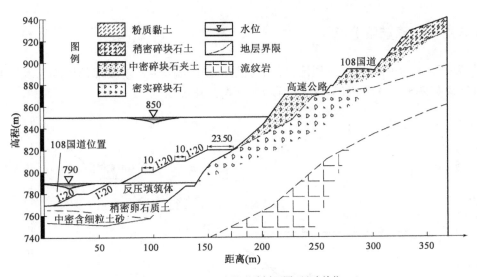

图 5-18-9　K92+455 工程地质剖面图(尺寸单位:m)

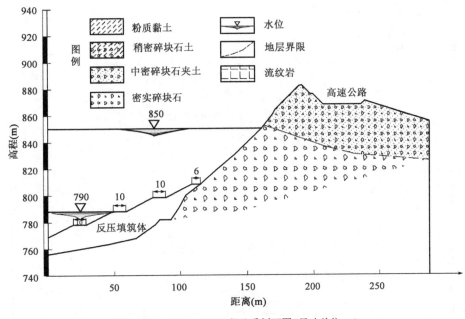

图 5-18-10　K92+332 工程地质剖面图(尺寸单位:m)

各岩土体的塌岸计算参数按表 5-18-3 所列取值。

K92+332~K92+765 段岸坡塌岸宽度预测结果(两段法)　　表 5-18-3

断　面	塌岸宽度(m)	路基面坍塌宽度(m)
K92+700	25.28	7.45
K92+605	26.14	3.13
K92+530	24.52	6
K92+455	28.13	13.14
K92+332	33.14	0

18.6.2　计算结果分析

采用基于两段法的塌岸预测理论,可以对上述五个剖面所处岸坡部位的塌岸宽度作出预测,预测结果如图 5-18-11～图 5-18-15 所示和见表 5-18-3 所列。

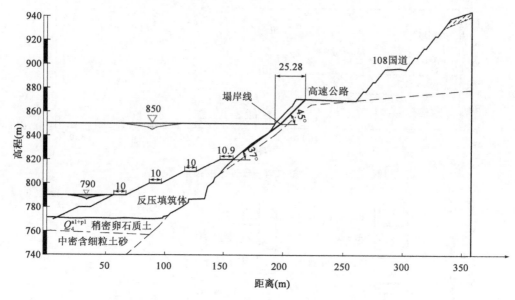

图 5-18-11　K92+700 断面塌岸预测结果(两段法,尺寸单位为 m)

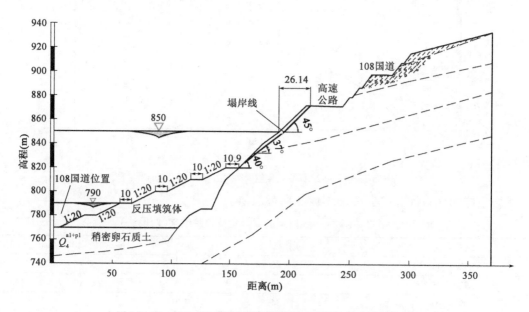

图 5-18-12　K92+605 断面塌岸预测结果(两段法,尺寸单位为 m)

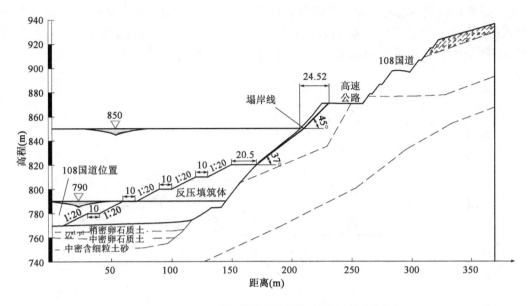

图 5-18-13　K92+530 断面塌岸预测结果(两段法,尺寸单位为 m)

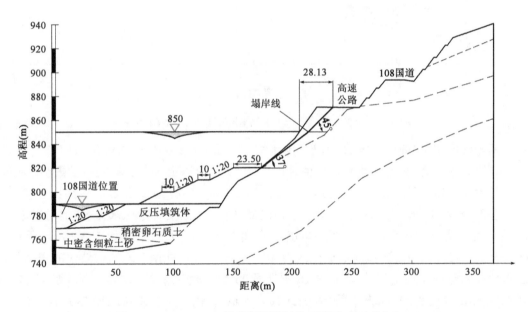

图 5-18-14　K92+455 断面塌岸预测结果(两段法,尺寸单位为 m)

两段法预测结果表明:

(1)蓄水后该段岸坡将不可避免地出现不同程度的库岸再造现象,而受岸坡不同部位的地形地貌、岩土体的组成等因素的差异影响,岸坡不同部位的塌岸宽度又有一些差别,如塌岸宽度最大部位出现在 K92+332 剖面,其塌岸宽度可达 33.14m(注:塌岸是指自高程 850 的水位面与坡面交点至塌岸线顶点之间的水平距离,下同);塌岸宽度最小部位为 K92+530 处,塌岸宽度为 24.52m。

（2）受库岸再造引起的高速公路路基面塌岸宽度最大出现在 K92+455 剖面，路基面塌岸宽度可达 13.14m；路基面塌岸宽度最小出现在 K92+332 处，路基面塌岸宽度为 0m，这是因为该部位路基面与库水面之间隔有一条路堑边坡所致，计算结果表明，路堑边坡将会失稳破坏。

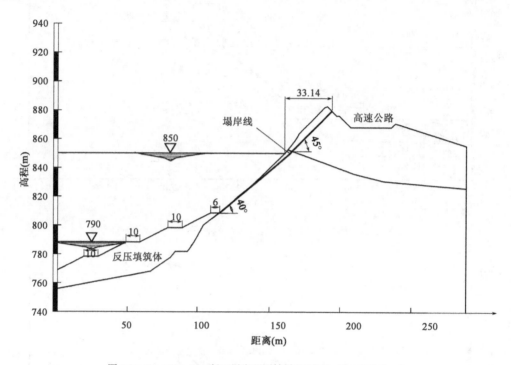

图 5-18-15 K92+332 断面塌岸预测结果（两段法，尺寸单位为 m）

从两段法的理论基础、计算过程以及预测结果来看，两段法归根结底是一种经验预测方法。从计算结果来看，只要预测参数取值合理，对于蓄水位以下部分，两段法的预测结果基本能够反映库岸再造的基本特性，因此其对于蓄水位以下部分的预测结果比较可靠；但是对于蓄水位以上部分，由于两段法既没有考虑岩土体的破坏模式，也没有考虑水流、波浪对岸坡岩土体的独特侵蚀方式，因此其预测结果可能与真实结果有较大差别。如图 5-18-16 所示，以 K92+455 剖面为例，两段法预测的塌岸线为 ABC，而实际上可能由于水流或波浪的侵蚀作用，先在水位面附近的岸坡上形成图 5-18-16 中所示的 GEH 侵蚀凹坑，这样凹坑上部的岩土体由于前缘的破坏而沿 EF 面失稳破坏，因此其真实的塌岸线应为 $ADEF$，显然其真实的塌岸宽度较两段法预测结果大。

另外，由于两段法的特点，无法考虑公路行车引起的振动荷载对岸坡岩土体稳定性的影响，也无法考虑蓄水后地下水位线的抬升对岸坡蓄水位以上、地下水位以下岩土体的软化作用和力学作用。

综上所述，两段法对岸坡水位下岩土体塌岸宽度的预测结果较为可靠，而受其自身特点的限制，对水位以上岸坡的预测结果可能存在较大偏差，因此有必要对其进行深入研究。

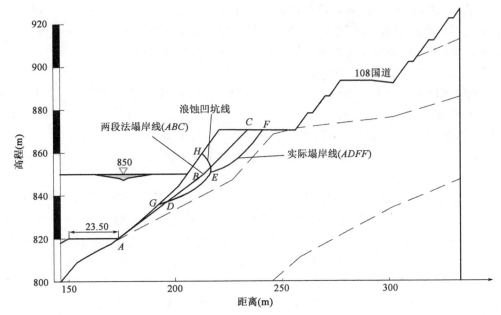

图 5-18-16　K92+455 断面塌岸示意图(尺寸单位:m)

18.7　基于极限平衡理论的塌岸预测

如前所述,是由于两段法存在的这样或那样的一些局限性,其预测结果可能会带来一些偏差,因而有必要采用其他预测方法对水库蓄水后的岸坡塌岸情况进行进一步的研究,以保证预测结果的可靠性。

上述分析表明,两段法对塌岸预测结果的不准确主要表现在以下三个方面:
(1)两段法不能反映蓄水位以上岸坡岩土体的变形破坏机制或模式。
(2)两段法不能反映水位上升引起的岸坡地下水位升高对岸坡稳定性的影响。
(3)两段法不能合理考虑公路行车荷载等对岸坡稳定性的影响。

而上述问题在传统的极限平衡分析方法中均能得到较好的解决,因此本书研究认为有必要采用极限平衡分析法对岸坡塌岸情况进行深入研究,以期对两段法预测结果进行修正。

18.7.1　极限平衡预测法简介

极限平衡计算法是建立在摩尔—库仑破坏准测的基础上的,它的基本特点是,只考虑岩土体处于破坏那一瞬间的静力平衡条件和摩尔—库仑准则,也就是说,求解边坡处于破坏那一瞬间的静力平衡方程组。当然在大多数情况下,静力平衡方程所涉及的未知数个数都要多于方程个数,因此必须对某些未知数作出一定的假设,使方程组可解。

刚体极限平衡计算法总体上可以分为两大类:一类是垂直条分法,另一类是滑移线法。两类方法的根本区别在于,前者假定边坡破坏时只有在破裂面部位处于极限平衡状态,也就是假定只在假定的破裂面处满足静力平衡条件和摩尔—库仑准则;而后者假定边坡破坏时,边坡内部处处都处于极限平衡状态,处处满足静力平衡条件和摩尔—库仑准则。由于滑移线法计算结果多数时候代表的是边坡稳定性状态的上限值,而垂直条分法计算结果一般偏保守,因此为安全起见,工程中一般多采用垂直条分的极限平衡计算法来评价边坡稳定性。

总体上,刚体极限平衡垂直条分法原理可概括为三大要点:

(1)刚体条件。在分析边坡的受力和变形过程中,忽略边坡体的内部变形,认为边坡体为不可变形的刚体。

(2)极限强度条件。假定滑体破坏时破裂面部位处处都处于极限强度状态。

(3)力的平衡条件。在考虑安全系数后,滑体条块在所受各种力的作用下处于平衡状态。

垂直条分法的基本思路:坡体的失稳方式为沿特定的面(滑面)整体滑动失稳。通过将坡体内(潜在)滑面(带)的强度参数降低 K 倍,从而使滑体整体上处于极限平衡状态,通过求解对刚性滑体建立的极限平衡状态方程,得到 K 值。这个 K 值即反映坡体稳定程度的稳定性系数。

条块 i 在滑面处满足摩尔—库仑准则:

$$S_i = \frac{c_i}{K}L_i + \frac{\tan\varphi_i}{K}N_i \tag{5-18-1}$$

式中:c_i、φ_i——滑面的黏聚力和内摩擦角;
L_i——滑面长度。

由于对整个滑体可以建立的方程数多于未知量数,因而需要作一定的简化假定使之成为可解。

在垂直条分方式下,任取一条块 i,其受力情况如图 5-18-17 所示。

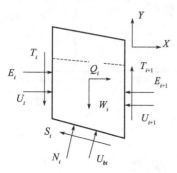

图 5-18-17 条块受力图
W_i-条块重力;T_i、T_{i+1}-条间切向力;E_i、E_{i+1}-条间法向力;U_i、U_{i+1}、U_{bi}-条间和底滑面上水压力;S_i-底滑面上切向力;N_i-底滑面上法向力;Q_i-地震力

18.7.2 计算剖面及参数选取

为更好地比较两种预测方法所得预测结果的差别,仍选择 K92+700、K92+605、K92+530、K92+455、K92+332 五条剖面进行水库蓄水后岸坡稳定性分析,如图 5-18-6~图 5-18-10 所示。

各岩土体的塌岸计算参数按表 5-18-2 所列取值。

18.7.3 计算方法及计算工况

本次计算采用通用岩土体软件 GEO-SLOPE,计算方法采用常用的垂直条分法,如 Bishop 法、Janbu 法、M-P 法综合分析。

根据岸坡在高速公路运行期间可能面临的情况,考虑以下四种工况:

工况 1:天然状态。该工况考虑的荷载主要有岩土体自重、库水位上述引起地下水位升高导致的孔隙水压力。

工况 2:天然+行车荷载。该工况除考虑工况 1 的荷载外,还考虑因车辆运行引起的形成荷载。

工况 3:天然 + 行车荷载 + 暴雨。该工况除考虑工况 2 的荷载外,还考虑因持续高强度降雨引起的水上岩土体物理力学参数的变化。

工况 4:天然 + 行车荷载 + 暴雨 + 地震。该工况除考虑工况 3 的各种条件外,还包括地震作用下产生的水平推力,根据地震强度区划图,该地区地震水平系数为 0.1。

考虑公路的安全等级以及排除诸多因素对计算结果的影响,计算过程中认为,在工况 1 条件下,岸坡安全系数取为 1.25;在工况 2 条件下,岸坡安全系数取为 1.20;在工况 3 条件下,岸坡安全系数取为 1.10;在工况 4 条件下,岸坡安全系数取为 1.05。

18.7.4 计算结果分析

根据计算分析,计算各剖面在各工况条件下最危险的破坏面特征,岸坡在各工况条件下的稳定性状况见表 5-18-4,岸坡各段塌岸预测结果见表 5-18-5。

岸坡岩土体各工况条件下稳定性计算结果　　　表 5-18-4

剖面	计算方法	工况1	工况2	工况3	工况4
K92+700	一般条分法	1.308	1.285	1.099	0.946
	Bishop 法	1.234	1.219	1.080	0.933
	Janbu 法	1.316	1.292	1.107	0.941
	M-P 法	1.326	1.302	1.109	0.936
K92+605	一般条分法	1.185	1.161	1.077	0.919
	Bishop 法	1.195	1.175	1.093	0.936
	Janbu 法	1.186	1.161	1.080	0.910
	M-P 法	1.194	1.174	1.093	0.934
K92+530	一般条分法	1.021	1.004	0.928	0.793
	Bishop 法	1.042	1.031	0.944	0.811
	Janbu 法	1.053	1.033	0.936	0.786
	M-P 法	1.041	1.030	0.944	0.810
K92+455	一般条分法	1.121	1.099	0.939	0.801
	Bishop 法	1.076	1.059	0.946	0.810
	Janbu 法	1.133	1.108	0.942	0.792
	M-P 法	1.099	1.077	0.944	0.808
K92+332	一般条分法	1.395	1.395	1.130	1.018
	Bishop 法	1.417	1.417	1.149	1.016
	Janbu 法	1.353	1.353	1.121	1.023
	M-P 法	1.438	1.438	1.146	1.032

岸坡各段塌岸宽度（极限平衡法）　　　　　表 5-18-5

断　面	塌岸宽度(m)	路基面坍塌宽度(m)
K92+700	30.86	13.03
K92+605	32.43	9.42
K92+530	31.13	12.61
K92+455	35.5	20.38
K92+332	34.66	0

表 5-18-5 中所列的岸坡稳定性计算结果表明：

（1）公路 K92+700 左右的岸坡，由于基岩埋深较浅，中密碎块石夹土分布厚度较小，在工况 1、工况 2 和工况 3 条件下岸坡能够保持自身稳定性，但在工况 4 条件下，受地震的影响，岸坡岩土体仍将出现整体失稳，其失稳范围如图 5-18-18 所示。

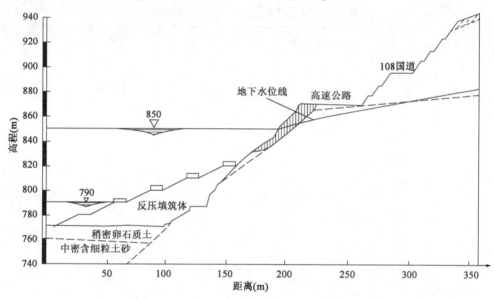

图 5-18-18　K92+700 剖面塌岸范围示意图

（2）K92+605 左右岸坡虽然基岩埋深相较 K92+700 深，但由于其岸坡坡度相对较缓，因此，从计算结果来看在工况 1、工况 2、和工况 3 条件下能够保持稳定，但其安全储备较小（三种工况条件下的稳定系数均小于要求的安全系数），而在工况 4 条件下，岸坡也将失稳破坏。其失稳范围如图 5-18-19 所示。

（3）K92+530～K92+455 段岸坡是该段岸坡中稳定性最差的地段，在工况 1 和工况 2 条件下稳定性均达不到各自安全系数的要求，在工况 3 和工况 4 条件下不可避免地将会出现失稳破坏。其失稳范围如图 5-18-20、图 5-18-21 所示。

（4）K92+332 左右岸坡，虽然从计算结果来看，各工况条件下能够保持稳定，但是在工况 4 条件下，其安全储备较低，小于安全系数的要求，因此也可以认为其仍存在失稳的可能。其失稳范围如图 5-18-22 所示。

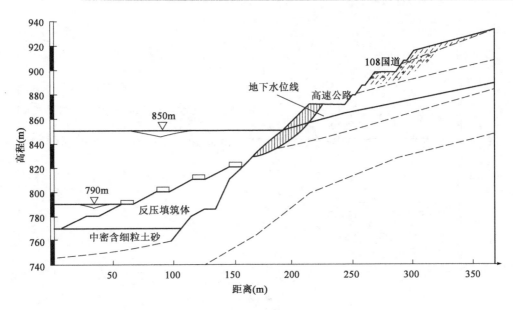

图 5-18-19　K92+605 剖面塌岸范围示意图(尺寸单位:m)

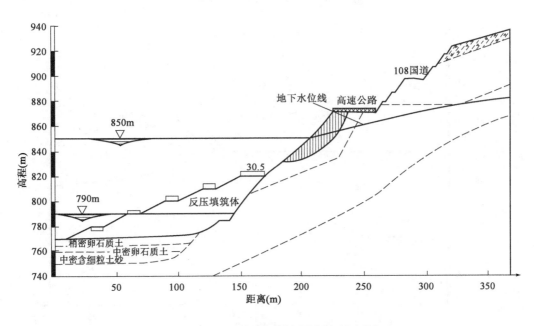

图 5-18-20　K92+530 剖面塌岸范围示意图(尺寸单位:m)

表 5-18 5 中所列的岸坡各段塌岸宽度计算结果表明:

(1)蓄水后该段岸坡将不可避免地出现不同程度库岸再造现象,而受岸坡不同部位的地形地貌、岩土体的组成等因素的差异影响,岸坡不同部位的塌岸宽度又有一些差别,如塌岸宽度最大部位出现在 K92+455 剖面,其塌岸宽度可达 35.5m(注:塌岸是指自 850 水位面与坡面交点至塌岸线顶点之间的水平距离,下同);塌岸宽度最小部位为 K92+700 处,塌岸宽度为 30.86m。

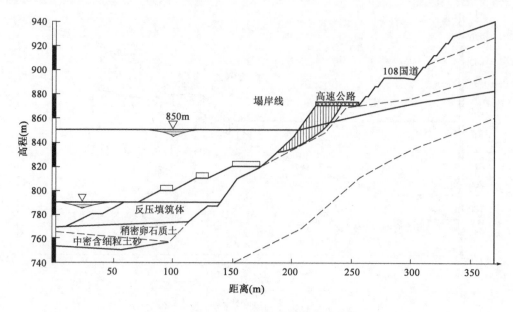

图 5-18-21　K92+455 剖面塌岸范围示意图

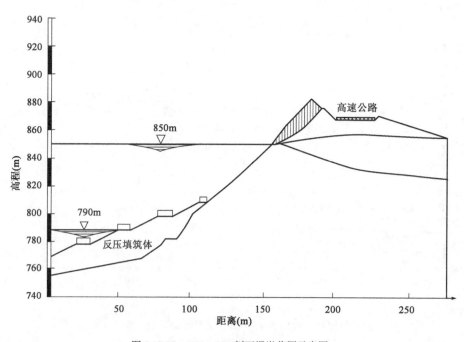

图 5-18-22　K92+332 剖面塌岸范围示意图

（2）受库岸再造引起的高速公路路基面塌岸最大宽度出现在 K92+455 剖面,路基面塌岸宽度可达 20.8m,几乎整个路基均将失稳;路基面塌岸最小宽度出现在 K92+332 处,路基面塌岸宽度为 0m,这是因为该部位路基面与库水面之间隔有一条路堑边坡所致,计算结果表明,路堑边坡将会失稳破坏。

采用极限平衡理论计算结果表明,岸坡再造是因为蓄水后岸坡岩土体在各种不利因素的影响下,其内部形成连续贯通的破坏面,破坏面以上岩土体不能维持自身稳定性而出现整体性的失稳破坏。其计算理论简单明了,但仍存在以下不足之处:

(1)对于蓄水位以上岸坡岩土体以整体形式失稳的塌岸预测结果较为可靠,但它不能反映岸坡在水流、波浪等长期周期性作用下的渐进式失稳破坏。

(2)从极限平衡方法的计算结果来看,它认为破坏面以上的岸坡将会出现库岸再造,而破坏面以下的岸坡不会发生失稳破坏。显然这一点不符合常理,这是因为该方法没有考虑水流、波浪等对破坏面以下岸坡的长期周期性的侵蚀、流动作用。

总而言之,极限平衡计算法最大不足之处在于它将水库蓄水考虑成静止不动的流体,没有考虑其对水下岩土体长期、周期性的侵蚀、流动作用,因此其对水下岸坡(尤其是滑面以下岸坡)的预测结果较为不合理。

18.8 基于二维数值计算理论的塌岸预测

由前述分析表明,两段法和极限平衡计算法存在其各自的优点,但也存在其各自难以避免的缺点,这些缺点可能会造成预测结果的不可靠性。因此,为尽可能保证预测结果的真实可靠,本书经研究提出采用数值分析的方法对岸坡塌岸情况进行再次修正。

数值模拟预测方法主要有以下几点优势:

(1)通过对各工况条件下坡体应力场的变化及调整的再现模拟,以期找出坡体内部应力场变化及其调整的规律性,并在此基础上预测边坡应力场未来的变化趋势。

(2)通过对各工况条件下岸坡变形及位移特征的再现模拟,以期找出岸坡变形及位移的规律性特征,并在此基础上预测边坡未来变形或破坏趋势。

(3)在上述应力场及变形和位移分析的基础上,分析研究岸坡稳定性变化的演化规律,即"变形破坏机制",并以此分析、预测滑坡稳定性未来变化趋势,据此可较好地预测岸坡在各工况条件下的变形破坏方式,从而判断预测结果是否合理。

(4)结合上述分析和研究,找出各工况对岸坡变形或破坏局部及整体影响特征,并以此为基础,考虑各种工程措施和岸坡的相互作用,结合边坡地质条件、变形破坏规律,给出岸坡支护方式的合理性建议。

18.8.1 计算剖面选取及计算参数的确定

由考虑到岸坡的结构特征、岩性组合特征等因素,以及上述两种方法的预测结果,选取 K92+455 剖面,对其进行数值分析。岸坡岩土体物理力学参数见表 5-18-6。

岸坡岩土体物理力学参数   表 5-18-6

岩组名	材料性质	重度(kN/m^3)	弹性模量(kPa)	泊松比	黏聚力(kPa)	内摩擦角($°$)
稍密碎块石土（水上）	弹塑性	21.3	5×10^5	0.3	50	20
稍密碎块石土（水下）	弹塑性	21.6	4×10^5	0.31	30	18

续上表

岩组名	材料性质	重度(kN/m³)	弹性模量(kPa)	泊松比	黏聚力(kPa)	内摩擦角(°)
中密碎块石夹土（水上）	弹塑性	24.3	2×10^6	0.26	120	30
中密碎块石夹土（水下）	弹塑性	24.8	1.8×10^6	0.27	80	25
密实碎块石（水上）	弹塑性	25.4	5×10^6	0.25	200	45
密碎块石(水下)	弹塑性	25.7	4×10^6	0.255	180	40
堆填体	弹塑性	25.7	4×10^6	0.255	180	40
流纹岩	弹性	27.3	3×10^7	0.22	1000	50

根据区域资料,该工程部位应力场以重力场为主,因此,我们选取模型的边界约束为边界节点固定约束。需要说明的是,本次数值计算过程中充分考虑了地下水和地表降雨的作用。

18.8.2 模型构建

数值模拟,采用经过大量工程实践检验为准确、合理并行之有效的二维弹塑性有限元法。有限剖分网格以三节点三角形为主。两个剖面的计算模型如图5-18-23所示。

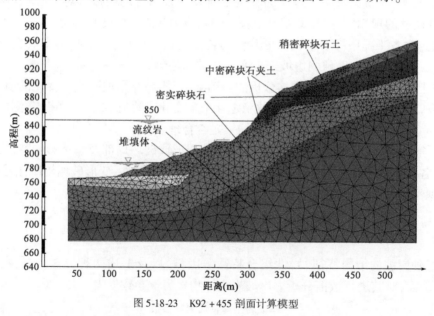

图5-18-23 K92+455剖面计算模型

18.8.3 计算时步确定

计算过程中,为反映工程措施对岸坡岩土体稳定性的影响及其作用过程,将整个计算过程分为三个时间步:第一步,修筑岸坡下方的堆填体;第二步,开挖路基边坡;第三步,引入行车荷载,并蓄水至850m高程。

18.8.4　K92+455剖面数值计算结果分析

1）修筑堆填体后岸坡应力场分析

K92+455段岸坡在修筑坡脚的堆填体后的应力场特征,如图5-18-24~图5-18-26所示。

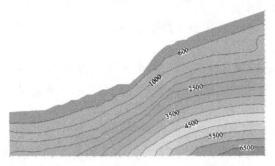

图5-18-24　修筑堆填体后K92+455剖面最大主应力特征(尺寸单位:kPa)

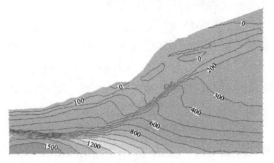

图5-18-25　修筑堆填体后K92+455剖面最小主应力特征(尺寸单位:kPa)

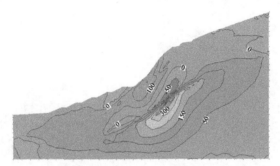

图5-18-26　修筑堆填体后K92+455剖面剪应力特征(尺寸单位:kPa)

从中可以得出以下认识:

(1)最大主应力分布在坡体深部与重力场一致,而在坡脚临近河流部位及坡体表层最大主应力方向发生偏转。具体特征表现为:坡脚近河谷部位,最大主应力方向偏转为近水平方向;而在坡体表部,最大主应力方向平行于坡面。最大主应力的最大值出现在坡体最深部,其值高达6500kPa;最大主应力的最小值出现在坡面部位,其值趋近于零。

(2)最小主应力的分布出现明显的分异现象,在近河谷部位出现明显应力集中现象。最小主应力方向在坡体不同部位亦有明显变化,在坡体深部其方向近水平,而在坡面处偏转为与坡面近垂直方向。最小主应力最大值出现在坡脚近河谷部位,其值高达1500kPa;最小主应力最小值出现在坡面上部,其值趋近于零。值得注意的是,在堆填体顶部以及岸坡顶部存在一定程度的最小主应力呈拉张应力的现象,最大拉应力可达60kPa,这种现象可能会对蓄水后堆填体上部坡面较陡部位的岸坡稳定性造成一定程度的影响。

(3)剪应力在堆填体顶部及其以上岸坡存在较为明显集中现象,尤其是在该部位下伏的基覆界面处集中现象最为明显,最大剪应力可达400kPa,这可能会给该段岸坡的稳定性带来一定程度的影响。

从岸坡在修筑坡脚的堆填体后的应力场特征来看,总体上应力场分布较为均衡、连续,没有出现明显的应力异常现象,因此从应力场特点来看,该阶段岸坡稳定性良好。

2)路基开挖后岸坡应力场分析

公路路基开挖后的应力场特征,如图 5-18-27~图 5-18-29 所示。从中可以发现:

(1)最大主应力与路基开挖前相比,最明显的区别在于路基内侧坡脚及临近路基面部位出现一定程度的拉应力,最大拉应力可达 190kPa。

(2)图 5-18-28 表明,与开挖前相比,最小主应力几乎在整个路基面及一定深度范围内均出现一定程度拉张应力,最大拉应力可达 560kPa。

(3)剪应力分布特征表明,开挖后在路基面与堆填体之间的岸坡岩土体内部剪应力集中的范围、程度均有明显的增强趋势,图 5-18-29 表明在此区间范围内的岩土体剪应力最大量值可达 180kPa。

综合上述,路基开挖后岸坡应力场特征分析表明,开挖后造成自路基坡脚至堆填体顶部之间的岸坡岩土体应力场出现明显的重分布,其结果包括两方面:一方面使路基面及一定深度范围内的岩土体处于双向受拉状态(图 5-18-30),另一方面剪应力在此区间集中范围、程度均明显增大,显然这种应力条件将会给该区间岸坡的稳定性带来不可避免的影响。

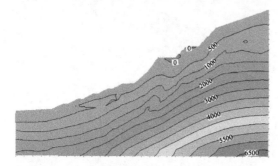

图 5-18-27 路基开挖后 K92+455 剖面最大主应力特征(尺寸单位:kPa)

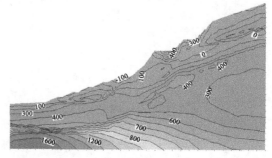

图 5-18-28 路基开挖后 K92+455 剖面最小主应力特征(尺寸单位:kPa)

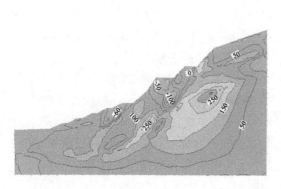

图 5-18-29 路基开挖后 K92+455 剖面剪应力特征(尺寸单位:kPa)

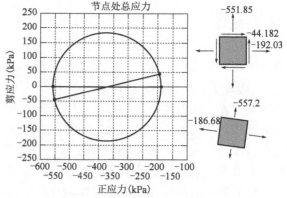

图 5-18-30 路基内侧坡脚部位应力条件(尺寸单位:kPa)

3)路基开挖后岸坡变形特征分析

路基开挖后岸坡变形破坏特征,如图 5-18-31、图 5-18-32 所示。结果表明:

(1) 岸坡水平方向的变形主要集中在岸坡后缘和堆填体顶部，最大变形可达 1.1cm，路基面和堆填体之间的岸坡水平向变形最大可达 9mm。从图 5-18-31 可知，开挖后由工程开挖引起的岸坡水平变形总体较小，并且影响深度较小。

(2) 竖直方向的变形最大部位出现在岸坡后缘最大变形可达 5cm，路基面与堆填体之间的岸坡竖直变形一般在 2~2.5cm 范围内，该区间内岸坡变形未见明显增大区域。

(3) 从开挖后岸坡剪应变特征（图 5-18-33）来看，开挖后岸坡出现明显剪应变集中区域主要集中在三个部位：一是堆填体内部，二是路基部位，三是 108 国道路堑边坡坡面部位。

(4) 开挖后岸坡塑性区分布特征（图 5-18-34）表明，路基开挖后，路基面至堆填体顶部之间的岸坡未见明显的塑性破坏区。

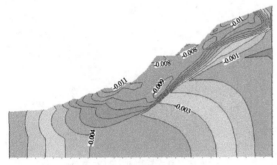

图 5-18-31　开挖后岸坡水平方向变形特征
（尺寸单位：kPa）

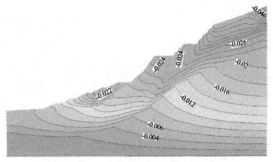

图 5-18-32　开挖后岸坡竖直方向变形特征
（尺寸单位：kPa）

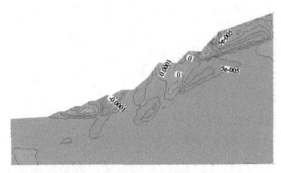

图 5-18-33　开挖后岸坡剪应变特征（尺寸单位：kPa）

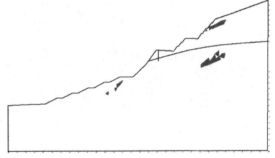

图 5-18-34　开挖后岸坡塑性区（黑色）分布示意图

从上述岸坡在开挖后的变形特征来看，开挖后蓄水前岸坡能够保持自身稳定性要求。但应该注意的是，上述应力场特征表明，开挖后路基面至堆填体顶部之间的岸坡存在明显拉张现象和剪应力集中，这将不可避免地对岸坡在蓄水后的稳定性构成潜在影响。

4) 蓄水后岸坡变形破坏特征分析

蓄水后，受库水位升高的影响，岸坡地下水位将不可避免地出现相应的抬升，地下水位的抬升将会对岸坡岩土体带来两个方向的影响：一是岸坡孔隙水压力的增高，有效应力相应减小；二是地下水对岸坡岩土体物理力学性质的弱化作用。二者都将可能对岸坡稳定带来不利影响，甚至可能促使其发生失稳破坏。

岸坡蓄水后岸坡变形破坏情况，如图 5-18-35~图 5-18-38 所示通过分析计算结果可以得出以下基本认识：

（1）对比蓄水前后岸坡水平方向的变形特征，可以发现：一方面，蓄水后岸坡总体上的水平方向变形急剧增大，最大变形可达 3.5cm；另一方面，蓄水后水平方向变形最大部位出现在路基面至堆填体之间的岸坡，并且该部位已基本形成连续贯通的变形集中带。

（2）从蓄水后岸坡竖直方向的变形特征来看，路基面至堆填体之间的岸坡竖直方向变形较蓄水前也有明显增大，由原来的 2cm 左右增大至 4.5cm。

（3）蓄水后岸坡剪应变特征表明，蓄水后受地下水位抬升的影响，在堆填体顶部岸坡部位形成了极为强烈的剪应变集中带，说明极有可能在该部位形成剪出口。

（4）蓄水后岸坡塑性区分布特征表明，受上述因素的影响，蓄水后自路基内侧坡脚至堆填体顶部也形成连续贯通的塑性破坏，说明岸坡的失稳将难以避免。

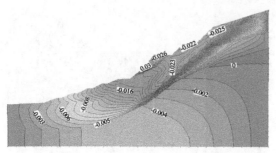

图 5-18-35　蓄水后岸坡水平方向变形特征

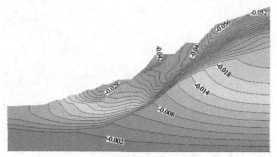

图 5-18-36　蓄水后岸坡竖直方向变形特征

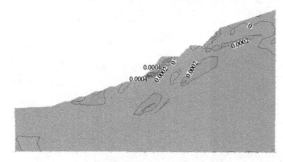

图 5-18-37　蓄水后岸坡剪应变特征（尺寸单位：m）

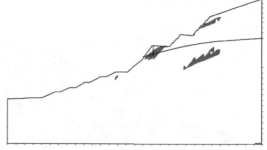

图 5-18-38　蓄水后岸坡塑性区（黑色）分布示意图

综合上述分析说明，一方面，蓄水后将导致岸坡变形急剧增大，对于这种由碎石土构成的岸坡来讲，难以承受如此大的变形；另一方面，堆填体顶部剪应变的强烈集中标志着剪出口初步形成，最后岸坡内部连续贯通的塑性区的形成，说明岸坡的失稳破坏难以避免。其预测塌岸宽度可达 36.3m，塌岸线近似呈圆弧形。

18.9　基于三维数值计算理论的塌岸预测

为更好地说明岸坡在蓄水后的稳定性状况，更好地预测岸坡整体塌岸范围，本书利用 FLAC3D 软件对该段岸坡在蓄水之后的边坡破坏情况进行计算和分析。计算模型如图 5-18-39 所示。

岸坡蓄水后整体变形破坏特征计算结果，如图 5-18-40～图 5-18-45 所示从中可以得出以下基本认识：

(1) 从岸坡整体变形特征来看,蓄水后岸坡整体上将会出现显著的变形,其中以 K92 + 400 ~ K92 + 510 段岸坡变形最为强烈,最大变形可达 2m,K92 + 450 剖面最大变形可达 43cm,显然对构成该段岸坡的主要岩土体——中密碎块石夹土来说难以承受如此大的变形。因此,从变形的角度来看,岸坡蓄水后失稳破坏难以避免。

(2) 图 5-18-42 中所示的塑性破坏区表明,蓄水后岸坡沿线岩土体将出现广泛的塑性区;如图 5-18-43 所示,蓄水后 K92 + 450 剖面的路基几乎完全呈塑性屈服状。

(3) 剪应变增量计算结果表明,蓄水后岸坡内部将会形成连续贯通的剪应变增量显著增大带。如此可以认为岸坡内部已经形成了连续贯通的破坏面,因此岸坡失稳将不可避免。

图 5-18-39 雅泸高速公路 K92 + 332 ~ 765 段三维数值计算模型

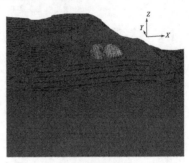

图 5-18-40 雅泸高速公路 K92 + 332 ~ K92 + 765 段蓄水后整体变形示意图

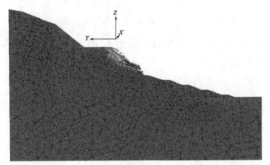

图 5-18-41 雅泸高速公路 K92 + 450 剖面总变形特征

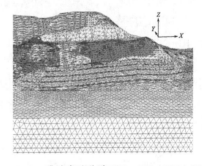

图 5-18-42 雅泸高速公路 K92 + 332 ~ K92 + 765 段蓄水后塑性区分布示意图

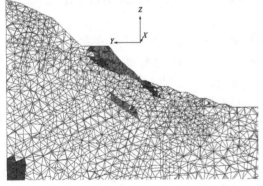

图 5-18-43 雅泸高速公路 K92 + 450 剖面塑性区分布示意图

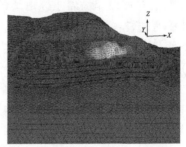

图 5-18-44 雅泸高速公路 K92 + 332 ~ K92 + 765 段蓄水后剪应变增量分布示意图

图 5-18-45　雅泸高速公路 K92+450 剖面剪应变增量示意图

综合上述计算结果,可以大致确定 K92+450 剖面蓄水后的塌岸宽度在 32.03m 左右,其计算结果与二维数值计算结果(K92+455 剖面)较为接近,说明计算结果较为可靠。

18.10　岸坡塌岸预测结果的综合评判

综合上述三种方法对该段岸坡的塌岸范围的预测研究成果,可以对三种方法的预测结果做出以下评判:

(1)从两段法的理论基础、计算过程以及预测结果来看,两段法归根结底是一种经验预测方法。从计算结果来看,只要参数取值合理,对于蓄水位以下部分,两段法的预测结果能够基本反映库岸再造的基本特性,其对于蓄水位以下部分的预测结果比较可靠;但是对于蓄水位以上部分,由于两段法既没有考虑岩土体的破坏模式,也没有考虑水流、波浪对岸坡岩土体的独特侵蚀方式,因此其预测结果可能与真实结果有较大差别。

另外,由于两段法特点,无法考虑公路行车引起的振动荷载对岸坡岩土体稳定性的影响,也无法考虑蓄水后地下水位线的抬升对岸坡蓄水面以上,地下水位以下岩土体的软化作用和力学作用。

(2)极限平衡计算法对于蓄水位以上岸坡岩土体以整体形式失稳的塌岸预测结果较为可靠,但它不能反映岸坡在水流、波浪等长期周期性作用下的渐进式失稳破坏。

极限平衡计算法最大不足之处在于它将水库蓄水考虑成静止不动的流体,没有考虑其对水下岩土体长期、周期性的侵蚀、流动作用,因此其对水下岸坡(尤其是滑面以下岸坡)的预测结果较为不合理。

根据前文对该段岸坡岩土体可能的变形破坏机制分析可知,该段岸坡在蓄水后可能的失稳模式主要有两种:一种是淘蚀-坍塌式失稳,另一种是淘蚀-滑移-拉裂型,这两种失稳模式均属整体式失稳(对于该段岸坡而言),因此在对该段岸坡进行塌岸预测时建议采用极限平衡计算法。

(3)数值计算结果表明,岸坡在蓄水后将极有可能失稳破坏,其破坏面多沿中密碎块石夹土产生,破坏面形态多呈圆弧状,预测结果与极限平衡法较为接近。

综上所述,对该段岸坡塌岸预测结果建议以极限平衡计算法为准,特殊的局部位置(以冲磨蚀型失稳模式为主的路段)以两段法为准。

19 汶川至马尔康二级公路库岸路基设计

19.1 工程概况

国道317线汶川至马尔康公路(以下简称"汶马路")是四川省出省通道之一,是川藏北线(国道317线)成都至西藏那曲公路的起始路段。汶马路作为四川西北部高等级公路区域路网的骨架,也是四川省二级公路网络规划的重要公路骨架之一。与其相连的道路有国道G213线和省道S210线、S209线。它向东南经成都可与成渝高速公路等相连;向北沿213线,经若尔盖,直通甘肃兰州;向西通过炉霍、岗托可通达西藏昌都等广大地区;向东通过汶川至安县公路与成(都)广(元)高速公路连接,可至陕西汉中地区。它兼有省州之间辐射线和进藏通道的重要作用。汶马路的建设随着相邻公路网络的同步改善,对充分发挥公路网络的作用具有重要价值。

汶马路起于汶川县城外西北角,与在建的都汶路汶川连接线终点相接,路线沿杂谷脑河逆流而上,经桃坪、薛城、理县、鹧鸪山隧道、马尔康市,主要承担着汶川、理县、马尔康及沿线的交通运输重任,路线全长198.28km。

汶马路公路靠山侧或地形陡峭,或坡体松散堆积物欠稳定,临水侧则水毁严重,具有典型的山区傍山依水型的库岸、沿河公路特征。公路线形差、路窄,交通状况和通行能力较差;沿线地形、地质、气候条件极其复杂,不良地质、路基病害异常发育,自然灾害频繁爆发,道路养护工作量大、难度大,公路无法保证全天候运行,时断时通,严重影响沿线居民生活,阻碍了汶川、理县、马尔康及沿线村镇的经济发展。

19.1.1 自然地理概况

1) 地形地貌

线路位于四川省西北部,西靠青藏高原,东邻四川盆地,处于四川盆地西北部与青藏高原的过渡地带,地势自东南向西北渐次升高,由中、高山向高山过渡。区内最高点霸王山的山顶高程为5551m,最低点为汶川县城1331m,地形切割剧烈,谷深坡陡,相对高差一般在2000m以上,属构造侵蚀深切割的高山、高中山地貌类型,如图5-19-1所示。区内山势尖峭耸立,地形陡峭,谷坡呈陡缓交替的阶梯状。杂谷脑河是线路区主要水系,该河流河谷深切,水流湍急,支沟纵横,河谷大体呈"V"字形,两岸分布Ⅰ~Ⅱ级堆积-侵蚀阶地平台、缓坡及斜坡,地势略开阔、宽缓,局部为陡崖。高山地带(3500~5000m)近代冰蚀作用相对强烈,广泛分布角峰、刃脊及冰斗等冰蚀微地貌,产生大量冰劈及冰蚀碎屑物质。

2) 气象水文

线路区位于青藏高原东南缘的高山峡谷地带,属季风气候区。冬季受青藏高原和北方冷气流的影响,形成寒冷干燥、降雨稀少、日照强烈、晴朗多大风的气候特点;5—6月西南季风加强,气候暖湿,降雨增多形成雨季;7—8月青藏高原高压稳定,副热带高压西延,降雨减少,形成伏旱;9—10月雨量增加,形成低温阴雨季节。因此,线路区具有每年11月至次年4月和7—8月两个旱季,以及5—6月与9—10月两个雨季,该区冬季长达148天,每年的12月至次年的1月平均气温仅 -0.7 ~ -2.5℃,地表温度一般低于零摄氏度,历年最高气温35.6℃,最低气温 -17.5℃。线路区降雨量的特点是地域差异大,时间变率大,季节分配不均,降水量分布总体趋势是从南到北递增,高峰在6月,次高峰在9月,冬季较少。季节分配上,1—3月多年平均降水量51.1mm,4月为57.2mm,5—6月降水总量为195.3mm,7—9月降水量最多,降水总量为300mm以上,10月以后,降水量减少,常有冬干。据有关气象资料统计,汶川一带多年平均降雨量为524.03mm,理县一带为610.30mm。线路区每年2—9月均有8级大风,最多年可达26次,最少年4次,最大风速17m/s,主要为东南风,次为西北风。

图 5-19-1　线路区典型地貌

线路区内水系呈树枝状分布,河谷多呈"V"峡谷,路线沿杂谷脑河河谷布设,"杂谷脑"在藏语中有"吉祥"的意思,杂谷脑河为岷江支流,发源于理县境内鹧鸪山南麓的红水沟,从海拔4451m高处奔流而下,由西北向东南斜贯理县全境,东流至古城后,转向东北直至汶川县城与岷江汇合,全长157.4km。该河流支流众多,水网呈叶脉状,水流湍急,落差大,流量随雨季而变化,水域面积广。根据汶川县桑坪水文站资料,该河流在桑坪以上集雨面积$4629km^2$,历史最高水位为1337.41m,实测最高水位为1335.51m(1971年6月19日),最枯水位为1332.32m(1971年3月26日),常年水位1333.915m,最大流量为$677m^3/s$,最小流量为$23.6m^3/s$,年平均流量为$91.9 \sim 122m^3/s$,最大洪水流量为$929m^3/s$,最枯水流量为$16.6m^3/s$,年径流量34.5亿m^3,最快流速为6.25m/s,最大含砂量为$0.95kg/m^3$。

杂谷脑河河道狭窄,水流湍急,水力资源十分丰富,水能资源理论蕴藏量达85.6万kW,在四川省众多的中型河流中,是资源富集、开发条件较优的河流之一。杂谷脑河干流为"一库七级"梯级开发,各梯级电站从上到下依次为狮子坪水电站(龙头水库)、红叶二级电站、理县水电站、危关水电站、甘堡水电站、薛城水电站、古城水电站、桑坪水电站等水电站。

19.1.2　工程地质条件

1)地层岩性

线路区出露地层由新到老主要有第四系全新统冲洪积层(Q_4^{al+pl})、崩坡积层(Q_4^{c+dl})和碎石土、卵砾石层,一般松散状无胶结,工程地质稳定性差,一般分布于河床、漫滩及高切割阶地;更新统冲洪积层(Q_p^{al+pl})、崩坡积层(Q_p^{c+dl})和碎石土、卵砾石土等,具有一定的密实度和胶结程度;古生界泥盆(D)、志留系(S)、奥陶系(O)的变质岩系,岩性以片岩、板岩、千枚岩等为主,在后期构造运动影响下,岩体中普遍见有网状石英,弱风化岩石的抗压强度多低于

5MPa,属极软岩,加之构造运动强烈挤压和脉石英等侵入,岩体的完整性、均一性遭到了普遍破坏。

2)地质构造与地震

(1)地质构造。

线路区位于青藏高原东南部,邛崃山脉东缘,东北界邻松潘和阿坝地块,西南邻金汤弧形构造带,南部紧接龙门山地槽区,地质构造属于四川西部地槽区金汤弧形褶皱带东翼的薛城—卧龙"S"形构造,地质结构复杂。该构造体系东临茂汶断层和九顶山华夏系构造体系斜接。在调查区被雪隆包砥柱的旋扭复杂化,由一系列"S"形和弧形线状褶皱和压扭性弧形断层组成,北东段向60°方向延伸,仅宽10~20km;中段理县—雪隆包一带接近旋扭中心,呈"S"形弯曲,其中压扭性弧形断层较为发育,褶皱到这一带表现得特别紧密;南西段向220°方向延伸,并逐渐散开,宽40km以上,总长度150km以上,向西南延入小金、宝兴幅与金汤弧形构造东翼相连。断裂主要分布于"S"形构造东南部,雪隆包周围是断层集中的地区,与九顶山华夏系构造线方向斜交或近于平行。

(2)地震。

汶川、理县是地震频发区,受九顶山华夏系构造现在还在活动期的茂汶大断层、映秀大断层及二王庙大断层这三个大断裂带的影响,调查区段块内部差异性活动不明显,新构造运动总体表现为整体性、间歇性抬升,线路区及外围地区历次强震对工程场地的影响烈度最大值为Ⅶ度。根据《中国地震动参数区划图》(GB 18306—2015),线路区抗震设防烈度为Ⅶ度,地震动峰值加速度$0.10g$,地震动反应谱特征周期$0.35s$。

3)水文地质条件

(1)水文地质条件概况。

公路路线沿杂谷脑河河谷布设,区内山势尖峭耸立,地形陡峭,谷坡呈陡缓交替的阶梯状。杂谷脑河为岷江支流,是线路区主要水系,河谷深切,水流湍急,支沟纵横,是该地区所有地表水系和地下水系的最终排泄口。

测区内地下水按其赋存条件分为松散堆积孔隙水和基岩裂隙水两大类型。

①松散堆积孔隙水。松散堆积孔隙水赋存于第四系松散堆积层孔隙中(第四系全新统地层主要分布于杂谷脑河及其支流河流两岸,构成河床及河漫滩;第四系更新统地层主要分布于杂谷脑河及其支流两岸,构成多级河漫滩阶地),受大气降水及地表径流补给,排泄于河床或沟谷。一般而言,由于河床冲积层含水层厚度较大,连通性好,与河水水力联系较强,补给条件较好,其透水性、富水性均较好,水量丰富,渗透系数一般为25~120m/d;坡积层、洪积层、残积层和泥石流堆积层等其余成因松散堆积层分布范围有限、厚薄不均、多泥质物含量,其透水性、富水性相对较差。

②基岩裂隙水。基岩裂隙水赋存于谷坡两岸及谷底岩土体中,多受构造控制,并与岩土体的风化卸荷相关,由大气降雨和地下水侧向补给,向河谷排泄。裂隙潜水涌水量一般较小,多富集于构造破碎带和裂隙密集带处,局部具承压涌水特点,初见涌水量大,随后逐渐减少乃至干枯。风化卸荷带及构造破碎带岩土体透水性较强。

从总体来看,汶马路松散堆积孔隙水的赋存随地形地貌、第四系松散堆积层的厚度、堆积位置、堆积物的成分等的不同而变化,一般旱季高阶地的地下水都排泄到了较低洼的沟谷里,所以旱季高阶地松散堆积地层地下水水量很小或者无地下水，属于季节性潜水；调查区基岩裂隙水由于所处地形地貌位置、地层岩性、构造位置的不同，其富水性也不一样，本区浅层基岩裂隙水基本都属于季节性地下水。

(2) 补、径、排条件。

测区内地下水主要接受大气降水和河流侧向补给。补给径流区为中、高山地段，排泄区主要为杂谷脑河及其支流较为低洼处，地下水补给区以该地区山脊为分水岭，雨季接受大气降雨下渗补给，并沿坡体松散堆积体孔隙或基岩裂隙通道向下游地势低洼处排泄。沿线地形切割较深、松散堆积体厚度较大的地段，在松散堆积体和基岩交接带常有泉水出露。据工程地质测绘资料反映，在铁邑村滑坡滑体中部的多级台地交接带均发现下降泉呈点状出露，泉流量约 0.1L/s，水温 18℃。

(3) 岩组类型及富水性。

测区内地下水类型为第四系松散层中的孔隙水和基岩裂隙水，按地下水赋存介质和勘探钻孔水文地质抽水试验成果确定的地层富水性、透水性的强弱，可将沿线地层划分为以下几个含水岩组：

①极富水-富水含水岩组。由全新统冲洪积砂砾卵石组成，以河漫滩为主，主要分布于杂谷脑河河床漫滩及其部分Ⅰ级阶地上，结构松散，与杂谷脑河河水紧密联系，赋水性及透水性强，据勘探钻孔抽水试验成果，该砂砾卵石层渗透系数 K 一般为 25～120m/d，单井出水量大于 1000m³/d，属强透水岩组。

②弱富水-中等富水含水岩组。由第四系更新统砾、砂、亚砂土、块石土地层组成，分布于杂谷脑河两岸，多级超河漫滩阶地，含季节性孔隙型潜水。泉流量一般为 0.05～0.1L/s，据本次勘察钻孔资料显示，单井涌水量 200～500m³/d，渗透系数 K 值为 0.5～10m/d，属中弱透水岩组。该含水岩组渗透性与所处地层的厚度、地形地貌、下伏基岩(相对隔水层)岩层形态的不同而有差异。该含水岩组由于松散堆积地层松散无胶结，孔隙发育，特别有利于雨季降雨入渗，所以雨季容易造成坡面滑塌或者大面积滑坡等地质灾害。

③弱-微含水岩组。调查区基岩地层由于其岩性和所处的构造部位，部分含有季节性裂隙潜水和基岩承压裂隙水，泉水流量一般大于 0.01L/s，富水性极弱，透水性差，单井涌水量小于 200m³/d，渗透系数 K 为 0.01～0.5m/d；属弱—微透水岩组。但在杂谷脑河谷一带基岩岩层强风化带，由于其裂隙发育，可接受第四系松散含水层的越流补给，赋水量较为丰富，透水性增强。

19.1.3 不良地质

线路位于四川省西北部，西靠青藏高原，东邻四川盆地，处于四川盆地西北部与青藏高原的过渡地带，地势自东南向西北渐次升高，由中高山向高山过渡。地质构造属于四川西部地槽区金汤弧形褶皱带东翼的薛城—卧龙"S"形构造，地质结构复杂。地形切割剧烈，谷深坡陡，相对高差一般在 2000m 以上，属构造侵蚀深切割的高山、高中山地貌类型。线路区内山势尖峭耸立，地形陡峭，谷坡呈陡缓交替的阶梯状。杂谷脑河是线路区主要水系，该河流河谷深切，水流湍急，支沟纵横，大体呈"V"形，两岸分布Ⅰ～Ⅴ级堆积-侵蚀阶地平台、缓坡及斜坡，地势略开阔、宽缓,局部为陡崖。

公路沿线范围内地形复杂、高度悬殊、构造强烈、岩体破碎,加之植被稀少,降雨集中,不良地质现象发育,主要表现为滑坡、崩塌(坡面垮塌)、泥石流等。调查过程中,发现本合同段公路沿线不良地质现象共有133处。其中,滑坡(包括欠稳定斜坡)31处,泥石流24处,崩塌(包括危岩)47处,河流冲刷21处,特殊路基段10处。

19.2　库岸路基设计原则

库岸(包括沿河段)路基是汶马路路基设计的重点和难点之一,确定合理的处治原则和处治措施对防治水毁、控制工程造价有十分重要的意义,鉴于此,针对汶马路的具体特点,确定了如下的库岸路基设计原则:

(1)由于河床岸大部分为冲洪积层,为强度较高的砂卵石土,当路基边缘离岸坡斜坡上边缘(安全距离)≥5.0m,且经调查,现有道路基本没有水毁引起的路基沉陷、坍塌等现象,且不位于冲刷岸时,原则上不进行治理。

(2)路基下伏砂卵石土,安全距离<5.0m,道路现状未出现水毁现象,为避免水流继续淘蚀路基下砂卵石土,设置浆砌片石护脚或镀锌铁丝石笼护脚。

(3)原公路外侧加宽,路基悬空,原则上采用路肩挡土墙。
①对占用岸坡、河床边缘的,采用仰斜式路肩挡土墙。
②对占用岸坡、河道边缘的,为尽量少占用岸坡、河道,采用外坡比1∶0.1的衡重式路肩挡土墙。
③为提高挡土墙的防冲刷能力并有效控制挡土墙工程造价,根据杂谷脑河及梯级电站的水流特点(纵坡大、冲刷深、水位浅),采用常规挡土墙+C15片石混凝土基础的形式,而摒弃传统的浸水挡土墙,有针对性地提高设计水位线下的基础防冲刷能力,减小上部不浸水部分的几何尺寸。
④对冲刷严重的临水路基防护结构,除采用常规挡土墙+C15片石混凝土基础的形式外,还应设置抗冲刷墙,进行基基础防护。

(4)对目前使用状况良好的临水挡土墙,应充分利用,若因路基宽度超过了原挡土墙外边缘,需进行加补:
①当超出距离≤30cm,采用悬挑结构:凿除原挡土墙上部,再用C20钢筋混凝土悬挑回补。
②当超出距离>30cm,采用外侧加补,中间用钢筋连接。

(5)对道路现状未出现水毁现象,且岸坡、河床横坡缓于1∶1的迎水面,可采用铁丝石笼护坦。

(6)对水面宽广,路堤直接放坡对水流影响不大的,采用实体护坡+护脚。

(7)对采用工程防护的库岸路基形式,其基础埋置深度均不得小于冲刷线下1.0m。

(8)设计水位为洪水位涌浪高度+0.5m。

(9)汶马路陡斜坡库岸路基断面结构设计原则如图5-19-2所示。库岸路基实景图如图5-19-3所示。

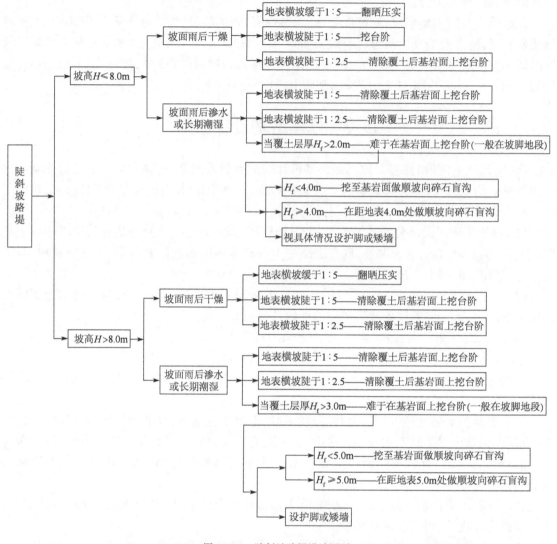

图 5-19-2　陡斜坡路堤设计原则

图 5-19-3　库岸路基

19.3 典型路基断面结构

汶马路属于改扩建公路,且沿杂谷脑河布设,杂谷脑河采用七级水电站进行水利开发,因而造成汶马路的工程地质、水文地质条件复杂。基于此,提出了以下 11 类典型的库岸路基断面结构形式。

1) 不设支挡与防护结构的库岸路基

当路基边缘距离岸坡的安全距离≥5m 时,且岸坡为稳定的冲洪积砂卵石土层时,路基可不用设置支挡与防护结构,如图 5-19-4~图 5-19-6 所示。

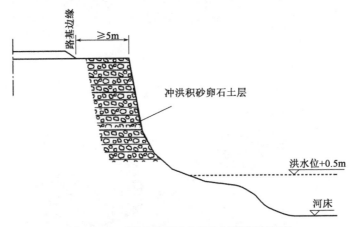

图 5-19-4 不设防护的库岸路基典型断面结构图

图 5-19-5 路基远离水库,保留足够安全距离

图 5-19-6 安全距离足够,不设支挡与防护的库岸路基

2) 采用护脚防护的库岸路基

当路基边缘距离岸坡的安全距离小于 5m,地形横坡缓于 1:1,且岸坡岩土体为较稳定的冲洪积砂卵石土层时,采用片石混凝土或石笼护脚即可,如图 5-19-7 所示。

3) 采用护坦防护的库岸路基

当路基边缘距离岸坡的安全距离小于 5m,地形横坡缓于 1:1,且岸坡岩土体为较稳定的冲洪积砂卵石土层时,且路基处于迎水面或凹岸段,可采用石笼护坦进行路基边坡防护,如图 5-19-8 所示。

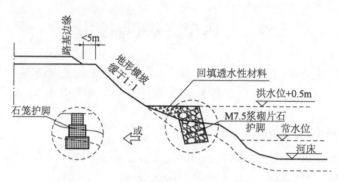

图 5-19-7 采用护脚防护的库岸路基典型断面结构
注：d 为冲刷深度

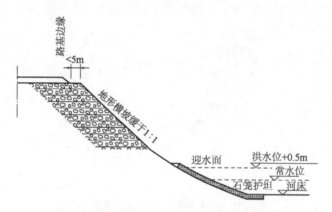

图 5-19-8 采用护坦防护的库岸路基典型断面结构

4）采用护脚防护填方路基

当路基位于岸坡或河床宽广地段，地形横坡缓于1:1且具有放坡条件时，可采用填方路基形式，用浆砌片石护坡+实体护坡进行路基边坡防护，如图5-19-9所示。

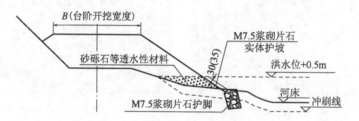

图 5-19-9 采用护脚防护填方库岸路基典型断面结构

5）采用土工合成材料稳定路基

当路基位于岸坡或河床宽广地段，可采用填方路基形式。为了保持路基的稳定并降低填方路基的不均匀沉降，可在路基底部铺设若干层土工格栅，必要时设置路基护脚（墙）防护，如图5-19-10、图5-19-11所示。其设计要点如下：

（1）台阶开挖宽度 $B=2\sim4m$（一般情况下采用中值，地面相对较陡时采用高值，相对较缓时采用低值），台阶顶面向内倾斜4%。

(2) 对于边坡填土高度较大的斜坡路堤路段,应根据实地情况铺设多层土工格栅,以增大路堤填土的整体稳定性。

(3) 土工格栅采用抗拉强度≥50kN、拉断应变≤3%、节点强度>300N 的双向钢塑土工格栅,层距为60cm,搭接长度≥20cm,土工格栅应伸入挖方台阶内壁。

(4) 当填方大于20m,地形横坡陡于1:2.5且易失稳时,应采用高强土工格室。

(5) 护脚(墙)应置于坚实土基或基岩内,其埋置深度应不小于1m,墙后回填50cm 宽度的砂卵石反滤层,护脚(墙)地面以上20cm 设置一排孔径100mm、间距2.5m 的 PVC 泄水管,墙身每隔10~15m 设置沉降缝。

图 5-19-10　设置了护脚的填方库岸路基

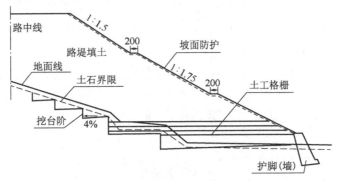

图 5-19-11　采用土工合成材料稳定的库岸路基典型断面结构图

6) 设置衡重式路肩挡土墙的填方库岸路基

当受地形限制,路基要侵占部分水面或河道时,为减小路基断面对水面、河道的影响,可采用带路肩挡土墙的填方路基形式;同时为了提高路基抗冲刷能力,路肩挡土墙基础采用片石混凝土浇筑,墙体可采用浆砌片石,如图 5-19-12 所示。

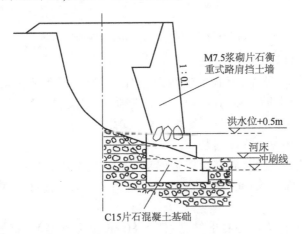

图 5-19-12　设置衡重式路肩挡土墙的填方库岸路基典型断面结构(尺寸单位:cm)

7) 采用仰斜式路肩挡土墙拓宽的挡土路基

路基外侧加宽,加宽宽度较小,且当受地形限制,路基外边缘线要侵占部分水面或河道时,为减小路基断面及对水面、河道的影响,可采用仰斜式路肩挡土墙支挡的填方路基形式;同时为了提高路基抗冲刷能力,路肩挡土墙基础采用片石混凝土浇筑,墙体可采用浆砌片石,如图 5-19-13 所示。

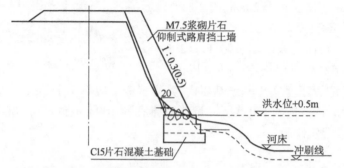

图 5-19-13 采用仰斜式路肩挡土墙拓宽的库岸路基典型断面结构(尺寸单位:cm)

8) 安全距离不够或存在潜在不稳定面的挡土路基

当路基边缘距离岸坡的安全距离小于 5m,或有欠稳定或不稳定的临水路基时,为维护路基的安全与稳定,可采用仰斜式路肩挡土墙支挡;同时为了提高路基抗冲刷能力,路肩挡土墙基础采用片石混凝土浇筑,墙体可采用浆砌片石,如图 5-19-14 所示。

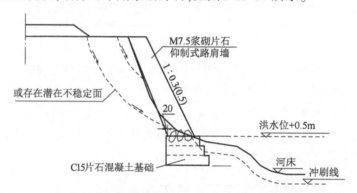

图 5-19-14 采用仰斜式路肩挡土墙防护的库岸路基典型断面结构(尺寸单位:cm)

9) 带护肩墙的陡坡路基

当路基靠山侧为挖方路基,且稳定性较差,向内侧挖方困难或需设置支挡结构(如挡土墙)而导致造价较高时,根据实际情况,可设在路基临水侧设置护肩挡土墙进行路基防护,为保证路肩墙的稳定,其基础应落在坚实的基岩上,如图 5-19-15 所示。

10) 利用旧挡土墙拓宽的库岸路基

当原有路基挡土墙可利用,需进行挡土墙加宽,且加宽宽度不大于 30cm 的路段,可以利用旧挡土墙,可将其顶面拆除,在旧挡土墙上部浇注片石混凝土进行拓宽,使路基达到设计宽度,如图 5-19-16 所示。

施工时应注意新旧挡土墙墙身的结合:植入 80cm 长锚栓钢筋,钢筋锚栓采用 22 号螺纹钢筋,纵向每 50cm 设置一根,横向每 30cm 设置一排,两侧保护层不小于 10cm。

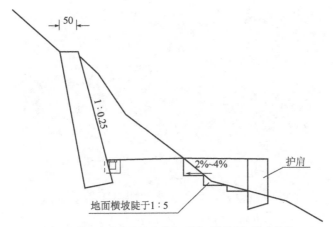

图 5-19-15　带护肩墙的陡坡路基典型断面结构图（尺寸单位：cm）

11）利用旧挡土墙拓宽的库岸路基

当原路挡土墙质量完好、整体稳定性好，可利用，且加宽宽度大于 30cm 的路段，可只对挡土墙进行加宽，使路基达到设计宽度，如图 5-19-17 所示，B 为台阶开挖宽度。

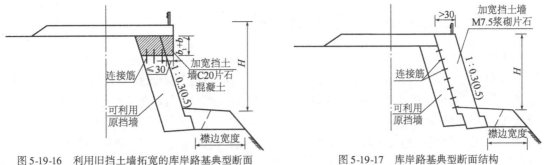

图 5-19-16　利用旧挡土墙拓宽的库岸路基典型断面结构（尺寸单位：cm）

图 5-19-17　库岸路基典型断面结构（尺寸单位：cm）

采用 M7.5 浆砌片石混凝土加宽原挡土墙，施工时应注意新旧挡土墙墙身的结合。其方法是凿毛墙身，采用钻孔灌浆设置钢筋锚栓。钢筋锚栓采用 22 号螺纹钢筋，其锚固长度不小于 70cm，间距 100cm，梅花状布设。挡土墙基础埋深必须满足相应墙身基础承载力要求，且不得高于原挡土墙基础，同时必须满足基础埋深和襟边宽度的要求，如图 5-19-18～图 5-19-20 所示。

图 5-19-18　欠稳定的旧挡土墙

图 5-19-19　旧挡土墙的加固及合理利用

图 5-19-20　采用 M7.5 浆砌片石混凝土加固挡土墙

19.4　库岸路基及桥台抗冲刷防护

19.4.1　路基及桥台的直接抗冲刷防护

1）护脚

陡、斜坡上的填方库岸路基，当边坡延伸出较远而不易填筑或坡脚需加固的路段，可修筑护肩或护脚，以抵抗水的侵蚀，进行路基抗冲刷防护。为此，针对汶马路水文地质条件，提出如下几种库岸路基护脚结构：

护脚Ⅰ型主要用于地表横坡较缓的填方路基，其基础应置于坚实土基内，如图 5-19-21 所示；护脚Ⅱ型适用于地表横坡陡于 1:5 的斜坡路堤护脚，其基础应置于基岩内不小于 0.5m，如图 5-19-22 所示；护脚墙适用于陡坡路堤及欠稳定的斜坡路堤固脚，其基础应置于弱风化基岩内不小于 0.5m 并满足墙体襟边宽度要求，如图 5-19-23 所示。护肩墙用于水位较高、地表横坡较陡的路段，如图 5-19-24 所示。护肩内侧应填石，其基础应置于岩石上或密实的碎石土上。

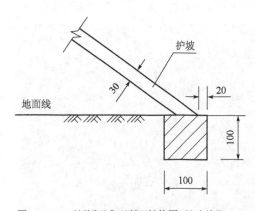

图 5-19-21　护脚Ⅰ型典型断面结构图（尺寸单位：cm）

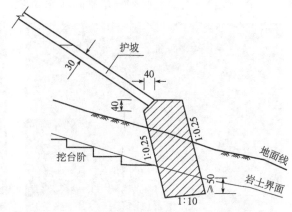

图 5-19-22　护脚Ⅱ型典型断面结构图（尺寸单位：cm）

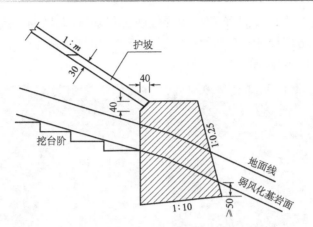

图 5-19-23 护脚墙典型断面结构图(尺寸单位:cm)

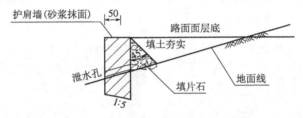

图 5-19-24 护肩墙典型断面结构图(尺寸单位:cm)

另外,护肩、护脚应做好排水措施,一般在高出地面线 10cm 处设置泄水孔,泄水孔设置 2～3m 的间距,材料采用 ϕ50mm PVC 管(贯穿墙体),用土工布扎口;沿墙身长度每隔 10～15m 设沉降(伸缩)缝一道,用沥青麻絮沿内、外、顶三方填塞,深入 10～20cm。

2) 实体护坡

实体护坡适用于临水路堤常年(季节)受水浸蚀或冲刷的路段以及需防坡面水冲刷的个别地段,如图 5-19-25 所示,实体护坡厚度一般为 35cm。

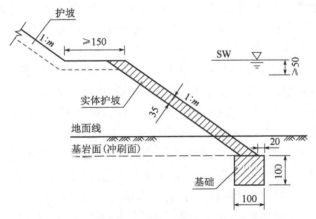

图 5-19-25 实体护坡典型断面结构图(尺寸单位:cm)

3) 抛石或预制六面体护脚

抛石护脚工程是最常用的边坡防护措施,用一定粒径范围内的片石把需要防护的路基坡脚均匀抛成一定厚度的片石层,全面覆盖易受侵蚀的路基坡脚,增加其抗冲能力,稳定路基岸坡的作用,如图 5-19-26、图 5-19-27 所示。对于水流冲刷严重的路段,可采用预制的门面体混凝土代替片石,如图 5-19-28、图 5-19-29 所示。

图 5-19-26　凹岸段反压防冲刷

图 5-19-27　采用反压进行挡土墙和路基防护

图 5-19-28　采用预制六面体混凝土进行防冲刷

图 5-19-29　采用预制六面体混凝土进行路基坡脚防护

4) 挡土墙防护

设置各种形式的挡土墙,既可以起到直接稳定路基的作用,又可以达到对路基堤防抗防护的目的。挡土墙石料要采用石质一致、不易风化、无裂缝、抗压强度不小于 30MPa 的片石或块石,其规格应符合石料有关技术要求。

根据挡土墙的受力性能采用 M7.5 浆砌片块石砌筑、M10 勾缝,或采用 C15 片石混凝土。C15 片石混凝土中片石含量不得大于 25%。墙身在高出地面部分应分层设置泄水孔。泄水孔间距 2~3m,上下排交错布置,孔内预埋 10cm PVC 管,PVC 管应长出墙背 20cm,其端部 30cm 用土工滤布包裹,最下面一排泄水孔出口应高出地面 30cm 以上,在泄水孔进水口处设置粗颗粒材料(大粒径碎石或卵石)堆积以利排水,衡重台处应增设一排泄水孔。在每层排泄水孔底部及基坑背面铺设一层胶泥隔离层,以防止基底受水侵蚀。挡土墙墙背隔离层以上直至路槽底部应回填透水性材料(如砂卵石),最底部的隔离层以下回填石灰稳定土。

挡土墙应根据地形及地质变化情况设置沉降缝,间距一般为:非岩石地基 10~15m,岩石地基不大于 25m。沉降缝宽为 2cm,沉降缝内用沥青麻絮沿内、外、顶三边填塞,深度为 15cm。

(1) 采用黏性土防护的挡土墙。

在挡土墙基础部分采用渗透性较低的黏性土进行回填并夯实,以降低水的渗透速度,使水不能涌入挡土墙基础中,从而起到稳定挡土墙和路基的作用,如图5-19-30所示。

（2）采用片石混凝土基础防冲刷的挡土墙。

在一般库岸路基路段,浸水挡土墙采用C15片石混凝土基础(设计水位以下)和一般挡土墙(设计水位以上),如图5-19-31~图5-19-33所示。

（3）采用防冲墙提高抗冲刷能力的挡土墙。

对于冲刷严重的地段,可以在挡土墙基础临水水流一侧设置防冲墙,以提高路基或挡的冲刷能力,如图5-19-34、图5-19-35所示。

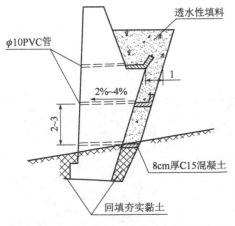

图5-19-30 采用黏性土进行基础防渗的挡土墙
（尺寸单位:m）

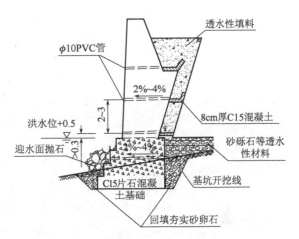

图5-19-31 采用片石混凝土基础的挡土墙
（尺寸单位:m）

图5-19-32 施工中的片石混凝土挡土墙基础

图5-19-33 片石混凝土基础+浆砌片石挡土墙

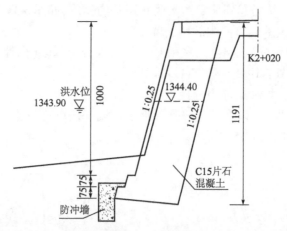

图 5-19-34 设置了防冲墙的仰斜式路肩挡土墙(尺寸单位:cm)

图 5-19-35 设置了防冲墙的路肩墙

5)桥台锥坡防护

桥台锥坡防护的关键是有两点:一是选择稳定的锥坡基础结构形式,二是确定合理的锥坡基础埋置深度。在汶马路工程实施过程中,除了确定合理的锥坡基础埋置深度外,还要使用以下两种直接和间接方法进行桥梁锥坡的防护:

(1)采用合理的锥坡基础结构。

锥坡防护采用加深片石混凝土基础+浆砌片石防护的形式提高锥坡抗冲刷能力,如图 5-19-36 所示。

(2)设置防冲墙防冲刷。

在锥坡迎水面修筑防冲墙对桥墩台及锥坡基础进行冲刷防护,防冲墙的埋置深度应根据河床冲刷情况确定,其顶面高程一般与现有水位高程一致。实践证明,这一措施能有效地防止锥坡基础因淘刷冲空而遭受水毁,如图 5-19-37 所示。

19.4.2 路基及桥台的间接抗冲刷防护

在岸坡与河道凹岸侧水流对岸坡、路基冲刷严重的路段,为使水流沿导治线顺流,防止路基被水"掏空",设置与水流方向呈锐角的顺坝,使水流的主流线偏离受冲刷的凹岸,如图 5-19-38 所示。

图 5-19-36　桥台锥坡防护

图 5-19-37　设置防冲墙的桥台

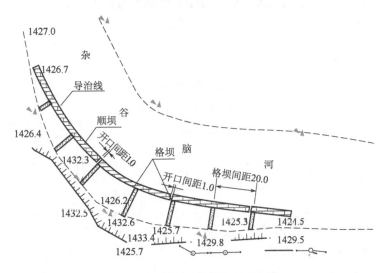

图 5-19-38　顺坝平面布置图(尺寸单位:m)

为加强防护效果,可沿沿顺坝方向每隔 20m 设置一级格坝,根据实际顺坝长度确定格坝的数量。顺坝及格坝均采用石笼网砌筑,坝身断面及网格尺寸如图 5-19-39、图 5-19-40 所示。

每隔两个格坝设置一道宽为1.0m的开口,便于河砂卵石在格坝内淤积,达到进一步固坡固岸的目的。顺坝、格坝每延米工程数量见表5-19-1。

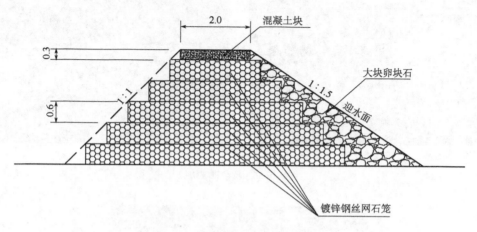

图5-19-39 顺坝标准断面图(尺寸单位:m)

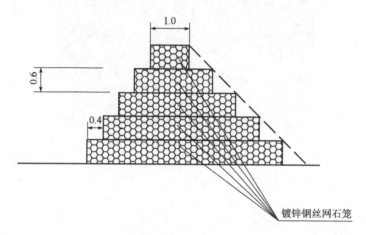

图5-19-40 格坝标准断面图(尺寸单位:m)

顺坝、格坝每延米工程数量　　　　　　　　　　　　表5-19-1

项 目	铁丝网面积 (m^2/m)	石笼填充石料 (m^3/m)	迎水大块径卵砾石 (m^3/m)	C15片石混凝土 (m^3/m)
顺坝	81.7	15.0	3.71	0.6
格坝	53.1	9.0	—	—

顺坝采用镀锌钢丝网石箱由镀锌钢丝网内装块(片)石或卵石组成。镀锌钢丝网网目尺寸$d=6\sim12cm$,镀锌钢丝网网孔的破坏拉力应不小于4000kg/m。石料直径$\geq 1.0d\sim2.0d$,片块石之间应嵌锁紧密。石料应选取重度大的硬质岩石。

高度应高于设计水位0.5m,镀锌钢丝网石箱下面须用碎石或砂砾石作平整垫层。石箱各角须用$\phi 16\sim19mm$,HRB335钢筋锚定于基础,底部靠近水流中心一端无须固定。顺坝的迎水面用大块径的卵块石堆砌,使其坡比为1:1.5,对水流的冲刷起削能作用。

19.5 桩基托梁挡土墙

19.5.1 工点概况

桩基托梁挡土墙是挡土墙与桩的组合形式,由托梁相连接,桩基托梁源于建筑桩基和桥梁桩基,主要用于解决挡土墙结构基础承载力较低的矛盾。

桩基托梁挡土墙应用范围和适用条件如下:

(1)主要用于河岸严重冲刷、陡坡岩堆、稳定性较差的陡坡覆盖土、基岩埋藏较深、与既有线紧邻等地段路基。

(2)当山坡较陡、覆盖土层稳定性较差、基岩埋藏又较深时,可采用桩基托梁挡土墙。

桩基托梁挡土墙中的挡土墙一般为重力式挡土墙和衡重式挡土墙,根据工程设计需要,可以选择不同的结构形式,如单排桩基、多排桩基及锚索(杆);也可根据工程设置位置,分为路堤式和路肩式。

汶马路 K47+080~K47+180 段,该段挡土墙位于甘堡电站库区内,原设计为仰斜式浸水挡土墙。经勘探发现挡土墙基础下 2~4m 范围为细砂土、砂砾石土,其承载力不满足设计要求,同时原设计挡土墙基础开挖需在水下施工,由于水库蓄水,施工条件不能满足设计要求,如图 5-19-41 所示。

19.5.2 桩基托梁挡土墙方案设计

鉴于该段挡土墙基础承载力较低,且水下施工难度极大,并涉及对电站库区的施工影响,所以对该段挡土墙采用桩基托梁进行设计变更,采用桩基托梁挡土墙可将竖向压力均传递至完整基岩上,其设计如图 5-19-42 所示。

图 5-19-41 工点施工前情形

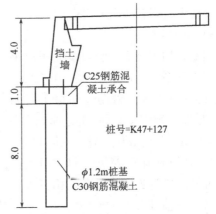

图 5-19-42 桩基托梁组合式挡土墙路基断面图
(尺寸单位:m)

将该段挡土墙变更为桩基托梁挡土墙:桩基直径为 1.2m,桩间距为 3.4m,托梁厚度为 1.0m;挡土墙墙身由仰斜式调整为衡重式挡土墙。

19.5.3 桩基托梁挡土墙施工工艺

施工工艺流程如下:桩基定位、测量放线→护筒埋设→钻机就位→冲孔→第一次清孔→钢筋笼安放→第二次清孔→混凝土浇筑→成桩→开挖托梁土石方→立托梁模板→托梁钢筋绑扎→托梁混凝土浇筑→衡重式路肩挡土墙 C15 片石混凝土浇筑或 M7.5 浆砌片石砌筑→立帽石模板→浇筑帽石混凝土。

1)桩基定位、测量放线

按照图纸设计尺寸,准确地放出桩位或开挖轮廓线。

以设计图中的标定尺寸布桩,桩定位误差控制在 10mm,定位完毕,由专职质检员复核,方可进入施工,桩位布放完后,用混凝土保护桩,在桩位中心上用绳子做标记。

2)护筒埋设

先根据桩位中心标志点,挖好埋设坑;埋设护筒时,护筒应高出自然地面 10~20cm,护筒埋设深度根据场地回填土深度确定,要求埋设至原地面高程处,护筒中心与桩位中心偏差不得大于 2cm,埋设后进行桩位复测。

3)钻机就位、调平

严格按照安装规程进行设备安装,钻机必须调平、稳固,其主动轴心线与桩位中心偏差不得大于 20mm。钻机天车中心、锤头中心、护筒中心,必须确保三点一线。

4)冲击成孔

开钻前,校正好钻机水平,使钻机天车中心、锤头中心、桩孔中心三点一线,钻进过程中经常校正钻机水平,防止枕木下陷造成孔斜。为保证桩孔终孔深度数据准确,开孔前丈量好钻具长度,并在钻进过程中做好施工记录。

5)第一次清孔

在终孔开好后,应将钻具提离孔底 30~50cm,然后用大泵量进行第一次清孔,直至各项指标符合要求,再施工下道工序。

6)钢筋笼安放

钢筋笼加工好后,运至现场,吊放钢筋笼由吊车单独完成。

在提升平台上用卷扬机提升,徐徐放入孔内。吊放时一定要对准孔位,慢下、轻放。遇阻时,不得强行下入。钢筋笼外每 4~6m 设置一组 3 块保护块,以确保钢筋保护层,保护层为 5cm。吊筋必须焊接牢固,避免掉笼现象。校正钢筋笼骨架位置并加固牢固,防止灌注混凝土时产生移位变形。根据测量的孔口高程及设计桩顶高程,钢筋笼用吊筋串杆固定在孔口。下导管时,必须对每节导管进行详细检查,检查管内壁是否有杂物,连接部位加密封圈和黄油,要密封可靠。导管长度要与孔深相符合,并提离孔底 30~50cm。

7)二次清孔

导管下入后,采用泵吸反循环进行二次清孔。当孔底泥浆含砂率小于 5% 时,相对密度小于 1.20,黏度小于 26S;孔底沉渣检测,孔底沉渣厚度 ≤5cm 时,方可进行下道工序。

8)水下混凝土灌注

混凝土采用强制式自动计量搅拌机拌和,自卸汽车运至现场桩位处。采用导管水下回顶法、大初灌斗灌注工艺，导管直径为250mm，底部距孔底控制在0.3~0.5m。灌注过程中要严格控制导管埋深，严禁导管埋深小于1.5m并不得大于8m。同时应经常用测锤探测混凝土面的上升高度，严格控制成桩质量和桩顶高程，灌筑完毕的桩基如图5-19-43所示。

图5-19-43　浇筑完毕的桩基

9）开挖托梁土石方

混凝土桩基检测合格后，放出托梁的开挖轮廓线，采用风镐或浅孔松动爆破，人工开挖土石方；弃渣土石等采用卷扬机提升至自卸汽车上，运至指定的弃渣位置。

10）托梁施工

托梁基坑开挖至设计高程后，托梁底部铺一层5cm厚的碎石，并用砂浆找平，以方便立模和绑扎钢筋。托梁模板采用组合钢模板，拼接严密，支撑牢固。钢筋加工好后，运至现场。在提升平台上用卷扬机提升徐徐放入模板内。校正钢筋笼骨架位置并加固牢固，防止灌注混凝土时产生移位变形。混凝土采用强制式自动计量搅拌机拌和，自卸汽车运至现场托梁处。混凝土采用溜槽和串筒下料，连续进行，确保托梁质量。在浇筑托梁最顶上一层混凝土时，要预埋接茬片石或连接钢筋。

11）重力式路肩挡土墙施工

在托梁养护至7d，达到设计强度后，方可进行重力式路肩挡土墙片石混凝土浇筑或浆砌片石浆砌施工，施工完毕后桩基托梁挡土墙如图5-19-44。

图 5-19-44　施工完毕后桩基托梁挡土墙

19.6　千枚岩填料的合理利用

19.6.1　千枚岩分布特性

在汶马路施工设计阶段，遇到大量千枚岩填料，千枚岩含有较多云母成分，本身性质较软，属中等程度变质岩；多呈薄层状构造，页理较发育，节理裂隙极为发育，多切割呈碎块状或薄片状，整体性差，强度低，工程地质性状较差。

1）地层时代及分布

汶马路的千枚岩主要为古生界奥陶系(O)，分布于克枯乡下庄、茶园、龙溪等地。志留系茂县群(Smx)，主要分布在理县环梁子北东和克枯、下庄、汶川县雁门西北一带地区、通化、桃坪、通化西北及薛城南东一带地区等。涉及地层时代泥盆系(D)、石炭、二迭系(C+P)、中生界三迭系西康群，沿线几乎均有千枚岩岩体及母岩为千枚岩的崩坡积碎、块石土分布。

2）千枚岩工程地质特性

汶马路的千枚岩呈灰—深灰色，千枚状构造，片理面常具微弱的丝绢光泽，主要矿物成分为石英、长石、绿泥石、黑/白云母及铁的氧化物，因其结构存在片状组构，具较高强度的叶理特性；各向异性曲线呈"U"形曲线；在各种围压下，岩体沿软弱面发生剪切；在高围压下，常发生横交软弱面的剪切作用；在低围压下，具张性破裂特征。千枚岩碎、块石自然状况下易风化，如图 5-19-45 所示。

图 5-19-45　汶马路千枚岩

在对汶马路养护部门访谈中了解到,在汶马路维护养护中用千枚岩碎、块石作填料,路基不易压实,易形成"搓板路"。现场调查中发现,正在建设中的汶川连接线路基填料,采用千枚岩碎、块石作填料,未进行处治。

汶马路路线沿杂谷脑河两侧分布,场地条件十分狭窄。沿线梯级电站开发,多处取土场已被使用,沿河阶地均为良田,取、弃土都比较困难。

在汶马路改扩建工程中,对原有路线进行了拓宽和改造,其中汶川至理县段填方量约50万 m^3。沿线广泛分布变质千枚岩,山体开挖料中90%都为含有云母的千枚岩,而千枚岩为典型劣质填料。如将千枚岩全部作为弃方处理,弃方、征地、借方的总费用将在4000万左右。由于汶马路沿杂谷脑河逆流而上,公路靠山侧地形陡峭,河谷阶地狭窄,弃方、征地、借方都极为困难。同时,大量的弃方、借方将对沿线农业、生态环境产生较大影响,并加剧水土流失。

综合考虑以上情况,在良性填料极端缺乏、换填成本较高的情况下,如何采用千枚岩作为路基填料已经成为汶马路管理和部门工程建设部门面临的重大工程技术问题。

根据调研,国内公路建设中鲜有用千枚岩作为路基填料的。对汶马路相关养护部门进行调查访问,在汶川、理县境内的公路养护中,也没有采用千枚岩作为路基填料,都是采用河道中取的砂卵石等良性填料。

经项目组讨论,提出以下三种路基填筑方案:

(1)将千枚岩全部弃掉。
(2)在路基水位线以上,路床以下部分使用,路床及水位线以下采用其他填料换填。
(3)全部采用千枚岩填料填筑路基、路床。

为了进行方案比较,工程项目组首先取样对汶马路千枚岩的路用性能进行了较系统的试验研究。

19.6.2 千枚岩路用性能试验

工程项目组对千枚岩的路用特性进行系统地研究,在充分掌握千枚岩路用特性的基础上,以能否利用千枚岩作为路基填料提供判据,为工程决策提供依据。主要试验研究内容如下。

1)弹性模量 E 及泊松比 μ

岩石的弹性模量及泊松比是由单轴压缩试验求得的,单轴压缩试验是研究岩石变形特性的最常用的试验方法之一。试样采用圆柱形,试样直径为5cm,高度为10cm,两端磨平磨光,然后在岩石标准试件上贴四片电阻应变片,将试件放在试验机上施加轴向荷载,同时用静态电阻应变仪测试岩石的纵向和横向应变,直至岩石破坏。通过绘制应力—应变关系曲线,计算岩石的弹性模量。应力—应变曲线如图 5-19-46 所示。

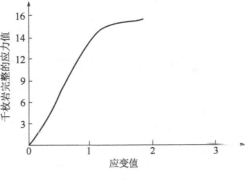

图 5-19-46 应力-应变曲线

根据图 5-19-46 的关系,可按 $E = \Delta\sigma/\Delta\varepsilon$ 计算,计算得到 $E = 1642\text{MPa}, \mu = 0.26$。

2)黏聚力 C 和内摩擦角 φ

岩石的黏聚力 C 和内摩擦角 φ 可由岩石三轴压缩试验确定。岩石三轴压缩试验(简称

"三轴试验"),实质是对处于三向受压环境中的地壳岩体的力学性状的一种模拟。相对于其他一些所谓的常规试验,三轴试验较复杂、高级,它可准确地测量黏聚力 C 和内摩擦角 φ 等数据。通过对千枚岩进行三轴试验,最终求得千枚岩的黏聚力 $C=12.34\text{kPa}$,内摩擦角 $\varphi=15.21$。

3)填料击实试验

千枚岩属于软岩,强度低,抗风化能力、抗水性、抗变形能力均较差,风化后强度急剧降低。本试验对不同粗细颗粒含量和含水率下的千枚岩进行重型击实试验,拟合出不同粗细颗粒含量下的最大干密度曲线,得出对最优含水率与最大干密度的影响,并确定了工程施工时的最优含水率和最大干密度。

试验结果根据最小二乘法,通过 Excel 进行编程来实现处理数据,其结果可得到不同颗粒配比、最佳含水率与最大干密度的关系,如图 5-19-47、图 5-19-48 所示。

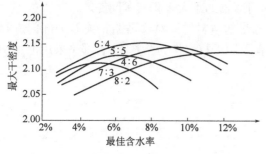

图 5-19-47　千枚岩干密度、含水率及在不同粗细比例情况下的关系

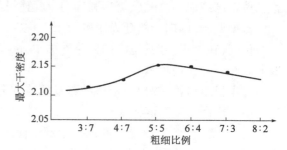

图 5-19-48　最大干密度在不同粗细比例情况下的关系

由试验结果可知,在粗细比例为 6∶4 时,千枚岩可得到最大干密度为 2.16g/cm^3,最佳含水率为 8%。可用以上数据来对千枚岩进行施工控制。

4)填料 CBR 试验

计算结果见表 5-19-2。

CBR 试验结果　　表 5-19-2

编　号	试样干密度 (g/cm^3)	CBR	膨胀量 (mm)	膨胀率 (%)
98 次-1	2.190	3.6	—	—
98 次-2	2.183	2.4	33.4	27.8
98 次-3	2.105	2.4	47.2	39.3
50 次-1	2.101	1.4	43.2	36.0
50 次-2	2.124	1.4	40.6	33.8
50 次-3	2.113	1.3	36.8	30.5

5)自由膨胀度

根据取样试验结果,千枚岩自由膨胀率均 0。

6)试验结果分析

汶马路千枚岩 CBR 试验结果为 98 次 CBR 值为 2.4;50 次 CBR 值为 1.3。对 CBR 值对照

《公路路基设计规范》(JTG D30—2015)中路基材料选择的表5-19-3可知。试验所用的千枚岩只能用于路基1.5m以下范围,同时汶马路千枚岩不具有膨胀性。

路基最小强度要求 表5-19-3

项 目	路面以下深度(m)	填料最小强度CBR		
		高速路、一级路	二级路	三级、四级公路
上路堤	0.8~1.5	4	3	3
下路堤	1.5以下	3	2	2

7)千枚岩填料的方案建议

由于本项目存在千枚岩能否用作路基填料的问题,若加以利用的话会存在一定的技术风险,根据对现有道路养护部门和该区域其他道路的调查,建议不用千枚岩作为路基填料;又根据对千枚岩的类型调查和试验,最终确定利用力学性能相对较好的泥盆系(Dwg)千枚岩、不利用志留系(Smx)千枚岩,并且在路床80cm内填筑合格填料,在其他部位填筑千枚岩填料。

19.6.3 千枚岩填筑路基施工

根据千枚岩击实试验与CBR试验的结果分析可知,千枚岩应该应用粗、细比为6:4,使用范围为路基1.5m以下。由于千枚岩具有风化快、遇水强度急剧下降等工程物理特性,因此它不能应用于水位线以下部分,用于水位线以上部分时也应该做好其防渗、排水的设计。下面以缓坡地段库岸路基与陡坡地段库岸路基为例对千枚岩进行论述。

1)缓坡地段库岸路基形式

当缓坡地段库岸路基用千枚岩作为填料形式时,应注意在水位线以下填筑透水性材料,如砂、卵石等。考虑到库区范围内库岸路基水位变化和地下水动水压力的影响,为了保证路基的工程质量,防止路基病害,应在路堤填石交界处设置反过滤层和加筋垫层,在填石和码砌之间设置反过滤层(图5-19-49)。具体做法如下:

(1)浆砌片石护坡或码砌与土、石间设20cm碎石及无纺土工布反过滤层,反过滤层埋入码砌或护坡脚底。

(2)路基分界处设30cm级配碎石+土工格栅+20cm级配碎石+无纺土工布的过渡层,并考虑为使其上的千枚岩填料在设计洪水位时不浸水,加设一层50cm的砂垫层。

(3)对于土工布与土工格栅铺设时的施工要求:

①无纺土工布采用300g/m²的长丝无纺土工布,土工格栅采用极限抗拉强度为20kN/m的双向塑料土工格栅,且土工格栅在路堤横向端部应回折压在上一层级配碎石层中,长度不小于2m;同时为防止漏沙,必须在回折处内衬300g/m²无纺土工布,无纺土工布在路堤2m平台下要连续铺设,接头应采用黏结搭接,除伸入护脚的无纺土工布可不弯折锚固外,其余均应平弯埋置于填层中,其长度不小于50cm。

②铺设时土工格栅应将其拉直、铺平,两幅间的搭接宽度应不小于15cm,并用尼龙绳缠绕空隙螺旋地绑扎牢固,绑扎接头强度不低于母材强度,且在适当距离用"U"形钉将格栅固定,防止填土时位移。

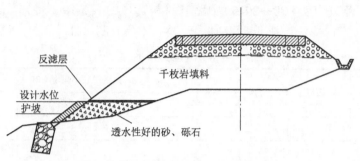

图 5-19-49　缓坡地段千枚岩路基典型断面结构

2）陡坡地段库岸路基形式

对于陡坡路段库岸路基中千枚岩的使用，除了在高出水位线 0.5m 处设置隔水层之外，还要在墙背设置防渗层。对于隔水层材料可采用就地取材的黏土以及水泥混凝土、钢筋混凝土或沥青混凝土面板、土工膜等材料。防渗层可选用透水性好的卵(砾)石，防渗层的设置应自上而下逐渐加厚，顶部最小水平宽度不宜小于1m，底部厚度不宜小于堤前设计水深的1/4，如图 5-19-50 所示。对于陡坡地段库岸路基中千枚岩的隔水层与反滤层也可综合设计，使用土工织布或土工格栅采用包边法进行处理。

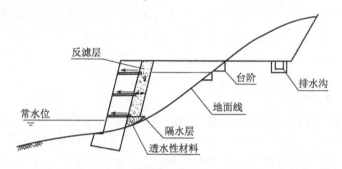

图 5-19-50　陡坡地段库岸路基千枚岩应用形式

参 考 文 献

[1] 刘小青,邢青武,卢多敏. 浅谈三门峡库区(潼三段)塌岸治理措施[J]. 人民黄河,2002, 24(7):12-13.

[2] 简文星,殷坤龙,刘礼领,等. 三峡库区三期塌岸防护规划典型设计[J]. 岩石力学与工程学报,2005,24(18):3292-3298.

[3] Morgenstern N R. Stability Charts for Earth Slopes during Rapid Drawdown[J]. Geotechnique, Vol.13, No.1, 121-131, 1963.

[4] Lane P A and Griffiths D V. Assessment of Stability of Slopes under Drawdown Conditions[J]. Journal of Geotechnical and Geoenvironmental Engineering, Vol.126, No.5, 443-450, 2000.

[5] Bishop A W and Morgenstern N. Stability Coefficients for Earth Slopes[J]. Geotechnique, Vol.10, No.1, 129-150, 1960.

[6] 沈照理,王焰新. 水—岩相互作用研究的回顾与展望[J]. 地球科学—中国地质大学学报, 2002,27(2):127-133.

[7] 汤连生. 水—岩土反应的力学与环境效应研究[J]. 岩石力学与工程学报,2009,19(5): 681-682.

[8] 崔中兴,宋克强,仵彦卿,等. 中小型水库库岸失稳机理分析及其稳定性评价方法[J]. 西安理工大学学报,2000,16(1):39-43.

[9] 吴俊杰,王成华,李广信. 非饱和土基质吸力对边坡稳定的影响[J]. 岩土力学,2004,25 (5):732-736,744.

[10] Hawkins R D. Sensitivity of sandstone strength and deformability to changes in moisture content[J]. Quarterly Journal of Engineering Geology, 1992, 25:115-130.

[11] 张奇华,丁秀丽,张杰,等. 三峡库区奉节河段库岸蓄水再造研究[J]. 岩石力学与工程学报,2002,21(7):1007-1012.

[12] 张文杰,陈云敏,凌道盛. 库岸边坡渗流及稳定性分析[J]. 水利学报,2005,36(12): 1510-1516.

[13] 郑颖人,时卫民,孔位学. 库水位下降时渗透力及地下水浸润线的计算[J]. 岩石力学与工程学报,2004,23(18):3203-3210.

[14] 汤明高,许强,黄润秋. 三峡库区典型塌岸模式研究[J]. 工程地质学报,2006,14(2): 172-177.

[15] Shengwen Qi, Fuzhang Yan, Sijing Wang, etc. Characteristics, mechanism and development tendency of deformation of Maoping landslide after commission of Geheyan reservoir on the Qingjiang River, Hubei Province, China[J]. Engineering Geology, 2006, 86(1):37-51.

[16] 缪吉伦,肖盛燮,彭凯. 库岸再造机理及坍岸防治研究[J]. 重庆交通学院学报. 2003,22 (2).

[17] 徐瑞春. 红层与大坝[M]. 武汉:中国地质大学出版社,2003.

[18] 马淑芝,贾洪彪,唐辉明.利用稳态坡形类比法预测基岩岸坡的库岸再造[J].中国地质大学学报,2002,27(2):231-234.

[19] 王跃敏,唐敬华,凌建明.水库塌岸预测方法研究[J].岩土工程学报,2000,22(5):569-571.

[20] 刘天翔,许强,黄润秋.三峡库区塌岸预测评价方法初步研究[J].成都理工大学学报(自然科学版),2006,33(1):77-83.

[21] Nagata. N, Hosoda. T and Muramoto. Y. Numerieal analiysis of river channel proeesses with bank erosion [J]. Journal of Hydraulic Engineering. ASCE, 2000, 126(4):243-252.

[22] Elei, Sebnem and Paul A. Reservoir Shore line Erosion and Sediment Deposition with Cohesive Sediments[R]. Report No. GTREP-CEE/2002-l,South Carolina Water Resourees Center, Clemson University, Clemson, South Carolina, 2002.

[23] 孙广忠,等.水库坍岸研究[M].水利电力出版社,1958.

[24] 王征亮.三峡库区长寿区库岸塌岸预测的可拓学研究[D].长春:吉林大学,2005.

[25] 许强,黄润秋,汤明高,等.山区河道型水库塌岸研究[M].北京:科学出版社,2009.

[26] 重庆市公路局,重庆交通大学,重庆交通科研设计院,等.三峡库区蓄水初期公路病害防治对策研究总报告[R].重庆:重庆交通科研设计院,2005.

[27] 李建习,沈小雄,程永舟.风浪作用下的库岸动力响应试验[J].长江科学院院报,2008,25(2):76-78.

[28] 毛昶熙.渗流计算分析与控制[M].2版.北京:中国水利水电出版社,2003.

[29] 顾慰慈.渗流计算原理及应用[M].北京:中国建材工业出版社,2000.

[30] В. Д. 洛姆塔泽.工程动力地质学[M].北京:地质出版社,1985.

[31] Ebrahim Alniri-Tokaldany,Stephen E. Darby,and Paul Tosswell. Bankstability analysis for predicting reach scale land loss and sediments yield[J]. Journal of the American Water Resources Association. 2003,39(4):897-909.

[32] 马崇武,刘忠玉,苗天德,等.江河水位升降对堤岸边坡稳定性的影响[J].兰州大学学报(自然科学版),2000,6(3):56-60.

[33] 舒安平,匡尚富,徐永年.库区土质边坡稳定性分析[J].水利学报,2000,(5):17-21.

[34] Morgenstern N R, Stability charts for earth slopes during rapid drawdown[J]. Geotechnique, 1963(13):121-131.

[35] Desai C S, Drawdown analysis of slopes by numerical methods[J]. Journal of Geotechnical Engineering, ASCE, 1977, 103(7):667-676.

[36] Cousins B F, Stability charts for simple earth slopes[J]. Journal of Geotechnical Engineering, ASCE, 1978, 104(2):267-279.

[37] Lane P A, Griffiths D V, Assessment of stability of slopes under drawdown conditions[J]. Journal of Geotechnical and Geoenvironmental Engineering, 2000, 126(5):443-450.

[38] Duncan J M, State of the art:limit equilibrium and finite element analysis of slopes[J]. Journal of Geotechnical Engineering, ASCE, 1996, 122(7):577-596.

[39] 夏麾,刘金龙.库水位变化对库岸边坡稳定性的影响[J].岩土工程技术,2005,19(6):

292-295.

[40] 乔娟,罗先启,张立仁,等.库水作用下三峡库区某库岸堆积体稳定性研究[J].三峡大学学报(自然科学版),2005,27(6):490-493.

[41] B. k. Low, R. B. Gilbert and S. G. Wright. Slope reliability analysis using generalized method of slices[J]. Journal of Geotechnical and Geoenvironmental Engineering, ASCE, U. S. A, 1998, 124(4):350-362.

[42] B. Y. Liu, M. A. Nearing, P. J. Shi and Z. W. Jia. Slope length effects on soil loss for steep slopes[J]. Soil Sciences Society of America Journal, 2000, 64(9): 1759-1763.

[43] B. K. Low and Wilson H. Tang. Probabilistic slope analysis using Janbu's generalized procedure of slices[J]. Computer and Geotechnics, Elsevier, U. K. 1997, 21(2):121-142.

[44] 刘金龙,栾茂田,赵少飞,等.关于强度折减有限元方法中边坡失稳判抓的探讨[J].岩土力学.2005, 26(8)1345-1348.

[45] 张鲁渝,郑颖人,赵尚毅,等.有限元强度折减系数法计算上坡稳定安全系数的精度研究[J].水利学报.2003(1):21-27.

[46] 陈忠达,王海林.公路挡土墙施工[M].北京:人民交通出版社,2004.

[47] 陈忠达,王秉刚.公路挡土墙设计[M].北京:人民交通出版社,2001.

[48] 李海光.新型支挡结构设计与工程实例[M].北京:人民交通出版社,2004.

[49] 张焕洲,谢平,戴秋红,等.格宾网材在黄石长江干堤合兴堤段的应用[J].人民长江,23(9),2002:39-48.

[50] M. k. 谢苗诺夫,等.俄罗斯萨拉托夫水库石笼护岸工程[J].水利水电快报,2005,26(11):19-22.

[51] 周志刚,郑健龙著.公路土工合成材料设计原理及工程应用[M].人民交通出版社,2011.

[52] 徐少曼,林瑞良.提高土工织物加筋效果的新途径[J].岩土工程学报,1997,19(2):49-55.

[53] 周德培,张俊云.植被护坡工程技术[M].北京:人民交通出版社,2003.

[54] 张云伟,刘跃明,周跃.云南松侧根摩擦型根土粘合键的破坏机制及模型[J].山地学报,2002,20(5):628-631.

[55] 周跃,徐强,骆华松.乔木侧根对土体的斜向牵引效应的研究(Ⅰ)原理和计算[J].山地学报,1999,17(1):4-9.

[56] 邝健政,昝月稳,王杰,等.岩土注浆理论与工程实践[M].北京:科学出版社,2001.

[57] Chown JC, KuePer B H. The use of upward hydraulic gradients to arrest down water DHAPL migration in rock fracture [J]. Ground Water, 1997, 35(4):68-71.

[58] 傅宇方,黄明利,任凤玉,等.不同围压条件下孔壁周边裂纹演化的数值模拟分析[J].岩石力学与工程学报,19(5):576-583.

[59] Fleming, WGTK. The improvement of pile performance by base grouting[C]. London:ProcInstn, Engng,1994:88-93.

[60] 傅旭东,赵善锐.钻孔桩压力灌浆提高承载力的试验研究[J].桩基工程技术.北京:中国

建材工业出版社,1996.

[61] 解明曙.林木根系固坡土力学机制研究[J].水土保持学报,1990,Vol.4,No.3.

[62] 张东升.长江上游暗针叶林林木根系抗拉力学特性研究[D].北京:北京林业大学,2002.

[63] P. Kotoky, D. Bezbaruah, J. Baruah and J. N. Sarma, Nature of bank erosion along the Brahmaputra river channel[J], Assam, India, CURRENT SCIENCE. 2005, 88(4): 634-641.

[64] Green, T. R., Beavis, S. G., Dietrich, C. R. and Jakeman, A. J., Relating stream bank erosion to instream transport of suspended sediment[M]. Hydrol Process, 1999.

[65] Thorne, C. R., Bend scour and bank erosion on the meandering Red River, Louisiana. In Lowland Floodplain Rivers: Geomorphological Perspectives (eds Carling, M. A. and Petts, G. E.), John Wiley, Chichester, 1992: 95-116.

[66] Thorne, C. R. and Osman, A. M., The influence of bank stability on regime geometry of natural channels[C]. In International Conference on River Regime (ed. White, W. R.), Hydraulics Research, Wallingford, 1988:134-148.

[67] 汤明高,许强,黄润秋.三峡库区典型塌岸模式研究[J].工程地质学报,2006,14(2):172-177.

[68] Bjerrum L., Progressive failure in slopes of overconsolidated plastic clay shales[J]. J. soil Mech and Fdn. Div., A.S.C.E., 1967, 93(5):3-49.

[69] Lane P A, Griffiths D V, Assessment of stability of slopes under drawdown conditions[J]. Journal of Geotechnical and Geoenvironmental Engineering, 2000, 126(5):443-450.

[70] 高冬光,田伟平.桥台的冲刷机理和冲刷深度[J].中国公路学报,1998,11(1):52-64.

[71] 张义青,高冬光.河湾冲刷与护坦基脚减冲的研究[J].西安公路交通大学学报,1998,18(3):42-44.

[72] 田伟平,李惠萍.沿河路基的护坦冲刷防护试验研究[J].中国公路学报.2002,15(4):11-14.

[73] 田伟平,李惠萍,武炎.沿河公路的丁坝群冲刷防护试验研究[J].重庆交通学院学报,2003,22(3):111-115.

[74] 高冬光.公路与桥梁水毁防治[M].北京:人民交通出版社,2002.

[75] 夏细禾,余明,孙建国.长江中下游护岸工程新材料新技术的应用[J].水利水电快报,2001,22(1):2-5.

[76] 蒋凯,何良德.水库地区路基的防护研究[J].石家庄铁道学院学报,2006,19(4):98-103.

[77] Thorne, C. R., Effects of vegetation on river on bank erosion and stability. In Vegetation and Erosion (ed. Thornes, J. B.)[M], Wiley, Chichester, 1990.

[78] Hugo Schiechtl, Bioengineering for Land Reclamation and Conservation[M]. The University of Alberta Press, 1980.

[79] Hugo M Schiechtl, R S Stern, Water Bioengineering Techniques: For Watercourse Bank and Shoreline Protection[M]. Wiley-Blackwell, 1997.

[80] Gray, D. H., and A. T. Leisert, Slope Protection and Erosion Control[M]. New York: Van Nostrand Reinhold Company, 1982.

[81] Gray DH, Leiser AT. Biotechnical Slope Protection and Erosion Control[M]. Van Nostrand Reinhold: New York. 1982.

[82] Gray D. H. and R. B. Sotir. Biotechnical and Soil Bioengineering Slope Stabilization: A Practical Guide for Erosion Control[M]. John Wiley and Sons. 1996.

[83] 戴尔·米勒. 美国的生物护岸工程[J]. 水利水电快报, 2000, 21(24): 8-10.

[84] 王胜涛, 杨广庆, 薛晓辉. 高速公路路基沉降监测技术研究[J]. 铁道建筑, 2008(2): 76-78.

[85] 朱方海, 林小平, 赵鸿铎. 丁坝防护沿河公路路基的合理形式分析[J]. 同济大学学报(自然科学版), 2007, 35(7): 919-923.

[86] 何良德, 宗泽. 水库地区路基断面设计与防渗设计[J]. 石家庄铁道学院学报, 2006, 19(4): 88-93.

[87] 夏继红, 严忠民. 国内外城市河道生态型护岸研究现状及发展趋势[J], 中国水土保持, 2004(3): 20-21.

[88] 李玉辉. (复合)土工合成材料在西部公路防排水设施中的应用研究[D], 哈尔滨: 东北林业大学, 2003. 3.

[89] 胡元鑫. 山区公路沿河路基动态失稳机理研究[D]. 重庆: 重庆交通大学, 2007. 3.

[90] 王经建, 刘伯权. 结构选型的模糊多属性决策方法[J]. 长安大学学报, 2004(3): 62-65.

[91] 王力, 吕大刚, 张也海, 等. 基于相对接近度的结构选型模糊多属性决策方法[J]. 哈尔滨建筑大学学报, 2002, 35(3): 1-4.

[92] 刘才华, 陈从新, 冯夏庭. 库水位上升诱发边坡失稳机理研究[J]. 岩土力学, 2005, 26(5): 769-773.